다산기념 철학강좌

■

세계 석학들의 향연

다산기념 철학강좌

세계 석학들의 향연

철학과 현대문명

한국철학회 편

철학과현실사

다산기념 철학강좌 합본 출간애 부쳐

이 책은 지난 10여 년간(1997-2007) 한국철학회가 주관하고 명경의료재단(꽃마을한방병원)이 후원한 다산기념 철학강좌의 성과이며, 그 심포지엄 강좌에 초대된 열 명의 세계 석학들에 의해 행해진 각 강연 논문들(한국어 번역)을 모두 함께 묶은 책이다.

국내 학자로서 이미 고인이 된 김태길 교수님을 필두로 중국 학자인 두유명이 참여했고, 유럽 문화권에서는 칼-오토 아펠, 슬라보예 지젝, 페터 슬로터다이크, 영미 문화권에서는 존 서얼, 찰스 테일러, 피터 싱어, 마이클 샌델, 마이클 왈쩌 등 세계적으로 명망이 있는 학자들이 엮어낸 그야말로 철학적 향연이라 할 만하다.

명경의료재단이 약소한 후원금이긴 하나 한국철학회가 주관하는 의미 있는 문화사업을 하고자 했을 때, 김여수, 이명현, 이삼열, 길희성 등 원로 철학자들은 세계 석학들을 초빙해서 국제 철학강좌를 개최하는 것이 좋겠다는 제안을 해주셨다.

강좌명은 일찍이 동서철학의 융합을 시도한 정약용의 호를 빌려 상징적으로 다산기념 철학강좌(Dasan Memorial Lecture of Philosophy)로 하기로 하고 다산기념 철학강좌 운영위원회를 한국철학회 산하에 두기로 했다.

그간 좋은 글을 발표해주신 석학들 그리고 운영위원장과 위원회에 가담했던 여러 철학교수님들, 발표자 교섭에 참여하신 교수님들, 실제 운영 실무를 도와주신 교수님들, 논문 번역의 노고를 감당해주신 여러 교수님들께 진심으로 감사드린다.

또한 언제나 프레스센터에서 제1강연을 하도록 주선해주시고 도와주신 최광범 선생님의 관심과 협조가 아니었으면 이러한 프로젝트는 성공할 수 없었을 것이라 생각하고 오래 기억하고자 한다. 약소한 후원으로 대단한 향연이 되게끔 이끌어주신 여러 철학인들에게 다시 한 번 감사드린다.

어려운 형편인데도 다산기념 철학강좌 전집을 출간하고 또한 이런 합본까지 기획, 출판하는 데 물심양면으로 도와주신 철학과현실사에도 감사의 마음 전하고 싶다.

전 한국철학회 회장
명경의료재단 이사장
황경식 삼가 적음

철학과 현대문명

다산기념 철학강좌 ■ 2

지구화의 도전과 철학적 응전

1998

칼-오토 아펠

홍윤기 엮음

구승회 · 권용혁 · 윤형식 · 이삼열 · 이진우 · 홍윤기 옮김

The Challenge of Globalization and Philosophical Response

Karl-Otto Apel

차례

선험론적 기호학과 제일철학의 패러다임들

1. 논의를 시작하며

'제일철학', 이것은 철학의 가장 일반적이고도 기초적인 부분을 두고 아리스토텔레스가 붙인 제목이었다. 이 제일철학은 '존재로서의 존재'에 관한 학문이었는데, 아리스토텔레스 주석가들은 거기에 '형이상학'이라는 이름을 붙였고, 17세기 이후로는 '존재론'이라 불리기도 했다.

그러나 나는 철학사가들처럼 고전 형이상학, 그 가운데서도 존재론을 별도로 거론하고 싶지 않다. 하지만 나는 바로 오늘날 그 말에 값하는 면모를 갖추었다고 할 수 있는 '제일철학'의 구상에 관해 얘기하고자 한다. 내가 보기에 이것은 더 이상 존재론적 형이상학이 아니라, 방법론적으로 최우선적인 동시에 기초적인 철학의 또 다른 패러다임인데, 나는 그것을 '선험론적 기호학'이라고 불러왔다.1)

이 용어를 갖고 나는 "선험론적 기호학과 제일철학의 패러다임들"이

---

1) K.-O. Apel, *Selected Essays*, vol. I: *Towards a Transcendental Semiotics* (Atlanta Highlands, N.J.: Humanities Press, 1994); *From a Transcendental-semiotic Point of View*(Manchester/New York: Manchester University Press, 1998)를 참조.

라는 제목을 단 이 강연의 논점을 풀어가고자 한다.

이 첫 강연에서 나는 역사적이고도 체계적인 연관성을 가진 유형론에 의거하여 이론철학의 원칙, 아니 솔직히 말해, 이론철학의 최종근거 정립(Letztbegr ndung)에 대해 얘기하고 싶다. 나중에 있을 둘째 강연에서 나는 이 '선험론적 기호학'이 이미 오랫동안 내가 '선험론적 화용론'이라 부르곤 했던 것으로 이행하는 것을 보여줌으로써 실천철학, 즉 논변윤리학의 최종근거 정립까지 개괄하고자 한다.

"선험론적 기호학과 제일철학의 패러다임들"이라는 제목이 가리키는 바대로 나는 역사에 차례로 등장했던 몇 개의 제일철학의 몇 가지 패러다임들이 존재한다는 추정에서 출발한다. 첫째로는 존재론적 형이상학의 패러다임이 있었으며, 그 이후에도 두 개의 다른 패러다임이 더 있었다. 즉, 현대에 들어와 의식 또는 주체에 관한 선험론적 철학의 패러다임이 등장했고, 마지막으로 선험론적 기호학의 패러다임이 나타났다. 만약 내가 옳다면 이 마지막 패러다임이야말로, 철학이 언어-분석적 전회, 언어-화용론적 전회, 그리고 언어-해석학적 전회를 차례로 거친 이후인 현재, 제일철학의 자리를 차지하고 들어올 수 있는 것이다.

여기에서 우선 나는 이런 내 말이 일으킬 소지가 있는 다음의 오해부터 처리해야겠다. 즉, 내가 이 세 가지 패러다임을 구별한다고 해서 첫 번째 패러다임 시기에는 인식론이나 언어철학 혹은 기호철학 같은 것이 전혀 없었다거나, 따라서 이런 것들은 현대에 와서, 그중에서도 현재에 와서야 나타났다는 식으로 말하려는 것은 아니다. 그리고 오늘날에는 존재론이나 인식론 같은 것도 더 이상 존재하지 않는다거나 존재해서는 안 된다고 말하는 것도 아니다. 이런 말은 철학이나 과학사의 모든 사실들과 모순된다. 나의 이 세 패러다임 구분은 단지 (전체 철학 안에서) 최우선성을 가진 물음들을 제기하는 서로 다른 세 방식의 방법론적 위상과 관련될 뿐이다.

특히 아리스토텔레스에 의해 그 모양새가 짜인 첫 번째 패러다임의 골격 안에서는 존재함(그리스어로 ovτos)에 대한 물음이 최우선적이고도 가장 근본적인 철학의 물음으로 간주되었다.[2] 당시 이 물음이 그 어떤 특수과학들의 지도적 물음보다 더 일반적이었음은 확실하지만 (특수과학들의 그 지도적 물음들과 똑같이) 사물들 내지 세계 안에서 일어나는 사태들과 직접적으로 연관되어 있었다. 따라서 특수과학들이 수행하는 연구에서와 마찬가지로 철학의 일차적 사안도 우선적으로 '직접지향(intentio recta)'이었다. (아이작 뉴턴도 이런 의미에서 자신의 물리학을 '자연철학'으로 이해했다. 우리 세기에서도, 예를 들어 니콜라이 하르트만 같은 이는 철학을 직접지향체와 관련된 사안으로 실행함으로써,3) 칸트의 이성비판에 의한 혁명이 있기 직전 크리스티안 볼프가 마지막으로 차지하고 있던 제일철학으로서의 위상을 존재론에 반환하려고 시도했던 적이 있었다.)

부분적으로는 데카르트와 영국 경험론자들도 예비했지만, 칸트가 그 최초의 고전적 인물로 등장했던 두 번째 패러다임의 골격 안에서 철학은 특수과학들처럼 직접지향에 직접적으로 주어진 세계내존재들에 관해 묻는 일을 중단해야 했다. 이제 철학은 '경사지향(intentio obliqua)'에 따라, 즉 반성적 태도에 입각하여 존재물들을 의식의 대상들로 인정할 수 있는 가능성의 조건들에 대해 최우선적으로 물어야 했는데, 이때 그러한 가능조건들은 인간의 사고, 즉 의식 또는 이성 안에 놓여 있다고 추정하게 되었다. 더 정확하게 말하자면, 칸트 이래 철학은 인식의 '발생'에 대한 심리적 조건들이 아니라 '선험론적 의식' 안에 있다고 추정된 (과학적) 인식의 '객관적' 타당성, 그리고 동시에, 칸트 식으로 말하자면, 그것의 '상호주관적' 타당성의 가능조건들에 대해 물었으며, 따라서 이 점에 관한 한 경험주의적 의식철학자들과는 뚜렷한 대조를 이루게 되었다. 칸트에 따르면 과거 '존재론'은 자기가 감히 물자체에 관한 선험적 인식을 제공한다는 식의 '억측'을 자행했는데,4) 칸트 식으로 애

---

2) Aristoteles, *Metaphysik*, IV, 1, 1003a 20-32와 VI, 1, 1026a 23-33 참조.

3) N. Hartmann, *Neue Wege der Ontologie*(Stuttgart: Kohlhammer, 1964).

4) I. Kant, *Kritik der reinen Vernunft*(2. Aufl. 1787), in *Werke*(Akademie-Textausgabe, Berlin: de Gruyter, 1968), vol. III, S.207.
   [역주] 칸트의 『순수이성비판』은 다수의 국내 번역본이 있으며, 모두 초판과 2판을 병행 번역하고 있다.

기하자면, 이제 '선험론적 철학'이 방금 말한 한도 안에서 '존재론'의 자리를 차지하게 되었다는 것이다.

이에 따라 물음을 제기하고 연구를 수행함에 있어서 한편으로는 철학, 다른 한편으로는 특수 과학들 사이에 구성상의 차이가 확립되었다. 그런데 이런 차이에 관해서는 많은 이들이 불평하였으며, 오늘날에 이르기까지 이해하기도 어렵고 수긍하기도 어려운 난점들이 생기게 되었다. 이와 같은 패러다임의 기축이동을 따라 철학은 원칙적으로, '직접 지향'을 통해, 다시 말해 객체화시키면서 바로 그런 한에서 그 어떤 반성으로부터도 자유로운 그런 방식으로 주제화될 수 있는 모든 쟁점들을 특수 과학들에 넘겨주어야 했다. 이런 쟁점들로는 우선 수학과 경험적 자연과학들을 꼽을 수 있으며, 그 다음으로는 인식론과 일부 겹치긴 하지만 심리학 및 경험적 사회과학과 문화과학들이 포함되고, 마지막으로는, 20세기 들어 밝혀진 것이지만, 수학적 관점에서 참신하게 포착된 형식화 가능한 논리학이 들어간다. 다른 한편, 그리고 이 점을 이해하기가 더욱 힘든데, 특수 과학들은 도덕규범의 타당성 조건들과 관련된 일체의 문제들뿐만 아니라 인식의 타당성 조건들과 관련된 모든 문제들도, 이성의 선험론적 자기반성이라는 점에서 특수 과학들과 독특한 차별성을 보이는 철학의 주제라는 것을 인정해야만 했다. (과학자들, 그 가운데서도 특히 19세기 심리학주의의 대변자들과 20세기 사회학주의의 대변자들은 결코 이 점을 시인하거나 이해하려고 들지 않을 것이다.)

이제 기호들 또는 그 가운데서도 특히 언어에 초점을 둔 세 번째 패러다임이 제일철학의 새로운 패러다임으로 명료하게 인지될 수 있게 되었다. 단 그것은 칸트적인 선험론적 철학과 단지 불완전하게만 자기반성적인 칸트 식 이성비판의 전형(轉形)과 급진화(急進化)로 이해되어야 할 것이다. (칸트의 선험론적 이성비판이 선험론적인 정도에 있어서 불완전한 이유는, 헤겔이나 여타 비판자들이 지적한 대로, 칸트 자신이 "선험론적 이성비판은 어떻게 가능한가?"라는 식의 물음을 제기하거나 답한 적은 전혀 없었기 때문이다.)

그러나 내가 차례로 철학의 '언어-분석적' 전회, 철학의 '언어-화용론적' 전회, 그리고 철학의 '언어-해석학적' 전회라는 명찰 아래 열거했던 최근 철학사의 운동들이 선험론적 철학의 전형으로 이해될 수 있는 제일철학의 참신한 패러다임 안에 통합될지도 모른다는 나의 가설은 자명한 것과는 큰 거리가 있다. 왜냐하면 만약 사람들이 내가 열거한 그 운동들이나 전회들이 막상 자기 자신들을 어떻게 생각하는지를 추적해본다면, 나와는 아주 다른 인상을 받을지 모르기 때문이다. 포괄적으로 회고해보면, 우리 20세기 철학의 이 세 가지 새로운 방향 정립은 모두, 선험론적 철학, 그리고 이론철학 및 실천철학에서의 최종근거 정립이라는 생각뿐만 아니라 제일철학이라는 발상까지도 퇴출시켜버리는 것으로 결판난 것처럼 보인다. 여기에서 사람들은 이 시대 철학의 다음과 같은 경향들을 생각해볼 수도 있겠다.

카르납이나 전후기 비트겐슈타인과 함께하는 언어분석철학의 골격 안에서는 형이상학 및 그와 마찬가지로 제일철학이 제기하는 모든 문제들에 대해 그 '무의미성' 혹은 '터무니없음'을 주장하는 급진적인 의혹이 생겨났다. 즉 이러한 종류의 문제들이란 언어의 논리, 특히 일상적 언어놀이의 문법에 대한 오해에서 나온 것이 아닌가 하는 의혹이었다. 그 이후 예를 들어 피터 스트로슨이라든지[5] '선험론적 논증' 논쟁 같은 것에서[6] 볼 수 있듯이, 언어비판이나 의미비판을 자체에 포함시키려는 참신한 유형의 선험론적 철학과 관련된 문제가 재차 제기되었던 적도 있었다. 그러나 리처드 로티의 지적대로, 이 논쟁은 완전한 '탈(脫)선험론화'로 끝났다.[7] 로티에 따르면, 이로써 우리는 철학의 신(新)화용론적 전회의 단계에 도달해버린 셈이었다. 이 입장에 따르면 더 이상 선험적

---

5) Peter Strawson, *The Bounds of Sense*(London: Methuen, 1966).

6) M. Niquet, *Transzendentale Argumente. Kant, Strawson und die Aporetik der Detranszendentalisierung*(Frankfurt a. M.: Suhrkamp, 1991).

7) R. Rorty, *Philosophy and the Mirror of Nature*(Princeton University Press, 1979) 참조.
   [역주] 한국어 번역본으로는 리처드 로티, 박지수 옮김, 『철학 그리고 자연의 거울』(서울: 까치, 1998) 참조.

인식과 경험적 인식을 구별할 수 있는 근거가 있을 수 없으며, 철학자들은 그들의 논변에 있어서 타당성 요구에 대한 최종근거 정립은 고사하고 보편적 타당성에 대한 그 어떤 요구도 포기해야 하는 것이다. 로티와 더불어 철학은 이제 일종의 문예(文藝)가 되는데,8) 이것은 바로 탈현대론과 비슷한 제안이다.

다른 한편 현상학의 방향 전회로서 하이데거가 시작하여 가다머가 계속하고 있는 최근 철학에서의 해석학적 전회는 그동안, 신실용주의, 탈경험주의적 과학이론, 그리고 공동체주의 등의 앵글로-색슨 계열 운동들과9) 해석학적 철학을 광범한 범위에 걸쳐 폭넓게 수렴시키기에 이르렀다. 인간의 모든 사유와 인식이 언어적, 문화적 전통에 의존하고, 따라서 역사에 의존한다는 명목 아래 이루어진 이 수렴은 이론철학과 실천철학의 보편적 타당성과 같은 것을 근거 정립하려는 일체의 시도를 시대에 뒤떨어진 것으로 보이게 만들었다. 나는 이 상황을 철학의 심각한 위기라고 생각한다.

이러한 시대정신에 전적으로 반하기는 하지만 나는 이제 이 지점에서 내 강연의 중심명제들을 소개하고자 한다. 나는 선험론적 기호학의 구상이야말로 이 시대 철학의 언어-화용론적 및 언어-해석학적 경향들의 정당한 완성이라는 점이 (역사적으로도) 입증된다는 것을 보여준다는 목표로 그것을 체계적으로 파악해 보이겠다. 그리고 그것은 이 완성이 '탈선험론화'에 귀착하는 것을 의미하지는 않는다. 전통적 형이상학과 관련해서는 근본적인 언어비판과 의미비판을 거치고, 나아가, 결코 전체

---

8) R. Rorty, *Objectivity, Relativism, and Truth*(Cambridge University Press, 1991); *Essays on Heidegger and Others*(Cambridge University Press, 1991) 참조.

9) H. L. Dreyfus, "Holism and Hermeneutics", *Review of Metaphysics*(September 1980), p.3 이하; R. J. Bernstein, *Beyond Objectivism and Relativism. Science, Hermeneutics and Praxis*(The University of Pennsylvania Press, 1983); J. J. Kockelmans, *Heidegger and Science*(Washington DC: University Press of America, 1989); K.-O. Apel, "Wittgenstein and Heidegger: language games and life forms", in C. Macann, *Critical Heidegger*(London/New York: Routledge, 1996), pp.241-274 참조.

적으로 그렇게 보아서는 안 되지만, 우리 사고가 언어적, 문화적 전통, 역사에 의존하고 있다는 점을 해석학적으로 통찰한 후 비로소, 이 완성은 선험론적 철학의 전형이자 그 근거의 재정립으로 입증되어야 한다. 요약하자면, 선험론적 기호학의 개념 구도는 제일철학의 세 번째 패러다임이라는 점이 입증될 수 있어야 한다.

제일철학의 세 패러다임들을 시간적 연속에 따라 얘기하면서 나는 어느 면에서 토머스 쿤의 유명한 저서『과학혁명의 구조』에10) 나오는 '패러다임' 개념을 따르고 있다. 그러나 쿤과 분명히 대조되는 입장에서 나는 '서로 같이 나눌 것 없는(通約不可能)' 패러다임들이 역사적으로 완전히 우연적으로 연속하는 것이 아니라, 뒷걸음칠 곳 없는(後進不可能, non-circumventive, nichthintergehbar) 철학함의 전제들에 대한 반성적 발견의 여러 단계들이 역사적으로 그리고 체계적으로 재구성될 수 있는 연속성을 보인다는 가설을 제기한다.

2. 선험론적 기호학의 중심 도식에 비추어본 제일철학의 세 패러다임들에 대한 비판적 재구성

나의 테제를 예시하고 검증하기 위해 나는 하나의 도표로 표현되는 선험론적 기호학의 중심 도식에서 출발하겠다. 기호학적 실용주의 혹은 '화용론주의'의 창시자인 찰스 샌더스 퍼스에 따르면,11) 그 도식은 삼항관계(三項關係) 또는 삼원관계(三元關係)로 존재하는 기호관계의 구조 혹은 기호작동과정을 재현한다.

---

10) T. Kuhn, *The Structure of Scientific Revolutions*(Chicago: University of Chicago Press, 1970) 참조.
한국어 번역본으로는 토마스 쿤, 김명자 옮김, 『과학혁명의 구조』(서울: 두산동아, 1997) 참조.

11) K.-O. Apel, *Charles S. Peirce: From Pragmatism to Pragmaticism*(University of Massachusetts Press, 1981) 참조.

```
        I                    II                    III
        0 ·················· 0 ···················· 0
     현실 대상                기호                 현실 주체
     (피지시체)                               (송신자 또는 해석자)
```

이 삼원적 도식은 기호 기능에 관해 퍼스가 내린 다음 정의에 따라 잠정적으로 해석될 수 있을 것이다. 즉,

　"기호 혹은 표상체란 어떤 사람에게 일정 측면 혹은 일정 수용력에서 본 그 무엇인가를 대표해주는 것이다(A sign or representamen is something which stands to somebody for something in some respect or capacity)."

혹은 더 간략하게 규정하면,

　"기호는 지칭된 사물 및 정신과의 결합관계다(A sign is a conjoint relation to the denoted things and to the mind)."[12]

사람들은 기호 기능의 이러한 정의들에 표상론(表象論)의 편견이 들어 있음을 즉시 눈치 챌 것이다. 그런 한에서 이 규정들은 언어놀이에 대한 비트겐슈타인의 해명 또는 담화행위의 이론에서 분석된 기호 사용의 모든 양식들을 고려한 것은 아니라고 말할 수 있다. 하지만 이 기호 기능의 정의가 표상이라는 의미의 선입견에 사로잡혀 있다고 한다면,

---

12) C. S. Peirce, *Collected Papers*(Cambridge: Harvard University Press, 1939), II, §228와 III, §360 참조.

그런 규정이야말로 바로 제일철학의 세 번째 패러다임을 도입하기에 알맞게 만드는 규정이다. 왜냐하면 이 세 번째 패러다임은 인식론적 상관성을 갖고 있기 때문이다. 하지만 바로 이런 목적을 위해서라면 이 삼원적 관계를 존재론적 의미로, 다시 말해, 세계 안에 존재하는 대상들 사이의 관계로 이해하는 것은 허용되지 않는다. 오히려 우리는 처음부터 그 삼원적 관계를 선험론적-기호학적 의미, 즉 기호적 매개에 의해 무엇인가를 그 무엇인가로 인지하는 것에 대한 해명으로 해석해야 한다(도표 I 참조).

이러한 관점을 따를 경우 우리는 선험론적 반성을 통한 추상화에 의거하여 순차적으로 삭제(또는 무효화)시키는 논리를 기호관계의 삼원성(三元性)에 적용하여 제일철학의 세 패러다임들을 도출해낼 수 있다. 이 점은 다음과 같이 해명된다.

(1) 만약 우리가 제일철학의 근거 정립에 임하여 기호작동과정의 II항과 III항을 추상화시키고 오직 I항만 염두에 둔다면, 우리는 존재론을 제일철학으로 간주하는 아리스토텔레스적 개념 구도를 얻게 된다. 칸트가 뜻한바 선험론적 종류의 문제를 일체 그 안에 포함하지 않는 이러한 개념 구도에 따르면, 대상들에 대한 타당한 인식의 가능성을 위한 정신 조건 내지 언어유관 조건들은 세계 안에 있는 사물들 혹은 사태들로 주제화(객체화)될 수밖에 없다. 따라서 예를 들어 아리스토텔레스는 『영혼론』에서 인지와 진리의 문제를 (세계 안의 존재물로 생각되는) 영혼과 다른 존재물들 사이의 '일치(一致, homoiosis)'라는 세계 내적 관계로 주제화시키는데, 그에게 이것은 (넓은 의미의) 자연학에 속한다. 이럼으로써 그는 오늘날 자연과학들, 예를 들어 (최근에는) '인지과학' 같은 것에 의해 계속되는 연구 방식을 창안했다. (그러나 '인지과학' 안에서 더이상 진리의 의미에 관한 문제가 제기되지 않는 것은 당연하다. 왜냐하면 참인 지식과 거짓인 지식, 혹은 다른 말로 표현하자면, 타당한 인식과 타당하지 않은 인식 사이의 차이 같은 것은 대상들 사이의 세계 내적 관계에 대한 탐구로는 주제화될 수 없기 때문이다.)

(2) 제일철학 근거 정립의 두 번째 경우로 가서, 만약 우리가 기호작

동과정의 II항만 추상화시키고 I항과 III항을 주제화한다면, 우리는 선험론적 인식론 내지 '이성비판'이라는, 칸트 식 개념 구도를 가진 제일철학을 얻게 된다. 인지의 주체-객체-관계가 중심 주제인 이러한 개념 구도에 있어서 참인 인식의 가능성 조건들에 대한 물음은 더 이상 자연과학적 연구를 통해서 답변될 수 있는 것이 아니라, 오히려 대상에 대한 모든 직접적 인식에 앞서는 것이다. 그러나 철학적 문제 제기의 새로운 방식, 즉 선험론적-반성적 방식은 아직도 언어 기능과 상호주관적 의사소통의 기능을 주제화하지 않았다. 그러므로 그 질문은 인지의 주체가 역사적이고 문화적인 현실공동체의 구성원이라는 점, 그와 아울러 그 언어를 통해 배태된, 세계의 선(先)이해를 통해서 결정된 인식의 가능성 조건들을 아직은 적절하게 평가할 수 없다.

이러한 두 번째 패러다임의 제일철학이 갖는 특징적 편견은 에드문트 후설이 주조해낸 일종의 입장 개념에 의해 고착된 것으로서 실제로 후설은 바로 이 편견이야말로 근본적이고도 진정한 철학 사유자들이 갖춰야 할 선행조건으로 간주했다. 그 입장 개념을 표현하는 용어가 '방법론적 유아론(唯我論)' 혹은 '선험론적 유아론' 등인데,13) 그것은 사고와 인식에 있어서 '나' 즉 모든 단독 주체의 자급자족성에 대한 확신의 표현이다. 이러한 확신에 따를 경우 '나'는 원칙적으로 타자와 언어를 공유한다는 것을 전제하지 않고서도 (혹은 아마도 '사적(私的) 언어'의 도움을 받아) 무엇인가를 바로 그 무엇인가로 생각하고 인식할 수 있다. 이런 의미에서 나는 데카르트에서 후설에 이르는 현대의 모든 고전적 철학자들이야말로 진정 '방법적 유아론자들'이라고 생각한다.

(칸트 역시 '방법적 유아론자' 혹은 '선험론적 유아론자'가 아닐까 하는 점이 오늘날 종종 논란거리가 되기도 한다.14) 이 경우에는 칸트가

---

13) E. Husserl, *Cartesianische Meditationen*, §13과 V. *Meditation*, in *Husserliana*, vol. I, ed. by S. Strasser(Haag: M. Nijhoff, 1963) 참조.
한국어 번역본으로는 에드문트 후설, 이종훈 옮김, 『데카르트적 성찰』(서울: 한길사, 2002) 참조.

14) 특히 O. Höffe, "Eine republikanische Vernunft. Zur Kritik des Solipsismus-Vorwurfs", in G. Schönrich und Y. Kato Hg., *Kant in der Diskussion der*

정치철학에서 '이유를 대는 공중(公衆)'을 강조한 점이라든지, 아니면 더 심도 있는 것으로는, 『인간학』과 『판단력비판』에서, 실책을 피하기 위해 우리들의 판단에 타인들의 찬동(즉 '함께 결정하는 것')이 중요하다는 점을 부각시켰다는 사실을 상기해보는 것이 좋다.15) 하지만 이러한 경험적 통찰들만으로는 '선험론적 유아론'의 패러다임을 근본적으로 의문시하는 데 한계가 있다. '찬동'을 구하라는 칸트의 요구는 아리스토텔레스학파와 스토아학파의 진리합의론과 같이 단지 심리적으로만 의미 있는 사려심의 권고일 뿐이다. 이 경우 칸트 자신도 진리의 '주관적 기준들'에 관해 말하면서 그런 기준들과 진리의 '객관적 기준들' 사이에 날카로운 차별점을 설정한다. 칸트에 따르면, 이 객관적 기준들은 그 어떤 '의식 일반'에 대해서도 그 척도이기 때문에, 형식적 일반성으로 표기되는 한, '오성(悟性)'과 '이성(理性)'의 일반 법칙들에 따른 판단에서 오직 관념들의 정합성 여부에 의해서만 결정된다.)

　이런 한에서 데카르트, 영국 경험론자들 그리고 또한 후설과 똑같이 칸트도 '방법적 유아론자'였다. 주체철학 또는 의식철학이라고 할 수 있는 이런 제일철학 패러다임에 의거할 경우 이론철학의 맥락 안에서 언어, 그리고 의사소통의 공(共)주체들은 단지 나의 의식의 (특별한 종류의) 대상으로만 간주될 뿐 상호주관적으로 타당한 인식을 가능하게 하는 선험론적 조건들은 아니다. "사람이 혼자 규칙을 따른다는 것은 있을 수 없다"는 비트겐슈타인의 격언은 현재의 주체철학 패러다임 옹호자 대부분에게도 그러하지만 칸트에게도 전혀 이해될 성질의 것이 아니

Moderne(Frankfurt a. M.: Suhrkamp, 1996), SS.396-407 참조.

15) 특히 칸트는 Anthropologie, 1. Teil, §53에서 이렇게 적고 있다. 즉 "우리 자신만의 지성 안에 고립되고 우리들만의 사적 표상들로 공적 판단을 내리지 않고 우리들의 판단을 다른 사람들의 지성에 부쳐보는 것은 우리가 내리는 모든 판단들의 정확성이나 우리 지성의 건강성을 견지하기 위해 주관적으로 반드시 필수적인 시험대다." 그리고 "우리 사신의 생각들을 교정할 수 있는 가장 위대하고도 유용한 수단은 그 생각이 다른 사람들의 지성과도 서로 맞는지를 보기 위해 공적으로 제시해 보는 것이다. 그렇지 않으면 단지 주관적인 것에 지나지 않는 것, 예를 들어 습관이나 성벽이 객관적인 것으로 간주되는 일이 쉽게 벌어질 것이기 때문이다."

었다.[16)]

(3) 마지막으로 우리가 제일철학의 근거 정립에 있어서 기호관계의 3 개 항 모두를 그 선험론적 기능 안에 넣어 고려한다면, 우리는 선험론적 기호학의 개념 구도를 얻게 된다. 나 자신이 방어하고자 하는 이러한 개념 구도의 관점에서 보면, 앞서 나왔던 제일철학의 개념 구도들은 분명히, 타당한 인식의 가능조건인 기호작동과정의 삼원성을 철학적으로 주제화한다는 측면에서는 추상적 결함의 결과물들로 간주될 수 있다. 따라서 지금까지의 논의로 미루어보면 세 가지 제일철학 패러다임들의 순서는 철학적 사고의 선험론적 소박성을 점차적으로 극복하는 것으로 이해된다.

첫 번째 패러다임에서는 존재론적 태도의 자연적 소박함이 압도적이었지만, 그런데도 그것은 철학과 (특수)과학들을 같은 근원에서(공근원적으로) 발생시킬 수 있게 만들었다. 두 번째 패러다임은 존재론적 태도의 소박함과 함께 이에 상응하는 강력한 진리일치론, 즉 진리, 특히 우리 인식의 타당성이란 세계 내 사물들(또는 존재물들) 사이의 관계로 보고 우리가 그런 관계를 상상하는 것은 물론 검사까지 할 수도 있다는 그런 견해의 소박함을 극복하였다. 두 번째 패러다임에서 비판철학의 최우선적 문제는 우리의 인지적 의식이 가진 주체-객체-관계에 기초하여 도대체 어떻게 객관적으로 타당한 인식이 가능한가라는 문제일 것이다. 마지막으로 세 번째 패러다임은 우리 모두가 (남녀 막론하고) 단독으로, 다시 말해, 공적 언어의 매개 없이, 따라서 그런 한에서 다른 이와의 의사소통 없이, 무엇인가를 바로 그 무엇인가로, 또 (남녀 막론하고) 누군가를 생각하는 어떤 존재자로 인식(이해)할 수 있다는 식으로 상정하는 소박성을 극복하고 있다. 이제 철학의 최우선적 문제는 공적 담화의 수준에서 유의미한 사고, 다시 말해 상호주관적으로 이해 가능한 논증이 전반적으로 어떻게 가능한가라는 것이 될 것이다. 따라서 지금까지의 논의로 미루어볼 때 세 번째 패러다임에서 칸트적인 인식비판 대

---

16) I. Kant, *Nachlaß*, ed. by Preußische Akademie der Wissenschaften, Reflexion 2128을 참조하라.

신 언어비판이, 혹은 더 구체적으로는 의미비판이 제일철학의 지위를 이어받게 되는 것이다.

(여기에서 나는 추상화의 논리를 사용하여 기호관계의 각 항을 주제화시켜 조합(組合)시킬 수 있는 가능성이 네 가지 더 도출될 수 있다는 점을 덧붙이고자 한다. 그리고 우리는 이 네 가지 가능성들을 역사의 경로에서 등장했던 특정 철학적 입장들과 결부시킬 수 있음을 알 수 있다. 예를 들면 I항과 II항의 조합은 카르납과 콰인에게서 발견되는 이른바 존재의미론이 되며, II항과 III항을 조합하면 ("esse-concipi", 즉 "존재함이란 곧 개념으로 포착된 것이다"라고 한) 후기 버클리의 기호론적 관념론이 나오며, II항을 준(準)형이상학적으로 부각시키면 ("기호들에 관한 기호들에 관한 기호들"이라고 하는 퍼스 저술의 특정 구절에 호소하는) 데리다의 기호학주의가 되고, 마지막으로 III항을 준(準)형이상학적으로 부각시키면 초기 버클리의 주관적 관념론이 된다. 여기에서 도식적으로 구성된 이러한 입장들은 역사적 재구성을 통해 제일철학의 주(主) 패러다임들(I, I/III, I/II/III)이 진화하는 맥락에서 등장하는 제일철학의 부속 패러다임들(I/II, II/III, II, III)로 해석될 수 있다.)[17]

하지만 이미 내가 지적했던 대로 언어-분석적, 언어-화용론적, 그리고 언어-해석학적 전회에 의해 선험론적 의식철학을 대체시킨 이후인 우리 세기에도 내가 선험론적 기호학이라는 이름 아래 정립했던 바와 같은 제일철학의 패러다임이 저절로 계발되어 나왔던 것은 결코 아니었다. 오히려 형이상학이라고 불리는 것이 퇴출되면서 선험론적 철학, 그리고 제일철학에 대한 일체의 생각도 같이 퇴출당하는 경향이 발생했다. 이 점을 어떻게 이해할 수 있을 것인가?

---

17) K.-O. Apel, "Transcendental Semiotics as First Philosophy" 참조. 이 논문은 각주 1)에서 언급한 K.-O. Apel, *Towards a Transcendental Semiotics*, pp.112-131에 수록되어 있다.

3. 현재의 철학 위기로 인한 세 번째 제일철학 패러다임의 봉쇄와 의미비판에 의한 그 극복

나의 이 마지막 물음에 대한 대답은 다음과 같은 관점에서 제공될 수 있다고 생각한다. 즉 최소한 서양 철학사에 국한시켜보자면, 제일철학의 개념들에는 애초부터 내적으로는 회의가, 그리고 외적으로는 종교적-형이상학적 문제 제기가 따라붙어왔다. 새로운 패러다임으로 이행하는 각 단계는 철학 일반의 심각한 위기와 나란히 진행되었다. 다음과 같이 철학사를 재구성해보면 이 점은 분명히 드러난다.

이미 고대 철학파들은 내면적으로 끈질기게 지속하는 회의에 항상적으로 노출되어 있었다. 그리고 그들 중 어느 누구도 플라톤에 의해 아주 긴박하게 제기되었던 종교적-형이상학적 문제, 즉 정의로운 자라면 남녀를 불문하고 이 지상의 삶에서 행복할 수 있을까라는 식의 질문에 만족스럽게 대처할 수 없었다. 따라서 철학은 고대 말기에 들어 기독교적인 내세 종교에 어느 면에서는 패배했다. 그 후 중세 시기에 기독교 신학은 세계 창조의 신학과 정합성을 갖는 선에서 존재론적 제일철학 패러다임의 타당성을 다시 한 번 확립할 수 있었다. 그러나 중세 말에 이 공생 상태는 한편으로는 기독교적 신앙의 요구, 그리고 다른 한편으로는 지식의 탐구라는 두 방향으로 분열되었다. 그 후 장기간의 철학적 회의주의가 뒤따르면서 종교개혁 및 반동 종교개혁으로 대변되는 신학적 입장들의 배경과 대립하는 양상이 전개되었다.

이러한 배경 전체와 대립하는 위치에서 현대 자연과학의 등장과 제휴한 데카르트의 주도로 제일철학의 두 번째 패러다임이 돌출되어 나오면서 이제 지식의 확실성 패러다임이 신앙의 확실성 패러다임을 대치하기에 이르렀다. 그러나 데카르트와 그의 대륙 후계자들이 다시 한 번 존재론적 형이상학의 패러다임으로 복귀한 이후, 내가 이미 지적한 대로, 칸트는 특수과학들의 세계 내적 주제들과 비판적 인식론 혹은 '이성비판'의 메타과학적 주제들 사이에 선험론적 반성상의 차별을 둠으로써 제일철학의 두 번째 패러다임을 확정할 수 있었다.

그러나 칸트 이후 선험론적 전회를 거쳐 나왔던 철학자들은 특히 다음의 두 문제를 처리해야 했다. 즉 한편으로는, 칸트의 패러다임 가운데 우리가 칸트 이전 형이상학에서 중대한 문제로 이해한 메타 차원의 미결 문제가 있었다. 즉, 사람들은 인식 불가능한 물자체와 선험론적 의식 사이에 일종의 인과적 작용에 의해 형성되었으리라고 잘못 추측했던 관계를 설정하고, 바로 그런 관계에 대한 지식을 (부당하게) 전제하는 한에서만 칸트가 제시한 '선험론적 관념론'의 핵심을 이해할 수 있었다. 하지만 이런 종류의 관계에 대한 지식은 칸트 식 용어에 따르면 '선험론적(先驗論的)' 인식이 아니라 '초험적(超驗的)' 인식이었는데, 바로 이런 인식을 갖고 결국에는, 일상적이고도 과학적인 우리 인식이 우연적이거나 경험적인 성격을 갖는 실질적 진리임을 설명해야만 했다. 다른 한편으로 칸트 이후의 철학은 특수과학들의 계속적 분화(分化), 특히 심리학, 그리고 부분적으로는 사회과학과 일치하는 소위 '정신과학들'의 형성에 직면하게 되었다. 이제 상당한 어려움들을 각오하지 않는 한 인식론적으로 이 나중의 과학들을 칸트적 선험론 철학의 주체-객체-관계에 포섭시킬 수는 없게 되었다. 나중에 밝히겠지만, 오히려 이 학문들은 그들의 대상을 해석학적으로 이해하기 위해 의사소통적 이해의 선험론적 '주체-공주체-관계'와 같은 것을 전제하고 있었다.

그런데 칸트 이후 이론철학의 이 두 문제들은 제일철학의 두 번째 패러다임의 전제 하에서는 결코 해결될 수 없었다. 이것은 역사적으로 다음과 같은 사실, 즉 이 두 문제들로 인해 주체 또는 의식의 선험론적 철학이 장기간에 걸쳐 파괴되기에 이르렀음을 뜻하며, 이러한 파괴는 철학이 언어-분석적, 언어-화용론적, 그리고 언어-해석학적 전회를 전부 통과하고 난 이후인 우리 세기에 아직도 선험론적 철학의 보편성 요구라는 측면에서는 회의주의와 상대주의라는 편견의 모습으로 계속되고 있다. 그런데 우리는 현재 널리 유포되어 있는 회의주의와 상대주의의 근거들이 바로 위에서 제시한 발상 전환의 성취물들과 직접 연관되어 있음에 주목해야 한다. 나는 내가 정립한 바로 이 제일철학의 세 번째 패러다임에서 이 발상 전환으로 야기된 난관들의 해결책을 찾아야 한다고 생각한다. 다음 부분에서는 이 문제를 좀 더 상세하게 다루겠다.

칸트의 '선험론적 관념론', 그중 특히 인식 불가능한 물자체에 대한 그의 언급이 지닌 아포리아는 실제로 칸트의 동시대인들에게 인지되어 헤겔에 의해 철저하게 분석되었다. 하지만 헤겔의 비판은 결과적으로 비판적인 선험론적 철학을 포기하고 사변적 형이상학을 새삼스럽게—어떤 의미로는 최종적으로— 재생시키는 것으로 귀착되고 말았다. 이와는 대조적으로 비판적 인식론을 전형시켜 그 기본 발상을 지속시키는 선상에서 칸트의 아포리아를 풀어내는 해결책은 제일철학 세 번째 패러다임의 맥락 안에서 그 문제를 기호학적 또는 언어비판적으로 재구성함으로써 비로소 달성되었다.

이것은 기호학적 실용주의의 창시자인 퍼스에 의해 주도되었다. 퍼스는 의미비판적 접근법에 입각하여 칸트의 '물자체'를 '실재적인 것'에 대한 '규제이념'으로 대체시켰는데, 그 경우 '실재적인 것'이란 '장기적으로는 인식 가능한 것'이지만 그 자체로서는, 즉 완전하게는, '인식되어 있을 수 없는 것'이었다.18) 그러므로 퍼스에 있어서 '실재적인 것'이란 제한된 인식주체에 의한 사실적 인식으로부터는 독립해 있지만, 해석의 '무한공동체'를 통한 기호학적 해석으로서의 가능한 인식으로부터 독립해 있지는 않은 것이었다. (나는 나중에 이 개념 구도를 재론하겠다.)

칸트의 '선험론적 관념론'을 해체하여 그 전형을 시도함에 있어서 또 다른 표시점을 찍은 것으로는 피터 스트로슨의『감각의 경계들』이 있다.19) 이른바 비트겐슈타인적 언어비판의 관점에서 스트로슨은 다음과 같은 점을 보여줄 수 있었다. 즉, 어떤 하나의 언어놀이를 통해 단지 현

---

18) C. Peirce, *Collected Papers*, V, §§257, 310, 311 참조. 또한 K.-O. Apel, *C. Peirce: From Pragmatism to Pragmaticism*, p.25 이하; "From Kant to Peirce: the semiotical transformation of transcendental logic", in K.-O. Apel, *Towards a Transformation of Philosophy*(London: Routledge and Kegan Paul, 1980), pp.77-92 참조.

19) P. Strawson, *The Bounds of Sense*, p.38 이하 및 p.235 이하의 제4부를 참조하라.

상에 지나지 않는 것들을, 인식될 수 있는 현실적 사물들이 아니라 인식될 수 없는 사물들과 구별할 수 있어야 한다면, 그런 언어놀이는 원칙적으로 유의미한 학습의 대상이 될 수 없다는 것이다. 우리는 예를 들어 색(色)의 현상들을 설명할 수 있는 물리학적 내지 생리학적 실재의 패러다임을 상상할 수 있다. 그런 실재의 패러다임 안에서 우리는 단지 주관적인 것에 지나지 않는 현상들과 실재를 대비시켜 이해할 수 있다. 그러나 우리들은 시간과 공간 안의 모든 현상들을 한쪽에 놓고, 다른 한쪽에는 우리를 어떤 방식으로든 촉발하고 그럼으로써 현상들을 설명하기는 하지만 그 자체로는 시간과 공간 안에서 표상 불가능하다고 칸트 식으로 추정된 그런 실재를 놓고 나서, 바로 그런 현상과 실재를 놓고 대비시켜 이해하기란 불가능하다. (아마 모든 것은 단지 꿈꾸어진 것에 지나지 않을지도 모른다는 데카르트 식 추정에 있어서 '실재적인 것'과 '단지 꿈꾸어진 것' 사이의 대조가 해체되는 것과 유사한 의미에서) 단지 현상적인 것과 실재 사이의 대조는 이해 가능하다는 생각은 칸트의 언어놀이 안에서 저절로 해체된다.

그러나 이미 내가 언급한 것처럼, 스트로슨과 그의 추종자들이 추진한 칸트의 선험론적 철학의 의미비판적 해체와 재구성은 완전한 '탈(脫)선험화'에 도달한 결과 오늘날 선험론적 철학이라는 이름 아래 제일철학을 갱신하려는 것은 불가능한 것처럼 보이는 지경에 이르렀다. 내 의견으로는, 이런 일은 스트로슨이 칸트의 '선험론적 관념론'이 아니라, 칸트가 '선험론적 관념론'의 전제 아래 '선험론적 진리'로 근거 지었던 자연과학의 '범주적 도식'에 대한 선험주의를 복원하려고 시도했던 데서 기인했다. 하지만 이러한 시도는 불가능함이 입증되었는데, 특히 애매함을 각오하지 않고는 인식의 '범주적 도식들'과 인식의 경험적-질료적 내용을 확연하게 차이 지을 수 없다고 본 콰인과 데이비드슨의 전체론적 관점에서 그러했다.[20] (내 의견으로 전체론적 탈선험화의 이러한 결과는 칸트가 설정한 범주적 도식들이 일종의 진화의 결과물일 수

---

20) D. Davidson, "On the Very Idea of a Conceptual Scheme", in *Proceedings and Addresses of the American Association* 47(1973/74), pp.5-20 참조.

도 있다는 관점에서 보아도 수긍할 만하다, 즉 그 범주적 도식들은 탈고 전적 물리학에서 말하는 '대우주'나 '소우주'에 대한 우리의 인지가 아 니라, 단지 '원형물리학'[21]의 대상인 '중간급 우주'에 대한 측정 환경에 우리가 직접 관계하고자 할 경우에만 타당한 인식의 전제들이다.)

하지만 이러한 '탈선험론화'가 이루어졌다고 해서 선험론적 철학의 선험기호학적 갱신의 잠재력이 고갈된 것은 결코 아니다. 만약 우리가 객관적 인식의 '범주적 도식들'에 대한 의미론적 선험주의의 원상회복 을 포기한 후 그 대신 모든 철학적 사유에 속하는 논증과 기호 해석의 선험화용론적 전제들에 관해 묻는다면 이 점이 자명해진다. 이번에는 인식의 전제들의 전체론적 상대화가 한계에 부딪친다. 왜냐하면, 이 점 은 단지 암시하는 정도에 그치겠지만, 전체론적 상대주의(혹은 맥락주 의)의 테제 자체가 그 의미를 보존하고자 한다면, 그것은 보편적 타당성 의 요구를 지닌 철학적 입장의 테제로서는 결코 자기 자신에게 적용될 수 없음이 분명하기 때문이다. 다시 말해 그 테제는 최소한 선험적으로 타당한 것이어야 하며, 따라서 칸트적 의미에서 '선험론적 진리'여야 한 다. 이 지점에서 우리는 처음으로 세 번째 패러다임의 골격 안에서의 선 험화용론적 의미비판의 중심원칙을 접하게 된다. 이 원칙이란, 논증의 언어놀이가 그 의미를 견지할 수 있으려면, 그것을 시비할 경우 실행상 의 자기모순, 다시 말해 논증의 명제적 내용과 논증 행위의 타당성 요구 사이에 반성적으로 인지될 정도의 모순에 이르게 되는 논증의 그런 전 제들이 선험론적 위상을 가져야 한다는 것이다. 이렇게 되면 사람들은 리처드 로티처럼 "나는 그 어떤 타당성 요구도 갖지 않는다"라는 식의 말을 할 수는 없게 된다. (이런 식의 말로 사람들이 줄 수 있는 인상이 란 기껏해야 자신이 (공정치 않게도) 있을 수 있는 비판에서 발을 빼고 자 하는 의도를 가졌다거나 아니면 진지하게 논증하기를 원하지 않는다 는 것 정도다.) 그리고 또한 리오타르처럼, 자유와 혁신에 대한 관심에 입각하여 우리가 추구해야 하는 것은 논증을 통한 합의가 아니라 불일 치라는 식의 말을 의미 있는 듯이 발설하는 것 역시 철학적 담론에서는

---

21) G. Böhme Hg., *Protophysik*(Frankfurt a. M.: Suhrkamp, 1976) 참조.

있을 수 없는 일이 된다.22)

　(지금까지는 거의 이해되기 힘들었던 실행적 자기모순의 필수적 회피 원칙의 의의는 그것이 시비의 여지 없는 논증의 전제들, 즉 타당성 요구를 가진 사고의 전제들을 발견할 수 있게 해준다는 것이다. 이것은 형식 논리학에서 명제적 모순의 회피 원칙이 갖는 기능과는 전혀 다르다. "A 이고 동시에 A가 아니다"라는 식의 진술을 금지한다는 이 형식논리학의 원칙은 이미 그 명제들의 의미에 대한 규정을 전제한다. 따라서 논증을 위해 이 원칙을 사용할 경우 사람들은 모순이 발생할 수 있는 그런 방식으로 명제들의 내용을 규정함으로써 언제든지 선결문제 요구의 오류를 범할 수 있게 된다. 실행적 자기모순의 자기반성적 발견의 경우에는 상황이 전혀 달라진다. 이 경우 우리는 논변을 통해 산파술에 준하는 방식으로 회의론자나 상대주의자로 하여금 자신의 실행모순을 발견할 수 있도록 유도할 수 있다. 여기에서 벌어지는 일이 바로 자기반성적 논증의 시험을 통한 '이성의 자기일관성' (또는 칸트적 의미로는 '이성의 자기단일성') 조건들의 노출이라는 것이다. 이미 데카르트는 삼단논법이 아니라 이 방식으로 "나는 생각한다. 그러므로 나는 존재한다"라는 명제의 시비 불가능성을 밝힌 바 있었다.23))

　이제 '탈선험론화'의 한계를 긋는 이 선험론적-반성적 의미비판의 원칙은 오늘날 철학의 '해석학적 전회'의 성취물에서 나온─ 나로서는 불필요한 것으로 보이지만 ─ 부산물인 역사주의-상대주의의 입장들에도

22) J. F. Lyotard, *La condition post-moderne*(Paris: Minuit, 1979) 참조; 또한 K.-O. Apel, "What is Philosophy? The Philosophical Point of View After the End of Dogmatic Metaphysics", in C. P. Ragland and S. Heidt eds., *What is Philosophy?*(New Haven: Yale University Press, 1999) 참조.
　한국어 번역본으로는 장-프랑수아 리오타르, 유정완 · 이삼출 · 민승기 옮김, 『포스트모던의 조건』(서울: 민음사, 1995) 참조.

23) J. Hintikka: "Cogito, Ergo Sum: Inference or Performance?", in W. Doney ed., *Descartes: A Collection of Critical Essays*(University of Notre Dame Press, 1967), pp.108-139 참조; 또한 K.-O. Apel, "The Cartesian Paradigm of First Philosophy", in *International Journal of Philosophical Studies*, vol. 6/1, pp.1-16 참조.

적용될 수 있다. 하지만 우선 이 성취물이 무엇인지부터 살펴보자.

하이데거와 가다머는 세계에 대해 역사적으로 사전 규정된 선(先)이해, 그리고 동시에 어떤 문화 공동체와 언어 공동체의 특정 전통에 소속됨이 없이는 그 어떤 의미 이해도 불가능하다는 점을 실제로 보여주었다. 이런 통찰들은 현시대의 앵글로-색슨 식 사유에 큰 반향을 가져왔다. 토머스 쿤의 『과학혁명의 구조』를 추종하는 소위 '탈(脫)경험주의적' 과학이론이라든지 (매킨타이어, 테일러, 샌델, 왈쩌 등의)24) 소위 공동체주의라는 윤리-정치적 철학들이 그 사례들이라 하겠다. 이런 통찰들의 불가피한 결론이 바로 보편적으로 타당한 진리에 대한 요구 및 도덕규범들의 보편적으로 타당한 정당성에 대한 일체의 요구들을 시대에 낙후된 것으로 치부하는 역사주의-상대주의와 맥락주의인 것 같다.

그러나 이 경우에도 — 전체론-맥락주의 경우에서와 같이 — 보편주의에 반하는 논조로 자기주장을 표현해야 하는 그런 철학적 입장명제를 고찰해보자. 예를 들어, "이론이성이나 실천이성에 있어서 보편적으로 타당한 통찰들이란 결코 존재하지 않으며, 이른바 모든 진리나 도덕규범들은 역사적으로 그리고 문화적으로 상대적이다"라는 문장이 그런 입장명제에 해당된다. 그런데 이런 입장이 그 자신의 의미와 진리 요구를 상실하지 않으면서 그 자체에 적용될 수 있을까? 분명히 그렇지 않다. 왜냐하면 그렇다면 이 문장은 실행상의 자기모순에 말려들기 때문이다. 하지만 맥락화되거나 혹은 상대화될 수도 없는 그러한 철학적 명제들이 있다는 것은 무슨 뜻인가? 아니면 우리는 — 유혹스러운 제안에 따라 — 우리가 가진 세계이해의 맥락의존성, 언어의존성, 역사의존성과 관련된 철학적 반성의 모든 통찰들이 그 형식성 때문에 그 자체로는 어떤 의미도 갖지 않는다고 말할 수 있을까? 즉 그 어떤 시점에도 명백히 맥락상대적일 수밖에 없는 세계의 이해를 넘어 그 피안에 도달하는 그런 의미

---

24) 본문의 각주 9)와 10)에서 언급한 문헌들과 K.-O. Apel, "Das Anliegen des anglo-amerikanischen 'Kommunitarismus' in der Sicht der Diskursethik", in M. Brumlik und H. Brunkhorst Hg., *Gemeinschaft und Gerechtigkeit* (Frankfurt a. M.: Fischer, 1993), SS.149-172 참조.

란 일체 존재하지 않는다고 할 수 있을까?

내 생각으로는 철학적 반성에 대한 보편적 통찰을 이처럼 하찮은 것으로 여기는 경향은 역사적으로나 체계적으로나 전혀 지탱될 수 없다. 역사적으로 보자면 헤로도토스를 필두로 그리스인들이 서로 다른 민족들이나 문화의 관습들을 비교하여 이 다양함과 문화상대성에 대한 철학적 의식에 도달했을 때 다름 아닌 새로운 시대나 시기가 열렸다는 확증을 얻게 된다. 그런데 바로 이때 비로소 도덕규범들이란 "관습적인 것(thesei)이거나 자의적으로 정립된 것(nomo)"인가 아니면 "자연본성에 의한 것(physei)", 즉 이성에 의해서 근거 지어진 것인가를 물은 소피스트들의 문제 제기가 가능해졌다.

체계적 측면에서 보자면 철학적 반성의 보편적 통찰을 하찮게 여기는 가장 최근의 안목은 특히 이른바 '세계내존재'의 '선(先)구조'에 대한 하이데거와 가다머의 분석에 근거를 두고 있다고 보인다. 이 분석에 따르면 모든 진리 요구들은 임의의 시간에 즉하여 이루어지는 '세계에 대한 선이해'의 '사실성'에 의존한다. 그런데 이러한 분석은 잘못된 것은 아니지만, 불완전한 것이다. 다시 말해 그것은 우리의 '세계내존재'에 대한 철학적 분석의 '선구조', 즉 사실대립적이면서, 보편적 타당성에 호소하는 진리 요구와 자기 스스로를 결부시켜야 하는, 철학적 분석의 '선구조'를 결코 주제화하지 못한다.25)

따라서 하이데거의 경우 진리란 — 심지어 자기 자신의 철학적 진술의 진리도 — 우리 '존재이해'의 '개벽성(開闢性)', 그리고 결국에는 '존재의 섭리'에 의존한다는 점이 드러난다. 그리고 가다머의 경우 이러한 견해는 모든 해석학적 이해가 역사적 '선구조'에 의존하기 때문에, 그 어떤 시점에 있어서도 '달리 이해함'으로 귀결된다는 주장으로 이어진다. 여기에서는 사실대립적인, 즉 시간에 의존하지 않는 표준척도란 존

---

25) K.-O. Apel, "Sinnkonstitution und Geltungsrechtfertigung: Heidegger und das Problem der Transzendentalphilosophie", in *Auseinandersetzungen in Erpro-bung des transzendentalpragmatischen Ansatzes*(Frankfurt a. M.: Suhrkamp, 1998), SS.505-568 참조.

재하지 않으므로 과거에 대한 반성적 상환(償還)이라든가 그에 따른 '더 나은 이해'란 존재할 수 없게 된다. 따라서 현재의 철학에서 이루어진 해석학적 전환에서는 시간이 로고스를 누르고 승리를 거둔 셈이다. (이러한 승리의 선언은 여전히 로고스의 몫임에도 불구하고 그렇다.)

(내가 정확하게 보고 있다면, 이런 역설은 데리다에게서 다시 한 번 급진화된다. 왜냐하면 그는— 명백히 보편적 의미 요구와 보편적 진리 요구를 갖고— 언어적 기호의 의미가 '기축이동'되고 '산포'되는 과정, 간략히 말하자면, 데리다가 '차연(差延)'이라 부르는 차이 발생의 사건이 모든 인간 존재가 공유할 수 있는 '기의(記義)'가 '현전'하도록 하는 것을 원칙적으로 불가능하게 만들기 때문이다.26) 그러므로 '존재의미'에 대한 하이데거의 물음조차도 여전히 '로고스 중심주의'에 대한 잘못된 파악에 단단히 결박되어 있다고 말할 수 있다.)

따라서 나는 아마 비록 단지 나와 같은 현학적 철학자나 그렇게 느낀다고 하겠지만, 현재의 철학 무대에서 도저히 견디기 힘든 상황이 도래했다고 생각한다. 이러한 상황에 직면하여 나는 이제 이 강연의 마지막 부분에서 어떻게 최근 철학의 언어-분석적, 언어-화용론적, 그리고 언어-해석학적 전회의 성과가 내가 정립했던 제일철학의 새로운 패러다임, 즉 선험론적 기호학의 조명 아래 더 앞으로 진척되어 그 궁극점까지 사고될 수 있을지에 대해 최소한 윤곽이나마 그려보고자 한다. 여기에서 나는 칸트가 제기한 '이성의 자기일관성' 요구의 언어화용론 판(版)이라고 할 수 있는 실행적 자기모순 회피의 원칙이야말로 철학적 논증의 뒷걸음칠 곳 없는 의미조건으로서 절대적으로 존중되어야 한다는 전제를 발견론적 단서로 채택한다. (물론 이것은 아무리 신문 비평란에 실릴 만한 미학적 특질이 있다 하더라도, 예를 들어 특히 '어떤 것도 무방하다'는 식으로 철학을 무제한 문학적으로 취급하려는 것을 일체 거부함을

---

26) J. Derrida, *De la grammatologie*(Paris: Minuit, 1967); *L'écriture et la diffe-rence*(Paris: Ed. du Seuil, 1967) 참조.
한국어 번역본으로는 자크 데리다, 김웅권 옮김, 『그라마톨로지에 대하여』(서울: 동문선, 2004); 남수인 옮김, 『글쓰기와 차이』(서울: 동문선, 2001) 참조.

뜻한다.)

나는 다시 한 번 삼원적 기호관계, 즉 기호작동과정에 대한 도표적 도식을 출발점으로 삼겠다(도표 Ⅰ 참조). 그러나 나는 이제 그 도식을 보완하여 제일철학의 세 번째 패러다임을 통한 선험론적 철학의 전형을 고려에 넣도록 할 것이다(다음 도표 Ⅱ 참조).

도표 Ⅱ의 점선들은 선험론적 주체에 대한 방법적-유아론적 철학이 뜻하는 선험론적 인식론에 덧붙여 선험론적 기호학(즉, 최근 철학의 언어-분석적, 언어-화용론적 그리고 언어-해석학적 전회에 의해 전형된 선험론적 철학)이 고려해야 할 보완점을 표시한 것이다. 새로운 유형의 선험론적 철학은 상호주관적으로 타당한 논증과 세계해석의 가능성 조건들에 관여한다. 따라서 이 도식의 보완은 특히 무엇인가를 그 무엇인가로 인지함에 있어서 언어의 매개, 그리고 의사소통 공동체라는 전제를 통한 기호 해석의 주체의 입지점을 그에 상응하여 확장하는 일과 관련된다.

그러나 이렇게 보완된 도식에서 특정 언어나 특정 공동체의 전통에 따른 상대화를 표현하는 세계해석의 조건들에 관한 지표가 전혀 없다는 사실에 대해 사람들이 의아해할 수도 있을 것이다. 우리의 세계해석이 특수하게 분화한다는 사실과 그 유관성을 부인하지 않으면서도 이 선험론적 기호학의 도식 안에서 상대화의 현상을 정당화할 수 있을까? 나는 그렇다고 생각한다.

내가 특수한 차이들을 그냥 넘기는 것을 정당화하는 주요 근거는 다음과 같다. 즉, 제일철학의 선험철학적 도식을 표상해주는 나의 도표는, 특정 관점을 중심으로 하면서, 하이데거나 가다머에 따르면 세계내존재의 '선(先)구조'를 구성하는 세계의 선이해가 아니라, 언어적으로 매개된 세계해석들의 특수한 분화 상태들이 가진 상대성의 문제를 발견하고 토론할 수 있게 하는 유일한 관점인 철학의 비(非)관점적(a-perspective) '시야'를 조망하기 위해 고안된 것이다. 이런 철학관은 — 실행적 자기모순을 범할 수도 있다는 위협을 받아가면서 — 그 자신의 보편적 진리 요구를 진지하게 고려할 의무를 진다. 그리고 나아가 이 철학관은 어떻

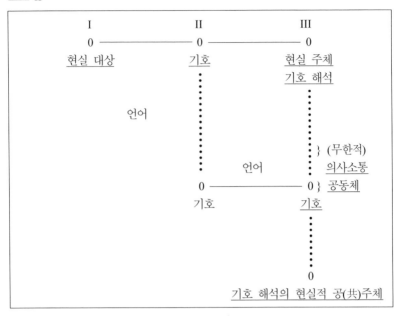

게 그 자신의 보편적인 진리 요구가 역사를 통해, 달리 말하자면, 인류의 문화적 진화를 통해 나타날 수 있었는지를 명료하게 이해시켜야 한다. 하지만 이것은 다음과 같은 점을 고려할 경우에만 가능하다.

각기 다른 "언어학적 세계관들"의 역사적 분화(빌헬름 폰 훔볼트), 그리고 그에 상응하여 나타나는 "모든 가능한 번역에 있어서의 불확정성"(콰인)에도 불구하고, 인간의 모든 언어는 언어들, 그리고 언어공동체들 사이에 궁극적으로는 점진적으로 이루어질 의사소통적 이해의 과정을 지향점으로 하는 가운데 의미론적으로 개방되어 있다. 이것이야말로 과학에 선행하여 생활세계 안에서 이루어지는 의사소통의 수준에서이미, 무한한 의사소통 공동체의 보편적 타당성을 지향점으로 하는 진리 요구들이 모든 사람들과 관계되어 있다고 보는 근거다. 바로 이러한 사실이 과학의 발생과 그것의 전 지구적 성공을 오늘날까지 가능하게 했다. 그러나 철학은 오늘날에도 모든 개별과학들과 함께 — 이 둘 사이의 선험론적 차이에도 불구하고 — 상호주관적으로 타당한 보편적 진리에 대한 요구를 공유한다. 구체적인 공중들과의 담론에서 — 자기 자신의 확신에만 입각하여 — 진리인 것, 즉 보편적으로 타당한 것이라고 생각하는 전제가 아니라, 다른 이들을 설득시키려면 구체적 청중에 의해 이미 수긍된 전제들에서 출발해야 함을 수사학에서는 언제나 알고 있었다는 것은 맞는 말이다.27) 하지만 만약 로티와 같은 철학자가 소피스트적 전통에 서서 이와 같은 수사학적 통찰로부터 일체의 진리 요구를 구체적 대중의 수긍으로 환원시켜버리는 결론을 도출한다면,28) 이것은 철학의 종말, 그리고 진보 능력 있는 과학의 종말에 이르는 일종의 언어적 전회 이후의 실용주의가 될 것이다.29)

이 정도가 선험론적 기호학의 관점에 입각한 이론철학의 새로운 근거 정립에 관한 내용이다. 두 번째 강연에서 나는 실천철학의 근거 정립, 즉 전 지구적으로 타당한 정의와 공동책임의 윤리학의 근거 정립에서야말로 제일철학의 세 번째 패러다임에 대한 봉쇄의 극복이 더 시급하다는 점을 보여주고자 한다.

권용혁 · 홍윤기 옮김

---

27) C. Perelman, *L'empire rhetorique. Rhetorique et argumentation*(Paris: J. Vrin, 1977), §3 참조.

28) 각주 7)과 8)에 언급된 문헌들과 J. Habermas, "Rorty's pragmatische Wende", in *Deutsche Zeitschrift für Philosophie* 5(1996), SS.715-742 참조.

29) K.-O. Apel, "What is Philosophy? The Philosophical Point of View After the End of Dogmatic Metaphysics".

제 **2** 강연

논변윤리학의 선험론적 근거 정립

1. 제일철학 세 번째 패러다임의 골격 안에서 이론철학의 반성적 최종근거 정립으로부터 실천철학의 최종근거 정립으로 이행함

첫 강연에서 나는 철학이 언어-분석적 전회, 언어-화용론적 전회, 그리고 언어-해석학적 전회를 거친 이후인 바로 우리 시대에 왜 제일철학의 새로운 세 번째 패러다임이 이론철학의 기본 분과 기능을 수행해야 하는가를 보여주려고 시도하였다. 존재론적 형이상학과 주체 내지 의식의 선험철학 이후에 제일철학의 기능은 선험론적 기호학에 떨어졌다. 선험론적 기호학은 기호로 매개되는 세계해석에 관한 삼원적 선험철학으로서, 이것의 이상적인 주체는 '나'의 자급자족적 의식이 아니라, 기호 해석과 의사소통의 무한한 공동체이다. 선험론적 기호학은 상호주관적으로 타당한 인식의 가능성 조건들에 관해 칸트가 최초로 제기한 물음에 적절한 형태로 답할 수 있다.

나아가 이러한 맥락에서 선험론적 기호학은 고전적 합리주의처럼 (최초의 공리들로부터 정리들을 도출하는) 연역을 통한 것은 아니지만) 철

---

1) H. Albert, *Traktat über kritische Vernunft*(Tübingen: Mohr, 1968), ch.1 참조. 이 점에 관해 또한 다음을 참조. K.-O. Apel, "Das Problem der philoso-

학에 최종근거 정립을 제공할 수 있기도 하다. 최종근거 정립의 이 새로운 방법은 선험화용론적 방법이라 불려도 될 것이다. 선험화용론적 방법은 더 이상 뒷걸음칠 곳 없는(後進不可能, nichthintergehbar) 것, 따라서 논증에 의해 시비를 걸 여지가 없는 것이 무엇인지에 관한 선험론적 반성에 의해 정립된다는 특징을 지닌다. 그래서 이제 선험화용론적 방법은 시비를 걸 여지가 없는 전제들을 동반하는 논증 그 자체다. 시비의 여지가 없는 전제들이 무엇인지를 탐색해보고 그와 동시에 그것들이 과연 정당화되는지를 테스트해보려면 논변의 파트너들에게 논증적 논변에 대한 자기반성을 실행시켜보면 된다. 이때 이 논증의 일정한 전제들, 다시 말해 최종근거 정립의 후보들에 이의를 제기해서 실행상의 자기모순을 범하게 되면 이 전제들에게는 시비를 걸 여지가 없다는 것이 입증되는 것이다. 이 경우 선결문제 요구의 오류를 범하지 않는 한, 이러한 성격의 전제들은 연역(또는 귀납, 혹은 가설추리법)을 통해서는 그 근거가 정립될 수 없다는 또 하나의 시험 기준이 충족되어야 한다.

그렇다면 이런 의미에서 시비의 여지가 없는 논증의 전제들로는 어떤 것들이 있을까? 이론철학의 근거 정립에 관한 한 우리는 "나는 생각한다. 고로 나는 존재한다"라는 명제가 논박될 수 없다고 한 데카르트, 그리고 후설의 확신을 재확증하는 것으로 시작할 수도 있겠다.2) 그러나 제일철학의 세 번째 패러다임에 따르면 우리는, 상호주관적 타당성 요구를 제기하는 사고란 '방법적' 혹은 '선험론적' 유아론의 문제가 아니라 '논증적 논변'의 맥락 안에서 이루어지는 논증과 동일하다는 것을 이미 알고 있다. (경험적으로 혼자인 경우 그런 사고가 고독한 주체에 의해 내면의 광장(foro interno)에서 실행되어야 한다고 하더라도 사정은

phischen Letztbegründung im Lichte einer transzendentalen Sprachpragmatik" in *Auseinandersetzungen*(Frankfurt a. M.: Suhrkamp, 1998), SS.33-80. 영역본 "The Question of Grounding: Philosophy and Transcendental Pragmatics of Language", in K.-O. Apel, *Selected Essays*, vol. II(Atlantic Highlands, N.J.: Humanities Press, 1996), pp.68-102 참조.

2) K.-O. Apel, "The Cartesian Paradigm of First Philosophy", *International Journal of Philosophical Studies*, vol. 6/1, pp.1-16 참조.

마찬가지다.) 그렇다면 이제 이것은 사고하는 이가 논증하는 이로 존재한다는 점 말고도 다른 많은 점들이 시비의 여지가 없는 전제로 입증될수 있음을 의미한다. 즉, 나(我)가 실존한다는 것뿐만 아니라 남(他人)들도 실존한다는 것도 시비의 여지가 없이 확실한 것이다. 그 남들이 '당신(들)'으로 불리면서 말이 건네지든, 아니면 그/그녀 혹은 그들이라는 인칭대명사를 써서 가상적인 의사소통 상대방으로 상정되든, 그것은 아무 상관이 없는 것이다. 따라서 (적어도 '나'가 — 우연하게도 — 인간으로서 마지막 인간이 되어 있지 않는 한) 언어 공동체 및 의사소통 공동체는 시비의 여지가 없이 실존하는 것으로 전제된다. 그러나 또한 의식의 외부에 현실세계가 실제로 존재한다는 것도 '나', 그리고 다른 사람들의 논증에서 제기하는 진리 요구들의, 부정할 수 없는 준거점으로전제된다. 왜냐하면 저 악명 높은 꿈의 논증이 보여주듯이 데카르트의 '문제적 관념론'은 스스로를 무효로 만들기 때문이다.3)

그러나 회의론자가 말하는 회의한다는 것과 비판적 합리론자들이 얘기하는 오류 가능성의 유보라는 것이 실로 무엇을 의미하는지를 명확히이해하자면 논증적 논변에 속하는 타당성 요구들이 존재한다는 사실 역시 시비의 여지가 없는 것, 따라서 확실한 것으로 전제되어야 한다. 그렇지 않으면 회의한다거나 물음을 묻는다는 것은 말도 되지 않는 일이되기 때문이다.4) 그렇다면 시비의 여지가 없는 타당성 요구들에는 무엇이 있는가?

첫 번째 타당성 요구이면서 다른 모든 타당성 요구들의 전제조건이기도 한 것은 의미 요구다. 그러나 언어학적으로 적절한 요건을 갖춘다는것이 이미 일정 수준의 이해 가능성을 보장하기는 해도 이 의미 요구가단지, 의미론과 구문론에 맞게 문장들을 언어학적으로 잘 짜인 형태로작성해야 한다는 것만 뜻하지는 않는다. 제일철학의 세 번째 패러다임안에서 수행되는 의미비판에 의해 분명히 보이듯이, 이해 가능성을 이

---

3) 같은 곳.
4) K.-O. Apel, "Fallibilismus, Konsenstheorie der Wahrheit und Letztbegründung", in *Auseinandersetzungen*, SS.81-194 참조.

런 언어학적 요인에 국한시킬 경우 한 문장의 의미론적 내용이 무의미하거나 터무니없는 것으로 될 가능성을 배제할 수 없다. 이런 경우 의미 요구는 진리 요구의 전제조건으로 기능할 수 없다. 예를 들어 "현재의 프랑스 왕은 대머리다"라는 문장이나 "모든 것은 단지 나의 꿈일지 모른다"라는 데카르트의 문장은 어학적으로 훌륭한 형태를 갖추었으나 의미론적으로는 아무런 내용도 담고 있지 않다.

따라서 이 의미 요구와 함께 우리가 꼽아야 하는 것은 진리 요구다. 진리 요구의 시비 불가능성은 두 측면에서 보일 수 있다. 첫 번째는 진리 요구를 부정하는 회의론자가 실행상의 자기모순을 범하고 있다는 사실이다. 그리고 두 번째로, 그 언어 안에서 나타나는 진술들이 전반적으로 진리라는 것을 동시에 가정하지 않으면서 한 언어가 의사소통의 의미 있는 매체로 작동하리라고 생각할 수 없다는 점이다.5) 따라서 의사소통적 이해와 그것의 합의 요구는 우선적으로, 어문학적 분과들의 이른바 '해석학적 추상'에서 상정하는 것처럼 단지 기호들의 의미에 대한 합의에 도달하는 것만을 목표로 삼는다고 볼 수는 없다. 최우선적으로 의사소통적 이해는 진리 요구와 같은 타당성 요구들에 대한 합의를 포함하는 것으로 파악되어야 하며, 오직 이런 측면이 강조된 의미에서의 이해(독일어로 Verständigung, 즉 상호이해)만이 의미 요구들에 대한 완전한 이해를 보장할 수 있다.

이 정도가 이론철학의 근거 정립과 직접 관련된 타당성 요구들의 시비 불가능한 전제들에 관한 것이다. 그러나 우리는 논증에 의해 필연적으로 전제되는 타당성 요구들을 아직 모두 열거하지 않았다. 진지한 진리 요구들의 전제조건으로서 우리는 또한 진실성 또는 성실성 요구를 전제해야 한다. 그리고 나아가, 논변 상대방에게 말을 건넴으로써 타당성 요구를 제기하는 논증 행위를 수행하면서 우리는 또한 도덕과 관련된 규범적 옳음(정당성)의 요구도 전제해야 한다. 왜냐하면 논변 상대방에게 말로 건네지는 동의나 비판에 대한 요청은 논변 상대방이 평등한

---

5) D. Davidson, "The Method of Truth in Metaphysics", *Midwest Studies in Philosophy* II(1977), pp.224-254와 비교하라.

권리를 가지고 있다는 것을 엄격히 인정하지 않는 태도나 논증을 이익의 제공 또는 위협과 결부시키는 상호행위의 전략적 합리성의 태도와 실행상 양립 불가능하기 때문이다. 그런 점 말고도 우리는, 예를 들어 진지한 질문을 하는 경우를 보면 알 수 있지만, 상대방에게 일단 진지한 논증이 건네지면, 그런 모든 경우에, 있을 수 있는 모든 논변 상대방들이 논변으로 다루어질 수 있는 생활세계의 모든 문제들의 실상을 확인하고 그 해결책을 모색하는 일에 평등한 공동책임을 진다는 것을 가정해야 한다.

상호주관적 의사소통과 특징적으로 연관된 저 타당성 요구들을 이렇게 반성하면서 이제 실천철학, 특히 논변윤리학의 선험화용론적 최종근거 정립으로의 이행이 가능해진다. 이제 우리가 이미 짐작했지만, 그런 이행은 제일철학의 세 번째 패러다임 골격 안에서 우리의 원초적 이성 능력이 더 이상 '선험론적 유아론'(후설)에서 뜻한 바대로가 아니라, 애초부터 의사소통적 이해와 합의 형성의 구조를 가진 것으로 이해되기 때문에 가능하게 된 것이다. 인식을 주관-객관-관계에서만 주목하는 유아론적 이성 개념의 전제로는 이성에 의거하여 윤리학의 근거를 정립할 수 있는가를 묻는 문제조차 이해할 수 없다. 그와 대조적으로 의사소통적 이성 개념의 전제 위에서야 비로소 이성에 의거한 윤리학의 근거 정립이라는 문제 및 이 문제에 대한 해결까지 둘 다 이해할 수 있는 것이다.

2. 논변윤리학의 선험화용론적 최종근거 정립

몇 가지 오해를 방지하는 일부터 하고 내 논의를 출발시키겠다. 나의 테제는 논증이 제기하는 시비 불가능한 진실성 요구와 특히 도덕적 옳음의 요구에 의거하면 실천철학, 그 가운데서도 최우선적으로는 논변윤리학의 근거 정립이 도입될 수 있다는 것이다. 그런데 이것은 우리가 진실성 요구 및 (도덕적) 옳음의 요구와 함께 인정했던 근본적 도덕규범들이 실천적 논변들, 그것도 도덕적 옳음의 요구를 둘러싼 갈등들에서만 전제된다는 것을 뜻하지는 않는다. 만약 이런 도덕규범들이 실천적 논변에서만 전제된다는 말이 정확하다면 — 적어도 철학의 차원에서는 — 우리는 실천적 논변에 참여하지 않고 가치로부터 자유로운 이론적 논변들만 추구하고 싶다고 말함으로써 모든 근본적 도덕규범들을 무시해버릴 수 있을 것이다. 그렇다면 논증적 이성에 의거한 윤리학의 최종근거 정립은 가능할 수 없다. 그러나 실행적 자기모순을 회피하라는 선험화용론적 시험은 그 어떤 논증적 논변이라도 그것이 서로를 평등한 상대방으로 인정해야 하는 논변 파트너들 사이의 논변인 한, 저 근본적 도덕규범들을 이미 전제하고 있음을 보여준다.

아직 규명할 점이 남아 있기는 하지만, 실천적 논변이 실제로 필요해진다면, 저 근본적 도덕규범들이란 실질적 규범들에 관한 합의 형성과 실천적 논변에서 이것들의 적용을 위한 절차적 규범들일 뿐이다. 그러나 문제가 윤리학의 최종근거 정립이라면 결정적 통찰은 — 이 차원에서 — 우리가 언제나 이미(immer schon) 논증적 논변에 참여하고 있다는 점이다. 이것은 우리가 경험적인 이유로 이런 논변을 내면의 장에서 고독한 사고를 통해 실행해야 할 때도 그렇다. 따라서 우리는 언제나 이미 논변윤리학의 근본들을 인정해왔던 것이다.

이 선험화용론적 논증은 누군가가 논변에 참여하기를 거부할 수 있다거나, 또는 — 다른 경우를 언급하자면 — 누군가가 어떤 구체적 상황에서 논변윤리학의 규범들에 따라 행위하기를 거부할 수도 있다는 반론에 의해 부당한 것으로 간주될 수 없다. 왜냐하면 첫 번째 경우, 문제의 인물은 논증 자체를 할 수 없기 때문에(더 엄밀하게 말하자면, 보편적 타당성 요구 같은 것으로 사고하는 일조차 할 수 없다) 이런 경우는 철학적 논변의 차원에서는 아무런 의의도 없다. 다른 한편, 두 번째 경우, 문제는 도덕적 규범들의 타당성에 대한 최종근거 정립이 아니라, 좋은 의지 또는 나쁜 의지라는 견지에서 단행되는 최종결단이다. 도덕적 당위를 반성적으로 근거 정립시켰다고 해서 자유의지가 이런 결단의 부담을 면제받을 수는 없다. 그러나 도덕적으로 책임 있는 결단으로서 이런 결단은 도덕적 당위에 대한 가능한 통찰을 이미 전제해야 한다. (나는 이

자리에서 윤리학에 대한 인지주의적 근거 정립과 결단주의적 근거 정립 사이의 논쟁에서 특징적으로 나타나는 이런저런 혼란들을 자세히 다룰 수는 없다.[6])

내가 보기에 논변윤리학의 선험화용론적 근거 정립에서 핵심은 다음 과 같다. 즉 이성의 선험적 논변 뒤로 갈 곳은 전혀 없다는 반성적 통찰 은, 경험적 혹은 형이상학적 사실들로부터 도덕규범을 도출하여 자연주 의적 오류에 걸려들게 하는 것이 아니라, 이미 칸트가 요구하였던 '이성 의 자기일관성'에 대한 요청으로부터 도덕규범을 도출함으로써 철학사 상 최초로 도덕규범의 근거 정립을 가능하게 하였다는 것이다. 그렇다 면 이제 이러한 종류의 근거 정립이 최초로 가능하게 되었다는 것은 무 슨 뜻일까?

내가 첫 강연에서 이미 소개한 제일철학의 세 패러다임들을 구분한 것과 유사하게 윤리학의 철학적 근거 정립에 있어서도 세 가지 다른 문 제 상황들을 구분할 수 있을 것이다.

존재론적 형이상학의 시기에 윤리학의 최종근거 정립이란 오직 존재 로부터, 또는 더 정확히 말하자면, 존재의 목적론적 목적으로부터 당위 를 도출함으로써만 가능하였다. 오늘날에도 예를 들어 매킨타이어[7])나 요나스[8]) 등에서 볼 수 있듯이, 종종 이런 종류의 최종근거 정립만이 유 일하게 구상 가능한 것으로 옹호되기도 한다. 그런데 이것이 자연주의 적 오류라고 논리적으로 반박하고 말 일은 아니다. 흄과 칸트 그리고 무 어가 그랬던 것같이 현대에 오면 '존재'는 가치중립적 사실이라는 의미 를 가진 것으로 전제된다. 하지만 제일철학의 첫 번째 패러다임이 지배

---

6) K.-O. Apel, *Auseinandersetzungen*, 3번째 및 4번째 논고.

7) A. MacIntyre, *After Virtue: A Study in Moral Theory*(London: Duckworth, 1981); *Whose Justice? Which Rationality?*(London: Duckworth, 1988) 참조. 한국어 번역본으로는 알레스데어 매킨타이어, 이진우 옮김, 『덕의 상실』(서울: 문예출판사, 1997) 참조.

8) H. Jonas, *Das Prinzip Verantwortung*(Frankfurt a. M.: Insel, 1979) 참조. 한국어 번역본으로는 H. 요나스, 이진우 옮김, 『책임의 원칙: 기술 시대의 생 태학적 윤리』(서울: 서광사, 1994) 참조.

하던 시절의 존재는 이렇게 가치중립적 사실이라는 의미를 갖지 않았다. 이 첫 번째 패러다임은 "존재한다는 것과 좋은 것(善)은 일치한다(ens et bonum convertuntur)"라는 등식을 전제했다. 물론 제일철학의 첫 번째 패러다임의 시기에는 달리 어쩔 수 없었겠지만, 이때 이 최종적인 존재론적 전제야말로 이 패러다임 안에서 이루어지는 근거 정립이 독단적 성격을 지녔음을 보여준다. 존재는 신을 그 목적으로 포함하거나(아리스토텔레스) 신에 의해 창조되었기(토마스 아퀴나스) 때문에 존재는 선이다라는 이런 식의 근거 정립의 결정적 전제는 더 이상의 근거 정립 없이 전제되어야 했다. 그런데 역사적으로 고찰해보면 이런 전제는 결코 당연한 것이 아니었다. 예를 들어 카타리파 교도들 같은 급진적 그노시스파는 존재가 신이 아니라 악마에 의해 창조되었기 때문에 존재는 악이라고 확신했었다.9)

제일철학의 두 번째 패러다임에서 윤리학의 근거 정립은 칸트가 명시적으로 요구했던 바와 같이 인간 이성에서 제공되었다. 그러나 (데카르트에서 후설을 거쳐 가는 동안) 현대적 사고를 주도한 주체 또는 의식의 철학은 윤리학의 근거 정립에 커다란 난관을 안고 있었다. 존재론적 견지에서 보자면, 이런 어려움은 특히 매킨타이어와 요나스에 의해 강조된 다음과 같은 사실, 즉 현대에 있어 존재가— 자연의 존재, 그리고 그 존재론적 귀결을 통해 심지어 인간 행위의 존재까지도— 그 목적론적 구조를 상실했기 때문에 나타난 것이다. 이제 과학의 대상인 존재의 구조는 가치중립적 사실이나 인과 법칙으로 축소되었다. 그러나 선험론적 이성철학의 견지에서 보자면, 그러한 어려움의 보다 심각한 이유는 내가 이미 언급한 다음의 사실, 즉 데카르트에서 후설까지 이성적 인간 주체가 방법적 내지는 선험론적 유아론의 의미로 이해되었다는 점에서 찾아진다. 지금까지 이성에 의거한 윤리학의 근거 정립은 현대 이성철학의 선험론적 토대가 오직 (과학과 연관된) 이성의 주관-객관-관계에만 관련되었을 뿐, 그와 동시에 복수(複數)의 이성 주체들이 수행하는 상호 행위 및 의사소통의 상보적인 주체-공(共)주체-관계와는 연관되지는 않

---

9) M. Brumlik, *Die Gnostiker*(Frankfurt a. M.: Eichborn, 1992).

왔기 때문에 불가능하였다. 엄격하게 말해 지금까지 현대 철학에는 자연과학의 타당성 가능성의 근거 정립과 대조되면서도 이를 보완하는 윤리학의 선험론적 근거 정립에 대한 특정한 동기가 결여되어 있었다. 그러나 문제 상황에 대한 이 재구성이 옳다면, 제일철학 두 번째 패러다임의 주요 고전가인 칸트는 또 어떻게 윤리학의 고전가가 될 수 있었을까?

많은 위대한 철학자들과 마찬가지로 칸트는 많은 측면에서 자기 체계의 패러다임적 이해를 앞서가고 있었다. 사실 그가 윤리학의 선험론적 근거 정립을 제공할 수 없었던 이유는 그것이 제일철학 두 번째 패러다임의 전제들 위에서는 불가능하였기 때문이다. 그러나 그는 『윤리형이상학 정초(Grundlegung zur Metaphysik der Sitten)』에서 이에 대해 완전히 새로운 전제를 도입하였고, 이것은 그로 하여금 그의 이성철학에서 윤리학적 논제의 취급을 가능하게 만들었다. 『순수이성비판』에서 "나는 생각한다"는 '선험론적'으로 '통각의 종합'이라는 의미로 상정되었다. 그러나 『윤리형이상학 정초』에서 설정한 새로운 전제는 선험론적이라기보다는 오히려 칸트 이전 형이상학에 나오던 '초험적'인 것과 같은 의미였다. 하지만 그것은 윤리학적 관련성을 지녔는데, 왜냐하면 그것은 이성 존재들의 공동체에서 인간적 인격들의 상호 인정 관계를 다루고 있었기 때문이다. 물론 내가 뜻하는 것은 "목적의 왕국(Reich der Zwecke)"으로서, 칸트의 말을 빌리자면 "이성본질체(Vernunftwesen)"의 세계(지성계, mundus intelligibilis)라는 전제다. 이 이성본질체들은 그 왕국의 구성원들로서, "그가 언제나 입법자로서 (남녀를 막론하고) 자기 개인의 관점뿐만 아니라 동시에 입법자인 다른 모든 이성본질체들의 관점에서 자기 자신의 준칙을 채택해야 한다"는[10] 조건에 따라 각 구성원의 존엄성이 보장되는 가운데, 이 구성원들이 스스로에게 부여한

---

10) I. Kant, *Grundlegung zur Metaphysik der Sitten*, in *Werke*(Akademie-Textausgabe, Berlin: de Gruyter, 1968), vol. IV, S.433 이하 및 S.438. 한국어 번역본으로는 임마누엘 칸트, 이원봉 옮김 『도덕 형이상학을 위한 기초 놓기』(서울: 책세상, 2002) 참조.

법에 의해 결합된 존재들이다.

이러한 상정은 칸트로 하여금 이성의 주체인 모든 개개의 인격들의 자율적 의지로부터 그들 자신의 행위 준칙에 대한 보편화 원칙으로서 '정언명법'의 무조건적 타당성을 도출하는 것을 가능하게 만들었다. 하지만 엄격히 말하자면 이것은 단지 도덕법칙의 '실재성'에 대한 형이상학적 설명일 뿐이었다. 그러나 칸트 자신에 따르더라도11) 이것은 아직 '종합적인 선험적 실천판단'으로서의 도덕법칙의 타당성에 대한 선험론적 근거 정립은 아니었다. 칸트는 이러한 근거 정립에 실패하였는데, 그 이유는 칸트에게 의지의 자유는 인식 가능한 것이 아니라 단지 '실천이성의 요청'일 뿐이기 때문이었다. 그러나 이 요청은 그 자체로 이미, 자율적 의지에 의해 근거 지어져야 할 도덕법칙의 타당성을 전제하고 있었다. 그리하여 칸트는 논리적 순환에 말려들어 마침내 선험론적 근거 정립 대신 "도덕법칙이란 우리가 선험적으로 의식하고 그 자체 필증적으로 확실하게 확신하는 이성 사실"이라는 선언으로 때우고 말았다.12)

(나아가 인간 존재가 동시에 그 시민이기도 한 '두 세계'에 대한 칸트의 형이상학적 가정은 인간 존재가 어떻게 도덕법칙을 자기 스스로에게 부과할 수 있는지를 정말 이해할 수 없게 만들었다. 왜냐하면 '목적의 왕국'의 '지성적(intelligible)' 구성원으로서 인간은 진정 입법적 자유로서의 '자율성'을 가지지만, 또한 이런 자율성을 가진 정도만큼 당위에 대한 어떤 규정도 필요치 않기 때문이다. 그리고 다른 한편 칸트에 따르면, 현상세계의 '경험적' 구성원으로서 인간의 동기는 인과적으로 결정되어지는데, 따라서 바로 그 때문에 인간은 자유를 전제하는 어떤 '당위'의 수신자가 될 수 없다.13))

그럼에도 불구하고 서로를 그 자체 목적으로 인정하는 이성 존재자들

---

11) 같은 책, S.444 이하 참조.

12) I. Kant, *Kritik der praktischen Vernunft*, in *Werke*(Akademie-Textausgabe, Berlin: de Gruyter, 1968), vol. V, S.46 이하.

13) A. Dorschel, *Die idealistische Kritik des Willens. Versuch über die Theorie der praktischen Subjektivität bei Kant und Hegel*(Hamburg: Meiner, 1992) 참조.

로 이루어진 '목적의 왕국'이라는 칸트의 구상은 인간들 사이의 관계에 대한 기본적 도덕규범을 형이상학적으로 예감한 것이었다. 그리고 우리는 또한 엄격하게 선험론적인 반성을 통해 이 기본 규범이 우리에 의해 도덕성의 최종적 판단 척도로 언제나 이미 인정되어 있음을 보여줄 수 있다. 이 선험론적-반성적 증명의 전제조건은 단지 우리가 더 이상 뒤로 갈 곳이 없는 최종점으로서 "나는 생각한다"에 나오는 것과 같이 자급자족적인 것으로 추정된 주체의 구조가 아니라, "나는 생각한다"의 구조를 "나는 무한한 의사소통 공동체의 구성원으로서 논증한다"로 확인하는 것뿐이다. 왜냐하면 더 이상 뒤로 갈 곳이 없는 것으로 인지되는 바로 그런 상황에서 우리 각자는 이상적 의사소통 공동체의 근본 규범들이야말로 논증 행위의 도덕적 전제들의 판단 척도라고 진정으로 인정하였기 때문이다. 따라서 칸트의 '목적의 왕국'은 단지 이 선험화용론적 반성의 초험적이고도 형이상학적인 예비 형태일 뿐이었다.

그런데 이 선험론적 전제는 우리가 그 어떤 진지한 논변에 있어서도 이상적 의사소통 공동체의 조건들을 경험적으로 전제해야 한다는 것을 함축하지는 않는다. 경험적으로는 물론 우리가 이 조건들이 충분하게 실현되어 있음을 상정하는 것으로 충분하다. (실제로 누구라도 모든 논변 참가자들이 오직 전략적 목표만 추구하거나 또는 독단적 편견 때문에 자신들의 논증적 요구를 시험하도록 내놓을 태세가 전연 되어 있지 않음을 깨닫게 될 경우, 그런 사람은 논증적 논변의 기획을 포기해야만 할 것이다.) 그러나 누구라도 진지하게 논증을 하고 있는 한, 그런 사람은 타당성 요구들에 관한 합의에 도달해야 한다는 요청과 아울러 이상적 의사소통 공동체의 규범적 조건들을 예감하지 않을 수 없을 것이다. 선험론적 전제들을 부인하고 오직 경험적 동기나 가정들만 용인하면서도 바로 이런 확신의 타당성이 옳다고 논증하기를 원하는 회의론자나 경험주의적 실용주의자를 관찰해볼 때야말로 논변 상황의 이 독특한 현상을 가장 확연하게 파악할 수 있는 기회다. 요컨대, 진지한 논증 상황은 이상적 의사소통 공동체의 규범적 조건들에 대한 이러한 사실대립적 예감을 필연적으로 함축하고 있다. 그리고 이 점이 윤리학의 탈형이상학적 최종근거 정립을 가능하게 만든다.

그러나 이 점을 좀 더 자세히 밝히기 위해 나는 또한 어떤 측면에서 논변윤리학의 선험화용론적 근거 정립이 칸트 윤리학의 심층적인 전형(轉形)을 함축하는지를 보여주어야 한다. 대체로 이런 전형에는 다음과 같은 세 가지 측면이 있다.

(1) 첫째, 논변윤리학은, 선험화용론에 의해 근거 정립되기는 했지만, 칸트에서 유래하는 순수 의무론처럼 역사를 추상화시키지 않는다. 오히려 논변윤리학은 처음부터 현실적 의사소통 공동체와 이상적 의사소통 공동체의 조건들을 언제나 동시적으로 전제하는 이중 선험성(double apriori)에 의거하여 칸트와 헤겔을 매개한다.

(2) 논변윤리학은, 그것이 의무론적 윤리학으로 간주된다는 측면에서 볼 때, 정언명법과 그 적용이 실질적 규범의 기초 설정을 관련 당사자들(또는 그 변호자들)의 합의 형성에 위임하는 절차적 원칙이 되게끔 전형시킨다.

(3) 논변윤리학은 그 역사연관적 출발점 때문에 미래연관적인 책임윤리학이기도 하며, 이 점에서 (막스 베버적 의미에서 보면 '신념윤리학'에 해당하는) 칸트의 선의지 내지 선의도의 윤리학과 뚜렷이 구별된다.

이제 이 세 항목을 차례로 조명해보겠다.

(1)의 측면에 관하여 : 좀 비중이 떨어지는 칸트의 역사철학 소논고들을 무시하면 칸트 윤리학은 그 자체가 비가역적인 역사 과정의 맥락 속에 상황지어져 있다는 점을 추상화시킨 의무론적 원칙윤리학의 원형으로 간주될 수도 있겠다. 달리 말해 칸트 윤리학은 '목적의 왕국' 안에 있는 이성 존재들의 이상적 공동체 조건들을 형이상학적으로 지향하는 윤리학으로서, 모든 구체적 인간 행위를 역사적으로 주어진 상황 및 그 사회적 조건들과 연결시킬 필요성을 명시적으로 고려하지 않는다.

이 사실은 칸트 윤리학을 양면의 비판에 노출시킨다. 한편으로 칸트

윤리학은 역사적 회고의 관점에서 '실체적 인륜성(substantielle Sittlich-keit)'을 최우선적으로 지향하는 헤겔 윤리학의 비판에 직면한다. 적어도 헤겔의 비판은 '객관정신'의 현실이 언제나 이미 도덕적으로, 그리고 법적으로, 효력적인 제도나 행위 준칙의 문화 같은 것들을 내포하고 있다는 점만은 보여줄 수 있다.14) 칸트의 형식적 원칙으로는 헤겔이 '이성적 현실'이라고 부른 이 도덕적 현실을 건너뛸 수 없다. 그리고 다른 한편으로 칸트의 순수의무론적 윤리학은 우리 행위들의 결과를 미래와 연관시키는 책임윤리학의 비판에 노출된다. 이 비판은 다음과 같은 난문(아포리아)을 지적해준다. 즉, 역사적으로 상황 지어져 있는 점을 추상화시킨 윤리학이 주어진 특정 상황에 적용되어야 한다면 — 그리고 이것은 불가피한 일이기도 하다 — 그것은 역사에서 영점(零點) 또는 역사의 온당한 새로운 출발 같은 가능성을 상정해야 한다. 하지만 이 둘 중 어느 것도, 그것도 원칙적으로, 불가능하다. 그리고 실질적인 측면에서 보더라도 이 두 가지 생각 모두 미래와 연관된 책임에 특징적인 유일무이한 상황을 간과할 정도에 이를 수 있다.

내 견해로 이제 논변윤리학은 방금 특징지은 그런 비판의 어떤 측면에도 노출되지 않는다. 그 이유는 다음과 같다. 즉 더 이상 뒤로 갈 곳 없는, 논변윤리학 근거 정립의 원초적 상황(롤즈 식의 용어를 쓰자면, '원초적 입장')은, 이미 내가 지적한 대로, 의사소통의 이상 조건과 현실 조건 두 가지를 모두 전제하는 이중 선험성의 특징을 가지고 있다. 이 이중 선험성의 두 번째 측면은 내가 첫 강연에서 다루었던 최근 철학의 해석학적 전회에 대한 통찰들, 즉 '세계에 대한 선이해'의 '사실성과 역사성의 선험성', 그리고 강력한 가치들을 가진 공동체 전통에 속한다는 의미에서의 문화연관성에 상응한다. 요약하자면 일찍이 하이데거와 가다머, 그리고 최근에는 찰스 테일러와 같이 헤겔주의적 통찰들을 그 구상에 통합한 영미 계열의 '공동체주의자들'15)에 의해 드러났던 그런 면

---

14) R. Bubner, "Rationalität, Lebensform und Geschichte", in H. Schnädelbach Hg., *Rationalität*(Frankfurt a. M.: Suhrkamp, 1984), SS.198-217 참조.

15) A. Honneth Hg., *Kommunitarismus: Eine Debatte über die Grundlagen mod-*

모들에 부응하는 것이다.

따라서 선험화용론적 접근법은 '사실성과 역사성의 선험성'을 포함한다. 그러나 그것은 현실 조건이나 이상 조건 중 어느 하나를 고립시키거나 절대화시키지 않고 원래 그것이 논증 상황에 대한 선험화용론적 반성을 통해 드러낼 수 있는, 독특한 변증법적 포괄성을 가진 선험성을 상정함으로써 두 측면을 연결시키고 있다.

그런데 한편으로 우리는 칸트를 비판한 헤겔의 견지에서 행위준칙의 보편화 원칙으로서의 칸트 '정언명법'이 역사적으로 주어지고 제도의 지원을 받는 준칙 문화와 결합되지 않으면 안 된다는 통찰을 얻을 수도 있겠다. 바로 그럼으로써 비로소 정언명법은 질료적 내용을 얻는다. 따라서 예를 들어 칸트의 '예탁물'16) 절취 금지의 경우 거기에는 이미 사유재산의 제도가 헤겔적 의미에서 역사적으로 전제되어 있다. 그러나 정언명법에서 직접 절도 금지를 도출하고 싶어 한 칸트는 유럽에 특유한 사유재산제도의 역사적 성격, 그리고 어떤 한 사람의 행위준칙을 보편화하는 요청으로서의 '정언명법'이 사유재산제도가 보편화의 공통 기초로서 역사적으로 전제되어 있기 때문에 비로소 이 절도 금지의 사례에 적용될 수 있다는 사실 등에 대해서는 별다른 반성을 가하지 않았다.

역사적으로 전제되어 있는 이 공통 기초는 헤겔에 의해 탐지되었던 '객관정신'의 현실에 속했던 것으로서, 나중에는 해석학적 역사과학과

---

erner *Gesellschaften*(Frankfurt a. M.: Fischer, 1993); K.-O. Apel, "Das Anliegen des anglo-amerikanischen Kommunitarismus in der Sicht der Diskursethik", in M. Brumlik und H. Brunkhorst Hg., *Gemeinschaft und Gerechtigkeit*(Frankfurt a. M.: Fischer, 1993), SS.149-172 참조.

16) I. Kant, *Kritik der praktischen Vernunft*, S.27 참조. 그리고 이 예와 관련해서는 G. W. F. Hegel, "Über die wissenschaftlichen Behandlungsarten des Naturrechts, seine Stelle in der praktischen Philosophie und sein Verhältnis zu den positiven Rechtswissenschaften", in E. Moldenhauer und K. M. Michel Hg., *Werke*(Frankfurt a. M.: Suhrkamp, 1974), vol. 2, S.434 이하; K.-O. Apel, "Ist die philosophische Letztbegründung moralischer Normen auf die reale Praxis anwendbar?", in K.-O. Apel, O. Böhler, und K. Rebel Hg., *Funkkolleg Praktische Philosophie/Ethik. Studientexte*(Weinheim/Basel: Belz, 1984), S.613 이하를 참조하라.

막스 베버적 의미에서의 '이해사회학'의 주요 쟁점이 되었다. 따라서 오늘날 우리는 이 '객관정신'의 현실을 도덕규범들의 완수조건으로 고려해야 한다. 하지만 이것은 그 자체 자신이 가질 제도의 형태를 거듭거듭 새로이 만들어갈 인류의 도덕적 책임에 포섭되는 사회역사적 조건이다. (나는 나중에 논변윤리학에 특유한 이 관심사를 재론하겠다.) 칸트에게 제도의 이런 현실은 자연과학, 그리고 도덕 및 법의 철학 사이에서 아직도 과학 고유의 유형에 맞는 쟁점으로 떠오르지 않았다.

그러나 윤리의 역사적 상황의존성에 대한 칸트의 반성이 불충분했다는 점을 비판하는 것이 필수적이라고 하더라도 우리는 그때마다 참으로 조심스럽지 않으면 안 된다. 왜냐하면 우리가 칸트를 비판해야 한다고 해서 논변윤리학에 의한 칸트주의의 전형(轉形)이 도덕성의 보편화 원칙에 대한 칸트의 탐색이라든가 규범들의 올바름 여부를 검증함에 있어서 궁극적 판단 척도가 되는 그 의무론적 기능을 무시해도 좋다는 결론이 나오지는 않기 때문이다. 또한 논변윤리학이 의무론적 '당위'를 '실체적 도덕들'의 역사적으로 필연적인 과정과 진보로 '지양(Aufhebung)' 하자는 헤겔의 제안을 추종해야 한다는 결론이 나오는 것도 아니다. 그리고 현재 만연되어 있는 역사주의-상대주의의 제안에 굴복하여, 보편적으로 타당한 모든 정의 규범들을 좋은 삶의 가치에 대한 문화의존적인 전통들로 각기 해소시키자는 것은 더더구나 아니다.[17] 논변윤리학의 경우 구체적인 도덕적 결단들을 주어진 역사 상황 및 문화 전통과 결합시키는 것이 필연적이라 하더라도, 이상적 의사소통 공동체의 보편적으로 타당한 규범들에 대한 사실대립적 예감이 여전히 도덕성의 최상 판단 척도로 남는다. 왜냐하면 모든 인간 존재의 평등한 권리와 평등한 공동책임성이라는 이 이상적 판단 척도야말로 (아주 역점적인 의미에서) 의사소통적 이해의 가능성, 그리고 각기 상이하게 존립하는 가치 공동

---

17) K.-O. Apel, "Kant, Hegel und das aktuelle Problem der normativen Grundlagen von Moral und Recht", in *Diskurs und Verantwortung*(Frankfurt a. M.: Suhrkamp, 1988), SS.69-102; "Kann der postkantische Standpunkt der Moralität noch einmal in substantielle Sittlichkeit 'aufgehoben' werden?", in *Diskurs und Verantwortung*, SS.103-153 참조.

체들의 협력이라도 그 사이에 이루어져야 하는 협력의 가능성 등에 대한 규범적 조건이기 때문에 그 자체로서 사실대립적으로 예감되어 있어야 한다.

이 규범적 판단 척도가 제기됨으로써 도덕성에 대한 보편적으로 타당한 탈전통적 근거 정립과 '실체적 인륜성'(헤겔)의 전통적 형태 및 그 형이상학적, 종교적 대변체들 사이에 경험적으로 불가피하게 일종의 긴장이 조성된다. 정의와 공동책임이라고 하는 보편적으로 타당한 기초규범들에 대한 선험화용론적 근거 정립이 다원주의, 그리고 문화연관적인 가치 전통의 차이점들에 아주 폭넓은 자유 공간을 허용할 수 있으리라는 것은 확실하다. 논변윤리는 단언적 관용(affirmative tolerance)이라는 방식으로18) 이런 일을 할 수 있고, 또 해야 하기도 한다. 왜냐하면 논변윤리라고 해서 자기가 나서서 서로 다른 문화적 전통들의 가치를 개명시켜줄 창조적 관점들을 발견할 수 있는 것이 아니라 오히려 그런 가치들을 전제로 삼아야 하기 때문이다. 그리고 논변윤리는 개인이나 집단의 좋은 삶에 대한 기획은 그 특수한 개인들이나 집단에 맡겨야 한다. 하지만 논변윤리는 보편적 타당성에 대한 요구를 가진 정의의 윤리학이기 때문에 삶에 대한 개별적 기획 및 문화연관적인 전통들의 가치다원론에 대해서는 제한조건을 부과해야 한다.

자주 암시되듯이 이런 요구는 단언적 관용의 필요와 모순되지는 않지만 보완성의 원칙에 따라 보편적 원칙과 특수한 가치들 사이의 긴장을 매개할 과제를 제기한다. 왜냐하면 좋은 삶에 대한 개인적 내지 집단적 기획들을 한편으로 하고, 정의와 공동책임이라는 보편적으로 타당한 규범들을 다른 한편으로 하여, 매개되어야 할 사안들이 진실로 양극적인 대립 상태를 띠면서 이에 따라 갈등에 휘말리기란 아주 쉽기 때문이다. 하지만 논변윤리학의 골격 안에서는 이런 것들이 필연적으로 서로를 전제하고 있다. 왜냐하면 의무론적 정의 윤리는 서로 다른 개인들 내지 문

---

18) K.-O. Apel, "Plurality of the Good? The Problem of Affirmative Tolerance in a Multicultural Society from an Ethical Point of View", *Ratio Juris*, 10/2 (1997), pp.199-212 참조.

화 전통들에 자기실현의 평등한 권리를 인정하면서도, 그와 동시에 그런 것들에게 좋은 삶에 대한 평등한 가치를 부과하지는 못하기 때문이다. 다른 한편, 다른 모든 개인들 또는 집단들의 평등한 '인권'을 고려하지 않거나, 또는 만인의 복지라는 측면에서 만인의 공동책임을 고려하지 않은 채 자신들의 '강한 가치들'을 채택하고 관철시키고자 하는 개인들 내지 특수한 공동체들은 그와 동시에 도덕적 논변들을 통해 자기들의 관심사를 방어하기를 원할 수는 없을 것이다. 따라서 여기까지의 논의만 두고 보더라도 그런 이들은 좋은 삶에 대한 자신들의 기획을 논변해보겠다는 요구조차 할 수 없을 것이다.

지금까지 우리가 다루어왔던 문제, 즉 이상적 의사소통 공동체의 보편주의적 선험성과 현실적 의사소통 공동체에 속하는 사실성의 선험성이라는 논변윤리의 양극 사이를 매개하는 문제가 논변윤리학이 완수할 당면의 쟁점이 되는 현장은 특히 '인권', 그리고 그와 내적으로 연관된 '다문화(多文化) 사회'라는 두 사안에 대한 국제적 차원의 토론이다. 현재의 맥락에서 이 문제를 상론하지는 못하겠다. 나는 다만 이 두 문제 모두 보편주의와 특수주의, 아니면 보편주의와 다원주의 사이의[19] 긍정적 보완성이라는 정신에 입각하여 해결되어야 한다고 암시할 수 있을 뿐이다. 물론 이 맥락에서 갈등의 해결이란 제시된 보완성 원칙을 전제로 철학자들이 연역해낼 수 있는 것은 아니라는 점을 강조해두어야겠다. 논변윤리학의 혈관이 통하는 철학이 할 수 있는 일이라고는 단지 해결책들을 겨냥한 논변 절차들의 규제원칙들을 제공하는 것뿐이다. 해결책들 자체는 의견 불일치의 위험부담 아래, 그리고 오류 가능성을 유보하는 가운데, 현실적 논변을 통해 관련 당사자들이나 그 변호인들이 스스로 탐색해야 한다. 이런 언급과 더불어 나는 이미 제기한 대로 선험화용론적 논변윤리학의 패러다임에 의한 칸트 윤리학의 전형에 있어서 그 두 번째 측면을 이야기하고자 한다.

---

19) K.-O. Apel, "The Problem of Justice in a Multicultural Society: the Response of Discourse Ethics", in R. Kearney and M. Dooley eds., *Questioning Ethics* (London: Routledge, 1999), pp.145-169 참조.

(2)에 관하여 : 비록 논변윤리학이 이상적 의사소통 공동체의 선험성을 지향하고, 그런 의미에서 '목적의 왕국'이라는 칸트의 유산에 포함되기는 하지만, 논변윤리학은 어떤 특정한 의미에서 이러한 형이상학적 유산을 전형시킨다. 논변윤리학은 칸트의 '목적의 왕국'을 과잉실체화시키는 작업의 근저에 깔려 있는 플라톤주의적인 '이성 이념'을 실천적 논변의 절차를 위한 '규제 이념'으로 전형시킨다. 이런 정도로 논변윤리학은 실천철학의 장에서 칸트 자신이 이론철학의 장, 다시 말해『순수이성비판』의 '선험론적 변증법'에서 추구했던 논증 전략을 따라간다.

거기서 칸트는 '규제 이념'을 도입하여 경험으로 지식을 완성시켜가는 절차주의 규칙-원칙으로 '물자체'에 대한 플라톤주의적 과잉실체화를 대체시켜버렸다.[20] 논변윤리학에서도 실천적 논변을 통하여 도덕적인 문제를 해결하기 위한 절차적 원칙으로서, 규제적 이념과 관련하여 칸트 윤리학에서와 유사한 전회가 시도된다. 즉 이 실천적 논변들은 관련된 모든 이들에 의한 찬동을 모을 수 있는 해결점에 도달한다는 규제 이념 아래 놓이게 된 것이다.

하지만 실천적 논변들의 공동주체들이 현존하는 실재에 관련된 견해들에 관한 합의를 추구할 뿐만 아니라, (비코가 뜻했던 바와 마찬가지로) 역사적 실재를 더불어 형성하는 행위 규범들에 관한 합의에도 도달하고 싶어 하는 한, 실천적 논변들에서 합의 형성의 기능은 이론적 논변에서의 합의 형성 기능과 다르다는 것은 맞는 말이다.[21] 그럼에도 불구하고, 실천적 논변의 절차주의와 과학 탐구의 완성이라는 칸트적 절차주의 사이에 유사한 점이 있다는 것은 중요하다. 왜냐하면 절차적 원칙을 통한 논변윤리학은 모든 관련 당사자들(말하자면, 현재 논변에 참여해 있는 사람들뿐만 아니라 미래 세대의 구성원들)의 관심 사안에 대한

---

20) I. Kant, *Kritik der reinen Vernunft*(2. Aufl. 1787), in *Werke*(Akademie-Textausgabe, Berlin: de Gruyter, 1968), vol. III, SS.245 이하, 381 이하, 426 이하 참조.

21) K.-O. Apel, "Giambattista Vicos Antikartesianismus und sein Programm einer neuen Wissenschaft", in H. Schnädelbach Hg., *400 Jahre Descartes* (Frankfurt a. M.: Suhrkamp, 1999).

완전한 고려를 보증하고자 할 뿐만 아니라, 문제 되는 해결책이 가져올 가능한 결과들에 관한 전문가들의 최대 지식에 근거하여 도덕 문제를 책임 있게 해결할 근거를 정립하고자 하기 때문이다. 더욱이, 도덕과 법으로 이루어지는 실질적 규범들의 수정 가능성을 상정하는 것조차도 적어도 부분적으로는, 퍼스가 '장기적으로 본' 과학 연구의 진보라는 규제적 원칙과 같이 도입했던 오류가능주의/개선주의의 원칙과 일치한다.22)

현실적이고도 실용적인 견지에서 본 논변윤리학의 새로운 모습은 현실적 논변들을 통하여 (혹은 사고실험에 자극을 받아) 그에 따라 사실적이긴 하지만 수정 가능한 합의 형성을 통하여 도덕적으로 관련된 모든 문제들을 매개하는 데 있다고 생각한다. 다른 한편 사람들은 암시적이고도 (선험론적) 견지에서 본 논변윤리학의 새로운 모습은 그 자체 물론 수정 불가능한 근본적인 절차 규범들을 논변 반성적으로 최종근거 정립하는 데 있다고 말할지도 모르겠다. 현실의 논변들을 통해 도덕적 문제들에 대한 모든 구체적 해결을 매개하라는 요구와 관련되어 엄청난 적용상의 문제가 생겨나고 있다는 것은 두말할 필요도 없다. 오늘날 전 지구적으로 매개되어야 하는 인간적 이익 관심들의 다양성과 규범의 공적 준수라는 사실과 그 있을 법한 결과들에 관한 전문가들의 합의 형성의 어려움만 생각해보아도 알 수 있는 일이다.

하지만 과학, 경제, 정치에 관한 수많은 회의들에서 보듯이 우리 시대에는 모든 수준에서 무수히 많은 대화들이 이루어지고 있다는 점 역시 위와 똑같은 정도로 명백하다. 적어도 공적인 외양에 따르면 논변윤리학의 절차주의는 이미 수용되어 실행되고 있다. 물론 추론을 수행하는 지구적 규모의 공중(公衆)을 비판적으로 관찰하는 이들뿐만 아니라 그 참여자들까지도, 이 '수천 개의 회의들'이 결코 논변윤리학에서 뜻하는 '이상적인 실천적 논변들'이 아니지만, 적어도 또한, 공공연하게 아니면 은밀하게 전략적 흥정의 성격을 지닌다는 사실을 잘 알고 있다. 하지만 사정이 이렇다고 해서 — 공식적인 외양에서도 보이는 바와 같이 — 오

---

22) C. Peirce, "Fallibilism, Continuity, and Evolution", in *The Collected Papers* I, §§141, 175.

늘날 사람들이 우리가 뜻하는바 실천적 논변의 이상적 절차야말로 우리 시대의 복잡한 도덕적인 문제에 대한 윤리의 최적 대응임을 잘 알고 있다는 사실이 바뀌지는 않는다.

그러나 이 지점에서 나는 선험화용론적 최종근거 정립과도 관련된 논변윤리학의 마지막 문제를 제기해야겠다. 그것은 그 어떤 원칙 윤리학에서도 제기되는 기초적 문제인바, 전문 윤리학의 대변자들은 이 문제를 다루기보다는 누르기를 좋아한다. 이 마지막 문제가 내가 요구했던 칸트 윤리학의 전형에서 세 번째 측면에 이른다. 그것은 선의지 혹은 선의도를 역사연관적인 책임윤리학으로 전형시키는 데 따르는 문제다.

(3)에 관하여 : 우선 다음과 같은 질문을 던져보기로 하자. 오늘날 열리는 '수천 개의 회의들'에서 실천적 논변들의 절차가 언제나, 많건 적건 전략적인 것으로 왜곡되는 방식으로 수행되는 이유는 무엇인가? 우리는 대부분의 논변 참여자가 이해관계의 대변자로서 단순히 악의적으로, 견유학파와 유사하게, 냉소하는 식으로 논변윤리학의 기본 규범과 규제적 원리를 부정하는 나쁜 의도를 가졌다고 가정해야 할까? 사실 이런 비난은 '제1세계'인 부유한 나라의 정치적, 경제적 이해의 대변자들에 맞서 라틴아메리카에서 나온 '해방철학' 대변자들에 의해 '제3세계' 가난한 자들의 이름을 걸고 매우 인상적인 방식으로 제기되었다.23) 그러나 내가 보기에 이러한 가정은 설득력이 떨어진다. 사실 나에게 '수천 개의 회의'의 심층 구조는 정치적 책임 윤리의 차원에서 도덕성의 모든 원칙들의 적용에 관련된 문제들에 의해 결정된다. 그런데 문제의 골이 워낙 깊어 칸트적 뜻을 가진 모든 의무론적 윤리의 근거가 문제시된다.

---

23) E. Dussel, "Vom Skeptiker zum Zyniker(vom Gegner der 'Diskursethik' zu dem der Befreiungsethik", in R. Fornet-Betancourt Hg., *Die Diskursethik und ihre lateinamerikanische Kritik*(1993), SS.55-65을 참조하라. 이 점에 관해서는 K.-O. Apel, "Die Diskursethik vor der Herausforderung der latcinamerikanischen Philosophie der Befreiung", in R. Fornet-Betancourt Hg., *Konvergenz oder Divergenz? Eine Bilanz des Gesprächs zwischen Diskursethik und Befreiungsethik*(Aachen: Augustinus-Buchhandlung, 1994), SS.17-38 및 특히 30 이하 참조.

이 자리에서 나는 단지 몇 가지 중요한 측면만 지적하고자 한다.

다시 한 번 논변윤리학의 최종근거 정립으로 돌아가보자. 이 근거 정립은 칸트 보편화 원칙을 전형시키는 연장선상에서 실천적 논변을 통한 합의 형성을 위한 절차적 원칙을 포함할 뿐만 아니라, 논변윤리학의 적용, 다시 말해 실천적 논변을 통해 도덕적으로 연관된 문제를 밝혀내고 해결하는 데 따르는 모든 인간 존재의 공동책임 원칙도 포함한다.24) 이 것은 다음과 같은 것을 뜻한다. 즉, 어떤 이가 그의 적대적 상대자의 협력을 신뢰할 수 없는 경우 도덕적인 문제들의 해결절차인 이상적인 실천적 논변이 위험부담에 대한 책임 때문에 가동될 수 없다면, (그리고 바로 그런 때에) 인간 존재들은, 이 경우 마땅히 행해져야 할 일에 대해 공동책임을 진다. 이 점은 좀 더 면밀하게 해명되어야 한다.

우선, 사람들이 갈등 상황에 놓여 있는 경우 자신들의 이해관계 때문에 도덕적 논변에 들어가기를 거부하거나, 혹은 자신들의 이익을 위해 논변을 전략적으로 도구화하려 들 가능성이 있다고 해서 그것이 도덕성의 논변 반성적 최종근거 정립의 가능성에 반대하는 것으로 간주되어서는 안 된다는 점을 주목할 필요가 있다.25) 이런 식의 반박은 불가능하다. 왜냐하면 이런 논증을 진전시키려는 사람은 그(그녀) 자신에게는 이 논증을 적용할 수 없기 때문이다. 즉 그(녀)는 적어도 이상적 논변의 조건 아래서 논변을 통해 논변윤리학의 옹호자들을 반박하고 싶어 할 것이기 때문이다. 간단히 말해, 처음 한 번 논변에 참여한다는 것은 윤리학의 최종근거 정립 가능성과 관련된 철학적 질문의 차원에서는 그 이상 더 뒷걸음칠 수 없는 곳에 발을 디딘 격이다. 이런 수준에서 논변윤리학의 적용을 위한 공동책임의 주체로서 처음 한 번 열어보는 그런 식의 원초적 논변 공동체는 '언제나 이미' 저절로 구성된다.

---

24) K.-O. Apel, "How to Ground a Universalistic Ethics of Co-responsibility for the Effects of Collective Actions and Activities?", *Philosophica* 52.

25) 이 논증을 위해서는 특히 A. Leist, "Diesseits der Transzendentalpragmatik", *Zeitschrift für philosophische Forschung* 43/2(1989), SS.301-317; W. Reese-Schäfer, *Grenzgötter der Moral*(Frankfurt a. M.: Suhrkamp, 1997), S.73 이하 참조.

그럼에도 불구하고 논변윤리학을 실제로 당장 적용하는 차원에서 보자면, 갈등에 빠진 적대적 상대방에 의해 논변이 거부당하거나 전략적으로 도구화될 가능성은 논변윤리학의 기본 규범들을 따라가고자 하는 이들에게는 심각한 문제를 야기한다. 적용의 문제는 심지어 논변윤리학의 선험론적 근거 정립까지도 다시 건드린다. 왜냐하면 책임윤리학으로서 논변윤리학은 칸트 식의 '목적의 왕국'의 구상에 따라 이상적 의사소통 공동체의 규범적 조건들만 지향할 수는 없기 때문이다. 논변윤리학의 책임 있는 적용을 겨냥하는 우리 시도의 수준에서 보자면, 하나의 총체성으로 묶어놓은 우리 동료 인간들은, 말하자면, 실제로는 경험적으로 절대 엄격하게 분열시킬 수 없는 두 부류로 나누어져야 한다. 즉 한편으로는, 우리가 갈등에 빠졌을 경우와 같이 우리와 더불어 실천적 논변에 착수할 수 있고 또 착수해야 하는 그런 부류가 있다. 다른 한편으로는 위험부담 책임 때문에 우리가 더불어 실천적 논변들에 끌고 들어갈 수 없고 그래서도 안 되는 그런 사람들이 있다. 그러나 바로 이런 부류의 사람들에 관해, 그리고 그들을 처리하기 위해 현재의 논변 공동체들에 의해 수많은 실천적 논변들이 실행되고 있다. 전쟁 도발자들, 내전, 혹은 테러범, 범죄단 등과 같은 문제를 다루는 국제기구와 국제조직들의 수준에서 바로 이런 위험부담 분자들의 문제가 처리된다.

　자신의 적대자와 책임 있게 상호행위를 하기 위해 제시되는 두 가지 가능한 선택항들의 차이를 부각시키기 위해 나는 논변윤리학의 근거 정립의 상응하는 두 부분을 도입하였다. 즉 이상적인 실천적 논변을 지향하는 A-부분(Teil A), 그리고 아주 거칠게 말하자면, 인간적 상호행위의 합리성 유형 두 가지, 즉 실천적 논변의 합의적-의사소통적 합리성과 이상적인 실천적 논변이 가능하지 않을 경우 위험부담 책임에 의해 요구되는 대응전략적인 전략적 합리성 사이에서 책임 있는 매개를 지향하는 B-부분(Teil B)이 그것들이다. 이 두 합리성 유형들 사이의 매개 절차를 위한 규제원칙은, 논변윤리학 A-부분 노선을 따른 문제 해결을 가능하게 만들게끔 상호행위의 상황을 변화시키는 것을 목표로 하는 도덕적, 정치적 장기 전략이다.26)

하지만 논변윤리 B-부분은 이제까지 제시된 것보다 훨씬 복잡하다. 왜냐하면 그 문제의식은 개인들 사이의 행위 합리성에만 국한되지 않기 때문이다. 책임윤리학의 수준에서 보자면, 인간 존재들 사이에 이루어지는 도덕적 관련성을 가진 상호행위란 최우선적으로는, 유일무이한 상황 안에서 유일무이한 개인들 사이에 얼굴과 얼굴을 맞댄 직접 대면으로 이루어지고 또 이루어질 수 있다는 가정에서 출발하는 것은 아주 비현실적일 뿐더러 부당하기도 하다. 이것이야말로 우연찮게, 레비나스의 '타인의 외면성' 윤리에 이르기까지 유대교-기독교의 종교 전통에서 전면에 부각되어왔던 개인윤리에서 다른 전통과 두드러지게 구별되는 패러다임적 사례다.27) 하지만 일상생활에서 인간은 최우선적으로, 제도 또는 기능적 사회체계의 틀 안에서 개인들에게 부담 가능한 책임들을 할당한 것을 기초로 각종 의무들이 성립하는, 도덕적으로 사전 조정된 상호행위의 골격 안에서 서로를 대면하게 된다.

이런 점은 가족 또는 인척 집단 안에서 그들의 역할과 관계에 따라 인간적인 의무가 정해지는 가장 유서 깊고 저차원적인 미시윤리 수준에서 이미 타당성을 누리는 것이다. 그것은 특히 이보다는 고차적 수준에서 국가에 의해 조직되는 사회의 노동분업에 따라 직업상의 의무들이 정해지는 더 최근의 중간급 윤리 수준에서도 통하는 이야기다. 이 두 수준 모두에서 사람들은 보통 아버지, 어머니, 형제, 자매 또는 정치가, 공무원, 판사, 성직자, 교사, 의사, 경영자, 피고용자 내지 노동자, 경찰, 그리고 빼놓을 수 없는 군인 등, 자기 역할의 관습적 규범에 맞추어 행위하고 상호행위한다. 사람들이 얼굴과 얼굴을 직접 맞대고 만나서 직접 만든 의무들과 이런 관습적인 도덕적 규범들이 갈등을 일으킬지도 모름에도 불구하고 이 모든 사람들은 최우선적으로는 그런 관습적 도덕규범들을 준수하는 것이 정당하다고 생각한다.

그런데 여기에서 나의 해명이 보수적인 제도윤리, 특히 관습윤리를28)

---

26) K.-O. Apel, *Diskurs und Verantwortung*, "Sachregister: Ergänzungsprinzip".

27) E. Lévinas, *Totalité et Infini: Essai sur l'extériorité*(L. Haye 1961) 참조.

28) A. Gehlen, *Urmensch und Spätkultur*(Bonn: Athenäum, 1956); *Moral und*

옹호하는 구실로 오해받아서는 안 되겠다. 이런 관습윤리가 논변윤리같이 탈관습적이고 탈계몽주의적인 윤리의 관심사가 될 수 없음은 물론이다. 사실 나는 원초적 논변 공동체의 구성원인 인간 존재가 여전히 미시윤리 내지 중간급 윤리의 관습윤리에 복종해야 할 뿐만 아니라 제도나 기능적 사회체계의 수준을 넘어서는 공동책임성에 대한 보편적 거시윤리의 수임자들이기도 하다는 점을 보여주고자 하였다. 이 탈관습적인 보편적 거시윤리의 수임자로서 인간 존재는 자신들의 역할과 직업에 따른 기능적 책임의 담지자일 뿐만 아니라 여러 제도들을 형상화시키고 또 새로이 형상화시키기 위한 논변 연관적 공동책임의 담지자이기도 하다. 왜냐하면 추론하는 공중의 — 선험론적으로 더 이상 뒤로 갈 곳 없는 — 원초적 논변이야말로, 말하자면, 모든 제도들의 메타제도이기 때문이다.29)

하지만 만약 우리가 우리 시대에 무책임한 유토피아주의의 위험을 회피하고자 한다면, 전체적 해방의 윤리학의 관점에서 제시되어왔던 바와 같은 방안들, 즉 예를 들어 정치의 권력체계, 경제의 시장체계, 심지어 법의 강제 체계 등과 같이 의심의 여지 없이 제도 및 기능적 사회체계들과 연관된 인간 상호관계들의 물화(物化)를 포함한 일체의 인간적 자기소외를 모두 제거하기를 바랄 수는 없다. 그 대신 우리는 제도 및 기능적 사회체계라는 측면에서의 윤리적 책임에 대해 양면적 자세를 취해야 한다. 즉 한편으로 우리는 그것들에서 오는 기능적 강제들을 도덕성의 적용과 완수를 위해 사전에 주어진 조건으로 받아들여야 한다. 하지만 그러면서도 다른 한편으로 우리는 그 제도 및 기능적 사회체계를 넘

Hypermoral(Frankfurt a. M.: Athenäum, 1979) 참조.

29) K.-O. Apel, "Zur Begründung einer planetaren Makroethik primordialer Mit-Verantwortung", in M. Kettner ed., *Angewandte Ethik als Politikum* (forthcoming); "Kann das Anliegen der 'Befreiungsethik' als ein Anliegen des 'Teils B der Diskursethik' aufgefaßt werden?(Zur akzeptierbaren und zur nichtakzeptierbaren 'Implementation' der moralischen Normen unter den Bedingungen sozialer Institutionen bzw. Systeme)", in R. Fornet-Betancourt Hg., *Armut, Ethik, Befreiung*(Aachen: Augustinus-Buchhandlung, 1996), SS.13-44 참조.

어서는 공동책임의 수준에서 그것들과 거기에서 오는 기능적 구속들이 계속적인 통제와 비판, 그리고 필요하다면 또한 변화를 감수하도록 만들어야 한다. 논변윤리에 의해 이 모든 제도들을 메타제도적으로 통제하는 척도는 논변윤리학 B-부분의 도덕적-정치적 장기 전략에서 제공된다고 나는 제안한다. 왜냐하면 목표란 도덕적 논변에 의해 도덕적으로 관련된 인류의 모든 문제들을 평정하기 위한 제도적 조건들을 근접적으로 실현하는 데 두어져야 하기 때문이다. 이미 18세기에 칸트가 구상했던 것과 같이,30) 공화국, 특히 민주주의 국가들의 연합체를 통해 법과 평화의 세계시민적 질서를 확립하는 것을 목표로 하는 시도를 지속적으로 행하는 것이 그런 도덕적-정치적 장기 전략의 한 사례라 할 수 있겠다. 그와 다르지만 더 큰 쟁점이 될 수 있는 사례로는 현재 진행 중인 경제의 야만적 세계화 과정을 전 지구적 차원의 민주주의로 통제함으로써 사회정의를 보장하는 제도적 조건들을 실현할 수 있도록 하는 지구적 시장경제질서를 위한 분투를 들 수 있겠다.

구승회 · 윤형식 · 홍윤기 옮김

---

30) I. Kant, *Zum ewigen Frieden*, in *Werke*(Akademie-Textausgabe, Berlin: de Gruyter, 1968), SS.341-386.
한국어 번역본으로는 임마누엘. 칸트, 정진 옮김, 『영구평화를 위하여』(서울: 정음사, 1974) 참조.
R. Merkel and R. Wittmann eds., *Zum ewigen Frieden? Grundlagen, Aktualität und Aussichten einer Idee von Immanuel Kant*(Frankfurt a. M.: Suhrkamp, 1996)도 흥미롭다.

지구화의 도전과 보편윤리의 응전

1. 인간의 문화적 진화의 맥락에서 본 주제

인류 역사가 시작된 이래로 도덕이나 윤리적 규범은 인간의 삶의 정황에서 오는 특수한 도전에 대한 문화적 대응이었다. 인간의 삶의 상황은 동물의 그것과는 반대로 그 자체가 이미 윤리적인 문제였기 때문이다. 이 명제가 의미하는 것은 무엇일까?

이 문제에 대한 신화적 대답은, 유대-기독교적 전통에서 보이는 것처럼, 인간의 타락, 즉 원죄에 관한 성서 이야기가 암시하고 있다. 즉, 최초의 인간인 아담과 이브는 낙원에서 금단의 열매를 따서 먹음으로써 선과 악의 차이를 분별하게 되었다고 성서는 말해주고 있다. 칸트는 이미 그의 논문 「추측해본 인류 역사의 기원」[1]에서 성서의 이야기를 진화론적으로 설명하였다. 그는 동물적 야수성에서 인간성으로의 전환을 말했다. 즉, 본능의 끈나풀에 매달렸다가 이성의 인도를 받는, 한마디로

---

[1] I. Kant, "Mutmaßlicher Anfang der Menschengeschichte", in *Werke*(Akademie-Textausgabe, Berlin: de Gruyter, 1968), vol. VIII, SS.107-124.
한국어 번역본으로는 임마누엘 칸트, 이한구 편역, 「추측해본 인류 역사의 기원」, 『칸트의 역사철학』(서울: 서광사, 1992), pp.75-94 참조.

한다면, 자연의 후견에서 벗어나 자유의 상태에 이르는 전환을 말한다.[2]
칸트에게서 자유로의 이행은 '실천이성'으로의 이행과 같은 말이었다.
왜냐하면 칸트에게서 인간의 자유의지는 동물에 있어 결정점인 자연법
칙과 같은 법칙의 원리나 개념을 대체하는 것을 의미했기 때문이다.[3]

그런데 철학적 인간학자인 아놀드 겔렌은 동물적 본능에서 실천이성
의 자유로의 돌발적인 진화적 비약이라는 생각에 만족하지 않고, 대신
사회적 제도론을 제안하여 동물적 본능의 상실이나 감소를 대체하는 이
론을 만들었다. 겔렌에 따르면 인간에게도 일상생활에서 이성의 결정에
따라야만 하는 부담과 짐에서 해방시키는 어떤 것이 필요하다는 것이
다. 즉, 마치 동물의 행위를 본능이 유발하듯이, 인간의 행동을 비슷하
게 거의 자동적으로 유발시키는 기능을 갖는 어떤 문화적 기제(機制)가
필요하다는 것이다. 겔렌에 의하면 인간 문화의 수준에서 그런 메커니
즘을 제공하는 것이 바로 제도라는 것들이며, 이것은 고대 다신교 시대
에는 그들 자신이 창출해낸 신들과 연관된 의무적 힘에 근거했기 때문
에 신정적(神政的) 성격을 띠기도 했다. 그래서 겔렌은 전 생애를 통해
이성에 호소하여 제도적인 법과 규범의 도덕적 타당성을 의심케 하는
지적 계몽주의 운동을 불만스럽게 여기고 거부감을 가져왔다. 그것은
인간 문화의 안정이나, 더 적확히 말하면, 삶의 다양한 사회 문화적 형
태들의 안정을 해친다고 본 것이다.[4]

실제로 칼 야스퍼스가 기축시대(基軸時代)라고 부른 BC 800-200년
무렵,[5] 중국, 인도, 페르시아, 이스라엘, 그리스 같은 고대 문명의 핵심
적 시기에 '신정적(神政的) 제도'의 (겔렌이 주장하는) 절대적 타당성이
격파되었고, 철학의 시대 혹은 유일신적 또는 범신론적 세계종교의 시
대로 돌진하게 되었다. 그런데 그 후의 모든 계몽주의적 운동에서는 동

2) 같은 글, S.115(한국어 번역본, p.85).

3) I. Kant, *Werke*(Akademie-Textausgabe, Berlin: de Gruyter, 1968), vol. IV.

4) A. Gehlen, *Urmensch und Spätkultur*(Bonn: Athenäum, 1956); *Moral und Hypermoral*(Frankfurt a. M.: Athenäum, 1973, 3Aufl.) 참조.

5) K. Jaspers, *Vom Ursprung und Ziel der Geschichte*(Frankfurt a. M.: Fischer, 1955).

물적 본능에서 실천이성의 자유로의 전환이라는 칸트의 사상이 철저하게 확산되어서 도덕이나 법의 제도적, 관습적 규범은 모두 이성에 대한 호소에 근거를 두어야 한다는 주장이 제기되기까지 하였다. 그래서 기축시대 이래 수천 년간 인간화의 상황에서 오는 윤리적 도전에 대한 문화적 대응을 의미했던 제도들은 다시금 윤리적 이성에 대해 도전하는 인간 상황의 일부분이 되었다. 제도들은 항상 이성에 의해 또다시 정당화되어야만 했다.

도덕과 법의 규범적 토대를 이성에서 구하려는 탈(脫)관습적 시도들은 지역적, 인종적, 집단적인 도덕규범들을 모든 인간에게 타당한 규범으로 대체하려는 경향을 띠게 된다. 이런 요구가 유교 경전에도 드러나고,6) 후기 유대교나 기독교의 교훈에서도 나타난다. 그리스 철학의 전통에서는 윤리의 무제한적 보편주의로 전진하려는 관심은 고전 철학자들보다는 헬레니즘적 스토아학파에서 뚜렷하게 나타났다. 잘 알려진 바와 같이, 플라톤과 아리스토텔레스는 여성이나 야만인들이 본성적으로 이성의 부분을 적게 가지고 있다고 논증함으로써 노예제도라든가 여성에 대한 남성의 특권, 또는 야만인에 대한 그리스인의 우위와 같은 제도들을 변호하려고 했다. 우리는 오늘날에도 스토아학파 이후의 철학적 계몽사상의 독특한 결실인 인권운동들이 온갖 종류의 장애물과 투쟁해야 한다는 것을 알고 있다. 이런 난점들이 오늘날 철학에서는 역사주의적 경향이나 상대주의에 의해 제공되고 있는데, 이들 사상은 이성에 의해 윤리적 근거를 세우려는 모든 계몽적 기획들을 의심하고 있다. 다른 한편으로 유일신적 세계종교와 관련해서 우리가 경험한 바로는 모든 인간이 한 하나님의 자녀라는 위대한 사상마저도 종교적 근본주의자들이 타 종교나 비신자들에게 거룩한 전쟁을 일으키는 것을 막지 못했다는 것이다.

이제 오늘날의 현실을 본다면, 윤리적 보편주의에 대한 인간의 상황

6) H. Roetz, *Die chinesische Ethik der Achsenzeit*(Frankfurt a. M.: Suhrkamp, 1992) 참조. 이 책의 영역본은 다음과 같다. *Confucian Ethics of the Axial Age*(State University of New York Press, 1993).

적 도전은 소위 넓은 의미에서 지구화라고 불리는 현상들에 의해 크게 증대되고 있다. 나는 여기서 아직, 아주 최근에 와서 유행하고 있는 경제 과정이나 통신기술이 밟고 있는 그런 과정을 염두에 두고 있지는 않다. 내 생각으로 현재 진행되고 있는 경제의 지구화는 이 과정의 마지막 부분일 뿐이며, 지구화는 이미 대륙이 발견되고 유럽의 식민지들이 생겨날 때부터 인류의 세계적 문명들이 문화 지리적으로 통합되면서 시작되었고, 현대의 과학과 기술이 확장되면서 점점 심화되었다.

이런 과정의 지구화가 소련과 서구 자본주의 세력들 간의 냉전시대가 생긴 역사적 배경이었고, 또 북쪽 국가들의 식민주의나 신식민주의적 제국주의에 대항하는 제3세계 해방운동의 배경이었다. 오늘날 동구의 국가사회주의가 붕괴한 뒤로 새롭고 특수한 형태로 나타나고 있는 지구화는 그 연속일 뿐이다. 오늘날 지구화의 현상 중에서 가장 중요하면서 역전이 불가능한 문제의 하나는 우리가 20-30년 전부터 인식하게 된 생태적 위기라는 것이다. 이 위기는 인간 삶의 영역과 지구 전체에 관련되는 것이며, 이것은 현대 과학기술 문명의 지구화 과정의 결과로 나타난 것이다. 그렇다면 왜 또는 어떤 점에서, 지구화의 전 과정은, 특히 가장 최근에 나타난 경제 영역의 지구화까지 포함하여, 보편윤리의 필요성에 대한 가장 시급한 도전으로 간주되어야 하는가?

2. 지구화와 보편윤리의 필요

기축시대 및 그에 뒤이은 계몽주의 운동 이래 철학이나 세계종교에 의해 관습적이거나 전통적인 도덕이 의문에 부쳐지면서 우리는 세 가지 종류의 도덕과 윤리적 반성들을 구별하게 되었다.

(1) 확장된 가족 같은 소집단 안에서의 충성관계에 관한 미시 윤리

(2) 국가에 의해 조직된 사회 속에서 노동의 분화에 따른 직업적 의무에 관한 중간 윤리

(3) 민족국가 수준의 제도를 넘어서 존립하는 인류적 연대성에 관한 거시 윤리

그런데 철학이나 세계종교들이 처음부터 가져왔던 윤리적 포부들은 인류의 보편윤리를 목표로 했지만, 우리가 잘 아는 대로 오늘날까지 사회정의나 사회적 책임은 주로 국민국가의 한계 안에 제한되었다. 그래서 예를 들면, 현재 사회적, 민주적 복지국가가 분명한 해결책으로 내세우는 사회정의의 문제는 단지 유럽 몇 나라에 국한되어 있어, 이런 해결책은 오늘날 무용지물이 되고 마는데, 그 이유는 지구화한 금융자본주의의 새로운 조건과 상황들은 단지 한 국가에 국한된 사회정책 도구들을 모두 무력화시키기 때문이다.

그렇지만 오늘날 경제의 지구화는 바로 그것이 유발하는 국민국가의 사회정책 수단의 무력화로 인하여 초국적 경제라는 새로운 문제를 야기하고 있는데, 이것은 특정 국가의 범위를 넘어서는 새로운 형태의 기구나 제도들, 즉 세계무역기구(WTO)나 세계은행(World Bank), 국제통화기금(IMF)과 같은 연합체적 제도에 의해서 다루어질 수밖에 없는 것들이다. 그런데 이러한 초국적 연합체적 기구나 제도들은 철학적 윤리학의 관점에서 본다면 당연히 사회정의라는 보편윤리적인 원칙에 따라 지도되어야 하는 것들이다. 그러나 이러한 경제의 지구화가 최근에 와서 일으킨 도전들보다 더 심각한 도전이 생태적 위기이며, 이것은 바로 초국가적 경제질서 문제나 인구증가 문제와 연결되어 있는 문제다.

도덕적 책임의식에 대한 이와 같은 외적 도전들은 이제 인류 역사상 처음으로 모든 인류와 인간 사회가 하나의 배를 타고 다 같이 항해하고 있다는 것을 보여주게 되었다. 그리고 그들이 어찌 되었든 간에 도덕적 책임이라는 것을 감당하고자 한다면, 이제는 인류의 연대성 윤리라는 보편적 토대 위에서만 이 책임의 근거를 논할 수 있게 되었다. (생태적 위기에 직면한 인류의 생존 문제마저도 인종차별주의나 사회적 다원주의의 관점에서 고찰될 수 있는 한에 있어서 나는 도덕적 책임에의 의지에 관한 애기를 유보시킬 필요가 있었다. 노벨 경제학상을 받은 하이에크는 부유한 사회가 자조능력이 없는 가난한 사회들을 도와야 할 도덕적 의무가 없으며, 제3세계 민중의 기아는 지구상의 인구과잉 위기를 위한 하나의 출구일지도 모른다는 식의 암시를 수차례 했다.)

그래서 나는 지구화와 보편윤리의 관계에 대한 논제를 다음과 같이 요약할 수 있다고 생각한다. 즉, '지구화'라는 용어는 인간의 상황이 최초의 인간, 즉 원인(原人)의 발생으로부터 오늘에 이르기까지 변천해온 진화적 현상의 최근 단계를 지칭하고 있으며, 이 지구화는 특히 윤리적 문제에 도전해오게 되었는데, 이 도전이 점차로 확대, 발전하여 이제 와서는 정의와 책임의 보편윤리 또는 전 지구적 윤리, 즉 우리 시대 인류 연대의 윤리를 요구하는 데까지 이르게 되었다. 이런 점에서 지구화를 이중적 의미로 쓸 수 있다. 한편에서 지구화는 현재의 상황, 즉 대부분의 중요한 역사적 사건들이 그렇듯이, 우리들의 의식적 노력이 있기 이전에 돌이킬 수 없는 현실로 드러나고 있는 사실로서의 지구화를 말하는데, 이것을 '1차 지구화'라고 부를 수 있다. 이것은 오늘날 '2차 지구화'를 위한 도전에 불과한데, 이 '2차 지구화'는 철학적 이성이 주도하며 이끌어나가야 하는 것으로서 보편윤리적 성격을 띤다. 이 차원의 지구화가 우리에게 제공해주는 것이 곧 (이미 18세기에 칸트에 의해 요청되었던 것과 같은)[7] 세계시민적 법질서와 전 지구적인 사회적 시장경제 질서인데, 이 모두가 생태적 위기의 위협을 계속 주목하면서 일어나는 현상이다.

그렇다면 오늘날 우리 시대에 와서 보편윤리가 철학적 근거를 가질 수 있는 가능성과 전망이란 무엇인가? 이 지점에서 나는, 금세기, 다시 말해 나 자신이 제 발로 철학계에 걸어 들어온 제2차 세계대전 이후 시기에, 철학적 윤리학이 갖고 있었던 내부 자원들의 상황을 짧게 되돌아 보고자 한다.

---

7) I. Kant, *Zum ewigen Frieden*, in *Werke*(Akademie-Textausgabe, Berlin: de Gruyter, 1968), SS.341-386 참조.
한국어 번역본으로는 임마누엘 칸트, 정진 옮김, 『영구평화를 위하여』(서울: 정음사, 1974) 참조.

3. 과학 시대에 윤리를 합리적으로 근거 정립할 가능성에 관한 물음: 논변윤리의 첫 시도

내가 보편윤리의 필요성과 가능성에 관해 물음을 제기했던 그 시절에 내게 문제를 던졌던 것은 '과학 시대의 윤리'라는 슬로건이었다. 그리고 이것은 심층적인 아포리아를 제기하는 다음의 상황을 내가 염두에 두어야 한다는 것을 의미했다.

한편에는 인간의 집단 행위와 장기적 활동들의 효과가 미치는 범위와 그 위험부담의 엄청난 증가로 특징지어졌던 외적 상황이 있었다. (당시 내가 일차적으로 염두에 두었던 것은 손도끼의 사용에서 원자폭탄의 사용이라는 무기의 발전이었지만, 나중에 나는 자연환경에 대한 '평화적' 간섭이 무기보다 더 위험하다는 것을 깨달았다.) 20세기의 이러한 외적 상황은 더 얘기할 것도 없이 명백하게 '과학(그리고 과학적 기술)의 시대'가 가져온 위기였다.8)

다른 편에도 그 자체 '과학의 시대'의 결과로서 등장한 지배적 철학이 있었다. 이 점은 논리실증주의, 그리고 과학적 합리주의를 표방하는 포퍼주의 등을 관련시켜보면 명백하게 드러난다. 이 점은 과학주의와 대척점에 선다고 흔히 추정되는 실존주의와 연관시켜보아도 간접적으로 결국 마찬가지였다. 자세히 들여다보면, 실존주의도 서양적 이데올로기 차원에서는 과학주의에 모순되는 것이 아니라 그것의 보완판일 뿐이다.

이 양대 사상의 공통된 전제는 합리성이라는 것, 즉 사상의 객관성이나 상호주관적 타당성을 보장하는 방법으로서의 합리성이란 과학, 즉

---

8) K.-O. Apel, "Das Apriori der Kommunikationsgemeinschaft und die Grundlagen der Ethik: Zum Problem einer rationalen Begründung der Ethik im Zeitalter der Wissenschaft", *Transformation der Philosophie*, vol. II (Frankfurt a. M.: Suhrkamp, 1973), SS.358-335 참조. 영역본 *Towards a Transformation of Philosophy*(London: Routledge & Kegan Paul, 1980), pp.225-300; *Selected Essays*, vol. II: *Ethics and the Theory of Rationality* (Atlanta Highlands, N.J.: Humanities Press, 1996), pp.1-67 참조.

수학이나 수리논리학 같은 형식과학이나 경험과학의 소관이라는 확신이다. 이것은 또한 곧 합리성이란 가치자유이거나 가치중립적이기 때문에 결코 윤리의 근거 정립에 활용할 수 없음을 의미했다. 이런 가정 위에서는 윤리학은 단지 감정(느낌)의 문제일 뿐이요, 설사 윤리가 심각한 문제이더라도 원칙적으로는 결코 합리적 근거 정립이 불가능하고, 결국 최종적으로는 주관적인, 따라서 사적인 가치 결단에 맡겨버릴 수밖에 없게 된다. 이것이 바로 막스 베버와 카르납과 포퍼가 실존주의자들과 함께 가진 공통된 확신이었다. 과학주의자들과 실존주의자들 사이의 차이점이라면 후자는 개인적 삶이 한계상황에 이르러 주관적이고 사적인 혹은 실존적 결단을 내리는 데 관심을 가진 반면, 전자는 가치중립적 합리성에만 관심을 갖거나 칼 포퍼처럼 도덕적 가치 결정이 필요하다고 인정하는 정도다. 그래서 제2차 세계대전 직후의 서양 철학사상의 상황을 말하자면, 과학이나 법률, 경제의 공적 영역에서 가치중립적 합리성을 추구하는 철학자들과 사적 생활 영역에서 개인들의 비합리적 가치 결단만을 추구하는 철학자들 사이의 노동 분업으로 특징지을 수 있었다. 이런 식으로 보면 윤리는, 현대사회에서 종교를 사적인 문제로 보는 자유주의자들의 그럴듯한 견해처럼 사적인 문제가 되고 만다.

그러면 윤리를 이렇게 자유주의자들의 생각에 빗대어 유추하는 것은 설득력이 있는 일인가? 우리는 과연 도덕규범의 타당성 문제를 종교적 믿음의 문제와 마찬가지로 사적인 결단에 맡겨버려도 좋은가? 가령, 약속이나 계약을 지키는 문제를 예로 들어보자. 하이에크 같은 강경파 자유주의자도 정직이라든지 약속이나 계약을 지키는 것은 비종교적인 사회에서도 상호주관적으로 타당한 규범으로 전제되어야 한다고 주장한다.9) 그렇지 않으면 자유로운 시장경제가 가능하지 않기 때문이라고 한다. 또한 모든 도덕규범이나 가치의 주관성을 강력히 주장하는 사람들

---

9) F. A. von Hayek, *The Fatal Conceit, Part One: Ethics*, in *Collected Works* (London, 1987) 참조. 또한 G. Radnitzky, "An Economic Theory of the Rise of Civilization and its Policy Implications: Hayek's Account Generalized", in *Jahrbuch für die Ordnung von Wirtschaft und Gesellschaft*, XXXVIII(1987), SS.47-85 참조.

은 이렇게 말할 수 있을 것이다. 즉, 여기에서도 실정법의 경우처럼, 즉 우리에게 유용하기 때문에 구속력을 갖게 할 필요가 있거나 그렇게 되길 원하는 모든 경우에, 동의(同意)에 의해서 구속력을 확립해주면 될 것이 아니냐는 견해가 있다. 정직성의 경우에도 마찬가지 절차를 밟을 수 있다. 즉, 우리는 동의에 의해 정직해야 한다는 규범을 확립해줄 수 있다. 그러나 이 경우에도 약속이나 계약과 같은 것에 대한 동의는 이미 정직성을 전제하기 때문에 그것으로 정직성의 타당성의 근거를 정립할 수 없다.

그러나 정직성의 규범, 특히 약속이나 계약을 지킨다는 규범도, 그 자체에만 의거하거나 아니면 몇몇 사람들이 어떤 계약을 맺기로 결정했다는 사실만으로 그 근거가 마련될 수는 없다. 왜냐하면 비도덕적인 계약이나 약속도 있을 수 있기 때문이다. 즉, 이런 계약들이 타자를 희생시키거나 아니면 심지어 제거하기 위해서 체결되었을 수도 있기 때문에 지켜서는 안 되는 경우도 있다. 여기에서 우리는 이미, 규범들의 타당성이란 개인들의 주관적 결단의 사실적 총합인 계약이 아니라, 보편화 가능한 합의에의 노력이라는 원칙에 의해서만 근거 지을 수 있다는 도덕적 통찰에 접근한다. 왜냐하면 보편화시킬 수 있는 합의만이 계약의 공정성, 그리고 정의의 실현을 보장할 수 있기 때문이다. 따라서 정의에의 요구는 타당한 동의가 가능한 조건이며, 생활의 공적 영역에서 인간의 상호행위가 가능한 조건이기도 하기 때문에 사적인 가치 결정으로 환원시킬 수 없다는 점이 드러난다.

그러나 인간 계약의 타당성 조건으로 생각되는 정의마저도, 인간의 자연환경과 관련하여 과학기술 시대에 들어와 가능하게 된 인간 집단 행위 및 활동들의 저 효과들과 씨름하기 위해 우리 시대에 요구되는 종류의 책임을 확보하는 데는 충분하지 못하다. 여기서 요구되는 도덕적 책임의 종류는 사실적인 동의에 따라 개개인에게 떠넘길 수 있는 것이 아니다. 여기에서 요구되는 것은 오히려 공적 제도, 즉 민주주의 정치 안에서 개인적으로 떠맡을 책임의 할당을 조직하기 위해 모든 인간 존재들이 짊어지는 원초적 공동책임이다.

그런데 도덕성이 사적이며 비합리적인 가치 결단의 문제이며, 합리성이 몰가치적인 과학만의 업무라면, 이런 종류의 원초적 공동책임이 합리적으로 근거 정립될 수 있는 방도가 존재할 수 없는 것은 분명하다. 그리고 보편적 공동책임의 윤리가 필요한 사태를 유발한 현대의 과학기술이 다시금 이러한 윤리의 합리적 토대를 불가능하게 만들어버린 것 같은 현상이 나타나게 되었는데, 그것은 과학적 합리성이라는 것이 가치중립적인 것이어야 한다는 선입견 때문이었다. 바로 이러한 패러독스적 문제 상황이 나로 하여금 윤리의 합리적 토대를 탐구하도록 자극을 준 첫 번째 요인이었다.

이런 명백한 패러독스를 해결하는 데 결정적인 힌트를 준 것은 바로 과학적 대상들에 대해 가치중립적 합리성에 매달리는 과학적 탐구자들의 공동체는 동시에 의사교환과 상호작용이라는 상호주관적 차원에 있어서 평등한 권리와 공동책임의 윤리를 전제하지 않으면 안 된다는 사실이었다. 여기서 물론 이 정도의 이유만으로는 아직 보편윤리의 토대가 마련될 수 없다든가 아직 과학과 과학자들의 공동체가 왜 공통된 도덕의식을 가져야 하느냐는 문제가 해답되지 않았다는 반론을 제기할 수 있다. 그러나 과학적 탐구자들의 공동체를 더 깊이 있게 생각해보면 이러한 반론은 극복될 수 있다.

즉, 과학적 탐구자들의 공동체가 평등한 권리와 공동의 책임을 가져야 하는 이유는 바로 그들이 논증 공동체 또는 논증적 논변의 공동체를 형성하지 않으면 안 된다는 사실에서 주어진다. 그런데 이러한 전제는 과학에만 해당하는 것이 아니라, 공적인 타당성 요구를 제기하는 모든 사고의 뒷걸음칠 곳 없는 전제이며, 바로 그 때문에 보편윤리의 가능성에 관한 바로 그 철학 문제의 전제이기도 하다. 사실 우리가 혼자 고독하게 사고할 때도 우리는 이미 논증적 논변에 참여하는 경험을 하고 있다. 그리고 우리가 이러한 논증적 논변에 참여한다는 것은, 우리가 이미 언제나, 평등한 권리와 공동의 책임을 상호 인정하는 윤리가 보편적이며 상호주관적 타당성을 갖는다는 것을 인지하고 있음을 의미한다. 나는 이것을 논변윤리의 선험화용론적 최종근거 정립이라고 부르는데, 나는 이것이 지구화의 도전에 철학적 대응을 할 수 있는 길을 열어준다고 생각한다.

현재로서는 논변윤리의 세부사항을 자세히 논할 수 없다(이미 앞의 강연에서 이에 관해 자세히 언급했기 때문에).10) 단지 지구화의 도전에 대한 대응으로서의 논변윤리의 개념을 설명하기 전에 잠시, 우리 세기의 철학적 윤리학의 내부 자원에 대한 나의 촌평을 계속해나갈 것이다.

4. 자유주의자들과 공동체주의자들의 논쟁: 보편윤리의 근거 설정 문제에 대한 그들의 실패

과학주의적 합리주의와 비합리주의적 실존주의가 서구적 상호보완 체계를 이룬 이후 철학적 윤리학이나 정치철학에서 가장 중요한 발전을 이룩했다고 할 만한 사상이 무엇일까? 과연 논변윤리학 이외에 지구화의 도전에 대응할 만한, 즉 보편적 윤리의 합리적 토대를 구축한다는 의미에서 대응할 만한 혁신적 사상이 있는가?

지난 30여 년간 도덕철학과 정치철학 분야에서 중요한 사상적 혁신이 많이 있었다고 인정하더라도 나는 이 질문에 부정적인 대답을 할 수밖에 없다. 칸트주의나 공리주의와 같이, 현대 이전의 전통 철학의 접근에 많은 갱신이 있었던 것 이외에도 특히 영미 철학계에서는 자유주의와 공동체주의 사이의 오랜 논쟁이 있었다. 즉, 한편에서는 존 롤즈나 로널드 드워킨 같은 자유주의 철학자들, 약간 다른 의미를 갖지만 하이에크나 제임스 뷰캐넌 같은 '자유지상주의적' 경제학자들이 대표하고, 다른 한편에서는 찰스 테일러나 마이클 샌델, 알레스데어 매킨타이어, 마이클 왈쩌와 같은 철학자들이 대표한다.11)

---

10) 이 책의 제2강연을 보라.

11) A. Honneth Hg., *Kommunitarismus. Eine Debatte über die moralischen Grundlagen moderner Gesellschaften*(Frankfurt a. M., 1993); M. Brumlik und H. Brunkhorst Hg., *Gemeinschaft und Gerechtigkeit*(Frankfurt a. M.: Fischer, 1993) 참조. 그리고 특히 K.-O. Apel, "Das Anliegen des anglo-amerikani-schen 'Kommunitarismus' in der Sicht der Diskursethik", in M. Brumlik und

이 논쟁은 실로 지구화의 경제적 측면의 논의에 깊이 관여하고 있다. 자유주의자들은, 물론 이때 자유주의자라 함은 자유주의 철학자들이라기보다는 '자유지상주의적' 경제학자들을 가리키지만, 현재 진행되고 있는 경제적 지구화의 양상들을 지지해왔다. 예를 들면 무역의 국내적 조건과 규제를 철폐한다든가, 국가가 주도하는 사회정책을 '무력화'시키는 것들이 거기에 해당된다. 다른 한편으로 공동체주의자들은 경쟁력과 이윤추구의 세계적 자유화의 밑바탕에 깔린 원자론적 개인주의와 전략적 이기주의를 강렬하게 비난하였다. 이런 맥락에서 공동체주의자들은 특수한 공동체의 가치 전통이 헤겔적 의미의 '실체적 인륜성(Substantielle Sittlichkeit)'에 해당되는 '실질적 윤리기풍', 그리고 사회적 통합과 사회적 정체성의 구성과 보존을 위해 결정적 의미를 가질 뿐만 아니라, 불가결의 필수적 요소임을 발견하거나 재발견하였다.

그렇지만 내가 보기에는 자유주의자들(혹은 자유지상주의자들)이나 공동체주의자들도 지구화의 도전에 대하여 충분한 대응을 할 수 없었다. 그 이유는 양편에 공통되게 들어 있는 다음과 같은 결점 때문이다. 양쪽 입장은 모두 보편적인 도덕적 합리성의 개념의 결핍을 극복하지 못하고 있는데, 이러한 점은 서구 이데올로기의 상호보완 체계에서도 특징적인 것으로 드러났고, 바로 이런 점 때문에 사회정의나 공동책임 같이 보편적이고도 그 때문에 전 지구적으로 타당한 윤리의 근거 정립이 방해받아왔다. 하이에크나 뷰캐넌 같은 자유지상주의자들은 신(新)실증주의자들이나 포퍼주의자들과 마찬가지로 과학의 가치중립적 합리성 개념에 매달려 있었다. 그들은 단지 최근에 발견한 결정이론이나 전략적 게임이론의 합리성으로 이 가치중립적 합리성 개념을 보충할 뿐이다. 그러나 이러한 '합리적 선택'의 이론도, 행위의 목표를 집단, 궁극적으로는, 개인들의 자기 이해관계에 의해 미리 주어지는 것으로 가정하는 한에서는, 도덕적인 면에서 가치중립적인 것이라 하지 않을 수 없다.

그래서 공동체주의자들은 토머스 홉스가 전제하는 것과 같은 합리성,[12] 즉 게임이론의 전략적 합리성에 의거해서는 도덕적 규범이나 가

H. Brunkhorst Hg., *Gemeinschaft und Gerechtigkeit*, SS.149-172 참조.

치가 근거 정립될 수 없다는 사실을 쉽게 증명할 수 있었다. 즉, 이런 식으로 합리성을 논한다면 '무임승차자'나 '기생충들'이, 모든 동료 인간들의 복지를 위해 공정성이나 평등권, 혹은 공동의 책임과 같은 규범에 충실하려는 사람들보다 훨씬 합리적이라는 결론이 나오기 때문이다. 이렇게 해서 공동체주의자들은 개인적 이해관계의 기초 위에서 체결된 계약은 정의나 연대성과 같은 실체적 윤리에 대한 충분한 토대가 될 수 없다는 사실을 증명해 보일 수 있었다. 이런 실체적 윤리는 '강한 가치'(테일러)나 '두터운 도덕성'(왈쩌)과 같은 특수한 공동체의 전통에 의해서만 근거 지을 수 있다는 것이다.

그러나 공동체주의자들에게는 합리성이란 것보다 더 심층적이고 더 신뢰할 수 있는 윤리의 토대인 바로 이 긍정적인 의지처가 지구화의 도전에 대한 대응책을 제공할 수 없는 것이다. 아마도 그들의 주장은, 그들이 규탄하는 것에 좋은 이유들이 많은 무자비한 경제적 이윤추구의 정신보다 더 위험한 사상으로 드러날지 모른다. 왜냐하면 공동체주의자들은 보편적 유형의 도덕적 합리성에 의거하지 않기 때문에, 오늘의 경제적 지구화가 일으키는 결과들을 적합하게 평가할 수 없기 때문이다. 가령 무역의 국제적 규제 철폐가 가져오는 경제적 효율성의 증대는 인류의 이익을 위해 유용하게 쓰일 수도 있다. 하지만 애덤 스미스의 "보이지 않는 손"에 의지해서는 그렇게 되지 않는다. 경제적 합리성을 보편적 정의의 합리성과 결합시키고 절대화된 경제합리성의 단점을 사회적으로 보완하는 방식, 즉 예전에 시행되었던 일이 있던 '사회적 시장경제'의 제도를 통해 비로소 경제적 효율성은 관련된 모든 인간의 이익에 유용하게 쓰일 수 있다. 그러나 공동체주의자들은 이런 방식의 해결책을 모색할 수 없다.

---

12) K.-O. Apel, "Diskursethik als Verantwortungsethik und das Problem der ökonomischen Rationalität", in *Diskurs und Verantwortung*(Frankfurt a. M.: Suhrkamp, 1988), SS.270-305; "Normative Ethics and Strategical Rationality: The Philosophical Problem of Political Ethics", in R. Schürmann ed., *The Public Realm: Essays on Discursive Types of Political Philosophy*(State University of New York Press, 1989), pp.107-131 참조.

이런 모색 대신 공동체주의자들은 지구화하고 있는 경제적 경쟁력의 전략적 합리성을 전적으로 비난하면서, 사회적 연대성만을 회복시키거나 재생시키려고 노력하는데, 이것은 결국 엄존하는 경제 지구화의 과정에서 특수 공동체를 고립시키는 결과를 가져올 뿐이다. (물론 공동체주의자들은 그렇지 않다고 반박하겠지만. 이런 경향이 특정 유형의 사회적 대중영합주의나 혹은 '민족사회주의'(나치즘)와 공유하는 구조적 친밀성을 간과해서는 안 될 것이다.)

대단히 주목할 만하지만 내 눈에는 유감스럽기 짝이 없는 사실은 유럽과 미국의 최근 철학에 이루어진 언어적-해석학적 전회의 결과, 후기 비트겐슈타인이나 하이데거, 가다머 등의 영향 아래에서 대부분의 철학자들이, 우리가 세계 현실을 인식할 때 사실적으로나 전적으로 세계에 관한 전이해(前理解)에 의존할 수밖에 없다는 것을 아주 당연시하게 되었다는 점이다. 이런 생각이 확장되어, 도덕적 가치를 이해하는 데도 우리가 소속된 특수한 언어적, 사회문화적 전통에 의존해야 한다고 생각하게 되었다. 결국에 가서는 어떤 전통에의 의존성을 발견하고 그런 전통들의 다양성과 차이를 깨닫고 논의할 수 있는 그런 철학적 반성에 대해서도 그것이 어떤 전통에 얽매어 있는 것으로 예단해버린다. 심지어는 이런 철학적 반성의 범위나 타당성 요구마저도 그것이 일단 주제화되면 별다른 시비 없이 특수한 역사적 전통에 의존하는 것으로 치부되어버린다.

그래서 공동체주의자들뿐만 아니라 존 롤즈 같은 자유주의 철학자도 1971년 판 『정의론』에서는 칸트의 영향 아래에서 보편주의적 입장을 취했는데, 나중에 가서는 "공정으로서의 정의"라는 그의 기본적 구상조차 이를 보편적으로 타당한 것이 아니라, 애초부터 오직 서구의 민주주의 전통에만 연관시키는 경향을 보이고 말았다.13) 그런데 롤즈는 단순

---

13) J. Rawls, "Justice as Fairness: Political not Metaphysical", in *Political Liberalism*(New York: Columbia University Press, 1993), p.225 참조.
한국어 번역본으로는 존 롤즈, 장동진 옮김, 「공정으로서의 정의」, 『정치적 자유주의』(서울: 동명사, 1999) 참조.

히 그런 수준을 넘어 공동체주의자들을 따라, 예를 들어 하버마스 식의 논변윤리와 같이14) 보편적 타당성을 주장하는 그 어떤 '도덕철학'도 종교나 형이상학같이 문화의존적인 '포괄 교조'가 될 수 있을 뿐이라고 결론지었다. 롤즈에 따르면 이것은 '다원주의적'이거나 '다(多)문화적'인 사회에서는 그 어떤 도덕철학적 이론도 공통적이고도 공적인 정의관의 토대를 제공할 수 없다는 것을 의미한다.

이러한 딜레마에서 롤즈는 그의 두 번째 주저인『정치적 자유주의』에서, 자신의 "정의 이론"이란 단지 현대의 다원주의적 민주사회 안에서 "중첩적 합의"에 이름으로써 그 사회에서 받아들여질 수 있는 공적인 정의 원칙에 대한 구상을 "정치적 가정으로서 구축"해본 것에 지나지 않는다는 결론을 내렸다.15) 순전히 정치적인 이 새로운 이론에서 롤즈가 이전에 도덕철학적으로 보편타당성을 가진 것으로 주장했던 것 가운데 유일하게 다시 줄을 댄 것이 있다면, "중첩적 합의"뿐만 아니라 "다원주의적 사회"도 "이성적"이라야 한다는 주장 정도로 암시되기만 했다.16)

자유주의적 정의론과 공동체주의 정의론의 이런 이상하지만 특징적인 수렴 안에서 미국의 최근 정의론들이 보여주는 또 다른 특징적 면모가 드러난다. 즉, 민주주의 이론 쪽으로 방향을 잡는 경향이 점점 확산됨으로써 도덕철학과 정치철학의 밀접한 결합이 이루어지는 결정적 계기가 마련된다는 것이다. 그러나 여기에서 민주주의 이론은 보편윤리의 토대에 터 잡거나 그것의 보호를 받지 못하고 오히려 엉뚱하게 다른 길을 헤맨다. 내 생각으로는 이러한 접근방식을 가지고서는 현재 통용되

---

14) J. Rawls, "Reply to Habermas", *The Journal of Philosophy*, XCII, 3(1995), p.133 이하 참조.

15) J. Rawls, *Political Liberalism*, p.225.

16) 롤즈에 대한 나의 비판적 논평으로 K.-O. Apel, "May a Political Conception of 'Overlapping Consensus' be an Adequate Basis for Global Justice?(An Argument with the late Rawl's Conception of 'Political Liberalism')", in *Proceedings of the 20th World Congress of Philosophy*(Boston, 1998)를 참조하라.

는 지구화의 맥락, 즉 전 지구적 규모의 다문화적 사회 안에서의 정의나 인권 문제라는 맥락에서 민주주의를 위한 철학적 논증을 제대로 전개할 상태가 안 된다.17) 왜냐하면 민주주의적 요구를 보편적으로 수용할 수 있는 정의의 원칙, 즉 모든 시민들의 자유롭고 평등한 정치참여의 원칙에 근거를 설정하는 것이 아니라, 오히려 서구의 정의 개념이 서구 민주주의의 전통이나 시장경제에 역사적으로 의존하고 있다는 사실을 인정하면서, 그에 따라 정의도 종족중심적이거나 문화중심적으로 개념화할 수밖에 없는 불가피성을 인정하는 방향으로 가고 있기 때문이다.

이런 믿음을 고백하는 가장 유명한, 아니 오히려 악명 높다고 할 수 있는 표현은 리처드 로티의 「철학에 대한 민주주의의 우선성」에 나온다.18) 여기에서 그는 자기야말로 『정치적 자유주의』에 나온 롤즈의 입장을 적절하게 해석했다고 주장하면서 다음과 같은 주장까지 내놓는다.

계몽주의[로티는 명시적으로 이 계몽주의라는 말의 용도를 서구의 '우연적' 전통에 국한시킨다]의 상속인인 우리는 자유민주주의의 적들이야말로 … '미쳤다'고 … 생각한다. 건강의 한계란 우리들이 진지하게 고려하는 것들에 의해 정립되기 때문에 바로 그런 우리 기준에 따르면 그들은 돌아버린 작자들이다. 그 다음 바로 이렇게 우리가 무엇을 진지하게 고려하느냐 하는 것은 우리의 양육 환경, 우리의 역사적 상황에 의해 결정된다.19)

무엇이 합리적인 것이고 또 무엇이 광신적인 것인가는 우리 자신을 정당화하는 것이 필수적이라고 생각하는 집단에 따라, 즉 '우리'라는 말

---

17) K.-O. Apel, "The Problem of Justice in a Multicultural Society: the Response of Discourse Ethics", in R. Kearney and M. Dooley eds., *Questioning Ethics* (London: Routledge, 1999), pp.145-163 참조.

18) R. Rorty, "The Priority of Democracy to Philosophy", in *Objectivity, Relativism and Truth*(Cambridge: Cambridge University Press, 1991), pp.175-196. 그리고 나의 논평은 K.-O. Apel, *Diskurs und Verantwortung*(Frankfurt a. M.: Suhrkamp, 1988), S.398 이하에 나온다.

19) R. Rorty, "The Priority of Democracy to Philosophy", p.187 이하와 비교.

의 준거를 결정하는 공유된 믿음의 집합에 상대적이다.[20]

나의 견해로는, 온갖 종류의 민족주의자들이나 종교적 근본주의자들로 하여금 자유민주주의와 인권의 이념에 맞서 자신들의 종족중심주의나 문화중심주의를 옹호하기 쉽게 만들어주는 사상으로서는 현재의 서양 철학 중에서 로티의 철학을 능가하는 것을 찾아보기란 어렵다고 본다. 이런 사상들도 그 발생의 측면에서 보자면 서구 전통 사상에까지 거슬러 올라가면서, 동시에 조금만 잘 정제하면 상호주관적 타당성을 갖는 사상으로서 지구화될 수 있는 것처럼 보인다. (참으로 오늘날 서구 철학의 역사주의적-상대주의적 분위기 속에서는 칸트가 '발생'과 '타당성'을 구별했다는 사실은 완전히 잊힌 것 같다.)

지난 몇 십 년 동안의 서구 도덕철학이나 정치철학의 결과들을 살펴보아도 지구화의 도전에 실천적 이성으로 대응하는 보편윤리의 내부 자원들을 찾아보려야 찾아볼 수가 없다. (개인이나 특수한 공동체의) 좋은 삶에 관한 신(新)아리스토텔레스주의적 이론들뿐만 아니라 정치적 정의에 관한 이론으로 제공되는 것도 지구화의 맥락에서 보편윤리적 특징을 가진 새로운 유형의 문제들을 해결할 수는 없다고 본다. 말하자면, (부자 국민과 가난한 국민 사이, 또는 서양 문화와 다른 문화들 사이의) 문화 상호간 정의와 사회경제적 정의, 그리고 지구 환경의 파괴나 자원 고갈, 지구 자원의 과잉 착취 및 지구 영역상의 인구과잉 문제와 같은 인류의 위기적 문제라는 측면에서 모든 인간종이 걸머져야 할 지구적 공동책임이 바로 이런 보편윤리의 문제 내용에 해당된다.

5. 논변윤리: 지구화의 도덕적 도전에 대한 탈형이상학적 대응

현재의 도덕철학이 이런 과제를 해결하는 데 충분치 못한 이유는, 인류 역사상 처음으로 인종적, 종교적 문화 영역의 한계가 결정적으로 확대되어 여기서 생기는 문제들에 대처할 수 있는 새로운 형태의 보편윤

---

20) 같은 글, p.176 이하.

리가 아직 형성되지 못했기 때문이다. 그뿐만 아니라 도덕철학의 내부적 자원 실태를 다시 살펴보면, 고대 문명의 기축시대 이래로 일어난 여러 가지 계몽철학의 성과들보다도 훨씬 더 후퇴했다는 것을 깨닫게 된다.

물론 롤즈의 지적처럼, 다원적이고 다문화적인 세계사회를 맞으면서 특정한 형이상학적인 세계관이 공적 타당성을 주장할 수는 없다. 문화들 사이의 불편부당성이나 정의의 면에서 볼 때, 형이상학적 세계관들은 모든 종교들의 진리주장과 마찬가지로 상대화시켜야 한다. 자유민주주의 국가가 모든 시민들과 외국이나 다른 사회에 대해 관용성을 보이려면, 법과 행정의 차원에서 어느 특정한 철학원리에 독단적 우선권을 부여해서는 안 된다. 이 점에서는 탈형이상학적, 탈종교적이 되어야 한다. 그러나 여러 가지 세계관이나 견해들을 공정하고 너그럽게 대한다고 해서, 보편적으로 타당한 정의나 공동책임의 원칙까지 포기해야 하는가?

이렇게 되면 결국 정치판에 등장하는 정당들이 가진 권력과 영향력의 우연한 상황에 의존할 수밖에 없으며, 지구적 규모에서 관련된 모든 인민의 이해관심을 보호하고 고려할 사회정의나 공동책임의 원칙이 등장할 길이 없는 것이다. (이것은 후기 롤즈의 '중첩적 합의' 개념과 말썽을 빚어낸다. 롤즈의 이 개념은 칸트의 '정언명법'처럼 본체계와 경험계의 두 세계 형이상학에 근거를 갖는 그런 보편화의 원칙은 아니기 때문이다.) 그러므로 지구화 시대 보편윤리의 결정적 문제는 이렇다. 즉, '형이상학', 다시 말해 문화의존적인, 포괄적인 철학적 교조를 전제하지 않고 정의와 공동책임의 보편화 원칙을 근거 정립할 수 있는 가능성이 과연 있는가?

논변윤리가 답하려고 한 문제가 바로 이것이다. 나는 앞의 강의에서 이 해답을 전개시켜보았다. 여기서는 다음과 같은 점만 간단히 밝히겠다. 논변윤리학의 선험화용론적 근거 정립은, 칸트의 선험론적 철학의 비판적 구도로부터 그의 두 세계 형이상학을 분석적으로 분리시킨 뒤, 이 선험론 철학의 구도를 타당한 논변의 가능성 조건들에 대한 엄격한 선험론적 반성의 방법으로 급진화시키는 것이다. 인간의 지구적인 논변 공동체에 속하는 어떤 구성원에 의해 어떤 쟁점으로 어떤 토론이 벌어지든 이러한 타당성 조건들은 뒷걸음칠 곳 없는 최종조건으로 간주될 수 있을 것이다.

이 선험론적 반성의 방법 덕분에 진지한 논증에서 우리, 즉 그 어떤 논증자라도 이미 전제하는 것은, 평등한 권리와 공동책임의 원칙같이, 그 어떤 쟁점을 두고 그 어떤 논증적 논변이 벌어지더라도 그 절차적 도덕 조건에 속하는 보편윤리의 제일원칙들이라는 점을 보여줄 수 있게 되었다. 만약 이 논변이 인권이나 의무의 근거 정립에 관한 논변과 같이 실천적인 논변이라면, 그 논변은 롤즈적인 합의 원칙과 대척점에서 칸트의 보편화 원칙의 탈형이상학적 등가물을 제공할 수 있는 절차적 합의 원칙에 의해 규제될 수 있을 것이다. 이것은 곧, 실천적 논변에서 문제 해결에 관한 제안들이라고 한다면, 이상적으로, 관련된 모든 인간 존재들에 의해 수긍 가능한(받아들여질 수 있는) 그러한 제안들이, 그리고 오직 그러한 제안들만, 정당화될 수 있다는 뜻이다.

이것은 물론 논변윤리의 요청에 의해 확정된 실천적 논변의 절차를 위한 규제적 이념일 뿐이다. 그러나 나는 이 규제적 이념으로서의 보편윤리의 의미와 취지가 오늘날 지구화에서 도덕과 관련하여 나타나는 그런 문제들과 최소한 같은 수준에 있다고 생각한다. 그리고 오늘날, 지금까지 제시되어온 정도의 논변윤리의 원칙들은, 칸트의 표현을 빌리자면, 지구적 차원에서 추론을 행하는 공중 안에서 이미 인정을 받고 있다는 표징도 존재한다. 오늘날 우리가 매일 통신 매체들을 통해 알고 있는 바와 같이, 인류의 지구적 문제에 관한 수천 개의 대화와 총회들은, 전략적 수단이 아닌 오직 논증에 의해, 모든 관련된 인간들의 가현실적(假現實的) 합의를 위해 분투하는 정신에 입각하여 경제 문제까지 포함한 모든 지구적 문제를, 적어도, 다루는 척이라도 해야 한다는 압박 아래 작동하고 있는 것이다.[21]

이삼열 옮김

---

21) 이 책의 제4강연 참조.

제 **4** 강연

논변윤리와 정치, 법, 경제의 체질적 압박들

1. 제시: '논변윤리 B-부분' 문제로서, 사회제도들 또는 기능체계들의 체질적 압박들

오늘 나는 강연 제목에서 가리키고 있는 제도들(또는 기능적 사회체계들), 즉 정치, 법, 경제와 논변윤리 사이의 관계를 다루고자 한다. 이 관계는 논변윤리를 생활세계의 현실에 적용하는 문제의 중심에 해당되는데, 그것도 두 측면에서 그러하다. 우선 한편으로, 제도들 또는 기능적 사회체계들은 그것들이 발휘하는 체질적 압박들(Sachzwänge)에 의거하여 논변의 이상적 방법에 각종 제약을 가한다. 즉, 생활세계에 역사적으로 주어진 현실은 이상적 논변의 상황과 같을 수가 없는바, 논변의 이상적 방법이 이런 생활세계의 현실에 책임 있게 적용되려면 그 기능체계들이 체질적으로 가하는 압박을 고려하지 않을 수 없다. 이런 측면에서 보자면 합의 형성에 있어서 순수하게 논변적 방식이 아닌 전략적인 방식, 즉 '협상'이나 '계약주의적' 방법 등도 도덕적으로 정당한 기능을 가지고 있다고 봐야 한다. 그러나 다른 편에서 보자면, 제도들 혹은 기능적 사회체계들은 '도덕'과는 다른 것으로 주어짐에도 불구하고 논변윤리의 관점에서 정당화될 소지가 다분하다. 다시 말해 그것들은 '추론하는 공중들'(칸트)의 도덕적 논변 수준에서 제기될 수 있는 일체의 비판과 그리고 변화에 대한 요구들의 주제라야 한다. 따라서 생활세계에 적용되는 논변윤리는, 한편으로는, 주어진 제도들의 체질적 압박들의 제약을 받으면서 작동되어야 하지만, 그와 동시에 모든 제도들의 정당화와 관련된 최종적 상위제도(메타제도)를 제공하는 기능도 보유한다.

비록 논변윤리는 칸트적 보편주의를 긍정적으로 전형시킨 것이기는 하지만, 이제 논변윤리와 제도들 또는 기능적 사회체계들 사이의 (어느 면에서는 적대적이기까지 한) 관계가 지닌 이 두 차원들은 모두, 역사적 상황성으로부터 추상화된 이상적 원칙들로 이루어진, 자기충족적인, 순수 의무론적 윤리로 간주되어서는 안 된다는 사실의 결론들이다. 논변윤리는 오히려 '역사와 연관된 책임'의 윤리, 또는 뒤에서 밝혀지겠지만, 공동책임의 윤리로 간주되어야 한다.

현재 통용되는 추상적 의무론의 메타윤리적 파악의 위력에 휩쓸려 쉽게 간과되거나 무시되는 이러한 논변윤리(적용)의 복잡한 구조를 분명히 특징짓기 위해 나는 오래전부터 논변윤리 A-부분과 논변윤리 B-부분의 구별을 도입하였다.1) 논변윤리 A-부분은 순수 의무론적인 것으로 고안되었으며, 목적론적이거나 전략적인 일체의 합리성 형태를 배제한다. 이와는 대조적으로 논변윤리 B-부분은, 논변윤리 A-부분에서 사실 대립적으로 예감된 의사소통의 이상적 조건들을 근사적으로 점차 실현해야 한다는 규제적 원칙 아래에서 상호행위의 합의적-의사소통적 합리성과 전략적 합리성을 매개할 임무를 상정한다.

이제 논변윤리, 그리고 사회제도들 또는 기능적 사회체계들의 이런 이중적 관계로 이미 드러난 문제는 분명히 논변윤리 B-부분, 즉 역사연관적 책임 또는 공동책임의 윤리라는 기능에 속한다. 이 점은 세 가지 커다란 사회제도들 또는 기능체계들인 정치, 법 그리고 경제와 연관된 아래의 서술에서 세부적으로 해명되어야 한다.

---

1) 특히 K.-O. Apel, *Diskurs und Verantwortung*(Frankfurt a. M.: Suhrkamp, 1988) 참조.

2. 논변윤리, 그리고 정치의 체질적 압박들

도덕과 법은 오랫동안 헤겔이 "실체적 인륜성"이라고 명명한 것을 통해 통합되어 있었던 까닭에, 윤리와의 친화성 또는 내적 관계라는 관점에서 보면 이야기는 법에서 시작해야 할 것 같지만, 나는 우선 정치에서 출발하고자 한다. 오늘날에도 도덕과 완전히 무관하게 법을 정당화할 수 있다는 주장은 여전히 논란의 여지가 있다. 반면에 정치는 적어도 마키아벨리 이래의 우리 전통에서, '국가 존립 근거(raison d'état)'라는 발상2)이 등장한 이래로는 도덕과 완전히 무관한 것이라는 의견이 광범하게 유포되었다. (이러한 관점은 적어도 랑케 이래 '외무 최우선'과 권력관계를 지향하는 대부분의 역사학자들에게 온당한 것으로 여겨졌던 반면, 거의 배타적으로 '내치 우선'과 그 정당화에 방향을 맞춘 당대의 민주주의 이론가들은 대외 정치의 권력관계들을 간과하고, 때로는, 예를 들어 정의의 문제에 있어 후기 롤즈가 보여주었듯이, 도덕적 문제들을 정치적 문제들과 동일시하는 경향이 있다.3))

그러나 나는 사회체계와 권력관계의 자기유지를 정치의 제도적 또는 체계적 기능들의 핵심적 성격으로 보고, 또 논변윤리와 정치 사이에 극단적 긴장이 존립한다고 상정하기 때문에 정치로부터 출발하고자 한다. 정확하게 이 경우에 논변윤리는 역사연관적 책임윤리로서 B-부분의 양면적 기능을 완수할 수 있으며 또 완수해야 한다는 것을 나는 보여주고 싶은 것이다. 한편으로 논변윤리는 전략적 자기보존이라는 체질적 압박들을 통해 생활세계에 대한 그 나름대로의 적용을 완수해야 한다. 왜냐

2) F. Meinecke, *Die Idee der Staatsräson in der neueren Geschichte*(München: Oldenbourg, 1963, 3nd ed.) 참조.

3) J. Rawls, "Justice as Fairness: Political not Metaphysical", *Philosophy and Public Affairs*, 14/3(1985). 비판을 위해서는 다음과 비교. K.-O. Apel, "May a Political Conception of 'Overlapping Consensus' be an Adequate Basis for Global Justice?(An Argument with the late Rawl's Conception of 'Political Liberalism')", in *Proceedings of the 20th World Congress of Philosophy* (Boston, 1998).

하면 정치의 경우 이러한 체질적 압박들은 행위의 결과들에 대한 책임과 내적으로 결합되어 있기 때문이다. 그러나 다른 한편으로 논변윤리는 갈등을 논변으로 평정하기 위한 조건들을 점차적으로 실현해야 한다는 규제적 원칙의 관점에서 모든 정치적 자기보존체계들과 그 권력정치들을 측정함으로써 이것들에 대한 전 지구적 차원의 공적 정당화와 비판의 기준을 제공할 수 있고 또 제공해야 한다.

우리 시대에 논변윤리의 적용이 가능하다는 것, 그와 동시에, 이상적인 실천적 논변의 절차 규범들과 정치의 체질적 압박이라는 조건 아래 있는 대화 사이에 차이와 긴장이 있다는 것 등을 예시하는 패러다임적 현장은 내가 '수천 개의 회의들'이라고 이름 붙였던 것들로 제시한 바 있다. 많든 적든 인류의 공통문제들을 평정하기 위한 인간의 공동책임을 조직하는 문제에 관해 거의 매일, 국가적 또는 국제적 수준에서 이런 수천 개의 회의들이 개최된다. 예를 들어 인구증대와 그 조절 가능성, 그리고 대기, 기후, 산림, 대양 등과 같은 환경보호의 문제들, 이와 같은 맥락에서 제기되는 산업국가 및 개발도상국가들 사이의 서로 다른 과제들, 핵무기 확산 금지를 포함한 범세계적 군비축소의 기회, 지구적 경제질서의 국제적 또는 초국적 제도들의 기능, 특히 여성 및 아동에 중점을 둔 인권보호, 인류의 문화유산, 문화 상호간의 정의 등이 그렇게 공통으로 책임져야 할 문제에 해당된다.

이제 사람들은 아마 이렇게 물을지도 모른다. 즉, "이러한 회의들이 과연 논변윤리 A-부분에서 상정한 것과 같은 '실천적 논변들'에 해당되는가?" 우리 시대의 '추론하는 공중'이라는 매체 앞에서, 이미 언급한 회의들의 조직자들은 그러한 회의들이야말로 마치 '실천적 논변들'인 것처럼 처신할 것이다. 이때 실천적 논변이라 함은, 특혜 제안이나 협박 또는 순전히 수사학적인 설득이 아니라 논거(論據)와 근거(根據)에 기대어, 회의석상에서 직접 대변되는 당파들뿐만 아니라 다음 세대들까지 포함하여 관련된 모든 인간 존재들의 관심 사안들을 고려하는 가운데, 토론 중인 문제들에 관해 전문가들의 이용 가능한 모든 지식을 동원하고 활용하려고 시도하면서, 도덕적으로 연관된 문제들의 모든 측면들을 탐색하고 토론하기 위해 평등한 권리와 공동책임의 토대 위에서 이루어지는 사업을 뜻한다.

공적으로 허세를 부리는 수천 개의 회의들이 이렇게 논변윤리의 절차적 규범들을 암묵적으로 인정하고 있다는 사실이 입회자들의 조소나 조롱, 또는 이론가들에 의한 폭로적 이데올로기 비판의 대상이 되어서는 안 된다. 왜냐하면 여러 회의들이 허세를 부리고 있다는 사실 자체가 오늘날 이미 '추론하는 공중'이라는 상위제도의 체질적 압박이 전 지구적 규모로 존재하고 있음을 보여주기 때문이다. 다시 말해 이 체질적 압박이란 철학에서 '뒷걸음칠 곳 없는(後進不可能)' 것으로 전제하는 원형적 내지 선험론적 논변의 도덕적 요구들을 대변하는 것이다. 그리고 그 자체 결코 경험적 데이터가 아니라 규제적 이념인 선험론적 논변을 이렇게 공적으로 대변하지 않는다면 논변윤리를 생활세계에 적용할 현실적 기회는 전혀 생기지 않을 것이다.

그럼에도 불구하고 '수천 개의 회의들'은 실제로 이상적인 논증적 논변들이 아니라 (많든 적든) 서로의 제공물 또는 (공개적이거나 은밀한) 협박들을 전략적으로 교환하는 협상의 기능을 완수하기도 한다. 이런 회의에 나오는 대표들이야말로 그 이해관계를 철저히 배려해야 하는 정치적 자기유지체계의 대변자들이기 때문에 이런 경우는 일어날 수밖에 없다. 이 대표자들이 순수한 논변 합리성을 애호하다가 전략적 고려사항들을 완전히 떨쳐버리는 사태가 벌어지는 경우란 있을 수 없다. 만일 이렇게 처신해버리면 그것은 대단히 무책임한 일이 될 것이다. 왜냐하면 어떤 경우에도 다른 쪽의 대표자들이 이쪽과 똑같이 논변 합리성에 따라 일을 처리할 것이라고 추정할 수 없기 때문이다. (예전에 나는 군축협상과 관련하여 전략적 상호행위의 이러한 구조를 분석해보려고 시도한 적이 있었다.4)) 따라서 자기 직업의 부담 속에서 책임을 지고 있는 행위자인 이 '수천 개 회의들'의 대표자들은 정치적 자기유지체계의 체질적 압박에 따를 수밖에 없다. 즉, 그들은 적어도 직업상의 의무를 완

---

4) K.-O. Apel, "Konfliktlösung im Atomzeitalter als Problem einer Verantwortungsethik", in *Diskurs und Verantwortung*, SS.247-269.

수하고 싶은 한, 자기 행위의 도덕적 준칙들을 바로 이 정치적 압박들에 적응시켜야 한다.

물론 도덕적 이유에서 자신의 일에서 물러나 벗어던질 가능성도 있다. 도덕적 전략, 즉 자기가 소속된 자기유지체계의 정책을 변화시키는 그런 종류의 전략에 봉사하기 위하여 자신의 전문가적 자질들을 사용할 수 있는 어느 정도 자유로운 공간도 있다. 극적인 예를 들자면, 로버트 맥나마라는 펜타곤(미국 국방성)에서 세계은행 총재로 자리를 옮겼을 때 자기 자신의 철학을 바꾸었으며, 또 참신하게도 사회정의를 위해 앙가주망을 한다는 이유로 개발도상국가들과 연관된 세계은행의 정책을 바꾸었다.

그러나 국민국가와 같이 자기들의 특수한 정치적 자기유지체계가 존재하는 한, 그리고 아직 법에 의해 규율되거나 순치되지 않는 국민국가들 사이의 각종 권력관계들이 엄존하는 한, 정치 영역에서 자기 업무와 관련하여 자유로운 공간을 사용할 수 있는 이런 가능성들은 원칙적으로 정치의 체질적 압박에 의해 제약된다. 그러므로 정치와 연관하여 논변윤리를 실행에 옮길 현실적 기회들은 오히려 이 시대의 인류가 '추론하는 공중'이라는 전 지구적 상위제도(메타제도)의 구성원이기도 하다는 사실에서 나오는 것처럼 보인다. '수천 개의 회의들'에 참석하는 모든 대표들은 정치의 체질적 압박에 예속되어 있음에도 불구하고 바로 이 '추론하는 공중'이라는 상위제도를 상대로 필연적으로 자신들의 견해를 정당화해야 하는 입장에 선다. 바로 이 점을 더 세부적으로 상론해보자.

나의 견해로는, '수천 개의 회의들'에 나가는 대표들이 직면한 이 이중책무 관계의 명백한 역설은 인류가 사회적 제도들과 도덕적 연관성을 갖고 관계 맺으려고 할 때 나타나는 특징이다. 논변윤리의 관점에서 보면 그것은 책임에 대한 두 개념, 즉 개인적으로 감당할 책무로 간주되는 책임이라는 전통적 개념, 그리고 원초적 공동책임이라는 선험화용론적 개념을 구분하여 설명할 수 있을 것이다.5)

---

5) K.-O. Apel, "How to Ground a Universalistic Ethics of Co-Responsibility for the Effects of Collective Actions and Activities?" in M. Batens et al. Hg.,

그런데 통상적인 성격의 첫째 개념은 이미 일종의 책임 할당을 전제하며 대부분의 경우 제도적 맥락을 염두에 두고 있다. (자식에 대한 부모의 거의 준(準)자연적 책임이나 자신의 특별한 지식이나 능력으로 인해 저절로 자신에게 돌아오는 특별한 책임 같은 경우가 여기에 해당된다.) 개인의 책무로 돌아오는 이러한 책임은 기능적 사회체계들의 일부로서 언제나 제도들이 가하는 압박에 예속된다.

인류의 원초적 공동책임은 전적으로 다른 경우다. 그것은 우리가 구속력 있는 것으로 언제나 이미 인정해야 하는 근본적 규범이나 도덕적 의무에 속한다. 왜냐하면 그 규범이나 의무들은 진지한 논증(論證), 나아가 상호주관적 타당성을 요구하는 사고(思考)의 가능성 조건에 속하기 때문이다. 이런 의미에서, 도덕적 연관성을 가진 모든 문제들(예를 들어 이해관계의 갈등 같은 것들)을 식별해내어 토론하기 위해 모든 논변 상대자들이 누려야 하는 평등한 권리와 평등한 공동책임은 선험화용론적 반성을 통해 그 근거가 마련될 수 있다.

하지만 이렇게 선험론적으로 원초적인 책임 형태는 개인들의 개별적 책무라고 할 수 있는 특정한 의무들과 관계 맺을 수 없다. 왜냐하면 그러한 책임 형태는 개별 인격체들에게 이미 귀속되어왔기 때문이다. 선험론적으로 원초적인 책임 형태는 오히려 원초적 논변 공동체의 모든 구성원들을 다 함께 묶는 그런 종류의 연대성에 의거해 구속력을 부여한다. 우리는 '방법론적 유아론(唯我論)' 또는 '선험론적 유아론'으로 불리는 전통적 편견을 극복하자마자 바로 이 점을 인정할 수 있다.6) (여

Problèmes moraux: vie privée, vie publique/Private and Public Morality, in *Philosophica*, 52/2(1993), SS.9-29; "Zur Begrüdung einer planetaren Makroethik primordialer Mit-Verantwortung", in M. Kettner Hg., *Angewandte Ethik als Politikum*(Frankfurt a. M.: Suhrkamp, 1999) 참조.

6) 유아론이라는 용어는 처음에는 아주 긍정적인 의미로 E. Husserl, *Cartesiani-sche Meditationen*, §13과 V. *Meditation*, in *Husserliana*, vol. I, ed. by S. Strasser(Haag: M. Nijhoff, 1963)에서 처음 도입되었다. 유아론에 대해 패러다임적 의의를 갖는 비판을 제기한 것으로는 K.-O. Apel, *Auseinandersetzungen: In Erprobung des transzendentalpragmatischen Ansatzes*(Frankfurt a. M.: Suhrkamp, 1998)에 실린 색인(Sachregister: "Solipsismus, methodische")과 이

기에서 내가 뜻하는 바는 모든 고독한 사고주체는 자급자족적이라는, 데카르트에서 후설에 이르는 현대 철학의 전제조건이다. 이때 '자급자족적'이라 함은 모든 단독의 사고주체가 언어와 의사소통에 의해 필연적으로 매개될 수밖에 없는 자신의 관념에 의존하지 않는다고 확신하는 것이다.)

이제 이렇게 되면 원초적 공동책임이란 누군가의 몫으로 돌아갈 수 있는 특정한 의무들과 관계될 수 없는 것인 반면, 개인적 책무성을 띠는 모든 책임들에는 귀속되는 것이 된다. 이 점은 특히, 각 정부의 정치적 의무들이 더 이상 신의 자비가 아니라 인민의 주권에 의거해 정당성을 획득하는 한, 바로 이 정부의 정치적 의무들에 타당한 것이다. 지금까지 만인의 원초적 공동책임과 할당에 토대를 둔 개인적 책무로서의 책임 사이의 관계를 잘 보여주는 좋은 사례는 특히 선거제도에 의한 민주주의다. 평등한 권리의 원칙뿐만 아니라 심의(審議)에 의한 합의 형성의 절차들을 실현함으로써 민주주의 정치제도는 실제로 논변윤리의 원칙들과 밀접한 친화관계에 있음을 보여준다. 내 생각으로는 논변윤리야말로 후기 롤즈 식의 그 어떤 '잘 질서 지어진 사회'보다도 바로 민주주의와 더 밀접한 친화성을 갖고 있다.[7]

그러나 하나의 민주주의 역시 그 자체로는 하나의 특수한 정치적 자기유지체계로서, 다른 정치적 자기유지체계, 즉 다른 민주주의들에 대해서는 우리 시대에 와서도 여전히 대외 정치에서는 권력관계에 놓여 있다. 그러므로 민주주의가 아무리 국민주권 원칙 및 심의 및 합의 형성을 위한 지속적 절차를 공언한다고 하더라도 논변윤리에 의해 철학적으로 근거 정립될 수 있는 평등한 권리 및 공동책임의 의무를 직접적으로, 그리고 아무 제약 없이, 실현하지는 않는다. 왜냐하면 민주주의조치도 그 헌법과 심의 절차에 있어서 '국가 존립 근거(raison d'état)'라고 하는 정

책의 제1강연을 참조하라.

7) J. Rawls, "The Law of Peoples", in S. Shute and S. Hurley eds., *On Human Rights*(The Oxford Amnesty Lectures)(Basic Books: Harper Collins, 1993), pp.41-81 참조.

치전략적 원칙에 예속된 상태에 있으며, 민주주의의 제도적 기능을 담당하는 모든 사람들 역시 그러하기 때문이다. (나의 생각으로는, 이 점이야말로 칸트가 「세계시민적 의도에서 본 보편사의 이념」 제5명제에서, 수많은 공화국들이 서로 법 이전의 권력관계에 있는 한, 공화국의 철학적 이념, 즉 주권을 가진 시민들의 보편적 합의가 실현될 수 없다고8) 단언한 이유의 하나다.)

이것은 적어도 현재의 형태로 볼 때 민주주의도 정치적 연관성을 가진 심의를 부담하는 그 모든 사람들의 역설적 이중책무의 한 사례임을 뜻한다. 이때 이중책무라 함은, 한편으로는, 우리 시대에 이미 전 지구적으로 존재하는 '추론하는 공중'에 의해 대변되는 합리적인 논증적 논변이라고 하는 보편적 연관성을 가진 책무, 그와 동시에 다른 한편으로는, 특정한 자기유지체계 또는 권력체계의 압박에 의해 결정되는 그러한 정치적 기능들에 대해서도 책무를 지는 상태를 얘기한다. 루소와 칸트 이래로는 공화국을, 그리고 그 뒤에는 민주주의를 철학적으로 파악하는 토대로 봉사해왔지만 그 자체로는 아주 애매한 국민주권 개념에도 이런 이중책무 상태가 반영되어 있다. 각기 상이한 공화제나 민주주의들의 국민적 책무의 측면과 비교해보면, '추론하는 공중'이라는 전 지구적 시나리오의 맥락 안에서 기능하는 '수천 개의 회의들'이야말로 특정 민주주의들에서 행해지는 심의보다 논변윤리의 요구들을 실현할 가능성에 훨씬 더 가깝다는 사실과 그 이유가 마찬가지로 분명해진다.

내가 민주주의의 특정 정치적 기능들을 구성하여 예시하였던 이 두 종류 책임 사이의 구별은 이중책무의 도덕적 심층구조를 예시해줄 뿐만 아니라 논변윤리와 정치의 관계도 설명해준다. 그것은 특정한 정치적 책임들을 맡아 그만큼 자기유지체계의 기능적 압박들에 종속되어 있는

---

8) I. Kant, "Idee zu einer allgemeinen Geschichte in weltbürgerlicher Absicht", in *Werke*(Akademie-Textausgabe, Berlin: de Gruyter, 1968), vol. VIII, SS.15-32 참조.
한국어 번역본으로는 임마누엘 칸트, 이한구 편역, 「세계시민적 관점에서 본 보편사의 이념」(1784), 『칸트의 역사철학』(서울: 서광사, 1992), pp.23-44 참조.

사람들이야말로 그와 동시에 '추론하는 인류'가 제기하는 원초적 논변의 선험론적 연대에 속하는 원초적 공동책임도 진다는 것을 보여줄 수 있다. 바로 그런 만큼 모든 개인들은 가현실적(假現實的)으로 '추론하는 공중'을 이루는데, 오늘날 바로 이 추론하는 공중이 '수천 개의 회의들' 차원에서 모든 제도들과 관련하여 전 지구적 상위제도로서 기능하는 것이다.

따라서 모든 인류는, 논증적 논변의 필연적 전제조건과 같이 인정되는 그런 정의를 실현할 규제적 이념에 의해 요구되는 정치적 제도들의 비판적 통제와 변화에 공동책임이 있다. 만약 이런 점이 인정된다면 우리는 후기 롤즈처럼, 정의가 과연 형이상학적 개념인가 아니면 순전히 정치적 개념인가를 놓고 논증을 벌일 필요가 없다. 만약 정의가 형이상학적 개념이라면 그것이 형이상학적이면 형이상학적일수록 각기 다른, 문화의존적인 '포괄적 견해들' 또는 '교조들'에 의해 상대화될 것이다. 반면에 정의가 순전히 정치적 개념이라면 그것은 또 다른 기존의 '포괄적 견해들'의 대변자들에 의해 '잘 질서 지어진 사회' 안에서 도달되는 '중첩적 합의' 정도로 파악될 것이다.9) 논변윤리의 적용을 분석한 나의 입장에서 보자면 롤즈의 최근 입장에 대해서는 두 가지의 반대논증이 제시될 수 있다.

(1) 첫째, 이러한 사안들을 토론하고자 하는 사람들의 경우 선험론적으로 더 이상 뒷걸음칠 곳 없는 원초적 논변의 도덕적 전제조건들을 인정한다고 해서 그것이 곧 포괄적이고 문화의존적인 형이상학적 교조를 받아들이는 것은 아니라는 점을 분명히 해야 한다. 내가 보기에 후기 롤즈의 이러한 관점은 공동체주의자들의 논증에 대한 양보의 결과인데,

---

9) J. Rawls, *Political Liberalism*(New York: Columbia University Press, 1993); "Reply to Habermas", *The Journal of Philosophy*, XCII, 3(1995), p.133 이하 및 각주 3 참조.
한국어 번역본으로는 존 롤즈, 황경식 옮김, 『정의론』(서울: 이학사, 2003); 장동진 옮김, 『정치적 자유주의』(서울: 동명사, 1998); 황경식 옮김, 『공정으로서의 정의』(서울: 서광사, 1988); 장동진 · 김기호 · 김만권 옮김, 『만민법』(서울: 이끌리오, 2000) 참조.

롤즈가 본래『정의론』에서 시도했던 최종근거 정립이 미해결의 아포리아에 부딪쳤다는 사실을 염두에 둔다면 이런 양보가 이해되지 않는 것도 아니다. (여기서 이 문제를 상론하지는 않겠다.10))

(2) 우리가 다루는 현재 쟁점의 관점에서 볼 때 더욱 중요하고 어떤 의미에서는 파멸적인 것은 후기 롤즈가 보편적으로 타당한 정의관에 대한 도덕철학적 근거 정립을 희생시키고 정치적 범주들에 굴복하고 있다는 사실이다. '중첩적 합의'라는 개념은 그것이 특수한 민주주의 내에서, 아니면 기껏해야 '수천 개의 회의들' 차원에서 사실적으로 도달할 수 있는 종류의 찬동이나 동의를 표시한다는 점에서 정말로 정치적인 것이다. 그렇기 때문에 이 개념은 실용주의적으로 유용하며 또 불가피하기까지 하다. 그러나 그것이 이상적 합의의 개념, 즉 논변윤리의 규제적 원칙으로서 이상적인 실천적 논변을 주도해야 하는 합의, 다시 말해, 관련된 모든 사람들, 따라서 정치적으로 대변되지 않고 있는 사람들까지도 포함한 그런 식의 합의를 대체할 수는 없다. 그런데 이러한 이상적 합의의 개념이 없다면, 정치를 담당하는 사람들이 지기 마련인 이중책무의 긴장은 실용적으로 중립화되어버릴지도 모른다. 하지만 이런 일은 바람직하지 않을 것이다. 예를 들어 고대에는 노예제도를 받아들이는 것이 추측건대 정치적 책임을 진 모든 사람들의 '중첩적 합의'에 부응했을 것이다. 우리 시대에는 미래 세대 또는 적어도 제3세계의 빈곤한 대중들을 희생시키는 지구적 경제질서를 받아들이는 것이 그 옛날 노예제도의 수긍과 유사한 역할을 할 수 있을 것이다.11) 그러나 역사연관적 제도비판과 가능한 제도변화에 관한 철학적 이론으로서의 논변윤리는,

---

10) K.-O. Apel, "Konfliktlösung im Atomzeitalter als Problem einer Verantwortungsethik", in *Diskurs und Verantwortung* 참조.

11) 다음과 비교하라. K.-O. Apel, "Das Problem der Gerechtigkeit in einer multikulturellen Gesellschaft", in R. Fornet-Betancourt Hg., *Armut im Spannungsfeld zwischen Globalisierung und dem Recht auf eigene Kultur*(Frankfurt a. M.: JKO-Verlag für Interkulturelle Kommunikation, 1998), SS.106-130. 영역본 "The Problem of Justice in a Multicultural Society: the Response of Discourse Ethics", in R. Kearney and M. Dooley eds., *Questioning Ethics* (London: Routledge, 1999), pp.145-163.

지금 그리고 여기에서, 정치적으로 그럴듯하게 들리는 것과 관련하여 비판적 거리를 가질 수 있으며 또 가져야만 한다.

3. 논변윤리, 그리고 법의 체질적 압박들

논변윤리와 정치의 체질적 압박 사이의 관계를 고찰함으로써 우리는 어떤 의미에서는 논변윤리와 법의 관계를 다룰 수 있는 무대를 마련하였다. 왜냐하면 정치적 권력관계의 관점에서 보면, 내가 앞서 이미 언급한 바와 같이, 법의 제도들은 도덕성과 훨씬 밀접한 친화관계에 있으며, 또 그렇기 때문에 정치의 체질적 압박들을 논변윤리의 요구들에 접합시키는 데 불가결한 매개의 기능을 충족시킬 수 있다는 점을 쉽게 알 수 있기 때문이다. 다른 한편으로, 우리는 논변윤리가 법의 기능적 사회체계가 발휘하는 체질적 압박의 측면에서 역사연관적 공동책임으로서 양면적 구조를 가진 B-부분을 충족시켜야 한다는 점도 보여줄 수 있는데, 이 B-부분은 헤겔이 "실체적 인륜성"이라고 명명한 것 속에 더 이상 통합되지 않는 것이다.

우선 논변윤리의 요청들을 실현함에 있어 법의 보조 기능을 이해하려면 우리는 오늘날 여전히 폭력, 즉 전쟁에 의해 갈등들을 평정하는 분야인 외교 정치의 거친 권력관계를 변화시키거나 제거하는 문제로 시작해도 될 것 같다. 이와 같은 법 이전의 권력관계를 법에 의해 순치시키고자 하는 시도들은 매우 오래되었다. 일찍이 18세기에 칸트는 법의 토대위에서 '영구평화'를 보장하기 위하여 공화제적 헌법으로 국가들 사이의 연방을 창설하는 일종의 계약을 제안하였다.12) 이번 세기(20세기)에

---

12) I. Kant, "Philosophischer Entwurf: Zum ewigen Frieden", in *Werke* (Akademie-Textausgabe, Berlin: de Gruyter, 1968), vol. VIII, SS.341-386 참조. 이 글에 대한 논평으로는 Merkel und R. Wittmann, "Zum ewigen Frieden", in *Grundlagen, Aktualität und Aussichten einer Idee von Immanuel Kant*(Frankfurt a. M.: Suhrkamp, 1996); J. Bohman and M. Lutz-Bachmann eds., *Perpetual Peace: Essays on Kant's Cosmopolitan Ideal*(Cambridge, MA: MIT Press, 1997)을 참조하라.
한국어 번역본으로는 임마누엘 칸트, 정진 옮김, 『영구평화를 위하여』(서울:

이 기획은 제1차 세계대전 이후 제네바의 국제연맹(League of Nations)과 제2차 세계대전 이후 국제연합(United Nations)에 의해 새로운 모습으로 갱신되었다. 이러한 시도들의 성공적 실현만이, 다시 말해 국제관계에서 '자연 상태'의 잔재를 제거하고, 또는 그것을 넘어 인권 이념과 일치하는 세계시민적 법질서를 창립하는 것만이 '수천 개의 회의들'에 의해 이미 대변되고 있는 '추론하는 공중'이란 상위제도의 제도적 대응물을 산출할 수 있다는 것이 나에게는 분명한 것처럼 여겨진다.

피의 복수라는 고대의 제도가 대체되고 유럽에서는 다시 중세의 씨족적 분쟁들이 절대주의적 법치국가에 의해 제거된 이래 시민으로서의 인민들 사이에 폭력에서 자유로운 유형의 상호행위를 광범하게 풀어놓았던 것과 동일한 기능을 지구적 차원에서 실현하는 것은 세계시민적 법질서일 것이다. 이때 폭력으로부터 자유로운 상호행위란 폭력적인 대응폭력으로 자기 권리를 찾을 필요가 있는 부담에서 대체적으로 벗어난 상호행위와 의사소통의 유형을 뜻한다. 사람들은 법치국가의 특정 기능으로, 즉 국가가 폭력적 제재를 독점함으로써 폭력적인 자기방어의 이러한 압박들에서 벗어났다. 그리고 이것이 개인들 사이에 전략적 유보로부터 자유로운 도덕적 상호행위를 할 가능성의 선행적 필요조건임은 확실하다.

그러나 법치국가가 폭력에 대항한 대응전략의 기능을 받아들인다는 것은 또한 법의 기능 역시 기능적 사회체계의 체질적 압박들을 포함하고 있으며, 또 그렇기 때문에 이상적인 실천적 논변의 상위제도적 기능들과 원칙적으로 상이하다는 것을 보여준다. 이상적인 실천적 논변을 정확하게 부르자면, '권력으로부터 자유로운'(탈권력적) 논변 또는 '지배로부터 자유로운'(탈지배적, herrschaftsfrei) 논변이라고 해야 할 것이다. 왜냐하면 자유로운 토론이 철학, 과학 및 추론하는 공중의 내적 요청인 것과 마찬가지로 탈권력적이거나 탈지배적인 논변은 타당성 요구들에 관한 자유로운 토론의 전제조건이기 때문이다. 그러나 1968년 학

정음사, 1974); 이한구 옮김, 『영원한 평화를 위하여』(서울: 서광사, 1992) 참조.

생운동이 간혹 그랬던 것처럼, 법치국가가 탈권력성 또는 탈지배성을 토대로 할 수 있다고 가정하는 것은 무정부주의적 환상일 것이다. 그것은 현대 법치국가와 국가에 의한 폭력 독점의 성과였던 전략적 유보사항이 주는 부담들로부터 사적 상호행위의 영역을 해방시키는 바로 그 메커니즘을 제거하기 때문이다.

게다가 법치국가는 순수하게 도덕적이기만 한 의무들의 특징, 즉 경험적 동기유발의 상대적 취약성을 보완해야 하는 것이라는 점이 지적되어야 한다.13) 법치국가는 칸트적 의미 또는 논변윤리 A-부분의 관점에서 보면 상당한 문제성이 있는 일련의 구조적 특성들에 의해 이 과제를 달성해야 한다. 왜냐하면 법적 규범들은 제재에 의해 보강될 수 있다는 점을 넘어 다른 많은 측면에서도 도덕규범들과 차이가 나기 때문이다. 즉, 법적 규범들은 행위자 의지의 내적인 도덕적 동기가 아니라 오직 행위의 외면적 형식하고만 관련이 있으나, 이러한 형식과 관련해서 보면 법적 규범들은 실질적인 도덕규범들보다 훨씬 더 한정적(限定的)인 성격을 갖는다. 적어도 논변윤리적 해명 방식을 따르자면, 실질적인 도덕규범들은 실천적 논변이 계속 지속될 가능성이 있다는 맥락 안에서 언제나 오류 가능하며 또 수정 가능하다. 법적 규범들도 입법화 차원에서는 수정 가능하다. 하지만 법적 규범들은 시간의 압박을 받는 상태에서 법으로서 한정적 타당성을 갖는 것으로 이 입법화 과정을 통과하지 않으면 안 된다. 이에 반해 예를 들어 낙태 합법화 문제와 같은 우리 시대 응용윤리의 수많은 문제들이 특징적으로 보여주듯이 의문시되는 문제에 관한 도덕적 논변은 끝없이 계속된다. 바로 이 점이 "법을 만드는 것은 권위이지 진리가 아니다(Auctoritas, non veritas, facit legem)"라는

---

13) J. Habermas, *Faktizität und Geltung: Beiträge zur Theorie des Rechts und des demokratischen Rechtsstaats*(Frankfurt a. M.: Suhrkamp, 1992), S.145 이하; K.-O. Apel, "Aufrärung der Diskursethik? Zur Architektonik der Diskursdifferenzierung in Habermas' Faktizität und Geltung", in *Auseinandersetzungen: In Erprobung des Transzendentalpragmatischen Ansatzes* (Frankfurt a. M.: Suhrkamp, 1998), S.786 이하 참조.
한국어 번역본으로는 위르겐 하버마스, 한상진 · 박영도 옮김, 『사실성과 타당성』(서울: 나남출판, 2000) 참조.

홉스의 금언의 요점이다.

그런 점들을 넘어서 보면 법적 규범들은 논변윤리 A-부분에서 요청되는 것처럼 결코 이상적인 실천적 논변의 합리성 토대 위에서만 근거지어지는 것이 아니다. 시선을 법 쪽으로 돌려 원래의 입법화 차원에서 보자면, 법적 규범들은 정치적 협상들에도 기초하고 있어야 하는데, 그것은 곧 입법이라는 것이 정치적 파당들 사이의 전략적 타협과 그들의 정치적 유용성에 대한 실용적 고려에 기초해야 한다는 것을 의미한다.

지금까지 논의에서 우리는 논변윤리와 법치국가 사이의 관계라는 측면에서 볼 때 논변윤리의 적용에 해당하는 B-부분이 분명히 필요하다는 것을 깨닫게 되는데, 이 B-부분 안에서 탈지배적인 실천적 논변들을 통한 규범들의 근거 정립과 연관된 A-부분의 이상적 요청들이 기능적 사회체계들의 체질적 압박들 하에서 실행(또는 보완)되는 것이다. 그러나 (집단적) 행위들의 전략적 결과들에 대한 책임을 공유하기 위해 요구되는 정치의 경우와는 달리 법의 경우 현안에 즉한 실행이 요구되는 것은 바로 전략정치적 유보들로부터 논변윤리의 A-부분을 해방시키기 위해서다.14) 기능을 발휘하는 법치국가 안에서 이것을 가능하게 만들기 위해서는 논변윤리 B-부분 안의 역사연관적 공동책임이 국가의 압박력을 포함하는 법의 기능적 압박들을 원칙적으로 승인해야 한다. 실체적 '인륜성'의 현대적 분화로부터 생겨난 기능적 법체계는 이러한 압박들에 의해, 생활세계에 논변윤리를 적용하는 데 있어서 뿐만 아니라, 논변윤리 A-부분의 이상적 요청들을 점차적으로 실현함에 있어서도 가장 중요한 보조기구가 되었다.

그렇지만 논변윤리의 관점에서 법의 기능적 압박들을 인정하는 것은

---

14) K.-O. Apel, "Auflärung der Diskursethik? Zur Architektonik der Diskurs-differenzierung in Habermas' Faktizität und Geltung"; "Diskursethik vor der Problematik von Recht und Politik: Können die Rationalitätsdifferenzen zwischen Moralität, Recht und Politik selbst noch durch die Diskursethik normativ-rational gerechtfertigt werden?", in K.-O. Apel und M. Kettner, *Zur Anwendung der Diskursethik in Politik, Recht und Wissenschaft*(Frankfurt a. M.: Suhrkamp, 1992), SS.29-61 참조.

비판적 유보 조건 아래서만 정당화되는 것이다. 이것은 곧 모든 제도들 또는 기능적 사회체계들을 고려할 때 최종적인 (선험론적) 상위제도를 담당하는 위상을 가진 추론하는 공중의 원초적 논변이 실정법의 체계와 도덕성의 양립 가능성을 통제해야 하는 과제도 가지고 있음을 뜻한다. 원초적 논변의 근본 규범들은 선험론적 반성에 의해 근거지어지며, 실정법 체계의 비판적 통제를 위한 기초적 척도도 제공한다고 나는 주장한다. 법체계들과 관련하여 그것들은 예를 들어 소위 매개적 인권관을 통해 자체 기능을 충족시킬 수 있다. 왜냐하면 인권은 한편으로 도덕성의 근본 규범들에 토대를 두고 있으나, 다른 한편으로는 처음부터 실정법 체계의 차원에서 법전화되어야 하는 법규범들로 파악되기 때문이다.

원초적 도덕성 논변으로 실정법 체계를 비판적으로 통제할 필요성이 있다는 것이 법과 도덕성 사이의 차이를 인정하는 것과 모순되지는 않는다. 반대로 그것은 논변윤리 B-부분의 그 차이를 인정함으로써 정당화되고 또 그 동기를 얻을 수 있다. 따라서 온갖 종류의 체질적 압박들과 부인할 수 없이 결합되어 있는 인간적 의사소통과 상호행위가 소외에 처했을 때의 특징들을 완전하게 제거하고자 하는 철학자들이 그랬던 것처럼, 내가 앞서 이미 언급했던 법체계의 특정한 압박들을 의문시해서는 안 된다. 그럼에도 불구하고 실정법 체계에 진입하는 실용적이고도 정치전략적인 특정 측면들은, 그 실정법 체계가 특수한 법치국가에 의해 집행된다는 바로 그 이유 때문에, 인권의 근거 정립에도 기초적인 논변윤리의 규제원칙, 즉 모든 규범들은 모든 관련된 개인들의 찬동을 받아야 한다는 원칙의 관점에서 항상 점검받아야 한다.

이상적 도덕규범들과 맞대응하는 상태에 있는 법규범들은 여러 협상들의 산물인 다수의 계약 및 기타 동의들로 소급될 수 있으며, 또 소급되어야 한다. 바로 그 때문에 그 계약들이 제삼자를 희생시킨 상태에서 협상 당사자들에 의해 체결될 가능성도 있고, 아니면 당사자들의 협상 그 자체가 불공정한 조건 아래서 이루어질 가능성도 있으므로 그것들이 부도덕한 성격을 가진 것은 아닌지도 점검되어야 한다.15) 왜냐하면 법

---

15) K.-O. Apel, "Das Problem des offen strategischen Sprachgebrauchs in trans-

의 차원에서 계약과 협상들은 법적으로 구속력 있는 동의에 이르는 필요불가결한 수단으로서 필요하기는 하지만, 그 자체로써 정당화될 수 있는 것은 아니기 때문이다. 그리고 많은 철학자들이 계약을 협상하는 사람들의 자유의지와 이해관계의 선언에 의거하여 계약이나 협상이 그 자체로 정당화될 수 있다고 반복적으로 주장해왔음에도 불구하고 역시 그렇다. 더 진전된 도덕적 보완이나 근거 정립이 없는 계약주의와 공리주의는, 콜버그가 도덕의 발전논리에서 멋지게 보여준 것처럼, 오직 도덕적 정당화의 마지막에서 두 번째 단계에 머물 뿐이다.16) 논리적 관점에서 보면, 계약주의와 공리주의의 결함은 이미, "계약은 준수해야 한다"라는 의무가 이 사안에 관해 계약을 체결하는 협상으로 근거지어질 수 없다는 사실에서 분명해진다. 윤리적 관점에서 보면, 그것은 부도덕한 계약들이 있을 수도 있다는 사실에서도 분명해진다. 즉 예를 들면, 계약 체결 당사자들에게는 유용하지만 제삼자를 희생시키고 체결된 계약들이 있을 수 있는데, 이런 계약들은 도덕적 이유에서 준수되어서는 안 되는 것이다.

따라서 우리는 논변윤리와 법의 관계에 관한 우리의 고찰을 다음과 같이 결론지을 수 있을 것이다. 즉, 정치뿐만 아니라 이 측면과 관련해서도 우리의 도덕적 공동책임의 이중책무, 다시 말해 어떤 제도 또는 사회체계가 가하는 그것의 체질적 압박을 통해 도덕규범들을 실행에 옮겨야 할 필요가 있음을 받아들여야 한다는 점, 그리고 그와 동시에, 요구되는 변화를 유보하는 가운데 도덕성의 이름으로 그런 체질적 압박을 정당화하거나 비판하는 작업이 필요하다는 것이다.

그러나 물론 법에 대한 윤리의 관계는 그래도 정치에 대한 윤리의 관계와 다르다. 정치의 본질적 핵심이 사회체계의 자기유지에 봉사하는 권력 실천에 있다고 한다면, 논변윤리의 역사연관적 공동책임의 관심사

---

zendentalpragmatischer Sicht", in *Auseinandersetzungen*, SS.701-726.

16) L. Kohlberg, *The Philosophy of Moral Development*(San Francisco: Harper & Row, 1981), pp.101-189; K.-O. Apel, *Diskurs und Verantwortung*, SS.306-369.

는 정치의 압박들을 경향적으로 감소시키는 것일 수밖에 없다. 그리고 이러한 목표는 법의 도움으로, 다시 말해 세계시민적 법질서를 추구하는 규제적 이념 아래에서 근접적으로 실현될 수도 있을 것이다. 그와 대조적으로, 적어도 법의 기능이 정치적 이해관계로 부패되지 않고 그와 반대로 정치권력으로 하여금 정의의 추진에 봉사하게끔 만들 수 있는 한, 실정법 체계가 가하는 체질적 압박들은 도덕성에 봉사하는 보완기능 또는 보조기능으로 간주될 수 있다. 왜냐하면 이 경우 논변윤리 B-부분의 관점에서 파악한 법체계의 압박들은 결국 법치국가의 시민들을 전략 대응적 전략적 행태의 부담, 즉 폭력 행위들로부터 해방시키는 메커니즘을 통해 (논변윤리 A-부분이 뜻하는 것과 같은) 의사소통적 상호행위와 실천적 논변들을 자유롭게 풀어주는 상태에 이를 것이기 때문이다.

그렇지만 나는 여전히 다음 질문에 답해야만 한다. 즉, 논변윤리, 그리고 시장경제의 체질적 압박들 사이의 관계는 어떠한가?

4. 논변윤리, 그리고 시장경제의 체질적 압박들

정치와 법에 대한 논변윤리의 관계와 비교하여 경제의 체질적 압박들에 대한 논변윤리의 관계가 지닌 구조를 거칠게나마 파악해본다면 발견적 접근법에 의거하여 대략 다음과 같은 윤곽을 가진 기획을 입안할 수도 있겠다. 첫눈에 보기에 시장체계의 압박들과 정치의 압박들 두 경우 모두 그 압박들과 도덕성 사이에 강한 긴장이 존립한다는 점에서 일종의 유사성이 부각되어 나오는 것 같다. 정치의 경우 그 긴장은 권력 또는 폭력과의 관계와 결합되어 있다. 그리고 시장경제의 경우 긴장관계는 적어도 생산자들 또는 재화와 용역을 제공하는 이들 사이의 전략적 상호행위의 구조, 다시 말해 자신의 이익을 극대화하는 투쟁에서의 무자비한 경쟁의 구조에 의해 구성된다. 따라서 논변윤리의 A-부분의 관점에서 보면, 지금까지 그 두 경우 모두 체질적 압박들 아래서 도덕성을 실행시킬 필요는 합의적-의사소통적 합리성 유형과 전략적 합리성 유형의 대결로 성격지어질 수 있다.

그러나 역사연관적 책임윤리로서 논변윤리 B-부분이 각종 체질적 압박들을 수긍해야 하는 이유들은 두 경우에 있어 전혀 동일한 것이 아니다. 정치의 경우 그 이유란 (어떤 규모나 종류에 상관없이) 사회체계가 상호간의 권력관계에 의해 자기유지를 할 필요성에 있다. 반면 경제의 경우 소비자의 수요에 대해 희소 자원들을 할당함으로써 재화와 용역을 효율적으로 공급할 필요가 있다는 것이 그 이유가 된다. 그 두 경우 모두에 있어서 법의 역할 및 이미 제시한 대로 법의 체질적 압박들을 수긍해야 하는 이유는, 오직 법의 도움을 받아야만, 즉 그것의 매개기능을 통해서만, 전략적 성격에서 비롯되는 정치와 시장경제의 체질적 압박들을 순치시켜 도덕적 책임성의 입장에서도 충분히 수긍할 만한 그것들의 체계기능들에 봉사하거나 그 안에 가둬놓을 수 있다는 것이다.

하지만 이렇게 그 구조의 윤곽을 거칠게 그려보았지만, 오늘날 아주 많은 쟁점을 제기하고 있는 경제윤리라는 신규 분야의 핵심에 있는 그런 물음들에 대해서는 아직 답을 하지 않고 있다. 내가 생각하는 그런 물음들은 오늘날 경제적 거래의 지구화, 그리고 그것이 (아직 지구화되지 않은) 사회정책 및 법체계에 대해 갖는 관계의 측면에서 특히 점점 더 긴박성을 띠어가고 있다. 내가 염두에 두고 있는 그 물음들은 다음의 대안적 상황 안에서 누적되어가는 것 같다.

일단 시장경제의 체질적 압박에 대한 사회주의적 대안은 실패했다는 것에 대해 대체로 찬동한다고 가정하자. 다시 말해 경쟁과 교환으로 움직이는 시장체계를 필요 재화와 용역에 대한 직접적인 (아니 더 정확하게 말하자면, 정치적으로 조정되고 통제되는) 분배체계로 대체함으로써 자본주의적 압박들을 제거하자는 발상이 통하지 않는다는 것을 선행 전제로 놓고 이야기를 출발시키자는 것이다. 그렇다면 다음 두 가지 가능성들이 설득력 있는 대안으로 등장한다.

첫 번째 대안은 재화와 용역에 대한 수요를 공표할 수 있는 이들에게 가장 효율적으로 필요물을 공급할 수 있는 것처럼 보이는 시장 메커니즘이 장기적으로는 그 자체 저절로 (또는 아담 스미스의 말대로 "보이지 않는 손"의 도움을 받아) 있을 수 있는 모든 소비자들에게 최대한의 재화와 용역을 제공할 것이며, 그에 따라 시장경제가 가하는 모든 체질적 압박들이 정당화될 것이라는 전망에 대한 확신이다. 이런 전망을 나는 신자유주의적 유토피아가 사회주의적 유토피아를 대체한 것이라고 부른다.17)

두 번째 가능성은 조금 더 복잡하다. 그것은 시장체계의 경제적 효율성은 최대로 보장하되 다음과 같은 사실들이 더 고려되어야 한다는 상정 위에서 진행되기 때문에 더 설득력 있게 된다. 즉, 시장체계는 그 내적 논리상 자기들의 구매력을 토대로 수요(需要)를 공표할 수 있는 그런 소비자들만을 염두에 둘 수밖에 없다. 그러나 이때 적당한 필요(必要)를 충족시키고자 하는 소비자들이 전적으로 염두에 두어지는 것은 아니다. (독일어에서는 충족될 수 있는 모든 욕구의 충족을 예감하는 수요(Bedarf)와 생존에 필요한 욕구의 충족을 기대하는 필요(Bedürfnis)를 구별한다.) 바로 이 때문에 시장체계가 가장 효율적으로 기능할 경우 그것은 사실상 지구적 시장경제에 성공적으로 참여한 이들과 많든 적든 그것으로부터 배제당한 이들 사이의 틈, 즉 부자와 빈자 사이의 틈새가 점차 벌어지는 결과에 이를 수 있다. 이 두 번째 전망은 현재 경제에서 진행되고 있는 지구화의 효과를 통해 확증되고 있다.

그런데 나는 두 번째 전망이 매우 설득력 있다고 생각하기 때문에, 나는 시장경제의 체질적 압박들과 관련하여 논변윤리의 적정한 태도와 연관된 문제에 대한 대응을 그 전망으로부터 도출하고자 한다. (그러나 이 경우에 있어 시장체계의 지구화된 기능에서 예견될 수 있는 효과들에 관한 과학적-경제학적 논변들은 그 결과가 언제나 공동책임의 논변윤리의 일부인 경제윤리에 의해 항상 고려되어야 하기 때문에 그 자체 실천적 논변의 중요한 부분이라는 점을 강조해야겠다.) 아무튼 이 상황에 대한 나의 평가에 따른 전망에 입각하여 나는 다음과 같은 결론을 내리고자 한다.

---

17) 지금까지 나는 F. Hinkelammert, *Kritik der utopischen Vernunft*(Mainz: Matthias-Grünewald-Verlag und Luzern: Exodus, 1994), "Einleitung"에 나온 견해에 동의한다.

시장경제의 기능적 체계가 가하는 체질적 압박들은 원칙적으로 받아 들여져야 하지만, 그것들은 경제적 체계합리성의 관점에서 경제학자들에 의해 검토되어야 할 뿐만 아니라, '수천 개의 회의'라는 차원에서, 물론 경제 전문가들의 도움을 받지만, 공동책임에 관한 지구화된 논변윤리의 관점에 입각하여 '추론하는 공중'에 의한 점검도 받아야 한다. 이것은 전 지구적 법질서에 대한 수요가 전 지구적 경제질서에 대한 수요로 확장되어야 한다는 것을 의미할 것이다. (세계은행(World Bank)이라든지 국제통화기금(IMF) 또는 세계무역기구(WTO) 등과 같이 현재 존립하고 있는 적당한 제도들이 이런 수요를 수용할 수 있지 않을까 생각해본다.) 그러나 지구화된 경제의 정치적 및 법적 골간의 기능이라고 하는 것이, 예를 들어 경쟁의 제한에 반대하는 법률 같은 것에 의해, (완전히) 자유화된 시장경제의 게임 규칙들을 보장해주는 것으로 끝나서는 안 된다. 지구화된 경제질서의 골격은 사회정의의 측면에서 시장체계의 결함들을 보완하는 기능도 똑같이 충족시켜야 한다. 따라서 지구화된 경제질서는 지구적 규모의 '사회적 시장경제'를 추구해야 한다.18)

경제에 대한 논변윤리의 관계에 관해 이렇게 짤막하게 진술하고 난지금 나는 기능적 사회체계들의 체질적 압박들과 관련하여 도덕적 행위자로서 개별적 인격들이 처해 있는 상황의 성격을 다음과 같이 간단하게 규정함으로써 글을 끝맺고자 한다. 나는 우리가 세 가지 각기 다른 상대적 입지점들이 가능하다고 가정할 것을 제안한다.

(1) 일상생활에서 대부분의 사람들은 각종의 기성 제도들이 요구하는 수준 이하에서 살아가는 것처럼 보인다. 개인적 책무로 돌아오는 책임

---

18) K.-O. Apel, "Kann das Anliegen der 'Befreiungsethik' als ein Anliegen des 'Teils B der Diskursethik' aufgefaßt werden?(Zur akzeptierbaren und zur nichtakzeptierbaren 'Implementation' der moralischen Normen unter den Bedingungen sozialer Institutionen bzw. Systeme)", in R. Fornet-Betancourt Hg., *Armut, Ethik, Befreiung*(Aachen: Augustinus-Buchhandlung, 1996), SS.13-44; "Institutionsethik oder Diskursethik als Verantwortungsethik? Das Problem der institutionellen Implementation moralischer Normen im Falle des Systems der Marktwirtschaft", in J. P. Harpes und W. Kuhlmann Hg., *Zur Relevanz der Diskursethik*(Münster: LIT-Verlag, 1998), SS.167-209 참조.

성이라는 전통적 의미에서 볼 때 이 경우 도덕적 책임성은 가족, 기껏해야 종족집단 또는 정서적 애국심을 겨냥한 민족같이 내밀한 집단에 국지적으로 제한되어 있다. 이런 관점에서 보면 우리 시대에 여러 집단적 활동의 전 지구적 효과와 부수효과 및 그에 따라 일차적으로 제도들의 여러 기능과 관련된 도덕적 책임감의 대도전은, 예를 들어 생태적 위기의 도전 같은 것들은, 무력감 또는 과도한 요구에 노출되어 있다는 감정을 불러일으킬 수 있다.

(2) 현대의 노동 분업 사회에서 일상생활 속의 대중들 수준을 넘어보면 각종 제도들의 차원에는 특정한 의무를 지고 있는 이들의 개인적 책무이긴 하지만 전문직업과 연관된 책임들이 존재한다. 이러한 책임들, 그 가운데서도 특히 지도급 인사들의 책임은 오늘날 그 적정한 자질 및 공적 신뢰에 대한 요구에서 아주 중요한 위상을 차지한다. 그러나 바로 이렇게 명확하게 경계가 구분되고 잘 발달된 개인적 책임성의 형태들이야말로 기능적 사회체계들의 체질적 압박에서 도덕적으로 문제 있는 측면만 강화시킬 위험에 처해 있다. 예를 들어 전통적으로 특정 국가에 대해 그 존립근거에만 호소한다든지, 아니면 현시대의 경우 시장경제의 압박에 호소하여 경제적 이해관계에 탐닉하는 경영자 등이 그런 사례에 해당된다.

(3) 그러므로 논변윤리의 적용이 그 기능을 충족시킬 수 있는 것은 제도들(의 압박)에 대해 제도들(의 압박)을 넘어 인류사회의 모든 구성원들이 전 지구적 공동책임을 지는 차원이다. 논변윤리의 이런 기능은 제도들의 체질적 압박들을 집행할 임무를 져야 하는 이들에게 직업적, 제도적 책임을 할당할 가능성도 포함하고 있다. 이런 방식으로, 그리고 '수천 개의 회의들' 차원에 존립하는 '추론하는 지구적 공중'의 영향력에 의지하여, 나는 우리가 (우리의 의도나 양심의 범위를 훨씬 넘어) 우리 시대에 되돌릴 수 없는 사실이 되어버린 그런 종류의 지구화의 도전, 그리고 결코 경제의 지구화만 제기하는 것이 아닌 그런 도전들에 도덕적으로 책임 있는 대응을 할 기회를 갖자고 제안하는 바이다.

이진우·홍윤기 옮김

현시대 철학의 맥락에서 본 나의 철학적 여정

1. 1945년 이후의 본 대학 시절: 일생을 두고 지속된 첫 번째 철학적 자극

오늘 나의 삶을 자전적으로 회고하자니 1945년이라는 해부터 시작할 수밖에 없다는 생각이 든다. 왜냐하면 바로 그해 나는 제2차 세계대전 중에 치른 5년간의 병역을 끝낸 후 본 대학에서 철학 공부를 시작했기 때문이다. 그리고 민족적 파탄이 끝난 이후에 시작한 철학 공부가 나에게는 정신적 재탄생의 서곡이기도 했다는 점을 처음부터 강조해야겠다. 엄밀하게 말해 1945년 당시 내가 처음 시작한 공부는 철학이 아니라 역사학이었고, 독문학과 일반언어학이 부전공이었다. 하지만 역사 공부도 내 정신적 재탄생에 큰 구실을 했지만 나의 관심은 점차 철학으로 옮겨 갔고, 그러면서 철학이 내 공부 전체의 초점이자 요충지가 되었다.

그럼 이제 1945년 이후 본에서 펼쳐진 역사학과 철학의 무대가 어떠했는지를 한번 짚어볼 필요가 있다. 내 기억으로 우리 교수들은 당시 전쟁으로 손 놓고 있었던 아카데믹한 사업을 다시 시작하고 있었는데, 마치 전쟁이라든가 민족적 파탄이라고는 전혀 일어나지 않았던 것 같은 분위기였다는 점이 또렷하게 떠오른다. 우선 이 점은 그동안 병목에 막혀 있었던 것 같은 지식욕을 만족시키고 정치적 관심사와는 되도록 거리를 두려던 내 성향과 딱 맞아떨어졌다. 나중에 가서야 비로소 나는 철학, 그 가운데서도 윤리학이 비정치적 태도에 안주할 수도 없고 또 안주해서도 안 된다는 통찰을 얻게 되었다.

당시로서는 여전히 역사학자가 되고자 했던 나에게 특히 매력적이었고 또 본에서 가르치고 있었던 철학의 주제로는 두 가지가 있었다. 철학 자체의 맥락에서 그중 하나는 오늘날 만연하는 신칸트주의적 담론에서 무수히 논의되기도 하는 문제인데, 그 문제란 칸트 철학 자체의 난문(아포리아)들, 특히 불가지적(不可知的)인 '물자체', 그리고 나아가, 예를 들어 비고전적 물리학, 심리학, 그리고 특히, 어원학, 역사학 및 이른바 (막스 베버적 의미에서의) '이해사회학' 등으로 이루어진 해석학적 '정신과학' 등, 칸트 이후에 발전한 특수 과학들과 경쟁하기 위해 칸트의 고전적 교의들이 전형(轉形)되어야 하는가 아니면 말아야 하는가라는 점이었다. 칸트-전형에 연관된 이 나중 문제가 나에게는 곧바로 소위 '딜타이 문제'로 연결되었다. 내가 뜻하는 바는 빌헬름 딜타이가 '정신과학들'을 근거 정립하려고 시도하던 맥락에서 그가 제기한 바 있었던 그 문제다. 그것은 곧 인과적-법칙적 설명에 기초한 표준적 자연과학들, 그리고 인간 존재의 이유, 의도, 관습, 제도 등과 그 문화적 형성물에 대한 해석학적 이해에 일차적 기초를 둔 '정신과학들' 사이에 인식론 및 방법론에서 근본적인 차이가 있다고 상정할 수 있는가 하는 문제였다.

비록 때 이르긴 하지만, 이 지점에서 나는, '통일과학' 운동을 옹호하던 실증주의자 및 신실증주의자들에 대항하여 내세운 그 중심적 관심사의 측면에서 볼 때 딜타이는 본질적으로 옳았다고 내가 처음부터 확신하게 되었음을 미리 밝혀두어야겠다. 하지만 나는 뒤에 기본적으로 심리학적이었던 딜타이의 방향 설정이 언어철학 및 준(準)선험론적 지식 인간학의 관점에서 수립된 새로운 접근법을 통해 극복되지 않으면 안 된다는 점을 깨닫게 되었다. 이에 나는 나중에 단일 주제논문 형식으로 재구성한 『설명-이해 논쟁』에서 새로운 접근법을 확보하려고 시도하기에 이르렀다.1) 하지만 지금은 본에서 공부한 시절로 되돌아가야겠다.

2. 하이데거 및 가다머와의 비판적 대결: 역사의존적 의미 구성과 보편적인 상호주관적 타당성으로서의 진리

나의 철학 공부에서 두 번째의 자극은 하이데거의 『존재와 시간』으로부터 왔다. 당시 하이데거의 주요 저작은 칼 야스퍼스, 그리고 훗날 장-폴 사르트르의 철학과 더불어 일차적으로는 '실존주의'의 기록물로 이해되었다. 그러나 하이데거 저작에 대한 나의 관심은 내가 이미 언급했던 칸트-전형 문제에 따르고 있었다. 그래서 나는 하이데거가 '존재의 미의 개명'에 대한 조건들을 드러내야 한다고 생각했던 '근본존재론' 또는 '본래존재적 존재론'의 개념 구도를 칸트 『순수이성비판』의 전형(轉形)으로 이해했다. 그런데 이 하이데거 식의 칸트-전형이란 칸트 이전의 형이상학으로 복귀하고자 했던 니콜라이 하르트만의 '존재론 갱신(更新)'과는 달리, 칸트 식의 선험론적 문제라는 것을 아예 존재이해의 조건들에 관한 문제로 파악하는 것이었다.

1928년에 나온 『칸트와 형이상학의 문제』에서 하이데거가 진정 확인해주었던 바와 같이 선험론적 문제를 이런 식으로 비틀어 보는 일은 나를 매료시켰고, 나는 『현존재와 인식: 마르틴 하이데거 철학의 인식론적 해석』이라는 주제로 박사학위논문을 작성하였다.2) 그런데 거기에서 채용한 나의 접근법이 나의 선생이자 박사학위 지도교수였던 에리히 로타커의 철학적 인간학에서 강하게 영감을 받은 것이기도 했기 때문에 학위논문의 부제가 '선험론적 지식인간학으로 조명한 해석'이었더라면 더욱 좋았을 것이다.3)

---

1) K.-O. Apel, *Die Erklären-Verstehen-Kontroverse in transzendentalpragmatischer Sicht*(Frankfurt a. M.: Suhrkamp, 1979). 영역본 *Understanding and Explanation: A Transcendental-Pragmatic Perspective*(Cambridge, MA: MIT Press, 1984).

2) K.-O. Apel, *Dasein und Erkennen. Eine erkenntnistheoretische Interpretation der Philosophie Martin Heideggers*(미출간 박사 학위 논문, 1950).

3) E. Rothacker, *Zur Genealogie des menschlichen Bewußsein*(Bonn: Bouvier, 1966); *Philosophische Anthropologie*(Bonn: Bouvier, 1964) 참조.

하이데거 철학의 연구는 일생에 걸쳐 나를 따라다녔는데, 그동안 나는 그의 저작들에 관해 적어도 네 편의 논문을 썼으며, 그 가운데 두 편은 비트겐슈타인과의 비교였다.4) 그러나 시간이 경과하면서 하이데거에 대한 나의 발걸음은 점차 비판적으로 변모하게 되었다. 내가 보기에 궁극적으로 나는 다음과 같은 점을 고려하면서 하이데거 철학의 발전 전체와 현시대 철학 안에서의 그 위상을 비판적으로 이해하는 관건을 찾아낸 듯했다. 즉, 하이데거가 '존재역사'라는 개념 구도 쪽으로 자기 사상을 '전환(Kehre)'시킨 후기 철학에서 그가 (어떤 의미에서) 스스로를 실현시킨 바를 볼 때, 칸트 선험론적 철학의 연장선상에서 하이데거가 일시적으로 자기 견해를 정립한 방식은 심각하게 잘못된 길로 가고 있었던 것이다. 하지만 이런 실책의 이유는, 하이데거 자신이 암시한 바와는 달리, 칸트의 사고가 처음부터 하이데거의 접근법에 의해 거꾸로 뒤집혀졌기 때문은 아니었다. '전환'을 통해서 이 점이 단지 분명하게 되었을 뿐이었다. 이것은 기껏해야 진실의 반에 해당될 뿐이다. 내 의견으로는 칸트와 하이데거 사이의 관계에 대한 적절한 평가의 관건은 더 복잡한 양상을 띤다.

내 추측으로 선험론적 문제에는 처음부터 일종의 애매함이 존재하는데, 이 애매함은 후설 판(版) '선험론적 현상학'에 대한 하이데거의 비판적 반응에서 전면으로 부각되기에 이른 것이었다. 내가 말하는 애매함이란 다음과 같은 것이다. 즉, 칸트의 『순수이성비판』에서 '경험의 객

---

4) K.-O. Apel, "Wittgenstein und Heidegger: Die Frage nach dem Sinn von Sein und der Sinnlosigkeitsverdacht gegen alle Metaphysik"; "Heideggers philosophische Radikalisierung der 'Hermeneutik' und die Frage nach dem 'Sinnkriterium' der Sprache", in *Transformation der Philosophie*(Frankfurt a. M.: Suhrkamp, 1973), vol. I, SS.223-334; "Wittgenstein und Heidegger: Kritische Wiederholung und Ergänzung eines Vergleichs", in *Auseinandersetzungen*(Frankfurt a. M.: Suhrkamp, 1998), SS.459-504. 영역본 "Wittgenstein and Heidegger: language games and life forms", in C. Macann ed., *Critical Heidegger*(London: Routledge, 1996), pp.241-274; 그리고 "Sinnkon- stitution und Geltungsrechtfertigung: Heidegger und das Problem der Transzendental- philosophie", in *Auseinandersetzungen*, SS.505-568 참조.

관성'에 대한 구성조건들에 관한 문제는 과학적 지식이 지닌 상호주관적 타당성의 가능성 조건들에 관한 문제와 밀접하게 연관되어 있었던 것이다. 칸트는 '선험론적 주체' 또는 '선험론적 의식'에서 이루어지는 직관과 오성의 '구성적' 기능들에 의거하여 첫 번째 문제에 대답함으로써 두 번째 문제에 대한 대답도 동시에 된다고 상정하였기 때문에 이 두 문제를 밀접하게 연결시킬 수 있었고, 어느 면에서 그 두 문제를 전적으로 동일시하기조차 하였던 것이다. 왜냐하면 칸트가 그의 소위 '코페르니쿠스적 전회'에서 상정했던 바와 같이, ('직관'과 '오성'이라는) 우리의 구성적 자질들은 경험세계에 객관성의 형식, 그리고 객관적 법칙유사성의 형식을 '준수규정(prescribe)'시킬 수 있으며, 이 형식은, 칸트에 따르자면, 상호주관적으로 타당한 과학적 지식을 가능하게 만드는 것이기 때문이었다.

칸트는, 준(準)선험론적 성격을 갖는다고나 할까? 어쨌든 모든 종류의 비객관적, 다시 말해 과학선행적이거나 과학 외적인 경험의 구성에는 관심이 없었다. 이것이 바로 하이데거가 칸트 재해석에서 실책을 범한 그 이유이기도 하다. 왜 칸트가 자신의 선험론적 분석에서 언어의 기능을 배제(추상화)시킬 수 있었는지를 나름대로 추정하면 다음과 같다. 즉, 칸트로서는 객관적 경험의 형식에 구성적으로 존재하고, 그에 따라 과학적 지식의 '원칙들' 또는 '선험적 종합판단'에 구성적으로 존재하는 의식의 저 자질들과 기능들을 상이한 언어들의 의미론적 구조들과는 독립적인 것으로 간주할 수 있다고 상정했던 것이다.

이제 후설은 그의 '선험론적 현상학'에서 칸트적 의미의 객관적 경험의 형식을 훨씬 넘어서는 선험론적 구성의 프로그램을 확대시켰다. 그는 의식의 가능한 '의도들'과 접속될 수 있는 모든 '선험론적 피지향체 (被志向體, noemata)들'을 요구했던바, 이 피지향체들에는 '선험적 종합판단'의 구조들뿐만 아니라 상이한 언어들에 나오는 단어들의 모든 의미와 상관관계에 있는 것들이 포괄되어 있다. 나아가 이 피지향체 개념은 '생활세계'에서 나타나는 인간 경험의 모든 측면들을 포괄하는데, 이것은 곧 과학 선행적이고 과학 외적인 경험 전반이 그 안에 전부 들어감을 뜻하는 것이다. 하지만 현대 선험론적 의식철학의 마지막 고전가인 후설은 바로 이 맥락에서 언어(또는 언어들)의 선험론적 기능을 고려하지 않은 채, 생활세계에서 미분화되어 나타나는 전체 의미구성의 연원을, 원칙적으로, '선험론적 의식'이 발휘하는 '지향성의 선험론적 성취물'에서 찾아낼 수 있다고 생각하였던 것이다. 심지어 그는 파리에서 행한 『데카르트적 성찰』 강연에서 '자아가 인식대상을 인식함(ego cogito cogitatum)'이라는 상황에서 나오는 '선험론적 의식'을 우선적으로는 데카르트의 지침에 따라 '선험론적 유아론'5)에 나오는 그 선험론적 의식으로 파악해야 한다고 강조하기조차 하였던 것이다.

하이데거가 후설 현상학의 해석학적 전형에서 후설 주체철학의 전체적 건축구조, 특히 '지향성의 성취물'에 대한 '선험론적 유아론'을 뒤엎었다는 것은 잘 알려진 사실이다. 이 맥락에서 하이데거는 이미 『존재와 시간』에서, 역사적으로 주어진 언어를 통해 '생활세계'에서 일종의 '선이해(先理解)'가 배태된다는 점을 고려하기도 하였다. 그리고 '전향'이 이루어진 훗날 그는 언어를 '존재의 집'으로 간주하는 가운데 언어야말로 역사적 '존재운명'에 따른 존재의미의 '개명(開明)'을 분절적으로 표명하는 것이기 때문에 우리 사고에 있어서 결정적인 힘이라고까지 말하기도 하였다.6)

이제 의미구성의 문제라는 측면에서는 사람들이 주체 내지 의식의 선험론적 성취물에 의거하는 칸트나 후설로부터 언어와 역사의 선규정 쪽으로 새로운 방향 설정을 함으로써 인식의 가능조건들에 관한 문제 해법의 역점을 이동시킨 하이데거의 시도에 담긴 진리를 충분히 이해했다고 생각해도 될 것이다. 그런데 생활세계에 대한 우리의 선이해를 언제나 이미 규정하고 있는 분절화된 의미세계의 구성이란 실제로는 '선험론적 주체'의 능력을 날려버리는 듯이 보이면서 그 자체 '존재운명'으로

---

5) E. Husserl, *Cartesianische Meditationen*, §13와 V. *Meditation*, in *Husserliana*, vol. I, ed. by S. Strasser(Haag: M. Nijhoff, 1963) 참조.

6) 특히 Cristina Lafont-Hurtado, *Sprache und Welterschließung: Zur linguistischen Wende der Hermeneutik Heideggers*(Frankfurt a. M.: Suhrkamp, 1994) 참조.

격하당한 듯한 인상을 받을 수도 있겠다. 그러나 이렇게 되면 칸트의 선험론적 문제 제기에서 남은 다른 부분 내지 다른 차원, 즉 과학적 진리 내지 도덕규범들의 타당성이라는 상호주관적 타당성의 가능성 조건에 관한 문제는 어떻게 되는 것인가?

하이데거가 『존재와 시간』에서 이미 칸트가 제기한 선험론적 문제의 이 차원을 놓치고 있었음을 내가 깨닫는 데는 오랜 시간이 걸렸다.7) 이러한 결점이 생겨난 이유는 하이데거가 오랜 기간 자신의 가장 중요한 발견이라고 생각했던 새로운 진리 개념을 끌어들였다는 데서 찾아진다. 『존재와 시간』에서 하이데거는 '근원적 진리'를 '현존재'의 드러남으로 이해했는데, 이 드러남이란 그 자체 언제나 동시에 일종의 '닫힘'이기도 한 것으로서 생활세계의 특정 측면들에 대한 발견을 가능케 하는 것으로 생각되었다. 이제 진리의 개념 구도가 가진 구조는 명확하게 의미구성의 구조에 동화되기에 이르렀는데, 하이데거가 진리를 우리가 처한 현존재 상황의 '사실성', 또는 뒤에 가서, '존재역사'의 한 기점에 상관된 것으로 파악했다는 사실은 바로 이런 진리 개념과 의미구성의 구조적 동화에서 유래한 결과다. 바로 이와 똑같은 진리관과 '존재역사'에 따른 진리의 상대성이야말로 가다머가 『진리와 방법』8)에서 자신의 철학적 해석학의 기초로 채용한 것이다.

하지만 1963년의 내 교수자격 취득논문 『단테에서 비코에 이르는 휴머니즘 전통에서 본 언어의 이념』9)에서도 나는 여전히 칸트의 선험론적 문제를 계승함에 있어서 하이데거가 안고 있는 일면성과 그의 진리관에서 숙명적으로 귀결하는 역사주의적 상대주의를 깨닫지 못하고 있었다. 처음 나는 하이데거가 이룩한 철학의 언어해석학적 전회에 매료되어 그것을 언어이념사라는 대규모 기획에 적용했는데, 나의 교수자격 취득논문은 그 기획 중 아주 작은 한 부분만 다루었을 뿐이었다. 이 논

---

7) 이 문제에 관한 나의 명확한 해명을 보려면 K.-O. Apel, "Sinnkonstitution und Geltungsrechtfertigung"을 보라. 각주 4) 참조.

8) H.-G. Gadamer, *Wahrheit und Methode*(Tübingen: Mohr, 1959)

9) K.-O. Apel, *Die Idee der Sprache in der Tradition des Humanismus von Dante bis Vico*(Bonn: Bouvier, 1963, 1980).

문에서 나의 입장은 당시 내가 그 책이 있는 줄 모르고 있었던 가다머의 『진리와 방법』에 나온 것과 비슷했다.

하지만 나중에 가다머의 책을 숙독하게 되었을 때 그것은 상호주관적 타당성으로서의 진리의 조건들에 관한 칸트의 문제로 다시 돌아가게끔 나의 입장을 교정할 첫 번째 유인이 되었다.10) 왜냐하면 하이데거와 가다머가 모든 이성적 존재들에 대한 진리의 사실대립적 타당성 차원을 완전히 놓쳐버림으로써 철학의 역사와 해석학적 이해라는 측면에서 비판과 진보의 개념을 고수할 수 없게 만들었다는 점을 깨달았기 때문이었다. 잘 알려져 있다시피 하이데거의 경우 사고가 진행되는 역사에서 그 어떤 거부를 행한다는 것은 본질적으로 불가능한 일이다. 그리고 가다머의 경우를 보더라도 '더 낫다'라거나 '더 심오한' 이해라는 것은 가능하지 않고 오직 존재의미에 대한 우리의 '선이해'가 지니는 역사적 '사실성'에 의존하여 '각기 달리 이해하는 것'만 가능할 뿐이다.11) 나로서는 우리 세기에 나타난 역사주의적 상대주의의 이런 최종 입장들은 갈수록 견디기 힘든 일이 되었다. 왜냐하면 그런 입장들을 철학적 입장 명제들로 정식화시키려고 하면 실행적 자기모순에 이르지 않을 수 없기 때문이다.

그러나 1970년대 초 하이데거와 가다머에 대한 비판에서 나는 우리 세기 동안 칸트의 선험론적 문제로부터 발전되어 나올 수 있었던 문제

---

10) 가다머에 관한 나의 논증으로는 K.-O. Apel, "Einleitung", in *Transformation der Philosophie*(Frankfurt a. M.: Suhrkamp, 1973), vol. I; "Szientismus oder Transzendentale Hermeneutik?", in *Transformation der Philosophie*, vol. II, SS.178-219; 좀 더 명확한 것으로는 "Regulative Ideen oder Wahrheitsgeschehen? Zu Gadamers Versuch, die Frage nach den Bedingungen der Möglichkeit gültigen Verstehens zu beantworten", in *Auseinandersetzungen*, SS.569-608. 영역본 "Regulative Ideas or Truth- Happening? An Attempt to Answer the Questions of the Conditions of the Possibility of Valid Understanding", in L. E. Hahn ed., *The Philosophy of Hans-Georg Gadamer*, in *The Library of Living Philosophers*, vol. XXIV(Chicago and La Salle, Ill.: Open Court), pp.67-99 참조.

11) H.-G. Gadamer, *Wahrheit und Methode*(Tübingen: Mohr & Siebeck, 1965), S.280.

들 및 대답들의 두 가지 서로 다른 차원들 사이의 관계에 관해 명확한 견해에 도달하는 것과는 여전히 먼 거리에 있었다. 그 두 차원 중 하나는 의미 구성의 차원으로서, 이 차원은 정말로 생활세계에서 이루어진 우리의 선이해가 처한 역사적 상황의 사실성(事實性)에 의존하는 것이다. 그리고 진리의 상호주관적 타당성의 차원이 또 다른 차원인데, 이것은 모든 이성적 존재자들이 합의 능력을 가질 수 있다고 상정된 상태와 사실대립적(事實對立的)으로 관계되어 있다.

이런 맥락에서 하이데거가 1964년, 에른스트 투겐타트의 비판이 미친 영향 아래,[12] '전환' 이전이나 이후를 막론하고 존재의 열림 내지 개명을 진리의 근원적 본질과 동일시한 자신의 입장이 틀렸다고 인정한 점은 주목할 만하다. 왜냐하면 이제 하이데거가 천명하듯이 존재의미의 개명 내지 드러남은 "아직 진리가 아니라", 한 명제가 참이거나 거짓일 수 있는 가능성의 조건일 뿐이기 때문이다.[13] 나는 수많은 하이데거 추종자들이 눈치조차 채지 못했던 이 하이데거의 자기교정이야말로 주목할 만한 것이며 진실에 가까운 것이라고 생각한다. 하지만 오늘날의 상황에 비추어보면 분명해지듯이, 그것만으로는 여전히 충분치 못한 상태다. 왜냐하면 하이데거는 결국 가능한 진리나 허위가 존재의미의 개명이라는 선행 차원에 일방적으로 의존한다는 주장을 고수하였기 때문이다. 이럼으로써 하이데거는 합리성 이전에 '존재의 운명'과 같은 것이 있으며, 이 존재의 운명이 언어에 있어서 의미의 개명 일체를 사전 규정하고, 그리고 또한 진리, 심지어는 과학적 진리의 선택적이고도 관점의 존적인 성격을 사전 규정하기도 한다는 자기 후기 철학의 일관된 명제를 유지할 수 있었기 때문이다.

우리 시대에 이런 입장이 매우 설득력 있게 보인다는 것은 분명한 사실이다. 그리고 그것은 토마스 쿤이 그의 유명한 책 『과학혁명의 구조』

---

12) E. Tugendhat, "Heideggers Idee von Wahrheit", A lecture given in Heidelberg in April 1964, published in O. Pöggeler ed., *Heidegger*(Berlin, 1969); *Der Wahrheitsbegriff bei Husserl und Heidegger*(Berlin, 1967) 참조.
13) M. Heidegger, *Zur Sache des Denkens*(Tübingen, 1988), S.76 이하를 보라.

에서 제시한 입장, 즉 '정상과학'의 참 또는 거짓인 결과들은 훌륭한 과학에서 공통적으로 인정하는 '패러다임'에 의존할 수밖에 없다는 점, 그리고 훌륭한 과학의 기저에는 경험적 진보의 결과라고 합리적으로 정당화시킬 수 없는 '패러다임의 기축이동들'이 놓여 있는데, 이 기축이동들은 서로 같이 나눌 수 없게(通約不可能) 연관되어 설득적 논증이라기보다는 차라리 '개종'을 통해 획득된 것이라는 그런 쿤의 입장과 훌륭하게 일치하는 점이기도 하다.14)

하지만 쿤도 받아들이듯이, '정상과학'의 맥락에서 축적되는 '비정상 상태들'은 지배적 '패러다임'에 엄청난 압박을 가함으로써 일종의 변화가 필수적이게 만든다. 이러한 고찰은 지난 1980년대 과학적 탐구의 결과, 단어들의 '외연(外延)', 특히 그 '지시체'를 통한 '내포적 의미'의 교정이 가능하다고 보게 됨으로써 솔 크립키15)나 힐러리 퍼트남 같은 '실재론적 의미론'이 일궈낸 발견들을 통해 보완되었다. 이제 이 후자의 발견으로 인해 하이데거가 언어를 '존재의 집'이라고 함으로써 나타난 언어, 그 가운데서도 언어의 내포(內包)를 '과잉실체화'시키는 잘못된 방향으로 갔던 것임이 드러난 셈이다. 말하자면, 참 명제와 거짓 명제들의 가능성이 사전에 주어진 언어의미들에 일방적으로 의존한다는 것은 있을 수 없는 일이다. 언어의 의미들은 과학적 경험 쪽에서 오는 지시와 외연의 측면에서, 다시 말해 일차적으로는 정말로 존재의미의 개명이라는 선행조건 위에서 가능해지는 가설들의 확증과 반증을 통해, 그 역시 변화 가능한 것이다. 따라서 하이데거 식으로 상정된 존재의미의 드러냄과 숨김들이 합리성 이전의 존재운명에서 유래한 결과일 필요는 전혀없으며, 오히려 적어도, 칼 포퍼에 따르면, '시행착오'에 의해 규제되는 인류의 학습과정의 결과이기도 하다는 점이 입증되는 것이다.

---

14) Thomas S. Kuhn, *The Structure of Scientific Revolutions*(Chicago, 1962).

15) S. Kripke, *Naming and Necessity*(Oxford: Basil Blackwell, 1980); H. Putnam, *Mind, Language and Reality*, 3 vols.(Cambridge: Cambridge University Press, 1975), vol. 2; K.-O. Apel, "The Pragmatic Turn and Transcendental Semiotics", in *Selected Essays*, vol. I: *Towards a Transcendental Semiotics* (Atlanta Highlands, N.J.: Humanities Press, 1994), pp.132-174.

하지만 경험적 명제들의 참/거짓에 앞서 '존재 개명'에 우선권을 주는 하이데거 테제들이 수정된다고 해서 나는 한 언어의 전체 또는 하나의 친족언어군(群)이 지니는 의미론적 구조를 통해 우리에게 사전에 주어지는 세계의 드러남이 우리의 사고방식을 사전 규정할 수 있다는 것을 전적으로 부정하고 싶지는 않다. 다시 말해 예를 들어 인도유럽어의 구조가 인도나 그리스에서 논리학이나 존재론을 발생시키거나 유럽에서 수리물리학 및 경험물리학을 발생시키는 데 유리하게 이끌어간 종류의 문제들을 강력하게, 아니 결정적이라고 말할 수도 있게끔, 사전 규정했다는 사실을 도외시하고 싶지는 않다.

하이데거에 대한 나의 비판적 연구에 관해 보고함으로써 1970년대 초 나는 '선험론적 언어화용론' 또는 '선험론적 기호학'이라는 이름 아래 진행시켜 1973년 두 권짜리 논문 모음집 『철학의 전형(轉形)』16)에서 결집된 나의 철학적 입장들을 상당 부분 이미 예고하였다. (이 책의 영문판은 『철학의 전형을 향하여』라는 제목으로 1980년에 출간되었다.17)) 하지만 이 책에는 특히 언어분석철학을 거쳐 가는 나의 장정(長征), 그리고 미국 실용주의와의 첫 대면과 같이, 이 책에 그 나름의 충격을 가한 또 다른 새로운 연구들과 논의들이 있다.

3. 언어분석철학, 특히 비트겐슈타인과의 대면: 비트겐슈타인과 하이데거 양자의 결점들에 대한 나의 비판적 비교

내가 언어와 '언어이념사'에 대한 공부를 시작했을 때 나에게 영감을 준 것은 하이데거의 저작들, 그리고 일반언어학 선생인 레오 바이스게르버를 통해 나에게 친숙해진 하만, 헤르더, 그리고 빌헬름 폰 훔볼트 등의 독일 전통이었다.18) 나는 이러한 독일 언어철학의 개념 구도 전체

---

16) K.-O. Apel, *Transformation der Philosophie*(Frankfurt a. M.: Suhrkamp, 1973).

17) K.-O. Apel, *Toward a Transformation of Philosophy*(London: Routledge & Kegan Paul, 1980).

를 선험해석학적 개념 구도라고 불렀다. 그리고 내가 언어분석적 철학, 특히 모리츠 슐리크, 루돌프 카르납, 버트런드 러셀 그리고 특히 초기 비트겐슈타인의 『논리철학논고』로 대표되는 분석철학 초기 국면과 첫 대면하였을 때 나는 이 계통의 언어관 전체를 '선험해석학적' 언어관과 양극적(兩極的)으로 대립한다고 간주하였다.19) 나는 그것을 과학기술적 언어관이라고 불렀으며, 그 역사적 연원을 (특히 윌리엄 오캄이 제시한) 명목론의 전통 및 특히 라이프니츠에 의해 제창되고 프레게라든지 조지 불 및 다른 이들로 이어진 보편수리적인 이상적 계산언어의 전통으로까지 거슬러 올라갔다.

지금 생각하더라도 이런 시도가 틀린 것이라는 생각은 들지 않지만 나중에 나는 비트겐슈타인의 『논고』를 '순수언어비판'이라는 명칭 아래 칸트주의를 전형(轉形)시키고자 하는 관점에서도 해석할 수 있음을 깨달았다. 이런 종류의 해석을 수행했던 이로는 핀란드 철학자 에릭 스테니우스를 들 수 있다.20) 그리고 내가 『철학적 탐구들』에 나온 비트겐슈타인 후기 철학을 공부했을 때 나는 그것을 언어비판 내지 의미비판을 통한 칸트 순수이성비판 전형의 초기 프로그램에 대한 화용론적 자기전형으로 이해하려고 시도했다. 그러고 나서 나는 이런 관점에서 '언어놀이'와 '생활형태'에 대한 비트겐슈타인의 화용론 철학을 후설의 선험론적 현상학에 대한 하이데거의 언어해석학적 전형과 비교하는 시도를 수행하였다.21)

(데카르트에서 후설에 이르는) 현대 철학에서 제기된 사이비 문제들

---

18) 예를 들어 L. Weisgerber, *Das Menschheitsgesetz der Sprache als Grundlage der Sprachwissenschaft*(Heidelberg: Quelle & Meyer, 1964) 참조. 또한 다음을 참조. H. Gipper ed., *Sprache: Schlüssel zur Welt, Festschrift für Leo Weisgerber*(Düsseldorf: Schwann, 1959); K.-O. Apel, "Der philosophische Wahrheitsbegriff", in *Transformation der Philosophie*, vol. I, SS.106-137.

19) K.-O. Apel, *Die Idee der Sprache in der Tradition des Humanismus*, "Einleitung".

20) E. Stenius, *Wittgenstein's Tractatus*(Oxford: Blackwell, 1964).

21) K.-O. Apel, *Transformation der Philosophie*, vol. I, SS.225-377; vol. II, SS.28-95 참조.

에 대해 특정의 근본적 비판을 가한 위의 두 철학자에게서 상호 공통적인 확증을 확인하려는 의도 아래 수행된 이 비교 작업에서 나는 많은 것을 배웠다. 사람들은 데카르트와 후설의 '방법론적 유아론' 또는 '선험론적 유아론', 데카르트가 제시한 '꿈에 의한 논증'의 무의미성 내지 엉터리스러움, 정신 안에 주어진 것들 일반의 최우선성에 대한 논증 및 외부세계의 실재에 대한 입증의 필요성에 반대하는 논증들이 비트겐슈타인과 하이데거에서 서로 일치한다는 점을 발견한다. (내가 짐작하는 이러저러한 외적 경험들이 단지 꿈꾸어진 것에 지나지 않는다거나, 예를 들어 짐작된 몇 가지 사실을 내가 의심한다는 데서 볼 수 있듯이 나의 정신 안에 주어진 것들이 나의 외적 경험 대부분보다 더욱 확실하다고 생각하는 것은 당연히 있을 수 있는 일이다. 하지만 이런 점을 전제로 해서, 원칙적으로 존재하는 것은 정신 안에 주어진 것들뿐이고, 그에 반해 외부 세계나 다른 정신들의 실존은 환상일 뿐이라는 결론을 내리는 것 — 이것이야말로 현대의 '비판적 인식론'이 제기하는 전형적 회의인데 — 은 터무니없는 엉터리라고 말할 도리밖에 없다. "모든 것은 단지 나의 꿈일 뿐이다"라는 구절을 포함하는 그런 식의 언어놀이는 붕괴할 수밖에 없다. 왜냐하면 "내가 의심한다"는 말과 "현실적이다"라는 말을 서로 대비시켜보면 정반대의 것으로 판명될 수 있는 것이 아니며, "단지 나의 꿈일 뿐이다"라는 말 역시 그 말이 나오는 그 순간 그 말의 의미가 없어질 것이기 때문이다.)

이 결과 나는 하이데거뿐만 아니라 비트겐슈타인도 비판적인 철학의 새로운 패러다임을 창안했다는 사실을 깨달았는데, 이때 흥미로운 것은 비판적 관점에서 보더라도 이 두 사상가가 서로 평행을 달리고 있음을 알았다는 점이다. 즉 비트겐슈타인은 오직 '보여줄 수만 있는 것'을 '말하려고 한다'는 의미에서 『논고』에 나온 자기 자신의 철학적 메타언어를 '엉터리'라고 선언해버린 뒤, 『철학적 탐구』에서도 모든 철학적 언어놀이가 일상 언어의 '질병'을 표출하는 것일 뿐이라고 생각한 것 같다. 적어도 비트겐슈타인은 어떤 종류의 (건전한!) 언어놀이가 자신으로 하여금 자기의 언어비판을 관철하게 만들고, 또 가끔은 '의미'와 '사용', '언어놀이', '활동', '세계해석' 및 '생활형태'에 대한 원칙적 진술을 행할 수 있게 하는지에 관해 일체의 질문이나 대답을 제기한 바 없다.

비트겐슈타인 철학에 들어 있는 이런 명백한 난문(아포리아)에 맞먹는 것이 하이데거 철학에서도 발견된다. 하이데거 역시 — 명백히 보편적인 철학적 타당성을 요구하면서 — 모든 진리란 '존재개명'의 '사실성'에 의존한다든가, 아니면 '이성'이란, 그리스인들에게서 나타나, 간략히 말해 하이데거가 '버팀틀(Gestell)'이라고 불렀던 철학, 과학, 기술의 기초를 동시적으로 닦았던 저 (서양적) 사고의 행로를 숙명적으로 열었던 '존재역사'의 한 '사건'의 결과일 뿐이라고 진술하는 일이 그에게는 어떻게 가능한가에 대해 일체의 문제나 대답을 제기한 바 없었다.

나에게는 철학, 다시 말해 자신들 나름으로 고수하는 보편적 진리 요구에 대한 비트겐슈타인과 하이데거의 태도 모두가 실행적 자기모순을 범하는 것처럼 보인다. 그리고 나에게 실행적 자기모순 회피의 원칙이라는 이 기준은, 말하자면, 유의미한 철학의 문턱에 서 있는 선험화용론적 의미비판의 가장 기초적인 원칙인 것이다.22) 철학자라면 응당 남녀를 불문하고 자신의 보편적 타당성 요구를 쫓아가 잡고 늘어져야 할 의무가 있다. 나중에 나는 니체를 따르는 탈현대주의 철학자들은 말할 것도 없고, 대부분의 현대 철학자들이 몇 가지 실행적 자기모순에 휘말려 들어갔다는 사실을 깨달았다. 따라서 논증함이란 '폭력 행사일 뿐'이라고 주장한다든지(푸코), 찬성을 위해 분투하는 것은 자유와 혁신을 억제하기 때문에 논증으로 사람들이 획득하려는 것은 '찬성'이 아니라 '의견 불일치'라는 것을 논증한다든지(리오타르), '차연(差延)'의 과정에서 발생하는 지속적인 '기축이동'과 '산포(散布)'로 인해 (프랑스어로는 '기의(記義)'라고 부르기도 하는) '의미(意味)'가 '현전'하는 일 따위는 결코 있을 수 없기 때문에 서로 나누어 공유할 수 있는 의미를 표상하기란 원칙적으로 불가능하다고 철학책에 써서 그런 의사를 독자들에게 소

---

22) *Auseinandersetzungen: In Erprobung des transzendentalpragmatischen Ansatzes* (Frankfurt a. M.: Suhrkamp, 1998)에 수록된 나의 모든 졸고를 보라.

통시키려는 일(데리다) 모두가 말이라고 하기에는 아무 의미도 없는 말들인 것이다.[23)]

4. 한스 알버트 판(版)의 비판적 합리주의에 대한 나의 메타비판: 반성적인, 곧 선험화용론적인 최종근거 정립의 방법

포퍼의 '비판적 합리주의'를 '자기적용 가능한 오류 가능주의'[24)]로 급진화시켰던 한스 알버트와의 논쟁에서 나는 실행적 자기모순 회피의 원칙을 의미비판의 한 수단으로 적용할 뿐만 아니라 시비 불가능한, 따라서 철학의 원칙들에 대한 선험화용론적인 최종근거 정립의 결과로 간주되는 철학적 논증의 저 전제들을 드러내는 수단으로도 적용하려고 시도하였다.[25)]

우선 첫째, 나는 후기 비트겐슈타인을 따라, 일체의 언어놀이란 결코 의심될 수 없는 패러다임적 증거 또는 확실성들을 전제한다는 점을 논증하였다. 왜냐하면 어떤 의심도 그것이 유의미하려면 그런 의심 자체

---

23) K.-O. Apel, "Die Herausforderung der totalen Vernunftkritik und das Programm einer philosophischen Theorie der Rationalitätstypen", in *Concordia* 11(1987), SS.2-23. 영역본 "The Challenge of a Totalizing Critique of Reason and the Program of a Philosophical Theory of Rationality Types", in D. Freundlieb and W. Hudson eds., *Reason and its Other* (Providence/Oxford: Berg, 1993), pp.23-48 참조.

24) H. Albert, *Traktat über kritische Vernunft*(Tübingen, 1968) 참조. 또한 G. Radnitzky, "In Defence of Self-Applicable Critical Rationalism", in International Cultural Foundation ed., *Absolute Value and the Creation of the New World*(New York: International Cultural Foundation Press, 1983), vol. II, pp.1025-1069도 참조.

25) K.-O. Apel, "Das Problem der philosophischen Letztbegründung im Lichte einer transzendentalen Sprachpragmatik", in *Auseinandersetzungen*, SS.33-80. 영역본 "The Problem of Philosophical Foundation in the Light of a Transcendental Pragmatics of Language", in K. Beynes, J. Bohman, and T. McCarthy eds., *After Philosophy: End or Transformation?*(Cambridge, MA: MIT Press, 1987), pp.250-290; 그리고 "Fallibilismus, Konsenstheorie der Wahrheit und Letztbegründung", in *Auseinandersetzungen*, SS.81-194 참조.

가 이런 증거 또는 확실성들을 전제하기 때문이다.26) 이런 논증에 대해 알버트는 메타과학의 입장에 서 있는 비판적 합리주의 수준에서, 원칙적으로, 그 모든 증거와 확실성들까지 포함하여 일체의 언어놀이가 의심의 대상이 될 수 있다는 반론, 즉 모든 것은 오류 가능한 것으로 생각될 수 있다는 반론을 내놓았다. 따라서 철학에서 최후의 말로 어울리는 것은 오류 가능주의이지 근거 정립은 아니라는 것이다. 하지만 지금까지 아직 고려되지 않은 논쟁의 제3회전이 있다. 즉, 오류 가능주의의 원칙을 정식화시키는 비판적 합리주의의 메타과학적 언어놀이 역시 그 자체 이해 가능한 것이 되려면 패러다임적 확실성들을 전제해야 한다는 것이다. 따라서 가능한 '반증(反證, falsification)'에 대한 언급과 마찬가지로 '오류 가능성'에 대한 언급에도 진리 요구를 진전시키고 시험할 수 있는 논증적 담론(논변)과 같은 것이 있음을 전제해야 한다. 그렇지 않다면 오류 가능주의의 입장은 아무런 의미도 가질 수 없다. 따라서 자기 적용적인 오류 가능주의란 스스로를, 즉 자기 자신의 의미를 삭제하는 것이다.

한스 알버트 판(版) 비판적 합리주의에 대한 이 의미비판적 반박은 철학의 선험화용론적 최종근거 정립을 위한 방법에서 새로운 핵심으로 적용될 수도 있는 것이었다. 우선 첫째 우리는, 고전적 (형이상학적) 합리주의의 의미에 따른 최종근거 정립이란, 한스 알버트가 보여주었듯이, 다음과 같은 일종의 '삼도논법(trilemma)'에 도달한다는 점을 처음부터 인정하고 들어갈 수 있다. 즉, 만약 연역법, 귀납법, 아니면 퍼스적 의미에서의 가설추리법을 막론하고, 그 어떤 논리적 논증을 통해 무엇인가(결론)를 그 어떤 것(전제)으로부터 도출하는 것을 최종근거 정립으로 이해한다면, 최종근거 정립의 절차는 (1) 무한역행, 또는 (2) 논리적 순환논법 내지 선결문제 요구의 오류, 아니면 (3) 일체의 비판에 대항하여 몇 가지 그럴듯한 증거를 독단적으로 부각시키는 것 중 어느 하나에 이를 수밖에 없는 것이다.

---

26) L. Wittgenstein, *Über Gewißheit*(Frankfurt a. M.: Suhrkamp, 1970). 영역본 *On Certainty*(Oxford: Basil Blackwell, 1969).

하지만 논증의 모든 전제들이 그 어떤 무엇인가에서 도출되어 나옴으로써 그 근거를 마련해야 할 필요는 전혀 없다. 실행적 자기모순을 범하지 않는 한 부인될 수 없는, 논증들 그 자체의 필수적인 전제조건들, 즉 논증의 언어놀이의 필수적인 전제조건들도 있는 것이다. 가령 누군가 예를 들어 연역법과 같은 고전적 의미에서의 논증전제들을 근거 지으려고 시도하고자 한다면 이런 일은 정말 논리적 순환 내지 선결문제 요구의 오류에 도달할 것이다. 이런 경우 이런 일이 생겨나는 이유는 필수적인 논증전제들을 근거 지으려면 연역이 아니라 논증의 타당성 조건들에 대한 선험론적 반성을 적용해야 한다는 점을 간과한 데서 기인한다. 선험론적 반성에 의해 근거를 설정한다는 이 방법은 실행적 자기모순을 탐색적인 의미로 사용하는 것이다. 다시 말해서 이 방법은 논변 안에서 논증을 자기반성함으로써 논증의 특정 전제들에 시비를 걸면 실행적 자기모순에 이르고, 그에 따라 논증의 자기삭제가 발생함을 보여주려는 것이다.

이제 나는 여기에서 일체 그 어떤 형이상학적 공리(公理)에 독단적으로 의거할 필요 없이 이 방법에 의해 이론철학 및 실천철학의 선험론적 전제들을 드러낼 수 있다는 점을 단지 확인해주는 선에서 그치겠다. (앞서 한 강연들에서 나는 이 점을 좀 더 상세하게 보여주려고 했다.) 1970년대 초 이래 나는 이런 견지에서 선험론적 기호학, 과학철학, 특히 '정신과학'이라고 할 수 있는 인문학 및 담론(논변)윤리의 근거 정립을 고안해내려는 시도를 수행해왔다. 이 과정에서 나는 분석철학27)과 포퍼주의28)의 대변자들, 그리고 나중에는 리처드 로티29)에서 영미 공동체주

---

27) K.-O. Apel, "The Impact of Analytic Philosophy on My Intellectual Biography", in *From a Transcendental-semiotic Point of View*(Manchester: Manchester University Press, 1998), pp.9-42.

28) 각주 24)와 각주 25)를 참조.

29) K.-O. Apel, *Diskurs und Verantwortung*(Frankfurt a. M.: Suhrkamp, 1988), S.397 이하; "What is Philosophy? The Philosophical Point of View After the End of Dogmatic Metaphysics", in C. P. Ragland and S. Heidt eds., *What is Philosophy?*(New Haven: Yale University Press, 1999) 참조.

의30) 및 최근에는 존 롤즈31)에 이르는 각종 부류의 역사주의적 상대주의와 연속적으로 토론을 벌였다. '공동체주의자들'뿐만 아니라 롤즈 역시 나에게는, 내가 제시한 바와 같은 의미에서의 선험화용론적 반성법을 사용하지 않는다면, 독단적 형이상학 또는 역사주의적 상대주의 아니면, 그 두 입장 모두를 피해갈 수 없다는 점을 간접적으로 인증해주는 것처럼 보인다. 왜냐하면 형이상학의 모든 '포괄적 교의들'이란 문화의 존적일 수밖에 없기 때문이다. 하지만 나는 내 지적 역정의 초기로 되돌아갈 일이 아직도 남아 있다.

5. 미국 실용주의, 특히 퍼스 및 담화행위론의 연구

1962년에서 1969년에 걸쳐 키일 대학에서 교수로 재직하는 동안 나는 비트겐슈타인의 저작들을 면밀하게 연구했을 뿐만 아니라 미국 실용주의, 특히 찰스 퍼스에 대한 연구에 착수하였다. 박사과정 제자였던 바르텐베르크와 함께 나는 1967년과 1970년에 퍼스 저작의 독일어 번역 편집서를 두 권 내놓았다.32) 이 두 권의 편집서를 놓고 나는 광범한 서문을 작성했는데, 나중에 이 두 서문들을 『실용주의에서 화용론주의로』라는 제목으로 묶어 퍼스 사상의 발전에 관한 한 권의 책으로 합쳤다.33)

---

30) K.-O. Apel, "Das Anliegen des anglo-amerikanischen 'Kommunitarismus' in der Sicht der Diskursethik", in M. Brumlik und H. Brunkhorst Hg., *Gemeinschaft und Gerechtigkeit*(Frankfurt a. M.: Fischer, 1993), SS.149-172.

31) K.-O. Apel, "Das Problem der Gerechtigkeit in einer multikulturellen Gesellschaft", in R. Fornet-Betancourt Hg., *Armut im Spannungsfeld zwischen Globalisierung und dem Recht auf eigene Kultur*(Aachen: Augustinus-Buchhandlung, 1997), SS.106-130. 영역본 "The Problem of Justice in a Multicultural Society", in R. Kearney and M. Dooley eds., *Ethics in Question*(London: Routledge, 1988), pp.145-163; "May a Political Conception of 'Overlapping Consensus' be an Adequate Basis for Global Justice?(An Argument with the late Rawl's Conception of 'Political Liberalism')", in *Proceedings of the 20th World Congress of Philosophy*(Boston, 1998).

32) Charles S. Peirce, *Schriften*(Frankfurt a. M.: Suhrkamp, vol. I, 1967; vol. II, 1970).

내가 '선험론적 기호학'34)의 관점에서 해석했던 퍼스의 사상은 나에게
여러 모로 비트겐슈타인 후기 언어철학의 보완이었을 뿐만 아니라 결국
에는 내가 최우선권을 부여한 대안이 되었다.35)

생활 형태들의 부분들로서의 언어놀이에 대한 비트겐슈타인의 화용
론과 퍼스의 의미론적 실용주의 사이의 차이뿐만 아니라 유사점도 비트
겐슈타인의 '사적 언어 논증'에 대한36) 저 유명한 토론을 주목하면 분
명히 드러날 수 있다고 보인다. 다른 사람도 지시할 수 있는 공적 기준
들을 일체 지시하지 않은 채, 오직 한 사람의 정신 안에 있는 관념들에
만 의거하여 "어떤 규칙을 사적(私的)으로 준수하는 일" 같은 것은 있
을 수 없다는 점에서 나는 비트겐슈타인과 의견을 같이하게 되었다. 이
런 의미에서 특히 '한 언어'는 정확한 규칙 준수를 전제하는 가운데 공
적인 것이어야 하며, 따라서 '하나의 공동체'를 전제한다.

하지만 이제 다음과 같은 문제가 일어난다. 즉, 시대정신을 앞서가는
창의적 개인들에 의해 새로운 규칙들이 발명된 경우라든가, 아니면 특
정 규칙들, 말하자면 칸트의 '정언명법'과 같은 보편적 윤리규범들이 서
로 다른 공동들에 의해 서로 다른 방식으로 준수되고 있는 그런 경우들
에 있어서, 정확한 규칙 준수의 공적 기준이란 무엇인가? 비트겐슈타인
에 따르면, 사실적인 '생활 형태'의 맥락 안에서 이루어지는 사실적 용
법이야말로 한 규칙을 준수하는 정확한 방식의 최종기준이라고 논증되

---

33) K.-O. Apel, *Der Denkweg von Charles Peirce*(Frankfurt a. M.: Suhrkamp,
1975). 영역본 *From Pragmatism to Pragmaticism*(Amhorst, MA: University
of Massachusetts Press, 1981; New Jersey: Humanities Press, 1995).

34) K.-O. Apel, *Selected Essays*, vol. I: *Towards a Transcendental Semiotics* 중
특히 SS.132-254; *From a Transcendental-semiotic Point of View*, 특히
pp.43-80 참조.

35) K.-O. Apel, "The Impact of Analytic Philosophy on My Intellectual Bio-
graphy", 마지막 절.

36) L. Wittgenstein, *Philosophische Untersuchungen.* 이에 관한 연구로는 다음을
참조. K.-O. Apel, "Wittgenstein und Heidegger: Kritische Wiederholung
eines Vergleichs". 영역본 "Wittgenstein and Heidegger: language games and
life forms".

었다.37) 나로서는 정말 비트겐슈타인의 글들에서 이와는 다른 대답을 발견할 수 없다. 하지만 이 경우 나에게 비트겐슈타인의 입장은 지극히 불만족스러운 것이다. 왜냐하면 그것은 상대주의와 맥락주의에서 빠져나올 출구라든가 규범적 진보의 가능성 차원을 일체 열어주지 않기 때문이다.

이에 나는 퍼스에게서 방법적 유아론이나 정신주의의 반박과 관련하여 비트겐슈타인의 입장과 유사한 점을 발견하였다. 기호들의 의미 해석, 그리고 그에 따른 과학적 인식에 대해서도 언제나 하나의 '공동체'와 그 '행위습관들'이 전제되어 있다. 그리고 퍼스의 '화용론적 준칙들'은, 개념적 의미들이란 오직 가능한 행위습관들에 준해서만 해명될 수 있을 뿐이라고 규정한다. 하지만 퍼스는 하나의 규범적 기호론 안에서 주어진 기호들에 대해 있을 수 있는 '해석소(解釋素)'들을 여러 가지 다른 종류들로 분류한다. 기호에 대한 우리의 통상적인 언어학적 이해를 반영하는 '직접적 해석소들'만이 특정 공동체 안에서 이루어지는 기호의 사실적 용법들과 연관된다. 하지만 과학자들은 기호들에 대해 규범적으로 정확한 의미들에 관심이 있으므로 기호들의 '논리적 해석소들'을 모색해야 한다. 이 해석소들 역시 가능한 행위습관들과 관계되어 있지만, 그러한 것들과 연관된 무엇인가를 찾아내기 위해서는 퍼스가 '의도투사법(意圖投射法)'이라고 불렀던 미래지향적 사고실험을 실시해야 한다.

적절한 시간 측정에 관한 일련의 사고실험을 통해 '동시성(同時性)'이라는 개념의 의미에 관해 완전히 새로운 결과들에 도달한 아인슈타인의 특수상대성이론이 그러한 의도투사법의 좋은 사례를 제공했다. 이때 시간과 공간은 별도로 측정될 수는 없기 때문에 이 단어들에 대한 일상적 용법에서 암시되어 있는 바와는 달리 별도의 존재물로 파악되어서는 안 된다는 점이 입증되기도 하였다. 퍼스가 뜻한바 '의도투사법'의 방식에 따라 의미 해명을 행한 또 다른 사례로는 (이른바 '원초적 상태'라는)

---

37) D. Böhler, T. Nordenstern, und G. Skirbekk Hg., *Die pragmatische Wende* (Frankfurt a. M.: Suhrkamp, 1986) 중 특히 V절.

모종의 상황을 가설적으로 구성함으로써 '정의'의 의미를 해명하고자 했던 존 롤즈의 시도가 있는데, 거기에서는 장차 확립되어야 할 '한 정의로운 사회'의 모든 가상적(가현실적) 시민들이 그 사회를 위해 동일한 원칙을 선택하는 것으로 되어 있다.

이럼으로써 퍼스는 기호의 화용론적 의미를 규범적으로 정확하게 해석하는 발견법적 지평을 연다. 거기에다 그는 기호 의미의 정확한 해석이 공적 타당성을 유지하게 되는 공동체 개념의 규제적 이념을 제공하는 것이다. 이런 공동체란, 퍼스에 따르면, 어느 특수한 공동체가 아니라, '실재적인 것'에 대한 우리의 의견들이 사실적으로는 결코 도달하지는 못하는 '최종적' (또는 궁극적) 합의, 즉 진리의 모색에서 주체로 존재하는 '무한 공동체'이다.

'실재적인 것'을 화용론주의적으로 파악한 퍼스에게서 나는, 인식 불가능하지만 그래도 칸트가 (말하자면, 부당하게) 우리의 경험적 (실질적) 지식을 촉발하는 원인으로 전제하는 '물자체'라는 칸트의 난문(아포리아)을 비형이상학적으로 풀어낼 해결책을 찾아냈다. 퍼스에게 있어서 '실재적인 것'이란 개인이나 집단이냐를 막론하고 그 어떤 특수한 인식 주체가 가진 그 어떤 사실적 지식으로부터도 독립되어 있지만, 궁극적으로는 가능한 지식 일반, 즉 기호 해석으로부터는 결코 독립된 것이 아니라 필연적으로 연관되는 것이다. 따라서 '실재적인 것'이란 '인식 불가능한 것'이 아니라, 사실적으로는 '알려져 있을' 수 없는 '인식 가능한 것'이다.[38] 나는 이런 입장을 '의미비판적 실재론'이라고 불렀는데, 나는 그것이 그 어떤 종류의 주관적, 정신주의적 관념론과 떨어져 있는 만큼이나 소박한 형이상학적 실재론과도 떨어져 있다고 이해한다. (오늘날 나는 그 입장이 퍼트남의 '내재적 실재론'과 아주 가깝다고 추정한다.[39])

---

38) C. S. Peirce, *Collected Papers*(Cambridge, MA: Harvard University Press, 1931-1958), vol. V, pp.257, 310, 311, 407; vol. VII, p.339 참조. 또한 K.-O. Apel, *Charles Peirce: from Pragmatic to Pragmaticism*, p.25 이하 참조.

39) H. Putnam, *Reason, Truth, and History*(Cambridge University Press, 1981); *The Many Faces of Realism*(La Salle, Ill.: Open Court, 1987); *Realism with*

언어분석철학이 나의 사상에 준 마지막 중요한 투입물은 오스틴과 서얼의 담화행위이론이다.40) 이 이론의 수용(그리고 채용)은 하버마스가 '보편화용론'(그리고 나중에는 '형식화용론'41))의 개념 구도에서 그것을 수용하고 처리한 것에서 강한 영향을 받았지만, 나는 그 이론을 나의 '선험론적 화용론'42)에 통합시키려고 시도하였다. 이런 맥락에서 가장 중요한 것은 담화행위들을 실행 부분과 명제 부분의 '이중구조'로 파악한 것, 그리고 담화행위들, 정밀하게 부연하면, 논증적 담론(논변)의 맥락에서 사용될 수 있는 비전략적 담화행위들과 필연적으로 연관되는 '타당성 요구들'의 개념을 도입한 것이다. 그런데 나뿐만 아니라 하버마스도 서얼이 후기에 가서 의사소통에 선행하는 '표상'의 기능에43) 최우선성을 부여하고자 하고, 더욱 심하게는, 담화행위들에 대해 '심리철학'과 그 '내포적 단계들'의 일방적 우선성을 옹호함으로써 결과적으로는 언어학적 전회 이전의 국면으로 되돌아간 입장에 귀착한 점에 대해 심한 당혹감을 느끼는 중이다.44)

6. 실천철학에 대한 하버마스 및 다른 이들과의 논쟁점

회고를 마치면서 나는 실천철학의 개념을 정립함에 있어서 장기간 견지해온 하버마스와의 협력에 대해 몇 마디 해두어야겠다. 하버마스는 나보다 일곱 살 어린데, 내가 본에서 박사과정을 막 통과했을 때 처음

---

a Human Face (Cambridge, MA: Harvard University Press, 1990) 참조.

40) J. L. Austin, *How to Do Things with Words*(Oxford University Press, 1955); J. R. Searle, *Speech Acts*(Cambridge University Press 1969).

41) J. Habermas, "Was heißt Universalpragmatik?", in K.-O. Apel Hg., *Sprachpragmatik und philosophie*(Frankfurt a. M: Suhrkamp, 1976).

42) K.-O. Apel, "Sprechakttheorie und transzendentale Sprachpragmatik zur Frage ethischer Normen", SS.10-173; "Is Intentionality More Basic than Linguistic Meaning?", in E. Lepore and R. van Gulick eds., *John Searle and His Critics*(Cambridge, MA: Blackwell, 1991), pp.31-55 참조.

43) J. R. Searle, *Expression and Meaning*(Cambridge University Press, 1979).

44) J. R. Searle, *Intentionality*(Cambridge University Press, 1983).

만났고, 당시 그는 학부 학생이었다. 당시 우리는 우리가 나중에 고안해 냈던 '준(準)선험론적 인식관심'과 같은 수많은 지식인간학의 발상들을 공유하였다.45) 1960년대에 하버마스는 '비판이론'을 내세우는 프랑크푸르트학파의 멤버가 되었으며, 그를 통해 나는 당시 독일에서 특히 '학생 운동'의 배경이 되는 영감을 고취하여 큰 영향력을 발휘하던 네오마르크스주의를 배우게 되었다. 정치와 책임윤리 사이에 내재적 관계가 존재하기 때문에 철학자라면 정치와 무관한 상태에 머물려고 해서는 안 된다는 것을 내가 배우게 된 것도 당시였다.

그 다음 10년 동안 나는 하버마스 식의 논변윤리와 계속 토론하는 가운데 내 나름의 논변윤리를 고안하려고 시도하였다. 우리는 언어와 의사소통의 화용론이라는 공통 배경을 사실상 공유했지만 둘의 접근법에는 일종의 경향적 차이도 있었다. 하버마스는 철학과 비판적 사회과학이 연속체를 이루어야 한다는 프랑크푸르트학파의 뿌리 깊은 네오마르크스주의적 확신을 어느 정도 견지하여 철학자로서의 작업과 사회학자로서의 작업을 언제나 동시에 수행하였다. 이런 결합은 독일과 다른 나라들의 지적 무대에 그가 엄청난 영향을 미치는 폭넓은 기초를 제공했다.

이런 관점에서 하버마스는 경험적-재구성적 사회과학과 선험주의적 철학을 방법론상으로 엄격하게 구분하는 것도 포함하는 나의 '선험화용론' 프로그램을 전적으로 받아들여 채용할 준비가 전혀 없었다. 정말로 나는 철학의 중심 교의들이란 경험적 증거들에 기초하는 것이 아니라, 이미 내가 위에서 제안했듯이, 실행적 자기모순을 범하지 않는 한 논증의 필수적 전제들을 부인할 수 없다는 반성적 시험에 기초한다는 점을 견지하였다. 예를 들어 탈현대론자들의 시비를 반박할 때는 하버마스

---

45) J. Habermas, *Erkenntnis und Interesse*(Frankfurt a. M.: Suhrkamp, 1968); K.-O. Apel, *Tranformation der Philosophie*, vol. I, "Einleitung"; vol. II, S.28 이하 참조; 그리고 또 K.-O. Apel, "Types of Social Science in the Light of Human Cognitive Interests", in *Selected Essays*, vol. II: *Ethics and the Theory of Rationality*(Atlanta Highlands, N.J.: Humanities Press, 1996), pp.103-173 참조.

역시 이 시험법을 사용하고, 때때로 '약한 형태'의 '선험화용론' 논증에 호소하는 일도 있다. 하지만 그와 동시에 하버마스는 논증의 필연적 전제들, 예를 들어 그 자신이 발굴한 '타당성 요구들'이 경험적 시험의 점검을 받아 확증되어야 한다고 제안했다. 그것은 꼭 언어의 심층 구조에 관한 촘스키의 언어학적 가설들이 능력 있는 화자(話者)들을 상대로 광범위하게 산포되는 실험을 통해 검사받아야 한다는 것과 똑같은 발상이다. 그러나 나는 이 제안들을 유의미한 것으로 받아들일 수 없다. 왜냐하면 하버마스의 생각대로라면, 예를 들어 진리 요구와 같이 도저히 시비를 걸 수 없는 논증의 전제에 대해, 그것을 전제하면서도 동시에 반증할 수도 있다는 뜻이 함축되기 때문이다.

윤리학의 보편화용론적 근거 정립에 관한 하버마스의 논증들이 나 자신의 선험화용론적 논증들보다 '더 신중하다'는 의견이 광범하게 퍼져 있다. 하지만 나는 이런 평가에 공감할 수 없다. 이러한 의견 차이를 예시하기 위해 두 가지 예를 들어보자. 1983년 하버마스는 나의 최종근거 정립 프로그램을 논하면서, 회의론자가 논변에 참여하기를 거부할 수 있기 때문에 선험화용론적 입장에서 회의론자를 반박하기란 불가능하다는 결론을 내렸다. 언뜻 분명한 듯이 보이는 이 난문에 대한 대응책으로서 하버마스는 윤리학에 대한 선험화용론적 최종근거 정립이 불필요하다고 선언했다. 왜냐하면 철학자들의 논쟁과는 무관하다고 간주되는 '생활세계'에서 우리 모두는, 심지어 회의론자까지도, 만약 그가 살아가기를 원한다면, (독일어로 '인륜성(Sittlichkeit)'이라고 하는) 실체적 도덕의 구속력 있는 타당성을 전제해야 하기 때문이다.46) 자, 이제 이 문제 상황에 대한 나의 평가는 하버마스 논증을 이루는 두 부분에 대해 전적으로 상이하다.47)

---

46) J. Habermas, *Moralbewußtsein und kommunikatives Handeln*(Frankfurt a. M.: Suhrkamp, 1983) 중에서 특히 S.108 이하 참조.

47) K.-O. Apel, "Normative Begründung der 'Kritischen Theorie' durch Rekurs auf lebensweltliche Sittlichkeit? Ein transzendental-pragmatisch orientierter Versuch, mit Habermas gegen Habermas zu denken", in *Auseinandersetzungen*, SS.649-700. 영역본 "Normatively Grounding Critical Theory through

우선 첫 부분에 관해 나는 다음과 같이 말하고자 한다. 즉, 회의론자는 논변에 참여하기를 거부했으므로 일체의 논증을 할 수 없기 때문에, 그런 한에서 그는 윤리학의 최종근거 정립 가능성에 대한 논변과 아무런 관련도 없는 것이다. 회의론자의 거부에 관해 논증을 제기하는 사람만이 사실상 계속 진행되는 논변과 유관한 반대자일 수 있다. 그러나 이 실제적 반대자는 남녀를 막론하고 회의론자에 관한 자신의 논증을 자신에게 적용할 수 없다. 따라서 그 반대론자는, 원칙적으로, 모든 진지한 논변 참여자라면 논변윤리학의 근본적인 절차 규범들, 예를 들어 평등한 권리 및 논변 동반자들의 평등한 공동책임 같은 것을 인정해야 한다는 선험화용론적 논증을 거부할 수 없는 것이다.

하버마스 논증의 두 번째 부분에 관한 나의 평가는 다음과 같다. 즉, '생활세계'에서는 회의론자라도 그가 살아가기 위해서는 (적어도 겉으로라도) 복종해야 하는 몇 종류의 실체적 도덕, 헤겔적인 의미에서 '실체적 인륜성'이라고 하는 것이 언제나 작동하였고 현재도 작동 중이라는 말은 진정 맞는 말이다. 하지만 우선 첫째, 실체적 도덕에는 과거와 현재를 막론하고 언제나 다른 변형판들이 있기 마련이며, 이 모든 것은 칸트 이후의 다른 철학자들과 같이 하버마스 자신도 보편적으로 타당한 유형의 도덕으로 이해하는 것과는 아주 다르다는 사실도 지적되어야 한다. 철학자들의 논쟁과 독립적으로 고찰할 경우, 서로 다른 유형의 실체적 도덕들이란 사실상, 하버마스와 나 자신이 상정하는 합의적 의사소통의 윤리학이 제기하는 보편적 요구들과 각기 상이한 사회적 자기유지 체계들의 기능적 강제에 적합할 행태에 대한 전략적 지상명령들이 역사적 조건 아래서 여러 가지 다른 변형판으로 타협한 것들이다.

내 생각으로는 바로 이런 상황이 예를 들어 그리스와 같은 고도의 고대 문화들이 출현하는 '기축시대'라든지, 현대 계몽주의 시기, 마지막으로는 '비판이론'이 등장하는 이런 시기에 '실체적 도덕'이라는 것을 철

Recourse to the Life World?", in A. Honneth et al. eds., *Philosophical Interventions in the Unfinished Project of Enlightenment*(Cambridge, MA: MIT Press, 1992), pp.125-170.

학적으로 문제 삼는 출발점이 되는 것이다. 내가 묻고자 하는 것은, 어떻게 '비판이론'의 대표자 되는 이가 바로 '비판이론'이 비판적으로 재구성하겠다고 자임하고 나섰던 그 생활세계의 관습적인 도덕유형에 의거할 생각을 할 수 있었느냐는 것이다. 내가 '비판이론'의 규범적 근거설정이라는 하버마스 기획에 동참하고자 했을 때 나는 '비판이론'이 그 비판 사업을 위해 독립적인 판단표준이 필요할 것이라는 이유로 논변윤리의 선험화용론적 근거 정립을 제안한 바 있었다.

최근 몇 년간 나는 특히 역사와의 연관 속에서 논변윤리를 적용하는 문제, 말하자면 특히, 제도들 또는 정치, 법, 경제와 같은 기능적 사회체계들이라는 (기능적 강제) 조건들 아래서 논변윤리를 활성화시키는 문제를 놓고 작업하였다.48) 이런 맥락에서 나는 (특히 논변윤리와 법과 민주주의 사이의 관계를 놓고) 다시 하버마스와 일차적으로 대결했으며,49) ('정치적 정의'를 주제로 하여50)) 오트프리트 회페와 논쟁하였고, 이른바 공동체주의자들,51) 그리고 리처드 로티,52) 그리고 가장 최근에는 존 롤즈53)와 대결한 바 있다. 경제에 관해서 나는 독일에서 이른바 '경제윤리'라고 불리는 것의 대표자들인 울리히라든지 호만 같은 이들

---

48) K.-O. Apel, *Diskurs und Verantwortung*(Frankfurt a. M.: Suhrkamp, 1988) 참조.

49) J. Habermas, *Faktizität und Geltung: Beiträge zur Diskurstheorie des Rechts und des demokratischen Rechtsstaats*(Frankfurt a. M.: Suhrkamp, 1992); K.-O. Apel, "Auflösung der Diskursethik? Zur Architektonik der Diskursdifferenzierung in Habermas Faktizität und Geltung. Dritter, transzendentalpragmatisch orientierter Versuch, mit Habermas gegen Habermas zu denken", in *Auseinandersetzungen*, SS.727-838.

50) O. Höffe, *Politische Gerechtigkeit*(Frankfurt a. M.: Suhrkamp, 1987); K.-O. Apel, "Diskursethik vor der Problematik von Recht und Politik", in K.-O. Apel und M. Kettner Hg., *Zur Anwendung der Diskursethik in Politik, Recht und Wissenschaft*(Frankfurt a. M: Suhrkamp, 1992), SS.29-61.

51) 각주 30) 참조.

52) K.-O. Apel, *Diskurs und Verantwortung*, S.397 이하; "What is Philosophy? The Philosophical Point of View After the End of Dogmatic Metaphysics" 참조.

53) 다음 각주 54)의 졸고 참조.

에게54) 이의를 제기하려고 시도했다. 이런 연구들에는 전 지구적 규모의 사회정의라는 문제를 놓고 라틴아메리카 '해방철학'의 대표자들인 엔리크 뒤셀이나 힌켈람머트와 장기간 지속된 토론이 배경을 이루었다.55) 머지않은 장래에 나는 이러한 나의 연구들을 『논변과 책임 (*Diskurs und Verantwortung*)』 제2권으로 묶어 내기를 희망하는 참이다.

홍윤기 옮김

---

54) K.-O. Apel, "Diskursethik als Verantwortungsethik und das Problem der Ökonomischen Rationalität", in *Diskurs und Verantwortung*, SS.270-305; "Institutionsethik oder Diskursethik als Verantwortungsethik?", in J.-P. Harpes und W. Kuhlmann Hg., *Zur Relevanz der Diskursethik: Anwendungsprobleme der Diskursethik in Wirtschaft und Politik*(Münster: Lit-Verlag, 1993), SS.167-209 참조.

55) E. Dussel, "Die Vernunft des Anderen: Die 'Interpellation' als Sprechakt", in R. Fornet-Betancourt Hg., *Diskursethik oder Befreiungsethik*(Aachen: Augustinus-Buchhandlung, 1972); "Ethik der Befreiung: Zum 'Ausgangspunkt' als Vollzug der 'ursprünglichen ethischen Vernunft' ", in R. Fornet-Betancourt Hg., *Konvergenz oder Divergenz: Eine Bilanz des Gesprächs zwischen Diskursethik und Befreiungsethik*, SS.83-110; "Zur Architektonik der Befreiungsethik: Über materielle Not und formale Moral", in R. Fornet-Betancourt Hg., *Armut, Ethik, Befreiung*, SS.61-94 참조. K.-O. Apel, "Die Diskursethik vor der Herausforderung der Dritten Welt", SS.16-54; "Die Diskursethik vor der Herausforderung der lateinamerikanischen Philosophie der Befreiung", SS.17-38; "Kann das Anliegen der 'Befreiungsethik' als ein Anliegen des 'Teils B der Diskursethik' aufgefaßt werden?(Zur akzeptierbaren und zur nichtakzeptierbaren 'Implementation' der moralischen Normen unter den Bedingungen sozialer Institutionen bzw. Systeme)", SS.13-44.

다산기념 철학강좌 ■ 4

합리성의 새로운 지평

2000

존 서얼

김기현 · 송하석 · 심철호 · 이병덕 · 최훈 옮김

John R. Searle

차례

역자 서문

미국 캘리포니아대학 버클리 철학과의 존 서얼(John R. Searle) 교수는 분석철학, 그중에서도 특히 언어철학과 심리철학 분야에서 세계적인 명성을 얻고 있다. 그는 한국의 김태길 교수, 독일의 칼-오토 아펠(Karl-Otto Apel) 교수, 미국의 마이클 왈쩌(Michael Walzer) 교수에 이어 강좌의 네 번째 연사로 초청을 받아 한국을 방문하였다. 이 강좌는 한국철학회 주최와 명경의료재단의 후원으로, 매년 세계적인 철학자 한 명을 초청하여 한국 내의 전문 철학자들을 포함한 지성인들에게 세계 첨단의 철학적 논의를 소개하고, 그에 관한 토론을 하는 기회를 제공하는 것을 취지로 하고 있다. 이 강연집은 2000년 11월에 프레스센터, 서울대, 고려대, 서강대에서 개최된 서얼 교수의 4강연을 수록하였다. 이 서문은 강연의 내용보다는, 그의 지금까지의 철학적 역정을 간략히 제시하고 본 강연이 그 전개 과정에서 어떤 위치를 차지하는가에 대한 배경을 소개하고자 한다.

서얼 교수는 지금까지 언어철학과 심리철학에 주된 관심을 가져왔다. 그를 유명하게 만든 초기의 두 저술은 『언화 행위(*Speech Acts*)』와 『지향성(*Intentionality*)』이라고 할 수 있다. 전자에는 영국 옥스퍼드대학의 교수이자 그의 스승인 존 오스틴의 영향이 나타나고 있다. 이 저술에서는 당시 영국의 철학적 특징이 그대로 나타나는데, 그 특징이란 언어는 그것이 사용되는 맥락으로부터 분리하여 고정적으로 이해되어서는 안 되며, 특정한 상황에서 특정한 과제를 수행하는 하나의 행위로 이해되어야 한다는 것이다. 이후의 서얼 교수의 관심은 지향성에 초점을 맞춘다. 한 심리 상태가 일정한 내용을 지향하고 있는데, 이것은 어떻게 이루어지는 것이며, 이것이 갖는 의미는 무엇인가가 관심의 주제로 나타난다. 이러한 사실은 외견상으로는 서얼 교수의 관심이 언어철학에서 심리철학으로 이행하고 있음을 보여준다. 그러나 이는 관심의 전환이라기보다는 탐구의 심화 과정으로 이해되어야 한다. 왜냐하면, 서얼 교수에 따르면, 언어를 통하여 일정한 행위를 하는 것은 마음이 일정한 내용을 표상 또는 지향함으로써 가능하기 때문이다. 따라서 마음의 지향성에 대한 심리철학적 탐구는 언어 행위의 가능 근거와 관련된 것으로 이전의 언어철학적 관심을 심화해가는 과정의 자연스러운 귀결이라고 할 수 있다.

마음에 본격적으로 관심을 갖기 시작한 서얼 교수는 지향성을 중심으로 하여 다양한 심리철학의 주제에 접근해간다. 마음과 물질의 관계는 무엇인가라는 심리철학의 전통적인 주제, 그와 관련된 의식의 본성의 문제, 그리고 현대 인지과학의 핵심 주제인 컴퓨터가 마음을 가질 수 있는가라는 문제에 이르기까지 그의 논의는 전통적인 문제에서부터 현대의 첨단 문제에까지 다다르지 않는 영역이 없을 정도다. 주목할 점은 이러한 폭넓은 논의에서 지향성에 대한 관심이 여전히 중심에 놓여 있다는 사실이다. 의식의 본성이 지향성을 통하지 않고서는 규명될 수 없다는 그의 주장, 컴퓨터는 지향성을 가질 수 없기 때문에 마음을 가질 수 없다는 그의 또 다른 유명한 주장은 그의 철학적 관심 주제가 변화함에도 불구하고 지향성이 그의 철학을 관통하는 핵심 주제임을 잘 보여주고 있다. 요약하면, 지향성을 마음의 본질로 보는 입장이 주춧돌이 되어 언어철학과 심리철학이 전개되고 있다고 할 수 있다.

지향성을 중심으로 하는 그의 철학적 관심은 근래에 와서 사회철학으로 확장되고 있다. 인간의 마음은 지향성을 핵심으로 하여 언어 행위를 하는데, 이 언어 행위는 다른 많은 유형의 행위들과 얽힌 구체적인 맥락에서 발생한다. 언어 행위자의 지향성은 사회적 관습을 구성하고, 언어 행위는 주어진 사회적 관습에 따라 많은 약속을 담지하게 된다. 예를 들어, 내가 일정한 상황에서 일정한 약속을 할 경우에, 이 언어 행위는 나의 의도, 믿음 등의 복합적인 지향적 태도를 근거로 하여 발생하게 된다. 그리고 이러한 발화 행위가 발생하면, 이는 나를 일정한 조건에 예속시킨다. 일정한 시간에 그 장소에 나타나야 할 의무가 나에게 부과되는 것이다. 이렇듯 사회적 체계, 언어 행위, 마음의 지향성은 복합적으로 얽혀 있는 것이다. 이러한 점에서 사회 현상에 대한 그의 관심 또한 그의 언어철학과 심리철학의 연장선상에 있음을 알 수 있다. 서얼 교수는 지향성을 주춧돌로 하여 세워진 언어와 마음이라는 두 개의 기둥에 사회라는 또 하나의 기둥을 추가하고 있는 것이다.

본 강연을 통하여 서얼 교수는 그의 관심을 더욱 확장시켜나간다. 합리성이라는 주제는 전통적인 형이상학 또는 인식론과 관련된 주제로서 기존에 서얼 교수가 관심을 가져온 언어철학 또는 심리철학과 무관한 듯이 보인다. 그러나 본 강연을 따라가면서 드러나는 것은 합리성의 문제도 역시 이전의 철학적 문제의 연장선상에 서 있다는 것이다. 서얼 교수는 인간의 의사 결정과 행위를 포함한 모든 세계의 현상이 자연과학의 법칙에 따라 결정론적으로 진행한다는 입장에 맞서 우리 인간이 주체성을 가지고 자유롭게 행위하는 존재라는 견해를 옹호하고자 한다. 다시 말하면, 자유의지와 결정론 사이의 대립이라는 전통적인 철학의 문제에서 자유의지를 옹호하고자 한다. 행위가 합리적인가를 이야기할 수 있으려면, 인간이 자유로운 행위자여야 하기에 합리성의 문제는 행위의 주체성과 관련한 자유의지의 문제와 다름없으며, 바로 이러한 이유가 행위의 합리성을 주제로 선택하는 계기를 이룬다.

합리성의 문제가 결국 행위 주체성의 문제임을 보게 되면, 합리성이 언어, 마음, 사회 등과 같은 이전의 서얼 교수의 주제와 연관이 있음이 나타난다. 지향성을 갖고 언어 행위를 하고, 이 언어 행위를 통하여 사회적 체계를 만들어나가는 존재를 주체성이 없는 기계적 존재로 이해하면 이전의 모든 철학적 작업의 의미가 의심스러워질 수 있기 때문이다. 기계론적으로 결정된 것이 아니라, 주체성을 가지고 믿음과 욕구 등의 지향적 행위를 통하여 자신의 환경을 만들고 그 속에서 다시 주체적으로 행위하는 인격의 상이 서얼 철학의 핵심을 이루고 있으며, 본 강의는 이러한 포괄적 그림을 마무리하는 작업이라고 할 수 있을 것이다. 이 과정에서 서얼 교수는 합리성에 대한 전통적인 개념을 비판하고, 지금까지의 자신의 언어철학적 작업과 심리철학적 작업을 폭넓게 사용하면서 인간이 어떻게 의사 결정과 행위에서 자유로운 주체적 존재자일 수 있는가를 흥미롭게 주장해간다. 서얼 교수는, 항상 그러하였듯이, 본 강연에서도 선명하게 그리고 이해하기 쉬운 방식으로 자신의 주장을 전개한다. 따라서 본 서문에서 강연의 내용을 설명하는 것은 도움이 되기보다 흥미를 반감시킬 위험이 있으므로, 위의 그림이 구체적으로 어떻게 전개되는가는 독자의 몫으로 남기고자 한다.

서문을 마무리하면서 마지막으로 하고 싶은 말은 강연의 원문이 선명하고 이해하기 어렵지 않음에도 불구하고 번역이 쉽지 않았다는 것이다. 영어에서는 흔히 사용되고 친숙한 단어이지만, 우리말에 적절한 대응어가 없는 경우, 또는 영어에서는 한 단어이지만 문맥에 따라 우리말에서 상이한 용어로 번역되어야 하는 경우들이 번역자들에게 어려움을 주었다. 번역자들의 능력이 부족하여 번역이 완벽하지 못한 이러한 경우에 독자들이 함께 실린 원문을 참조하여 도움을 얻을 수 있으리라는 것이 번역자들에게 위안을 주었다.

끝으로, 본 강연의 출판을 기꺼이 맡아주시고, 예정대로 책이 출판될 수 있게 성심을 다해준 철학과현실사에 깊은 감사를 드린다.

2001년 10월
역자 일동

합리성의 전통적 모델과 문제점

1. 합리성의 문제

유명한 동물 심리학자 볼프강 쾰러(Wolfgang Köhler)는 제1차 세계 대전 중에 테너라이프 섬에서의 연구를 통해서, 원숭이도 합리적인 의사 결정을 할 수 있다는 것을 보여주었다. 전형적인 실험에서 그는 원숭이를 상자와 막대기 그리고 손이 닿지 않는 높이에 있는 바나나가 있는 방에 두었다. 잠시 후 원숭이는 그 바나나를 어떻게 손에 넣을 수 있는가를 깨달았다. 그는 바나나 밑에 상자를 옮겨놓고, 막대기를 쥐고 상자에 올라가서 막대기로 바나나를 떨어뜨렸다.[1] 쾰러는 합리성보다 형태 심리학(Gestalt Psychology)에 더 관심을 가졌지만, 그의 원숭이는 우리 이론에서 아주 전형적인 형태의 합리성을 예시하고 있다. 그것은 합리적 의사 결정이란 우리의 목적(ends)을 달성할 수 있게 하는 수단 (means)을 선택하는 문제라는 것이다. 목적은 전적으로 우리가 무엇을 욕구하는가의 문제다. 우리가 욕구하는 목적의 목록을 미리 가지고 우리는 결정 상황에 이르게 되고, 합리성은 전적으로 우리의 목적에 이르

---

[1] Wolfgang Köhler, *The Mentality of Apes*(2nd edition, London: Routledge and Kegan Paul, Ltd., 1927). 동물들은 원숭이들이었다.

는 수단을 생각하는 문제다.

그 원숭이가 인간의 합리적 결정의 한 유형을 예화한다는 것은 의심할 여지가 없다. 그러나 원숭이가 참여하지 못했고 아마도 참여할 수 없는 아주 많은 다른 유형의 합리적 결정이 있다. 원숭이는 지금 바나나를 어떻게 얻을 수 있는가를 이해하려고 시도할 수 있지만, 다음 주에 바나나를 어떻게 얻을 수 있는가를 생각하려고 시도할 수는 없다. 원숭이와 달리 인간에게서 의사 결정은 많은 경우 즉각적인 현재를 넘어서는 시간의 조직화와 관련된다. 더욱이 원숭이는 자신의 죽음으로 끝나는 시간에 대해서 생각할 수 없다. 어디서 살 것인가, 어떤 직업을 택할 것인가, 어떤 가정을 꾸릴 것인가, 누구와 결혼할 것인가와 같이 대부분의 중요한 결정들처럼 많은 인간의 의사 결정은 죽기 이전의 시간의 할당과 관련된다. 죽음은 인간의 합리성의 지평이라고 말할 수 있다. 그러나 죽음에 대해 사고하는 것과 마음속으로 죽음을 계획하는 능력은 원숭이의 개념적 능력의 한계를 넘어서는 일인 듯하다. 합리성과 관련된 인간과 원숭이의 두 번째 차이는 인간은 대립적이고 양립할 수 없는 목적들 사이에서 어쩔 수 없이 선택해야만 한다는 점이다. 때때로 동물의 경우에도 그런 일이 발생하지만(뷔리당의 당나귀는 그런 예로 유명하다), 쾰러의 원숭이에게는 상자와 막대기와 바나나 외에 아무것도 선택할 것이 없다. 원숭이의 세 번째 한계는 자신의 욕구가 전적으로 욕구에 의존한다는 점이다. 다시 말해서 의자와 막대기를 가지고 어떤 것을 하려고 하는 것은 바나나를 먹고 싶다는 그 이전의 욕구에 의해서만 동기지어질 수 있는 것처럼 보인다. 그러나 인간의 경우에는 욕구가 아닌 많은 다른 행위의 이유들을 갖는다는 것이 증명된다. 이러한 욕구의 독립적 이유는 욕구에 대한 근거를 형성할 수 있지만, 욕구 때문에 우리에게 이유가 되는 것은 아니다. 우리와 원숭이 사이의 네 번째 차이점은 원숭이는 자신을 자신으로, 즉 의사 결정을 하고 현재의 결정에 대해서 미래에 책임을 지고 혹은 과거의 결정에 대해서 현재에 책임을 질 수 있는 합리적 행위자로서 자신을 인식한다고 할지라도 아주 제한적으로만 그러하다. 다섯 번째 차이는 네 번째와 관련되는데, 인간과 달리 원숭이는 결코 자신의 결정을 자신과 타자에게 동일하게 적용되는 일반적 원칙의 표현이나 개입으로 간주하지 않는다.

이러한 논의에서 원숭이가 언어를 갖고 있지 않다는 것이 흔히 논점으로 부상한다. 즉, 분명히 우리가 원숭이에게 언어적인 의사소통의 기본을 가르치는 데 성공할 수만 있다면, 그들도 인간과 같은 완전한 합리적 의사 결정 장치와 책임을 갖게 된다는 것이다. 나는 그것이 사실일까에 대해서 매우 회의적이다. 단순히 기호화하는 능력만으로는 합리적 사유 과정의 완전한 장치가 되기에 충분하지 않다. 원숭이에게 언어적으로 기호를 사용하는 법을 가르치는 노력은 기껏해야 애매한 결과만을 가질 뿐이다. 그러나 그들이 성공했다 할지라도, 와슈와 라나와 그리고 다른 실험 대상 원숭이에게 가르쳤던 기호 사용의 유형은 인간의 언어적 능력의 특징과 함께 나타나는 인간의 합리적 능력을 설명하기에 충분하지 않은 듯하다. 요점은 단순히 기호화하는 능력이 그 자체로 완전한 범위의 인간의 합리성을 산출해내지 못한다는 것이다. 우리가 곧 보게 되겠지만, 어떤 유형의 언어적 표상을 위한 능력이 필요한데, 그러한 유형의 능력에 대해서 우리는 표기법(notation)으로 표현된 지적인 능력과 표기법 자체의 용법 사이의 분명한 구별을 할 수 없는 것 같다. 핵심은 이렇다: 동물은 속일 수 있지만 거짓말할 수 없다. 거짓말하는 능력은 어떤 종류의 개입(commitments)을 수행하는 더 심오한 인간의 능력의 결과이고, 그러한 개입은 만족 조건에 만족 조건을 의도적으로 부가하는 경우다. 이 점은 후에 상세히 논의할 기회가 있을 것이다.

합리성의 문제와 같이 오랫동안 지속되어온 철학적 문제는 특징적인 논리적 구조를 갖는다. 분명히 q가 사실인 것처럼 보이고 그리고 q는 p를 불가능하게 하는 경우에 p가 어떻게 참일 수 있는가? 이러한 구조를 가진 고전적인 예는 물론 자유의지의 문제다. 모든 사건은 원인을 가지며 인과적 결정은 자유 행위를 불가능하게 한다면, 우리가 자유 행위를 수행하는 것이 어떻게 참일 수 있는가? 동일한 논리적 구조가 많은 다른 철학적 문제에도 배어 있다. 우리가 전적으로 무의식적인 물질의 덩어리로 구성되어 있다면 우리가 의식을 갖는다는 것이 어떻게 사실일 수 있는가? 지향성에 관해서도 동일한 형식의 문제가 발생한다. 우리가 지향성을 결여하는 전적으로 물질의 덩어리로 구성된다면 어떻게 우리가 지향적 상태(자신을 넘어서 세계의 대상이나 사태를 가리키는 상태)를 가질 수 있는가? 유사한 문제가 회의주의에서도 발생한다. 우리가 결코 꿈을 꾸지 않고 있거나 환상을 보고 있지 않으며 악한 신에 의해서 속임을 당하고 있지 않다는 것을 확신할 수 없다면 우리가 무엇인가를 안다는 것이 어떻게 가능하겠는가? 윤리학에서도 마찬가지다: 세계가 전적으로 가치중립적인 사실들로 구성된다면 어떻게 세계에 어떤 가치가 있을 수 있는가? 다음은 유사한 질문에 대한 변형이다: 모든 앎은 실제로 사실인 것에 대한 것이고 우리는 실제로 사실인 것에 대한 진술에서 사실이어야 하는 것을 추론할 수 없다면, 무엇이 사실이어야 하는가를 우리가 어떻게 알 수 있는가? 합리성의 문제는 이러한 여러 가지 문제들의 한 변형인데, 다음과 같이 제시될 수 있다: 발생하는 모든 것들이 맹목적이고 자연적인 인과적 힘의 결과로서 일어난다면, 합리적 의사 결정은 어떻게 있을 수 있는가?

2. 전통적인 합리성 모델

원숭이의 합리성에 대해서 논의하면서, 나는 우리의 지적인 문화에서 우리가 합리성과 실천이성(practical reason), 그리고 행위에서의 합리성을 논하는 아주 구체적인 전통을 갖고 있다는 사실을 지적했다. 이러한 전통은 사유란 수단에 관한 것이지 목적에 관한 것이 아니라는 아리스토텔레스의 주장으로까지 소급되고, 그것은 "이성은 감성의 노예이고 노예여야 한다"는 흄의 유명한 주장과 "목적을 의지하는(will) 자는 수단을 의지한다"는 칸트의 주장으로 이어진다. 그러한 전통은 오늘날 수학적 결정 이론에서 가장 세련된 형식을 얻게 된다. 그러한 전통이 결코 통일적이지는 않다. 그리고 나 또한 아리스토텔레스와 흄과 칸트가 동일한 합리성 개념을 가지고 있다고 주장하지 않을 것이다. 반대로 그들 사이에는 분명한 차이가 있다. 그러나 나는 공통적인 발단이 있다고 믿으며, 흄은 내가 "전통적인 모델"이라고 부르려고 하는 것에 대한 가장 명료한 주장을 하고 있다. 나는 오랫동안 이러한 전통에 대해서 의심해 왔다. 나는 그 전통의 주요한 특징들을 설명하고 몇 가지 나의 의심의 예비적인 주장을 하는 데 이 강연의 대부분을 할애할 것이다. 전통적인 모델은 인간의 합리성을 원숭이의 합리성의 더 복잡한 형태로 본다고 할 수 있다.

내가 옥스퍼드대학에서 처음으로 수학적 결정 이론에 대해서 배울 때, 거기에는 분명한 문제가 있는 것처럼 보였다. 만약 내가 나의 삶을 중요시하고 또한 25센트를 소중하게 생각한다면(25센트 동전이 그리 큰 돈은 아니지만, 길거리에서 주울 만큼의 가치는 있다), 25센트에 대해서 나의 삶을 거는 확률 값이 있을 수 있다는 것이 이 이론의 공리들로부터 필연적으로 따라 나오는 것처럼 보인다. 나는 그 점에 대해서 생각해 봤고, 나는 25센트를 위하여 나의 삶을 거는 그런 확률 값이 있을 수 없다고 결론 내렸다. 그리고 나의 삶의 경우에는 그럴 수 있다고 치더라도, 나는 25센트를 위하여 내 아이의 삶을 걸지 않는다. 여러 해에 걸쳐서 나는 이 점에 대해서 앤 아버(Ann Arbor)의 지미 새비지(J. Savage)로 시작해서 뉴욕에서 아이삭 레비(I. Levi)를 포함한 많은 유명한 결정 이론가들과 논쟁했는데, 보통 30분 정도의 토론 후에 그들은 "당신은 아주 비합리적이군"이라고 결론을 내렸다. 그러나 과연 그럴까? 나는 그들의 합리성 이론에 문제가 있다고 생각한다. 몇 년 후 나는 국방부의 고위 관료인 친구를 베트남전 중에 방문하러 갔는데, 거기에서 실제로 이러한 합리성 개념의 한계를 절실히 깨닫게 되었다. (이것은 실천적 중요성을 갖는다.) 나는 논증을 통하여 미국이 취하고 있는 전쟁 정책, 특히 북베트남을 폭격하려는 정책을 수정하도록 설득하려 하였다. 그는 수리경제학 박사였다. 그는 칠판으로 가서 전통적인 미시경제학 분석의 곡선들을 그리고 다음과 같이 말했다. "이 두 곡선이 교차하는 곳에서 저항의 한계 효용이 폭격을 받는 것의 한계 비효용과 동일하네. 그 지점에서 그들은 항복해야 하네. 우리가 가정하고 있는 것은 그들이 합리적이라는 것일세. 우리가 가정하고 있는 것은 적들이 합리적이라는 것뿐이야!"

나는 그때 우리가 우리의 합리성 이론에서 뿐만 아니라 그것의 현실적 적용에서 심각한 문제에 처해 있다는 것을 알았다. 호치민과 그의 동료들과 맞서 싸우는 결정이 기대 효용을 극대화하는 결정이란 점에서 마치 치약을 사는 결정과 유사하다고 가정하는 것은 미친 짓 같았다. 그러나 정확하게 이러한 가정과 관련하여 무엇이 잘못되었는가를 말하는 것은 쉽지 않다. 그리고 이 책의 서술 중에 나는 그와 관련하여 잘못된 것이 무엇인지를 정확하게 말하려고 시도하고자 한다. 예비적이며 직관적인 형식으로 우리는 다음과 같이 말할 수 있다. 원숭이의 합리성과 달리 인간의 합리성에는 이러저런 욕구들을 만족시키기 위한 행위의 이유와 욕구 독립적인 행위의 이유 사이의 차이가 있다. 행위를 위한 여러 종류의 이유들 사이에 존재하는 이런 기본적 구분은 당신이 원하는 바를 얻기 위해서 해야 하는 것을 위한 이유들과 당신이 원하는 바와 상관없이 당신이 해야 하는 것을 위한 이유들 사이의 차이다.

3. 전통적인 모델의 여섯 가지 가정

이 강연에서 나는 주로 내가 "합리성의 전통적인 모델"이라고 부르는 것을 구성하는 여섯 가지 가정에 대해서 언급하고 논의할 것이다. 나는 이 모델이 하나의 가정을 받아들이면 다른 가정들을 받아들여야 하는 식으로 통일적이라고 주장하고자 하지 않는다. 오히려 어떤 사람은 어떤 부분을 받아들이지만 다른 부분은 거부하기도 한다. 그러나 나는 이 모델이 정합적인 전체를 형성하고 오늘날 저술들에서 암묵적이든 명시적이든 영향력이 있음을 주장하고자 한다. 더욱이 이 모델은 내가 옥스퍼드대학에서 경제학과 도덕철학을 공부하는 학생일 때 내가 섭렵했던 합리성 개념을 구체적으로 설명한다. 그것은 그때도 만족스럽지 않은 것 같았고, 지금도 여전히 만족스럽지 않은 것 같다.

1. 합리적인 행위는 믿음과 욕구에 의해서 야기된다.

믿음과 욕구는 우리의 행위의 원인(cause)과 이유(reason)로서 기능한다. 그리고 합리성은 주로 믿음과 욕구를 조합하는 문제이고 따라서 그들은 행위를 '올바른 방식으로' 야기한다.

여기서 '원인'의 의미는 그 사건을 발생하게 하는 아리스토텔레스적인 '작용인(efficient cause)'이라는 점을 강조하는 것이 중요하다. 구체적인 문맥에서 그러한 원인은 어떤 사건이 발생하게 하는 충분조건이다. 구체적인 믿음과 욕구가 어떤 행위를 야기했다고 말하는 것은 지진이 건물을 붕괴시켰다고 말하는 것과 유사하다.

2. 합리성은 규칙 따르기, 즉 합리적 사유 및 행동과 비합리적 사유 및 행동을 구분하는 특별한 규칙 따르기와 관련된다.

이론가로서 우리는 대부분의 합리적인 사람들이 다행스럽게도 무의식적으로 따를 수 있는 합리성의 암묵적인 규칙을 분명하게 해야 한다. 사람들이 문법 규칙을 알지 못하면서도 영어를 말할 수 있는 것처럼 혹은 주르당 씨의 유명한 예에서처럼 사람들이 자신들이 산문으로 말하고 있다는 것을 알지 못하면서 산문으로 말하고 있는 것처럼, 사람들은 합리성을 결정하는 규칙을 알지 못하면서 그리고 그들이 그러한 규칙을 따르고 있다는 것을 자각하지 못하면서 합리적으로 행동할 수 있다. 그러나 이론가로서 우리는 그러한 규칙을 발견하고 형식화하는 것을 목적으로 한다.

3. 합리성은 별도의 인지적 능력이다.

아리스토텔레스에게서 출발한 전통에 따르면 합리성을 갖는다는 것은 우리 인간의 결정적인 특징이다: 인간은 합리적 동물이다. 능력에 대한 오늘날 유행하는 용어는 '모듈(module)'이다. 그러나 인간은 다양한 특별한 인지적 능력, 예컨대 시각에 대한 능력, 언어에 대한 능력 등을 갖는다고 생각되고 아마도 합리성은 이러한 특별한 능력 중의 하나이며 아마도 인간의 능력 중에서 가장 현저한 특징일 것이다. 최근의 어떤 책은 우리가 이러한 능력을 갖는 것이 진화론적인 장점이라는 것에 대해서 논의하고 있다.2)

4. 그리스어로 '아크라시아(akrasia)'라고 불리는 명백한 의지박약의 경우들은 행위의 심리적 선행 조건(antecedent)에 문제가 있는 경우에만 발생할 수 있다.

합리적 행위들은 믿음과 욕구에 의해서 야기되기 때문에, 그리고 믿음과 욕구는 전형적으로 먼저 의도를 형성함으로써 행위를 야기하기 때문에, 명백한 의지박약의 경우는 특별한 설명을 요구한다. 한 행위자가 옳은 믿음과 욕구를 가질 수 있고 올바른 의도를 형성할 수 있는데 여전히 행위를 수행할 수 없는 경우가 도대체 어떻게 가능한 것인가? 명백한 아크라시아의 경우에 대한 표준적인 설명은 행위자가 행위에 대한 올바른 종류의 선행 조건을 실제로 갖지 않는 경우라는 것이다. 믿음과 욕구 그리고 파생적인 의도가 원인이기 때문에, 당신이 그것들을 합리적으로 결합한다면 행위는 인과적 필연성을 가지고 발생할 것이다. 따라서 행위가 발생하지 않는 경우에는 그 원인들에 잘못된 점이 있음에 분명하다.

의지박약은 항상 전통적인 모델에 문제가 되어왔고 그 주제에 관한 많은 문헌이 있지만,3) 의지박약은 항상 설명하기에 매우 이상하고 어려운 것으로 기묘한 상황에서만 발생하는 것으로 밝혀졌다. 나중에 설명하겠지만, 내가 보기에 아크라시아는 프랑스에서 포도주가 일반적인 만

---

2) Robert Nozick, *The Nature of Rationality*(Princeton: Princeton University Press, 1993), ch. I.

3) 이를 위해서 G. W. Mortimore ed., *Weakness of Will*(London: Macmillan, 1971) 참조.

큼 일반적인 것이다. 금연을 시도해본 사람이나 체중을 줄이려고 시도해본 사람이나 그리고 큰 파티에서 술을 적게 마시려고 시도해본 사람들은 누구나 내가 말하고 있는 바를 이해할 것이다.

5. 실천적 추론은 행위자의 목표와 기본적인 욕구, 목적, 의도 등을 포함하는 행위자의 일차적인 목적의 목록에서 시작한다. 그리고 이것들은 그 자체로 합리적인 제한에 종속되지 않는다.

실천적 추론을 하기 위해서, 행위자는 먼저 자신이 원하거나 중요하게 여기는 것들을 가져야 한다. 그런 다음 실천적 추론은 어떻게 이러한 일련의 욕구와 가치를 가장 잘 만족시킬 수 있는가를 파악하는 문제가 된다. 우리는 이 점을 다음과 같이 말함으로써 설명할 수 있다. 즉, 실천적 추론이 작동하는 영역이 존재하기 위해서 행위자들은 주체의 다른 가치들까지도 포함하게끔 광범위하게 해석된 일차적인 욕구들로부터 시작해야 한다. 애초에 그런 욕구의 집합이 없다면 이유의 영역은 존재하지 않는다. 왜냐하면 이유란 우리가 어떤 것을 이미 욕구한다고 할 때 우리가 그 밖의 어떤 것을 욕구해야 하는가를 이해하는 문제이기 때문에, 우리가 시작해야 할 일련의 그러한 욕구를 갖지 않는다면, 이유의 영역은 존재하지 않기 때문이다. 그리고 그러한 일차적인 욕구는 그 자체로 합리적 제한에 종속되지 않기 때문이다.

실천적 이성의 모델은 다음과 같다. 당신이 파리에 가고 싶어 한다고 하자. 그리고 당신은 어떻게 가장 잘 갈 것인가를 추론한다. 당신은 배를 타거나 카약을 타거나 비행기를 탈 수 있다. 그리고 마침내 실천이성의 작동 결과, 당신은 비행기를 타기로 결정한다. 그러나 '목적'에 이르는 '수단'을 파악하는 것이 실천이성이 작동할 수 있는 유일한 방식이라면 다음 두 가지 귀결이 따른다. 첫째, 광범위하게 해석된 욕구로부터 발생하지 않는 행위의 이유는 있을 수 없다. 즉, 행위에 대한 어떤 욕구 독립적인 이유도 있을 수 없다. 둘째, 그러한 초기의 혹은 일차적인 욕구는 그 자체로 합리적으로 평가될 수 없다. 이유는 항상 목적에 관한 것이 아니라 수단에 관한 것이다.

이것이 전통적 모델의 중심에 있다. 흄이 "이성은 감성의 노예이고 노예여야 한다"고 말했을 때, 보통 그는 이러한 주장을 하는 것으로 해석된다. 그리고 많은 최근의 저술가들도 동일한 주장을 한다. 예컨대 허버트 사이먼(Herbert Simon)은 "이성은 전적으로 도구적이다. 그것은 우리에게 어디로 갈 것인가를 말하지 않는다. 기껏해야 그것은 거기에 어떻게 가야 하는지를 말할 수 있다. 그것은 좋든 나쁘든 우리가 가지고 있는 어떤 목표를 위해서 사용될 수 있는 임대 수단이다"라고 말한다.4) 버트런드 러셀(Bertrand Russell)은 한층 더 간결하다. "이성은 완벽하게 명료하고 간명한 의미를 갖는다. 그것은 당신이 달성하고자 원하는 목적에 대한 올바른 수단의 선택을 의미한다. 그것은 목적의 선택과는 아무런 상관이 없다."5)

6. 일련의 초기의 욕구가 일관적인 한에서만 합리성의 전 체계는 작동할 수 있다.

이러한 견해를 전형적으로 표현한 사람은 존 엘스터(Jon Elster)다. "믿음과 욕구가 일관되지 않는다면 행위의 이유가 될 수 없다. 그것들은 논리적, 개념적, 실용적 모순을 포함하지 않아야 한다."6) 이 주장이 그럴듯한 이유를 이해하는 것은 어렵지 않다. 합리성이 논리적으로 추론하는 문제라면, 그 공리에 어떤 비일관성이나 모순이 없어야 한다. 모순은 무엇이든지 함축하고 따라서 당신이 당신의 초기의 욕구의 집합에 모순을 포함하고 있다면, 어떤 것이든 따라 나올 것이다.

---

4) Herbert Simon, *Reason in Human Affairs*(Stanford, CA: Stanford University Press, 1983), pp.7-8.

5) Bertrand Russell, *Human Society in Ethics and Politics*(London: Allen and Unwin, 1954), p.viii.

6) Jon Elster, *Sour Grapes: Studies in the Subversion of Rationality*(Cambridge: Cambridge University Press, 1983), p.4.

4. 전통적 모델에 대한 몇 가지 회의

나는 이 목록을 계속 나열할 수 있고 이 강연에서 우리는 전통적 모델의 특징을 풍요롭게 할 기회를 가질 것이다. 그러나 이러한 짧은 목록만으로도 전통적 모델의 일반적 면모를 볼 수 있는데, 나는 왜 내가 이 주장들 각각이 틀렸다고 생각하는지 그 이유를 제시함으로써 논증을 시작하고자 한다. 이들은 기껏해야 특별한 경우들을 기술하고 있을 뿐이며 사유와 행위에서의 합리성의 역할에 관한 일반적 이론을 제시하지 못한다.

1. 합리적 행위는 믿음과 욕구에 의해서 야기되지 않는다. 일반적으로 오직 비합리적 행위들만이 믿음과 욕구에 의해서 야기된다.

우선 합리적 행위는 믿음과 욕구에 의해서 야기된다는 생각을 가지고 시작해보자. '원인'의 의미는 폭발이 그 건물의 붕괴를 야기했다든가 지진이 고속도로의 파괴를 야기했다고 말하는 것처럼 일상적인 '작용인'의 의미라는 것을 강조하는 것이 중요하다. 나는 믿음과 욕구가 실제로 인과적으로 행위에 충분한 그런 행위는 결코 합리성의 모델일 수 없으며 오직 기이하고 전형적으로 비합리적인 경우에만 발생한다고 주장하고자 한다. 그러한 경우는 예컨대 행위자가 강박관념이나 중독증에 걸려 있는 경우다. 내가 어떤 후보자에게 투표할 것인가를 결정하려고 하는 것과 같은 합리적 의사 결정의 전형적인 경우에 나는 나에게 주어진 선택지에 대한 다양한 이유들을 생각한다. 그러나 나의 일련의 믿음과 욕구가 그 자체로는 인과적으로 충분하게 나의 행동을 결정하지 않는다고 가정하는 경우에만 나는 이러한 행위에 참여할 수 있다. 합리성의 작동은 의사 결정의 토대가 되는 나의 지향적 상태와 나의 실제적인 결정 행동 사이에 간격이 있다는 것을 전제한다. 즉, 그러한 간격이 있다는 것을 전제하지 않는다면, 나는 합리적 의사 결정 과정을 시작할 수 없을 것이다. 이 점을 이해하기 위해서 우리는 믿음과 욕구가 실제로 인과적으로 충분한 경우, 즉 간격이 없는 경우를 생각해보면 된다. 예컨대 이 것은 마약 중독자가 헤로인을 마시고 싶은 엄청난 충동을 갖는 경우다. 그는 이것이 헤로인이라고 믿고 따라서 어쩔 수 없이 그는 그것을 마신 다. 그러한 경우에 중독은 그 자신도 어쩔 수 없는 것이기 때문에 믿음 과 욕구는 그 행위를 충분하게 결정한다. 그러나 그것은 합리성의 모델 일 수 없다. 그러한 경우는 합리성의 영역 밖에 놓여 있는 것으로 보인 다.

정상적인 합리성의 경우에 우리는 선행 조건으로서의 믿음과 욕구가 행위를 결정하기에 충분하지 않다는 것을 전제해야 한다. 이것은 사유 과정의 전제이고 합리성의 적용에 절대로 피할 수 없는 것이다. 우리는 믿음과 욕구의 형태로 나타나는 '원인'과 행위의 형태로 나타나는 '결과 (effect)' 사이에 간격이 있다는 것을 전제한다. 이 간격은 '자유의지 (freedom of will)'라는 전통적인 이름을 갖는다. 합리적 의사 결정에 참 여하기 위해서 우리는 자유의지를 전제해야 한다. 나중에 보겠지만, 우 리는 어떤 합리적인 행위에서도 자유의지를 전제해야 한다. 합리적 의 사 결정에 참여하기를 거부하는 것조차도 우리가 그것을 자유의 행사로 간주한다면, 하나의 거부로써 우리에게 인지될 수 있기 때문에 우리는 그러한 전제를 피할 수 없다. 이를 위해서 다음의 예를 생각해보자. 당 신이 음식점에 들어가자 웨이터가 당신에게 메뉴판을 가져다준다고 가 정하자. 당신은 송아지 요리와 스파게티 중에서 선택을 한다. 그런데 당 신은 "보시오, 나는 결정론자요. 될 대로 되라. 나는 그저 내가 무엇을 주문할지 기다려볼 것이요!"라고 말할 수는 없다. 이렇게 당신의 자유를 행사하기를 거부하는 것은 그 자체로 자유의 행사라고 인식될 수 있다. 칸트는 오래전에 이 점을 지적했다: 사유의 과정 자체는 자유의 전제 위 에서만 이루어질 수 있기 때문에, 즉 믿음과 욕구와 다른 이유들의 형태 로서의 원인과 실제적인 의사 결정 사이에는 간격이 있다는 전제 위에 서만 이루어지기 때문에 자발적인 행위 과정에서 자신의 자유를 망각할 수 없다.

정확히 말하자면, (적어도) 세 가지 간격이 있다고 말해야 한다. 첫째,

우리가 무엇을 해야 하는가를 결정하려고 하는 경우에 합리적 의사 결정의 간격이 있다. 여기서의 간격은 결정하는 이유와 우리가 실제로 하는 결정 사이의 간격이다. 둘째, 결정과 행위 사이의 간격이 있다. 결정의 이유가 그 결정을 산출하기에 인과적으로 충분하지 않은 것처럼, 결정도 그 행위를 인과적으로 충분하게 산출하지 않는다. 우리가 결정을 한 후, 우리가 실제로 그것을 행해야 하는 때에 이른다. 그리고 한 번 더 우리는 되돌아와서 그 이유들이 결정을 야기하지 못하게 할 수 있는 것처럼 우리는 다시 되돌아와서 그 결정들이 그 행위를 야기하지 못하게 할 수 있다. 예컨대 당신이 존스 후보에게 투표하기로 결정했다고 가정하자. 당신은 마음속에 확고하게 결정을 하고 투표소에 갔다. 그러나 일단 거기에 가면 당신은 그것을 행해야만 한다. 그리고 당신은 때때로 이러한 두 번째 간격 때문에 그것을 하지 않는다. 가능한 여러 가지 이유들 때문에, 혹은 아무런 이유도 없이 당신은 당신이 하기로 했던 것을 하지 않는다.

행위와 시간적으로 연장된 활동에 대한 세 번째 간격이 있는데, 이는 초기의 행위와 행위의 완성에 이르기 위한 연속적 활동 사이의 간격이다. 예를 들어 당신이 포르투갈어를 배우기로 결정했거나, 영국 해협을 수영하기로 했거나, 합리성에 대한 책을 쓰기로 했다고 하자. 첫 번째 간격은 그러한 결정의 이유와 그 결정 사이의 간격이고, 두 번째 간격은 그 결정과 행위의 시작 사이의 간격이며, 세 번째 간격은 그 임무를 시작하는 것과 그것을 계속하여 완성하는 것 사이의 간격이다. 당신이 시작했다고 할지라도 당신은 그 원인들이 그 자체로 작동하도록 할 수는 없고, 그 행위를 통해서 완성에 이르기 위해서 당신은 그 행위를 계속하는 지속적이고 자발적인 노력을 해야 한다.

여기서 나는 두 가지 점을 강조하고자 한다. 간격들이 존재한다는 것과 합리성의 논의에서 그러한 간격이 중심을 차지한다는 점이 그것이다.

간격의 존재를 위한 논변은 무엇인가? 나는 이 논변들을 다음 강연에서 상세하게 발전시킬 것이다. 여기서 필요한 것은 내가 지금 제시했던 가장 간단한 논변이다. 합리적 의사 결정의 상황과 행위를 생각해보자. 그러면 당신은 당신에게 주어진 선택적인 가능성을 갖게 된다는 것을 알게 될 것이고 당신의 행위와 사고는 오직 그러한 선택적인 가능성의 전제 위에서만 의미가 있다는 것을 알게 될 것이다. 이러한 상황을 당신이 그러한 가능성을 갖지 못하는 경우와 비교해보라. 당신이 극단적인 분노에 휩싸여 있는 경우에 그래서 당신이 전적으로 통제 불능의 상태에 있을 경우에 당신이 그 밖의 다른 것을 할 수 있다는 것은 의미가 없다.

간격이 존재한다는 것을 이해하기 위한 또 다른 방법은 의사 결정 상황에서 당신이 어떤 행위를 수행하기 위한 여러 가지 다른 이유를 갖는데, 당신은 어떤 이유에 따라 행위하고 다른 이유에 따라서는 행위하지 않으며 당신은 관찰하지 않고서도 어떤 이유에 따라 당신이 행위했는지를 안다는 것을 주목하는 것이다. 이것은 주목할 만한 사실이고, 우리가 그것을 서술하기 위해서 사용하는 특이한 어법을 보자. 당신은 그러그러한 이유에 **영향을 가했다**(act on).[7] 예컨대 당신이 대통령 선거에서 클린턴에게 투표할 많은 이유와 그에게 투표하지 않을 많은 이유를 가지고 있다고 하자. 당신은 그가 경제에서 더 좋은 대통령일 것이라고 생각했지만, 외교 정책에서는 더 나쁠 것이라고 생각했다. 당신은 그가 당신의 모교를 방문했다는 사실을 좋아하지만, 그의 개인적 스타일을 좋아하지 않는다. 마침내 당신은 그가 당신의 모교를 방문했기 때문에 그에게 투표하기로 했다. 나머지 이유들은 당신에게 작동하지 않았다. 당신은 하나의 이유를 **선택했고** 그 선택에 따라 행동했다. 당신은 **그 이유에 영향을 가함으로써** 그 이유를 작용하는 것으로(effective) 만들었다.

그러므로 당신의 행위에 대한 설명과 정당화는 동일할 수 없는 것이다. 당신이 클린턴에게 투표한 것을 정당화하도록 요청을 받을 때, 당신은 그의 경제에 대한 탁월한 관리 능력을 들어 정당화할 수 있다. 그러나 당신이 행위했던 실제적인 이유는 그가 옥스퍼드에 있는 당신의 모

---

7) [역주] 'act on a reason'은 '어떤 이유에 따라 행동하다'라는 뜻이지만, 그 문자적으로는 '그 이유에 작용하다, 영향을 미치다'라는 의미를 담고 있다.

교를 방문했다는 것일 수 있고, 당신은 "학교 사랑이 무엇보다 먼저다"라고 생각했을 수 있다. 이러한 현상에 대한 주목할 만한 것은 다음과 같다. 일반적인 경우에 우리는 어떤 이유를 작용하게 만들기 때문에 어떤 이유가 작용하는지 관찰하지 않고서도 안다. 다시 말해서 행위에 대한 이유는 우리가 그것을 작용하게 만드는 한에서만 작용인이 된다.

합리성은 간격 속에서만 작동할 수 있기 때문에 간격에 대한 이해는 합리성에 관한 논의에서 본질적이다. 비록 자유의 개념과 합리성의 개념이 아주 다르다고 할지라도 합리성의 외연은 정확하게 자유의 외연이다. 이 점에 대한 가장 간단한 논변은 합리성은 비합리성이 가능한 곳에서만 가능하다는 것이고, 그러한 요구는 여러 가지 불합리한 선택지뿐만 아니라 합리적 선택지 중에서 선택하는 가능성을 함축한다. 그러한 선택의 범위가 바로 논의하고 있는 간격이다. 합리성이 간격 속에서만 작동한다는 주장은 실천이성의 경우뿐만 아니라 이론이성의 경우에도 참이다. 그러나 이론이성은 다루기가 까다로운 문제이므로 다음으로 미루고, 여기서는 실천이성에 주목하기로 하자.

나는 이 강연에서 간격에 대해서 많은 것을 이야기할 것이고, 어떤 의미에서 이 강연은 간격에 대한 것이다. 왜냐하면 합리성의 문제는 바로 간격에 대한 문제이기 때문이다. 여기서는 두 가지만 더 언급하자.

첫째, 무엇이 간격을 채우는가? 그런 것은 없다. 아무것도 간격을 채우지 않는다. 당신은 어떤 것을 하기로 결정하거나, 당신이 하고자 한 것을 하거나 변경하거나, 혹은 당신이 이전에 내린 결정을 수행하거나, 당신이 수행해온 계획을 계속하거나 계속하지 않거나이다.

둘째, 비록 우리가 이 모든 간격의 경험을 한다고 할지라도 그 전체가 망상일 수는 없을까? 그럴 수 있다. 간격에 대한 우리의 경험들은 자기 확증적이지 않다. 내가 지금까지 말했던 것의 토대 위에서 자유의지는 여전히 거대한 망상일 수도 있다.

2 합리성은 전적으로도 혹은 대체적으로도 합리적인 규칙 따르기의 문제가 아니다.

이제 전통적 모델의 두 번째 주장, 즉 합리성은 규칙의 문제이고 우리는 이러한 규칙에 따라 사고하고 행위하는 정도로만 합리적으로 사고하고 행위한다는 주장으로 돌아가자. 이러한 주장을 정당화하도록 요구받을 때, 나는 대부분의 전통적인 이론가들이 단순히 논리학의 규칙에 의존한다고 생각한다. 전통적 모델의 수호자들이 제시할 수 있는 명백한 경우는 단순한 전건 긍정식 논변이다.

오늘밤 비가 온다면, 땅이 젖을 것이다.
오늘밤 비가 올 것이다.
그러므로 땅이 젖을 것이다.

이제 당신이 이 추론의 정당성을 요구받는다면, 전건 긍정식의 규칙에 의존하고 싶어질 것이다.

p와 p라면 q라는 것은 q를 함축한다.
$p \ \& \ (p \rightarrow q) \rightarrow q$

그러나 이것은 치명적인 실수다. 당신이 그렇게 말할 때, 당신은 루이스 캐럴의 역설에 빠진다.8) 이제 그것이 무엇인지 기억해보자. 아킬레스와 토토이스가 논쟁을 하고 있다. 아킬레스는 (이것은 그의 예가 아니지만 그것은 동일한 요지를 갖는다) "오늘밤 비가 온다면, 땅이 젖을 것이고, 오늘밤 비가 올 것이다. 그러므로 땅이 젖을 것이다"라고 말한다. 토토이스가 "좋아, 그것을 적어봐. 모든 내용을 적어봐"라고 말한다. 그래서 아킬레스가 그렇게 했을 때, 토토이스는 "나는 어떻게 네가 '그러므로' 앞의 내용으로부터 '그러므로' 뒤의 내용을 얻어내는지 이해할 수

---

8) Lewis Carroll, "What Achilles Said to the Tortoise", *Mind*(1895).

없어. 무엇이 너에게 그렇게 옮겨가라고 하고, 또 그렇게 옮겨가는 것이 어떻게 정당하지?"라고 말한다. 아킬레스는 "그러한 옮김은 전건 긍정의 규칙에 의존하는 거야. 'p와 p라면 q라는 것은 q를 함축한다'는 규칙 말이야'라고 말한다. 토토이스는 "좋아, 그것도 적어봐. 나머지 모두 다 적어봐'라고 말한다. 그리고 아킬레스가 그렇게 했을 때, 토토이스는 "우리는 모든 것을 다 적었지. 그러나 나는 여전히 네가 어떻게 땅이 젖을 것이라는 결론에 이르렀는지 알 수 없어'라고 말한다. 아킬레스는 "알 수 없다고? 네가 'p와 p라면 q'와 'p와 p라면 q이다를 가질 때는 q를 추론할 수 있다'는 규칙을 가질 때는, 언제나 q를 추론할 수 있다"고 말한다. 토토이스는 "좋아, 이제 그 모든 것을 적어봐"라고 말한다. 그리고 당신은 이것이 어떻게 될 것인지를 알 것이다. 우리는 무한 퇴행에 빠진다.

무한 퇴행을 피하는 길은 전건 긍정의 규칙이 그 추론을 타당하게 하는 어떤 역할을 한다고 가정하는 애초의 결정적인 퇴행을 거부하는 것이다. 추론의 타당성은 전건 긍정의 규칙에 의존하지 않는다. 오히려 추론은 어떤 외부적인 도움 없이 그 자체로 완전하게 타당하다. 오히려 전건 긍정의 규칙이 독립적으로 타당한 무한히 많은 추론 형식을 표현한다는 사실로부터 타당성을 얻는다고 말하는 것이 더 정확할 것이다. 실제 논증은 어떤 외부적 근거로부터 그 타당성을 얻지 않는다. 추론이 타당하다면 그 추론의 전제가 결론을 함축하기 때문에 타당할 수 있다. 단어의 의미는 그 자체로 추론의 타당성을 보증하기에 충분하기 때문에 우리는 무한히 많은 그러한 추론을 기술하는 패턴을 형식화할 수 있다. 그러나 추론은 그 타당성을 그 패턴으로부터 유도해내지 못한다. 소위 전건 긍정식이라는 규칙은 무한히 많은 독립적으로 타당한 추론의 패턴의 한 진술일 뿐이다. 다음을 기억하자: **당신이 p와 p라면 q로부터 q를 추론하는 규칙을 필요로 한다고 생각한다면, 당신은 또한 p로부터 p를 추론하는 규칙도 필요하다.**

이러한 사실은 모든 타당한 연역 논증에 적용된다. 논리적 타당성은 논리학의 규칙으로부터 얻어지지 않는다.

이 점을 정확하게 이해하는 것이 중요하다. 보통 아킬레스의 실수는 전건 긍정식을 규칙으로가 아니라 또 다른 전제로 간주한 데에 있다고 말해진다. 그러나 그렇지 않다. 그가 전건 긍정식을 전제가 아니라 규칙으로 썼다고 할지라도 여전히 무한 퇴행은 발생한다. 추론은 전제와 추론 규칙으로부터 그 타당성을 얻어낸다고 말하는 것도 마찬가지로 옳지 않다. (실제로 동일한 실수다.)[9] 논리학의 규칙은 타당한 추론의 타당성에 아무런 역할도 하지 않는다고 말하는 것이 옳다. 논증이 타당하다면 그 자체로 타당해야 한다.

증명 이론의 업적이 매우 크고 컴퓨터공학과 같은 분야에서 중요한 업적을 이루다 보니 우리는 전건 긍정식에 대응하는 통사론적인 유사물이 정말 논리학의 '규칙'과 같은 것이라고 생각하게 되고, 이로써 우리는 앞서의 논점을 망각하게 된다. 그러나 컴퓨터의 경우는 매우 다르다.

당신이나 당신의 컴퓨터가

p와 p → q

모양의 기호를 '볼 때' 항상 당신이나 컴퓨터는 다음과 같은 모양의 기호를 써라.

q

라는 규칙은 당신이 따를 수 있고 기계에 프로그래밍하여 그 작동에 인과적으로 영향을 미칠 수 있는 그러한 규칙이 된다. 이것은 전건 긍정 규칙의 증명 이론적 유사물이고 그것은 정말로 실질적인(substantive) 규칙이다. 왜냐하면 이 규칙이 작동하는 부호들은 단순히 의미 없는 기호들이기 때문이다. 규칙은 해석되지 않은 형식적 요소들에 대해서 작동한다.

---

9) 이러한 주장의 예를 위해서 Peter Railton, "On the Hypothetical and the Non-hypothetical in Reasoning about Belief and Action", in G. Cullity and B. Gaut eds., *Ethics and Practical Reason*(Oxford: Oxford University Press, 1997), pp.76-79를 볼 것.

그리하여 우리는 실제 생활의 추론에서 전건 긍정의 규칙이 정당화에 아무런 역할도 하지 못한다는 것을 간과한다. 우리는 증명 이론적이거나 통사론적 모델을 만들 수 있고, 그 모델은 정확하게 인간의 실제 추론의 실재적이고 내용 있는 과정을 비춘다. 우리가 모두 알고 있는 것처럼 우리는 물론 모델을 가지고 많은 것을 할 수 있다. 우리가 올바른 구문론을 가진다면 우리는 처음에 의미론을 끼워 넣을 수 있고 그것은 무임승차하게 될 것이다. 그리고 우리는 결국 올바른 의미론을 갖게 될 것인데 그것은 우리가 옳은 구문론적 변형을 가지고 있기 때문이다.

몇 가지 유명한 문제들이 있는데, 가장 유명한 것은 괴델의 정리다. 그러나 그러한 것들을 제쳐둔다면, 추론을 기계 모델로 모의하는 세련화는 우리에게 의미론적 내용을 잊게 만든다. 그러나 실제 생활의 추론에서는 추론의 타당성을 보증하는 것은 **구문론적 규칙이 아니라** 의미론적 내용이다.

루이스 캐럴의 역설과 관련하여 중요한 두 가지 사항이 있다. 내가 장황하게 검토하고 있는 첫째는 규칙이 추론의 타당성에 아무런 역할도 하지 못한다는 것이다. 둘째는 간격에 관한 것이다. **우리는 한편으로 논리적 관계로서의 함축 및 타당성과 다른 한편으로 인간의 자발적 행위로서의 추론을 구별해야 한다.** 우리가 살펴본 경우에서 전제는 결론을 함축하고 따라서 그 추론은 타당하다. 그러나 실제 사람에게 그러한 추론을 하도록 하는 것은 아무것도 없다. 우리가 다른 자발적 행위에 대해서와 마찬가지로 우리는 추론이라는 행위에 대해서도 동일한 간격을 갖는다. 우리가 아킬레스와 토토이스를 설득하여 그 추론이 그 자체로 타당하고 전건 긍정의 규칙이 그 추론에 타당성을 부여할 수 없다는 것을 믿게 한다고 할지라도 토토이스는 여전히 그 추론을 하는 것을 비합리적으로 거부할 수 있다. 간격은 논리적 추론에도 적용된다.

나는 합리적 의사 결정을 하는 데 도움이 되는 규칙이 있을 수 없다고 말하고 있는 것이 아니다. 반대로 많은 유명한 규칙과 격언들이 있다. 몇 가지 예를 들면, "제때의 한 바늘이 나중의 아홉 바늘을 덜어준다", "뛰기 전에 살펴보라", "최후에 웃는 자가 진정으로 웃는 자다" 등이다. 내가 말하고자 하는 것은 합리성은 일련의 규칙으로 이루어지는 것이 아니고 행위에서 뿐만 아니라 사고에서 합리성은 어떤 규칙들로도 정의되지 않는다는 것이다.

3. 합리성이라는 별도의 능력은 없다.

언어, 사고, 지각 그리고 다양한 형태의 지향성의 능력과 구별되는 합리성이라는 별도의 능력은 있을 수 없다는 것은 내가 지금까지 말한 것에 암시되어 있다. 왜냐하면 합리적 제약은 일반적으로 지향성의 구조에 그리고 특별히 언어에 스며들어 있고 내재되어 있기 때문이다. 우리가 지향적 상태를 갖는다면 그리고 믿음과 욕구와 두려움을 갖는다면, 특히 우리가 언어를 갖는다면 우리는 이미 합리성의 제약을 받는다. 다시 말해서 우리가 자신의 지각을 토대로 믿음을 형성할 수 있는 능력을 갖고, 그 믿음 외에 욕구를 형성할 수 있으며, 이 모든 것을 언어로 표현할 수 있는 능력을 갖는다면 우리는 이미 그 구조 내에 내장된 합리성의 제약을 받는 것이다. 합리성은 별도의 능력이 아니고 사유와 언어의 구조 내에 짜여 있는 것이다. 예를 들어 이것을 분명하게 해보자. 당신이 "그것은 참인가 혹은 거짓인가", "그것은 내가 말했던 것과 일관적인가 비일관적인가"와 같은 질문에 대해서 고려하지 않고는 어떤 진술도 할 수 없다. 그러므로 합리성의 제약은 지향성과 언어 외의 잉여의 능력이 아니다. 일단 우리가 지향성과 언어를 갖는다면 우리는 이미 내재적으로 그리고 구성적으로 합리성의 제약을 받는 현상을 갖는다.

나는 이렇게 생각하고 싶다. 합리성의 제약은 부사적으로 생각되어야 한다. 그 제약은 우리가 우리의 지향성을 조정하는 방식과 관련된다. 그것은 우리가 우리의 믿음, 욕구, 희망, 두려움, 지각, 다른 지향적 현상들 사이의 관계를 조율하는 방식의 문제다.

그 조율은 간격의 존재를 전제한다. 그것은 어떤 한 순간의 현상들이 어떤 문제에 대한 합리적인 해결을 인과적으로 충분하게 결정하지 못한다는 것을 전제한다. 그리고 이제 우리는 동일한 점이 왜 실천이성뿐만 아니라 이론이성에 대해서도 적용되는가를 알 수 있다. 내가 내 얼굴 앞에 나의 손을 들어 올린다면, 내 손을 보는 데 어떤 간격도 없다. 왜냐하면 충분한 빛이 있고 내 시각이 정상이라면 내 얼굴 앞의 손을 보지 않을 수 없기 때문이다. 그것은 나에게 달려 있는 것이 아니다. 따라서 그러한 지각이 합리적인가 비합리적인가라는 문제는 생기지 않는다. 그러나 이제 내가 내 손을 보지 않을 수 없는 상황에서도 내가 얼굴 앞에 손이 있다고 믿기를 거부한다고 하자. 내가 그저 그것을 받아들이기를 거부한다고 하자. "당신은 손이 거기에 있다고 말하지만, 나는 분명히 그 주장을 받아들이기를 거부한다." 이제 합리성의 문제가 발생하고, 그런 상황에서 우리는 내가 비합리적이라고 말할 것이라고 생각한다.

나는 위에서 지적했던 것을 강조하고자 한다. 비합리성의 가능성이 있는 경우에만 합리성의 문제가 생긴다. 단순히 순수하게 가공하지 않는 지각과 관련해서 우리는 합리성이나 비합리성을 갖지 않는다. 그것은 오직 우리가 간격을 갖는 경우에만 발생하고, 지향적 현상이 존재한다는 사실만으로는 그러한 결과가 충분히 발생하지 않는다. 그러한 경우는 우리가 무엇을 하려고 하고 무엇을 생각하는가를 결정해야 하는 경우다.

그러므로 어떤 사람의 행위가 충분한 인과적 조건에 의해서 결정된다면 그 사람은 합리적 평가의 영역에서 제외된다. 예를 들어 얼마 전 나는 어떤 위원회에 참석했는데, 내가 그전에 존경했던 사람이 가장 어리석게 투표를 했다. 후에 나는 그에게 "당신이 어떻게 그 문제에 대해서 그렇게 투표할 수가 있었는가?"라고 물었다. 그는 "응, 나는 어쩔 수 없이 정치적으로 옳아. 나도 나 자신을 어쩔 수 없어"라고 말했다. 그의 주장은 이 경우 그의 의사 결정은 합리적 평가의 범위 밖에 있다고 말하는 것이다. 왜냐하면 그가 선택의 여지가 없었으며 원인이 인과적으로 충분했다는 사실의 결과이기에 그의 행위는 외견상으로만 비합리적이기 때문이다.

4. 의지박약은 일반적이고 자연스러운 형태의 비합리성이다. 그것은 간격의 자연스러운 귀결이다.

전통적 모델에서 엄격히 말해서 의지박약은 불가능하다. 행위의 선행 조건이 합리적이고 인과적이라면 그리고 그 원인이 충분한 조건을 구성한다면, 그 행위는 뒤따라야만 한다. 그러므로 만약 당신이 하기 시작한 것을 하지 않는다면, 그것은 오직 당신이 행위의 선행 조건으로 구성한 방식에 문제가 있기 때문일 것이다. 당신의 의도는 옳은 종류의 의도가 아니거나,10) 당신은 당신이 관여된다고 주장했던 과정에 충분히 도덕적으로 관여되지 않았던 것이다.11)

반대로 나는 당신이 행위의 선행 조건을 아무리 완전하게 구성한다고 할지라도 의지박약은 항상 가능하다는 것을 말하고자 한다. 그 이유는 이렇다. 우리가 깨어서 살아가는 동안의 어떤 순간이든지 우리는 무한히 많은 영역의 가능성에 직면한다. 나는 나의 오른팔을 들 수 있거나 왼팔을 들 수 있다. 나는 모자를 쓸 수도 있고, 그것을 흔들 수도 있다. 나는 물을 마시거나 마시지 않을 수 있다. 더욱 근본적으로 나는 방 밖으로 걸어 나가서 팀북투에 가거나 혹은 수도원에 들어가거나 그 외의 많은 것을 할 수 있다. 나에게 무한히 많은 가능성이 열려 있다. 물론 실제 생활에서는 나의 배경(background)과 나의 생물학적 한계와 내가 자라난 문화에 의해서 주어지는 제한이 있을 것이다. 예컨대 실제 생활에서 나는 시메온(St. Simeon Stylites)이 했던 것을 할 것이라고 생각할 수 없다. 그는 신의 영광을 위해서 첨탑의 꼭대기에 조그만 판을 놓고 앉아서 35년을 보냈다. 그것은 내가 진지하게 고려할 가능성이 아니다. 그러나 여전히 나에게는 선택 가능한 것으로 인식할 수 있는 엄청나게 많은 실제적인 선택지가 있다. 의지박약은 단순히 어떤 순간에 간격이

---

10) Donald Davidson, "How is Weakness of the Will Possible?", in *Essays on Actions and Events*(Oxford: Clarendon Press, 1980).

11) R. M. Hare, *The Language of Morals*(Oxford: Oxford University Press, 1952).

나에게 무한히 많은 영역의 선택을 제공하고, 비록 내가 이미 그중의 어떤 것들을 거절하기로 결정했음에도 불구하고 그것들이 매력적인 것처럼 보인다는 사실로부터 발생한다. 당신이 자발적인 행위의 경우에서 선행적인 지향적 상태— 믿음, 욕구, 선택, 결정, 의도 —의 형식으로 행위의 원인을 어떻게 조직하는가는 중요하지 않다. 그 원인들은 여전히 충분한 조건을 구성하지 못한 채 의지박약의 가능성을 열어놓는다.

우리가 의지박약을 진정으로 이상하고 기이한 것으로 여기게 된 것은 우리의 철학적 전통의 불행한 특징 때문이다. 그러나 나는 그것이 실제 생활에서 매우 일반적인 것이라고 생각한다.

5. 전통적 모델과 달리, 행위에 대한 욕구 독립적인 이유가 있다.

내가 비판하고자 하는 전통적 모델의 다섯 번째 논제는 우리의 철학적 전통에서 오랜 역사를 갖는다. 즉, 합리적 행위는 오직 욕구에 의해서만 동기 될 수 있는데, 거기에서 '욕구'는 우리가 받아들여온 도덕적 가치와 우리가 내리는 여러 종류의 평가들을 포함할 만큼 광범위하게 해석된다. 욕구가 전적으로 이기주의적일 필요는 없다. 그러나 모든 사고의 합리적 과정에는 그 행위자가 그 과정에 앞서 갖는 어떤 욕구가 있어야 한다. 그렇지 않다면 추론할 어떤 것도 없다. 만약 우리가 미리 일련의 욕구를 갖지 않는다면, 우리의 추론을 시작할 어떤 토대도 없다. 따라서 수단에 관한 추론이 아닌 목적에 관한 추론은 있을 수 없다. 이러한 견해의 세련된 현대적 주장은 버나드 윌리엄스(Bernard Williams)의 저술에서 나타난다.12) 그는 행위자가 행위할 어떤 '외적(external)' 이유도 없다고 주장한다. 행위자에게 이유가 되는 것은 어떤 이유든지 그의 '동기 집합(motivational set)'에 내재적인 어떤 것이어야 한다. 나의 용어로 표현하면, 이것은 행위에 대한 욕구 독립적인 이유는 있을 수

---

12) Bernard Williams, "External and Internal Reasons", in *Moral Luck: Philosophical Papers 1973-1980*(Cambridge: Cambridge University Press, 1981), pp.101-113.

없다고 말하는 것과 같다.

　나는 이러한 견해를 나중에 상세하게 비판할 것이다. 여기서는 한 가지 비판만 하고자 한다. 이러한 견해는 다음과 같은 터무니없는 귀결을 갖는다. 우리의 삶의 어느 한 순간에 사실이 어떠하든지, 과거에 우리가 무엇을 했든지, 그리고 미래에 대해서 무엇을 알든지 상관없이, 바로 그 때 그 자리에 동기 집합의 요소가 없다면, 즉 어떤 것을 하고자 하는 광범위하게 해석된 욕구, 혹은 어떤 욕구를 위해서 그 일을 하는 것은 그 '목적'에 대한 '수단', 즉 그 욕구를 만족시키는 수단일 것인 그러한 욕구가 없다면, 어떤 사람도 무슨 일을 할 이유를 갖지 않는다.

　왜 그것이 터무니없는 것인가? 그것을 실제 삶의 예에 적용해보자. 당신이 술집에 가서 맥주를 주문했다고 하자. 웨이터는 당신에게 맥주를 가져다주고 당신은 그것을 마셨다. 그런 후 웨이터가 당신에게 계산서를 가져다주자, 당신은 그에게 이렇게 대답한다. "나는 나의 동기 집합을 살펴보았는데, 나는 이 맥주 값을 지불해야 할 내적인 이유를 발견할 수 없어. 맥주를 주문하고 마시는 것과 나의 동기 집합에서 어떤 것을 발견하는 것은 별개야. 그 둘은 논리적으로 독립적이지. 맥주 값을 지불하는 것은 내가 그 자체로 욕구하는 것도 나의 동기 집합 내에서 표상되는 어떤 목적도 구성하지 않으며, 또한 어떤 목적의 수단도 아니야. 나는 윌리엄스 교수의 글을 읽은 적이 있고, 그 주제에 대한 흄의 글을 읽은 적도 있지. 또 나는 주의 깊게 나의 동기 집합을 살펴보았는데 맥주 값을 지불해야 할 어떤 욕구도 찾을 수 없어! 따라서 추론에 대한 표준적인 설명에 따라 나는 이 맥주 값을 지불해야 할 어떤 이유도 없네. 그것은 내가 충분히 강한 이유를 갖지 않는다거나 내가 다른 대립하는 이유를 갖는다는 것이 아니라, 나는 아무런 이유도 갖지 않는다는 것일세. 나는 나의 동기 집합을 살펴보았고, 모든 목록을 보았지만 내가 맥주 값을 지불해야 할 일차적이든 파생적이든 어떤 욕구도 찾을 수가 없었네."

　우리는 당신이 맥주를 주문하고 그것을 마셨을 때 당신이 건전하고 합리적인 사람이라면 당신은 지향적으로 욕구 독립적인 이유를 **만들고**

있다고(creating) 이해하기 때문에 이러한 주장은 터무니없고 황당하다고 생각한다. 그 이유란 당신의 동기 집합 내에 무엇이 있는가와 상관없이 어떤 것을 해야 할 때가 되면 그것을 해야 하는 이유다. 위 진술이 터무니없는 이유는 전통적 모델에 따르면 어떤 행위자가 행위할 이유가 있다는 것은 그의 동기 집합에 어떤 심리적 요소가 존재함에 의존한다고 설명하기 때문이다. 즉, 행위의 이유는 그때 거기서 광범위하게 해석된 욕구의 존재에 의존한다는 것이다. 그리고 그러한 욕구가 존재하지 않는 경우에는 행위자는 자신과 자신의 경력에 관한 다른 모든 사실에 상관없이 그리고 그가 알고 있는 것에 상관없이, 어떤 이유도 갖지 않는다. 그러나 실제 생활에서는 당신이 맥주를 주문하고 그 맥주를 마셨다는 세계의 외부적 사실에 대한 순수한 지식이 그 값의 지불을 합리적으로 제약하는 이유일 수 있다.

행위에 대한 욕구 독립적인 이유가 있다는 것이 어떻게 가능한가라는 질문은 흥미롭고 중요한 질문이다. 나는 대부분의 표준적인 설명은 잘못되었다고 생각한다. 나는 나중에 이 주제에 대해 광범위한 논의를 할 것이다. 따라서 나는 여기서는 더 이상 논의하지 않을 것이다.

실제로 전통적 모델의 이 측면에는 두 가지 요소가 있다. 첫째, 우리는 모든 추론은 목적에 대한 것이 아니라 수단에 대한 것이라는 것과 행위의 외적 이유란 없다고 생각하게 되어 있다는 것이다. 둘째는 첫째로부터 따라 나오는데, 동기 집합의 일차적 목적은 이유의 영역 밖에 있다는 것이다. 흄이 다음과 같이 말한 것을 기억하자. "나의 조그만 손가락의 상처보다 전 세계의 파멸을 택하는 것이 이성의 명령에 반하는 것이 아니다." 그러한 주장을 평가하는 길은 항상 실제적인 삶의 경우에 적용해보는 것이다. 미국의 대통령이 텔레비전에 나와서 "나는 각료들과 의회의 지도자들과 상의를 했는데, 내가 전 세계의 파멸보다 나의 작은 손가락의 상처를 택해야 할 이유가 없다고 결론을 내렸습니다"라고 말했다고 하자. 만약 그가 실제로 그렇게 말했다면 우리는 흄의 시대의 용어를 가지고 표현하면 그가 "그의 이성을 잃었다"고 느낄 것이다. 흄의 주장과, 우리의 근본적인 목적은 어떤 것이든지 될 수 있으며 그것은 전적으로 합리성의 영역 밖에 있다는 논제, 그리고 일차적인 욕구에 관한 한 모든 것은 동일한 지위를 가지며 마찬가지로 임의적이라는 논제들에는 뭔가 이상한 점이 있다. 나는 위 견해는 사태를 보는 옳은 방법이 아니라고 생각한다.

행위에 대한 욕구 독립적인 이유가 없고 어떤 외적 이유도 없다는 논제는 논리적으로 '이다(is)'로부터 '이어야 한다(ought)'를 추론할 수 없다는 흄의 주장과 밀접하게 관련되어 있다. 연관은 다음과 같다. 당위진술(ought statement)은 행위에 대한 이유를 표현한다. 어떤 사람이 어떤 것을 해야 한다고 말하는 것은 그가 그것을 해야 할 이유가 있다는 것을 함축한다. 따라서 흄의 주장은 행위에 대한 이유가 있다고 주장하는 진술은 사실이 어떠하다는 진술로부터 추론되지 않는다는 것과 같다. 그러나 사실이 어떠하다는 것은 행위자의 동기 집합과 독립하여 존재하는 세계의 사실이 어떠하다는 것이다. 따라서 이러한 해석에 따르면, 세상이 어떠한가 하는 것이 행위자의 동기 집합 내의 어떤 이유의 존재도 함축하지 않는다. 즉, '이다(is)'로부터 '이어야 한다(ought)'를 추론할 수 없다는 주장은 행위자와 독립적인 세계의 어떠한 사실도 그 자체로 행위에 대한 이유를 구성하지 못한다(즉, 외적 이유는 없다)는 주장과 밀접하게 관련되어 있다. 흄은 실제로 우리는 사실로부터 가치를 얻을 수 없다고 말하고, 윌리엄스는 외적 사실 그 자체만으로 동기를 얻을 수 없다고 말한다. 연결의 지점은 가치의 수용은 동기의 수용이라는 사실에 있다. 우리가 두 주장을 어떻게 해석하든, 나는 그 둘이 모두 명백하게 거짓이라고 생각하는데, 후에 자세히 이 문제를 논의할 예정이다.

6. 행위에 대한 비일관적인 이유들은 일상적이고 사실 불가피하다. 합리적인 의사 결정은 일관적인 욕구의 집합이나 행동을 위한 기타의 일차적인 이유에서 출발해야 한다고 요구할 이유가 없다.

내가 다루고자 하는 마지막 요점은 일관성의 문제다. 의지박약에 관한 논변에서처럼, 전통적 모델의 이 부분 — 우리가 추론하는 일련의 일차적인 욕구는 일관되어야 한다는 주장 — 은 약간 잘못된 것처럼 보이는 것이 아니라 근본적으로 틀린 것이다. 대부분의 실천적 추론은 전형적으로 대립적이고 비일관된 욕구들과 다른 종류의 이유들 사이에서 판결하는 문제인 것 같다. 오늘 지금 당장 나는 몹시 파리에 가고 싶지만 나는 또한 상당히 버클리에 머물고 싶기도 하다. 그리고 이것은 기이한 상황이 아니다. 오히려 우리가 일련의 비일관적인 목적을 갖는다는 것은 나에게 전형적이다. 내가 동시에 파리와 버클리에 있을 수 없다는 것을 안다는 또 다른 전제가 주어지면, 나는 논리적으로 비일관적인 욕구를 갖는 것이다. 합리성의 임무, 즉 실천이성의 임무는 이러한 다양한 비일관적인 목표들 사이에서 판결하는 방법을 찾는 것이다. 실천적 추론에서 전형적으로 당신은 어떻게 한 욕구를 만족시키기 위해서 다른 욕구를 만족시키기를 포기해야 하는가를 이해해야 한다. 이 문제를 해결하기 위하여 많은 사람들은 합리성은 욕구 그 자체가 아니라 선호 (preference)와 관련되어 있다고 말한다. 합리적 숙고는 잘 짜인 선호 우선순위로부터 시작해야 한다는 것이다. 이 대답이 갖는 문제는 실제 생활에서 숙고가 일련의 선호를 형성한다는 점이다. 잘 조직된 일련의 선호는 일반적으로 성공적인 사고의 **결과**(result)이지, 그것의 **선결 조건** (precondition)이 아니다. 버클리에 머무는 것과 파리에 가는 것 중에 나는 어느 것을 선호하는가? 나는 생각해보아야 그 답을 얻을 수 있다.

당신이 마음의 결정을 한 이후에도, 즉 당신이 "좋아, 나는 파리에 가겠어"라고 결정한 후에도 그 결정은 모든 종류의 다른 갈등을 끌어들인다. 당신은 파리에 가고 싶지만, 공항에서 긴 줄에 서 있고 싶지는 않고 기내식을 먹고 싶지도 않으며, 당신이 당신의 팔을 놓고 싶은 곳에 자신의 팔을 놓으려고 하는 사람의 옆자리에 앉고 싶지도 않다 등등. 비행기를 타고 파리에 가기로 한 당신의 결정을 이행하려고 할 때, 원치 않는 많은 일들이 발생할 것이라는 것을 당신은 안다. 어떤 욕구를 만족시킴으로써 당신은 다른 욕구를 포기한다. 내가 강조하고 싶은 점은 오랜 역사를 지닌 전통적 모델에 따르면 행위에 대한 비일관적인 이유들이 마치 비일관적인 의무들처럼 철학적으로 기묘하고 비일상적이라고 간주된다는 점이다. 그러한 전통에 속한 사람들은 종종 명백하게 비일관적인 의무는 '초견적으로(*prima facie*)' 의무로 보일 뿐, 진정한 의미의 의무가 아니라고 말함으로써 그 비일관성의 문제를 회피하려고 한다. 그러나 합리적 의사 결정은 전형적으로 행위에 대한 대립하는 이유들 사이에 선택하는 문제다. 당신은 진정한 갈등 관계에 있는 의무들을 가지고 있고, 그 의무들은 모두 진정한 의무다. 어떻게 행위에 대한 논리적으로 비일관적이지만 타당한 이유가 있을 수 있는가, 그리고 왜 실천이성은 그러한 타당하지만 논리적으로 비일관적인 이유들 사이의 갈등을 포함해야 하는가라는 심각한 문제가 있다. 이 논의는 본 강연의 내용을 넘어서므로 다음 기회로 미루기로 하자.

이 강연의 목적은 내가 극복하고자 하는 전통을 구성하는 원칙을 드러내고 예비적인 방식으로 그러한 전통에 대한 나의 반론을 언급함으로써 이 강연의 주요한 문제를 소개하는 것이었다. 우리는 이 강연을 쾰러의 원숭이를 가지고 시작했는데, 그 원숭이로 이 강연을 마무리하자. 전통적 모델에 따르면, 인간의 합리성은 원숭이의 합리성의 연장이다. 우리는 극도로 영리한 말하는 원숭이다. 그러나 나는 인간의 합리성과 원숭이의 도구적 이성 사이에 근본적이 차이가 있다고 생각한다. 합리성과 관련하여, 인간과 다른 나머지 동물 종 사이의 가장 큰 차이는 욕구 독립적 이유를 만들고 인식하고 그에 영향을 가하는 능력이다. 나는 이후의 강연에서 인간의 합리성의 이러한 특징들을 비롯한 여러 가지 특징들을 탐구할 것이다.

인과와 경험 그리고 합리성

1. 간격 넓히기

간격의 존재는 우리에게 많은 질문들을 제기한다. 우선 하나는 다음과 같다: 이유를 제시함으로써 행동을 설명할 때 우리는 보통 인과적으로 충분한 조건들을 언급하지 않는다. 그러나 만일 그렇다면, 어떻게 그러한 설명이 진정한 설명일 수 있는가? 만일 인과적 선행 조건들이 행위를 결정하는 데 충분치 않다면, 이들을 언급하는 것이 왜 같은 선행 원인들이 주어졌을 때 발생할 수 있는 다른 행위들이 아니라, 바로 이 행위가 발생했는지를 어떻게 설명할 수 있는가? 이 질문에 대한 대답은 깊은 철학적 함축들을 가지며, 이 강연에서 그 몇몇 함축을 밝히고자 한다.

나의 첫 번째 목표는 내가 말하는 종류의 간격 현상이 의심의 여지없이 실제로 존재한다는 것을 확립하는 것이다. 이를 위해서 나는 그 간격에 대한 더 정확한 정의를 제시하고 그것의 지형에 대해 좀 더 언급할 것이다. 나의 두 번째 목표는 내가 제기한 질문에 답하고, 그런 다음 그 대답으로부터 몇 가지 함축을 이끌어내는 것이다. 나는 그 간격 현상을 설명하기 위해서 흄적이지 않은(non-Humean) 비환원적 자아 관념을 가정해야 하며, 실천이성에 관한 한, 자아와 시간 사이에 특별한 관계가 있음을 전제해야(presuppose) 한다는 것을 주장할 것이다.

- 간격의 정의

내가 말하는 간격은 의식적 지향성의 특성이다. 일정한 행위를 귀결하는 것이 그 지향적 상태가 되기 위한 조건인 경우에조차도, 이러한 간격의 특성 때문에 그 지향적 상태는 결정과 행위를 위한 인과적으로 충분한 조건으로서 경험되지 않는다. 따라서 우리의 의식 경험에 관한 한, 믿음, 욕구 그리고 다른 이유들이 한 결정(선행 의도의 형성)을 위한 인과적으로 충분한 조건들로서 경험되지 않을 때 그 간격이 발생한다. 그리고 의도적 프로젝트의 시작이 그것의 지속 또는 완성을 위한 충분조건을 결정하지 않을 때, 또한 그 간격이 발생한다.

- 간격의 지형

간격의 기본 지형은 다음의 세 가지 발현들(manifestations)을 통해 알 수 있다. 첫째, 우리가 합리적 결정을 내릴 때, 그 숙고 과정과 그 결정 자체 사이에 간격이 발생한다. 그리고 이때 그 결정은 선행 의도가 형성되는 것을 말한다. 둘째, 일단 우리가 어떤 것을 하기로 마음을 결정하면, 즉 우리가 선행 의도를 형성하면, 그 선행 의도와 '작동 의도 (intention in action)'가 작용하여 실제로 그 행위가 실제로 시작되는 것 사이에 간격이 존재한다. 그리고 셋째, 현재 내가 이 책을 쓰고 있는 것처럼 어떤 행동을 하는 중일 때, 그 행동을 수행하려는 선행 의도의 형태로서의 원인들과 작동 의도 그리고 다른 한편 그 행위를 완결하고자 수행하는 복잡한 행동들 사이에 간격이 존재한다. 지속되는 행동에 관한 한, 당신의 선행 의도들과 작동 의도에 의해 한 행위를 시작하는 것이 주어진 경우조차도, 당신은 여전히 계속하고자 하는 노력을 해야만 한다. 즉, 당신 스스로 계속하고자 노력해야만 한다. 이 세 가지 간격들은 모두 의식의 동일한 특성의 다른 측면들로 볼 수 있다. 그리고 그러한 특성에 의해서 마음을 결정하는 우리의 의식적 경험들과 행위에 대한 의식적 경험들(의지력의 행사, 애쓰고 있다는 의식적 느낌 — 이것들은 모두 동일한 것에 대한 이름들이다)은 그 행위들을 일어나게 하는 심리적으로 충분한 인과 조건들을 갖는 것으로 경험되지 않는다.

2. 간격의 존재에 대한 논변들

간격의 특별한 인과적 및 의지적 요소들로서 내가 서술한 것에 대한 가장 간단한 증명은 펜필드(Wilder Penfiled)의 연구에 기초한 다음 사고 실험에서 볼 수 있다.[1] 그는 미세 전극으로 그의 환자의 운동 피질(motor cortex)을 자극함으로써 신체 움직임을 유발시킬 수 있다는 사실을 발견하였다. 질문을 해보면, 그 환자들은 한결같이 "내가 한 것이 아니라 당신이 한 것이다"라고 대답했다. 따라서 환자의 경험, 예컨대 펜필드가 실험 대상자의 두뇌를 자극함으로써 팔이 올라가게 했다는 경험은 그가 자발적으로 그의 팔을 들어 올리는 것과는 사뭇 다르다. 그 차이는 무엇인가? 이 질문에 답하기 위해, 펜필드의 사례들을 거대한 스케일을 갖고 상상해보자. 일정 기간 동안 나의 모든 신체 움직임들이 나의 운동 피질에 전자기 광선을 쏨으로써 발생되었다고 상상해보자. 분명히 그 경험은 정상적인 자발적 행위가 의식될 때와는 다를 것이다. 이 경우, 지각의 경우처럼, 나는 내게 발생하는 것을 관찰한다. 정상적인 경우에는 내가 그 행위를 발생하게 한다. 그리고 정상적인 경우에는 두 가지 특색들이 있다. 첫째, 나는 내 손을 올리려고 노력함으로써 신체 움직임을 일으킨다. 그 노력은 나의 손이 움직이게 하는 데 충분하다. 그러나 둘째, 그 행위를 위한 이유들은 그 노력이 발생하는 데 충분한 원인이 되지 못한다.

만일 이것을 확대경을 가지고 자세히 살펴보면, 우리는 그 행위가 두 가지 요소들로 이루어져 있음을 알 수 있다. 하나는 행위함(acting)에 대한 의식적 경험인 작동 의도(노력)이고, 다른 하나는 신체 움직임이다.

---

1) Wilder Penfiled, *The Mystery of the Mind*(Princeton University Press, 1975), pp.76-77.

작동 의도는 그 신체 움직임을 일으키기 위해 인과적으로 충분하다. 따라서 만일 내가 내 손을 올린다면, 작동 의도가 그 손이 올라가게 한다. 그러나 정상적인 자발적 행위의 경우, 작동 의도는 심리적으로 인과적으로 충분한 선행 조건들을 그 자체로 갖지 않으며, 전체 행동이 충분조건들을 결여한다고 내가 말할 때, 이것은 작동 의도가 충분조건들을 결여하기 때문이다. 그것이 인간의 자유에 관련하여 간격이 나타나는 한 경우다. 정상적인 경우, 행위함의 경험은 충분조건들에 의해서 신체의 움직임을 일으킨다. 그러나 그 경험 자체(노력함의 경험, 윌리엄 제임스가 "애씀의 느낌(the feeling of effort)"이라고 부른 것)는 자유롭고 자발적인 경우들에서 충분한 인과 조건들을 갖지 않는다.

첫 강연에서 나는 두 번째 논변을 간단히 언급했다: 실제 삶에서 그 간격을 가장 드라마틱하게 보여주는 것은 한 사람이 한 행동을 수행하거나 또는 선택하기 위한 여러 이유들을 갖고 있을 때, 그는 단지 그중 한 이유에 작용해서 행동할 수 있다는 사실이다. 그 사람은 그가 행위를 하게 되는 어떤 이유를 선택할 수 있다. 예컨대, 내가 한 특정한 정치인 후보에게 투표를 할 여러 이유들을 갖고 있다고 가정해보자. 이때 나는 그 모든 이유들에 의해서가 아니라 그중 한 가지 이유에서 그 후보에게 투표를 할 수 있다. 그런 경우, 비록 나는 내가 다른 이유들도 갖고 있다는 것을 알고 있지만, 내가 그 밖의 다른 이유들이 아닌 바로 그 특정한 이유에서 그 후보에게 투표를 했다는 것을 관찰에 의거함이 없이 알 수 있다. 이것은 놀라운 사실이고 우리는 이에 대해 숙고해볼 필요가 있다. 나는 여러 이유들을 갖고 있었지만, 오직 그중 하나의 이유가 실제로 효력을 발생했으며, 나는 어떤 것이 효력을 발생하게 할지를 선택했다. 즉, 나의 행동에 대한 나의 인식에 관한 한, 나의 여러 가지 믿음들과 욕구들이 내가 특정한 방식으로 행동하도록 만들지는 않는다. 오히려, 나는 어떤 욕구에 의거해 행동할지를 스스로 선택한다. 요컨대, 나는 많은 원인들 중 어떤 것이 효력을 갖도록 할지를 결정한다. 이것은 뒤의 강연에서 논의할 매혹적인 가설을 시사해준다. 만일 우리가 행동의 근거로 택해진 이유들을 **효력을 미치는** 이유들(effective reasons)로서 생각한다면, 자유로운 합리적 행동에 관한 한, 모든 효력을 미치는 이유들은 한 행위자가 어떤 이유에 작용하여 행동할 것인가를 선택하는 한에서 효력을 미치게 된다.

우리가 작용해서 행동할 어떤 이유를 선택하거나 또는 이유들을 효력을 미치게 만든다고 말할 때, 선택하고 또 그렇게 효력을 미치게 만드는 행위가 계속 진행되도록 하게 하는 어떤 구별되는 행위들이 있다는 뜻은 아니다. 만일 그런 행위들이 있다면, 선택함을 또 선택해야 하는 악성적인 무한 퇴행(infinite regress)이 발생할 것이다.[2] 당신이 한 이유에 작용해 자유로운 행위를 할 때, 당신의 그 행위 속에서, 그 이유를 선택했고 그것이 효력을 갖도록 만든 것이다.

간격의 존재를 옹호하는 세 번째, 더 간접적인 방법은, 합리성은 비합리성이 가능한 한에서만 가능하다는 것을 주목하는 것이다. 그러나 각 가능성은 자유를 요구한다. 따라서 합리적 행동은 내가 자유롭게 선택을 할 수 있고 또한 비합리적으로 행동할 수 있는 가능성을 갖는 한에서만 성립한다. 역설적으로, 완전히 합리적인 기계의 이상형으로 주장되는 컴퓨터는 합리성의 영역 밖에 있기 때문에 합리성의 예가 전혀 아니다. 컴퓨터는 행동이 완전히 프로그램과 하드웨어의 구조에 의해서 결정되기 때문에 합리적이지도 않고 비합리적이지도 않다. 컴퓨터가 합리적이라고 말해질 수 있는 유일한 의미는 관찰자-상대적(observer-relative)이라는 점이다.

3. 인과성과 간격

간격과 인과성의 관계를 탐구하기 위해서 자발적 행위들의 현실적 구조 속에 놓여 있는 간격에 초점을 맞추어보자. 우리가 의식적인 자발적 행위를 수행할 때, 우리는 전형적으로 다른 가능성들에 대한 느낌을 갖

---

2) 길버트 라일은 전통적 행위 이론에 대하여 이와 같은 종류의 무한 퇴행 논변을 제시하였다. Gilbert Ryle, *The Concept of Mind*(New York: Harper and Row, 1949) 참조.

는다. 예컨대, 나는 지금 컴퓨터 앞에 앉아 컴퓨터 화면에 나타나는 단어들을 타이핑하고 있다. 그러나 나는 많은 다른 것들을 할 수도 있다. 나는 일어나서 걸어 돌아다니고, 책을 읽고, 다른 단어들을 타이핑할 수 있다. 당신은 아마도 의자에 앉아서 이것을 읽고 있을 것이다. 당신이 극단적으로 특별한 상황 — 예컨대, 당신이 의자에 묶여 있거나 또는 마비된 상태 — 에 놓여 있지 않는 한, 당신은 많은 다른 것을 할 수 있다는 느낌을 갖는다. 예를 들어, 당신은 다른 것을 읽을 수 있고, 옛 친구에게 전화를 하거나 또는 맥주를 마시러 외출할 수 있다. 다른 가능성에 대한 이러한 느낌은 바로 일상적 인간 행위의 구조 속에 주어져 있으며, 우리에게 자유에 대한 확신 — 또는 아마도 환상 — 을 준다. 우리는 동물들의 의식적 삶이 어떤 것인지 알지 못한다. 그러나 고등 동물들의 대뇌 생리는 우리와 매우 비슷하기 때문에 인간의 자발적 행동에 관한 전형적인 경험들을 많은 다른 종들도 공유할 것이라고 가정해야 한다.

만일 우리가 주위 상황을 지각할 수는 있으나 움직일 수는 없는, 의식을 갖는 나무나 또는 돌과 같은 삶을 갖는다면, 우리는 우리 자신의 자유의지를 확신하게 해주는 경험을 소유하지 못할 것이다. 모든 경험이, 우리 자신의 움직임에 대한 경험의 경우조차도, 자유에 대한 이러한 느낌을 포함하는 것은 아니다. 만일 우리가 예컨대 극도로 격분했을 때처럼, 격렬한 감정에 휩싸여 행동하면, 우리는 다른 것을 할 수도 있다는 느낌을 갖지 않는다. 더 극단적으로, 만일 상황이 완전히 통제 불능일 때, 예컨대 빌딩에서 떨어지거나 또는 우리의 몸을 움직일 수 없을 때, 우리는 다른 가능성에 대한 느낌, 적어도 신체 운동의 다른 가능성에 대한 느낌을 갖지 못한다.

행동과 대조적으로 지각의 경우에는 우리에게 열려 있는 다른 가능성에 대한 이러한 느낌을 갖지 못한다. 우리는 우리의 지각적 경험이 주어진 세계의 상황과 우리의 상황에 의해서 결정된다는 것을 당연히 여긴다. 예컨대, 만일 내가 컴퓨터 키보드를 내려다본다면, 내가 보는 것은 나에게 달려 있는 것이 아니다. 비록 지각에 (예컨대, 한 그림이 지금은 오리로 보이지만, 달리 보면 토끼로도 보이는 게슈탈트 변환에 의한 지각의 경우처럼) 주체적인(voluntaristic) 요소가 있기는 하지만, 위의 경우에서 나의 지각 경험은 키보드의 구조, 조명 조건 그리고 나의 지각 기관 등에 의해 완전히 결정된다. 물론 나는 항상 내 머리 방향을 딴 데로 돌릴 수 있지만, 이것은 자발적 행동이지 지각 행위는 아니다. 지금 컴퓨터 화면에 어떤 글자들이 나타나도록 타이핑할 것인가는 나에게 달려 있고, 또한 나는 마음먹으면 다른 글자가 나타나게 할 수도 있다. 반면에, 내가 키보드에서 보는 글자들은 그 기계 장치의 물리 조건에 의해 고정되어 있다. 그런데 우리가 자유의 느낌을 갖고 있다는 것은 무엇을 뜻하는가?

우리 경험들에 만연된 또 하나의 특성은 인과성의 경험이다. 의식적 행위 그리고 의식적 지각 속에서 우리는 보통 세계와 우리와의 관계를 바로 그 구조 속에서 인과적으로 경험한다. 행위 속에서 우리는 우리 밖의 대상들과 인과적으로 상호작용하는 것을 경험한다. 그런데 자발적 행동을 경험하는 경우 다음과 같은 이상한 점이 있다. 자발적 행동 속에서의 자유에 대한 느낌은 그 행동의 원인들이, 비록 그 행위를 위한 이유로서 효과적이고 실제적일지라도, 그 행동이 발생하도록 하는 데는 불충분하다는 느낌이다. 나는 당신에게 현재 내가 하는 일을 왜 하는지 설명할 수 있다. 그러나 그 이유를 당신에게 설명할 때, 나의 행동에 대한 인과적 설명을 제시하려고 시도하는 것은 아니다. 왜냐하면 만일 그러한 설명을 제시하려고 한다면, 그 설명은 형편없이 불완전하게 될 것이기 때문이다. 그것은 단지 나의 행동에 대한 부분적인 인과적 설명에 불과할 것이다. 왜냐하면 그 원인들을 설명하면서 나는 내가 인과적으로 충분한 조건들이라고 여기는 것을 당신에게 제시하지 않기 때문이다. 만일 당신이 내게 "당신은 왜 이 논변을 쓰고 있습니까?"라고 묻는다면, "나는 자발적 행동의 어떤 특별한 특성을 설명하길 원합니다"라고 답할 것이다. 그 설명은, 비록 나의 행동에 대한 완전하고 적절한 설명이지만, 나의 현재의 행동에 대한 단지 부분적인 인과적 설명이다. 왜냐하면 그것은 나의 현재의 행동을 결정하기에 충분한 원인을 기술하지 않기 때문이다. 내가 지금 하는 것을 설명하기 위해 나의 믿음들과 욕구들을 세세한 부분들에까지 모두 제시한다 해도, 그리고 원인들의 이 전체 집합이 주어진다 해도, 그로 인해 나의 행동이 여전히 완전히 결정되지 않는다. 그리고 나는 여전히 다른 것을 할 수 있다는 느낌을 갖는다. 따라서 우리 자신의 행동에 대한 설명은 다음과 같은 특이한 특성을 갖는다: 우리가 전형적으로 제시하는 이유에 의한 설명은 충분한 인과 설명이 아니다. 이유에 의한 설명들은 발생했던 것은 발생해야만 했던 것이란 점을 보여주지 않는다. 우리가 제1강연에서 보았던 것처럼, 행동은 믿음과 욕구에 의해서 발생한다고 보통 말해진다. 그러나 만일 '야기한다(causes)'가 '인과적으로 충분하다'를 함축함을 뜻한다면, 자발적 행동에 대한 우리의 일상적 경험에 관한 한, 이 진술은 거짓이다. 『지향성』[3]이라는 책에서, 나는 믿음, 기억, 지각과 같은 인지적 현상의 지향적 구조와 욕구, 선행 의도 그리고 지향적 행동과 같은 의지 현상 사이의 놀랄 만한 몇몇 유사성들을 설명하고자 했다. 지향적 인과성(intentional causation)을 포함한 지향성의 형식적 구조에 관한 한, 인지와 의지는 서로 거울에 비친 상(mirror image)과 같다. 여기서 나는 다음과 같은 차이점에 주목하고자 한다: 인지와는 달리 의지(volition)는 전형적으로 간격을 포함한다.

4. 경험적 간격, 논리적 간격 그리고 피할 수 없는 간격

지금까지 내 말이 옳다고 가정해보자: 경험적 간격이 있으며, 이것은 지향적 인과에 관련하여 정의되며, 그 경험은 충분한 인과 조건이 결여되어 있다. 혹자는 다음과 같이 말할지도 모른다. "그래서 어떻다는 것인가? 당신은 이 경험들을 갖고 있지만, 그렇다고 우리가 왜 그 경험들에 대해 염려해야 하는지 또는 왜 그 경험들이 체계적인 환상이 아닌지에 대해 아무런 이유를 제시하지 않았다. 우리는 색채 경험을 갖고 있지만, 어떤 사람들은 물리학이 색채가 환상임을 보였다고 생각한다. 우리

3) J. R. Searl, *Intentionality, An Essay in the Philosophy of Mind*(Cambridge: Cambridge University Press, 1883), ch. 3, 특히 p.79 참조.

가 피할 수 없는 환상이지만 여전히 환상은 환상인 것이다. 왜 당신이 말하는 간격은 이와 다르다는 말인가?"

지금까지 내가 말한 것에 관한 한, 그 간격은 환상일 수 있다. 그러나 존재론적으로 객관적인 색이 존재한다는 믿음과는 달리, 이것은 우리가 포기할 수 있는 믿음이 아니다. 이 논의는 단지 '현상학적' 관심이 아니다. 우리는 실제로 그 간격이 존재하며, 우리가 선택과 결정을 할 때 그 현상적 경험은 실재와 대응하며, 우리는 선택과 결정을 피할 수 없다는 것을 전제해야 한다. 나는 빛의 반사와는 독립적으로 색이 객관적으로 존재한다는 믿음을 지성적으로 포기할 수 있다. 그러나 나는 같은 방식으로 간격의 실재에 대한 믿음을 포기할 수 없다. 따라서 나는 다음의 세 가지 명제를 제시한다.

1. 우리는 내가 기술한 종류의 간격에 대한 경험을 갖고 있다.
2. 우리는 그 간격을 전제해야 한다. 우리는 우리의 많은 결정들과 행동들의 심리학적 선행 조건들이 이러한 결정들과 행동들의 인과적으로 충분한 조건들을 결정하지 않는다는 것을 가정해야 한다.
3. 정상적인 의식적 삶에서 우리는 선택과 결정을 내리는 것을 피할 수 없다.

2와 3을 위한 논변은 다음과 같다. 만일 내가 믿음과 욕구가 행동을 일으키는 데 충분한 조건이라고 진정으로 믿는다면, 가만히 앉아서 영화 스크린에서 행동들이 전개되는 것을 바라보는 것과 마찬가지로 나는 가만히 앉아서 내 행동이 전개되는 것을 지켜볼 수 있어야 한다. 그러나 합리적 의사 결정과 행동을 할 때 나는 그렇게 할 수 없다. 따라서 나는 심리학적 선행 조건들이 인과적으로 충분치 않다는 것을 전제해야 한다. 3을 위한 추가 논변은 다음과 같다. 비록 내가 간격 논제(the thesis of the gap)가 거짓이라고 확신한다고 할지라도 나는 여전히 여러 가지 행동들을 할 것이고 또한 어떤 상황에서든 나의 자유를 행사할 것이다. 이제 내가 그 간격이 존재하지 않는다고 확신한다고 가정해보자. 나는 여전히 무언가를 할 것이며, 그 무언가를 할 때 나는, 적어도 그 간격에 대한 나의 경험에 관한 한, 나의 자유를 행사하는 것이다. 제1강연에서 보았던 것처럼, 자유를 행사하기를 거부하는 것조차도, 그것을 자유의 행사로 간주하는 한에서만 행위자로서의 나에게 이해될 수 있다.

예컨대, 다음 두 명제들을 주장하는 데 일종의 실천적 비일관성이 존재한다.

1. 나는 다음 선거에서 누구에게 투표할지 마음을 정하려고 노력하고 있다.

2. 나는 지금 현재 나에게 성립하는 심리학적 원인들이 내가 누구에게 투표할지를 결정하는 데 인과적으로 충분하다고 여긴다.

비일관성은 만일 내가 진정으로 2를 믿는다면 1이 언급하는 노력을 할 필요가 없어진다는 사실에서 나타난다. 그 상황은 나의 두통을 없애줄 것이라고 내가 확신하는 알약을 먹고 나서 그 약이 효력을 발휘하도록 내가 심리적 노력을 보태고자 노력하는 것과 같다. 만일 내가 그 알약으로 충분하다고 진정으로 믿는다면, 합리적인 행동은 가만히 앉아서 그 약이 효력을 발휘하는 것을 지켜보는 것이다.

내가 합리적 행위들은 믿음과 욕구에 의해서 발생한다는 학설을 믿는다고 가정해보자. 공상과학소설의 스토리처럼 믿음과 욕구를 발생시키는 알약이 있다고 가정해보자. 그리고 내가 어떤 사람이 합리적 행동을 하길 원한다고 가정해보자. 나는 그가 합리적 이유에서 민주당 후보에게 투표하길 원한다. 그래서 나는 그의 생각에 경제를 위해 최선인 후보에게 투표하고자 하는 욕구를 일으키는 빨간색 알약을 그에게 주고, 그다음 그에게 민주당 후보가 경제를 위해 최선인 후보라는 확신을 주는 파란색 알약을 준다고 가정해보자.

이제 나는 가만히 앉아서 그 원인들이 효력을 발휘하는 것을 지켜볼 수 있을까? 이것이 다이너마이트를 다리 밑에 설치하고, 심지에 불을 붙이고, 그 다음 다리가 폭파되는 것을 지켜보는 것과 마찬가지의 경우인가? 그렇지 않다. 이 경우조차도 그렇지 않다. 그 이유는 다음과 같다. 나 자신이 민주당 후보에게 투표를 하길 원하기 때문에 내가 빨간색 알약과 파란색 알약을 먹었다고 가정해보자. 2주일 후에 나는 그 알약들이 드디어 효력을 발휘했다고 생각할 수 있다. 즉, 나는 민주당 후보가 경제를 위해 최선의 후보라고 믿으며, 경제를 위해 최선인 후보에게 투표하겠다는 욕구를 갖게 됐다. 그러나 이것만으로는 여전히 불충분하다. 나는 여전히 누구에게 투표할지를 결정해야 하며, 이것은 그 원인들이 불충분하다는 것을 전제한다.

이러한 점들을 요약하면 다음과 같다. 우리는 자유의 경험을 갖고 있다. 우리는 결정을 내리고 행동을 수행할 때마다 자유를 전제해야 한다. 그리고 우리는 결정을 내리고 행동을 수행하는 것을 피할 수 없다.

5. 간격에서 자아로

자발적인 행위의 경우, 원인은 결과를 필연적으로 발생시키지 않는다. 그러면 무엇이 그렇게 하는가? 심리학적 차원에서는 그렇게 하는 것은 아무것도 없다. 그 결과는 필연적이 아니며 자발적이다. 행위를 자유로운 행위이게 하는 것은 정확히 그 선행하는 심리학적 원인들이 그것을 야기하기에 충분치 않다는 사실이다. 아마도 기술의 어떤 다른 단계에서, 아마도 시냅스나 신경전달물질의 단계에서, 그 원인들은 신체를 움직이기 위해 충분할 수도 있을지 모르지만, 지향적 행위에 대한 기술의 차원에서 자유로운 (자발적, 합리적, 의식적) 행위의 정의는 그것이 인과적으로 충분한 심리학적 선행 조건들을 갖지 않는다는 것이다. 그리고 그 결과를 필연적으로 발생시키는 어떤 것을 발견해야만 한다고 생각하는 것은 잘못이다. 그 결과는 의식적인 작동 의도, 즉 행위함의 경험이다.

그 결과가 자발적이고 필연적이 아니라고 말하는 것은 무슨 뜻인가? 우리가 고려해온 예들에서, 나는 마음을 결정하고 그 다음 그것을 행동으로 옮긴다고 가정했다. 그 행동을 위한 이유들은 인과적으로 충분치 않고, 나는 그것들이 인과적으로 충분치 않다는 가정 하에서 행동을 한다. 그렇다면 우리는 어떻게 일어나는 상황을 기술할 수 있는가? 만일 어떤 것도 그 간격을 메우지 않는다면 그 행동은 어떻게 발생하는가? 그 간격 속에서의 우리의 활동을 이해하기 위해서는 자아에 대한 비환원적 개념이 요구된다.

이것은 논변의 다음 단계를 위한 중요한 주장이며, 나는 이 점을 명료화하고 또한 정당화하고자 한다. 우선, 다시 지각과 비교를 해보자. 내가 어떤 것을 볼 때, 나는 실제로 어떤 것도 할 필요가 없다. 나의 지각 기관이 정상적이라면, 그리고 내가 적절한 위치에 놓여 있다면, 나는 지각 경험을 갖게 된다. 경험들의 이러한 연쇄는 전에 거기에 있지 않던 것을 포함한다. 그러나 그것이 전부다. 이제 내가 무엇을 할지를 결정하려 한다고 가정해보자. 나는 단지 일어나는 일을 가만히 지켜볼 수는 없다. 나는 실제로 어떤 일을, 비록 그것이 단지 결심을 하는 것일지라도, 해야만 한다. 내가 옷장 속에 내 와이셔츠가 있는지를 알아보려고 옷장을 열었을 때, 나는 바라봄 이외의 아무것도 할 필요가 없다. 나머지는 자동적으로 처리된다. 그러나 와이셔츠를 입기 위해서는 나는 실제로 입으려는 노력을 해야만 한다. 즉, 나는 작동 의도(intention in action)를 가져야만 한다. 이 결과와 함께 그 과정을 제대로 이해하기 위해서는 지각의 경우에는 요구되지 않는 어떤 것을 가정해야 한다. 왜? 나는 실제로 와이셔츠를 입어야 하며, 가만히 있어도 와이셔츠가 그냥 입히는 것이 아니기 때문이다.

우리는 다음을 구분해야 한다.

1. 그 행위는 그냥 발생한다.
2. 내가 그 행위를 한다.

1은 자발적인 인간 행동에 대한 올바른 기술이 아니다. 자발적 행동은 그냥 발생하는 것이 아니다. 따라서 2가 옳다. 행동이 일어나길 원하면, 나 스스로 그것을 해야 한다. 그런데 2는 인과적인 주장인가? 모든 인과적인 주장에 대해서는, "무엇이 정확하게 무엇을 일으켰는가?"를 항상 물을 수 있다. 그리고 이 경우에 이 질문에 대한 대답은 존재하지 않는다. 나의 믿음과 욕구와 함께 그 행동을 야기한 나의 어떤 특성이 있는가? 그럴 수 있다. 그러나 만일 그렇다 해도 그것은 행위 경험의 일부는 아니다. 왜냐하면 나는 가만히 앉아서 나의 그러한 특성이 일을 처리하는 것을 지켜볼 수는 없다. 나는 사람들이 말하는 것처럼 마음을 정하고 그 행동을 스스로 수행해야 한다. 내가 결정을 하고 그 행위를 수행한다는 사실이 나의 이유들과 아울러 그 결정과 그 행동을 위해 인과적으로 충분한 어떤 사건이 내게 있다는 것을 뜻하지는 않는다.

6. 자아에 관한 흄의 회의주의적 설명

이제 나는 이 주제를 좀 더 자세히 탐구하고자 한다. 나는 전혀 내키지는 않지만, 우리는 자아에 대한 흄적이지 않은 관념을 받아들이지 않고서는, 추론, 인간 행동 그리고 합리성 일반의 간격을 이해할 수 없다는 결론에 도달했다. 이제 자아 문제를 다루어보자. 나의 논변은 매우 조심스럽게 발전될 필요성이 있기 때문에, 먼저 자아에 관한 전통적인 철학적 문제와 우리의 철학적 전통에서 어느 정도 받아들여지고 있는, 그리고 얼마 전까지 나 자신도 받아들였던 새로운 흄적인 개념(neo-Humean conception)에 대해 약간 언급하겠다.

자아는 철학에서 가장 논란이 많은 관념들 중의 하나다. 일상적 논의에서 사용되는 자아 관념에는 아무런 문제가 없다. 우리가 예컨대 "나는 나 자신을 다치게 했다" 또는 "자기 연민은 악덕이다"와 같은 말을 할 때, 자아의 관념은 단지 사람과 동물을 지칭하는 적절한 대명사나 그 밖의 표현들에 대한 대용으로 사용되는 것이며, 아무런 형이상학적 중요성을 지니지 않는다. 그러나 철학에서 이 관념은 많은 중요한 목적들을 위해 사용되며, 그 모든 경우가 정당화되는 것은 아니다. 철학에서 사용되는 자아에 대한 형이상학적 개념들에는 다음과 같은 것들이 포함된다.

1. 자아는 통시간적 인격동일성의 담지자다. t1에서의 나와 t2에서의 나는 자아가 동일하기 때문에 동일하다. 자아동일성은 인격동일성을 설명해준다.

2. 자아는 영혼과 진정으로 동일하다. 따라서 영혼이 신체와 다르기 때문에, 자아는 신체가 파괴된 후에도 생존할 수 있다. 나의 신체와 나의 영혼 또는 자아는 구별되는 것이다. 신체는 가사적(mortal)인 데 반하여, 영혼과 자아는 비가사적이다.

3. 1과 관련하여, 자아는 나를 나라는 인간으로 만들어주는 것이다. 사람으로서의 나의 동일성을 구성해주며, 나를 다른 사람들과 구별시켜주는, 내 속의 어떤 것이 있으며, 바로 그것이 자아다. 이 개념에 따르면, 자아는 나의 특성과 인격을 구성해주는 것이다.

4. 자아는 나의 모든 심리적 특성들의 담지자다. 나의 생각, 느낌 등과 별도로 이 모든 생각들과 느낌들을 소유하는 자아가 존재한다.

의심의 여지없이 자아가 수행하는 다른 일들이 있다. 그러나 나를 포함한 많은 철학자들은 경험들의 연쇄와 그들이 발생하는 신체 그 이상의 어떤 것으로서의 자아의 존재를 가정할 충분한 이유를 발견하지 못했다. 자아에 대한 이 같은 종류의 회의주의는 흄에게서 영향을 받은 것이다. 그가 지적했던 것처럼, 내가 마음속을 주목해보면, 나는 특정한 생각들과 느낌들을 발견하지만 그 외에 자아라는 것은 발견하지 못한다. 흄에 의하면, 자아는 단지 경험들의 다발 그 이상이 아니다. 내가 이해하기에, 흄의 논점은 단지 사실상 내가 마음속을 주시했을 때 자아를 발견할 수 없다는 것이 아니라, 자아의 경험이라고 불릴 수 있는 어떤 것도 존재하지 않는다는 것이다. 왜냐하면 내가 갖는 어떤 경험도 단지 또 하나의 경험일 뿐이기 때문이다. 내가 나의 다른 모든 경험에 항상 동반하는 어떤 경험을 갖고 있다고 가정해보자. 나의 시각 영역 속에 항상 노란 점이 있음을 항상 경험한다고 가정해보자. 그리고 이것이 내 평생 동안 지속했다고 가정해보자. 그러면 이것이 나의 자아인가? 물론 아니다. 이것은 단지 노란 점일 뿐이다. 자아의 경험은 없을 뿐만 아니라 있을 수도 없다. 왜냐하면 자아에 대한 형이상학적 관념에 부여된 제약 조건들을 논리적으로 만족할 수 있는 것은 존재하지 않기 때문이다.

칸트의 비판을 수용하기 위해서, 단지 지각들의 다발이라는 자아에 대한 흄의 설명은 적어도 한 가지 점에서 수정되어야 한다. 어떤 주어진 시점에서 나의 모든 경험은 한 통합된 의식 영역의 일부로서 나에게 포착된다. 나의 의식적 삶은 칸트가 적절하게 명명한 "통각의 선험적 통일성(the transcendental unity of apperception)"을 갖는다. 나는 칸트가 의도한 바는 다음과 같다고 생각한다. 나는 나의 등 뒤의 와이셔츠의 감각과 내 입 안의 맥주 맛을 단지 갖는 것뿐만 아니라 그들을 한 통일된 의식 영역의 일부로서 소유한다. 흄은 각각의 지각을 각각 분리되고 구별된 것으로 생각했지만, 이러한 생각은 옳을 수 없다. 왜냐하면 흄이 옳다면 우리는 와이셔츠의 느낌, 맥주 맛, 하늘을 바라봄 등등의 열 개의 지각들을 갖는 한 의식과 각각 한 가지 지각을 갖는 열 개의 상이한 의식들을 구별할 수 없게 되기 때문이다. 따라서 우리는 주어진 시점에서 한 사람의 모든 지각들은 한 의식 영역 속에 통합되어야 한다고 주장해야 한다. 그러나 의식 영역은 그 의식 영역 이외에 부가하여 자아를 우리에게 주지 않는다. 단지 시간을 통해서 지속하면서 전개되는 통합된 의식 영역이 있을 뿐이며, 그 의식 영역의 각 시간 축에서 모든 구성 요소들이 하나로 통합되어 있다. 의식 영역 속의 일부의 의식 상태들은 의식 상태의 연쇄의 역사 속에서 앞서 발생한 사건들에 대한 기억들일 것이다. 일부는 또한 내 경우에서는 '나라는 느낌'이라고 부를 수 있는 느낌도 포함될 것이다. 그러나 우리는 경험들의 연쇄와 독립적인 자아는 발견할 수 없다.

나는 이 자아에 대한 수정된 흄적 개념에 덧붙여서 신체가 의식 경험들의 연쇄를 갖는 데에서 본질적이라고 주장하고자 한다. 이 단계에서 우리는 신체의 요구가 경험적인 요구인지 아니면 논리적인 문제인지에 대해서 염려할 필요가 없다. 이 단계의 논점은 단지 의식 상태들의 연쇄가 어떤 물리적 실현을 가져야만 한다는 것이다. 비록 내가 통 속의 뇌일지라도 여전히 최소한 물리적인 두뇌는 있어야만 한다. 그리고 만일 내가 세계에 대한 경험들을 갖는다면, 나의 두뇌는 세계와 일종의 인과적 상호작용을 가져야만 한다.

다음은 자아에 관한 최신의 새로운 흄적인 설명이다: 나는 세계와 인과적 접촉을 하는 신체를 가진 두뇌다. 이 두뇌는 통일된 의식 영역을 야기하고 유지할 수 있는 능력이 있으며, 그 영역 내에서의 의식 상태들은 앞선 의식 경험들에 대한 기억들을 포함한다. 나라는 느낌이 존재하는 것도 사실이지만, 이것은 다른 느낌들과 형이상학적으로 별반 다를 바 없다. 그런 느낌의 존재는 그 자체 통시간적 동일성을 보장하지 못하며, 내가 아는 모든 것에도 불구하고 나의 '나라는 느낌'과 유형적으로 동일한 느낌을 갖는 많은 다른 사람들이 있을 수 있다. 요약하면 다음과 같다: '자아'는 더 단순한 요소들로 완전히 환원 가능하다. 이것은 기억과 나라는 느낌을 포함한 의식적 느낌들로 구성된다. (의심의 여지없이, 그것은 또한 자아에 관한 많은 거짓 믿음들도 포함한다.) 이것들은 지속적으로 존재하는 물리적 체계인 나의 신체로 구현된 두뇌에 의해서 야기되고 실현된다. 새로운 흄적인 견해에 의하면, 이러한 모든 것들 이외에 자아라는 것은 존재하지 않는다. 이것이 자아에 대해 말할 수 있는 전부다.

7. 비환원적이며, 흄적이지 않은 자아의 존재에 대한 한 논변

잠시 동안 우리의 모든 흄적인 고려들을 한편에 치워두고 인간들이 어떻게 결정을 하고 간격 속에서 행동을 하는지 고찰해보자. 내가 한 회의에 참석하고 있고, 의장이 "그 제안에 찬성하는 모든 사람들은 오른손을 드십시오"라고 말한다고 가정해보자. 나는 내 손을 든다. 나는 나의 오른손을 들어 올림으로써 그 동의안에 찬성하는 행위를 수행한다. 무엇이 내가 내 오른손을 올리게 하는 행위를 수행하도록 만들었는가? 나는 내 행동의 이유를 제시함으로써 부분적인 인과적 설명을 할 수 있다. 나는 그 동의안에 찬성하기 때문에 그 동의안을 위해 투표하길 원했고, 또한 나는 내 오른손을 들어 올림으로써 그것에 찬성 투표를 할 수 있다고 믿었다. 이 맥락에서, 내 손을 들어 올린 것은 그 동의안에 찬성하는 투표를 구성했다.

지금까지는 아무런 문제가 없다. 그러나 우리가 계속 살펴보았던 것처럼, 이유는 인과적으로 충분한 조건들을 구성하지 않는다. 따라서 심리학적 원인의 형태로서의 나의 이유들과 그 행위의 실제 수행 사이의 간격을 어떻게 극복할 것인가? 앞서 언급했던 두 가지 가능성들을 좀 더 자세히 언급하면 다음과 같다.

1. 그 행위는 어떤 종류의 충분한 설명도 갖지 않는다. 그 행위는 그냥 발생했다. 그것은 인과적으로 충분한 선행하는 심리적 원인들을 갖지 않는다. 따라서 심리적 사건으로서 그것은 단지 임의적으로 또는 우연하게 발생한 것이다.

2. 그 행위는 비록 인과적으로 충분한 선행하는 심리적 조건들을 결여하지만, 적절한 심리적 설명을 갖는다. 나는 그 행위를 어떤 이유에서 수행했다. 비록 그 이유가 선행하는 충분한 원인을 결정하지는 않는다고 해도 나는 그 행위를 이유를 갖고 수행했다.

1번 명제는 옳을 수 없다. 그 행위는 아무 이유 없이 우연히 또는 임의적으로 발생했던 사건이 아니다. 사실 1번 명제는 흄을 포함한 많은 양립론자들이 결정론을 옹호하기 위해 사용한 명제였다. 그들에 의하면, 그 행위가 결정되었던 것이 아니라면, 그것은 우연히 또는 임의적으로 발생한 사건일 수밖에 없으며, 만일 그렇다면 나는 그것에 대해 아무런 책임을 질 이유가 없다. 그러나 그 행위는 임의적으로 발생했던 것도 그렇다고 결정론적인 것도 아니다. 우리는 이미 심리적 결정론을 거부해야 하는 이유들을 살펴보았다. 우리는 또한 그것의 외견상의 대안인 우연성과 임의성을 거부할 필요가 있다.

따라서 2가 옳은 것이어야 한다. 그러나 그것은 무엇을 뜻하는가? 실제로 두 질문들이 제기된다. 첫째, 간격 논제가 옳다고 가정할 때, 내가 한 사람으로서 한 행위를 어떤 이유에서 수행했다고 말하는 것은 무엇을 뜻하는가? S가 이유 R 때문에 행위 A를 수행했다는 주장의 논리적 형태는 무엇인가? 그 질문을 전통적 형태로 표현하면, S가 R 때문에 A를 수행했다는 주장에 어떤 사실이 대응하는가? 둘째, 내가 그 행위를 수행했던 이유를 규정하는 이 형태의 주장이, 만일 그 이유가 그 행위를 결정하지 않는다면 어떻게 적절한 설명일 수가 있는가? 만일 이것이 그 속에 커다란 구멍이 있는 설명이라면, 이것은 무슨 종류의 설명인가? 첫 번째 질문에 대한 적절한 설명은 두 번째 질문에 대한 적절한 설명을 제시할 것처럼 보인다.

전통적 모델에 대한 나의 대부분의 비판은 바로 이 점에 집중되어 있다. 전통적 모델에 의하면 그러한 간격이 있을 수 없다. 행위에 대한 설명은 단지 사건들에 대해서만 양화를 하고 사건들 사이의 인과관계들만을 진술할 것을 요구한다: 행위 A의 사건은 행위자의 믿음과 욕구인 사건들 B와 D에 의해서 야기된다. (그런데 믿음과 욕구가 사건이 아니라는 사실은 당혹스러운 일이다. 대신에 믿음과 욕구의 발생(the onsets of the beliefs and desires)이 실제적 원인이라고 말하든가 믿음과 욕구를 야기한 사건들이 실제로 원인이라고 말하면, 이러한 당혹감을 피할 수 있을 것이다.)4) 고전적인 모델의 여러 가지 측면들을 거부하는 많은 철학자들도 바로 이 질문에 관해서는 그 영향권에서 벗어나지 못하고 있다. 고전적인 모델의 몇몇 측면들에 대한 가장 강력한 비판자들 중의 하나인 토머스 네이글(Thomas Nagel)은 다음과 같이 주장한다. 만일 우리가 그러한 간격을 받아들인다면, 행위를 결정해주는 인과적으로 충분한 조건들이 결여되기 때문에 자유로운 행동의 수행에서 임의성(randomness)의 요소가 있으며, 우리의 설명들은 충분한 조건들을 언급하지 못하기 때문에 실패로 끝난다는 결론을 받아들여야 한다. 네이글이 말하듯이, 그러한 설명은 "그것이 설명해야 하는 것 — **내가 왜 나에게 인과적으로 열려진 다른 대안들 대신에 바로 내가 했던 그것을 했는가?** — 을 설명하지 못한다."5) 이 질문들에 대한 한 가지 대답이 많은 우수한

---

4) Donald Davidson, "Actions, Reasons, and Causes", in *Essays on Actions and Events*(Oxford University Press, 1980), p.xx.

철학자들에 의해 제안되었는데, 그것은 잘못된 것이다.6) 그 제안은 다음과 같다. 그 행위의 원인은 나 자신이다. 그 행동을 수행하는 사람인 내가 그것의 원인이다. 따라서 인과적 간격은 존재하지 않는다. 사람이 원인이다. 어떤 해석들에 의하면, 우리는 그러한 인격적 인과(personal causation)('행위자 인과', '내재적 인과')를 매우 특별한 종류의 인과로서 생각해야만 한다. 치좀(Chisholm)의 견해에 의하면, 우리는 그가 '내재적 인과'라고 부르는 행위자 인과를 일반적 사건 인과와 구별해야 한다. 다른 설명에 의하면, 사람은 다른 원인들과 마찬가지의 원인이다. 그러나 양쪽 설명들 모두에서 인과적 간격은 원인의 역할을 하는 사람에 의해서 메워진다.

나는 이 대답이 틀린 철학 이론보다 더 나쁘다고 믿는다. 이것은 잘못된 영어다. 어떤 대상 x가 언급될 때마다 인과적으로 기능하는, x의 어떤 특징 또는 속성 또는 x를 포함하는 어떤 사건이 있어야만 한다. 대상 x가 그러그러한 사건을 야기했다는 것은 전체적으로 말이 되지 않는다. 따라서 만일 내가 "길수가 그 불을 일으켰다"고 말할 때, 이것은 예컨대 "길수가 성냥불을 붙인 것이 그 불을 일으켰다"와 같은 말을 단축해서 말하는 것이다. "길수가 그 불을 일으켰다"는 원래 표현은 그러한 식으로 완성시켜야 이해할 수 있다. 그렇다면, "내가 나의 오른손을 들어 올리는 행동을 일으켰다"는 것은 어떤 식으로 완성될 수 있는가? "무엇이 당신의 손을 올라가도록 만들었습니까?"라는 질문에 대하여, "내가 내 손을 올라가게 했습니다"라고 대답하는 것은 얼마든지 가능하다는 점을 주목하라. 왜냐하면 이 경우 우리는 그것을 "내가 내 손을 들

5) Thomas Nagel, *The View from Nowhere*(New York: Oxford University Press, 1986), ch. 7. 비슷한 염려가 다음에 또한 표현되었다. Galen Strawson, "Libertarianism, Action, and Self-Determination", in T. O'Connor ed., *Agents, Causes, and Events: Essays on Indeterminism and Free Will*(New York: Oxford University Press, 1995), pp.13-32.

6) 예를 들어 Roderick Chisholm, "Human Freedom and the Self", in Gary Watson ed., *Free Will: Oxford Readings in Philosophy*(Oxford: Oxford University Press, 1982), pp.24-35. 치좀은 나중에 이 견해를 포기하였다.

어 올림으로써 내 손이 올라가게 만들었다"는 주장을 줄여서 말하는 것으로 이해하기 때문이다. 그러한 경우에 내 손이 올라가도록 인과적으로 기능하는 것은 나의 작동 의도(intention in action)다. 또한 "그 제안을 위해 투표하고자 하는 나의 욕구가 나로 하여금 내 손을 올리도록 야기했다"고 말하는 것도 얼마든지 가능하다. 그러나 그것은 단지 이유를 언급하는 것일 뿐이며, 지금까지 우리가 헛되게 메우려고 노력했던 동일한 간격은 그대로 남아 있다.

그러면 2에 대한 올바른 해석은 무엇인가? **2를 이해하기 위한 첫 번째 단계는 그것을 이해하기 위해서 행위자에 대한 매우 특별한 관념이 필요하다는 점을 인식하는 것이다.** 흄적인 다발은, 비록 통일되고 신체적으로 구현되었다 할지라도 충분하지 않다. 우리는 동물 행위자(an animal agent)를 가져야만 한다. 한 대상은 자유라는 전제조건하에서 행위를 시작하고 수행할 능력을 갖고 있는 한에서 이런 의미에서의 행위자다. 이것은 사소하게 느껴질지 모르겠지만, 또 그래야 하지만, 그렇다고 무해한 것은 아니다. 왜냐하면 이것은 그 다발이 행위자를 위해 충분치 않다는 것을 함축하기 때문이다. 행위자는 다발 이상의 것이다. 흄적인 개념에 의하면, 그 다발은 세계 내의 작용인들(efficient causes)과 결과들의 연쇄의 부분으로서의 자연현상의 한 연쇄에 불과하다. 그러나 행위자의 개념은 한 다발 또는 한 다발의 부분 이상임을 요구한다. 왜? 작동 의도(intention in action)는 단지 그 자체로 발생하는 사건이 아니기 때문이다. 이것은 행위자가 어떤 것을 실제로 행할 때 또는 적어도 어떤 것을 하려고 시도할 때만 발생할 수 있기 때문이다. 행위 주체성(agency)은 의식적으로 어떤 것을 하려고 시도할 수 있고 그 사실을 의식적으로 인지할 수 있는 존재를 요구한다.

그러나 지금까지 우리는 어떻게 그리고 왜 우리가 충분성을 결여한 인과적 설명들을 받아들일 수 있고 받아들여야만 하는지를 아직 설명하지 못했다. 다음 단계로 나아가자. 행위자는 이유에 근거하여 결정을 하고 행위를 수행해야만 하기 때문에, 행위자로서 행동하는 존재는 또한 지각, 믿음, 욕구, 기억 그리고 추론의 능력을 가져야만 한다. 과거의 표현을 사용하면, 행위자의 관념은 의지(volition)를 설명하기 위해 도입되었지만, 의지를 갖고 있는 동일한 존재는 또한 의도(conation)와 인식력(cognition)을 가져야만 한다. 행위자는 요컨대 자아다. 신체로 구현된 다발이 어떻게 자유로운 행위를 할 수 있는가를 설명하기 위하여, 그 다발에 행위 주체성(agency)을 첨가해야 하는 것처럼, 행위자가 어떻게 합리적인 행동을 할 수 있는지를 설명하기 위해 자아성(selfhood)을 행위 능력에 부가해야만 한다.

이러한 경우들에서 우리가 충분조건을 언급하지 않는 설명들을 합리적으로 받아들일 수 있는 이유는, 우리가 그 설명들을 행위자로서의 능력을 갖고 있는 합리적 자아들에 관한 것으로 이해하기 때문이다. 따라서 다음의 세 문장들은 표층적 구문론(surface syntax)에서 유사하지만, 그러나 그들의 심층적 의미론(underlying semantics)에서는, 우리가 주어진 배경 조건들 하에서 그들을 이해할 때, 중요한 차이점들을 드러낸다.

1. 나는 그 동의안에 찬성하길 원했기 때문에 내 손을 올렸다.
2. 나는 그 동의안에 찬성하길 원했기 때문에 복통을 느꼈다.
3. 지진이 그 토대에 손상을 입혔기 때문에 그 건물이 무너졌다.

1은 비록 충분조건을 언급하지는 않지만, 하나의 설명으로서 완전히 수용될 수 있다. 왜냐하면 우리는 자유라는 전제조건하에서 이유에 작용하여 행위를 수행하는 합리적 자아가 존재한다는 배경 조건하에서 그 문장을 이해하기 때문이다. 이 점을 이해하기 위해서 1과 2를 대조해보자. 우리의 배경 조건들이 주어졌을 때, 2는 3과 같이 해석된다. 이것은 맥락 속에서 인과적으로 충분한 조건들을 제시하고 있으며 합리성과 자유가 그 설명 틀 속에 있지 않기 때문에 한 설명으로 작동한다. 복통을 느끼는 것은 이유에 작용해서 행동하는 경우가 아니다.

그러나 만일 1의 형태의 설명들이 인과적으로 충분한 조건들을 언급하지 않는다면 왜 그러한 설명들을 받아들여야만 하는가? 만일 설명 속에 간격이 있다면, 그 사건은 임의성의 요소를 갖고 있는 것처럼 보인다. 왜 그 사건이 다른 것 대신에 발생했는지에 대해 아무런 이유가 제시되지 않았다. 우리는 어떻게 네이글의 비판에 답할 수 있는가? 그 대답의 열쇠는 "왜 당신은 그것을 했는가?"라는 질문이 "왜 그것이 발생했는가?"라는 질문과는 완전히 다른 종류의 대답을 요구한다는 점을 인식하는 것이다. 나는 지금 그 차이를 설명하고자 한다. 첫 번째 단계는 다음과 같다. 그 현상들은 일인칭 존재론을 갖고 있기 때문에 이들 현상을 항상 일인칭의 관점에서 보아야 한다. 그 관점에서 보면 이유들은 인과적으로 충분하지는 않지만 그 설명은 그 자체로 충분히 적절하다는 사실이 아무런 문제가 되지 않는다. 그것은 왜 내가 그 일을 했으며, 왜 내가 인과적으로 열려 있는 다른 대안 대신에 그것을 했는지를 동시에 설명한다. 그것은 내가 한 합리적 자아로서 그것에 작용하여 행동함으로써 효력이 있게 한 그 이유를 언급하기 때문에 적절하다. 이것은 "그 외의 다른 것이 발생할 수도 있었다는 것이 인과적으로 불가능하다"는 것을 함축함이 없이, "왜 내가 그것을 했는가?"라는 질문에 대해 완전히 적절한 대답을 제공한다. 그것은 정확히 "왜?", "왜 당신은 다른 것이 아닌 그것을 했는가?"라는 질문에 답하기 때문에 그 질문에 대한 적절한 대답을 제공한다. 그리고 이것은 충분한 인과적 조건을 대답으로 제시해야 하는 그러한 질문에 대한 요구가 아니다. **인과적 간격은 설명적 간격을 함축하지 않는다.** "왜 당신은 그것을 했는가?"라는 질문은 "어떤 원인들이 당신의 행동을 결정하기에 충분한가?"를 묻지 않는다. 그 대신 "합리적 자아로서 당신은 어떤 이유에 작용하는가?"를 묻는다. 그리고 그 질문에 대한 대답은 어떻게 그 행위가 한 자연적 사건으로서 선행 원인들이 주어졌을 때 불가피했는가를 보여줌에 의해서가 아니라, 어떻게 한 합리적 자아가 그 간격 속에서 활동하는가를 보여줌에 의해서 설명한다. 비트겐슈타인의 어조로 말한다면, 이것은 행위를 설명하는 언어 게임이 행해지는 방식이며, 고전 역학적 설명의 언어 게임 규칙들에 의해서 행해져야만 한다고 가정해서는 안 된다. 이유를 제시함으로써 행위를 설명하는 언어 게임이 다른 이유는 이 언어에서 사용되는 진술들이 기록하는 실제 사실들은 일상적 인과적 진술들과는 다른 논리적 형식들을 갖고 있기 때문이다.

앞서 진술된 네이글의 요구는 사실상 애매하다. 왜 내가 내게 열린 다른 행위 대신에 그 행위를 했는지를 설명하라는 요구는 다음 두 가지를 의미할 수 있다.

(a) 나는 어떤 이유에 작용해 그 행동을 했는지 진술한다. 이 경우 나는 그 행위를 설명하는 이유를 진술하고 나에게 인과적으로 열려 있던 다른 경우들을 배제한다.

(b) 나는 내 행위인 한 사건의 원인을 진술한다. 이것은 왜 그 사건이 발생해야만 하며, 다른 사건은 발생할 수 없는지를 보여준다.

네이글의 비판은, 만일 설명이라면 요구 (b)를 만족해야 한다고 가정하는 한에서, 문제가 된다. 그러나 그것은 오류다. "왜 당신은 그것을 했는가?"라는 질문은, 적절한 의미에서, 내가 작용을 가한 이유를 진술하라는 요구는, 자아에 대한 언급을 요구한다. "X는 R이란 이유에서 A라는 행동을 수행했다"는 형태의 진술들의 진리 조건은 단지 사건들, 심리적 상태들 그리고 그들 사이의 인과적 관계들의 존재를 요구하지 않고, 그것에 작용하여 행동하게 함으로써 이유를 효력 있게 하는 (행위자이상의 어떤 것인) 자아를 요구한다. 여러 철학자들, 특히 코스가드(C. Korsgaard)는 자발적 행동에서 우리는 우리의 자아를 **창조한다**고 주장한다. 만일 그렇다면, 이것은 내가 지금 설명하는 것과는 완전히 다른 자아관이다. 이 철학자들이 의미하는 바는 우리가 우리의 성격과 인격을 창조한다는 것일 터다. 지금 내가 주장하는 논점은 행위가 자아를 창조한다는 것이 아니라 행위는 자아를 **전제한다**는 것이다.

고전적 모델에 따르면, 행위의 설명은 사건에 대한 양화를 요구한다. 따라서 "S가 그의 믿음과 욕구에 의해서 A를 했다"의 논리적 형식은 다음과 같다.

어떤 x가 있어서, x는 S에 의한 A의 행함이고, 어떤 y가 있어서 y는 믿음이고, 어떤 z가 있어서 z는 욕구이며, y와 z(또는 y와 z의 발생)가 x를 야기했다.

자아에 대한 외견상의 언급은 단지 사건 사례(a token event)를 확인하기 위한 수단이다. 내가 제안하는 설명에 따르면, "S가 그의 믿음과 욕구에 의해서 A를 했다"의 논리적 형식은 외견상 나타나는 것과 거의 같다.

어떤 유일한 x가 있어서, x는 자아 S이고, 어떤 유일한 y가 있어서 y는 사건 사례 A이며, 그리고 어떤 z가 있어서 z는 이유 R이고, S는 A를 행했고, S는 A를 이유 R에 작용하여 행했다.

자아에 대한 언급이 제거 불가능함을 주목하라. 나는 아직 '행위를 위한 이유'가 무엇인지, 그리고 이유에 작용하여 행동한다는 것이 무엇을 뜻하는지 설명하지 않았다. 그것은 뒤에서 이루어질 것이다. 우리는 한 번에 한 계단씩 올라가야 한다. 이 강연에서 나는 단지 합리적 행위에 대한 설명 형식이 사건들 사이의 인과관계가 아니며, 자아에 대한 비환원적 관념을 요구한다는 것을 분명히 하고자 한다.
고전적 모델에 비해 나의 설명이 옳다는 것을 보여주는 논변은 무엇인가? 많은 논변들이 있지만, 여기서 우리가 고려하는 논변은 두 전제들을 갖는다.

1. 이유에 의한 설명들은 통상적으로 인과적으로 충분한 조건들을 언급하지 않는다.
2. 그러한 설명들은 그 자체로 완전히 적합하다.

우리는 일인칭 예들을 고려해볼 때 2가 참임을 안다. 나는 당신에게 왜 내가 클린턴에게 투표했는지 정확히 설명할 수 있다. 이것은 비록 내가 언급한 이유들이 나로 하여금 그렇게 하도록 강요하지 않는다 해도 그렇다. 1이 주어졌을 때 2를 설명하기 위해, 우리는 이유에 작용하는 행동의 관념을 도입해야만 한다. 이유에 의한 설명의 특징은 다음과 같다.

3. 행동을 설명할 것을 요구하는 것은 행위자가 그의 행동을 할 때 작용을 가했던 이유를 진술하라는 요구다.

3에 근거하여, 우리는 4의 결론에 이를 수 있다.

4. 그러한 설명은 이유에 작용하여 행동할 수 있는 행위자의 관념을 요구한다. 그리고 그러한 행위자는 내가 명확히 설명하려고 애쓰고 있는 의미에서의 자아다.

모든 설명들이 당구공의 움직임을 모델로 한 기존의 인과성 모델과 부합해야 한다고 생각하는 우리의 경향은 내가 지금 극복하고자 하는 우리의 배경적 감수성의 한계다. 나는 이 언어 게임이 갖고 있는 특정한 형태의 이해 가능성 조건들을 설명하고자 한다.
이제 나의 논변의 다음 단계로 넘어가자.

오직 자아의 경우에만 어떤 것이 행위를 위한 이유가 될 수 있다.

지금까지 우리는 경험적 간격과 그 간격 속에서 활동하는 자아를 확인하였다. 그러나 자아는 그 간격 속에서 이유에 작용하여 활동한다. 따라서 다음 질문이 제기된다: 무엇이 이유이며, 어떤 사실이 어떤 것을 이유이게끔 하는가? 나는 뒤에서 이유들에 대해서 좀 더 말할 것이다. 지금 상태에서 분명한 점은, 어떤 것이 숙고와 행위에서 역할을 할 수 있는 이유이기 위해서는 행위자를 위한 이유여야 한다는 것이다. 이 점은 좀 더 정확하게 진술되어야 한다. 행위를 위한 이유들이면서 아무도 알지 못하는 이유가 존재한다. 예컨대, 사람들은 이유를 알지 못한 채 밀빵을 먹을 이유를 가질 수 있다. 각기병을 막아준다는 것이 그런 이유일 수 있다. 그러나 그러한 이유는 숙고 속에서 역할을 하지 못한다. 숙고 속에서 한 이유가 이유로서의 역할을 하기 위해서는 행위자에게 소유되어야 한다. 이것은 자아의 존재에 대한 한 논변인 동시에 자아의 또 다른 특성이다. 더 나아가, 이유들은 인지적일 수 있기 때문에 — 예컨대, 믿음들과 지각들 — 자아는 행위 주체성(agency) 이상을, 그리고 단지 의지(volition) 이상을 포함해야 한다. 동일한 대상이 인지적 이유들을 갖고 행동할 수 있을 뿐만 아니라 그러한 이유들에 작용하여 결정하고 행동할 수 있어야 한다.

이 모든 것이 주어지면, 우리는 이제 다음 단계를 취할 수 있다. 만일 우리가 합리성의 제약 조건들 하에서 그리고 자유의 전제조건하에서 이유에 작용하여 행동하는 비환원적인 의식적 자아의 존재를 가정하면, 우리는 이제 책임과 그것의 모든 부수적 관념들을 설명할 수 있다. **자아가 결정을 하고 행동을 수행하기 위한 이유들에 작용하여 간격 속에서 활동하기 때문에, 그것이 바로 책임 소재지다.**

이것은 비환원적 자아의 존재를 위한 독립된 논변이다. 책임을 귀속시키기 위하여, 책임을 떠맡고, 행사하고, 또한 받아들일 수 있는 존재가 있어야만 한다. 만일 우리가 시간의 관념을 도입하면 이 점을 좀 더 잘 이해할 수 있을 것이다. 책임의 관념은 우리가 과거에 발생한 행동에 대해 책임을 귀속시키는 한에서 의미가 있다. 나는 내가 과거에 한 일에 대하여 책임을 지닌다. 그러나 이것은 과거의 행동을 한 행위자면서 또한 동시에 현재의 나인 어떤 존재가 있어야 의미가 있다. 그 존재가 바로 내가 '자아'라고 부르는 것이다. 나의 지각의 경우에는 그런 책임이 없음을 주목하라. 지각은 내게 영향을 미치지만, 내가 내 행동에 대해 책임을 지는 방식으로 지각에 대해 책임을 지지 않는다.

앞서 설명한 그런 자아에 관해서만 각자는 책임이 있고, 죄의식을 지닐 수 있고, 비난을 받을 수도, 상을 받을 수도, 그리고 보답 또는 처벌을 받아 마땅할 수 있다. 이런 특성들은 "좋아 보인다", "아픔 상태에 있다", "다가오는 차를 본다"와는 구별된다. 전자의 집합은 비환원적 자아를 가정해야 이해되지만, 후자는 그렇지 않다.

추론은 시간 속에서의 자아의 과정이다. 그리고 실천이성에서 추론은 시간에 관련된다. 시간의 관념을 도입함으로써 우리는 행위의 합리성이란 자유의 전제하에 무엇을 할 것인지 시간 과정 속에서 의식적으로 추론하는 행위자의 문제임을 보게 된다. 이론이성의 경우에는, 이것은 무엇을 받아들이고, 결론짓고, 또는 믿는가의 문제다. 실천이성의 경우에는 이것은 무슨 행동을 수행할 것인가의 문제다. 따라서 모든 추론은 실천적이라는 의미가 있다. 왜냐하면 이 모든 것은 결국 어떤 행동을 산출하기 때문이다. 이론이성의 경우에는, 행위는 전형적으로 논변이나 또는 증거에 의거하여 결론이나 또는 가설을 받아들이는 문제다. 따라서 이론이성은 실천이성의 특별한 경우다. 이론이성과 실천이성의 차이는 결론의 적합성의 방향에 있다: 증거 또는 전제로부터 결론을 이끌어내는 경우는, 마음에서 세계로의 방향이며, 결정과 고찰에 의거한 의도를 형성하는 경우는, 세계에서 마음으로의 방향이다. 이것은 또한 그 이상의 중요한 결과들을 갖는다: 실천적 추론은 단지 시간 속에서 발생하는 어떤 것이 아니라, 이것은 자아가 미래에 무엇을 할 것인가에 대한, 같은 자아의 현재의 추론이라는 의미에서 시간과 관련된다. 따라서 우리가 일단 시간의 관념을 도입하고 나면, 우리는 자아가 과거 행위에 대한 책임 소재지로서 또한 미래 행동에 대한 계획의 주체로서 요구된다는 것을 알게 된다. 지금 내가 미래를 위해 계획을 할 때, 계획의 주체는 미래에 그 행동을 수행할 동일한 자아다. 실천이성은 본질적으로 시간의 구조화를 포함하며 이는 자아를 전제한다.

8. 비환원적인, 흄적이지 않은 자아를 위한 논변의 요약

• 1단계 : 자발적, 지향적 행동들의 존재는 행동하는 의식적 행위자를 요구한다. 그렇지 않으면, 그 행동은 단지 발생하는 한 사건일 뿐이다. 흄적인 다발이나, 심적인 속성들과 물리적 속성들을 둘 다 갖고 있

는 스트로슨적인 '인격(person)'이나, 그리고 일차 욕구들에 관한 이차 욕구들을 갖는 프랑크푸르트 식의 인격조차도 그 자체로 행위 조건을 설명하지 못한다.

▪ 2단계 : 그러나 행위자이면서 자아는 아직 아닌 존재가 논리적으로 가능하다. 자아가 되기 위해서는, 행위자로서 행동하는 존재는 자신의 행위들에 대한 의식적 추론을 할 수 있어야만 한다. 그것은 지각, 기억, 믿음, 욕구, 사고, 추론 그리고 인지 일반을 갖고 있는 존재여야만 한다. 행위 주체성(agency)은 합리적 행동을 위해 충분치 않다. 행위자는 자아 여야만 한다.

▪ 3단계 : 결정적인 단계. 합리성에 의한 행동 설명에 특별한 논리적 특성이 있다. 인과적 설명으로 해석되었을 때, 이러한 설명들은 작동하지 않는다. 원인들은 전형적으로 행위를 설명하는 데 충분치 않다. 그러나 합리성에 의한 행동 설명은 그 자체로 완전히 적절하다. 사건을 결정하는 원인을 제시하는 것이 아니라, 의식적 행위자가 작용하는 이유들을 제시하는 것으로 생각하여야만 그러한 설명은 이해된다. 그 의식적 행위자는 자아다.

▪ 4단계 : 일단 우리가 행동의 행위자로서 자아를 도입하고 나면, 많은 다른 관념들도 설명할 수 있다. 특히 책임과 비난, 죄의식, 공적, 보답, 처벌, 칭찬 그리고 단죄와 같이 책임 관념에 부수적인 다른 관념들을 설명할 수 있다.

▪ 5단계 : 자아의 존재는 행위 조건과 시간의 관계를 설명할 수 있다. 동일한 자아가 그것이 과거에 행했던 행동들에 책임이 있으며, 미래에 대한 계획을 수립할 수 있다. 모든 추론은 시간 속에서 이루어지며, 실천적 추론은 시간에 관한 것이다.

9. 경험과 자아

특징들의 구체적 목록을 통하여 순수하게 형식적으로 규정될 수 있는 존재로 내가 기술한 자아와 우리의 실제 의식적 경험들 사이의 관계는 무엇인가? 우리는 어떤 의미에서 자아의 경험이 없다는 흄의 결론에 도전하는 것인가? 요컨대, 우리는 이 '자아'에 관해서 무엇을 말할 수 있는가? 지금까지는 아무것도 없다. 행위자 또는 지각하는 자아가 있어야 한다는 것은 지각에 대한 형식적 요건이 아니다. 반면에, 행위하는 자아가 있어야 한다는 것은 합리적 행동의 형식적 요건이다. 결과적으로, 자아가 인상들과 관념들의 연쇄에 불과하다는 흄적인 설명은, 이 설명이 성향들(dispositions)을 갖고 있는 한 물리적 신체를 포함하도록 수정되었을 때조차도, 합리적 행위 조건의 본질적 요건, 즉 자아성(selfhood)을 포착하지 못한다.

위 질문에 답하기 위한 열쇠는 우리 의식의 구조를 조사해보는 데 있다. 왜냐하면 자아에 대한 첫 번째 조건이 의식 능력이 있어야 한다는 것이기 때문이다. 내가 제시하는 설명에 의하면, 자아는 경험도 아니고 또한 경험되는 대상도 아니다. 예컨대 내가 탁자를 볼 때 나는 시각 경험을 갖게 되고, 경험의 대상인 탁자가 존재한다. 반면에 자아 경험은 없으며, 자아로서 경험되는 대상도 존재하지 않는다. 오히려, '자아'는 단지 그 자신의 활동들을 무기력한 다발 이상의 것으로서 경험하는 존재의 이름이다. 내가 숙고와 행동을 할 수 있고, 지각을 갖고, 숙고 속에서 나의 기억들을 이용하고, 결정을 내리고, 나의 결정들을 수행하고 (또는 수행하는 데 실패하고) 만족하고 또는 불만족하고, 유죄이거나 또는 무죄이고, 또한 이 모든 활동들의 순수한 결과들에 의존하는 것이 나의 의식적 경험의 특징이다. 내가 여기서 추구하는 입장은 어떤 의미에서 흄의 회의주의와 우리 각자가 그 자신을 자아로서 인식한다는 소박한 전이론적 견해(pre-theoretical view)의 중간에 속한다. 나의 논점은 비록 자아가 경험의 이름도 아니고 또한 경험 대상의 이름도 아니지만, 그럼에도 불구하고 우리 자신을 자아로서 구성해주는 우리 경험들의 형식적 특성들의 연쇄가 존재한다는 것이다.

자아를 가정해야 한다는 외견상의 요구 조건이 문장의 주어-술어 구조에 의해서 우리에게 강요되는 단지 하나의 문법적 환상이 아니라는 것을 우리는 어떻게 확신할 수 있는가? 우리가 "나는 클린턴에게 투표하기로 결정했다"고 말할 때, '나'가 지칭하는 대상을 확보하기 위해서 어떤 것을 실체화(reify)하는 것은 아닌가? 그렇지 않다. 왜냐하면 그런 문법적인 요구는 내가 아무것도 하지 않는 경우에도 마찬가지이기 때문이다. "나는 장미를 본다"를 고려해보라. 현상적 경험에 관한 한, 당신은 그 현상학적 사실들을 "경험들의 이 연쇄는 지금 장미 하나를 포함한다"고 말함에 의해서 기술할 수 있다. 그러나 당신은 경험들의 이 연쇄가 지금 한 결정을 포함한다고 말함에 의해서 그 결정이 갖고 있는 능동적인 특성을 포착하지 못한다. 왜냐하면 그 결정은 내가 내린 것이며, 나의 행동이고, 장미의 경험은 수동적으로만 수용됐기 때문이다.

그러나 우리는 그 간격 속에서 살고 우리를 위해 우리의 결정을 내리는 소형 인간(homunculus)을 가정하는 것이 아닌가? 그리고 이것은 결국 무한 퇴행에 빠지지 않는가? 그렇지 않다. 왜냐하면 우리가 그 간격 속에 살고 그 결정들을 내리는 그 소형 인간이기 때문이다.

자아를 가정하는 것은 자아의 경험을 가져야 함을 요구하지 않는다. 한 가지 유비가 이 점을 좀 더 명확하게 할 것이다. 우리가 어떤 것을 볼 때마다 우리는 시각 경험을 가지며, 그 시각 경험을 설명하기 위하여 우리는 한 관점을 가정해야 한다. 비록 이 관점이 경험도 아니고 그 자체로 경험되지도 않지만, 이 관점으로부터 그 경험이 생겨난다. 따라서 내가 태평양에 대한 한 시각적 경험을 갖고 있음을 설명하기 위해, 나는 그 경험이 공간상의 한 관점으로부터 생겨난다는 것을 가정해야만 한다. 이때 내가 태평양을 볼 때, 내가 그것을 바라보는 관점을 내가 볼 수는 없으며, 또한 그 관점이 바라보는 경험의 일부도 아니다. 유비적으로, 자유로운 행동들에 대한 경험은 비록 자아가 경험도 아니고 경험되는 대상도 아니라 하더라도 자아를 요구한다. 따라서 리히텐베르크(Lichtenberg)의 주장은 틀린 것이다. 우리는 "나는 생각한다" 대신에

"생각이 발생한다(It thinks)"라고 말해서는 안 된다. 만일 생각이 능동적이고 자발적인 과정이라면, 생각하는 자아가 있어야만 한다.

10. 결론

그러면 자아는 무엇인가? 그 자신의 어법에 따를 경우 흄은 확실히 옳았다. 만일 우리가, 자아가 아픔과 같은 경험들의 어떤 집합 또는 내 앞에 있는 탁자와 같은 우리 경험들의 대상인 어떤 것을 의미한다고 말한다면, 그러한 것은 존재하지 않는다. 합리적 행위자를 설명하기 위하여, 우리는 합리성과 행위 주체성의 능력들을 결합한 자아를 가정해야만 한다. 자아의 특성들은 다음과 같다.

어떤 x가 있어서,
1. x는 의식한다.
2. x는 시간을 통해 지속한다.
3. x는 합리성의 제약 조건들 하에서 합리성을 갖고 활동한다.
4. x는, 합리성을 갖고 활동하면서, 자유의 전제조건하에서 결정을 하고, 행위를 시작하고 수행할 수 있다.
5. x는 적어도 그의 약간의 행동들에 대해 책임이 있다.

이 논변이 함축하는 한 결과를 지금 명백히 하고자 한다. 왜냐하면 이것은 이후의 논의에서 중요성을 갖기 때문이다. 합리성의 주제는 형식적인 논증의 구조들을 갖고 있지 않으며, 합리성의 한계 효용(marginal utility)이나 무차별 곡선(indifference curves)은 더더욱 아니다. 합리성 이론 속에서 논의의 중심 주제는 추론을 할 수 있는 인간(그리고 쾰러의 원숭이들이 우리에게 확신을 준 것처럼, 아마도 어떤 다른 동물들), 자아의 활동이다. 언어철학의 중심 주제가 단지 문장이나 명제가 아니라 언어 행위들(speech acts)인 것처럼, 합리성 철학의 중심 주제는 추론 활동, 의식적 자아의 목표 지향적인 활동이다.

욕망과 합리적 행위

1. 연루(commitment)의 기본 구조

인간의 합리성 가운데 가장 주목할 만한 능력이자 인간이 원숭이와 가장 차이가 나는 점이 바로 행위의 이유로서 욕구 독립적 이유들을 창출해내고 그에 따라 행동한다는 점이다. 그러한 이유들의 창출은 언제나 스스로를 여러 모로 연루시키는(commit) 행위자의 문제다. 고전적 모델은 그런 욕구 독립적 이유들이 존재한다거나 합리적 구속력을 갖는다는 점을 설명해주지 못하며, 또 사실 고전적 모델의 전통에 있는 사람들은 대부분 그런 것들이 있다는 점 자체를 부정한다. 우리는 고전적 모델에서는 장기적인 타산(prudence)이 이미 하나의 난점임을 보았는데, 고전적 모델에서 행위자는 행위 순간에 갖고 있는 욕구에 따라서만 합리적으로 행위할 수 있기 때문이다. 행위자가 당장에는 자신의 장기적인 타산적 고려들에 따라 행위할 욕구가 없으면서도 그렇게 행위할 이유를 갖는다는 것이 합리성의 요건의 하나일 수 있음을 우리는 덴마크의 흡연가의 경우에서 보았다. 고전적 모델은 이 점을 설명해주지 못한다. 고전적 모델에서는, 전우를 살리려고 수류탄에 자신의 몸을 내던지는 군인은 바닐라 아이스크림보다 초콜릿 아이스크림을 택하는 아이와 마찬가지의 상황에 있다고 해도 불합리한 말이 아니다. 군인은 죽음을 택하고 아이는 초콜릿을 택한다. 각 경우에 합리성이란, 선호의 사다리에서 더 높은 쪽의 계단에 오를 개연성을 증대시키는 것의 문제일 따름이다.

그러나 그런 극단적인 사례들이 욕구 독립적 이유들을 창출하고 그에 따라 행위하는 것이 마치 무엇인가 이상하고 별난 경우임을 보여주는 것으로 생각해서는 안 된다. 말하고자 입을 열 때마다 우리는 욕구 독립적 이유들을 아주 많이 창출하고 있는 것처럼 보인다. 이 강연에서는 어떤 경우에 그런 이유들을 창출하는지 크게 몇 가지로 사례를 나누어 검토해보겠다. 우선 정확히 무엇이 쟁점인지를 말해두는 것이 중요하다. '욕구'나 '욕망'이란 말의 아주 넓은 의미에서, 모든 의도적 행위는 그 행위를 수행하려는 욕구나 욕망의 표현 또는 표명이다. 물론 이를 드릴로 긁어내려고 치과에 갈 때는, 충치를 긁어내야겠다는 충동이나 열망, 열정, 욕망, 갈망 또는 기호를 갖고 있는 것은 아니다. 하지만 그러면서도 그 순간에는 그것이 내가 원하는 바이기도 하다. 나는 내 이를 긁어내게 하기를 원한다. 그 같은 욕구는 촉발된(motivated) 욕구 또는 이차 욕구다. 즉, 내 이를 튼튼하게 하려는 욕구가 촉발시킨 것이다. 그런데 모든 의도적 행위는 욕구의 표현이므로 다음 문제가 생긴다: 이런 욕구들은 어디서 비롯되는가? 고전적 모델에서는 두 가지 가능성만 있을 수 있다. 바로 그 행위를 하고 싶어서 하는 행위이거나 아니면 나의 다른 욕구 때문에 수행하는 행위인 것이다. 맥주를 마시고 싶어서 마시는 것이거나 아니면 다른 어떤 욕구를 채우고자 마시는 것이다; 이를테면, 나는 맥주를 마시면 건강에 좋다고 생각하고 있으며 또한 나는 더 건강해지길 원한다. 그 밖의 가능성은 없다. 고전적 설명에 따르면 합리성이란 전적으로 욕구 충족의 문제다.

모든 합리적 행위가 욕구 충족을 위해 수행된다고 말하는 것은 좀 어설픈 주장처럼 보인다. 따라서 동기를 설명할 때 고전적 전통에 있는 이론가들이 얼마나 힘들어하는지를 살펴보는 것도 재미있는 일이다. 그들은 합리적 동기 부여를 정확히 어떻게 묘사하고 있는가? 어떤 외적 이유도 있을 수 없으며 모든 합리적 행위는 행위자의 동기 집합 S 속에 있는 것에 호소하여 설명해야 한다고 생각하는 버나드 윌리엄스는 S의 내용에 관해 다음과 같이 말할 수밖에 없었다.

나는 S를 일차적으로 욕구란 말을 써서 논의해왔는데, 형식적으로 이 용어는 S의 모든 원소들에 대해 쓰일 수 있다. 그러나 이 용어법은 사람 들로 하여금 S가 평가 성향, 정서적 반응의 유형, 인격적 성실성, 다양한 투사 등과 같은 것들을, 즉 추상적으로는 **행위자가 연루시킨 것**의 구현 이라고 불릴 수도 있는 것들을, 포함할 수 있다는 점을 잊게 해줄 수도 있다.[1]

비슷한 구분이 '긍정적 태도(pro attitude)'에 대한 데이비드슨(D. Davidson)의 규정에서도 보인다. 그는 이렇게 말한다. "따라서 누군가 가 어떤 이유에서 무엇인가를 할 때마다, 그는 (a) 일정한 유형의 행위 들에 대한 모종의 긍정적 태도를 갖고 있으며, (b) 자신의 행위가 그런 유형이라고 믿고 있다(또는 안다, 지각한다, 인지한다, 기억한다)고 규정 될 수 있다."[2] 또 자신의 긍정적 태도들의 집합에 대해 그는 다음 목록 을 나열한다. 그것은 행위자가 "원하거나 바라거나 존중하거나 귀여워 하거나, **의무를 다해야 한다**고 생각하거나 유익하다거나 **책임져야 한다** 거나 동의한다고 생각하는" 것이다.[3] 이 목록의 문제점은, 윌리엄스의 문제점처럼, 행위의 욕구 의존적 이유와 욕구 독립적 이유의 구분을 흐 리게 한다는 점이다. 즉, 하고 **싶다**는 것과 원하든 원치 않든 **해야만 한 다**는 것의 구분을 흐리게 한다. 어떤 것을 원한다든가 바란다는 것과 그 것을 의무라고 여긴다든가 당신의 욕구와 상관없이 해야만 한다고 '연 루'된다는 것은 전혀 별개의 문제다. 왜 윌리엄스나 데이비드슨은 연루

---

1) B. Williams, "Internal and External Reasons", in *Moral Luck*(Cambridge: Cambridge University Press, 1981), p.105. 강조는 필자.

2) D. Davidson, "Actions, Reasons, and Causes", reprinted A. White ed., *The Philosophy of Action*(Oxford: Oxford University Press, 1968), p.79.

3) 같은 곳, 강조는 필자.

나 책임이 무엇인지를 말해주지 않는가? '형식적으로' 말해서 그것은 또 다른 욕구일 따름인가?

나는 두 사람 모두 이 대목에서 고전을 면치 못하고 있는 듯이 보이는 까닭은 그들이 욕구 독립적 이유가 분명히 존재하는데도 그것을 욕구와 동화시키려 하기 때문이라고 본다. 또 그들이 이런 식으로 한다는 것은 곧 만일 욕구를 포함하는 집합을 충분히 광의로 해석한다면 어떤 사람의 연루나 책임 등도 정말로 욕구와 똑같은 집합의 원소가 될 것임을 시사하는 것이다. 내 생각에 그것은 내가 시도하고 있는 욕구와 욕구 독립적 이유 사이의 결정적 구분을 흐리게 한다. 그런 구분이 왜 있겠는가? 물론 사람들은 자기의 의무감을 충족시키거나 자기들의 약속을 지키기를 원할 수 있다. 그렇다. 하지만 그것은 초콜릿 아이스크림을 원하는 것과 같은 것은 아니다. 나는 초콜릿을 원하며 내 약속을 지키기를 원한다. 그 차이는 무엇인가? **약속의 경우에는 욕구가 욕구 독립적 이유, 즉 의무감의 자각으로부터 파생된다. 이유가 욕구에 선행하며 욕구의 근거가 된다. 초콜릿의 경우에는 욕구가 곧 이유다.**

행위에 대한 욕구 독립적 이유의 존재, 성격, 창출, 기능 등이 이 강연의 쟁점들이다. 나는 다음의 적합성 조건들에 부합하도록 행위에 대한 욕구 독립적 이유를 설명할 필요가 있다.

1. 그 설명은 전적으로 자연주의적이어야 한다. 즉, 욕구 독립적 이유의 창출과 기능이 우리 같은 생물학적 동물들에게 어떻게 가능한지를 보여주어야 한다. 인간은 침팬지와 다르지만 인간의 능력은 다른 영장류의 능력의 자연적 확장이다. 어떤 초월적, 비생물학적, 물자체적 또는 초자연적인 것에도 호소하면 안 된다. 우리는 지금 우리처럼 땀내 나는 생물학적 동물들의 특정 능력에 관해 말하고 있을 따름이다.

2. 행위에 대한 욕구 독립적 이유의 창출을 가능하게 해주는 장치를 명시해줄 필요가 있다.

3. 그런 장치 내에서 사람들이 어떻게 그렇게 하는지를 설명해야 한다. 사람들은 그런 이유들을 어떻게 창출하는가? 욕구 독립적 이유의

창출의 기초가 되는 지향성의 논리적 구조가 무엇인지를 정확히 진술할 필요가 있다.

4. 어떻게 합리성만으로도 그런 이유들이 행위자를 속박할 수 있게 하는지를 설명할 필요가 있다. 어떤 합리적 이유에서 행위자는 자신의 연루나 책임을 고려해야 하는가? 행위자가 왜 그런 것들을 그냥 무시할 수는 없는가?

5. 그런 이유들에 대한 합리적 인지만으로도 어떻게 충분한 동기가 되는지, 즉 만일 그런 것들 자체가 욕구 독립적이라면 어떻게 그런 것들이 이차적 욕구에 대한 합리적 근거가 될 수 있는지를 설명할 필요가 있다.

6. 1에서 5까지의 조건들에 답하기 위해 사용된 장치와 지향성이 어떻게 그런 이유들의 창출 및 작동에 충분한지를 설명할 필요가 있다. 일반 원리나 도덕법칙 등의 도움은 전혀 필요 없다. 즉, 1-5에 대한 답은 욕구 독립적 이유들이 어떻게 창출되며 실질적인 도덕 원리의 도움 없이도 어떻게 기능하는지를 설명해주어야 한다. 말하자면 욕구 독립적 이유들은 자족적이어야 한다.

서양철학사에 정통한 사람이라면 내가 무모한 일에 뛰어들었다고 생각할 것이다. 나는 이런 식의 기획을 모자 속에서 토끼를 꺼내려는 짓이라고 평하는 사람들을 보아왔다. 하지만 나는 만일 고전적 모델 및 그것이 구현하고 있는 일체의 전통을 잊을 수 있다면 실제로 토끼를 꺼낼 수 있다고 생각한다. 우리의 문제들에 대한 답은, 세부적으로는 복잡하지만 그 기본 구조에서는 상당히 단순하다.

그러나 이런 문제들은 여러 상이한 수준에서 대답될 수 있기 때문에 설명이 적절한 수준에서 이루어져야 한다는 점이 중요하다. '현상학적' 수준이라는 것이 있는데 그 수준에서는 행위자가 합리적이고 사회적으로 연루된 행동에 가담했을 때 그 행위자에게 일이 어떻게 보일지를 묘사해준다. 또한 행위에 대한 욕구 독립적 이유의 창출에 사용되는 사회 제도들을 논의하는 사회적 내지 '사회 구성적(societal)' 수준이 있는데,

그런 제도들이 어떻게 구성되어 있으며 더 큰 사회에서는 어떤 기능을 하는지를 설명하려 할 때 논의되는 수준이다.

이들 수준에서의 얘기는 나중에 하기로 하고, 먼저 가장 간단하고도 기본적인 수준의 지향성부터 논의하고자 한다. 이는, 말하자면 현상학이나 사회학이라는 분자 수준보다 앞서는 원자 수준이다. 연루, 성실성 및 불성실성, 인간 제도들의 구체적 역할 등은 뒤에서 상론하겠다. 그러나 우선 인간 연루의 가장 단순하고 가장 원초적인 형태들을 분명히 해두는 것이 중요하다. 연루의 창출에 관련되는 지향적 현상들의 만족 조건은 무엇인가? 보통의 일상 언어를 할 줄 아는 화자와 청자가 하나씩 있다고 가정해보자. 이들이 진술, 요청, 약속 등을 하는 관례들에 정통하다고 가정하자. 가장 단순한 형태의 언어 행위에서, 이를테면 화자가 주장이나 요청이나 또는 약속을 하는 경우에 그는 만족 조건들에 대한 만족 조건을 부과한다. 정확히 어떻게? 주장의 예를 잘 조사해보면 무엇을 찾아볼 수 있는지 알아보자. 화자가 어떤 문장, 예컨대 "비가 온다"를 발언하고 또 그가 비가 온다는 것을 주장하려고 의도한다고 가정해보자. 행위에서 그의 의도는 부분적으로는 "비가 온다"는 발언을 산출하는 것이다. 이 발언은 그의 의도의 만족 조건들 중 하나다. 그러나 만일 그가 그 문장을 그저 발언하고 있는 것만이 아니라 비가 온다는 것을 실제로 말해주고 있는 것이라면, 즉 비가 온다는 것이 그가 실제로 의미하는 것이라면, 그는 그 발언이 진리 조건, 즉 비가 온다는 하향 적합 방향을 갖는 만족 조건들을 충족시킨다고 의도해야 한다. 즉, 그의 의미 의도는 만족 조건(발언)에 만족 조건(즉, 진리 조건)을 부과하는 것이다. 이제 그의 발언은 하나의 지위 기능을 가지며, 날씨 상태를 참되게 또는 거짓되게 나타낸다. 또 그는 참 또는 거짓에 대하여 중립적이지 않은데, 그의 주장이 하나의 진리 주장이기 때문이다. 그런 식의 지위 기능이나 만족 조건에 대한 만족 조건의 부과가 이미 하나의 연루다. 왜? 그 주장은 화자의 자유로운 의도적 행위였기 때문이다. 그는 비가 온다는 주장에 동의했고 따라서 그 주장된 명제가 참임을 받아들였다. 그가 주장이라는 양식으로 만족 조건에 대해 만족 조건을 의도적으로 부과할 때, 그는 그 조건이 만족되고 있음에 대한 책임을 지게 된다. 또 그 연루가 이미 행위에 대한 욕구 독립적 이유다. 이를테면, 이제 화자는 자기 주장의 논리적 귀결들을 받아들일 이유를 창출했는데, 자기가 말한 것을 부인할 수 없기 때문이요, 자기가 말한 것에 대한 증거를 제시하거나 정당화를 할 수 있기 때문이며, 그 말을 할 때 진지하게 말했기 때문이다. 이 모든 것들은 주장함에 대한 구성적(constitutive) 규칙들의 결과인 것이며, 화자는 그런 규칙들에 호소하여 만족 조건에 대한 만족 조건을 부과한다. 연루의 창출은 행위에 대한 욕구 독립적 이유를 창출하며, 이 연루가 이미 언어 행위의 구조 속에 구현되어 있다. 어떤 주장을 할 때 화자는 하향 적합 방향을 갖는 명제를 제시한다. 그런데 그러는 가운데 화자는 하나의 연루를 창출하는데 이는 하향 적합 방향을 갖는다. 비가 온다는 그의 주장은 정말로 비가 오는지 여부에 따라 참 또는 거짓이 된다. 그가 연루시킨 것은 세계가 실제로 그가 말한 대로일 때만, 즉 비가 오고 있는 때만 만족된다.

지금까지는 주장만 고찰했지만, 사실, 제대로 명제적 내용을 갖춘 모든 표준적인 언어 행위는, 만족 조건의 의도적인 부과가 화자를 다양하게 연루시키도록 또는 책임지도록 하기 때문에, 행위에 대한 욕구 독립적 이유의 창출을 동반한다. 청유문이나 명령문조차도 그 명제적 내용이 화자보다는 청자에게 부과된 조건을 가리키기는 하지만, 여전히 화자를 다양하게 연루시킨다. 예컨대 만일 내가 당신에게 방에서 나가라고 명령한다면, 나는 당신이 방에서 나가도록 시키는 것과 당신이 방에서 나가기를 바라는 것에 대해 연루되어 있는 것이다.

그러면 연루란 무엇인가? 이 문제에 답하는 방법은 연루의 논리 구조를 살펴보는 것이다. 연루란 우리의 조건을 행위의 이유들에 맞추는 작위적인 것이다. 하나의 연루는 하나의 명제적 내용 및 하나의 상향 적합 방향을 갖는다. 따라서 만일 내가 다음 주에 산호세에 가려는 것에 연루되어 있다면, 그 명제적 내용은 "내가 다음 주에 산호세에 가려 함"이고 적합 방향은 상향이다. 이 연루는 세상이 그 연루의 내용에 부합하도록 변할 때만, 즉 내가 실제로 산호세로 갈 때만 만족된다. '필요충분조건'

204

을 부여하려고 할 것 없이 이렇게 말할 수도 있겠다: 연루란 어떤 행위 과정이나 정책 과정(또는 다른 지향적 내용, 이를테면 믿음이나 욕구 등에 연루되어 있을 수도 있다)에 대한 채택인데 여기서 채택이라는 성격이 그런 과정을 따라 추구할 이유를 부여해준다. 따라서 예컨대 나는 철학의 실천에 연루되어 있다. 또 이 연루가 일이 잘 안 풀리는 어려운 때도 그것을 추구할 이유를 내게 부여해준다. 마찬가지로 나는 가톨릭 신앙이나 민주당 쪽으로 연루되어 있을 수도 있다. 철수는 '연루'되고 싶어 하지 않는다고 순이가 말할 때 순이는 철수에게 일정한 행동과 태도를 유지할 이유를 제공해주는 어떤 정책을 철수가 채택하고 싶어 하지 않는다는 것을 의미한다. 그런 이유들은 욕구 독립적이다. 이 점이 비록 내가 묘사한 종류의 연루가 사람이 어쨌든 하고 싶어 하는 것들에 대한 연루라는 사실 때문에 우리에게 감추어져 있긴 하지만. 우리는 이 강연에서 주로 만족 조건에 대한 만족 조건의 부과를 통하여 다른 사람에 대한 연루를 창출하는 특수한 경우의 연루에 일차적인 관심을 둘 것이다.

일단 연루의 논리 구조를 알면 언어 행위를 수행할 때 어떻게 연루를 창출할 수 있는지를 알기는 더 쉽다. 모든 연루가 언어 행위의 수행을 통해서 창출되는 것은 아니다. 이를테면, 사람이 어떤 정책을 계속할 확고한 의도를 채택하는 것만으로도 그 정책에 대해 스스로를 연루시킬 수 있다. 그러나 지금 내가 고찰하고 있는 것은 공적으로 창출되며 보통은 타인을 향한 그런 부류의 연루들이다. 우리는 그런 연루를 어떤 다른 것에 만족 조건을 부과함으로써 우리 자신에 대해서 창출할 수도 있다. 이 점이 주장 행위(assertive)에 대해서 어떻게 작동하는지는 공약 행위(commissive)의 경우보다 알기 어려운데, 주장의 경우에는 발언에 대해서 하향 적합 방향을 갖는 만족 조건을 부과하기 때문에, 즉 하나의 진리 주장을 하고 있기 때문이다. 그런데 진리 주장을 할 때는 우리는 우리 자신에 대해서도 연루들을 부과한다. 주장을 할 때 우리는 진리, 성실성 및 증거에 대한 책무를 진다. 또 그런 책무들은, 일반적인 연루들처럼 상향 적합 방향을 갖는다. 이런 책임은, 발언이 참이고 화자가 진지하며 자기 주장에 대한 증거를 갖고 있는 그런 세상일 때만 충족된다.

그런데 왜 그런 연루, 책임, 책무 등은 행위자를 구속하는가? 왜 행위자는, 이성적으로 말해서, 그런 것들을 그냥 무시할 수는 없는가? 왜 그런 것들도 다른 것들처럼 사회적 구성물이지 않는가? 그것은 화자가 그것들을 자기 자신의 연루로서 창출했다는 점에서 자기 자신의 주장에 대해 어떤 특수한 관계에 있기 때문이다. 화자는 스스로 책임을 떠맡음으로써 자유롭고도 의도적으로 자신을 속박한 것이다. 화자는 남의 주장이 참인지에 대해서는 스스로를 연루시킨 것이 아니기 때문에 무심할 수 있다. 그러나 자신의 주장이 참인지에 대해서는 그 주장이 곧 자신을 연루시킨 것이라는 바로 그 점 때문에 무심할 수 없다.

그러나 어떻게 그런 추상적, 욕구 독립적 연루가 이차적 욕구를 발생시킬 수 있는가? 어떻게 그런 것이 동기 부여를 해줄 수 있는가? 글쎄, 어떻게 증거나 증명 심지어 진리 그 자체가 누군가로 하여금 그가 믿고 싶어 하지 않는 것을 믿게 하는 동기 부여를 해주는지 스스로 물어보라. 이를테면 괴델 정리가 자기네 연구 계획을 망친다 해서 괴델 정리를 믿으려 하지 않는 사람도 많다. 하지만 일단 그들이 괴델 증명의 타당성을 인정한다면, 합리적으로 말해서, 다른 선택의 여지가 없다. 증명의 타당성을 인정한다는 것이 이미 그 정리를 받아들일 이유를 인정한다는 것이요, 그 정리를 받아들일 이유를 인정한다는 것이 이미 그 정리를 받아들이기를 원하는 이유를 인정한다는 것이다. 이번 경우 및 앞으로 고찰할 다른 경우들의 교훈은 여타의 이유들처럼 욕구 독립적 이유들도 동기 부여를 해준다는 점이다. 일단 당신이 어떤 것을 행위에 대한 타당한 이유로 인정하면, 즉 일단 당신이 당신을 주체로 하고 상향 적합 방향을 갖는 어떤 작위적 대상(factitive entity)을 인정하면, 당신은 이미 그것을 당신이 연루되기로 마음먹은 것을 하도록 원하게 하는 근거로서 인정한 셈이다. 내 이를 드릴로 긁어내게 해야겠다는 나의 욕구가 내 충치를 치료할 필요가 있다는 점에 대한 나의 인정 및 내 건강을 돌보려는 나의 욕구로부터 파생되는 것과 마찬가지로, 참을 말하려는 욕구나 약속을 지키려는 욕구도 내가 진술을 하고 있음을 인정한다든가 약속을 했음을 인정한다는 점 및 진술이나 약속이 연루나 책임을 창출한다는 점 그리고 내가 나의 연루와 책임을 충족시킬 것을 요구받고 있다는 점으로부터 파생된다.

사람들은 욕구 의존적 이유가 이차 욕구를 촉발하는 방식이 아무 문제가 없다고 가정하는 경향이 있다. 그러나 욕구 의존적 이유가 촉발하는 방식은 욕구 독립적 이유가 촉발하는 방식이 당혹스럽게 하는 것 그 이상도 그 이하도 아니다. 나는 충치를 고쳐야겠다는 내 욕구가 내 이를 드릴로 긁어내게 할 이유임을, 또 따라서 내 이를 드릴로 긁어내게 하기를 원하는 이유임을 인정하는 것이다. 나는 또한 내가 당신한테 돈을 빌린다는 사실이 돈을 갚을 이유가 되고 따라서 돈을 갚기를 원하는 이유가 됨을 인정한다. 각 경우 모두 나를 주체로 하고 상향 적합 방향을 갖는 작위적 대상의 인정이 행위 수행의 이유가 되고 따라서 행위를 수행하기를 원하는 이유가 된다.

욕구 독립적 이유가 어떻게 동기를 촉발시킬 수 있는지에 관해 특별히 문제될 것이 전혀 없음을 인식하기 어려운 점은 전통적으로 동기 촉발(motivation)이란 인과적 충분조건의 문제여야 한다고 생각하는 경향에서 부분적으로 비롯한다. 전통적 생각의 약점은 일체의 동기 설명은 어떻게 그 행위가 불가피했으며, 어떻게 행위자가 진정 올바른 이유를 갖고 있다면 그 행위를 수행해야 하는지를 보여주어야 한다고 가정한다는 점이다. 이런 잘못은 간격의 존재를 인정하지 못한 데에서 파생된 것이다. 나는 나의 의무감을 인정할 수 있듯이 내 이를 긁어내게 할 필요성을 인정할 수 있는데, 그러면서도 어느 쪽 이유에 따라서도 행동하지 않을 수도 있다. 그래서 행위에 대한 욕구 독립적 이유들의 동기 촉발력에 대한 해명에서, 우리는 충분조건에 의해서 욕구 독립적 이유가 행위를 유발함을 보이려고 하는 것이 아니다. 욕구 독립적 이유는 충분조건에 의해 행위를 유발하지 않는다. 행위에 대한 다른 어떤 합리적 이유들도 또한 그렇지 않다.

동기 이해에서 본질적 단계는 삼인칭 관점과 일인칭 관점의 관계에 대하여 명확히 해두는 것이다. 삼인칭 관점에서는, 모든 사회는 일군의 제도적 구조들을 갖고 있으며, 그 사회의 구성원들은 그런 제도적 구조들 속에 있는 의무론적(deontic) 구조에 의해서 여러 모로 동료 구성원들의 눈길 속에 얽매여 있다. 구성원들은 남편으로서, 아내로서, 시민으로서, 납세자로서 등등으로 얽매여 있다. 그러나 그렇게 말하는 것은 아직까지는 일인칭 관점에 관해서는 아무 말도 안 한 것이다. 왜 의식적 자아로서의 내가 남들이 내가 얽매여 있다거나 또는 해야 할 의무가 있다고 생각하는 것에 조금이라도 신경을 써야 하는가? 일인칭 관점에서는, 내가 그런 제도적 구조들 내에서 행동하면서, 자발적이고 의도적으로 나 자신에 대한 욕구 독립적 이유들을 창출할 수 있다는 것이 그 답이다. 제도적 구조들이 나로 하여금 이렇게 하는 것을 가능하게 하지만, — 또 이 점이 결정적인 점인데 — 내가 그렇게 창출하는 책임, 연루, 그 밖의 동기 유발자들은 제도로부터 파생되는 것이 아니라 그런 책임, 연루 및 의무들을 내가 의도적이고 자발적으로 떠맡는 것으로부터 파생된다. 이런 사실 때문에, 이런 동기 유발자들의 인정이 의식적 행위자로서의 나에게 합리적으로 요구될 수 있다. 이 점은 진술의 경우만큼 명백하지는 않지만 약속의 경우에도 마찬가지로 참으로 명백하다. 내가 "약속하지"라고 발언했으므로, "그래 그렇게 말은 했지만 왜 그것이 약속이 되는지는 모르겠네"라고 내가 말할 수는 없으며, 또 일단 약속을 했으면, "그래 약속은 했지만 왜 그것이 나를 의무감에 빠지게 하는지 모르겠네"라고 말할 수도 없다. 마찬가지로 "비가 온다"고 말했다면 "그래 그렇게 말은 했지만 왜 그것이 진술이 되는지 모르겠네"라고 말할 수는 없으며, 일단 진술을 했으면 "그래 진술은 했지만 그것이 왜 그 진술의 참에 대해 연루된 것이 되는지 모르겠네"라고 말할 수는 없다.

이상으로 내가 이 강연에서 제시할 주된 논변들을 다소 주마간산 식으로 개괄해보았다. 이 논변들을 지금까지는 가장 근본적이고 원자적인 수준에서만 논의했다. 앞으로 그 논변들을 더 높은 수준에서 접근하면서, 욕구 독립적 이유가 행위에 대한 동기 유발을 할 수 있는 방식에 관한 논변을 좀 더 상세히 재진술하겠다. 지금까지 제시된 주장에 관한 해명이 우리의 적합성 조건들에 어떻게 부합하는지를 알아보자.

1. 이 설명은 전적으로 자연주의적이다. 우리의 능력들은 더 원시적인 동물들 및 특히 영장류의 능력들의 확장이다. 원숭이는 지향성 능력이 있지만 만족 조건에 만족 조건을 부과하는 이차 수준의 지향성 능력은 없다. 원숭이는 만족 조건에 만족 조건을 부과함으로써 비가 온다는 명제의 참에 대한 연루를 떠맡을 능력이 없다. 더욱이, 우리 인간들이 이런 일들을 할 수 있도록 다른 인간들을 식별할 수 있고 또 그에 따라 우리가 이런 연루들을 남들과 의사소통할 수 있게 해줄 사회적으로 창출된 제도들이 원숭이에게는 없다.

2. 우리가 행위의 욕구 독립적 이유를 창출할 때 쓰는 장치는 언어 행위의 구성적 규칙들 및 실제 인간 언어의 의미론적 구조 속에서의 그것들의 실현이다. 화자가 주장, 명령, 약속을 하기에 충분할 만큼 풍부한 언어라면 그런 일을 할 수 있을 것이다. 실생활에서 화자와 청자는 으레 화폐, 재산, 국가, 결혼과 같은 여타의 제도적 구조들 속에 포함될 것이다. 그런 구조들은 언어적이든 비언어적이든 복잡하다. 하지만 신비로운 것은 아니며 나는 다른 곳에서 상론한 바 있다.[4]

3. 당신은 그런 일을 만족 조건에 대해 만족 조건을 부과함으로써 해낸다. 모든 그러한 부과는 연루이며 모든 그러한 연루는 행위에 대한 욕구 독립적 이유를 창출한다. 맹세나 약속의 경우에서처럼 만족 조건이 화자를 언급하고, 명제적 내용이 화자에 의한 어떤 자발적 행위를 구체화하면, 그 같은 만족 조건의 부과 속에서 행위에 대한 욕구 독립적 이유가 명시적으로 창출된다. 주장의 경우, 행위에 대한 연루는 암시적으로일 뿐이지만 그래도 어디까지나 연루다. 발언에 대한 만족 조건의 부과는 화자에게 연루를 부과하는 것이다.

4. 당신이 떠맡은 연루들은 당신을 얽매고 있는데, 그것이 당신의 연루이기 때문이다. 즉, 당신이 자유롭고 의도적으로 그 주장을 했고 따라

---

4) John R. Searle, *Speech Acts: An Essay in the Philosophy of Language* (Cambridge: Cambridge University Press, 1969); *Expression and Meaning* (Cambridge: Cambridge University Press, 1979); *Intentionality*(Cambridge: Cambridge University Press, 1983); *The Construction of Social Reality*(New York: Basic Books, 1995).

서 스스로 그것이 참이라고 연루시켰으므로, 합리적으로는 당신이 그것의 참이나 성실성, 일관성, 증거 또는 함축에 대해 무심하다고는 말할 수 없다. 인식상의 합리성이면 충분하다. 당신은 그저 당신 스스로 창출한 연루 및 그 논리적 귀결을 인정해야만 한다.

5. 그런 이유들이 동기를 촉발할 수 있는 이유는 당신이 그것들을 동기 유발자로서 창출했기 때문이다. 즉, 상향 적합 방향의 명제적 내용을 갖는 작위적 대상을 창출했기 때문인데, 그것이 당신을 얽매고 있는 것이다. 만족 조건에 대한 만족 조건의 부과에서 당신의 의지를 활용함에 의해서, 당신은 이런 조건들에 비추어서 미래의 당신의 의지를 제약한 것이다. 이 점은 약속을 생각해보면 더 분명해질 텐데, 거의 모든 언어 행위 속에 약속의 요소가 들어 있다. 오랫동안 철학자들은 약속을 일종의 주장으로 간주하려 했다. 그러나 주장을 어떤 것이 사실이라는 일종의 약속이라고 생각하는 것이 더 정확할 것이다.

6. 주목할 점은 우리가 조건 1에서 5에 대한 답을 어떤 실질적인 외적 원리들에 의거하지 않고서 진술했다는 점이다. "진실을 말해야 한다", "거짓말하면 안 된다", "주장들이 일관되도록 해야 한다"와 같은 원리들은 주장 개념에 **내적인** 원리들이다. 적절히 연루될 수 있기 위한 어떤 외적인 도덕 원리도 필요하지 않다. 참에 대한 연루는 주장이라는 지향성의 구조 속에 구현되어 있다.

2. 동기와 적합 방향

지금까지는 어떻게 연루를 창출하며 또 그에 의해 동기 유발이 되는지에 대한 설명을 그 개략적인 골자만 제시했다. 이 절에서는 좀 더 상세한 해명을 덧붙이고자 한다. 솔직히, 지금까지의 설명은 아주 논쟁거리라든지 자극적이라고 보이지는 않는다. 그러나 모든 그러한 해명은 엄청난 반발에 직면하리라고 말하지 않을 수 없다. 왜? 대부분의 반발은 우리의 특유한 철학적 전통에서 비롯하는데 그에 따르면 그런 식의 설명은 불가능하다. 이러한 전통에 따르면 사실과 가치, 즉 '존재'와 '당위' 사이의 엄격한 구분이 있어야 한다. 이 전통 하에서 사실들의 세계에서의 가치들의 지위 및 그런 세계에서의 규범성의 원천에 관하여 무수히 많은 책이 산출되었다. 마찬가지 전통 속에 '윤리'나 '도덕'이라고 불리는 것에 대한 병적인 집착이 포함되어 있으며, 저술가들은 행위의 이유에 대해서는 실로 거의 관심이 없이 자기네들의 구미에 맞는 윤리적 주제들에만 매달리고 있다. 그들은 사실들은 아무 문제가 없는 것으로 가치들은 설명을 요하는 것으로 간주한다. 그러나 우리처럼 땀내 나는 생물학적 동물들의 관점에서 이 문제들을 생각해보면, 규범성이란 도처에 아주 많이 널려 있다. 세계는 기실 대체로 우리와 무관한 사실들로 이루어져 있지만, 일단 당신이 그런 사실들을 적합 방향을 갖고서 표상하기 시작하면, 당신은 이미 규범들을 갖게 되며, 이 규범들이 행위자를 얽매게 된다. 모든 지향성은 규범적 구조를 갖고 있다. 어떤 동물이 믿음을 갖고 있다면, 그 믿음은 참, 합리성, 일관성이라는 규범의 지배를 받는다. 어떤 동물이 의도를 갖고 있다면 그 의도는 성공하거나 실패할 수 있다. 어떤 동물이 지각을 갖고 있다면, 그 지각은 세계에 관한 정확한 정보를 부여하는 데 성공하거나 실패할 수 있다. 또 그 동물은 문제의 지향적 상태가 바로 그 동물의 상태라는 점에서 참이나 성공이나 정확성에 대해 무심할 수 없다. **당신이** 어떤 믿음을 갖고 있을 때 내가 당신의 믿음의 참/거짓에 대해 무심할 수는 있지만 **내가** 어떤 믿음을 가질 때는 마찬가지로 무심할 수 없다. 그것은 나의 믿음이고, 참이라는 규범적 요구가 그 믿음 속에 구현되어 있기 때문이다. 동물의 관점에서는 규범성을 피할 수 없다. 하나의 **존재**(is)에 대한 꾸밈없는 표상은 그 동물에게 하나의 **당위**(ought)를 부여한다.

인간이라는 동물에 대해 특수한 점은 규범성에 있다기보다는 언어의 사용을 통하여 일군의 공적인 연루들을 창출하는 능력에 있다. 전형적으로 인간들은 공적인 언어 행위를 수행함으로써 이를 해내는데 이때 화자는 의도적으로 만족 조건에 만족 조건을 부과한다. 이런 언어 행위는 화자가 유의미한 언어 행위를 수행하고 그것을 다른 화자/청자들에게 의사소통하는 데에 사용하는 제도적 구조의 존재에 의해서 가능하게 된다. 이런 장치를 사용해서 화자는 자기가 만족 조건에 만족 조건을 부과할 때 연루를 떠맡을 수 있다. 사실 연루를 떠맡기를 피할 방도가 없다. 주장이라는 언어 행위는 참에 대한 연루요 약속이라는 언어 행위는 미래의 행위에 대한 연루다. 둘 다 화자가 만족 조건에 만족 조건을 부과한다는 사실로부터 발생한다. 언어 행위는 화자를 이차적인 만족 조건 집합에 연루시킨다. 주장의 경우, 화자는 주장이 참임에 연루되어 있으며, 약속의 경우에는 그가 수행하기로 약속한 행위를 실행한다는 것에 연루되어 있다.

일단 동기가 창출되면, 그것의 인식은 행위에 대한 내적 이유를 제공한다. 이 점을 명확히 하는 것이 중요하다. 아무리 허무맹랑하더라도 어떤 외적 동기 유발자를 받아들이면 행위자는 행위의 내적 이유를 부여받을 수 있다. 불합리하게도 내가 책상 뒤에 호랑이가 숨어 있다고 확신하게 되면, 나는 위험의 존재를 인정한 것이고, 그에 따라 아무리 나의 이유가 불합리하다 해도 행위에 대한 하나의 이유를 갖게 된다. 그러나 행위에 대한 욕구 독립적 이유에 관하여 중요한 점은, 일단 행위자가 문제의 이유를 의도적이고 자유롭게 창출했으면 그것의 수용이 인식적 합리성의 문제로서 합리적으로 요구된다는 점이다.

앞서 논의했던 비가 온다는 진술을 하는 경우를 생각해보자. 내가 어떤 진술을 할 때마다 나는 참되게 말할 이유가 있다. 왜? 진술이란 그 표현된 명제의 참에 대한 연루이기 때문이다. 진술을 하는 것과 그것의 참에 대해 스스로를 연루시키는 것 사이에는 아무런 차이가 없다. 즉, 언어 행위에는 첫째, 진술을 한다는 것과, 둘째, 그것의 참에 대해 스스로를 연루시키는 것이라는 두 가지 독립된 특징이 있는 것이 아니다. 진술하는 것만 있을 뿐이고 그것이 곧 참에 대한 연루인 것이다. 당신이 나보고 "바깥 날씨가 어때요?"라고 묻고 내가 "비가 온다"고 대답한다고 하자. 그것으로써 나는 비가 온다는 명제의 참에 대해 스스로를 연루시킨 것이다. 참에 대한 나의 연루는 내가 거짓말을 할 경우에 가장 명백하다. 실제로는 내가 비가 온다고 믿지 않으면서 거짓말로 "비가 온다"고 말한다면, 내게 내 발언은 거짓말로서 이해되는데 그것은 내가 참이라고 믿지 않는 명제의 참을 그 발언이 내게 연루시키기 때문이다. 또 그 거짓말이 거짓말로서 성공할 수 있는 것은 당신이 내가 하나의 진술을 하고 있는 것으로 따라서 나를 그 표현된 참에 대해 스스로를 연루시키고 있는 것으로 간주하기 때문이다. 마찬가지 지적을 실수에 대해서도 할 수 있다. 내가 거짓말을 하는 것이 아니라 진짜로 실수를 했다고 해보자. 나는 비가 온다는 것을 진실 되게 말했지만 비가 오는 것은 아니다. 그런 경우 역시 나의 언어 행위에는 잘못이 있다. 즉, 그 말은 거짓이다. 그런데 왜 그것이 잘못인가? 어쨌든, 모든 참인 명제에 대해 거짓 명제가 존재한다. 그것이 잘못인 것은 진술의 목적이 참을 말하는 것이기 때문이며, 이것이 실패하는 것은 그 진술이 거짓이기 때문이다. 내가 진술을 할 때 나는 그것이 참임에 대해 스스로를 연루시키며, 여기서 나의 실수가 나로 하여금 그 연루에서 실패하게 한다.

고전적 모델에서는 이런 간단한 사실들을 해명해줄 길이 전혀 없다. 고전적 모델에서는 두 가지 별도의 현상이 존재한다고 말할 수밖에 없다. 즉, 진술을 한다는 제도가 있고 그런 다음 그와 별개로, 참을 말해야 한다는 원리가 있다고 말할 수밖에 말할 수 없다. 어떤 이유에서 진술을 할 때 나는 참을 말하려고 해야 하는가? 고전적 이론가는 단지 진술을 한다는 것만으로는 아무 이유도 없다고 말하지 않을 수 없다. 내가 가질 수 있는 유일한 이유는 만일 내가 거짓말을 한다면 나쁜 귀결들이 있게 될 것임을 느낀다거나 혹은 진술한다는 것과는 논리적으로 무관한 도덕 원리로서 거짓말은 나쁘다는 식의 원리를 내가 갖고 있거나 또는 그냥 내게 참을 말하려는 성향이 느껴지거나 아니면 그 진술을 하는 것과 내적 관계가 없는 다른 어떤 이유가 있다는 것일 것이다. 고전적 모델에 따르면 모든 그러한 이유들은 그와 같이 진술을 하는 것의 본성과 독립적인 것이다. 이와 반대로 내가 주장하는 바는 참에 대한 연루가 진술 행위에 내적임을 설명하지 않고서는 진술이 무엇인지를 설명할 방도가 없다는 것이다.

그런데 왜 참에 대한 연루가 진술 행위에 내적인가? 왜 우리는 진술은 하지만 그것의 참에 대해서는 연루되어 있지 않는 식의 진술 제도를 가질 수 없는가? 대체 연루가 뭐 그리 대단한가? 어느 면에서는 언어 행위를 그것의 통상적인 연루 없이 수행할 수 있다. 이는 소설 작품에서 생기는 일이다. 소설 작품에서는 작가가 본문에서 했던 발언의 참에 대해 책임지라고 아무도 작가에게 주장하지 않는다. 우리는 그런 경우들을, 연루가 실제 발언의 진리 조건이 될 수 있는 더 근본적인 형태에서 비롯된 파생적인 것이라고 이해한다. 그래서 다시 한 번 묻자, 왜? 또 그 답은 의미 자체의 본성에서 따라 나온다. 내가 비가 온다고 말할 때 비가 온다는 주장의 참에 대해 내가 연루되어 있는 이유는, 비가 온다는 발언을 하면서 그 발언에 대해 일정한 만족 조건을 의도적으로 부과했기 때문이다. 내가 그저 발음 연습 중이라거나 연극의 리허설을 한다거나 시의 한 구절을 낭송하는 것이 아니라고 가정하면, 내가 비가 온다고 진지하게 주장할 때 내가 그 명제의 참에 대해 연루되어 있는 이유는, 나의 행위 의도가 "비가 온다"는 소리를 내야 한다는 나의 행위 의도의 만족 조건에 내가 비가 온다는 만족 조건을 의도적으로 부과할 때 내가 그 발언의 참에 대한 연루를 의도적으로 부과했기 때문이다. 또한 반복하건대, 내가 그런 일을 공적으로 접근 가능한 방식으로 할 수 있게 해 주는 것은 내가 언어 및 언어 행위라는 인간의 제도 속에 참여하고 있다는 사실이다.

이제 좀 더 전통적으로 해석된 대로의 실천이성에 이상의 교훈 중 몇 가지를 적용시켜보자. 많은 경우의 실천적 추론에서, 사람들은 미래에 어떤 행위를 수행할 이유를 지금 창출한다. 내 생각에 어떻게 자발적이고 합리적인 행위가 미래의 행위들에 대한 이유들을 창출할 수 있는지를 이해할 수 있는 유일한 방도는 문제를 더 근접해서 보는 것이다. 그래서 일상생활에서 생기는 종류의 경우들을 살펴보자. 내가 술집에 가서 맥주를 주문한다고 하자. 맥주를 마시고 술값을 낼 때가 다가온다고 하자. 이제 문제는, 내가 나의 행동을 함에 있어서 맥주 값을 치를 책임을 질 것을 의도했다는 분명한 사실을 인정하면서도, 나는 이런 사실과 관계없이, 맥주 값을 치르려는 욕구와 같은 이유를 가져야만 하는가, 또는 맥주 값을 치를 이유를 갖기 위해서 나의 동기 집합에 어떤 다른 적절한 원소를 지니고 있어야 하는가? 즉, 내가 맥주 값을 치를 이유가 있는지를 알려면, 나는 맥주 값을 치를 어떤 욕구가 있는지를 살피기 위하여 나의 동기 집합을 먼저 세밀히 조사하거나 또는 내가 마신 맥주 값을 치르는 것에 대한 어떤 일반 원리들을 내가 지니고 있는지를 살펴야 하는가? 내 보기에 답은 그럴 필요가 없다는 것이다. 이 경우 맥주를 주문하고 가져온 맥주를 마심으로써 이미 나는 맥주 값을 치르는 것에 대한 연루나 책임을 의도적으로 창출한 것이며, 그런 연루와 책임이 일종의 이유인 것이다.

그런 명백한 경우조차도 설명하지 못한다는 것이 고전적 모델의 불합리한 점이다. 참을 말해주는 경우에서처럼, 고전적 모델의 옹호자는 내가 나의 '동기 집합' 속에 적절한 욕구를 놓아둘 수 있을 때만 내가 맥주 값을 지불할 이유를 갖는다고 말할 수밖에 없다. 이와 반대로 나는 이런 상황에서 단지 내가 맥주를 주문하고 그것을 마심으로써 스스로 맥주 값을 지불할 이유를 창출했음을 주장하려는 것이다.

내가 그럴 수 있도록 해주는 상황의 형식적 특징들이란 정확히 무엇인가? 행위자 A가 장차 행위 X를 수행할 욕구 독립적 이유를 갖고 있다는 주장의 진리 조건은 정확히 무엇인가? A에 관한 어떤 사실이 그가 그런 이유를 갖도록 해주는가? 행위자 A는 자신이 장차 행위 X를 수행할 욕구 독립적 이유를 창출했다는 한 가지 종류의 사실이면 충분할 것이다. 그래서 이제 우리의 문제는 다음과 같이 요약된다: 어떻게 그런 창출을 착수하게 되는가? 나는 이미 이 문제를 만족 조건에 관한 논리적 문제로서 대답한 바 있지만, 이제 이 문제를 '현상학적으로' 고찰해보자. 행위자 A가 맥주를 주문할 때 이 문제가 그에게 어떠해 보였겠는가? 글쎄 만일 내가 행위자였다면 내게는 이렇게 보였을 것이다: 지금 나는 맥주를 가져다주면 그에 대한 대가를 지불해야 할 책임이 있게 되리라고 이해하면서 맥주를 가져오라고 시키는 행위를 수행한다. 그러나 만일 그것이 의도라면, 바로 이 수행에 의해서, 맥주를 가져다주었을 경우, 내가 이제 어떤 책임을, 따라서 이유를, 내가 장차 행위할 이유가 되는 이유를 갖게 되도록 한 것인데, 내가 지금 창출하는 그 이유는 나의 미래의 여타 욕구들과 독립적이 될 것이다. 그런 경우에, 행위가 나에 대한 이유를 창출하기 위한 충분조건은 그것이 나에 대한 이유를 창출하기를 내가 의도한다는 것이다.

내가 그런 책임을 창출한 형식적 메커니즘은 진술하는 경우에 내가 연루를 창출한 형식적 메커니즘과 정확히 평행한다. 그러나 후자의 경우에는, 내가 나의 발언에 상향 적합 방향을 갖는 만족 조건을 부과한 것이다. 나는 무엇인가를 할 책임을 떠맡은 것이다. 발언에는 이 점이 명시화되지 않기 때문에 알아보기가 어려운 것이다. 나는 그냥 "맥주 좀 가져다주세요"라고만 말했을 뿐이고, 이 발언은 말을 들은 사람이 내게 맥주를 가져다주어야 한다는 상향 적합 방향을 갖는 만족 조건을 갖는다. 하지만 상황을 전체적으로 완전히 이해해보면, 이는 약속의 경우를 고찰할 때 상세히 검토할 기회가 있겠지만, 나는 또한 나 자신, 즉 나의 장차의 행동에 대해서도 만족 조건을 부과한 것이다. 또 이 점을 나는 조건적 책임의 형태로 부과한 것이다. 책임은 세계에서 책임 쪽으로의 상향 적합 방향을 갖는다. 책임은, 대개는 그 책임을 갖고 있는 사람의 행동의 형식으로, 그 책임의 내용에 부합하도록 세계가 변해야만 만족 또는 충족된다. 따라서 책임은 일종의 외적 동기 유발자다. 책임은 항상 인간이 창출하는 것이라서 인간의 태도에 상대적으로만 존재하며 존재론적으로 주관적이긴 하지만 책임의 존재는 인식적으로는 객관적이다. 또 여러 번 그런 경우들을 보아왔듯이, 존재론적 주관성은 인식적 주관성을 함축하지 않는다. 설령 책임의 창출이나 존재는 관찰자 상대적이라 해도, 내가 어떤 책임 하에 있다는 점은 평범한 사실의 문제일 수 있다.

내가 묘사한 것과 같은 경우에서 행위자의 자유를 전제하는 것이 결정적이다. 일인칭 관점에서, 스스로에 대한 어떤 이유의 창출을 자유롭게 떠맡음으로써, 이미 나는 그러그러한 것이 나에 대한 이유가 되었으면 하는 욕구를 표명한 것이다. 현재에 내 의지를 자유롭게 행사함으로써 나는 이미 미래의 내 의지를 얽매어둔 것이다. 결국 이 모든 문제들의 답은 시시할 수밖에 없다. 왜 그것이 이유가 되는가? 내가 그것을 이유로서 창출했기 때문이다. 왜 그것이 나에 대한 이유가 되는가? 나 스스로 그것을 나에 대한 이유로서 창출했기 때문이다.

앞 강연에서의 간격에 대한 논의에서, 모든 효과적인 이유들은 행위자가 창출했음을 보았다. 그러나 미래의 행위에 대한 욕구 독립적 이유의 창출의 특이성은, 지금 내가 효과적인 이유를 사용함으로써, 내가 장차 행위할 잠재적으로 효과적인 이유를 창출해냈다는 점이다. 전통 철학에서는 문제가 정반대로 뒤바뀌어 있다. "나에 대한 욕구 독립적 이유가 어떻게 있을 수 있는가?"가 문제가 아니다. "욕구 독립적 이유를 포함하여 내가 나를 위한 이유로 창출하지 않은 것이 어떻게 나에 대한 모종의 이유가 될 수 있는가?"가 문제인 것이다. 자발적인 행위를 수행할 때, 행위의 원인과 그 행위를 실제로 실행한다는 것 사이에 간격이 있으며, 그저 내가 그 행위를 수행하면 그 간격은 메워지게 된다. 또 이 경우, 그 행위의 수행 그 자체가 그 다음 행위에 대한 이유의 창출이 된다.

동기에 관한 한, 내가 묘사했던 경우들에서 **이유가 욕구의 근거일 수는 있지만 그 역은 안 된다.** 일상 언어로는 이런 경우에 대한 올바른 묘사는 "내가 지불할 책임을 갖고 있기 때문에 지불하고 싶다"는 것이다. 또 이유, 합리성 및 욕구 사이의 연관은 다음과 같다: 어떤 것을 구속력 있는 책임이라고 인정한다는 것이 이미 그것의 존재론이 어떤 외적 동기 유발자, 즉 상향 적합 방향을 갖는 것의 존재론임을 인정한다는 것이다. 그러한 것의 타당성을 인정한다는 것이 이미 행위에 대한 이유를 인정한다는 것이다. 또 어떤 것을 행위에 대한 이유로 인정한다는 것이 이미 그것을 그 행위를 수행하려고 욕구하는 이유로서 인정한다는 것이다.

3. 동기 문제에 대한 칸트의 해결책

칸트는 『윤리형이상학 정초』5)에서 형식적으로는 내가 논의하고 있는

---

5) I. Kant, *Groundwork of the Metaphysic of Morals*(New York: Harper Torch-books, 1964).

문제와 유사한 문제에 직면했다. 나의 문제는 "모든 행위가 그 행위를 수행하려는 욕구의 표현이라면 어떻게 욕구 독립적 이유가 실제로 행위를 촉발할 수 있는가?"이다. 칸트는 자신의 문제를 "어떻게 순수이성이 실천적일 수 있는가?"라는 형태로 나타냈다. 또 그는 그것이 왜 우리가 정언명법에 관심을 가질 수 있는지의 문제라고 말하면서 이 문제를 설명했다. 한 흥미로운 문제는 바로 무엇에 의해서 이성이 실천적이 되는가, 즉 무엇에 의해서 이성이 행위하려는 의지를 결정해주는 원인이 되는가이다. 나는 이 문제에 대한 칸트의 답이 부적절하다고 본다. 다음이 그가 말한 내용이다. "만일 우리가 이성적이지만 감각의 영향을 받는 존재에게 이성 자체가 '당위'를 규정해주는 행위를 하게 하려고 한다면, 의무를 완수할 때 어떤 쾌감이나 만족감을 불어넣어주는 힘이 이성에게 있어야 하고 또 따라서 감성을 이성적 원리들에 일치하도록 결정할 수 있게 해주는 인과성을 이성이 지니고 있어야 한다는 것이 당연히 필요하다."[6] 그래서 칸트의 견해에 따르면, 순수이성은 쾌감을 유발해야 하며, 우리가 실제로 순수이성의 명령에 따라서 행동할 수 있는 것은 오로지 바로 이 쾌감 때문이다. 칸트는 어떻게 순수이성이 그런 쾌감을 유발할 수 있게 하는지 우리가 전혀 이해할 수 없으리라는 것을 인정한다. 그 까닭은 우리는 경험의 대상들 속에서만 원인과 결과의 관계를 발견할 수 있는데 순수이성은 경험의 대상이 아니기 때문이다.

내 생각에 이것은 좋지 않은 논변이다. 칸트의 주장은 우리가 어떤 식으로든 행위함으로부터 '쾌감'을 얻지 않는 한 욕구 독립적 이유에 입각해서 행위할 수는 없다는 것이다. 나는 칸트가 적합 방향을 제대로 이해하지 못한 것이라고 생각한다. 즉, 나는 우리가 아무 '쾌감'도 없는 많은 행위를 그것을 하는 것에 대한 타당한 이유가 있다는 것을 인식하는 것만으로도 수행할 수 있다고 생각한다. 나는 약속을 지킬 때 쾌감을 느낄 필요가 없듯이 내 이를 닦아내도록 할 때 쾌감을 느낄 필요가 없다. 이를 닦아내게 하는 것이나 약속의 이행으로부터도 약간의 만족을 얻을 수도 있겠지만, 내가 이를 닦아내게 하거나 약속을 지키기 위해서는 그

6) 같은 책, p.128.

런 쾌감을 얻어야 한다는 것이 논리적으로 필연적이지는 않다. **내가 제시하고 있는 견해에 따르면, 이유의 타당성에 대한 인식만으로도 행위를 촉발하기에 족하다.** 여분의 쾌락이나 욕구나 만족을 가질 필요는 없다. 행위 수행의 동기가 곧 그 행위를 수행하기를 원하기 위한 동기다.

이 점은 이 책의 논변뿐 아니라 칸트의 논변 및 또 사실 고전적 모델 일반에 관한 논쟁에서도 절대적으로 결정적인 점이다. 칸트는 고전적 모델을 여러 모로 공격하고 있지만, 고전적 모델의 가장 나쁜 특징의 하나를 받아들인다. 칸트는 내가 어떤 행위를 수행할 때 지금 당장 '쾌감'을 얻지 못한다면 그 행위를 지금 당장 의도적이고 자발적으로 수행할 수 없다고 가정한다. 만일 모든 행위가 정말로 욕구의 만족을 위해 이루어지고, 모든 행위가 그 자체 그 행위를 수행하려는 욕구의 표현이라면, 일체의 행위 수행에는 어떤 욕구 만족이 있어야 한다. 그러나 이런 발상은 여러 가지 혼동이 뒤섞인 것이라서, 이제부터 그 혼동들을 가려내주고자 한다. 우선 욕구 만족을 위해서 행위가 이루어지는 경우를 생각해 보자. 내 이를 고치고 싶은 욕구를 만족시키고자 나는 이를 긁어내게 한다. 또 내 이를 긁어내게 할 그 당시에는 긁어내기를 원하기 때문에 긁어내게 한다. 그러나 나의 의도적 행위에서 어떤 의미에서든 어떤 '쾌감'이 있어야 할 필요가 있음은 도출되지 않는다. 내 이를 고치고 싶은 일차 욕구가 내 이를 긁어내게 하고 싶은 이차 욕구를 촉발할 수 있고, 이 이차 욕구가 다시 그 행위를 촉발할 수 있다. 그러나 내가 내 이를 고치게 되어서 얻게 되는 만족감이 이를 긁어내게 하는 행위에 이월되지도 않고 그럴 필요도 없다. 이는 내가 어떤 것을 욕구하는 데 대한 욕구 의존적 이유를 갖게 되는 경우인데, 그 욕구 의존적 이유가 이차 욕구의 근거가 되는 방식은 욕구 독립적 이유가 이차 욕구의 근거가 되는 방식과 정확히 동일하다. 내 약속을 이행하려는 나의 욕구는 내가 약속을 했으며 따라서 책임이 있다는 욕구 독립적 사실로부터 파생된다. 그러나 내가 약속을 이행하려는 행위를 의도적으로 수행하기 위해서 약속 이행으로부터 어떤 쾌감을 끌어낼 필요가 없다는 것은, 내가 내 이를 고치려는 일차 욕구를 충족시키기 위해서 내 이를 긁어내게 하는 것으로부터 어떤 쾌감을 이끌어낼 필요가 없는 것과 마찬가지다. 칸트의 잘못은 대부분의 고전적 전통에 있는 저술가들에게 암시적으로만 있었던 잘못을 충분히 명시화해주고 있다. 모든 행위가 욕구의 표현이고 모든 행위가 어떤 욕구의 충족이 동기가 된 것이라면 행위를 촉발할 수 있는 유일한 것은 욕구 충족, 즉 쾌감일 것으로 보인다. 그러나 이는 오류다. 모든 행위가 실은 그 행위를 수행하려는 욕구의 표현이라는 사실로부터, 모든 행위가 욕구 충족이라는 목적에서 이루어진다는 점이 도출되지는 않으며, 행위가 쾌감이라는 의미에서의 욕구 충족에 의해서만 촉발될 수 있다는 점이 도출되지도 않는다.

4. 특수한 경우로서의 약속

통상 이런 쟁점들을 논의할 때는 약속에 대해서 많은 시간을 소비하지만, 내가 여기서 강조하고 싶은 것은 행위자가 창출한 욕구 독립적 이유들이라는 현상은 그보다 더 넓게 만연되어 있다는 점이다. 그것 없이는 애초부터 사회생활을 이해할 수 없으며, 약속은 그중에서 하나의 특수하고도 순수한 종류의 것일 따름이다. 그러나 다른 것보다도 약속에 관한 논쟁의 역사가 이를 잘 보여주며, 또한 만일 내가 약속을 지킬 책임을 설명해내고 표준적인 오류들을 몇 가지 밝힌다면 내가 옹호하고 있는 것을 더 잘 설명할 수 있을 것이다. 문제는 이렇다: 우리는 약속을 지키는 데에 어떤 이유를 갖고 있는가? 또 그에 대한 분명한 답은 이렇다: 약속은 정의상 책임의 창출이다. 또 책임은 정의상 행위에 대한 이유다. 그에 따른 문제가 생긴다: 약속을 지켜야 할 책임의 원천은 무엇인가?

고전적 모델에서는 참을 말하는 것에 대한 연루가 진술 행위에 내적인 것처럼 약속을 지켜야 할 책임이 약속 행위에 내적이라는 사실을 해명할 길이 없다. 즉, 약속은 정의상 어떤 것을 할 책임을 떠맡는 것이다. 고전적 전통에서는 이런 사실을 부인하지 않을 수밖에 없었고, 그리고 그 점을 부인하기 위해서, 고전적 모델의 옹호자들은 좀 이상한 주장을,

내 생각엔 오류인 주장을 하지 않을 수 없었다. 이 절에서는 내가 접한 가장 흔한 오류들에 대한 간략한 목록을 제시하겠다.

우리가 주저 없이 버려야 할, 흔하면서도 나는 틀렸다고 보는 세 가지 주장이 있다. 첫째는 약속을 지켜야 할 어떤 특수한 도덕적 책임이 있다고 가정하는 것이다. 그와 반대로, 그에 관해 생각해보면 엄밀히 말해서 약속과 도덕성 간에는 어떤 특수한 연관도 없음을 알 수 있다. 예컨대 내가 당신의 파티에 가겠다고 약속하면 그것은 사회적 책임이다. 그것이 도덕적 책임이기도 한지는 그 경우의 성격에 달려 있겠지만, 내가 가는 대개의 파티에서는 도덕적 책임은 아닐 것이다. 흔히 우리는 어떤 중대한 도덕적 문제가 관련될 때 약속을 하지만, 그와 같은 약속에 관한 어떤 점도 일체의 약속은 도덕적 문제를 포함함을 보장해주지 않는다. 그와 같이 약속이라는 관습에서는 모든 약속을 지킬 책임은 도덕적 책임으로 간주될 만큼 중대할 것임을 보장해줄 것이 전혀 없다. 도덕적으로 사소한 문제에 대해서 약속을 할 수도 있는 것이다.

두 번째로 관련된 잘못은 나쁜 일을 하겠다고 약속했을 때는 그 약속을 지킬 책임이 전혀 없다고 가정하는 점이다. 그러나 이는 명백히 잘못이다. 그런 경우를 올바로 말해주자면 사실 약속을 지킬 책임은 있지만 그 약속된 행위의 사악한 성격 때문에 무효가 된다고 말하는 것이다. 이 점은 일치법과 차이법으로 증명할 수 있다. 그 행위를 하겠다고 약속한 사람과 약속하지 않은 사람 간에는 차이가 있다. 그 약속을 한 사람은 약속을 하지 않은 사람이 갖고 있지 않은 이유를 갖고 있다.7)

셋째이자 셋 중에서 내가 가장 잘못된 것으로 보는 것은, 약속을 지킬 책임을 딱 부러진 책임이 아닌 '초견상(*prima facie*)' 책임이라고 여기는 점이다. 이러한 견해는 여러 책임들은 서로 충돌할 수 있으며 따라서 모든 책임들을 동시에 만족시키지 못하는 경우들이 흔히 발생한다는 점을 극복하고자 데이비드 로스(David Ross) 경이 고안한 것이다.8) 로

---

7) 법에서는, 불법적인 것을 하겠다는 계약은 무효로 간주되며 법정에서 강요될 수 없다. 그것은 아무 계약도 없었다는 것이 아니라 법이 그 계약을 효력이 없다고 보기 때문이다.

스 경의 말로는 책임 A가 책임 B를 압도할 때 B는 진짜 철저하고도 무조건적인 책임이 아닌 일견상 책임일 뿐이라는 것이다. 나는 이 견해가 혼동된 것임을 다른 곳에서[9] 상론한 바 있으므로 그 논변들을 여기서 반복하고 싶지는 않지만, 어떤 더 중요한 책임이 B를 압도한다 해서 그것이 곧 B가 철저한, 무조건적인 등등의 책임이 아님을 보여주는 것이 아니라는 점만 말해두겠다. 처음부터 정말로 압도할 만한 것이 없다면 압도할 수 없다. '일견상'이란 인식론적 문장 수식구이지, 책임 유형에 대한 술어가 아니며, 하나가 다른 하나를 압도하는 책임들 간의 갈등 현상을 기술하는 데 적합한 용어가 될 수 없다. '일견상 책임'론은 나쁜 철학보다 더 나쁜, 나쁜 문법이다.

나는 다음이 약속을 지킬 책임에 대한 가장 흔하고도 심각한 잘못들이라고 생각하는데, 이들 모두는 방식만 상이할 뿐 고전적 모델의 수용으로부터 파생된 것이다.

▪ 첫째 잘못

약속을 지킬 책임은 타산적이다. 지금 이 약속을 지킬 이유는 안 지키면 장차 내가 약속을 해도 신뢰받지 못할 것이라는 점이다.

유명한 애기지만 흄이 이런 견해를 주장했다. 그러나 이는 결정적이고 마찬가지로 유명한 반론을 받기 쉽다. 이 설명에 따르면, 살아 있는 어떤 사람도 내 약속을 모르는 경우에는 그 약속을 지킬 책임이 전혀 없게 될 것이다. 이 견해에 따르면 임종을 맞이한 아버지한테 아들이 은밀히 한 약속은 그 아들이 아무에게도 그 약속을 말할 필요가 없으므로 아무 책임도 동반하지 않을 것이다. 더욱이, 왜 내가 장차 신뢰받지 못하게 되겠는가? 그 이유는 단지 내가 책임을 떠맡고서도 그것을 이행하지 못했기 때문이다.

---

8) W. D. Ross, *The Right and the Good*(Oxford: Oxford University Press, 1930), p.28.

9) John R. Searle, "Prima Facie Obligations", in Joseph Raz ed., *Practical Reasoning*(Oxford Readings in Philosophy)(Oxford: Oxford University Press, 1978), pp.81-90.

· 둘째 잘못

약속을 지킬 책임은 자신의 약속을 지켜야 한다는 취지의 도덕 원리의 수용으로부터 파생된다. 그런 수용을 하지 않았다면 행위자는 타산적 이유를 빼고는 약속을 지킬 아무 이유도 없을 것이다.

여기서의 잘못은 진술을 할 때 참에 대한 연루의 경우에서 보았던 것과 마찬가지의 잘못이다. 진술을 한다는 것과 그 진술을 참임에 연루시킨다는 것의 관계를 순수 외적인 것으로 만들려고 한다면 진술이 무엇인지를 설명하기가 불가능해지는 것과 마찬가지로, 고전적 모델은 약속에서의 책임을 약속 행위에 외적인 것으로 만들려고 하지만 그렇게 되면 약속이 무엇인지를 설명하기가 불가능해진다. 즉, 이 반론에 대한 결정적인 대답은 약속함과 책임의 관계가 내적임을 지적하는 것이다. 정의상 약속은 책임을 떠맡는 행위다. 책임을 떠맡는다는 말이 없이는 약속이 무엇인지를 설명하기는 불가능하다.

진술의 경우에는 참에 대한 연루가 고의로 거짓말을 하는 사람의 경우에 가장 분명히 드러남을 보았듯이, 약속의 경우에는 책임이 약속 행위에 내적임을 불성실한 약속을 하는 사람의 경우에서 가장 분명히 볼 수 있다. 내가 지킬 의사도 없는 불성실한 약속을 한다고 가정해보자. 그 경우 나의 기만 행위는 내게는 얼마든지 이해될 수 있는 것이지만, 내가 약속했던 사람에게는 후에 부정직한 행위로 보일 수 있을 텐데, 정확히 왜냐하면 내가 약속을 했을 때 나는 내가 약속한 것을 하겠다고 스스로를 속박하고 책임을 떠맡는 것으로 이해됐기 때문이다. 약속을 할 때 나는 장차 무슨 일이 생길지 짐작해보거나 예측을 하는 것이 아니라, 내가 장차 무엇을 할지에 대해서 나의 의지를 묶어두고 있는 것이다. **나의 부정직한 약속은 충족시킬 의도가 전혀 없이 책임을 떠맡은 것으로 내게 이해된다.**

· 셋째 잘못(이는 둘째 잘못의 좀 더 정교한 변형이다)

만일 책임이 정말로 약속에 내적이라면 약속을 지킬 책임은 약속이라는 제도로부터 파생되어야 할 것이다. 누군가가 약속을 했다는 사실은 하나의 제도적 사실이며, 일체의 책임은 그 제도로부터 파생되어야 한다. 그러나 그렇다면 모든 제도가 동일한 지위를 갖지 못하는 것은 무엇 때문인가? 노예제도도 약속만큼이나 하나의 제도다. 그래서 만일 약속이 욕구 독립적 이유를 창출한다는 견해가 옳다면, 불합리하게도 노예도 약속자만큼이나 책임을 지게 될 것이다. 즉, 약속에 대한 욕구 독립적 견해는 불합리한 결과를 초래하므로 거짓임에 틀림없다. 문제를 올바로 보는 길은 실제로는 제도가 책임의 근거라고 보는 것인데 그 이유는 오로지 우리가 자신의 약속을 지켜야 한다는 원리를 제도와 관계없이 수용하기 때문이다. 어떤 식으로든 제도를 시인하거나 호의적으로 평가하지 않는 한, 어떠한 약속의 책임도 있을 수 없을 것이다. 으레 우리는 약속을 지키라고 또 따라서 제도에 대한 긍정적 태도를 받아들이라고 배워왔기 때문에, 제도에 대한 우리의 시인이 책임의 본질적 원천임을 알아차리지 못하는 것이다. 제도라는 점에서는 약속이나 노예제도나 매한가지다. 지금의 우리의 논쟁에 관한 한 유일한 차이점은 우리가 전자는 좋고 후자는 나쁘다고 생각한다는 점이다. 그러나 책임은 약속 행위에 내적이지 않고, 약속 행위에 대한 우리의 태도로부터 외적으로 파생된다. 약속의 책임이 창출될 수 있는 유일한 길은 다음 원리를 받아들이는 것이다. "네 약속을 깨지 말지라."

이 반론은 이 문제에 관한 고전적 모델의 관점을 요약해주고 있다. 이에 대한 가장 간단한 대답은 이렇다: **약속을 지킬 책임은 약속이라는 제도로부터 비롯하지 않는다.** 내가 약속을 할 때, 약속이라는 제도는 그저 내가 이유를 창출할 때 사용하는 수단이나 도구일 뿐이다. 약속을 지킬 책임은 약속을 하면서 내가 자유롭게 그리고 자발적으로 스스로에 대한 이유를 창출한다는 사실로부터 파생된다. 의지의 자유로운 행사는 그 의지를 속박할 수 있으며, 이는 '제도'나 '도덕적 태도'나 '평가적 발언'과 아무 상관없는 논리적인 점이다. 바로 이 점 때문에 노예는, 타산적 이유들을 제외하고는, 노예 소유자에 복종할 아무런 이유도 없다. 노예는 자신의 자유를 행사해서 자신의 의지를 속박한 것이 아니다. 외적으로만 보면, 노예는 계약 노동자와 똑같이 보일 수도 있겠다. 심지어 똑같은 보수를 받을 수도 있다. 그러나 내적으로는 판이하게 다르다. 계약 노동자는 노예가 창출하지 못한 이유를 스스로 창출한다. 약속의 책임이 약속 제도로부터 비롯된다고 생각하는 것은 내가 영어로 말하면서 떠맡은 책임이 영어라는 제도에서 비롯되어야 한다고 생각하는 것만큼이나 잘못이다: 내가 영어는 어떻든 좋은 것이라고 생각하지 않는 한, 내가 영어로 말할 때 아무 책임도 지지 않는다. 고전적 모델에서는, 약속을 지킬 책임이 약속 자체에 대해서는 항상 외적인 것이다. 만일 내게 약속을 지킬 책임이 있다면 그것은 전적으로 내가 (a) 약속 제도는 좋은 것이라고, 또는 (b) 자신의 약속은 지켜야 한다는 도덕 원리를 내가 지니고 있다고 생각하기 때문에만 그럴 수 있다. 이 두 입장 모두에 대한 간단한 논박이 있다. 두 입장 모두 이 두 조건 중 어느 한쪽이라도 결여되면 도대체 약속을 지킬 아무런 책임도 없게 될 것이라는 귀결을 지닌다. 그래서 약속 제도가 좋은 것이라고 생각하지 않는 사람에게나, 자신의 약속을 지켜야 한다는 도덕 원리를 지니고 있지 않은 사람에게는, 도대체 약속을 지켜야 할 아무런 이유가 없다. 나는 이것이 불합리하다고 생각하며 이 책을 통해서 그 불합리성을 여러 면에서 지적하고 있는 것이다.

- 넷째 잘못

'약속', '책임' 등의 말에는 서술적 의미와 평가적 의미라는 두 가지 의미가 있다. 서술적 의미로 이런 말들을 사용할 때는 단지 사실을 보고할 따름이지 행위에 대한 이유를 실제로 보장하는 것은 아니다. 평가적 의미로 사용할 때는 단지 사실을 진술할 때보다 더 많은 것이 관련되는데, 왜냐하면 이 경우 우리는 어떤 도덕적 판단을 내려야 하고 그런 도덕 판단은 단지 사실들로부터는 결코 도출될 수 없기 때문이다. 그래서 실로 논의 전체에 걸쳐 체계적인 애매성이 존재한다. 애매성이란 단어의 서술적 의미와 평가적 의미 사이에 있다.

이에 대한 답은 짧게 하겠다. 이 단어들에 그런 두 가지 의미가 있지 않은 것은 '개', '고양이', '집', '나무' 등의 단어에 두 가지 의미가 있지 않은 것과 마찬가지다. 물론 언제라도 단어들을 그 정상적인 연루가 동반되지 않도록 사용할 수는 있다. "저것은 집이다"라고 말하는 대신 "저것은 사람들이 집이라고 부르는 것이다"라고 말할 수 있고 그 경우 나는 (어떤 사람들이 그렇게 부른다는 점은 연루시켰지만) 그것이 실제로 집인지 여부에 대해서는 어떤 식으로든 연루시킨 것이 아니다. 이제 마찬가지로 "그가 약속했다"든가 "그가 책임을 졌다"고 말할 때도, '약속'이나 '책임'이란 단어 주위에 인용부를 붙임으로써 그 단어들의 문자 그대로의 의미에 동반되는 연루를 제거할 수도 있다. 그러나 그럴 수 있다고 해서 이런 단어들에 두 가지 의미가 있다거나 그 문자 그대로의 사용에 어떤 애매성이 있다는 것을 보여주는 것은 아니다. '약속'의 문자 그대로의 의미는 약속을 한 누군가가 약속을 함으로써 무엇인가를 하겠다는 책임을 졌다는 것이다. 이런 단어들에 별도의 의미를 설정하려고 하는 것은 문제의 회피인 것이다.

5. 종합적 설명: 욕구 독립적 이유의 사회적 역할

이 강연에서 지금까지는 내가 행위에 대한 욕구 독립적 이유 창출의 원자적 구조라고 일컫는 것을 묘사하고자 했으며, 약속이라는 제도에 대한 논의에서 철학적 전통을 비판하는 데에 주안점을 두면서 주장과 약속의 몇 가지 특징들을 논의해왔다. 또한 '현상학적 수준'에서의 행위에 대한 욕구 독립적 이유도 간략히 논의했는데, 그 경우 사람은 자신의 행위가 장차 자기가 어떤 것을 할 이유를 창출할 것이라는 이해에 입각해서 행위한다. 이제 나는, 원자적 구조의 수준보다 더 높은 수준에서, 특별히는 욕구 독립적 이유의 역할에 대해서 일반적으로는 사회생활에 대해서 더 일반적인 해명을 하고자 한다. 무엇보다도 언어를 갖고서 제도적 구조 속에서 살아가는 자유롭고 이성적인 자아에 의한 욕구 독립적 이유의 창출이 왜 만연되어 있는지를 설명하고자 한다. 이는 당신이 결혼을 하거나 술집에서 맥주를 주문하거나 집을 사거나 대학의 강좌에 등록하거나 단골 치과 의사와 진료 예약을 할 때 일어나는 일이다. 그런 경우 당신은 장차 당신이 그런 일을 할 욕구가 있는가와 관계없이 당신이 장차 그런 일을 할 이유를 창출하게끔 제도적 구조에 호소하고 있다. 또 그 경우 당신이 그것을 당신을 위한 이유로 자발적으로 창출했기 때문에 그것이 당신을 위한 이유인 것이다.

실천적 합리성에서 이성의 역할에 대한 일반적 해명은 적어도 다음 다섯 가지 특징에 대한 이해를 포함한다. (1) 자유, (2) 시간성, (3) 자아 및 자아의 일인칭 관점, (4) 언어 및 여타의 제도적 구조들, (5) 합리성. 각각을 차례로 생각해보자.

- **자유**

나는 합리성이 자유를 전제하는 것과 외연이 같다고 이미 논변한 바 있다. 양자가 동일한 것은 아니지만, 행위가 자유로울 경우 오직 그 경우에만 행위가 합리적으로 평가될 수 있다. 이렇게 연관시키는 이유는 다음과 같다: **합리성은 차이를 가져올 수 있어야 한다.** 합리성은 여러 가지 합리적 행위 과정과 비합리적 행위 과정 사이에서 진정한 선택이 있을 때만 가능한 것이다. 행위가 완전히 결정되어 있다면 합리성은 아무 차이도 가져오지 못할 것이다. 합리성이 작동조차도 할 수 없을 것이다. 자신의 행위가 전적으로 믿음과 욕구에만 유발되는 사람은, 고전적 모델에 따르면, 전적으로 합리성의 영역 밖에서 강제적으로 행위하고 있는 것이다. 그러나 같은 믿음과 욕구를 갖고서도 자유롭게 **행위하는** 사람, 즉 그 믿음과 욕구를 **효과적인** 이유가 되도록 자유자재로 할 수 있는 사람이 합리성의 영역 안에서 행위하는 사람이다. 행위의 자유, 간격 그리고 합리성의 적용 가능성은 외연이 같다.

자유롭게 행위할 수 있으므로 나는 만족 조건에 대해 만족 조건을 부과함으로써, 내가 장차, 그때가 되면 그것을 하고 싶을지 여부와 관계없이, 어떤 것을 할 이유가 되는 이유를 창출할 수 있다. 의지를 속박할 수 있는 능력이 이제 미래의 행위에 대한 이유를 창출할 수 있는 것은 오로지 그것이 자유의 표명이기 때문이다.

▪ 시간

이론이성의 진술들은 실천이성의 진술들이 본래적으로 시간의 제약을 받는 방식과는 달리 시간의 제약을 받지 않는다(untensed). "나는 B라는 사실을 만들고 싶어서 행위 A를 하려 한다"는 본질적으로 미래를 지칭하지만, "가설 H가 증거 E에 의해서 실증된다"는 본질적으로 전혀 시간 제약이 없다. 물론 특수한 사례들의 경우에는 특정의 역사적 상황들을 참조할 수도 있지만 위의 진술은 무시간적이다. 실로 동물들에게는 즉각적인 이유만 있을 뿐이다. 왜냐하면 언어가 없다면 시간을 배열할 수 없기 때문이다.

▪ 자아와 일인칭 관점

앞으로 고찰할 경우들에서는, 자신에 대한 이유의 창출에 참여하는 합리적 자아들의 행태의 논리 구조를 우리가 검토하고 있다는 것을 아는 것이 본질적이다. 어떤 외적 관점이나 삼인칭 관점도 어떤 자유로운 행위자가 자신이 장차 어떤 느낌을 가질 것인지 관계없이 장차 자신을 속박할 이유를 창출할 수 있는 과정을 설명해줄 수 없다.

▪ 언어 및 그 밖의 제도적 구조들

욕구 독립적 이유를 창출하자면 행위자가 언어를 가져야 한다. 혹자는 만족 조건에 만족 조건을 부과하는 원초적, 선언어적 존재를 상상할 수도 있을 것이다. 하지만 그런 이유들을 체계적으로 창출하고 남들과 의사소통할 수 있으려면 인간 언어에 특유한 종류의 협약적 상징 장치가 요구된다. 더욱이, 사회적 관계들은 행위에 대한 욕구 독립적 이유를 창출할 때 동반되는 의무론적 관계들을 우리가 나타낼 수 있기를 요구하며, 또한 우리는 요구되는 방식으로 시간을 배열할 언어가 필요하다. 즉, 우리에게는 자기의 현재의 행위가 미래의 행위에 대한 이유를 창출한다는 사실을 나타낼 방도가 있어야 하며, 문제의 시간적 및 의무론적 관계들을 나타낼 언어적 방도를 갖고 있어야 한다.

좁은 의미의 언어 외에, 즉 진술을 하거나 약속을 하는 것과 같은 언어 행위 외에도, 또한 욕구 독립적 이유의 창출에 작용하는 초언어적 제도적 구조들이 있다. 그래서 이를테면, 사회가 사유재산제도를 유지해야 재산과 관련된 욕구 독립적 이유가 있을 수 있으며, 사회에 결혼제도가 있어야만 결혼제도와 관련된 욕구 독립적 이유가 있을 수 있다. 그러나 거듭 강조되어야 할 점은 이유가 제도로부터 비롯되는 것이 아니라, 이유가 창출되는 얼개나 구조를 제도가 제공한다는 점이다. 이유는 행위자가 자유롭고 자발적인 행위를 통해서 자신의 의지를 속박한다는 사실로부터 비롯한다.

- **합리성**

욕구 독립적 이유를 창출하는 관행이 사회적으로 효과적일 수 있으려면, 그것은 관련된 행위자의 합리성에 의해서 효과적이어야 한다. 오로지 내가 합리적 행위자라는 점 때문에 나는 나의 이전의 행동이 나의 현재의 행동에 대한 이유를 창출했음을 인식할 수 있다.

- **다섯 요소 전체의 결합**

이제 이상의 내용들을 하나의 일반적 설명이 되도록 통합해보자. 우선 시간은 어떻게 조직화할 수 있는가? 분명한 답은 우리는 우리가 지금 그렇게 행위하지 않는다면 미래에 일이 그렇게 되지 않을 방식으로 장차 일이 그렇게 되도록 지금 그렇게 하고 있다는 것이다. 그 때문에 자명종 시계를 맞추어두는 것이다. 우리에게는 새벽 여섯 시에 일어날 이유가 있음을 우리가 알고 있지만, 또한 오전 여섯 시에는 우리가 잠들어 있을 것이기 때문에 그 이유에 따라 행위하지 못할 것임도 알고 있다. 그래서 지금 자명종을 맞추어둠으로써 장차 어떤 이유에 따라서 행위하는 것을 가능하게 만드는 것이다. 그런데 내게는 자명종이 없어서 다른 사람으로 하여금 나를 깨우도록 해야 한다고 해보자. 자명종을 여섯 시에 맞추어두는 것과 다른 사람에게 여섯 시에 깨워달라고 부탁하는 것의 차이는 무엇인가? 두 경우 모두 나는 내가 내일 아침 여섯 시에 깰 수 있도록 지금 무엇인가를 한다. 차이점은 자명종의 경우에는 원인만이 창출되지만 후자의 경우에는 행위에 대한 새로운 이유가 창출된다는 점이다. 어떻게? 글쎄, 상이한 종류의 경우들이 존재할 수 있겠다. 문제의 인물이 미덥지 않으면 "나를 여섯 시에 깨워주면 5달러를 주겠다"고 말할 수 있겠다. 그 경우 나는 하나의 약속을, 그 사람에게 5달러를 주겠다는 조건부 약속을 한 것이고, 그가 그 제안을 수락한다면 그는 내가 그에게 5달러를 내겠다는 조건하에 날 깨워주겠다고 약속한 것이다. 이것이 계약의 전형이다. 각자는 상대편으로부터 어떤 이득을 받는다는 조건부로 약속을 한다.

좀 더 현실적인 경우에서는 내가 그냥 상대로부터 깨워주겠다는 약속을 받아낸다. 나는 "여섯 시에 깨워줘"라고 하고 그는 "그래"라고 말하는데, 이런 맥락에서는 그가 무조건적인 약속을 하고 욕구 독립적 이유를 창출한 것이다.

세 번째 종류의 경우에서는, 도대체 아무 약속도 할 필요가 없다. 내가 그 사람을 전혀 신뢰하지 않지만 그가 매일 아침 여섯 시에 아침 식사를 한다는 것을 안다고 해보자. 나는 그가 나를 깨우지 않고서는 먹을 수 없도록 일체의 먹을거리를 잘 놓아두기만 한다. 이를테면 아침밥을 내 방에 두고 문을 걸어 잠근다. 그가 아침밥을 먹으려면 내 방 문을 두드려서 날 깨워야만 한다. 그런데 이 세 번째 종류의 경우에도 날 깨울 이유를 창출하지만 이 경우의 이유는 타산적 내지 욕구 의존적 이유다. 그는 "나는 아침밥을 원한다. 쟤를 깨우지 않고서는 아침밥을 먹을 수 없으니 쟤를 깨워야겠다"고 추론해야 한다.

이 세 가지 방법 모두가 경우에 따라서는 마찬가지로 잘 작동될 수도 있겠지만, 세 번째 경우가 얼마나 이상한 경우인지 주목하고자 한다. 만일 우리가 남의 협조를 얻을 수 있는 유일한 길이 남을 어떤 입장에 처하게 함으로써 그들이 우리와 독립적으로 우리가 그들에게 하기를 원하는 것을 하고 싶도록 하는 것이라면, 대부분의 형태의 인간의 사회생활은 불가능할 것이다. **우리가 하나의 사회적 토대 위에 시간을 조직화할 수 있으려면, 우리 자신을 포함하여 공동체의 구성원의 미래의 행동에 관한 합당한 예측들을 정당화해줄 메커니즘을 창출할 필요가 있다.** 만일 우리가 쾰러의 원숭이들처럼 욕구만 갖고 있다면, 우리는 자신의 행위를 조직하고 다른 자아들과 조화를 이룰 수 있도록 시간을 조직화할 수는 결코 없을 것이다. 우리의 행동을 조직화하고 조정하려면, 욕구와 동일한 논리적 구조를 갖겠지만 욕구 독립적이 될 일군의 그러한 것들을 창출할 필요가 있다. 요컨대 행위에 대한 이유를 제공할 일군의 외적 동기 유발자들의 창출이 필요하다. 즉, 상향 적합 방향을 갖는 명제적 내용 및 주체로서의 행위자가 필요하다. 그런 것들이 합리적 자아들을 속박해줄 수 있는 유일한 길은 바로 그런 합리적 자아들이 그런 것들을 자신들을 속박하는 것으로서 자유롭게 창출할 경우다.

이제 언어 및 여타의 제도적 구조들의 역할에 대해서 눈길을 돌려보자. 제도적 사실들의 많은 특징들이 분석을 요하고 있다. 나는 그중 몇 가지를 다른 곳에서 분석해본 바 있어서 여기서 반복하지는 않겠다.[10] 그러나 지금의 논의에 필수적인 한 가지 특징이 있다. 제도적 사실들의 경우에는 지향성과 존재론과의 정상적인 관계가 역전된다. 정상적인 경우에는, 사실**인** 것이 사실**인 것처럼 보이는** 것보다 논리적으로 우선한다. 그래서 어떤 대상이 무겁다는 것이 어떤 것인지를 이해하므로 저 대상이 무거워 보인다고 이해한다. 그러나 제도적 실재의 경우에는, 존재론이 지향성에서 비롯한다. 어떤 유형의 사물이 돈이 되자면, 사람들이 그것을 돈이라고 생각해야 한다. 그러나 만일 충분히 많은 사람들이 그것을 돈이라고 생각하고 그 밖의 적절한 태도를 지니고서 적절하게 행동하며 또 만일 그런 유형의 사물이 그들의 태도에 의해 정해진 위조화폐가 아니어야 한다는 것과 같은 다른 모든 조건들을 만족한다면 그것은 돈이다. 만일 우리 모두가 일정한 종류의 사물을 돈이라고 생각하고 그것을 돈으로서 사용하고, 여기고, 다루는 데에 협력한다면, 그것은 돈이다. 이 경우 '**처럼 보인다**(seems)'가 '**이다**(is)'에 선행한다. 이런 현상의 중요성은 아무리 강조해도 지나침이 없다. 내 입에서 나오는 소리들은, 물리학의 일부로서 보면, 좀 시시한 음향학적 소리에 불과하다. 그러나 그 소리들은 주목할 만한 특징들을 지니고 있다. 즉, 우리는 그

---

10) John R. Searle, *The Construction of Social Reality.*

소리들은 영어 문장이며 그 발화는 언어 행위라고 생각한다. 우리 모두가 그 소리들을 문장이요 언어 행위라고 생각하고 또 우리 모두가 협력해서 그 소리들을 문장이요 언어 행위로서 사용하고, 해석하고, 반응하고 또 일반적으로 간주해준다면, 그 소리들은 우리가 그런 것으로 사용하고 간주하고 다루고 해석하는 바대로의 것이다. (나는 여기서 아주 간략히 말하고 있지만, 이런 현상들이 어떤 단순한 방식으로 되어 있음을 시사하고자 하는 것은 아니다.) 그런 경우들에서 우리는 어떤 자연적 (brute) 실재를 일정한 지위를 갖는 것으로 간주함으로써 하나의 제도적 실재를 창출하고 있다. 문제의 대상들 — 화폐, 재산, 정부, 결혼, 대학, 언어 행위 — 은 모두 산이나 눈 더미와 같은 자연적, 물리적 현상들 수준에서도 서술해줄 수 있다. 그러나 집단 지향성에 의해 우리는 그것들에 지위를 부과하며, 그와 더불어 그렇게 부과하지 않았다면 수행할 수 없었을 기능을 부과해준다.

다음 단계는 우리가 이런 제도적 현상들을 창출할 때 행위에 대한 이유도 창출할 수 있음을 이해하는 것이다. 내가 나의 지갑 속에 있는 좀 지저분한 종잇조각들을 잘 간직해야 할 이유가 있는 것은 그것들이 단지 종잇조각 이상의 것임을 알기 때문이다. 그것들은 소중한 미국 화폐 조각들이다. 즉, 제도적 구조만 주어지면, 그런 제도적 구조가 없다면 있을 수 없었을 일군의 총체적인 행위 이유들이 존재한다. 그래서 "사실인 것처럼 보인다"가 행위에 대한 일군의 이유들을 창출할 수 있는데, 왜냐하면 제도적 실재에 관한 한 (적절히 이해되었을 경우에) 사실인 것처럼 보이는 것이 사실이 되기 때문이다. 내가 남한테 돈을 꾸거나, 술집에서 맥주를 주문하거나, 결혼하거나, 클럽에 가입한다고 할 때, 나는 제도적 구조를 이용해서 이유들을 창출하는 것이며 그 이유들은 제도적 구조 내에서 존재하는 것이다.

그러나 아직까지는 우리의 결정적 문제, 즉 어떻게 그런 구조들을 이용해서 욕구 독립적 이유들을 창출할 수 있느냐는 문제에 답한 것이 아니다. 내가 돈을 바랄 아주 훌륭한 이유들을 갖고 있지만 그 이유들은 돈으로 살 수 있는 것들에 대한 나의 욕구에서 비롯된 것이므로 모두 욕구 의존적이다. 그러나 내가 돈을 치러야 할 책임에 관해서는 어떤가? 남에게 내 빚을 갚아야 하는가? 이러이러한 경우에 돈을 주겠다는 나의 약속을 이행해야 하는가? 만일 일군의 사람들이 하나의 제도를 만들었는데 그 유일한 기능이 내가 그들에게 돈을 주도록 하는 것이라 할 때 그것만으로는 내가 아직은 그들에게 돈을 주어야 할 아무런 책임이 생기지 않는다. 왜냐하면 그들은 그들이 이유라고 생각하는 것을 창출했을지 몰라도 그것이 내게는 이유가 안 될 수도 있기 때문이다. 그렇다면 어떻게 나는 제도적 실재를 이용해 나에 대한 욕구 독립적 이유들을 창출할 수 있는가?

이 시점에서 자유와 일인칭 관점의 특징들을 도입해야 한다. 지금 우리의 문제는, 그때가 되면 내가 하고 싶은 욕구가 없어진다 해도 나를 속박해줄 그러한 이유를 지금 어떻게 내가 창출할 수 있는가이다. 나는 이 문제를 삼인칭 관점에서 보면 대답할 수 없게 된다고 생각한다. 삼인칭 관점에서 볼 때 누군가가 자신의 입을 통해서 일련의 소리들을 내뱉는다. 그는 "내가 널 아침 여섯 시에 깨워줄 것을 약속하지"라고 말한다. 그가 그렇게 했다는 것이 어떻게 그의 의지를 속박할 이유를 창출한 것일 수 있는가? 이 문제에 대답하는 유일한 길은, 내가 입으로 이런 소리들을 내뱉을 때 내가 무슨 생각을 하고 있는지 내가 무엇을 하려고 하는지 내 의도가 무엇인지를 일인칭 관점에서 알아보는 것이다. 또 일단 문제를 일인칭 관점에서 살펴보면, 그 해결책도 알 수 있게 된다고 생각한다. "내가 널 아침 여섯 시에 깨워줄 것을 약속하지"라고 내가 말할 때, 나는 내가 너를 아침 여섯 시에 깨워줄 어떤 특수한 유형의 욕구 독립적 이유, 즉 책임을 스스로 자유롭게 창출한 것을 알게 된다. 이 점이 약속에 핵심적인 모든 것이다. 실로 약속이란 바로 그런 것이다. 약속은 모종의 책임을 의도적으로 창출하는 것이다. — 또 그 같은 책임은 정의상, 그 행위자의 뒤따르는 욕구들과 독립적이다. 그런데 이제, 내가 지금까지 말한 모든 것은, 내가 어떤 의도를 갖고서 소리를 냈다는 것과 내가 그런 의도들을 갖고 있기 때문에 이러이러한 것이 내게는 사실이 되는 것으로 보인다는 것이다. 그러나 어떻게 "사실인 것처럼 보인다"

로부터 "사실이다"에 도달하게 되는가? 이 문제에 답하기 위해서는, 제도적 구조들에 관해 내가 방금 말한 것으로 되돌아가야 한다. '처럼 보인다(seems)'가 '이다(is)'에 선행한다는 점이 바로 제도적 구조의 특성이다. 만일 내가 약속을 하고 있는 것으로 내게 보이는 까닭이 그것이 내가 그 행동을 했을 때 나의 의도였으며, 당신에게는 당신이 약속을 받은 것으로 보이기 때문이며, 내가 지금은 열거하지 않겠지만 다른 곳에서 지겹도록 상세히 열거했던11) 다른 모든 조건들, 즉 약속을 창출시킬 가능성에 관한 다른 모든 조건들이 만족된다면, 그렇다면 나는 약속을 창출한 것이다. 나는 미래에 나를 속박할 어떤 새로운 것을 의도적으로 창출한 것이다. 즉, 그것은 나에 대한 욕구 독립적 이유인데 내가 그것을 그런 것으로서 자유롭고 의도적으로 창출했기 때문이다.

이제 의지를 속박하는 능력이 미래의 행위에 대한 이유를 창출하는 것은 오로지 그것이 지금 나의 의지의 표명이기 때문이다. 앞서 나는 이 점이, 설령 노예주와 노예가 모두 제도적 구조 속에서 행위한다고 해도, 욕구 의존적 이유만 빼고는 왜 노예가 노예주에게 복종할 하등의 이유가 없는지를 보여준다고 말한 바 있다. 노예가 갖는 유일한 이유들은 타산적 이유들이다. 노예는 자신이 행위하기 위한 이유를 창출할 때 결코 어떤 자유도 행사하지 않았다. 한 제도적 구조 속에서 행위자가 어떻게 행위에 대한 외적 이유를 창출할 수 있는지를 살펴보려면, 그 제도적 구조 속에서 행위자가 스스로에 대한 이유를 자유롭게 창출할 가능성이 있는지를 살펴보는 것이 본질적이다. 행위자는 자유롭고 자발적으로 그것을 자신에 대한 이유로서 창출했기 때문에 그것이 행위자에 대한 이유인 것은 의심의 여지가 없다.

물론 이는 그것이 다른 모든 이유를 압도할 이유가 된다는 말은 아니다. 그와 반대로, 우리는 실생활에서는 어떤 행위를 할 혹은 하지 않을 수많은 경쟁적 이유들이 있을 수 있음을 알고 있다. 때가 되어도 여전히 행위자는 그 행위를 하거나 하지 않을 갖가지의 다른 경쟁 이유들에 비

---

11) John R. Searle, *Speech Acts: An Essay in the Philosophy of Language*, ch. 3.

추어 자신의 약속을 비교 검토해볼 수도 있다.

지금까지는 시간, 제도적 구조, 일인칭 관점, 자유, 이렇게 네 가지 측면을 살펴보았는데 이제 다섯 번째 측면으로 합리성을 보자. 합리적으로 행위할 능력이란 일관성, 추론, 증거의 인식 및 그 밖에 다른 많은 것들을 인식하고 운용할 수 있는 능력과 같은 것들을 포함한 일군의 능력들에 대한 통칭이다. 합리성에서 현재의 논의에 중요한 측면들에는 행위의 이유들을 여러 모로 운용하는 능력이 포함된다. 이 시점에서는 그것을 좀 모호하게 보였는데, 그것을 분명히 하는 것이 우리에게 다음으로 필수적인 과제다.

내가 나를 위한 어떤 욕구 독립적 이유를 창출하려는 의도를 갖고서 자유롭게 행위했다고 하고, 또 내가 (약속에 대해서든 맥주 주문에 대해서든 아니면 다른 무엇에 대해서든) 그 모든 조건들을 만족시켜서 내가 그 이유를 창출하는 데 정말로 성공했다고 하자. 그렇다면 때가 되었을 때 나는 그 같은 이유가 존재한다는 것을 인식하기 위해서 무엇을 할 필요가 있는가? 내가 모든 사실들을 알고 있다고 가정하면, 사전에 이유를 창출한 것이 지금 제약이 되고 있음을 인식하는 데에는 인식적 합리성이면 충분하다. 중요한 것은, 당신이 이 순간에 대한 제약 이유로서 과거에 창출했던 이유가 정확히 지금 이 순간에서의 제약 이유인지를 이해하기 위해서, 약속을 한다든가 맥주를 마시는 것에 대한 어떤 별도의 도덕 원리를 가질 필요는 없다는 것이다. 책임의 창출과 존속에 관한 모든 사실을 인정하고 나서 당신이 행위에 대한 이유가 있음을 부인하는 것은 순전히 논리적 모순이다. 이것이 내가 이 강연을 시작할 때 들었던 불합리한 사례의 요점이다.

6. 요약 및 결론

이 강연에서 나는 사람이 어떻게 욕구 독립적 이유를 창출하고 그에 입각해서 행위하도록 촉발될 수 있는지를 보이는 데 관심을 두었다. 행위자가 욕구 독립적 이유를 창출했다는 주장에 대응하는 사실은 무엇이며, 그런 이유가 행위에 대한 합리적인 형태의 동기라는 주장에 대응하는 사실은 무엇인가? 나는 이런 문제들을 세 가지 상이한 수준에서 논의하려 했다. 최초이자 가장 기본적 수준은 행위자가 만족 조건에 만족 조건을 부과함으로써 연루시킬 수 있는 기본적인 지향성의 원자론적 구조의 수준이다. 두 번째 수준은 '현상학'의 수준인데 여기서는 행위자에게 어떻게 보일 것인가를 논의한다. 그것이 행위자한테 보이는 방식은, 미래에 그가 그 행위를 수행하기를 바라는지 여부와 독립적인 행위 이유를 장차 그가 갖게끔 그의 의지를 규제하는 방식으로, 자신의 의지의 자유롭고 의도적인 행사를 통하여 연루들을 떠맡는 것이다. 또 세 번째 수준은 사회 일반의 수준으로서, 그런 욕구 독립적 이유들의 체계를 갖는다는 것의 사회적 기능이 무엇인가를 논의한다.

사람이 욕구 독립적 이유를 창출하고 그에 따라 행위하도록 촉발될 수 있다는 주장에 대응하는 기본적 사실들은 다음과 같다.

1. 그런 제도적 사실들의 창출에 충분한 구조가 존재해야 한다. 이런 구조들은 반드시 언어적이지만 이 구조들이 여타의 제도들도 포함시킬 수 있다. 그런 구조들은 우리가 집을 사고 맥주를 주문하고 대학에 등록하는 등등을 할 수 있게 해준다.

2. 이런 구조들 안에서, 행위자가 적절한 의도를 갖고 행위한다면, 그것은 욕구 독립적 이유의 창출에 충분하다. 구체적으로, 만일 행위자가 자신의 행위가 그런 이유를 창출해야 한다는 의도를 갖고서 행위한다면, 달리 제반 여건이 적절하다면, 그는 그런 이유를 창출한 것이다. 결정적인 의도는 그것이 이유여야 한다는 의도다. 욕구 독립적 이유는 제도에서 비롯하지 않는다. 제도는 그런 이유들의 창출 수단을 제공할 따름이다.

3. 그런 이유들을 창출할 때 지향성의 논리적 형식은 늘 만족 조건에 대한 만족 조건을 부과하는 것이다. 행위에 대한 욕구 독립적 이유 창출의 가장 순수한 경우가, 말하자면, 약속이다. 그러나 약속이란 약속을 하는 사람을 명제적 내용의 주어로 하고 자기 지시적 요소를 만족 조건

에 부과한다는 점에서 언어 행위 가운데서도 특이한 행위다. 약속의 만족 조건은 화자가 어떤 행위를 실행한다는 것만이 아니라 그것을 화자 자신이 하겠다고 약속했기 때문에 그 행위를 한다는 점이다. 그러므로 약속에는 자기 지시적 요소가 있으며, 이 요소는 여타의 언어 행위에는 존재하지 않는다. 예컨대, 주장 행위에는 자기 지시적 요소가 없다.

4. 일단 책임이 창출되면, 행위자는 그 책임을 그 후에 뒤따르는 자신의 행동을 규제하는 것이라고 인식해야 한다는 것이 바로 인식적 합리성이라는 요건이다. 책임은 행위에 대한 이유의 구조를 갖는다. 상방 적합 방향을 갖고 행위자를 주체로 하는 작위적 대상이 존재한다.

5. 일단 행위에 대한 욕구 독립적 이유가 창출되었으면, 다른 어떤 이유의 인식도 그 행위를 수행할 욕구를 촉발할 수 있듯이, 그 이유가 행위 수행의 욕구를 촉발할 수 있어야 한다. 어떤 것을 하는 것에 대한 타당한 이유를 인식한다는 것이 이미 그것을 하기를 원하는 것에 대한 타당한 이유를 인식한다는 것이다.

의식, 자유 행위 그리고 두뇌

1. 의식과 두뇌

이 책의 많은 부분은 합리성 연구를 위한 간격과 그 함축에 관한 것이다. 간격은 인간 의식의 특징이고, 그런 의미에서 이 책은 의식에 관한 것이다. 그 간격은 자유 행위의 의식의 특징이며, 행위는 그 점 때문에 자신을 결정할 충분한 심리적 인과적 조건을 갖지 않은 것으로서 경험된다. 그 점이 행위가 자유롭다고 말할 때 뜻하는 바의 일부다. 간격이 심리적으로 실재한다는 것은 틀림없다. 그렇지만 경험적으로는 실재할까? 신경생물학적으로 실재할까? 인간의 자유에 대한 재미있는 문제가 있다면, 그건 틀림없이 뇌가 어떻게 작동하는가에 대한 신경생물학적 문제일 것이다. 이 강연의 목표는 의지적인 의식을 설명하거나 또는 자유 행위의 의식을 의식 일반의 설명 안에서 설명하고, 그것을 다시 뇌 기능의 설명 안에서 설명하는 것이다.

우리는 지금 전통적인 철학적 문제의 토론을 막 시작하려던 참이므로, 잠시 물러서서 왜 아직도 그런 문제가 우리에게 남아 있는지 생각해 보는 것도 좋을 것이다. 나는 앞 강연에서 그런 문제들은 어떤 것도 포기할 수 없다고 느껴지는, 언뜻 보기에 양립 불가능한 두 견해가 충돌할 때 일반적으로 생긴다고 말했다. 이 경우에 자유의지에 대한 믿음은 간격에 대한 우리의 의식적 경험에 토대를 두고 있지만, 우주는 완전히 물리학 법칙에 의해 결정되는 닫힌 물리적 체계라는 근본적인 형이상학적 전제 역시 우리에게 있다. 어떻게 해야 할까? 가장 먼저 주의해야 할 것은 물리학에서 양자역학 차원에서 가장 기본적인 법칙은 결정적이지 않다는 사실이다. 그 다음에 주의해야 할 것은 물리학 법칙들은 실제로 어떤 것도 결정하지 않는다는 사실이다. 그 법칙들은 다양한 물리적 변수들 사이의 관계들을 기술한 명제들의 집합이고, 이런 특성들은 특정 상황에 인과적으로 충분한 조건을 어떤 때는 부여하고 어떤 때는 부여하지 않는다. 세 번째로 주의할 것은 우주가 닫힌 물리적 체계라는 주장이 무엇인가를 의미한다면 그것은 분명히 정의에 의해 참이라는 사실이다. 따라서 의식, 지향성, 합리성은 다른 모든 것들이 그런 것처럼 물리적 현상이다. 이런 반성들이 우리의 문제를 해결해주지는 못하지만, 제약이 덜한 방식으로 생각하도록 만들어주기는 한다. 그럼 의식이 어떻게 물리적 우주와 어울리는지 질문을 시작해보자.

지난 10여 년 동안에 의식과 의식이 뇌와 맺는 관계에 대한 한 특정한 관념이 철학과 신경과학에 등장하고 더욱 널리 받아들여지게 되었다. 그것은 가장 일반적으로 해석되는 이원론과 유물론 모두를 심각하게 반대한다. 특히 의식 상태의 환원 불가능한 주관성을 부정하려고 시도하거나 의식을 행동, 컴퓨터 프로그램 또는 체계의 기능적 상태로 환원하려고 시도하는 의식 개념에 반대한다. 이런 의식 개념은 더욱 널리 받아들여지고 있지만, 여전히 논쟁의 여지가 있다.

그 의식 개념은 이렇다. 의식은 진짜 생물학적 현상이다. 의식은 감정, 앎, 생각, 느낌의 내적이고, 질적이고, 주관적이고 통합된 상태다. 이런 상태들은 우리가 아침에 꿈 없는 잠에서 깨어날 때 시작하고, 우리가 다시 무의식적이 될 때까지 하루 종일 계속된다. 꿈은 깨어 있는 자연스러운 의식과 여러 면에서 다르긴 하지만 이런 설명에서 볼 때 일종의 의식이다. 이런 개념에서 의식의 핵심적인 특성은 의식이 이제 내가 설명하려는 방식으로 질적이고 주관적이고 통합적이라는 사실이다. 모든 의식적 상태에는 그 상태에 대한 어떤 질적인 느낌이 있다. 그런 종류의 상태에서는 어떤 상태에 있는 것 같은 것 또는 그렇다고 느껴지는 것이 있다. 이것은 맥주 맛, 장미 향기, 하늘의 푸름을 보는 것 못지않게, '2 더하기 2는 4'라고 생각하는 것과 같은 생각에도 맞는 이야기다. 지각이 됐든 생각하는 과정이 됐든 모든 의식적인 상태는 내가 설명하려고 하는 의미에서 질적이다. 게다가 인간 또는 동물 주체에 의해 경험됨으로써 존재할 뿐이라는 의미에서 주관적이다. 의식적인 상태에는 강조할 만한 특징이 더 있다. 맥주 맛 또는 장미 향기와 같은 의식적인 경험은 언제나 통합된 의식의 영역의 일부로서 발생한다. 예를 들어서 나는 셔츠가 내 등에 닿는 느낌과 내 입에 남은 커피의 뒷맛과 내 앞에 있는 컴퓨터 화면을 보는 것을 바로 지금 그냥 느끼는 것이 아니라, 통합된 의식의 영역의 일부로서 그 모두를 느끼는 것이다.

그렇게 정의된 의식과 뇌 과정의 관계는 무엇일까? 여러분은 그 문제가 전통적인 심신 문제라고 생각할 것이다. 나는 심신 문제가 철학적 형태로는 (신경생물학적 형태로는 그렇지 않지만) 다소 쉽게 풀린다고 믿는다. 그건 이렇다. 우리의 모든 의식적 상태는 하위 차원의 뇌의 신경 과정에 의해 야기되며, 그 자체가 뇌의 특성이다. 통증의 경우에 이것을 아주 분명히 알 수 있다. 나의 현재 통증은 말초신경에서 시작하는 일련의 신경의 발화에서 생겨서, 리사우어 신경로(tract of Lissauer)를 타고 척추를 지나, 시상과 뇌의 다른 기초 영역으로 전달된다. 이 중 일부는 감각피질, 특히 제1영역(zone 1)으로 퍼지고, 나는 이런 일련의 과정을 통해 통증을 느끼게 된다. 이런 통증들은 무엇인가? 통증 그 자체는 뇌의 상위 차원의 특성 또는 체계의 특성일 뿐이다. 전체 의식 영역에서 통증의 주관적이고 질적인 경험은 뇌 그리고 다른 중추신경체계에 의해 야기되며, 그것 자체는, 의식의 통합된 영역의 요소로서, 인간의 뇌를 이루고 있는 신경 그리고 다른 세포들의 체계의 특성이다.

이런 의식적인 경험을 야기하는 신경 과정은 정확히 무엇일까? 우리는 현재 그 물음의 대답을 알지 못한다. 얼마간의 진보가 이루어지긴 했지만 그 진보는 느리다. 내가 알기로는 현재 의식의 문제에 대해 적어도 두 가지 일반적인 접근법이 있는데, 나는 이 논의의 주된 주제에 다가가기 위해서 이것들 각각에 대해서 약간씩 말해야겠다. 나는 첫 번째 접근법을 벽돌쌓기 접근법이라고 부르겠다. 이것은 우리의 의식 영역이, 각각이 개별적인 의식 경험인 일련의 요소들로 이루어져 있다는 생각이다. 벽돌을 쌓아서 집을 완성하는 것처럼 이런 요소들이 전체 영역을 완성한다. 벽돌쌓기 연구 프로젝트 뒤에 숨어 있는 전제는 우리가 벽돌 한 개의 작동법이라도 알 수 있다면, 가령 우리가 빨간색을 시각적으로 경험하는 방법을 알 수 있다면, 그것으로 의식 문제 전체를 푸는 데 실마리가 된다는 것이다. 그 까닭은 빨강의 의식적 경험이 이루어지는 기제는 아마도 소리나 맛의 경험이 이루어지는 기제와 닮았을 것이기 때문이다. 이 생각은 감각 경험 각각의 신경 상관물을 찾은 다음에 그것을 의식 일반의 설명으로 일반화하려는 것이다.

나는 내가 다른 곳에서[1] 설명하려고 시도한 이유 때문에 벽돌쌓기 접근법은 틀렸다고 생각한다. 각 벽돌은 이미 의식적인 주체에서만 일어난다. 나는 빨강의 경험을 만들어내는 기제를 발견하려고 노력함으로써 의식을 만들어내는 기제를 발견할 수 있다고 믿지 않는다. 이미 의식적인 주체만이 빨강을 경험할 수 있다. 벽돌쌓기 접근법이 예측하는 바에 따르면, 만약 여러분이 무의식적인 주체에 단일한 벽돌, 가령 빨강의 경험에 해당하는 신경 상관물을 만들어낼 수 있다면 그 주체는 순간적으로 빨강을 갑자기 경험하게 될 것이고 다른 의식적인 상태는 경험하지 못할 것이다. 이것은 가능한 경험적 가정이긴 하지만, 우리가 뇌가 어떻게 작용하는지 아는 바에 따르자면 아주 그럴듯해 보이지는 않는다. 우리가 무의식적인 뇌와 의식적인 뇌의 신경생리학적 차이를 발견할 수 있다면 뇌가 어떻게 의식을 야기하는지 이해할 수 있을 것이라는 생각이 나에게는 더 그럴듯해 보인다. 우리가 정말로 알고 싶은 것은 주체가 어떻게 의식적이 되는가이다. 주체가 일단 의식적이 되면, 특정 경험이 나올 수 있고, 그것이 존재하는 통합된 의식 영역을 수정할 수 있

---

1) "Consciousness", *Annual Review of Neuroscience 2000*, vol. 23, pp.557-578.

을 것이다.

다른 노선의 연구는 내가 통합 영역 접근법이라고 부르는 것이다. 우리는 의식이 일련의 작은 벽돌로 이루어졌다고 생각하는 대신에, 내가 전에 말했던 통합을 진지하게 고려해야 하고, 또한 의식 전체를 통합된 것으로 생각해야 한다. 우리는 개별적인 지각 입력이 의식을 창조한다고 생각해서는 안 되고, 이미 존재하는 의식을 수정하는 것이라고 생각해야 한다. 이런 설명에 따르면, 예를 들어 빨강의 신경 상관물을 찾는 대신에, 의식적인 뇌와 무의식적인 뇌 사이의 차이를 발견하려고 노력해야 한다.

내가 제시한 설명에서 언급한 세 가지 특성, 곧 질적임, 주관성, 통합은 세 가지 서로 다른 특성이 아니고 같은 특성의 세 가지 측면이다. 일단 특성이 내가 설명한 의미에서 질적이라면, 우리가 말한 질적이라는 개념은 주체에 의해 경험되는 어떤 것이기 때문에 틀림없이 주관적이 된다. 그리고 여러분이 주관적이고 질적인 경험을 하게 되면 그 경험은 반드시 통합된다. 여러분은 이것을 사고 실험으로 다시 볼 수 있다. 여러분이 17조각으로 나누어진 현재 의식의 상태를 상상한다면, 여러분은 17개의 부분이 있는 단일한 의식 영역을 상상하는 것이 아니라 17개의 서로 다른 의식 영역을 상상하는 것이다. 질적임, 주관성, 통합은 서로 다른 특성이 아니라, 모두 한 특성의 측면들이며 그 특성이 바로 의식의 본질이다.

2. 의식과 의지적 행위

의식 영역의 성격을 탐구해보면 놀라운 사실을 발견하게 된다. 지각 경험들의 질적인 성격과 의지적 행위의 질적인 성격에는 인상적이고 극적인 차이점이 있다. 지각 경험의 경우에는 나는 외부 환경이 야기하는 경험의 수동적인 수용자다. 따라서 예컨대 내가 얼굴 앞에 손을 올린다면 내가 손을 볼 수 있느냐 없느냐는 나한테 달려 있지 않다. 지각 장치와 외부 자극은 그 자체로 충분히 내 얼굴 앞에 있는 내 손의 시각 경험을 나에게 야기한다. 나는 이 문제에 관해 선택의 여지가 없으며, 그 원인들은 충분히 경험을 야기한다.

반면에 내가 오른손을 머리 위로 올리려고 결정한다면 그건 전적으로 나에게 달려 있다. 내가 오른손을 올릴지 왼손을 올릴지, 각 손을 얼마나 높이 올릴지 등은 내게 달려 있다. 따라서 의지적 행위는 지각과는 전혀 다른 의식적 느낌을 준다. 물론 나는 지각에 의지적인 요소가 전혀 없다고 말하는 것은 아니다. 나는 있다고 생각한다. 단지 지금 감각 경험과 분명하게 대조되는 의지적 행위의 눈에 띄는 특성에 주목하고 싶을 뿐이다.

우리가 논의했던 간격이 의지적 행위에 일어난다. 먼저 결정의 이유와 결정 사이에 간격이 있고, 둘째로 결정과 그 실행 사이에 간격이 있고, 셋째로 행위의 시작과 계속해서 마무리하는 것 사이에 간격이 있다. 사실 나는 이 세 가지 간격들 모두가 의지적인 의식의 발현이기 때문에 같은 현상의 발현이라고 생각한다.

앞의 강연에서 본 것처럼 행위자가 어떤 이유에 의해 의지적으로 수행하는 인간 행동의 논리적 구조를 설명하기 위해서는 환원 불가능한 자아를 가정할 필요가 있다. 순전히 형식적인 이러한 자아 개념에다 그렇게 이해된 자아는 의식의 통합된 영역을 필요로 한다는 점을 덧붙일 수 있다. 자유로운 합리적 행위 현상을 이해 가능한 것으로 만들기 위해서는 자아를 가정해야만 한다. 그러나 그렇게 가정된 자아는 통합된 의식 영역을 필요로 한다. 자아는 그 영역과 동일하지는 않지만, 자아의 작용 — 이것 때문에 자아는 이유에 근거해서 결정을 하고 그런 결정을 수행하는 행위를 한다 — 은 지각과 기억과 같은 인지적 요소뿐만 아니라 숙고와 행위와 같은 의지적 요소까지 모두 포함하는 통합된 영역을 필요로 한다. 왜 그럴까? 만약 여러분이 마음은 연결되지 않은 지각들의 흄적인 다발(a Humean bundle of un- connected perceptions)이라고 상상하려 한다면, 자아가 다발에서 작용할 수 있는 방법은 없다. 결정을 할 때 자아가 작용하기 위해서는 다발의 각 요소에 서로 다른 자아가 있어야만 한다.

3. 자유의지

나는 지금까지 우리가 배운 내용을 전통적인 자유의지 문제에 적용하고자 한다. 자유의지와 결정론의 의미가 매우 다양하다는 것은 두말할 나위가 없지만, 지금 논의를 놓고 볼 때 자유의지 문제는 우리가 간격을 경험하는 의식적 영역의 부분들에서 생긴다. 이것들은 전통적으로 의지라고 부르는 경우들이다. 내가 간격이라고 불러왔던 종류의 경험을 우리가 한다는 데는 의문의 여지가 없다. 다시 말해서 우리는 우리에게 열려 있는 대안적인 행위의 가능성을 느끼고, 행위의 심리적인 선행자가 행위를 고정시키는 데는 충분하지 않다고 느끼는 방식으로, 우리의 일반적 의지적 행위를 경험한다. 이러한 설명에 따르면 자유의지 문제는 의식, 의지적이거나 능동적인 의식에서만 일어나고 지각적인 의식에서는 일어나지 않는다는 사실에 주목하라.

그러면 자유의지의 문제란 정확히 무엇인가? 자유의지는 보통 결정론에 반대된다. 행위에 대한 결정론 논제는 모든 행위가 인과적으로 충분한 선행 조건에 의해 결정된다는 주장이다. 모든 행위에 대해 그런 맥락에서 행위의 인과적 조건은 그 행위가 일어나게 하는 데 충분하다. 따라서 행위와 관련해서 행위가 실제로 일어나는 방식과 다르게는 아무것도 일어날 수가 없다. 때때로 자유주의라고 부르는 자유의지 논제는 적어도 어떤 행위는 행위의 선행 인과적 조건이 그 행위가 일어나게 하는 데 충분하지 않다는 주장이다. 행위가 정말로 일어나고, 또 어떤 이유 때문에 일어난다는 것을 인정한다고 해도, 행위의 선행 조건들이 똑같이 주어질 때 행위자는 다르게 행동할 수 있다.

자유의지에 대해 가장 널리 채택되는 견해는 양립주의라고 부르는 것이다. 양립주의는 우리가 용어들을 제대로 이해한다면 자유의지와 결정론이 양립 가능하다는 견해. 행위가 결정되었다고 말하는 것은 행위가 다른 사건처럼 원인이 있다고 말하는 것이며, 행위가 자유롭다고 말하는 것은 행위가 어떤 종류의 원인들에 의해 결정되지만 다른 것들에 의해서는 아니라고 말하는 것이다. 따라서 누군가가 내 머리에 총을 겨누고 손을 들라고 말한다면 내 행위는 자유롭지 못하다. 그러나 가령 내가 자유롭게 또는 나 스스로의 자유의지로 찬성의 표시로 손을 든다면, 내 행위는 자유롭다. 비록 두 경우 모두, 그러니까 찬성의 경우와 내 머리에 총이 겨누어진 경우나 모두 내 행위는 완전히 인과적으로 결정되어 있지만 말이다.

나는 양립주의가 자유의지 문제의 요점을 놓치고 있다고 생각한다. 내가 정의한 방식대로라면 자유주의는 결정론과 확실히 일관적이지 못하다. 다시 말하자면, 결정론은 모든 행위에는 그 행위를 결정하는 인과적으로 충분한 조건이 선행한다고 말한다. 그리고 자유주의는 그것의 부정을 주장한다. 곧, 어떤 행위에 대해서 선행 인과적 조건들은 그 행위를 결정하는 데 충분하지 못하다.

나는 양립주의가 옳게 되는 자유와 결정의 의미가 물론 있다고 생각한다. 가령 사람들이 자유를 요구하는 신호를 보내면서 거리에서 행진을 할 때 그들은 보통 물리학 법칙에 별로 관심이 없다. 그들은 보통 정부가 그들의 행위들에 대해 제약을 덜 가하길 원한다. 그리고 자신들의 행위의 인과적인 선행자에 대해서는 전혀 관심이 없다. 그러나 외부 제약이 없다는 의미의 이런 자유는 내가 말하는 의미의 자유의지의 문제와는 관련이 없다. 나는 양립주의가 실질적인 답을 줄 수 있는, 철학적으로 흥미 있는 자유의지의 문제는 없다고 생각한다.

우리는 간격의 경험 때문에 내가 말한 의미에서의 자유의지를 확신하게 된다. 따라서 자유의지의 문제는 다음과 같이 제시될 수 있다. 그런 경험에 어떤 실재가 상응하는가? 우리가 우리 행위에 인과적으로 충분한 선행 조건들이 없다고 느낀다면, 왜 이런 심리적 사실을 심각하게 고려해야만 할까? 심리적 차원 그 자체는 인과적으로 충분하지 않지만, 심리학의 신경 토대는 행위를 결정하는 데 인과적으로 충분하다는 것이 가능하지 않을까? 간격의 심리적인 실재를 인정한다 할지라도 우리에게는 여전히 자유의지의 문제가 남아 있다. 그것은 정확히 무엇이고 그것을 해결하려면 어떻게 해야 할까?

문제를 아주 분명하게 하기 위해 다음 예를 생각해보자. 내 앞의 테이블에 레드와인인 부르고뉴와 보르도 두 잔이 놓여 있고, 나는 시간 t1에 이 중 한 잔을 선택한다고 가정해보자. 나는 둘 다 좋다고 생각하지만, 10초 후인 t2에 부르고뉴를 선택하기로 결정하고 잔을 들어 마신다고 가정하자. 그 행위를 A라고 부르고, A는 t2에서 시작해서 t3까지 몇 초 동안 계속된다고 가정하겠다. 단순하게 하기 위해서 결정과 그 실행 사이에는 심리적 간격이 없다고 가정하자. 내가 t2에 부르고뉴를 선택하기로 결정한 순간에, 작동 의도가 시작되었고 나는 잔을 잡았다. (물론 실제 시간에는 나의 작동 의도와 근육의 운동을 실제로 시작하는 것 사이에는 0.2초가 있다.) 또 이것은 간격이 있는 의지적 행위라고 가정하자. 나는 그 행위를 결정하는 충분한 원인을 파악하지 못하고 있다. 나에게 작용하는 심리적 원인이 행위 A를 결정하는 데 충분하지 못하다는 의미에서 나의 행위는 자유롭다. 그게 정확히 무엇을 의미할까? 적어도 다음을 의미한다. t1에서 나에게 작용하는 모든 심리적 원인들을, 이 경우에 관련된 심리 법칙까지 다 포함하여 모든 인과력까지 함께, 완벽하게 규정한다고 해도 내가 어떤 기술에서든지 행위 A를 수행한다는 것을 충분하게 함축하지 않는다. 그 규정은 JRS가 부르고뉴를 선택할 것을 함축하지 못할 뿐만 아니라, 이 팔은 이 방향으로 움직일 것이고, 이 손가락은 이 물건을 잡을 것이라는 것도 함축 못한다. 이런 관점에서 t1의 심리적 원인은 표준적인 물리적 원인과 다르다. 만약 부르고뉴를 잡으려다가 내가 테이블에서 빈 잔을 무심코 떨어뜨린다면, 충격의 순간부터 시작해서 잔에 작용하는 원인들의 기술은 잔이 바닥에 떨어질 것이라는 것을 충분히 함축할 것이다.

나는 앞서 이런 심리적 과정 모두는 그 자체가 뇌에 의해서 야기되고 뇌에서 실현된다고 말했다. 따라서 t1에 레드와인이 든 두 잔의 의식적 감각과 그것들의 상대적 장점에 대한 나의 의식적 반성은 뇌에서 생기는 하위 차원의 신경생물학적 과정에 의해 야기되고 뇌의 구조에서 실현된다. 이제 다음과 같은 문제가 있다. 뇌에 더 이상의 입력이, 가령 더 이상의 지각 같은 것이 없다고 가정하면, t1에 나에게 일어나는 신경생물학적 과정은 t2의 나의 뇌의 전체 상태를 결정하는 데 인과적으로 충분한가? 그리고 t2에 나의 뇌의 전체 상태는 t2와 t3 사이의 연속적인 뇌의 과정을 야기하는 데 충분한가? 만약 그렇다면 인과적으로 충분한 선행 조건들을 갖는 행위 A의 기술이 있게 된다. 왜냐하면 t2에서 나의 뇌의 상태는 신경전달물질이 행위 A의 신체적 요소를 구성하는 근육의 수축을 시작하게 하는 그런 것이고, 또 t2와 t3 사이의 연속적인 과정이 근육의 수축의 충분한 원인이 되어 t3에서 행위를 완성하게 하는 그런 것이기 때문이다. 자유의지 문제는 다음과 같은 것이 될 것이다. 신경생물학적으로 기술된 t1의 뇌의 상태는 t2의 뇌의 상태를 결정하는 데 인과적으로 충분하며, t2의 뇌의 상태는 행위를 수행하여 t3까지 가는 데 충분한가? 이 경우에 그리고 적절히 비슷한 다른 경우까지 해서 그런 문제에 '예'라고 대답하면, 우리에게 자유의지는 없다. 심리적으로 실재하는 간격은 신경생물학적인 실재에 상응하지 않으며, 자유의지는 거대한 환상일 것이다. 만약 그 문제에 '아니요'라고 대답한다면, 의식의 역할에 대한 어떤 가정이 주어진다면 우리에게는 정말로 자유의지가 있다.

왜 모든 상황이 이렇게 되었을까? 그 이유는 t2의 뇌의 상태가 행위의 근육 운동을 시작하게 하는 데 충분한 원인이 되고, t2와 t3 사이의 뇌의 상태가 행위를 완성할 수 있도록 근육의 운동을 수행하는 데 충분하기 때문이다. 일단 아세틸콜린이 운동 신경의 축색돌기 끝판을 치면, 나머지 생리학적 장치가 정상적인 기능 조건에 있다고 할 때 근육은 직접적인 인과적 필연성에 의해 움직일 것이다. 첫 번째 두 간격은 근육 운동에 앞서 일어나고, 세 번째 간격은 행위가 시작해서 완결까지의 연속 사이에서 일어난다. 간격은 실재하는 심리적 현상이지만, 그것이 세계에 차이를 만들어내는 실재하는 현상이라면 신경생물학적 상관물이 틀림없이 있을 것이다. 간격의 실재는 신경생물학적 물음으로서 다음과 같다. t1에서 t3까지의 뇌의 상태는 각 상태가 인과적으로 충분한 조건들에 의해 다음 상태를 결정할 수 있을 정도로 충분한가? 자유의지의 문제는 신경생물학에서 어떤 종류의 의식과 신경생물학적 과정의 관계에 대한 직접적인 문제다. 만약 이것이 재미있는 문제라면, 그것은 어떤

종류의 의식적 행위의 인과에 대한 과학적 문제다. 나는 이제 이 문제를
조심스럽게 살펴보고 그 밑바닥까지 내려가볼 생각이다.

4. 가설 1: 신경생물학적 결정론과 함께하는 심리적 자유주의

먼저 그동안 우리가 무엇을 알고 있는지 되새겨봐야 한다. 의식의 모
든 상태는 뇌에서 상향식의 신경생물학적 과정들에 의해 생긴다. 그것
들은 신경생물학에 토대를 두고 있기 때문에 그 다음의 의식 상태나 신
체의 운동을 일으킬 수 있다. 따라서 간격이 없는 경우에 상위 차원에서
시간에 걸친 좌우 인과는 하위 차원에서 시간에 걸친 좌우 인과와 정확
히 일치한다. 예를 들어서, 나의 작동 의도는 뇌의 하위 차원의 과정에
의해 생긴다. 그것은 그 다음에 내 팔이 올라가도록 한다. 작동 의도를
야기하는 신경생물학적 과정은 그 다음에 일련의 생리학적 변화를 야기
하고 그것은 나의 팔 운동을 야기하며 실현시킨다. 이런 관계는 인과적
으로 실재하는 기술 차원을 갖는 어떤 체계에서나 전형적으로 나타난
다. 따라서 자동차 엔진의 형식적 관계도 똑같다. 이런 관계에서는 어떤
부수현상론도 나오지 않는다. 작동 의도는 피스톤의 고체성만큼이나 인
과적으로 실재한다. 더구나 인과적인 과잉 결정은 없다. 우리는 독립적
인 인과적 연속에 대해 말하고 있는 것이 아니라 다른 차원에서 기술된
같은 인과적 연속에 대해 말하고 있다. 다시 한 번 자동차 엔진의 유비
가 아주 잘 들어맞는다. 우리는 인과를 분자 차원에서 기술할 수도 있고
또 피스톤과 실린더 차원에서 기술할 수도 있다. 이것들은 독립적인 인
과적 연속이 아니라 다른 차원에서 기술된 같은 인과적 연속이다.
　나는 지난 저술들2)에서 이것을 다음과 같은 평행사변형으로 표현했
다.

---

　2) J. R. Searle, *Intentionality*(New York: Cambridge University Press, 1983),
　　p.270.

상위 차원에서 작동 의도는 신체의 운동을 야기하고, 하위 차원에서 신경의 발화는 생리적 변화를 야기하며, 각 점에서 하위 차원은 상위 차원을 야기하고 실현한다(C&R). 전체 구조는 위에서 표현된 것처럼 각 단계에서 결정론적이다.

간격이 있는 경우, 그러니까 가령 내가 숙고를 한 다음에 결심을 하는 경우는 어떤가? 나는 적어도 두 가지 가능성이 있는 것으로 생각한다. 첫 번째 가능성(가설 1)은 다음과 같다. 심리적 차원의 미결정성은 신경생물학적 차원에서의 완전히 결정적인 체계와 짝을 맺는다. 따라서 행위에 대한 이유와 결정 사이에는 심리적 간격이 있지만, 믿음과 욕구 형태로 된 행위에 대한 이유의 신경생리학적 실현과 연달아 일어나는 결정의 신경생리학적 실현 사이에는 어떤 간격도 없다. 다음과 같을 것이다.

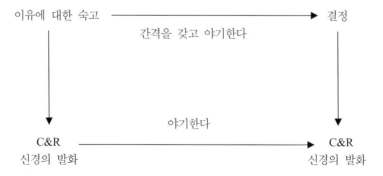

이 경우에 간격 때문에 의지적 행위의 평행사변형과 인지의 평형사변형 사이에 비대칭이 생긴다. 여러분이 결정을 기억이 있는 행위와 대조할 수 있다면 이와 같은 것을 알 수 있다. 내가 극적인 장면, 가령 자동차 사고를 봤는데 내가 본 자동차 사고의 기억을 갖고 있다고 가정하자. 그러면 나에게는 지각 경험이라는 심리적 사건이 있고, 심리적 사건은 내가 관찰한 사고의 기억이라는 그 다음 심리적 사건의 충분한 인과적 근거가 된다. 그러나 우리는 이 모든 것이 신경생물학에서 인과적으로 충분한 조건들의 연속이 있기 때문에 가능하다는 것을 알고 있다. 신경생물학적으로 말하면 실제 지각은 단기 기억과 장기 기억의 기억 궤적을 저장하는 데 충분하고, 나는 이것으로 심리적 사건을 기억한다. 다시 말하면, 지각과 기억의 관계와 같은 인지의 경우에 상위 또는 심리적 차원의 충분한 조건들이 하위 또는 신경생리학적 차원의 충분한 조건들과 짝을 맺는다. 완전한 평행사변형이 생긴다. 인지와 반대되는 의지에는 그런 평행사변형이 없다. 의지의 경우에 심리적 미결정성은 신경생물학적 결정론과 공존한다.

만약 이것이 자연이 움직이는 방식이라면 일종의 양립주의가 가능하게 된다. 심리적 자유주의는 신경생물학적 결정론과 양립 가능하다. 심리적 과정은, 그 자체가 하위의 신경 과정에 의해 야기되지만, 연달아 나오는 지향적 행위의 심리적 사건의 충분한 인과적 조건은 아니다. t1에서 내가 어떤 잔의 와인을 마셔야 할지 결정하는 심리적 과정은 하위 차원의 신경 과정에 의해, 상향식 인과에 의해 전적으로 결정된다. t2에서 나는 부르고뉴를 마시기로 결심한다. 이유에 대한 나의 반성과 나의 결정 사이에 간격이 있기는 하지만 그 결정은 다시 상향식 인과에 의해 전적으로 결정된다. t2와 t3 사이에, 내가 와인 잔을 손에 잡고 입으로 가져가는 행위 A의 근육 운동 요소들은 신경생물학적 과정에 의해, 상향식 인과에 의해 생긴다. 비록 여기서도 마찬가지로 행위의 시작과 그 완결까지의 연속 사이의 심리적 차원에서 간격이 있지만 말이다. 따라서 심리적 차원에는 간격이 있지만, 신경생물학적 차원과 심리적 차원 사이의 상향식 인과 형태에는 간격이 없고, 체계의 어떤 상태와 그 체계의 다음 상태 사이의 신경생물학적 차원에서도 아무런 간격이 없다. 그래서 심리적 자유주의와 함께하는 생리적 결정론이 나오게 된다.

그러나 이런 결과는 지적으로 아주 만족스럽지 못하다. 그것은 한마디로 말해서 부수현상론의 수정된 형태이기 때문이다. 그것은 합리적으로 결정을 하는 심리 과정이 실제로 문제 되지 않는다고 말하고 있다. 전체 체계가 하위 차원에서는 결정론적이고, 상위 차원에서는 자유의 요소가 있다는 생각은 단지 체계적인 환상일 뿐이다. t1에서 나는 부르고뉴와 보르도 사이에서 선택을 하고, 나한테 작용하는 원인은 선택을 결정하는 데 충분하지 않은 것처럼 보인다. 그러나 그건 틀린 생각이다. t1에서 나의 뇌의 전체 상태는 t1에서 t2, 또 t3까지 가는 전체 사고 과정뿐만 아니라 모든 신체의 운동을 완전히 결정할 수 있을 정도로 충분하다. 만약 가설 1이 참이라면, 모든 의식적 사고뿐만 아니라 모든 근육의 운동은 미리 전적으로 고정되고, 우리가 상위 차원의 심리적 미결정성에 대해 말할 수 있는 유일한 것은 그것이 자유의지에 대해 체계적인 환상을 준다는 것이다. 이런 점에서 그 논제는 부수현상론적이다. 우리의 의식적인 삶에서 합리적인 의사 결정을 하고 결심을 수행하려고 노력하며, 우리는 거기서 간격을 경험하고 우리 행동에 인과적인 차이를 가져오는 과정을 경험한다. 그런데 그런 것들은 실제로 아무런 차이도 가져오지 않는다. 신체의 운동은 이런 과정들이 어떻게 일어나든 간에 정확히 똑같이 진행되어간다.

아마도 위와 같이 모든 것이 밝혀질 것 같은데, 만약 그렇다면 그 가설은 우리가 진화에 대해 알고 있는 모든 것에 반대되는 것처럼 보인다. 그것은 놀랄 만큼 정교하고 복잡하고 민감하며 무엇보다도 생물학적으로 비용이 많이 드는 인간과 동물의 의식적인 합리적 의사 결정 체계가 유기체의 삶과 생존에 아무런 차이도 만들어내지 못하게 되는 결과를 가져올 것이다. 부수현상론은 가능한 논제이긴 하지만 전혀 믿을 수 없는 것이고, 만약 우리가 그것을 진지하게 받아들인다면 우리의 세계관에, 다시 말해서 우리가 세계와 맺는 관계에 대한 생각에 이전의 코페르니쿠스 혁명, 아인슈타인의 상대성 이론, 양자역학보다 더 근본적인 변화를 가져올 것이다.

5. 가설 2: 의식과 미확정성이 있는 체계 인과

대안이 되는 견해(가설 2)에서, 심리적 차원에서 인과적으로 충분한 조건의 부재는 신경생물학적 차원에서 인과적으로 충분한 조건의 상응하는 부재와 짝을 맺는다. 그러나 이것이 무엇을 의미하는가? 그런 가설이 보여줄 것 같은 다이어그램은 어떠할까? 이 시점에서 상향식, 하향식, 기술의 차원 등과 같은 은유를 포함한 우리의 다이어그램적 표상에 숨어 있는 전제들을 비판적으로 고찰해봐야 할 것처럼 보인다. 나는 그 전제들이 이 단계에서 적절하지 않다고 드러날 것이라고 생각한다. 문제는 다음과 같다. 의식이 뇌의 상위 차원 또는 표층적 특성이라는 생각은 의식에 대해서 테이블의 표면에 있는 페인트와 같은 그림을 그려준다. 그러면 상향식과 하향식 인과의 문제는 올라가느냐 내려가느냐의 문제다. 이것은 모두 틀렸다. 의식이 뇌의 표면에 있는 것이 아닌 것은 맑음이 물의 표면에 있는 것이 아닌 것과 같다. 정확히 말하자면 우리가 표현하려고 하는 생각은 의식이 체계의 특성이라는 것이다. 컵 속의 물이 두루 맑은 것과 같은 방식으로 의식은 체계 전체의 특성이고 글자 그대로 체계의 적절한 장소들의 특성이다. 맑음이 개별적인 분자에 존재하지 않는 것처럼 의식은 개별적인 시냅스에 존재하지 않는다. 그러면 우리 다이어그램에서 표현되는 것처럼 상이한 차원들에서 평행하게 움직이는 그림은 잘못된 것이다. 전체 체계는 동시에 움직인다. 자유에 관한 우리의 의식적 경험이 완전히 환상이 아니라면, 우리가 가정해야 할 것은 체계 전체가 의사 결정을 향해 움직이고, 실제 행위에서 결정을 구현하는 방향으로 움직인다는 것이다. 또 상위 차원에서 의식적인 합리성이 하위의 방향으로 실현되고, 그것이 뜻하는 바는 체계 전체가 인과적인 방식으로 움직이지만, 인과적으로 충분한 조건들에 토대를 두고 있지는 않다는 것이다.

간격이 신경생물학에서 어떻게 작동하는가를 묻기 위해서, 우리는 간격이 의식 심리학에서 어떻게 작동하는지를 분명하게 해야 한다. 의식적 합리성의 경우에 아무것도 그 간격을 채우지 못한다. 사람들은 그냥 결정을 하고 그냥 행위를 한다. 우리가 스스로의 이유에 따라 반성할 수 있고 그 다음에 그 이유에 근거해서 행위를 하는 의식적이고 합리적인 행위자를 가정할 때만 우리가 그런 사실들을 이해할 수 있다. 나는 전통적인 용어를 쓰고 싶지 않지만, 그런 가정이 자아를 가정하게 한다고 앞서 주장했다. 따라서 우리가 의식적인 자아를 가정할 때만 합리적이고 자유로운 의식적 행위를 의미 있게 할 수 있다. 그러나 그런 가정은 주관성의 통합된 의식 영역의 사실에 상대적으로 의미가 있다. 흄 식의 단절된 지각의 다발만으로는 합리적인 자아를 설명할 수 없다. 그러므로 두 번째 가설은, 심리적 차원의 미결정성과 신경생물학 차원의 결정성 사이에 분열이 있다는 것이 아니라, 체계 전체가 신경생물학에 토대를 둔 의식적, 합리적 체계로서 동시에 움직이며, 심리적 차원에서 인과적으로 충분한 조건의 부재는 아래로 계속 내려간다는 것이다. 이것은 우리가 신경 차원에서 멈추려는 충동이 단순히 선입견의 문제라고 반성한다면 덜 이상하게 보일 것이다. 우리가 양자역학 차원까지 계속해서 내려간다면, 인과적으로 충분한 조건이 없다는 것은 놀라운 일이 아닌 것처럼 보일 수 있다.

스페리는 내가 한때 약하다고 생각했지만 지금은 현명하게 보이는 하향적 인과의 보기를 어디에선가 사용한다. 구르고 있는 바퀴의 분자 하나를 생각해보라. 바퀴는 그런 분자들로 이루어져 있지만, 바퀴의 전체 구조와 바퀴로서의 그 운동은 분자의 운동을 결정한다. 그리고 한 분자에 대해 맞는 말은 모든 분자들에 대해 맞다. 체계는 전적으로 분자들로 이루어져 있지만, 각 분자의 운동은 체계에 의해서 결정된다. 이것에 대해 생각하는 옳은 방식은 하향식이라기보다는 체계 인과다. 체계는 요소들로 이루어져 있지만, 체계는 체계로서 각 요소에 인과적 영향을 끼친다. 이제 가설 2에서 비유적으로, 체계는 요소들로 이루어져 있지만, 체계는 의식적 체계로서 개별적 요소인 뉴런과 시냅스에 영향을 끼칠 수 있다. 액체에는 분자들만 있지만 액체의 각 분자는 그 체계의 맑음으로부터 영향을 받는다. 고체에는 분자들만 있지만 고체에서 각 분자는 그 체계의 고체성으로부터 영향을 받는다. 비슷하게 체계의 의식적인 부분에는 뉴런(그리고 신경교세포 등)만이 있지만, 그 부분의 각 뉴런은 뇌의 의식으로부터 영향을 받을 수 있다.

따라서 만약 가설 2가 옳다면, 우리는 체계가 요소들로 이루어져 있지만 체계의 의식은 체계의 요소들에 영향을 끼칠 수 있다고 가정해야 한다. 마치 바퀴가 분자들로 이루어져 있어도 바퀴의 고체성이 분자들에 영향을 끼칠 수 있는 것처럼 말이다. 지금까지는 좋다. 그러나 바퀴의 체계 인과와 의식적 뇌 사이의 체계 인과 사이의 유비는 이 점에서 깨지고 만다. 바퀴의 행동은 완전히 결정되지만 가설 2에서 의식적인 뇌의 행동은 그렇지 않은 것이다. 어떻게 그럴 수 있는가? 신경생물학은 얼마나 정확히 그런 가설에서 작동할 수 있을까? 나는 그 질문에 대한 답을 알지 못하지만, 신경생물학에서 주어지는 많은 설명들이 인과적으로 충분한 선행 조건들을 가정하지 않는다는 사실이 마음에 떠오른다. 따라서 예를 들어 유명한 경우를 생각해보면, 디키(Deecke), 콘후버(Kornhuber), 샤이드(Scheid), 리벳(Libet)[3]이 논의한 준비 포텐셜(the readiness potential)은, 리벳이 의식이 준비 포텐셜의 조작에 어떻게 간섭할 수 있는가를 논의할 때 강조한 것처럼, 그 다음 행위를 결정하는 데 인과적으로 충분하지 않다. 역설적이게도 이런 실험들은 이런 경우에 어떻게든 자유의지에 반대되는 것으로 간주되곤 한다. 내가 보기에는 정확히 반대의 결론이 데이터에서 함축되는 것 같다. 다음과 같은 것이 생긴다. 주체는 가끔 손가락을 움직이기 위해서 (또는 손목을 털기 위해서) 이전의 의식적인 의도를 형성한다. 그것은 자유로운 의식적 결정이다. 주체는 그것에 근거해서 가끔 손가락을 의식적으로 움직이고,

---

3) L. Deecke, P. Scheid, H. H. Kornhuber, "Distribution of readiness potential, pre-motion positivity and motor potential of the human cerebral cortex preceding voluntary finger movements", *Experimental Brain Research*, vol. 7 (1969), pp.158-168; B. Libet, "Do We Have Free Will?", *Journal of Consciousness Studies*, 6, no. 8-9(1999), pp.47-57.

각 손가락 운동 이전에 분명히 보조적인 운동 영역에서 준비 포텐셜의 형태로 뇌의 활성화가 있다. 이 경우에 준비 포텐셜은 작동 의도의 의식적 앎을 3.5초 정도 앞선다. 이것이 어떻게 자유의지에 대한 위협이 된다고 생각될까? 리벳이 이 경우를 다음과 같이 말할 때 다소 선결 문제를 가정하고 있다. 자유로운 의지적 행위는 사람이 자신이 행위하기를 원한다고 의식적으로 알기 전에 뇌에서 시작하는 것처럼 보인다. 여기서 시작이란 말은 오해의 여지가 있다. 이 경우를 다음과 같이 다르게 기술할 수 있다. 주체는 손가락 운동의 행동을 의식적으로 받아들이고, 뇌는 운동이 의식적으로 시작되기 전에 각 운동을 무의식적으로 준비한다. 내가 알기로는 선행하는 의식적인 결정과 활성화가 관련되어 있지 않다고 아무도 주장하지 않을 것이다. 또 활성화가 이어지는 의지적인 손가락 운동을 결정할 충분한 원인이라고 주장하지도 않을 것이다. 사람들은 때때로 준비 포텐셜이 행위의 시작을 표시하는 것처럼 말한다. 그러나 그것은 참이 아니다. 준비 포텐셜과 행위의 시작 사이에는 보통 약 5초의 간격이 있다. 우리가 가용 데이터에서 아는 한, 어떤 경우에도 준비 포텐셜의 발생은 행위를 수행하는 데 인과적으로 충분하지 않다.

더 재미있는 경우는 주체가 몸을 움직이는 작동 의도를 의식하기 전에 몸이 움직이기 시작하는 경우다. 총소리를 의식적으로 듣기 전에 뛰기 시작하는 주자와 자신의 지각 체계에 공이 날아오는 것을 의식적으로 기록하기 전에 다가오는 공을 향해 움직이기 시작하는 테니스 선수가 유명한 보기다. 그러나 이 경우 중 어떤 것도 우리에게 자유로운 의지적 행위가 있다는 생각을 위협하지 않는다. 두 경우 모두, 주체는 반복되는 훈련과 연습의 결과 의식의 시작에 앞서 지각의 자극에 의해 활성화되는 확고한 신경 반응이 있다.

탐구를 다음 단계까지 계속 밀고 나가보자. 의식의 미시 요소들과 체계 특성들 사이의 관계에 대해서 어떻게 생각해야만 하는가? 지각과 같은 의식의 수동적인 형태에는, 주어진 시점에서 미시 요소들의 특성 전체는 그 시간에서 의식적인 상태를 결정하는 데 충분하다. 간격이 존재하는 종류의 의식인 의지적 의식은 어떤가? 같은 원리가 적용될 것 같다. 적절한 미시 차원 — 뉴런, 시냅스, 미세소관 — 에서 특성들의 전체는 그 시점에서 의지적 의식을 포함한 의식적 상태를 유일하게 고정시키는 데 충분할 것이다. 만약 우리가 이 원리를 포기해야 한다면, 우리는 일종의 이원론을 받아들여야만 할 것이다. 의식이 신경생물학적 토대와 떨어져 있다고 생각해야만 한다. 의식에서 어떠한 변화도 신경생물학에서의 변화와 짝을 맺어야만 한다는 소박한 형태의 수반조차도 포기해야만 할 것이다.

그러나 우리가 체계 특성이 체계의 요소들에 의해 유일하게 결정되어야 한다고 주장한다고 해서 자유의지를 포기하는 것은 아니다. 간격이 시간을 넘어서 일어나기 때문이다. 간격은 지금 나의 신경 상태와 지금 나의 의식 상태 사이에 있는 것이 아니다. 간격은 전체 시상 피질 체계의 의식적인 의지적 요소에서 지금 생기는 것과 다음에 생기는 것 사이에 생긴다.

더 나아가, 인과적으로 충분한 조건들이 나타내는 모든 단계에 있지 않은 인과적 연속을 가정할 때, 임의성은 가정하지 않는다는 점을 주목하라. 왜 안 하는가? 내가 의식은 통합된 의식적 영역으로 생각해야 한다고 말한 것을 기억하라. 의식적 의지의 경험은 그 의식적 영역에서 매우 중요한 측면이다. 지금까지 논의에서 제안된 가설은 합리적 행위자를 의식적인 전체 영역의 특성으로 생각해야 한다는 것이다. 우리는 심리적인 차원에서 합리적 행위자가 결정론적이 아닌 형식의 현상을 인과적으로 설명할 수 있다는 것을 보았다. 만약 합리적 행위자가 이런 특성 역시 가지고 있는 신경생물학적 구조에서, 그 자체가 합리적 행위자의 토대 구조인 곳에서 실현된다면, 신경생물학적 과정에는 인과적으로 충분한 조건들이 없지만 그렇다고 해서 임의적이 되지는 않을 것이다. 그 과정은 체계의 특성으로 작용하는 똑같은 합리적 행위자에 의해 움직일 것이다.

따라서 신경생물학적 가설로서 간격의 가설은 다음과 같은 것이 된다. 의식의 통합된 영역은 다른 것처럼 생물학적 현상이다. 그것은 신경생물학적 과정에 의해 완전히 설명된다. 그런 과정들 중에는 숙고, 선택,

결정, 행위하는 의식인 의지적 의식을 야기하고 실현시키는 과정들이 있다. 그런 과정의 본성에 대한 어떤 전제가 주어질 때, 과정의 존재는 자아를 필요로 한다. 자아는 그 영역에 있는 것은 아니지만, (앞 강연에서 본 것처럼) 영역의 작용에 대해 일련의 형식적인 제약 조건을 결정한다. 자유의지의 신경생물학적 현상은 결국 두 가지 원리가 될 것이다.

1. t1에서 뇌의 상태는 t2와 t3의 뇌의 상태를 결정하는 데 인과적으로 충분하지 않다.

2. t1의 상태에서 t2와 t3 상태로 가는 운동은 전체 체계의 특성에 의해서, 특히 의식적 자아의 작용에 의해서 설명될 수밖에 없다.

이런 두 가설 사이의 차이를 인정하는 한 가지 방법은 앞 강연에서 만들었던 상상 속의 로봇인 비스트의 환상적인 과학 소설에 각각을 적용하는 것이다. 앞 강연에서 우리는 의식적인 로봇을 만들었다고, 그리고 그것이 우리의 경험처럼 간격을 경험한다고 상상했다. 그러나 이제 의지의 문제가 어떻게 의식과 기술을 연결시키는 공학의 문제, 설계의 문제라고 생각되는지 물어보자. 만약 가설 1에 맞게 로봇을 만든다면, 우리는 완전히 결정론적인 기계를 만들 것이다. 정말로 전통적인 체계든 연결주의 체계든 계산주의 체계의 표준적인 인지과학 모형에 맞게 기계를 만들 수 있다. 기계는 감각 자극의 형식으로 된 입력 자료를 받도록 설계될 것이고, 그것을 프로그램과 데이터베이스에 맞게 처리할 것이고, 근육의 운동 형식으로 출력을 내놓을 것이다. 각 기계에 대하여 의식은 존재할 수 있지만, 그 체계의 행동에서 인과적이거나 설명적인 역할을 하지 않을 것이다. 다시 말해서, 완전히 결정론적인 체계를 만들면, 상향식 인과에 의해서 그 체계가 하위 차원의 조작과 짝을 맺는 의식적 경험을 가질 수 있도록 체계를 조정할 수 있다. 체계는 상위 차원에서 걱정과 망설임을 겪을 수 있지만, 이 모든 것은 부수 현상일 것이다. 하위 차원의 기제는 체계의 행동을 완전히 결정할 것이다. 사실 이 모든 특성들이 있는데도, 체계는 엄격하게 말해서 결정론적이지 않을 수도 있다. 왜냐하면 의식은 여전히 부수 현상적이지만 우리는 체계의 행동이 예측 불가능하게 하드웨어에 어떤 임의성 있는 요소를 집어넣을 수 있기 때문이다. 의식은 존재하겠지만 그냥 동승할 뿐이다.

가설 2에서는 아주 다른 종류의 공학적 결과가 생긴다. 가설 2에서 통합된 의식 영역의 전체 조직은 본질적으로 체계의 조작에서 기능한다. 어떤 주어진 시점에서 미시 요소들의 구조와 행동은 그 시간에서 의식의 성격을 결정하는 데 충분하지만, 체계의 다음 상태를 결정하는 데는 충분하지 않다. 체계의 다음 상태는 전체 체계의 특성인 의식적인 의사 결정에 의해 결정될 뿐이다. 공학적인 문제로서 나는 이것을 어떻게 만들기를 시작해야 하는지 전혀 생각이 없고, 그래서 현재로서는 의식적인 로봇을 어떻게 만들기 시작해야 하는지에 대해서 전혀 생각이 없다.

간격의 심리적 실재를 인정한다면, 인간 행동에 대해서 두 가지 가장 그럴듯한 형태의 설명이 있을 것 같다. 첫째, 심리적 비결정론은 신경생물학적 결정론과 공존한다. 만약 그 논제가 참이라면, 자유로운 합리적 삶은 완전히 환상이다. 다른 가능성은 심리적 비결정론이 신경생물학적 비결정론과 짝을 맺는 것이다. 나는 이것이 적어도 경험적 가능성이라는 것을 보여주려고 노력했다. 나는 이 가설들 중 어떤 것이 참으로 드러날지 모르겠다. 아마도 우리가 지금 상상조차 할 수 없는 제삼의 가능성이 옳다고 드러날지도 모른다. 만약 우리가 스스로의 경험으로부터 알게 된 것과 뇌에 대해 알게 된 것 모두가 제안한 연구 노선을 내가 가차 없이 따르려고 노력한다면, 이것들은 내가 내놓을 수 있는 두 가설이다.

솔직하게 나는 두 가설 모두 지적으로 아주 매력 있다고 보지는 않는다. 가설 1은 우리가 다른 장기를 다루는 것처럼 뇌를 다루게 할 수 있다는 점에서 괜찮다. 우리는 간이나 심장처럼 뇌를 완전히 결정론적인 체계로 다룬다. 그러나 가설 1은 우리가 진화에 대해 아는 것과 잘 맞지 않는다. 이 가설에서는 아주 정교하고 비용이 많이 드는 의식 체계, 합리적인 의사 결정을 하는 체계가 있는데, 유기체의 행동에서 인과적인 역할을 전혀 하지 않는다. 행동은 전적으로 하위 차원에서 고정된다. 이 견해에서는, 오랜 기간의 진화의 결과며 생물학적으로 말해서 아주 비용이 많은 들며, 의식 경험에서 엄청난 공간을 차지하는, 의식적이고 합리적인 의사 결정 체계를 갖는다는 것이 아무런 선택적 이득이 없다. 더구나 이 가설에서 합리적 의사 결정의 환상은 실제로 선택적 이득이 있는 다른 환상과도 다를 것이다. 가령 색깔이 체계적인 환상이라고 가정한다 해도 색 시각을 가질 수 있다는 것은 유기체에게 엄청난 선택적인 이득이다. 왜냐하면 유기체는 색깔에 근거해서 대상을 구별하는 능력이 있기 때문이다. 그러나 가설 1에 따르면 의식적인 합리적 의사 결정은 어떠한 선택적 이득도 주지 않는다.

그러나 가설 2는 현존하는 생물학 개념과 맞지 않는다. 가설 2가, 의식이 체계의 특성으로서 다른 체계 특성처럼 기능하기 때문에, 의식이 미시 요소의 행동에서 하향식 인과적 역할을 하는 것으로 생각하라고 요구한다는 것이 문제는 아니다. 결국에 우리가 다른 요소들에 영향을 끼치는 의식에 대해서 말할 때, 우리는 의식이 전적으로 요소들의 행동의 기능이기 때문에 요소들이 서로서로 어떻게 영향을 끼치는가에 대해서 말하고 있을 뿐이다. 마찬가지로 우리가 분자들에게 영향을 끼치는 바퀴의 행동에 대해 말할 때, 우리는 어떻게 분자들이 서로서로 영향을 끼치는가에 대해서 말하고 있을 뿐이다. 따라서 가설 2의 문제는 의식의 하향식 인과에 있지 않다. 그것은 다루기 쉬운 문제다. 문제는 체계의 의식이 결정론적이지 않은 인과적 효력을 체계에 어떻게 줄 수 있느냐를 아는 것이다. 그리고 결정론적이지 않은 양자 역학적 설명의 임의성을 받아들일 수 있다고 말한다고 해서 충분히 도움 되는 것은 아니다. 의식적인 합리성은 양자역학의 임의성을 가지고 있다고 생각되지 않는다. 오히려 의식적 합리성은 인과적으로 충분한 선행 조건들에 근거해서는 아니지만 인과적으로 선행하는 인과적 기제라고 생각된다. 어떤 설명에 따르면 세포의 기능들 중 하나는 아세포 차원(sub-cellular level)에서의 양자적 미결정성의 불안정한 상태를 극복하는 것이다.

나는 의지의 자유 문제를 풀려고 노력하지는 않았지만, 문제가 정확히 무엇인지, 가장 그럴듯한 노선의 가능한 해답은 어떤 것인지 말하려고 노력했다.

다산기념 철학강좌 ■ 6

세속화와 현대문명

2002

찰스 테일러

김선욱 · 노양진 · 목광수 · 신혜영 · 윤평중 옮김

Charles Taylor

차례

263

역자 서문

찰스 테일러(Charles Taylor) 교수는 2002년 10월 27일에 입국하여 11월 3일 출국하기까지 모두 네 차례의 공개 강연과 대담을 통해 한국의 철학자들과 사상적 교류를 나누었다. 헤겔 철학 연구가로 또 공동체주의를 주장하는 사상가로 우리에게 알려졌지만, 현대성(modernity)을 중심으로 한 이번 강연을 통해 우리에게 보여준 그의 사상적 깊이와 폭은 그보다 훨씬 큰 것이었다.

그는 1931년에 캐나다 퀘벡 주 몬트리올에서 출생하여 몬트리올 소재 맥길대학(McGill University)을 졸업한 후, 1953년에 영국으로 건너가 옥스퍼드대학에서 철학 박사 학위를 취득하였다. 1961년에 귀국하여 맥길대학 교수로 있으면서 활발한 현실 정치 활동을 하였고, 1971년에는 정치 일선에서 물러나 학문적 활동에 전념하였다. 1976년부터 옥스퍼드대학에서 석좌 교수로서 도덕철학 및 정치 이론 강의를 하다가 캐나다 분리주의가 득세하자 1979년에 다시 캐나다로 돌아와 맥길대학에서 철학 및 정치학 교수로 재직하면서 퀘벡 주 분리 운동을 둘러싼 캐나다의 국가 위기 수습에 앞장을 섰다. 1995년에 후학들을 위해 조기 은퇴 후 강연과 저술 활동에 몰두하고 있다. 1999년 봄 에든버러대학에서 기포드 강연을 하였고, 2000년 봄 가다머 100세 기념으로 빈 인문학

연구소 특강을 하기도 하였다.

여기에 수록된 테일러의 서문은 목광수, 제1강연은 신혜영, 제2강연은 윤평중, 제3강연은 노양진, 제4강연은 김선욱이 각각 번역하였다. 여러 사람들이 나누어 번역한 까닭에 번역어의 선택과 어투가 완전히 일치하지 못한 점이 있음을 양해해주시기 바란다.

이 책이 나오기까지 수많은 분들의 배려와 수고를 기억하지 않을 수 없다. 테일러 교수를 초빙하는 모든 과정과 강연의 모든 순서와 관련하여 수고를 아끼지 않으신 위원장 서강대 종교학과의 길희성 교수님, 이 강연을 주최한 한국철학회의 회장이신 이화여대의 정대현 교수님, 재정적인 후원을 통해 올해로 일곱 번째 강연에 이르기까지 도움을 주신 명경의료재단과 이사장 황경식 교수님, 또 강연과 관련하여 많은 수고를 해주신 전남대와 경상대 철학과 여러 교수님들의 도움에 감사를 드린다.

서둘러 내놓아 불비한 점이 많지만, 한국철학계에 도움이 되는 자료이기를 바란다.

2003년 10월 1일
역자 일동

저자 서문

이 책에 실린 네 편의 논문은 내가 추진하고 있는 연구 중 일부분이다. 이 연구는 근대 서양이 '세속' 문명의 중심지라는 특성을 다루고 있다. 물론 많은 사람들이 이미 이러한 특성에 대해 말해왔으며, 나는 그들의 언급을 거부하고 싶지 않다. 그러나 나는 많은 사람들이 근대 서양의 특성에 관하여 언급하고 있음에도 불구하고, 이런 언급이 갖는 의미에 대해 충분히 알고 있는 사람은 아무도 없다고 생각한다. 지난 몇 년간, 나는 이러한 의미가 무엇인가라는 문제에 대답하기 위해 준비해왔다. 그리고 나는 1999년 에든버러대학의 기포드 강연(Gifford Lectures)에서 특별히 이 문제를 다루었다.

어떻게 세속화가 등장하였는가? 그리고 내가 그 발전 과정에 대해 설명하고자 하는, 세속 시대란 정확히 말해 무엇인가? 세속화를 설명하는데에는 공적 삶과 종교의 분리, 종교적 믿음과 종교 행위의 쇠퇴 등의 다양한 방식들이 있을 수 있다. 앞으로 나는 이러한 방식들을 다루겠지만, 특히 나는 우리 시대의 또 다른 측면에 관심을 갖고 있다. 또 다른 측면의 내용은 신에 대한 믿음이나 초월적인 것에 대한 믿음이 반박되고 있다는 점, 종교적 믿음이 선택 사항에 불과하다는 점, 그리고 이로 인해 종교적 믿음이 상실되기 쉽다는 점이다. 그런데 이러한 모습은 어떤 사회에 살고 있는 사람들에게는 이해하기 어려운 상황이며, 심지어 '괴이하기'까지 한 상황이다. 500년 전의 우리 문명에서 보면 그러했다. 당시 대부분의 사람들에게 불신앙이란 있을 수도 없었고, 생각조차 할 수 없는 것이었다. 더욱이 이런 생각은 근대 서양뿐만 아니라 당시의 모든 인간 사회에서도 마찬가지였다.

그렇다면 세속적 분위기가 형성되기 위해 어떤 상황이 선행되어야 했겠는가? (1) '자연적인' 것과 '초자연적인' 것을 명확하게 구분하는 문화가 발달해야 했다. (2) 자연적인 것만을 가지고도 인간의 모든 생활이 가능해 보여야 했다. 나는 (1)은 의도되었던 것인 반면, (2)는 처음엔 아주 우연히 생겨났다고 생각한다.

나의 주장을 제시하기 전에, 먼저 (1)과 (2)가 결합되어 나타나는 변화가 인간사에서 매우 중요하고 주목할 만한 사건임을 말해두고 싶다. 물론 문명 발달 과정에서 이러한 '세속적' 전환은 예견되었던 것은 아니다. 그렇기 때문에 세속적 전환에 대해서 역사적 관점에 입각한 설득력 있는 설명이 제시되어야 한다.

그런데 학계 일부에서 주도적이고 지배적인 담론들 때문에 세속적 전환 문제를 다루려는 시도가 어려움을 겪고 좌절되고 있다고 나는 생각한다. 기존의 지배적인 담론들의 영향으로 세속적 전환은 실제보다 덜 주목할 만한 것으로 보이게 된다. 어떤 의미에서 보면, 이러한 담론들 때문에 세속적 전환은 '일반적'이거나 '자연스러운' 것으로 생각된다. 나는 앞으로 '신의 죽음', '삭감 담론'이라는 용어를 사용하여 이러한 담론들의 주요 특징을 설명하고자 한다. 논의가 전개되는 과정에서 내가 제시하려는 주장뿐만 아니라 이러한 담론들도 명시되길 바란다.

특히, 나의 목적은 (2)를 설명하려는 것이다. 즉, 내가 '닫힌' 세계 혹은 '수평적' 세계라고 부르는 근대사회 체제를 탐구하려고 한다. 이러한 표현은 하이데거적 의미인 '수직적'인 것 또는 '초월적'인 것이 존재할 여지를 남겨두지 않는다는 것을 의미한다. 오히려 닫힌 세계라는 표현은 초월적인 것에 대해 어떤 식으로든 닫혀 있으며 이것을 접근 불가능하고 심지어는 사고 불가능한 것으로 생각한다는 것을 의미한다.

오늘날 우리에게 닫힌 세계는 '일반적'인 세계가 되었다. 그러나 위에서 언급했던 것처럼, (라틴 기독교 제국으로 알려진) 500년 전의 서양 문명에서 보면, 닫힌 세계라는 개념은 매우 놀라운 개념이었다. 그 당시 대부분의 사람들에게 불신앙은 생각조차 할 수 없는 것이었다.[1] 그러나 오늘날은 전혀 그렇지 않다. 그래서 어떤 사람들은 어떤 사회 여건에서는 믿음이라는 것이 생각조차 할 수 없는 것이라고 주장하고 싶을지도 모르겠다. 그러나 이런 식의 과장은 오히려 균형 감각이 부족하다는 것을 드러낼 뿐이다. 오히려 가장 호전적인 무신론에서부터 가장 교조적인 전통적 유신론으로까지의 모든 가능한 입장이 오늘날 사회의 어느 곳에서 주장되고 옹호된다고 말하는 편이 더 사실일 것이다. 각 사회 영역마다 어떤 입장을 생각조차 할 수 없는 것으로 간주하겠지만, 이런 입장이 무엇인지에 대해서는 각 사회 영역마다 다를 것이다. 기독교 사회에서 무신론자를 이해하기 어려운 것처럼, 특정 학문 영역에서는 (다소 다른 방식이지만) 기독교인을 이해하기가 어렵다. 그러나 물론 어떤 입장에 대해서 이해하기 어려워하는 사람들도 다양한 대안이 있으며, 자신들이 전혀 인정할 수 없는 대안이 같은 사회의 다른 영역에서는 가장 적합한 방안일 수 있다는 것을 알고 있다. 그들이 그러한 사회를 적대적으로 바라보든 아니면 단지 혼란스럽게 바라보든 간에 말이다. 다양한 입장들이 있다는 사실을 인정하게 되면서, 각각의 사회 영역에서는 생각 가능함/생각 불가능함이라는 그 사회적 입장이 불확실해졌고 혼란스러워졌다.

많은 사람들은 어떤 사회적 입장에 확고하지 않으며 때로는 혼란을 느끼기도 한다. 또한 많은 사람들은 다양한 입장들 사이에서 갈등하기도 하며 임시변통으로 중립적 입장을 취하기도 한다. 이러한 모습으로 인해 사회적 혼란은 심화된다. 많은 사람들이 다양한 입장들 사이에서 갈등하기 때문에, 안정된 사회에서 때때로 훨씬 더 심각한 의혹들이 제

---

1) Lucien Febvre, *Histoire de l'Incroyance* 참조.

기된다. '자유주의자'와 '근본주의자' 사이에서 일어나는 근대 미국의 문화 전쟁에서 볼 수 있듯이, 이러한 양극단의 입장들은 서로의 주장을 단지 미친 소리나 쓸데없는 소리로 치부해버릴 수 있다. 그러나 보통 양극단 사이에 있는 입장들은 쉽게 사라지지 않는다.

나는 믿음을 정당하지 못하거나 이상한 것으로 생각하는 세계를 설명하고자 한다. 그런데 이러한 설명에는 세 가지 종류의 일반화가 포함되는데, 각각은 문제점 또한 내포하고 있다.

(a) 내가 설명하고자 하는 것은 전체 세계가 아니라 '세계 구조들'이다. 즉, 내가 설명하는 것은 경험과 사유가 형성되고 정합되는 방식의 모습이나 특징이지, 이러한 경험과 사유가 구성하는 전체 세계는 아니다. (b) 나는 어떤 구체적인 인간 세계를 기술하지는 않을 것이다. 세계는 사람들이 거주하는 그 무엇이다. 세계는 사람들이 경험하고, 느끼고, 의견을 말하고, 보는 것 등 다양한 것들을 포함한다. 그런데 다양한 대안들 사이에서 갈등하는 사람들의 세계는 하나의 대안을 확신하는 사람들의 세계와 다르다. 나는 (유사-베버(Weber)적 의미의 '이상적 형태'인) 어떤 세계 형태를 설명하고자 하지만, 이것은 분명히 인간들의 실제 세계와 일치하지 않을 것이다. (c) 설명 과정은 지적 분석을 포함한다. 사람들은 관념을 통해 실제 경험을 파악한다. 그리고 많은 경우는 만약 문제 제기하고 논쟁하는 과정을 통해서 관념들이 저절로 해명되지 못한다면, 논의에 관련된 사람들이 의식적으로 사용하지 못하는 관념들을 통해 실제 경험을 파악해야 한다.

비록 일반화가 문제점을 갖고 있음에도 불구하고, 나는 일반화 작업이 매우 가치 있다고 생각한다. 왜냐하면, 일반화 과정을 통해 어떤 세계 구조 내에 대안이 존재한다는 사실에 대해 알지 못한 채로 살아갈 수 있는 방식이 무엇인지를 우리가 직시할 수 있기 때문이다. 비트겐슈타인(Wittgenstein)이 말했듯, 하나의 "이론"은 "우리를 사로잡을" 수 있다.[2] 이렇기 때문에 두 명 또는 두 개의 그룹의 경험과 사고가 두 개의 서로 다른 이론에 의해 구조화했을 때, 이들이 서로 논쟁하는 것은 불가

---

2) "Ein Bild hielt uns gefangen", *Philosophical Investigations*, para. 115.

능할 수 있다.

　나는 초월적인 것에 대해 닫혀 있는 세계 구조를 설명하려고 한다. 이러한 닫힌 세계 구조의 대부분은 라틴 기독교 제국과 이를 계승한 문명들에서 '자연적'이라고 불리게 된 것들과 '초자연적'이라고 불리게 된 것들이 둘로 명확히 구분되는 오랜 과정 가운데 형성되었다. 역사적으로 볼 때 이러한 명확한 구분은 다른 문명 세계에서는 매우 낯선 것이다. 신성한 것과 세속적인 것, 더 높은 존재와 세상의 존재 사이 등의 구분은 언제나 있어왔다. 그러나 '마법에 걸린' 세계라고 불리는 이전 시대에는, 현실을 이렇게 둘로 구분하는 것이 불가능할 정도로 서로 뒤섞여 있었다. 더욱이 특정한 시기, 장소, 행동 또는 특정한 사람들에게 신성한 것은 강조되었다. 자연적인 것과 초자연적인 것의 구분은 '자연적인' 것이 그 자체로 기술되고 이해될 수 있게 되었음을 함축한다. 더 나아가서, 이러한 구분은 **유일한** 실재를 선언하기 위한 전제조건이 된다. 왜냐하면, '자연적인' 것을 자율적인 질서로 확고하게 받아들일 때만 '초자연적인' 것은 부정될 수 있기 때문이다.

　나는 앞으로 몇 개의 닫힌 세계 구조를 살펴보고, 이를 통해 영적인 것, 신성한 것, 초월적인 것을 경험하지 못하는 근대의 몇 가지 특징을 고찰하고자 한다. 물론, '초월'이라는 용어는 자연적인 것과 초자연적인 것이 구분되는 사회에서만 가장 명확하게 이해된다. 왜냐하면, 초월이라는 것은 자연적인 것을 '넘어서는' 것을 의미하기 때문이다. 이 개념을 중세 소작농에게 설명하기는 어려우며, 설명하는 과정에 이 개념 자체가 다른 개념으로 빠르게 변질될 것이다. (예를 들어, 성자들의 왕국에 반대되는 개념으로 하나님의 나라를 이해하는 것이다.) 그리고 예를 들어 한국 독자들에게 친숙한 유교와 같은 매우 복잡한 세계관에서는 '초월'이라는 개념은 거의 이해될 수 없다. 그러나 우리는 닫힌 세계 구조라는 문제를 논의하기 위해 몇 가지 용어를 사용해야 하며, 이러한 용어들은 어떤 시대에서만 이해되며 다른 시대에서는 이해되지 않을 것이다. 따라서 나는 우리에게 이해될 수 있는 하나의 용어를 사용하고자 한다.

우리 시대는 초월이라는 개념에 대한 이견과 갈등으로 가득 차 있다. 이러한 갈등은 때때로 몹시 심하고 강렬하게 일어나기도 하며, 서로 의 사소통조차 되지 않을 때도 많다. 나는 주요한 닫힌 세계 구조에 대해 이 연구가 이러한 갈등들이 갖고 있는 차이점에 대해서 그리고 상호 주 장에 대해서 명확히 밝혀줄 것으로 기대한다. 궁극적으로 나는 세 개의 닫힌 세계 구조를 살펴보려고 한다. 그러나 세 가지 논의는 다루는 중요 도 면에서 서로 다르다. 나는 세 개의 닫힌 세계 구조들 중 (역사적 순 서에서가 아닌 제시되는 순서에서) 두 번째와 세 번째 닫힌 세계 구조 에 주목할 것이다. 왜냐하면, 이들 두 구조가 중요도 측면에서 가장 의 미 있기도 하지만, 지금까지 가장 덜 연구되고 덜 이해되었다고 생각하 기 때문이다.

닫힌 세계 구조 1 : 여기에서 나는 근대 인식론을 소개하고자 한다. 나는 근대 인식론이 널리 알려진 내용 그 이상이라고 생각하지만, 여기 서는 나의 용어법에 따라 한 층위인 기저 이론으로 간주한다. 즉, 단지 부분적으로만 인식되면서도 사람들이 생각하고, 논쟁하고, 추론하고, 사 물의 의미를 파악하는 방식을 통제하는 기저 이론으로 근대 인식론을 간주한다.

근대 인식론을 간략하게 설명해보면, 근대 인식론에서는 주체를 개체 로 간주한다. 그리고 개체는 만약 내적 표상이 (초기의 변형 과정에서) 심적인 그림이나 또는 더욱 근대적인 의미에서 참으로 인식되는 문장 같은 것으로 이해된다면, 개인들은 그들이 습득하고 내적 표상으로 표 현하는 정보를 더욱더 포괄적인 이론에 따라 조합하고 연결함으로써 세 계에 대한 이해를 증진시킨다.

근대 인식론의 특성은 일련의 선후 관계를 설정한다는 점이다. 자아 와 자아의 상황에 대한 지식은 외부 실재와 타자에 대한 지식 이전에 얻어진다. 중립적 사실로서의 실재에 대한 지식은 그 지식에 다양한 '가 치들'과 연관성을 부여하기 전에 얻어진다. 그리고 당연하지만 '이 세 계' 사물에 대한 지식, 다시 말해 자연적 질서에 대한 지식은 그 지식을 초월하는 힘과 실재에 대한 어떠한 이론보다도 앞선다.

근대 인식론이 근대 과학과 연결되면서 때때로 하나의 닫힌 세계 구조로 작동한다. 근대 인식론의 특징인 선후 관계를 통해 우리는 무엇을 무엇 이전에 알게 된다는 것을 배울 뿐만 아니라, 무엇이 무엇을 기초로 하여 추론될 수 있다는 것도 배운다. 따라서 이러한 선후 관계는 상호간에 토대 관계를 설정한다. 예를 들면, 나는 나의 표상을 통해서 세계를 인식하는 것이며, 나는 가치 부여 이전에 세계를 사실로 인식해야 한다. 그리고 만약 초월적인 것이 있다면 자연적인 것에서부터의 추론을 통해 초월적인 것을 인식해야 한다. 이러한 선후 관계 설정은 닫힌 세계 구조로 작동될 수 있는데, 왜냐하면 이러한 인식 과정에 따르면 초월적인 것에 대한 추론이 추론 과정에서 가장 마지막 부분에 위치되며, 이로 인해 가장 논박되기 쉽기 때문이다. 초월적인 것에 대한 추론은 근대 인식론에서 보면 가장 문제가 많은 추론이다. 사실상, 만약 추론 과정의 초기 단계(예를 들어 '타인의 마음'에 대한 추론)에서 동의가 이루어지지 못한다면, 초월적인 것에 대한 추론은 매우 의심스럽게 될 것이다.

이제 나는 우리 시대에 닫힌 세계 구조가 작동하는 방식, 즉 한편으로는 논박 받으면서도 다른 한편으로는 자신을 유지하는 방식을 설명하기 위해 인식론적 논의를 살펴보고자 한다.

우리는 모두 인식론적 논박에 대해 잘 알고 있는데, 왜냐하면 이 강좌에 참석한 사람들 대부분이 인식론 논쟁에 참여해왔기 때문이다. 그런데, 인식론에 대한 반박의 전형적인 사례인 하이데거(M. Heidegger)와 메를로-퐁티(M. Merleau-Ponty)를 살펴본다면, 우리는 근대 인식론은 완전히 본말이 전도된 이론이라는 사실을 알게 될 것이다. (1) 우리의 세계 파악은 외부 세계에 대한 내적 표상의 포착만으로는 이루어지지 않는다. 현대 용어에 따르면, 내적 표상은 아마도 참으로 인정되는 문장일 것이다. 그러나 표상은 오로지 표상이 우리에게 포착할 때만 의미가 있는데, 왜냐하면 이러한 표상이 물질적인, 사회적인 그리고 문화적인 존재인 세계를 계속적으로 경험하는 과정에서 우리에게 던져진 것이기 때문이다. 따라서 세계 경험은 결코 표상이라는 용어로는 설명될 수 없으며, 세계 경험은 표상이 의미를 갖는 바탕이 된다. (2) 위에서 암시되었듯이, 세계를 경험하는 활동과 이 활동에 담겨 있는 이해는, 무엇보다도 우리의 개별 활동과 관련된 것이 아니다. 오히려 우리 각자는 사회적 '게임'이나 활동으로서 이런 활동에 참여하게 된다. 그런데 활동이 전개되면서 이러한 활동들 가운데 일부는 우리에게 개체로서의 위치를 가지라고 요구한다. 그러나 우선적으로 보면 우리는 사회적 활동의 일부다. (3) 세계를 경험하는 과정에서, 우리가 경험하는 것들은 우리가 일차적으로 가장 먼저 만나는 대상이 아니라 하이데거가 "프라그마타"라고 부른 것들이다. 프라그마타는 경험에서 핵심이 되는 것들로서 나중에가 아니라 우리에게 처음 보일 때부터 가치와 의의와 의미가 있는 것들이다. 나중이 되어서야 우리는 경험 활동에서 벗어나 대상을 객관적으로 고려할 수 있게 된다.

(4) 후기 하이데거에서 이러한 의미들은 우리 삶의 모든 방식인 의미의 총합을 구조화하면서 더 높은 지위를 갖는 몇몇 의미들을 포함한다. '사방(四方)'을 형성하는 데에서 우리의 세계가 형성되는 이러한 맥락에는 네 개의 축인 땅과 하늘, 인간 그리고 신적인 것이 있다.

비록 근대 인식론의 해체를 주장하는 사람들이 전부 네 번째 단계에 찬성하는 것은 아니지만, 이러한 주장들이 근대 인식론의 특성인 선후관계 주장의 완전한 포기를 주장한다는 것은 명백하다. 이러한 주장들에 따르면, 근대 인식론에서 나중에 추론된 것이나 부가된 것으로 간주되는 것들이 우리의 근원적 상태로 생각된다. 이런 것들을 지탱하는 것들은 없으며, 이런 것들을 논박한다는 것은 말도 안 된다. 하이데거는 『존재와 시간』에서 "철학의 스캔들"은 외부 세계에 대해 확실성을 획득하는 것이 불가능하다는 것이 아니라, 이런 불가능이 문제로 여겨져야한다는 사실이라고 말하고 있다. 우리는 세계를 경험하는 주체로서의 지식만 가질 뿐이다. 또한 이 지식은 우리가 직접 다루고 있다는 점에서 의심의 여지가 없는 지식이다. 그런데 가치를 배제한 채 사물을 중립적으로 파악하는 행위에서는 어떠한 선후 관계도 요구되지 않는다. 마찬가지로 사회를 배제한 개인의 감각 과정에서도 어떠한 선후 관계가 요구되지 않는다. 우리의 가장 근원적 정체성은 새로운 플레이어로서 과거의 경기로 우리를 인도하고 있는 것이다. 비록 우리가 네 번째 단계를 부가하지도 않으며 신적인 어떤 것을 피할 수 없는 인간 행동의 바탕으로 여기지 않음에도 불구하고, 이 네 번째 단계가 긴 추론의 연쇄에서 가장 멀리에 위치하여 논박되기 쉬운 추론이나 부가물이라는 사실 자체는 근대 인식론을 폐기함에 의해서 완전히 사라진다. 새로운 인식론은 새로운 닫힌 세계 구조 속에서 구축될 수는 있지만, 인식론이 그랬던 것과 같은 직접적이고 명백한 방식으로 자기 자신을 닫힌 세계 구조로 만들지는 않는다.

우리는 위 설명을 통해, 닫힌 세계 구조가 작동하고, 공격받으며, 자기 자신을 방어하는 일반적 방식을 배울 수 있다. 그 자체로 보면 근대 인식론은 문제가 없는 것 같다. 근대 인식론은 지각 과정과 지식 습득 과정을 반성하는 과정에 나타나는 명백한 발견으로 간주된다. 근대 인식론의 대표적 인물들인 데카르트, 로크, 흄은 우리가 경험 그 자체를 반성적으로 검토하고 있을 때가 바로 명백한 것에 대해서 말하고 있는 것이라고 주장했다.

그런데 해체의 관점에서 볼 때 이러한 생각은 매우 심각하게 자기 맹목적이다. 경험이라는 것은 확실성의 근거로 개별적인 것, 중립적인 것, 정신 내적인 것에 우선성을 둔 영향력 있는 이론에 의해서 구성된 것에 불과하다. 이 이론을 주도한 것은 무엇인가? 바로 자신의 사고 과정을 반성적으로 통제하는 독립되고 해방된 주체, 즉 후설(E. Husserl)의 유명한 구절인 "자기 책임적" 주체가 갖는 특정한 '가치들', 덕목들, 탁월성이다. 여기에는 독립의 윤리, 자기 통제의 윤리, 자기 책임의 윤리 그리고 통제를 가져오는 해방의 윤리가 있다. 즉, 권위에 순종하라는 평안한 위로에 대한 거부와 용기, 마법에 걸린 세계가 주는 위안에 대한 거부, 감각의 자극에 굴복하는 것에 대한 거부를 요구하는 자세가 바로 그것이다. '가치'에 의해 제시된 이 도덕 이론은 주의 깊고, 객관적인, 편견 없는 정밀 조사로부터 생겨난 것으로 생각된다. 그리고 이 이론은 처음부터 '발견'의 전체 과정을 이끌면서 거기에 있었던 것으로 제시된다.

당신이 해체적 관점을 취한다면, 닫힌 세계 구조는 더 이상 이런 방식으로 작동할 수 없다. 닫힌 세계 구조는 '초월적' 가치와 같은 특정한 가치를 다른 가치들보다 더 문제시하는 중립적인 관점을 우리에게 제공하는 것처럼 보였다. 하지만 우리는 이제 닫힌 세계 구조가 스스로의 가치 체계에 의해 움직인다는 것을 안다. 따라서 닫힌 세계 구조의 '중립성'은 거짓이다.

다른 관점으로 보면, 어떤 의미에서 닫힌 세계 구조는 사물에 대한 특정한 관점을 '중립화한다.' 이것은 단지 원래 사물이 있는 방식일 뿐이며, 당신이 편견 없이 경험을 살펴본다면 이 관점은 보이는 그대로다. 이러한 논의에서 '자연적인 것'은 일종의 '사회적으로 구성된 것'과 대립된 개념이다. 그러나 해체적 관점에서 보면, 당신은 이러한 견해와 전혀 다르게 말해야만 한다. 우리는 어느 날 눈도 한 번 깜박하지 않고 응시하여 근대 인식론을 발견한 것이 아니다. 오히려 근대 인식론은 인간 정체성의 새로운 역사적 형성, 즉 해방되고 객관화된 주체의 관점으로부터 사물들이 보일 수 있는 방식이다. 이 과정은 사회와 사회적 실천의 대변화와 동시에 인간 정체성의 재발명과 재창조를 포함한다. 따라서 이전의 정체성이 벌거벗은 자연의 순수한 빛 속으로 단순하게 한 걸음 내디딘 것이 아니다.

현대의 닫힌 세계 구조의 특징은 근대 인식론적 관점들이 현대인들에게는 이런 식의 자연화된 방식으로 이해된다는 것이다. 현대인들이 이렇게 이해하기 때문에 그들은 과거의 신화나 환상으로 돌아가는 것 이외의 대안을 생각하지 못하며, 따라서 이런 이해로 인해 닫힌 세계 구조는 더욱 강화된다. 강화된 닫힌 세계 구조 내에 사람들은 마치 이것이 가장 강력한 논변인 것처럼 생각하고 투쟁하는데, 이는 그들이 과거로의 회귀 이외의 다른 대안을 생각할 수 없기 때문이다. 자연화 담론은 현대인이 자신의 기원이라고 생각하는 어떤 논의 과정에서 나타나는데, 나는 이것을 '삭감 담론'이라고 부른다.

그러나 이러한 생각을 발전시키기 위해서 나는 다른 좀 더 내용이 풍부한 닫힌 세계 구조를 설명하고자 한다. 이 구조는 내가 구분한 두 번째와 세 번째 닫힌 세계 구조를 포함하고 있다. 이 논의는 사람들이 '신의 죽음'이라는 표현으로 제시하는 논의다. 물론 신의 죽음이라는 표현은 셀 수 없이 다양한 논의에서 사용된다. 나는 논의된 모든 방식을 다룰 수는 없으며, 또한 (비록 나의 표현이 원래의 표현과 크게 다르지는 않다고 생각하지만)3) 나는 이 표현의 최초 사용자를 단순하게 따르지도 않을 것이다. 만약 내가 이 표현의 핵심 생각이 바로 정직하게, 합리적으로, 혼란이나 속임수 그리고 정신적 갈등 없이 신을 믿는다는 것이 불가능하게 된 상황이 등장하였음을 의미한다면 말이다. 이러한 상황 속에서 인간은 인간의 행복, 인간의 잠재력, 영웅주의 등 인간과 관련된 것을 넘어선 어떤 것도 믿지 못하게 된다.

그렇다면 이러한 상황은 어떠한 상황인가? 이 상황은 두 단계로 이루어져 있는데, 가장 중요한 단계인 첫 번째 단계는 과학의 구원이라는 단계이며, 두 번째 단계는 현대 도덕 상태라는 단계다.

첫 번째 단계는 아마도 오늘날 작동하는 가장 강력한 닫힌 세계 구조인데, 이 단계의 핵심적 내용은 과학의 전반적인 주장이 유물론을 확립하는 것이라는 점이다. 이런 주장에 집착하는 사람들에게, 두 번째 단계인 현대 도덕 상태 논변은 불필요하거나 단지 부차적일 뿐이다. 이런 점

---

3) "신은 죽었다"는 구절은 니체의 『즐거운 학문』, 125단락에 등장한다. 니체는 357단락에서 다음과 같이 말한다. "사람들은 실제로 기독교의 신을 이긴 것이 **무엇인지**를 안다. 즉, 기독교의 도덕성 그 자체, 점점 더 엄격하게 다루어지는 참의 개념, 어떤 희생을 치르서라도 얻으려는 학문적 양심과 지적인 결백함으로 이해되고 승화되는 기독교적 양심의 고해 신부적인 고상함이 바로 그것이다. 자연은 신의 선함과 보호를 위한 증거인 것처럼 여겨진다. 또한 역사는, 신적 이성을 위해, 윤리적인 세계 질서와 궁극적 목적에 대한 불변의 증거로 해석된다. 또한 개인의 고유한 경험은 우리, 즉 신실한 인간들이 아주 오랫동안 해석해왔던 것과 마찬가지로, 마치 모든 섭리와 모든 징조가, 그리고 모든 것들이 인간 영혼의 행복을 위해 고안되고 마련되었다는 것처럼 해석된다. 그런데 이런 것은 이미 **지나갔다**. 이런 것은 양심에 **반**(反)한다. 이런 것은 모든 순수한 양심에게는 음탕함으로, 부정직함으로, 거짓말함으로, 여성스러움으로, 연약함으로, 소심함으로 여겨진다." 어디 부분에서 나의 해석이 니체의 주장과 일치하는지는 뒤에서 명백해질 것이다.

에서 볼 때 과학만으로도 믿음이 왜 더 이상 가능하지 않은지를 충분히 설명할 수 있다. 이러한 생각을 모든 사람들이 공유한다. 즉, 복잡한 표현을 좋아하는 사람들이 "우리는 물질적인 세계에서 물질적인 존재로 존재한다. 세계의 모든 현상들은 물질적 실체들 사이의 물리적인 관계의 결과다"4)라고 말하는 것으로부터, 마돈나(Madonna)가 사용한 "물질 세계에 사는 물질 소녀"라는 표현처럼 가장 단순하고 직접적인 표현을 좋아하는 사람들의 표현까지 모두 사람들이 공유하는 생각이다.

종교나 영성은 잘못된 신화적인 설명 그리고 (칼 세이건(Karl Sagan)이 인용한 리처드 르원틴(Richard Lewontin)의 글에 표현된) '악마'에 의한 설명을 대체한다. 근본적으로 이러한 대체는 단지 명백한 진리와 관련된 문제다.

이러한 언급을 통해 도덕적인 문제가 등장하지 않는다고 말하는 것은 아니다. 도덕적인 문제는 왜 사람들이 현실에서 도망치는지, 왜 사람들이 계속하여 환상을 믿고 싶어 하는지를 설명하는 과정에서 나타난다. 사람들이 환상을 믿고 싶어 하는 것은 환상이 그들에게 위로를 주기 때문이다. 현실 세계는 우리에게 완전히 무관심하며, 어느 정도 위험하고 위협이 되기까지 한다. 어린아이일 때 우리는 우리 자신이 사랑과 관심에 둘러싸여 있어야만 한다고 생각하며, 그렇지 않으면 움츠러든다. 그러나 자라나면서 우리는 관심에 둘러싸여 있는 환경이 인간의 영역을 넘어서지 못하며, 인간의 영역 내에서도 그렇게 넓게는 확장되지 못한다는 사실을 배워야만 한다.

그러나 이러한 사고 전환을 하기란 무척 어렵다. 그래서 우리는 인자한 신에 의해 창조된 섭리적인 세계를 꿈꾸게 된다. 아니면 적어도 우리는 세계가 궁극적인 휴머니즘 가치라는 점에서 의미 있다고 생각한다. 섭리적 세계를 설정함으로써 우리는 위로를 얻을 뿐만 아니라 어깨의 무거운 짐들도 벗게 된다. 이런 관점에서 보면 사물의 의미는 이미 주어진 것이다.

이런 입장에서 보면 종교란 유치하게도 용기가 부족해서 생겨난 것이

---

4) Richard Lewontin, *NYR*(January 9, 1997), p.28.

다. 우리는 사나이답게 서서 현실과 직면할 필요가 있다.

　계몽주의 시대 이후부터 계속된 전통적인 불신앙의 공격에는 종교가 유치한 소심함 때문이라는 비난뿐만 아니라 종교가 혹독하게 인간을 훼손한다는 공격 또한 포함된다. 후자의 공격은 인간에 대한 자부심에서 비롯된 비난이다. 종교적 관점에서 보면 인간의 욕망은 검열의 대상이며 수치스러운 것이다. 더욱이 이러한 수치스러움은 종종 다른 사람에게도 부과되는데, 이로 인해 종교는 혹독한 고통의 원인이 되기도 하며, 이교도와 외부인들에 대해서는 잔인한 처벌을 가하기도 한다. 이러한 논의를 고려해볼 때 불신앙의 비판은 내가 다루는 것보다 훨씬 더 복잡하며 여러 경로로 이루어져온 것 같다. 그럼에도 불구하고 진리에 저항하는 가장 근본적인 이유는 소심함 때문이라는 비판이 이러한 비판들 중 가장 널리 퍼진 비판이다.

　불신앙적 태도에는 이러한 소심함과는 상반된 특징이 있다. 즉, 불신자는 당당하게 현실과 직면할 용기가 있다. 불신자는 인간이 혼자뿐이라는 사실을 안다. 그런데 이러한 사실로 인해 불신자는 의기소침하는 것이 아니라 오히려 휴머니즘 가치를 확신하고 거짓된 환상이나 위로 대신에 휴머니즘 가치를 추구하기로 결심한다. 따라서 불신자는 욕망을 수치스러운 것으로 간주하지 않는다. 더욱이 불신자는 어느 누구도 이교도로 배척할 이유가 없다고 생각하기 때문에 그의 박애 정신은 보편적이게 된다. 이상의 논의에서 볼 수 있는 것처럼 불신앙은 근대의 (배타적) 휴머니즘과 함께 발전한다.

　근대 휴머니즘의 과학적-인지적 측면이 완전히 자기 지지적이라는 특징은 매우 중요하다. 합리적인 사람이라면, 자신이 어떤 도덕적 신념을 가지고 있는지와 무관하게 이런 특징을 인정할 것이다. 왜 어떤 사람들은 어떤 사실을 수용하고 다른 사람들은 이를 거부하는지를 설명하려고 할 때 당신은 이런저런 도덕적 근거를 제시하게 된다. 당신이 이러한 사실에 직면하는 성숙된 용기 있는 사람이 되어야 하기 때문에, 유물론적 과학과 휴머니즘적 확신은 서로 관련을 맺게 된다. 신앙을 거부하는 용기가 휴머니즘의 특징인 박애를 포용하게 되는 이유는, 우리가 단지 우리에게 남겨진 것으로 다른 인간을 도우려고 하기 때문이며, 우리가 이러한 방식을 문화적으로 발달시켰고 우리가 이런 행위에 가치를 두며 우리가 그렇게 하고자 한다면 계속 그렇게 할 수 있기 때문이다.

신자의 관점에서 보면 이 모든 것은 전혀 다르게 설명된다. 인식론적으로 볼 때, 근대 과학에서부터 도처에 만연한 유물론까지의 논변은 신자들의 관점에서 보면 전혀 설득력이 없어 보인다. 더욱이 이런 논변들을 더 세부적으로 다룰 때는 항상 더 많은 문제점들을 드러낸다. 오늘날 이러한 가장 좋은 사례로는 진화론, 사회생물학 등이 있을 것이다. 그러나 리처드 도킨스(Richard Dawkins)나 대니얼 데닛(Daniel Dennett) 등은 오히려 이런 사례들을 옹호하는 논변을 제시하고 있다.

따라서 신자들은 자신들의 논의를 보완하려고 노력한다. 즉, 결정적이지도 못한 논변을 왜 유물론자들이 그렇게도 열정적으로 믿으려고 하는지에 대해 신자들은 설명하려고 노력한다. 그런데 이러한 설명 과정에서 보면 위에서 언급되었던 도덕적 관점이 앞에서와는 다른 역할을 감당하고 있다는 것을 알 수 있다. 즉, 도덕적 관점으로 인해 우리가 유물론적 입장에 맞서게 되는 것이 아니라, 오히려 과학으로부터 유래한 유물론을 불신앙으로 쉽게 인정하게 된다. 왜냐하면 유물론의 도덕적 관점이 매력 있고, 유물론적 관점에 따른 인간의 도덕적 상황이 외관상 타당해 보이기 때문이다. 이러한 논의를 전체적으로 보면 타당해 보이기 때문에, 우리는 이 논변을 아주 상세하게 살펴보지는 않는다.

그런데 어떻게 이것이 가능할 수 있는가? 틀림없이, 과학이 이런저런 것들을 보여주었기 **때문에** 논의가 전체적으로 타당해 보이게 되었다. 이런 방식을 통해 인식적, 도덕적 관점을 갖는 유물론적 이론 체계는 인정할 만한 이론, 즉 통념이 된다. 그러나 나의 가정은 이러한 통념은 실제와 다르며, 유물론적 이론 체계가 매력적으로 보이게 하며 확신을 주는 실제적인 힘은 이론 체계 내에 있는 도덕적 관점이라는 것이다.

이러한 가정은 모든 평안한 위로와 위안을 기꺼이 포기하며, 더욱이 세계를 파악하고 제어하게 되었으며, 불쾌한 진실을 용기 있게 인정할 줄 아는 사람들의 이러한 이상이 우리를 사로잡고 있다는 것을 의미한다. 그래서 우리는 그 이상을 우리 자신의 것으로 만들려는 유혹을 느끼게 된다는 것을 의미한다. 그리고 이러한 가정은 믿음, 헌신, 경건이라는 반(反)이상이 위안, 의미, 탈(脫)인간적 생활에 대한 여전히 미성숙한 욕망에 의해 너무나도 쉽게 일어날 수 있다는 것을 의미한다.

유물론적 이론 체계가 인식 과정을 통해 확립되었다는 생각은, 다윈 이후 빅토리아 시대의 사람들(post-Darwinian Victorians) 이후로 지금까지 계속되고 있다. 이에 따르면 어린 시절에 강한 믿음을 지녔던 사람들은, 비록 정신적으로 고통스럽더라도 어쩔 수 없이 자신의 믿음을 포기해야만 했는데, 이는 '다윈이 성경을 논박했기 때문이다.' 틀림없이, 우리는 이러한 사람들이 어떤 의미에서는 도덕적으로 기독교적 관점을 선호했지만, 내적 고통이 어느 정도든 간에 사실에 굴복해야만 했다고 말하고 싶을 것이다.

그러나 나는 이러한 주장을 거부한다. 즉, 명백한 사실에 기존의 도덕 입장이 굴복한 것이 아니라 오히려 더욱 크게 승리한 다른 도덕적 모델이 기존의 도덕 입장을 대체했다는 주장이다. 그리고 이 새로운 모델과 함께 권력 개념, 자유로운 주체성 개념, 자기에 대한 영적 지배('완충된 자아') 등의 많은 개념들이 변화하였다. 그러나 다른 한편에서 보면 어린 시절의 믿음은 여전히 유치한 채로 남아 있었다. 그럼에도 불구하고, 어린 시절의 믿음을 본질적으로 근본적으로 유치한 것으로 생각하게 되는 것은 너무나도 쉬운 것이었다.

물론 어린 시절의 믿음을 모두 버리는 변화는 고통스럽다. 왜냐하면 어린 시절의 믿음은 과거의 일부분으로서 뿐만 아니라 그 믿음이 약속했던 것과도 깊게 결부될 수 있기 때문이다. 그러나 이러한 고통조차도 믿음을 버리고 과학을 수용하는 변화를 막을 수 없었다. 위대한 빅토리아 시대의 무신론자들 중 많은 사람들이 기독교 가정 출신이라는 사실은 주목받아왔다. 기독교적 배경 속에서 그들이 갖고 있는 정열적, 남성적, 박애적 관심은 새로운 세속적 모델 속에서 새로운 역할을 갖게 되었다. 즉, 상실의 고통에서 나타난 남성적 자기 정복 개념은 세속적 모델의 핵심 개념이 되었고, 배교를 옹호하는 개념이 되었다.5)

따라서 '신의 죽음' 논변을 통해 근대 세속성의 도래, 다시 말해 신앙이 처한 근대적 상황을 설명하려는 시도는 충분한 설득력을 갖지 못한다. 신앙을 문제시하고 어려움에 처하게 하거나 의심의 대상이 되게 하는 것은 단지 '과학'이 아니다.

이렇게 말한다고 해서 과학(그리고 더 많은 '과학')이 근대 세속성 담론에서 중요한 위치를 가지며, 그것도 여러 가지 방식으로 차지하고 있다는 점을 부정하는 것은 아니다. 예를 들어보면, 과학으로 인해 드러난 우주의 모습은 기존의 문명이 성장해온 중앙집권적인 계층적 우주의 모습과는 완전히 다르다. 인간은 과학에 근거한 우주 담론에서 어떠한 특별한 위치를 점유하고 있지 않다. 즉, 우주의 시간적, 공간적 차원은 인간과 무관한 것이다. 우리가 우주를 이해하는 방식인 자연 법칙에 따르면, 이전에 우주를 설명하는 방식이었던 성경 담론과 섭리의 개입이 더 이상 인정되기 어렵게 되었다. 이러한 점에서 볼 때 '다윈'은 실제로 '성경을 논박했다.'

또 다른 예를 들어보면, 근대 과학은 내가 위에서 언급하였던 해방된 이성의 윤리와 협력 관계를 갖게 되었다. 그러나 이러한 모든 설명에도 불구하고 근대사회에서 나타나는 불신앙적 풍토가 지난 3세기 동안 과학이 이끌어왔던 강력한 유물론 때문이라는 통념을 지지하기에는 충분하지 못하다.

물론 내가 이렇게 의심하는 중요한 이유는 아직까지 강력한 유물론을 경험하지 못했기 때문이다. 내가 유물론을 의심하고 탐구하지 않는 이유를 말하겠다. 그러나 이러한 언급은 나의 전체 논변에서 보면 부수적인 것이기 때문에 이것을 다시 탄탄한 논변으로 구성하지는 않을 것이다. 그러나 통념을 설명하는 과정에 등장하는 과학 때문이 아니라 과학과 결합한 도덕 때문에 유물론이 사람들에게 매력적이라는 타당성 있는 설명을 통해서 이러한 논변이 어느 정도 보완될 수 있기를 희망한다.

그런데 어떤 사람들은 불충분한 논변이 훌륭한 논변보다 더 많은 것이 아니라면, 어느 정도의 영향력을 역사에서 갖지 말아야 하는 이유가

---

5) Stefan Collini를 보라.

무엇인가라고 반문할 수도 있을 것이다. 어떤 의미에서 보면 이러한 반대는 적절하기도 하다. 따라서 어떤 의미에서 보면, 내가 논거가 불충분하다고 비난한 통념 또한 사실이다. 사실상 많은 사람들은 과학이 자신들에게 무신론과 유물론이 논박 불가능하다는 것을 보여주었기 때문에, 자신들은 무신론자이며 유물론자라고 주장한다. 따라서 자신들이 무신론자가 된 이유가 과학이라고 말하는 통념의 주장은 분명히 의미 있다.

그러나 근거가 불충분한 설명에는 추가적 설명이 필요하다. 다시 말해 우리는 왜 불충분한 근거가 불충분함에도 불구하고 영향력이 있는지를 설명할 필요가 있다. 물론 개별 사례마다 불충분한 근거에도 불구하고 항상 영향력을 갖는 것은 아니다. 어떤 사람들은 사회적 권위를 근거로 어떤 결론을 수용할 수 있다. 예를 들면, 우리와 같은 문외한들은 주간지에 실린 원자의 미시적 구성에 대한 최근 연구 보고서를 아무런 의심 없이 받아들이는 것과 마찬가지로, 우리는 세이건이나 도킨스와 같은 사람들의 권위에 힘입어 과학이 신을 논박했다는 주장을 의심 없이 받아들인다. 그러나 이러한 수용 과정에서는 어떻게 이런 권위가 확립되었는지가 설명되지 않고 있다. 무엇 때문에, 위대한 과학자들과 마찬가지로 우리와 같은 문외한들이 타당하지 못한 논변을 그렇게도 쉽게 수용하게 되는 것일까? 왜 우리나 과학자들은 기꺼이 대안을 모색하지 않는가? 도덕적 관점이 갖고 있는 매력을 근거로 나는 이러한 심오한 질문에 답하고자 한다.

나는 어떤 사람의 행동이 잘못된 믿음에 따른 것이라는 설명에는 언제나 추가적 설명이 필요하다고 주장하는 것은 아니다. 나는 라디오의 일기 예보가 믿을 만하고, 또 이제까지 날씨 예보가 정확했기 때문에 우산 없이 집을 나올 수도 있다. 그러나 일기 예보의 경우와 위에서 언급한 경우는 몇 가지 점에서 다르다. 첫 번째 차이점은, 오늘 비에 맞는다는 불편을 제외한다면, 날씨 문제는 나에게 위에서 설명한 것과 같은 방식에서 문제가 되는 것은 아니다. 두 번째 차이점은, 나에게는 라디오의 일기 예보 외에는 오후 날씨에 대한 다른 대안에 접근할 가능성이 없다는 것이다.

두 번째 차이점이 신앙 문제의 경우에는 해당되지 않는다. 물론 나는 신앙 문제에 대해 문외한이기 때문에, 이 문제에 대한 해답을 모색하기 위해서는 고생물학 발견에 의존해야 한다. 그러나 과학이 물질세계를 설명했기 때문에 신의 실존이 부정되었는가의 문제에 대답을 모색하기 위해서, 일기 예보 경우처럼 다른 대안이 없는 것은 아니다. 즉, 다양한 대안들이 있기 때문에 나는 종교적인 삶을 영위할 수 있고, 신을 느낄 수 있으며, 신이 나의 실존에 간섭하시는 방식을 알 수 있다. 더욱이 나의 이러한 경험들에 대한 반박을 검토할 수도 있다.

나는 데스데모나를 유비로 들어 이것을 설명하고자 한다. 『오셀로 (Othello)』를 단순한 불운에 관한 이야기가 아닌 비극으로 만드는 것은, 이아고에 의해 조작된 증거를 너무나도 쉽게 믿어버리는 주인공 오셀로에게 문제가 있다고 우리들이 생각하기 때문이다. 만약 그가 데스데모나의 사랑과 헌신에 대해 마음/정신을 열기만 했더라면, 오셀로는 데스데모나가 무죄임을 알 수 있었다. 이 작품에서 비극의 주인공인 오셀로의 치명적인 잘못은, 부분적으로는 외부적 상황과 갑작스러운 충동 때문에 자신의 마음/정신을 열지 못했다는 점이다.

어떤 보충 설명 없이 "과학이 신을 논박했다"는 논변을 불신앙의 도래에 대한 설명으로 받아들일 수는 없다. 왜냐하면, 신앙의 경우에 우리의 입장은 우산 앞에서 주저하면서 일기 예보를 듣는 사람의 입장이 아니라 오셀로와 같은 입장이기 때문이다. 우리는 현재의 우리를 만든 내적인 근거를 살펴보지 않고, 외적인 근거에만 의존하여 우리의 불신앙적 모습을 바르게 설명할 수는 없다.

이렇게 말한다고 해서 내가 한 개인에 대한 경험을 완벽하고 타당하게 설명하지 못할 것 같다고 말하는 것은 아니다. 또한 우주에 대한 명백한 사실이 믿음과 모순되기 때문에, 자신이 간직했던 믿음을 포기해야만 한다고 느끼게 되었다는 것을 의미하는 것은 아니다. 그렇기 때문에 당신이 불신앙을 받아들이자마자, 당신은 아마도 외부적인 근거를 우월한 것으로 받아들이며, 내부적인 근거를 사실상 유치한 환상처럼 영향력 없는 것으로 평가절하하는 이데올로기를 받아들이게 될 것이다.

이러한 이데올로기는 오늘날 사후 세계가 없는 것처럼 보이게 하는 방식이며, 오셀로에게 보였던 방식이다. 그러나 사건의 전모를 본 우리는 데스데모나의 결백이 오셀로에게 들리지 않았던 이유를 설명하기 위해서는 더 많은 설명이 필요하다고 생각한다.

어떤 사람이 불신앙의 길로 들어서자마자 그 사람이 과학에 의해 제기된 통념을 수용하게 되는 강력한 이유들이 있다. 그리고 우리는 과학적 통념을 수용하게 하는 권위를 지닌 사람들의 영향력 아래에서 거의 대부분 이러한 선택을 하기 때문에, 종교를 버리고 통념을 받아들이는 회심의 과정이 과학에 의해 이루어졌고 심지어 이 과정이 가장 극적인 형태로 이루어진 것으로 많은 사람들이 생각해왔던 것은 놀랄 만한 일이 아니다. 과학에 따르면, 인간은 단지 죽어가는 별 위에서 떠다니는 생명체에 불과한 것 같았고, 우주는 단지 끝없이 증가하는 엔트로피 아래에서 썩어가는 물질에 불과한 것 같았다. 또한 과학에 따르면 영이나 신 그리고 기적이나 구원이 있을 만한 장소가 없는 것 같았다. 도스토예프스키가 드레스덴의 한 미술관에 있는 '십자가에 못 박힌 예수(Crucifixion)'라는 제목의 그림 앞에서 가졌던 생각, 즉 물질적인 것 그 이상이 있을 것이라고 도스토예프스키를 확신하게 했던 죽음의 절대적 종말이라는 생각은, 당신을 낙담시켜서 당신의 믿음을 포기하게 만드는 정반대의 결과를 너무나도 쉽게 가져왔는지도 모른다.

그러나 다음과 같은 의문은 여전히 남는다. 만약 이런 논변이 사실상 결정적인 것이 아니라면, 왜 이런 논변이 다른 시대와 다른 장소에서는 신의 실존을 명백하게 보여주었음에도 불구하고, 지금은 불신앙을 명백한 것으로 확신하게 하는가? 이것이 내가 답하려고 하는 질문이며, '신의 죽음' 논변은 이 질문에 답을 모색하는 과정에서 나에게 전혀 도움이 되지 않는다. 오히려 거짓 해답을 제시하여 진정한 해답을 모색하는 길을 가로막을 뿐이다.

따라서 나의 주장은 오늘날 유물론의 위력은 과학적 '사실'에서 유래한 것이 아니며, 오히려 유물론의 위력은 유물론을 도덕적 관점과 결합시키는 '무신론적 휴머니즘' 혹은 배타적 휴머니즘이라 부를 수도 있는 이론 체계에 의거해서 설명되어야 한다는 것이다. 그러나 이러한 주장이 내 연구의 결론은 아니다. 오히려 이러한 주장을 통해 다른 질문을 제기하고자 한다. 즉, 그렇다면 이 이론 체계가 지닌 힘을 어떻게 설명하여야 하는가?

이를 설명하는 과정에서, '신의 죽음' 논의의 두 번째 부분인 현대 도덕 상태 논변이 포함될 수도 있다. 이 논변의 결론은 과학의 구원 논변의 결론과 동일하다. 즉, 우리는 더 이상 합리적으로는 신을 믿을 수 없다는 것이다. 그러나 논의의 출발점은 과학의 구원 논변과 달리 근대의 도덕적 관점으로부터 시작한다.

사실상 우리의 정치적, 도덕적 생활의 많은 부분은 인류 복지, 인권, 인류 번영, 인간 평등 등의 휴머니즘적 가치들에 초점을 두고 있다. 사실, 근대의 세속적 사회에서 인간의 공공 생활은 오로지 휴머니즘적 가치들에만 관심을 두고 있다. 이러한 점에서 우리 시대는 인간사적으로 보면 분명히 독특하다. 오늘날 어떤 사람들은 현대사회 속에서 자신의 신앙 거처를 찾지 못한다. 따라서 신앙을 가진 사람들은 자신의 신앙과 끊임없이 갈등하는 현대사회 속에서는 적이며 외부인이 될 수밖에 없다. 즉, 인간은 현대사회의 전제에 따라 살면서 철저하게 현대사회에 속할 수 있는데, 이 경우엔 신을 진정으로 믿을 수는 없다. 아니면 현대인은 신을 믿으면서 어떤 의미에서는 현대사회에 거주하는 이방인처럼 살아갈 수밖에 없다. 그런데 우리는 점점 더 많이 현대사회에 동화되어가기 때문에, 신앙이란 갈수록 어려워진다. 다시 말해 현대사회에서는 신앙의 지평이 꾸준히 후퇴한다.6)

이러한 신앙과 근대성의 대립적 구도는 불신자들이 만들어낸 것이 아니다. 이러한 대립 구도는 휴머니즘적인 세계에 대한 기독교의 적대감에 의해 조장되었고 심화되었다. 이에 대한 증거로는 교황 피우스 9세

---

6) Friedrich Nietzsche, *The Gay Science*, para. 125 참조. 이 부분은 광인이 신의 죽음을 선언하는 유명한 부분이다. 이 부분에서도 이러한 지평의 이미지가 사용된다.

(Pius IX)가 1864년 교서에서 인권, 민주주의, 평등 등의 가치들을 근대 사회의 오류들에 포함시켰고, 근대 자유 국가가 내포하는 거의 모든 가치들에 대해 강한 분노를 표시한 사실을 들 수 있다. 그리고 더욱 최근의 또 다른 사례들은 다른 종교의 신자들뿐만 아니라 기독교인들에게서도 발견할 수 있다.

그런데 근본주의자들과 강경 무신론자들에게서 이와 동일한 대립 관계를 볼 수 있다고 해서, 신앙과 근대성의 대립적 구도가 유일하게 가능한 관계로 볼 수는 없다. 실제로 많은 신자들이 근대 휴머니즘적 세계의 구축을 도와왔고, 이 세계를 유지시키고 있으며, 이 세계가 중심으로 삼았던 인간의 복지와 번영 가치에 동조했다는 것은 명백한 사실이다. 과학이 무신론을 증명했다고 결론 내렸던 것처럼, '신의 죽음' 논변은 근대 휴머니즘을 종교의 적으로 생각할 수 있다는 정당화되지 않은 결론으로 비약한다. 그러나 어떤 경우에도 이런 결론은 정당화될 수는 없기 때문에, 왜 많은 사람들이 그런 결론에 도달했는지에 대한 의문은 여전히 남게 된다. 그리고 이런 의문으로 인해 나는 내가 제기해왔던 중심 주제로 다시 돌아오게 된다.

많은 사람들이 '신의 죽음' 논변에 대한 이러한 도덕적 해석을 타당한 것처럼 간주하게 되는 이유는, 사람들이 근대성의 등장에 대해 어떤 가정을 하고 있기 때문이다. 그런데 이러한 가정으로 인해 사람들은 근대성 탐구가 얼마나 복잡하고 어려운지를 깨닫지 못하게 된다. 이 가정은 내가 "도버(Dover) 해변에서의 전망"이라고 불렀던 것이다. 즉, 전통적인 신앙과 헌신의 상실을 통해 근대로 이행했다는 가정이다. 근대로의 이행은 제도적 변화의 결과로 등장한 것으로 간주될 수도 있었다. 특히 정적이었던 농경 사회라는 가치와 신앙이 인구 이동과 도시화로 인해 침식되었다고 생각될 수도 있었다. 또는 근대로의 이행은 근대의 과학적 이성의 작용이 증가함에 따른 것으로 간주될 수도 있었다. 근대로의 이행은 긍정적으로 평가될 수도 있었고, 전통적인 가치에 의미를 두고 과학적 합리성을 지극히 협소한 것으로 평가하는 사람들에게는 재앙으로 평가될 수도 있었다. 그런데 이 모든 주장들은 근대로의 이행 과정에 대해서는 과거의 관점과 충성심이 침식되었다고 동일하게 설명한다. 니체 식으로 표현하면, 과거의 지평은 씻겨 사라졌다. 아놀드 식으로 표현하면, 신앙의 바다는 후퇴한다. 매튜 아놀드(M. Arnold)의 시 「도버 해변(Dover Beach)」의 다음의 구절은 이러한 관점을 담고 있다.

> 신앙의 바다는,
> 옛날에는 또한 충만하고 둥근 지구의 바닷가에서
> 감아 올려진 빛나는 허리띠의 주름처럼 놓여 있었네.
> 그러나 지금 나는 듣고 있네,
> 신앙의 바다가 내는 음울하고, 긴, 물러나는 울부짖음을.
> 음울한 광활한 가장자리 아래
> 세계의 벌거벗은 조약돌들의
> 밤바람의 숨소리까지
> 물러남을.7)

위 구절의 어조에는 후회와 향수 비슷한 어떤 것이 담겨 있다. 그런데 신앙이 침식당했다는 기본적 생각을 통해, 승리한 과학적 합리성이 진보한다는 낙관적 주장도 마찬가지로 제기될 수 있을 것 같다. 한편으로 보면, 휴머니티는 잘못되고 해로운 많은 신화들을 제거했지만, 다른 한편으로 보면 휴머니티는 중요한 영적 실재에 대한 감각을 상실시켰다. 그러나 어떤 관점에서든 근대로의 이행은 신앙의 상실로 간주된다.

신앙의 상실 담론을 통해 제기되는 낙관적 주장에는 지식에 대한 경험적·과학적 접근, 개인주의, 소극적 자유, 도구적 합리성 등을 우월한 가치로 간주하는 생각이 담겨 있다. 그리고 더 이상 우리가 미신적인 거짓 신앙과 이에 따르는 어리석어보이는 삶의 태도에 의해 방해받거나 판단력이 상실되지 않는다면, 우리 인간들이 이러한 것들에 '정상적으로' 가치를 부여하기 때문에 이러한 것들은 전면에 등장하게 된다. 신화나 오류가 사라지고 나면, 이러한 것들만이 논의의 대상이 될 수 있다.

---

7) "Dover Beach", 21-28.

경험적 접근은 지식을 습득하는 유일하게 타당한 방법이며, 이러한 사실은 우리가 거짓 형이상학의 노예 상태에서 해방되자마자 명백해진다. 도구적 합리성에 대해 더 많이 의존하면 의존할수록 우리가 원하는 것은 더 많이 얻어진다. 그런데 우리 자신을 제한하라는 근거 없는 명령에 의해서만 이런 활동이 제약을 받았다. 개인주의는 신에 대한 환상적 주장과 존재의 위계 구조, 사회의 성스러운 질서가 없는 상태에서 인간의 자기 존중이 가져다준 당연한 열매다.

다시 말해, 근대인들은 어떠한 주장들이 거짓이었다는 것을 '보게 되었기' 때문에 마치 그런 것처럼 행동한다. 이를 부정적으로 해석해보면, 근대인들은 영구적인 진리를 잃어버렸기 때문에 마치 그런 것처럼 행동한다. 이러한 관점을 통해서 우리는 과거의 신화와 전설이 사라져버린 이후 유일하게 가능한 논의들을 통해서가 아니라 좋음에 대한 적극적 설명으로부터, 즉 그러한 가능한 논의들 중에서 특정한 논의를 통해서 서양 근대성이 강화되었을지도 모른다는 가능성을 보게 된다. 이러한 설명 방식에서는 오래된 오류(혹은 잊힌 오래된 진리)가 나타날 때, 서양 근대성에 대한 특정한 도덕적 지침에 속할 것 같은 것, 즉 인간 삶의 일반적 형태에 의해 지시되는 것을 넘어서는 무엇이든지간에 배제된다. 예를 들어, 사람들은 개체인 것처럼 행동하는데, 왜냐하면 개체로서의 행동이 우리의 관점에 따라 영광된 자유로도 보일 수 있고 에고이즘에 더럽혀진 소경 짓거리로도 보일 수 있지만, 이런 행동은 오래된 종교나 형이상학, 관습에서 해방될 때 사람들이 '자연스럽게' 하는 행동이기 때문이다. 개체로서의 행동으로 보일 수 없는 것은 도덕적 자기 이해의 새로운 형태다. 왜냐하면 이것은 개체로서의 행동 이전의 행동을 단순히 부정으로서 정의될 수 없기 때문이다.

몇 페이지 앞의 논의에 따르면, 이러한 설명들은 근대의 특징인 자유로운 정체성을 '자연화한다.' 이러한 설명에 따르면, 근대 정체성을 인간이 역사적으로 구성한 하나의 이해 방식으로 간주할 수 없다.

근대성이 과거의 지평을 제거함으로써 등장했다는 '삭감' 담론에 따르면, 근대 휴머니즘은 오직 과거의 형태를 지워버림으로써만 등장할 수 있었다. 근대 휴머니즘은 '신의 죽음'을 통해 등장하는 것으로써만 인식될 수도 있다. 따라서 당신은 과거의 믿음을 버리지 않으면 오늘날의 휴머니즘 관심사에 완전히 동참할 수 없다. 또한 여전히 신을 믿으면서 근대를 받아들이는 것은 불가능하다. 반면에, 만약 당신이 근대를 받아들이면서도 여전히 신을 믿는다면 당신은 갈등 속에 살게 될 것이며, 결국에는 신앙을 버리거나 부분적으로 근대성에 대한 반대자가 된다.

내가 다른 저서에서 상세하게 논했듯이,8) 삭감 담론은 근대성에 대한 매우 부적절한 설명 방식이다. 왜냐하면, 서양의 근대성은 근대로의 이행 과정에서 단순하게 필연적으로 생성된 것이 아니라 그 자신의 고유한 영적 관점에 의해서 생성될 수도 있다는 가능성이 이러한 설명 방식에서는 배제되기 때문이다. 그런데 이러한 가능성이 실제로는 사실이다.

삭감 담론의 논리는 다음과 같다. 우리가 신이나 어떤 다른 초월적 실제를 섬기려는 마음을 버렸을 때, 우리에게 남겨지는 것은 휴머니즘 가치뿐이라는 것이다. 그리고 휴머니즘 가치가 바로 근대사회가 관심을 두고 있는 것이다. 그러나 이러한 설명은 내가 근대 휴머니즘이라고 부르는 것을 극단적으로 간략하게 설명한 것에 불과하다. 나에게 오직 휴머니즘적 관심사만이 남아 있다는 사실로 인해, 내가 보편적인 인간 복지를 나의 목표로 삼게 되는 것은 아니다. 마찬가지로 그 사실로 인해 나는 자유, 풍요, 평등이 중요하다고 생각하게 되는 것은 아니다. 휴머니즘 가치에 국한함으로써 나는 오로지 나의 물질적 복지, 내 가족이나 직접 접하는 환경의 물질적 복지에만 관심을 쏟을 수 있었다. 실제로 매우 필요한 보편적인 정의와 박애에 대한 요구는 근대 휴머니즘의 특징인데, 이러한 요구들이 이전 시대의 목표와 헌신에 대한 삭감 담론만으로는 설명될 수 없다.

삭감 담론은 비록 부적절하긴 하지만, 근대 휴머니즘 의식에 매우 뿌리 깊게 자리 잡고 있다. 삭감 담론은 단순한 이론가들에 의해서만 제안된 것은 아니다. 폴 베니슈(Paul Bénichou)처럼 철저하고 엄밀한 사상가도 그의 저서 『위대한 시대의 도덕』에서 삭감 담론에 동의했다. "휴머

---

8) Charles Taylor, *Source of the Self*(Harvard University Press, 1989).

니티는 비참함을 줄이는 것이 가능해졌다고 생각되자마자 등장하였다. 그 비참함을 감소시키는 것과 동시에 휴머니티는 필수적 덕목을 따르게 했던 굴욕적인 도덕을 망각하는 경향이 있다. 휴머니티는 이러한 삶을 강요한다."9) 다시 말해, 인간이 금욕주의라는 더 오래된 다른 시대의 윤리를 버릴 수 있게 되었기 때문에 근대 휴머니즘이 등장하였다는 것이다.

더욱이 삭감 담론은 일반적으로는 인간 동기라는 관점에, 특수하게는 종교적 신앙의 근원이라는 관점에 기반을 두고 있다. 후자의 관점은 비참함의 결과로 간주되며, 이와 동반되는 자기 부인이 '필수적 덕목이 된다.' 신앙은 결핍과 굴욕, 희망 결여의 산물이다. 신앙은 번영하고자 하는 인간 욕망과 상반된다. 이러한 욕망이 좌절될 때 우리가 느끼는 절망감으로 인해 우리는 신앙을 찾게 된다.

따라서 인간의 번영은 비록 비참함과 굴욕의 시기에는 약화되지만 우리의 영구적인 목표로 생각된다. 그리고 그 목표의 내용은 우리가 그 목표를 인정하기 시작하자마자 전혀 문제가 없는 것으로 생각된다.

이러한 논의를 통해 우리는 근대 세속성을 개관하는 하나의 설명 방식을 보게 된다. 그런데 이러한 설명 방식 속에는 넓게 깊게 근대 휴머니즘적 문화가 이식되어 있다. 근대 세속성 논의에는 네 가지 주장들이 상호 연결되는 경향이 있다. (a) 인간은 더 이상 정직하게, 명료하게, 진지하게 신을 믿을 수는 없다는 '신의 죽음' 논변, (b) 근대 휴머니즘의 등장에 대한 '삭감 담론', (c) 종교적 신앙의 근본적 이유에 대한 논변, 그리고 삭감 담론의 토대를 형성하는 영구적인 인간 동기에 대한 이론. 이상의 세 가지 주장은 미지에 대한 원초적 두려움 또는 자연 요소들에 대한 통제 욕망 등을 다룬 19세기 이론에서부터, 종교를 신경증과 연결시킨 프로이트의 고찰까지 그 이론의 모습이 다양하다. 이러한 이론들에 입각해서 보면, 기술이 일정 수준에 도달한 순간 종교는 단지 불필요하게 된다. 즉, 우리는 더 이상 신을 필요로 하지 않는데, 왜냐하면 우리는 어떻게 우리 스스로 기술을 획득해야 하는지 알기 때문이다.10) 그런

---

9) Paul Bénichou, *Morales du grand siècle*(Paris: Gallimard), p.226.

데 이러한 입장들은 일반적으로 매우 타당성이 없을 만큼 환원적이다.

(d) 근대적 세속화가 주로 과학, 기술, 합리성과 갈등하는 종교의 퇴보로 간주된다는 논변. 그런데 이 논변에서 위의 입장들은 논란에 빠진다. "휴머니티가 더 이상 어떤 것에 대해서 믿는 것이 아니라 아는 시기가 올 것이다. 휴머니티가 이미 물리적 세계를 아는 것과 마찬가지로 휴머니티가 형이상학적, 도덕적 세계를 알 시기가 올 것이다"11)라는 르낭(E. Renan)의 말에서 볼 수 있듯이, 19세기에 대항했던 콩트와 같은 사상가들이 과학이 종교를 대체할 것이라고 확신에 가득 차서 예언했을 때, 오늘날 모든 사람들은 종교라는 이러한 잘못된 예언이 지속될 것이라고 생각한다. 그러나 내가 여기에서 기술하고 있는 방식에 따르면 이러한 잘못된 예언의 영향력은 더욱 줄어들고 있다.

이 네 가지 주장들은 모두 근대의 세속화가 휴머니즘 진영 내에서 어떻게 생각되는지에 대한 동일한 생각을 보여주고 있다. 그런데 나는 이런 생각에 반대하여 전혀 다른 설명을 제시하려고 한다.12)

이러한 대안적 설명을 제시하기 위해 나는 세 번째 닫힌 세계 구조의 발생을 탐구하려고 하는데, 이 구조는 내가 생각하기에 가장 근본적인 닫힌 세계 구조다. 세 번째 닫힌 세계 구조에서 근대인들의 도덕적 자기 이해는 강화되어왔다. 나는 여기에서 장황한 이야기를 하려고 한다. 하

---

10) 이 관점을 더욱 정교하게 발전시킨 것으로는 다음을 참조. Steve Bruce, *Religion in Modern Britain*(Oxford University Press, 1995), pp.131-133.

11) Sylvette Denèfle, *Sociologie de la sécularisation*(Paris/Montreal: L'Harmattan, 1997), pp.93-94에서 재인용.

12) 내가 어떤 식으로든 근대 세속성을 적절하게 설명하게 된다면, 우리는 '신의 죽음' 설명에 어떤 외견상의 진리가 있다는 것을 알게 될 것이다. 휴머니즘은 유일한 삶의 방식으로 생각되면서 등장하였고 지속되었다. 휴머니즘 관점에 따르면, 과학이 영혼을 유물론에 입각하여 설명했다는 것은 사실상 타당할 수 있을 것 같다. '신의 죽음' 논변은 이론적인 면에서 보면 근대 세속성에 대해 잘못된 설명 방식이 아니며, 근대적 상황을 해석하고 경험하도록 유혹을 받는 방법이기도 하다. '신의 죽음'은 내가 찾는 설명 방식이 아니라 설명 대상의 중요한 일부다. 이런 관점에서 본다면, 나는 '신의 죽음' 설명 방식을 전혀 부인하고 싶지 않다.

지만 대부분의 설명은 기독교적 질서를 확립하려는 시도에 초점이 맞춰질 것이고, 이 기독교적 질서를 설명하는 핵심 어구는 종교개혁이 될 것이다. 이러한 시도를 통해 우리는 차축 시대 종교의 더 오래된 형식과 함께 이러한 시도가 얼마나 점진적인 조급함이었는지를 알게 된다. 그런데 차축 시대 종교의 더 오래된 형식에서는 집합적, 의례적인 특정한 초기 종교의 형태가 '고차원적' 계시를 통해 개인적 헌신과 윤리적 변화를 요구하는 모습과 불편하게 공존했다. 라틴 기독교 제국에서 이 시도는 더욱 개인적인 기독교 중심 종교의 헌신과 행동을 강화하여 이를 모든 사람에게 부과하는 것이었으며, 그리고 더 이전의 집합적인 의례 행위의 '마술적' 혹은 '미신적'이라고 추정된 형태를 억압하거나 심지어는 포기하는 것이었다.

기독교는 신스토아주의(neo-Stoic)와 연결되었기 때문에, 기독교적 질서를 확립하려는 시도는 새로운 규율(푸코가 이 부분에서 우리의 논의에 등장한다)에 의존하는 새로운 형태의 사회적 질서를 확립하려는 일련의 시도에 대한 선언이 되었다. 이 새로운 규율로 인해 폭력과 무질서는 감소하였고, 상대적으로 평화롭고 생산적인 장인들과 농민들의 인구가 증가하였다. 그리고 이들 장인들과 농민들은 점점 더 새로운 형태의 헌신적 실천과 도덕적 행동을 하게 되었다. 이러한 현상은 개신교적 영국, 네덜란드 그리고 이후의 미국의 식민지들 또는 반종교개혁 운동의 프랑스나 '행정 복지국가' 독일에서 나타났다.

나의 가설은 문명화된 '품위 있는' 질서라는 새로운 형태가 최초의 창조자들이 희망했던 것보다 더 오래 지속되었다는 것이다. 그리고 이러한 새로운 형태로 인해, 기독교 질서가 무엇인지에 대해 더욱더 (품위 있는 문명화된 질서가 기독교 질서라는) '내재적'인 용어로 새롭게 설명되게 되었다는 것이다. 기독교에 대한 이러한 설명에서는 기독교의 '초월적'인 내용의 대부분이 상실되었으며, 이로 인해 새로운 논의의 가능성이 열렸다. 즉, (내가 "근대 도덕 질서"라고 부르는) 좋은 질서에 대한 이해가 원래의 신학과 섭리의 틀을 넘어서서 포용될 수도 있으며, 어떤 경우에는 (볼테르나 기본(Gibbon), 또 다른 식으로는 흄 등에서 볼 수 있듯이) 이러한 틀과 반대 방식으로 이루어질 수도 있게 되었다.

불신앙은 권리를 갖고 있는 개인들의 도덕 질서에 대한 이러한 믿음과 밀접한 공생 관계 속에서 생겨난다. 이러한 개인들은 (신이나 자연에 의해) 서로 이익을 주는 방식으로 행동하도록 예정되어 있다. 또한 이 도덕 질서는 기사들을 칭송하는 이전의 명예 윤리를 거부하는 질서이며, 어떠한 초월적 지평도 거부하는 경향이 있다. 이러한 질서의 개념을 잘 공식화시킨 예로는 로크의 『통치론』을 들 수 있다.

이러한 이상적 질서는 단순한 인간의 창조물로 생각되지는 않았다. 오히려 그것은 신에 의해 설계되었으며, 신의 목적에 따라 모든 것이 관련을 맺는 질서였다. 18세기 후반에는 근대 도덕 질서와 동일한 설명 모형이 우주를 설명하는 데에 사용되었는데, 이에 따르면 우주는 각각의 피조물들의 존재 목적이 다른 것들과 서로 맞물리는 완벽하게 서로 연결된 일련의 부분들의 한 집합으로 설명되었다.

우리의 구성적 활동이 근대 도덕 질서를 전복시키거나 실현시키는 우리의 능력 범위 내에서 이루어지는 한, 이러한 질서 속에서 우리 활동의 목표를 설정한다. 물론, 전체적 관점에서 보면 근대 도덕 질서는 이미 얼마나 많이 실현되었는지 알 수 있다. 그러나 인간사로 우리의 눈을 돌려보면, 우리가 근대 도덕 질서로부터 얼마나 많이 벗어났으며, 그 질서를 얼마나 많이 전복시켰는지 알 수 있다. 근대 도덕 질서는 우리가 돌아가기 위해 노력해야만 하는 규범이 된다.

사물의 본성 속에서 근대 도덕 질서를 명확히 볼 수 있다고 생각되었다. 물론 우리가 계시를 의존한다면, 우리는 또한 우리가 그 계시에 따른다는 식으로 정형화된 요구를 발견할 수도 있을 것이다. 그러나 오직 이성만이 신의 목적을 우리에게 이야기해줄 수 있다. 우리 자신을 포함한 생명체들은 자기 자신을 보존하려고 노력한다. 이것이 신이 하는 일이다.

신은 인간을 만들었고, 신은 인간에게 다른 모든
동물들에게처럼 강한 자기 보존의 욕망을 심어줬으며, 세계에 음식과

빛과, 삶에 필수적인 또 다른 것들,

그리고 인간이 살아가는 데 보조적인 것들을 풍요롭게 함으로써, 인간은

언제든지 땅의 표면에서 살아나가고, 머물러야 하며,

너무나 호기심이 많고 놀라운 그의 솜씨가 그 자신의

무지나, 필요의 부족으로 인해서

없어져버리는 일은 없어야 한다. ….: 신은 인간에게 말했다. (즉) 신은 인간의 감각과 이성을 통해 인간에게 명령한다. … 그의

존속에 유용하고, 또한 그의 자기 보존의 수단으로

그에게 주어진 것들을 이용하라고. … 욕망, 생명과 존재를 보존하기 위한 강한 욕망이 신 자신에 의해 행동의 원리로서 인간에게

심어졌으므로, 인간에게는 신의 목소리인 이성은,

단지 인간을 가르치고 인간에게 보증할 수밖에 없다. 그 자신의 존재를 보존해야 한다는

자연적인 경향을 추구함으로써 인간은 창조자의 의지를 따르게 된다고.13)

이성을 부여받음으로써, 우리는 단지 우리의 생명만이 아니라, 모든 인간의 생명이 보존되어야만 한다는 사실을 깨닫게 된다. 그리고 이에 덧붙여서, 인간은 사회적인 존재로 만들어졌다는 것을 알게 된다. 따라서 "모든 인간은 자신을 보존해야 하며 생존을 고의로 포기하지 말아야 한다. 그러므로 비슷한 이유로 그 자신의 보존이 위태롭지 않을 때 인간은 가능한 한 최대한 나머지 인류를 보존하게 해야만 한다."14)

이와 비슷하게 로크는 신이 우리에게 이성과 교육의 힘을 부여했기 때문에, 우리는 가장 효율적으로 우리 자신을 보존하는 임무를 수행할 수 있다고 말한다. 따라서 우리는 "근면하고 이성적이어야" 한다고 로크는 말하고 있다.15) 교육과 개선의 윤리는 신이 설계했던 자연 질서

---

13) John Locke, *Two Treatises of Civil Government*, I, p.86.

14) 같은 책, II, p.6; 또한 II, p.135; *Some Thoughts Concerning Education*, para. 116 참조.

15) John Locke, *Two Treatises of Civil Government*, II, p.26.

그 자체의 요구다. 인간 의지에 의한 질서 부과는 그 자체로 인간의 계획에 의해 요구된다.

우리는 로크의 정식화에서 그가 얼마나 이익 교환의 관점에서 상호 봉사를 바라보고 있는지를 알 수 있다. '경제적' (즉, 질서 있는, 평화로운, 생산적인) 활동은 인간 행동 모델이 되며 조화로운 공존의 열쇠가 된다. 계층적 상보성 이론에 반해서, 우리는 우리의 일상적인 목표와 목적을 초월하지 않는 한도 내에서 또한 그 반대로, 신의 설계에 따라 그것들을 수행하는 과정 중에 조화와 상호 봉사의 영역 안에서 서로 만나게 된다.

근대 도적 질서에 대한 이러한 이해 방식은, 근본적으로 근대 서양 사회에서 지배적인 상상력의 형태를 형성하였다. 즉, 시장경제, 공공 영역, 주권을 가진 '인민' 등의 개념이 바로 그것이다.

근대 도덕 질서의 이해 방식이 근대 세속성을 설명하는 핵심 요소다. 섭리 개념과 신적으로 거룩해진 질서에 비해 다소 벌거벗겨진 개념, 즉 보통 인간의 번영을 중심으로 삼는 이러한 이해 방식 내에서, 이신론의 형태로부터 궁극적으로 무신론적 휴머니즘으로 미끄러진다는 것은 점점 명백해진다. 처음에 섭리적인 것으로 여겨졌던 질서는 '자연'에 위치될 수 있고(신이 자연을 창조했기 때문에, 이것은 그다지 큰 변화는 아니다), 나중에 이 질서는 더 나아가 '문명'의 결과 중 하나로 다시 위치될 수 있다.

이와 마찬가지로 근대 도덕 질서는 야만주의와 종교에서 벗어나 역사적 기원에 대한 담론과 연결된다.16) '품위 있는' 사회는 전쟁이 최고의 활동이었던 초기 단계에서 상업과 생산이 생활 방식에서 가장 가치 있는 활동으로 여겨지는 단계로 진화하는 과정과 관련된다. 이러한 과정에서 경제적 차원은 아주 중요한 역할을 감당한다. 동시에, 경제적 차원은 종교적 형태가 이러한 사회 질서를 최고로 받아들이는 형태로 진화

---

16) 나는 야만주의와 종교에 대한 존 포콕의 흥미 있는 논의를 참조하였다. 다음을 참조. John Pocock, *The Enlightenments of Edward Gibbon*(Cambridge University Press, 1999).

해야 한다고 요구한다.

이러한 관점에서 본다면, 종교가 근대 도덕 질서를 위협하는 것으로 보일 수 있다. 우리는 기본과 흄 등이 제기한 비판에서 이를 확인할 수 있다. 그들이 제기하는 비난의 주요 개념들을 설명하면 다음과 같다. '미신'은 마법에 걸린 세계에서 지속되었던 믿음을 의미한다. 그런데 근대 신교가 이를 극복하였다. '광신주의'는 박해와 같은 근대 도덕 질서가 행한 위반이나 어떤 다른 종교의 비이성적인 반생산적인 행동을 정당화하기 위해 종교에 호소하는 것을 의미한다. '열광주의'는 어떤 특별 계시에 대한 주장을 의미하며, 이를 통해 인간은 근대 질서 규범에 다시 한 번 도전할 수 있다. '미신'은 가톨릭에만 있는 특이 현상이며, '열광주의'는 극단적 개신교 분파의 특징이라고 이야기하고 싶을지도 모르겠다. 그러나 '광신주의'는 가톨릭과 극단적 개신교 분파 모두가 저지를 수 있는 잘못이다.

만약 우리가 흄이 『도덕 원칙에 대한 탐구』에서 열거한 두 가지 종류의 덕, 즉 그가 적합한 덕이라고 간주한 것과 쓸모없다고 생각하는 "수도승 같은" 덕을 살펴본다면 도덕 질서에 대한 이러한 근대적 사상에 자리 잡고 있는 계몽적 비판의 기원을 다시 확인할 수 있을 것이다.17)

만약 모든 종교, 적어도 수용할 수 없을 것으로 생각되는 '광신적인' 형태의 종교를 배제하지 않는다면, 우리는 문명화된 질서와 '품위 있는' 사회에 대한 이러한 이해가 어떻게 닫힌 세계 구조로 작동할 수 있었는지를 알 수 있다. 삶의 다양한 형태들이 이러한 질서 이해에 의해 가려지거나 이러한 이해의 기원에 대한 담론 안에 위치되었기 때문에 삶의 다양한 형태들이 '야만인'처럼 보이게 되며, (적어도 특정한 형태의) 종교는 수용할 수 없는 것으로 생각된다.

여기에서 우리는 근대사에서 가장 강력한 닫힌 세계 구조 중 하나를 보게 된다. 이 닫힌 세계 구조에서는, 종교에 많은 제한이 가해진다. 즉, 종교의 어떤 형식들은 금지되기까지 하는데, 왜냐하면 이 종교가 자연 질서 그 자체에 반하기 때문이다. 비록 이 닫힌 세계 구조의 질서가 이

---

17) David Hume, *An Enquiry Concerning the Principles of Morals.*

신론을 지지하는 좀 더 온건한 종교나 주의 깊게 통제되어 종교성이 적은 종교와 조화를 이룰 수 있음에도 불구하고, 자연 질서를 역사의 목적으로 받아들이는 입장으로부터는 어떤 종교도 더 이상 분명하지 않거나 더 이상 확실하지 않은 것처럼 여겨지게 된다. 오늘날에는 볼테르의 이 신론처럼 18세기에는 수용되었던 중간 입장들이 모두 주변부로 밀려나는 급진화가 진행되어왔다는 점만 제외하면, 이러한 근대 도덕 질서 형태는 우리 시대에 매우 널리 퍼진 닫힌 세계 구조다.

또한 우리는 어떻게 이 닫힌 세계 구조가 위에서 제시된 다른 닫힌 세계 구조들과 상호 지지하고 공생하는 관계에 놓여 있는지 보게 된다. 개체 개념의 등장과 더불어 시작된 근대적 사회 질서 체계는 근대 인식론에서 자아의 우선권을 강화하였고, 이런 자아 우선권은 근대 인식론을 강화한다. 해방된 이성 논변은 사회적 실제를 구성하는 교육의 중심이 되며, 또한 교육받은 생산적인 개인들의 활동이 상호 이익이 되는 경향이 있다는 질서 규범은 '인간 본성'에 대한 타당한 기술인 것처럼 여겨질 수도 있다. 이러한 관점에 따르면, 근대 도덕 질서는 완전히 '자연화된다.' 근대 도덕 질서는 현재 인간이 존재하는 방식이며, 또 과거에 존재했을 것으로 생각되는 방식이다. 실제로, 근대 인식론에서 최고의 이상인 해방된 과학적 이해라는 이상은 '문명'이 이룩한 업적 가운데 하나다.

동시에, 미신에 빠진 사람들, 열광주의자들과 광신주의자들의 미성숙과 야만인의 미성숙을 비교해볼 때, 품위 있는 문명의 등장이라는 담론을 통해 품위 있는 사회 내에서 살아가는 사람들은 스스로 자립하는 존재들이 된다. 따라서 이 담론은 '신의 죽음'과 관련된 다양한 닫힌 세계 구조를 강화시키며, 종교에 대한 과학의 '논박'이 힘을 얻게 되는 성인 (成人)의 도덕적 우월성을 강화시킨다.

그러나 가장 격렬한 논쟁을 불러일으켰던 것 또한 이러한 품위 있는 문명의 닫힌 세계 구조 논의에서였다. 근대 도덕 질서에 대한 이러한 이해 방식은 여러 면에서 뜨거운 논쟁의 대상이 되었을 뿐만 아니라 지금도 논쟁이 되고 있다. 어떤 사람들은 이러한 이해 방식이 우리를 고무시키거나 고양시키기에 불충분하다고 생각한다. 다른 사람들은 이러한 이해 방식이 우리 안에 있는 자발적이며 감정적인 것들을 억압하고 강제하게 하는 교육 방식들로 인해 오염되었다고 생각한다. 또 다른 사람들은 이 닫힌 세계 구조가 '열광주의'를 비난하는 진정한 인간적 공감과 관용을 거부한다고 생각한다. 어떤 사람들은 이 닫힌 세계 구조를 거부하는데, 왜냐하면 이러한 이해 방식이 폭력과 영웅주의와 위대함 등의 가치를 거부하였기 때문이며, 우리를 비참한 평등의 상태로 떨어뜨렸기 때문이다. 후자와 같은 반응은, 예를 들면 토크빌(Tocqueville)에게서 찾을 수 있다. 그러나 가장 유명한 예는 니체의 반응이다.

니체라는 이름을 들을 때 떠오르는 생각처럼, 18세기 후반에 시작된 이러한 저항의 흐름에서 가장 주목할 만한 것은 이러한 저항이 다양한 방면에서 일어날 수 있다는 점이다. 도덕적 질서를 생존에 부적당하며 환원적인 것으로 간주하는 생각은 (경건주의자 웨슬리(Wesley)처럼) 더욱 헌신적인 종교로 유도할 수도 있고, 불신앙적 낭만주의의 형태를 넘어설 수도 있었다. 이러한 생각으로 인해, 인간의 죄에 대한 진정한 자각으로 돌아가는 '비극적' 차원이 일깨워질 수도 있었다. 또는 니체가 그 실마리를 찾아내었듯이, 이러한 생각을 통해 근대 도덕의 진정한 역사적 기원으로 간주되는 기독교에 대한 거부를 정당화할 수도 있었다. 다시 말해서, 현존하는 형태에 대한 불만족은, 야코비즘과 이후의 공산주의와 마르크스에서 볼 수 있듯이, 더욱 급진적이고 유토피아적인 유형의 질서를 일으킬 수도 있었다. 또는 1815년의 가톨릭 반동이나, 전혀 다른 방식이긴 하지만 니체에게서 볼 수 있듯이 그 질서에 대한 포기를 정당화할 수도 있겠다.

따라서 도덕 질서라는 근대적 이상은 근대사회에서 가장 영향력 있는 닫힌 세계 구조의 핵심일 수 있는 반면에, 닫힌 세계 구조의 자기 '자연화'를 거부하고 비난하려는 시도 또한 새롭고 더욱 근본적인 닫힌 세계 구조의 기원이 될 수 있다. 결론적으로, '신의 죽음'이라는 표현이 일반적으로 통용되는 계기를 우리는 『즐거운 학문』에서 찾아볼 수 있다. 근대 문화는 우리가 '새로운 결과'라고 부를 수 있는 영적인 입장과 더욱 반(反)영적인 입장들의 증가로 특징지을 수 있다. 영적인 입장과 반(反)영적인 입장들의 증가는 근대 문화 내에 자리 잡고 있는 다양한 입장들을 더욱 불안정하게 한다. 이젠 더 이상 어떤 논쟁을 주도할 만한 명확하고 확실한 입장이 없다.

그런데 근대 도덕 질서 개념 때문에 이러한 입장들이 계속적으로 증가하게 되었다. 왜냐하면, 초월성에 대한 우리의 태도가 긍정적이든 부정적이든 간에 우리의 입장을 확립하는 중요한 특징인 것과 마찬가지로, 질서에 대한 우리의 태도가 그러하기 때문이다. 그런데 흥미로운 새로운 입장은 근대 도덕 질서를 혹독하게 비판하면서도 동시에 초월적인 것을 거부하는 방식으로 나타난다. 이러한 두 입장의 결합 방식은 기독교에 대항하는 호소력 있는 이교주의의 새로운 방식에서 뿐만 아니라, 니체를 따라 "내재적 역(逆)계몽"이라고 부를 수 있는 방식에서도 볼 수 있다. 이러한 방식은 어떤 의미에서 보면 계몽주의만큼이나 오래되었다. 분명히 기본은 그가 회의적이어서 광신적이지 않은 로마의 지배계급으로 생각하였던 사람들에 대해 동정심을 느꼈는데, 왜냐하면 그가 기독교의 어떤 분파에서 일어난 순교의 물결로 인해 심적 혼란을 느꼈기 때문이다. 밀(J. S. Mill)은 "이교도적 자기주장"에 대해 말했다. 피터 게이(Peter Gay)는 심지어 계몽주의를 일종의 "근대적 이교주의"로 묘사했다.[18] 그런데 최근에도 유일신 사상에 억압받아왔던 것을 복원시키려는 시도들이 있다. 즉, 근대 도덕 질서의 핵심이라고 할 수 있는 단일한 지배적 도덕법칙이 있다는 주장을 거부하는 (칼라소(Calasso)나 스피노자와 같은) '다신론'에 대한 담론이 오늘날 존재한다. 사람들은 심지어 이러한 담론에 기반하여 새로운 닫힌 세계 구조를 구축하려고 할 수도 있다.

나는 아직 마무리되지는 않은 나의 작업의 궤적에 대한 이 짧은 요약이 이 책에 모인 네 편의 논문들을 적절히 위치시키는 데 도움이 되길

---

18) Peter Gay를 참조하라.

바란다. 나의 주장은 종교가 근대사에서 꾸준히 몰락해왔다는 종교에 대한 비역사적 설명 방식인 '삭감' 담론과는 상반된다. 나의 주장은 종교 형식이 변화하였고, 종교가 그 형식들을 스스로 다시 만들어내고 있으며, 종교가 변화하는 세계 속에서 새로운 형태를 띠게 된 방식들을 설명하는 것이다.

첫 번째 논문인 「근대성과 세속적 시간」은 과거의 삶과 현재의 삶을 대비시키는 중요한 측면을 다루고 있다. 그런데 이러한 측면은 종교적인 삶을 포함한 우리의 모든 행동과 이해의 틀을 형성하고 이에 조건을 부여한다. 근대사회의 상상력은 세속적 시간에 깊이 자리 잡고 있는 개념이다.

두 번째 논문 「종교와 정치: 종교적 갈등과 인정 투쟁의 정치」는 오늘날 종교와 집단 정체성 사이의 관계에서 이 상상력이 어떤 의미를 갖고 있는지를 다루고 있다. 특히 폭력을 정당화하는 과정에서 근대사회의 상상력이 갖고 있는 역할이 무엇인가라는 가장 문제시되는 특징을 다루고 있다.

세 번째 논문에서는 내가 위에서 잠깐 언급했던 '내재적 역계몽'을 더 자세히 고찰하고 있다. 이 논의는 특히 니체에 의해 제기된 이후, 그 추종자들에 의해 서구 문화와 역사에 강력한 영향을 끼쳤다.

마지막으로, 네 번째 논문에서 나는 현대 종교의 위치에 대해 언급하고자 한다. 특별히 종교와 영성이 현대 서양에서 드러나는 새로운 '탈-뒤르켐적' 틀을 다루고 있다.

사실상 이 책에 실린 네 편의 논문들은 내 연구의 일부로서, 분명히 서양의 발달 과정을 다루고 있다. 2002년 다산기념 철학강좌를 통해서, 나는 다른 문화권에 속한 동료들과 교류하는 것이 얼마나 풍요로운 결과를 가져오는지 다시 한 번 깊이 깨달았다. 특히 한국에 체류하는 짧은 시간 동안, 한국의 동료들이 자신들의 다양한 관점에 근거하여 서양인인 나의 설명에 대해 응답해주었는데, 이를 통해서 나는 이들로부터 많은 것을 배웠다. 내가 배운 것처럼 나는 한국의 동료들에게 이 논문이 조금이라도 도움이 되길 바란다. 만약 네 편의 논문들의 한국어판 출판이 어떤 식으로든 이러한 교류를 심화시킬 수 있다면 나는 더 바랄 것이 없겠다.

목광수 옮김

근대성과 세속적 시간

나는 근대 세계에서 시간을 경험하는 주요한 특징이 무엇인지 탐구하고자 한다. 우리는 시간을 오직 선(線)적인 것으로만 받아들이는 경향이 있는데, 나는 이러한 시간 개념을 '세속적' 시간이라는 말로 표현하겠다. '세속적' 시간은 우리에게 공통적이고 사회적인 존재 양식상의 시간이다. 개인적 경험은 다를 수 있다. 그러나 개인적 경험이 기존의 사회 틀과 마찰을 일으키면, 이러한 경험은 단지 기이하거나 아주 사적인 것으로 취급될 위험이 항상 존재한다. 그러나 중세 시대의 우리 선조들에게는 결코 이러한 일이 발생하지 않았다. 그들은 시간을 우리와는 매우 다른 방식, 즉 다면적이고 위계적 질서를 지닌 것으로 인식했다. 아니, 내가 그렇게 주장하고 싶다는 것이 더 정확한 표현일 것이다.

그런데 시간과 같이 근본적인 것에 대한 경험이 어떻게 역사적으로 변할 수 있는가? 그것은 오직 질서에 대한 우리의 이해와 더불어서만 가능하다. 아리스토텔레스는 시간을 변화의 척도라고 말했다. 그리고 사물은 일정한 틀 속에서 변화하며 틀 그 자체는 안정적이다. 아니, 우리가 지금의 세계에 대해 그렇게 믿고 있다고 말하는 것이 더 정확할 것이다. 우리가 이 틀을 유동적인 것 혹은 빅뱅 이론에서 말하는 것처럼 변화하는 것으로 받아들일 때, 우리는 '시간의 역사'에 대해 말할 수 있으며, 시간의 본질적 변화에 대해 생각할 수 있다. 시간은 질서와 함께 변할 수 있으며, 변화는 그 질서 내에서 일어난다. 만약 모든 사물이 변화가 일어나는 질서 속에 존재하는 것이 아니라면 모든 것이 시간 속에 존재하는 것도 아니게 된다. 플라톤은 이와 같은 의미에서 시간을 초월한 영원한 실체들이 존재한다고 생각했다.

따라서 시간에 대한 우리의 이해와 경험은, 우리 자신과 사물들이 놓이는 질서에 대한 우리의 인식과 더불어 변화할 수 있다. 우리의 시간 경험이 우리 선조들의 것과 어떻게 다른지 알기 위해 탐구해야 하는 것은 바로 이 점이다. 나는 이 강연에서 서구 문명 혹은 라틴 기독교 문명에서의 변화에 초점을 맞추겠다.

I.

질서에 대한 선조들의 이해는 지금과 어떻게 달랐는가? 여러 가지 방식으로 지적할 수 있겠지만, 나는 근본적인 차이를 두드러지게 보여주는 한 가지 사실에 주목하고자 한다. 그것은 카니발과 무질서한 축제, 소년 주교 놀이 등과 유사한 페스티벌에서 발견할 수 있다. 이와 같은 시기에는 보통의 일상적인 삶의 질서가 무너지고, '세계가 거꾸로 뒤집혔다.' 사람들은 잠시 일상적인 질서를 깨뜨리고 놀이하는 시간을 가졌다. 하루 동안 소년들이 주교복을 입었고, 바보가 왕이 되었다. 사람들은 평소에 숭배하던 것들을 흉내 내며 조롱했고, 성적인 행위뿐만 아니라 거의 폭력에 가까운 행위에 이르기까지 자기 멋대로 행동했다.

이러한 축제는, 사람들에게 인간으로서의 의의를 일시에 아주 강력하게 느끼게 해주었으므로 — 사람들은 환호하며 이러한 축제에 참여했다 — 매혹적인 것이었다. 또한 그러한 축제는 불가사의한 것이었다. 특히 우리 근대인에게는, 이와 같은 축제가 기존의 질서에 대한 어떤 대안을 제시하는 것이 아니었다는 점에서 더욱 불가사의하게 느껴진다.

그 축제는 우리가 근대 정치의 관념으로 받아들이는 것, 다시 말해서 지배적인 통치를 대치하고자 반대 질서를 제시하는 것과 같은 것이 아니었다. 더 좋고, 고상하며, 덕스러운 것 혹은 기독교적 카리스마 등과 같은 것이 통치해야 한다는 판단에 따라, 흉내 내며 조롱하는 것은 일회적 행위로 그쳤다. 이런 점에서 유머는 궁극적으로 중요한 것이 아니었다.

나탈리 데이비스(Natalie Davis)는, 마을 단위로 도시 지역에서 열렸던 이와 같은 축제의 기원에 대해 논의했다. 이러한 축제에서 젊은 남자들이 흉내를 내며 난동을 부리는 것은, 결혼식 피로연에서 장난치며 야단법석을 떠는 것처럼, 사회적으로 인정된 것이었다. 그리고 그녀가 지적하는 것처럼, 이러한 해학적 행동은 지배적인 도덕적 가치를 옹호하여 실행되었다.[1]

그러나 이와 같은 축제들이 기존의 질서를 수용하고 있음에도 불구하고 기존의 질서와 모순되는 어떤 열망들이 해학적으로 표현되기도 했다. 정확하게 무슨 일이 일어났는지 말하는 것은 쉽지 않다. 그러나 이것을 이해하기 위해 제시된 주장 가운데 몇 가지를 살펴보겠다.

그 당시에도 사람에게는 안전장치로서 이러한 축제가 필요하다는 주장이 제기되었다. 덕과 선의 도덕 질서가 주는 무게가 너무 무겁고, 인간 본능에 대한 그러한 억압 아래에서 발생한 열기가 너무 많아지면, 일시적으로 열기를 발산하는 기간이 필요하다는 것이다. 그래야만 시스템 전체가 파괴되지 않는다고 보았다. 물론, 그 당시 사람들이 열기라는 용어를 사용한 것은 아니지만, 한 프랑스 성직자는 그날의 중요한 특징을 다음과 같이 분명하게 표현했다.

오래된 관습이 그렇듯이, 우리도 이것을 진지하게 수행하는 것이 아니라 장난삼아 한다. 그래서 일 년에 한 번 우리 안에 있는 어리석음이 밖으로 발산될 수 있는 것이다. 만일 포도주를 담고 있는 가죽 부대의 공기구멍을 가끔씩 열어주지 않는다면, 포도주 부대는 빈번하게 터지지 않겠는가? 우리도 오래된 가죽 부대와 같다…[2]

---

1) Natalie Zemon Davis, *Society and Culture in Early Modern France*(Stanford University Press, 1975).

또한, 그 당시에도 그리고 그 이후에는 더욱 많이, 사람들은 이러한 축제를 로마의 농신제와 관련시켰다. 둘 사이의 역사적 연관을 추적할 만한 타당한 근거는 없는 것으로 보인다. 그러나 유사한 어떤 것이 겉모습만 바뀌었으리라는 가설은, 원칙적으로 완벽하게 받아들여질 수 있다. 이와 같이 둘을 병렬시키는 것은 로마의 농신제 및 다른 유사한 축제 (예컨대, 고대 메소포타미아의 축제나 아즈텍인의 세계의 부활 축제)에 대한 이론에 근거한다. 어떤 근본적 직관이 이 모든 축제 아래 놓여 있다는 것이다. 즉, 질서가 원시적 혼돈을 구속하며, 그 원시적 혼돈은 질서의 적이기도 하면서 동시에 질서를 포함한 모든 에너지의 원천이라는 것이다. 구속은 그 에너지를 포섭해야 하는데, 창설하는 최고의 순간에 그와 같이 한다. 그러나 수년간의 일상적인 시간들은 그 힘을 짓밟고 고갈시켜버린다. 그래서 질서 그 자체는 오직, 혼돈의 힘이 다시 처음처럼 해방되고, 질서의 새로운 기초를 세우게 되는 일정한 시간 동안의 회복 과정을 통하여 유지될 수 있다. 이는, 마치 이 질서가 새롭게 강화되기 위해서 원초적인 혼돈의 에너지 속에 잠기지 않는다면, 혼돈에 대항하여 질서를 유지하려는 노력이 결국에는 약화되고 소진될 수밖에 없는 것과 같다. 혹은 그와 같은 어떠한 것이다. 이를 완전히 분명하게 이해하는 것은 어려운 일이다.

바흐친(M. M. Bakhtin)도 축제에 대한 설명을 제시하고 있다. 그는 웃음에 담겨 있는 유토피아적인 경향에 대해 언급하고 있다. 바흐친에 따르면, 카니발에서는 모든 경계를 무너뜨리는 것으로서의 웃음과, 우리를 모든 사람과 사물에게 연결시켜주는 신체가 찬양된다. 일종의 물질적 풍요로움의 이상이 구현되어 있다.[3]

빅터 터너(Victor Turner)는 또 다른 이론을 제시한다. 터너의 이론에 따르면, 우리가 조롱하는 질서는 중요한 것이긴 하지만, 궁극적인 것은 아니다. 궁극적인 것은 그 질서가 기여하는 공동체다. 그리고 이 공동체

---

2) Peter Burke, *Popular Culture in Early Modern Europe*(New York, 1978), p.202에서 인용.

3) M. M. Bakhtin, *Rabelais and His World*(Indiana University Press, 1984).

는 근본적으로 평등한 것이다. 모든 사람이 평등하다. 그러나 우리는 질서 없이는 지낼 수 없다. 그래서 우리는, 근본적으로 그리고 궁극적으로는 동등한 사람들로 이루어지고 그 질서의 기반이 되는 공동체의 이름으로, 그 질서를 잠시 보류시킴으로써, 주기적으로 질서를 갱신하고, 새로이 정화시키며, 그 본래의 의미로 되돌아가게 한다.4)

나는 축제에 대한 모든 설명을 살펴보았다. 왜냐하면 각 이론의 장점이 무엇이든 간에, 그것들은 축제가 일어났던 세계의 중요한 특징을 지적하기 때문이다. 그 특징은, 동시에 존재할 수 없는 정반대의 것들이 서로를 필요로 한다는 상보성에 대한 인식을 포함하고 있다. 물론, 우리모두는 어느 정도씩 이렇게 산다. 즉, 우리는 x시간 동안 일하고, y시간 동안 쉬며, z시간 동안 잠을 잔다. 그러나 현대인이 의아하게 여기는 것은, 카니발의 배후에 있는 상보성이 도덕적이며 영적인 단계로 존재한다는 것이다. 우리는 단지 동시에 텔레비전을 보기도 하고 잠을 자기도하는 것과 같은 사실상의 양립 불가능성을 고려하는 것이 아니다. 우리가 다루는 것은 요구되는 것과 비난받는 것, 합법과 불법, 질서와 혼돈등이다. 위의 모든 설명은 공통적으로, 질서가 혼돈을 필요로 하고, 모순된 원칙들이 통용되는 세계 — 또한 아마도 그 세계의 근저에 있는 우주를 가정하고 있다.

이 주제에 대한 빅터 터너의 논의는 특히 흥미롭다. 왜냐하면, 그는 카니발의 이와 같은 현상을 더 넓은 관점에서 파악하려 하기 때문이다. 카니발은 근대 이전 사회의 모든 영역에서 세계의 모든 부분에 대하여 나타난 특정한 관계를 보여준다. 그 특정한 관계는 '모든 구조가 반구조 (anti-structure)를 필요로 한다'는 것으로 나타낼 수 있다. 터너는 머턴 (Merton)의 구절, 즉 "기존 사회에서 명확하게 인식되고, 규칙적으로 작용하는 '역할-집합, 지위-집합, 지위-서열의 패턴화된 배열' "5)을 빌려와

---

4) Victor Turner, *The Ritual Process: Structure and Anti-Structure*(Cornell University Press, 1969); *Dramas, Fields, and Metaphors*(Cornell University Press, 1978).

5) Victor Turner, *Dramas, Fields, and Metaphors*, p.237.

자신이 의미하는 '구조(structure)'를 설명한다. 우리는 이것을 다시 표현하여, 상이한 역할과 지위, 권리, 의무, 권력, 약점 등을 규정하는 사회의 행위 규범이라고 말할 수도 있다.

터너 설명의 핵심은, 이러한 사회적 규범이 전적으로 진지하게 수용되고, 대부분 가혹하게 강요되는 사회에서조차 그 규범이 일시적으로 중단되고, 무효가 되며, 위반되는 시간 혹은 상황이 존재한다는 것이다. 명백히, 카니발과 무질서의 축제는 중세 유럽에 그와 같은 시간을 가져왔다. 그러나 사실 이와 같은 '뒤바꿈의 의식'은 매우 광범위하게 퍼져있다. 예를 들어, 아프리카 여러 사회의 왕위 즉위 의식에서, 그 후보는 장차 그의 신민이 될 사람들에 의해 욕을 먹고, 괴롭힘을 당하며, 심지어 발로 채이고, 밀쳐지는 혹독한 시련을 통과해야 한다.6)

이와 같은 종류의 뒤바꿈은, 지배적인 법적, 정치적 규범에 의하면 지위가 낮고 약한 사람들이 보완적 영역에서는 또 다른 종류의 힘을 발휘하는 종류의 관계와 유사하다. 터너는, 토착민을 군사력으로 정복한 침입자들에 의해 형성된 아프리카 여러 사회를 예로 든다. "침입자들은 왕위, 지방 지사나 수령과 같은 정치적 고위직을 장악한다. 반면, 토착민들은 종종 그 지도자들을 통하여 그 땅이나 그 땅의 모든 풍요에 대하여 신비한 힘을 갖는 것으로 여겨진다. 이 토착민들은, 강자의 법적-정치적 힘에 대항하는 약자의 힘, 즉 종교적 힘을 지니며, 권력상의 위계질서와 내적인 분할을 수반하는 정치적 시스템에 대항하여 분할되지 않은 나라 그 자체를 대표한다."7)

이러한 상황은, 여성의 경우와 같이 힘없고 지위가 낮은 다양한 부류의 사람들이 고유한 영역에서 특정한 권한을 행사하거나 혹은 중세 사회의 가난한 사람 — 이들의 근대 초기 사회에서의 뒤바뀐 운명은 아래에서 논의하겠다 — 이나 광인의 경우처럼 궁핍자, 약자, 이방인이 일종

---

6) Victor Turner, *The Ritual Process: Structure and Anti-Structure*, pp.101, 171; 또한 "The Apo Ceremony of the Ashanti", pp.178-181 참조.

7) Victor Turner, *Dramas, Fields, and Metaphors*, p.234.

의 카리스마를 갖는 모든 사회에 대한 유비다.

터너는 더 나아가 아놀드 반 게넵(Arnold van Gennep)이 연구한 '통과의례'를 지닌 사회에 이르기까지 그 유비를 확장한다.8) 유비의 접합 지점은, 성인이 되기 위해 거치는 젊은 남자의 할례 의식처럼, 그 구성원이 다음 단계로 나아가기 위해 통과하는 이와 같은 의식을 통해 신참자는 처음 역할을 벗어버리고 일종의 변방으로 들어가는데, 그곳에서 그들이 지니고 있던 지위의 모든 흔적들이 제거된다는 것이다. 그들이 처음에 가지고 있던 정체성이 말소되고 새로운 정체성을 획득하기 전에, 시험과 시련을 겪으며 일종의 '문턱' 기간을 통과하게 된다. 문턱 이미지는 이러한 상태를 묘사하기 위해 '리미널리티(liminality)'라는 신조어를 만들어낸 반 게넵의 개념이다. 터너는 리미널리티를 일종의 '반구조(anti-structure)'로 받아들인다. 왜냐하면 그것은 권리, 의무, 지위 기준을 포함하는 일상적 규범의 표지들을 일시적으로 제거하는 상태이기 때문이다.

이 모든 상황에는 공통적으로 구조와 반구조, 규범과 반규범(anti-code)이 존재하며, 이것은 일시적으로 중지되고 위반되는 규범의 형태를 취하거나, 위에서 언급한 정복자와 토착민 사이의 관계처럼, 규범 그 자체가 지배적인 권력의 근원에 대한 반대 원칙을 허용한다. 다시 말해서 그것은 약자의 상보적 힘에 대한 여지를 남겨둔다. 그것은 마치 권력 구조를 그것과 반대되는 것으로 보완할 절실한 필요가 있는 것과 같다. 그렇지 않고 다른 무엇이겠는가?

직관적으로 볼 때 이러한 질문에 대해 답하기는 어렵다. 이에 대하여 나는 위에서 카니발과 관련하여 몇 가지 가능성을 조금 언급했다. 물론 그중 하나는 규칙이 주는 압박이 때때로 늦춰질 필요가 있다는 생각이다. 다시 말해 우리는 열기를 뺄 필요가 있다는 것이다. 그러나 다음과 같이 이보다 더 생각을 진척시킬 수 있을 것도 같다. 즉, 가혹하게 적용된 규범은 우리에게서 모든 에너지를 빼앗아가며, 그 규범은 반대 원칙의 야성적 힘을 되찾을 필요가 있다는 것이다. 터너는, 음란한 행위를

---

8) Arnold van Gennep, *Rites of Passage*(London: Routledge, 1960).

부추기는 의례에 대한 에반스-프리차드(Evans-Pritchard)의 글을 논평하면서, 다음과 같이 말한다.

성별 간의 적개심과 성욕에 대한 공공연한 상징의 사용에서 표출되는 원시적 에너지는, 구조적 질서 및 다른 질서들이 의존하는 덕과 가치를 대표하는 중심 상징으로 방향이 전환된다. 모든 적대성은 회복된 통일체 속에서 극복되거나 초월된다. 또한 그 통일체는 그것을 위태롭게 하는 바로 그 힘에 의해 새롭게 강화된다. 의례의 이러한 측면은, 인간의 포유동물적 본질 속에 내재하는 바로 그 무질서의 힘을 사회 질서에 이바지하게 하는 수단이다.9)

이와 같은 설명은 여전히 '기능주의적'인 것으로 보인다. 즉, 행위의 목적이 여전히 사회의 보전인 것으로 보인다. 그러나 터너는 이런 설명을 '연대감(communitas)'의 맥락 속에 적용함으로써, 우리에게 기능주의적 설명 이상의 설명을 제시한다. '연대감'에 대한 인식은, 다양하게 규범화된 역할들을 통해 우리가 서로에게 관련되는 방식을 넘어서, 우리는 다양한 측면을 지녔지만 함께 결합되고 근본적으로 평등한 인간 존재로 이루어진 공동체라는, 우리 모두가 공유하는 직관이다. 약자의 권력에 합법성을 부여하고, 뒤바꿈과 위반의 순간에 돌발적으로 형성되는 것은 이와 같은 근원적 공동체다.

그런데 사실상 터너의 이런 설명도 '기능주의적' 측면을 지닌다. 왕으로 당선된 자에게 악담과 욕설을 퍼부을 때, 우리는 그와 우리 자신에게 통치자의 권리와 특권은 전체의 행복이라는 더 큰 목적을 지닌다는 점을 상기시키는 것이다. 그러나 터너에 따르면, '연대감'으로 끌어당기는 것이 우리 사회의 한계를 넘어서게 할 수도 있다. 그리고 그것은 우리가 모두 동등한 인간 존재라는 인식을 통해 촉진될 수 있다. 반구조로 나아가는 것은 사회 저편으로부터, 심지어는 인간성 저편으로부터 나올 수도 있다. 이런 관점으로부터, 우리가 중세 기독교 국가나 수많은 다른

---

9) Victor Turner, *The Ritual Process: Structure and Anti-Structure*, p.93.

문명에서 발견되는 긴장을, 구조와 반구조의 또 다른 예로서, 일상적으로 번영하는 직업과 더욱 고상한 금욕적 직업 사이의 긴장으로 이해하는 것은 정당하다. 권력, 재산, 군사 영역의 구조들은, 삶을 통해 도전받는다. 그리고 삶은 더욱 고상하기를 요구하지만, 기존의 질서를 대체할 수는 없다. 따라서 그것들은 공존하지 않을 수 없고 일종의 상보성이 형성된다.

이러한 설명을 통해서 우리는 구조와 반구조의 작용이 하나 이상의 단계에서 발생한다는 것을 알 수 있다. 왜냐하면, 카니발의 반구조에 대해 구조적인 축을 형성하는 것은 국가와 교회의 이와 같은 전체적 상보성이기 때문이다.

따라서 연대감으로 끌어당긴다는 개념은 잠재적으로 다면적이다. 그것은 전면에 우리의 공동체뿐 아니라 인류 공동체를 제시한다. 그리고 연대감은 규범화된 역할로부터 우리를 단절시킬 때, 동료 의식을 불러일으키는 것 외에도 수많은 역할을 감당한다. 연대감은 또한 우리의 자발성과 창조성을 창출한다. 그것은 상상 작용에 대한 자유로운 지배를 허용한다.

이런 관점에서 본다면 반구조의 힘은, 모든 규범이 우리를 제한시키며 중요한 어떤 것으로부터 제외시키고 사태의 중요한 순간을 보고 느끼지 못하게 한다는 사실을 인식하는 점에서 생겨난다. 마치 사회의 가장 심오한 지식들이, 일상적인 규범화된 역할에서 벗어나 예민하게 수용하는 사람들이 아니라면 학습될 수 없는 것같이, 몇몇 통과의례들에는 연장자가 그러한 지식을 젊은이에게 가르치는 구획적인 상태의 이점이 담겨 있다는 점을 우리는 기억한다. 여기에서 우리는 '후퇴'의 배후에 있는 종교적이고 세속적인 원칙을 인정하게 된다.

따라서 여기에서 나타나는 일반적인 현상은 반구조의 필연성을 우리가 인식한다는 점이다. 모든 규범은 대항하고 부정될 필요가 있으며 쇠약, 사회적 결속의 위축, 무분별, 아마도 궁극적으로는 자기 파괴의 늪에 확실하게 빠질 필요가 있다. 세속적인 것과 종교적인 것 사이의 긴장과, 카니발과 여타의 뒤바꿈 의례의 존재는 이러한 인식이 라틴 기독교

국가에서 매우 생생한 것이었다는 점을 보여준다. 그렇다면 오늘날은 어떠한가?

위에서 제기한 후퇴에 대한 언급에서 보이듯이, 그것이 완전히 사라진 것은 아니다. 우리는 일상생활에서 그것에 대해 인식한다. 우리는 여전히 휴일이면 우리의 일상적 역할에서 벗어나 '도시 생활의 번잡에서 벗어날' 필요를 느끼며, 모든 것을 중단하고 '배터리를 충전할' 필요를 느낀다. 물론 공휴일이나 축구 경기처럼 카니발과 같은 유형의 순간들이 있다. 이전의 카니발이 그랬던 것처럼 이것들은 폭력의 한계선 주위에서 맴돌기도 하며 때때로는 폭력의 한계선도 넘어선다. 연대감은, 다이애나 왕세자비를 애도하는 군중의 경우처럼, 특별한 위험이나 죽음의 순간에 갑자기 발생한다.

과거와 오늘날의 차이점은, 반구조에 대한 필요가 더 이상 사회 전체의 수준에서, 그리고 사회의 공식적인 정치적-법적 구조와 관련되어 인식되지는 않는다는 점이다. 반구조는 어떻게 존재할 수 있었나 하는 질문이 제기될 수 있다. 위에서 언급한 모든 경우에, 반구조의 필요성은 영적인 맥락에서 사용하는 용어로 이해되었다. 즉, 인간의 규범은 더욱 큰 영적 질서 속에 존재하며, 반구조는 그 사회의 질서가 유지되기 위해서 혹은 영적 질서의 힘을 끌어들이기 위해서 필요한 것이다. 이런 관점에서 보면, 이러한 필요성을 상실하는 것은 공적인 영역의 '세속화'다.

그러나 단순한 결과로 보이는 것이 원인의 역할을 감당하기도 한다. 즉, 공적 영역의 세속화에 선행하여 그것을 초래한 것은, 필연적 상보성 혹은 반구조의 필요에 대한 인식의 상실일 수도 있다. 규범은 그것과 상충되는 원칙에 대해 어떠한 여지도 남겨놓을 필요가 없다는 생각, 규범의 시행에 어떠한 제한도 가할 필요가 없다는 생각 — 이것은 전체주의다 — 은, 근대가 반구조를 상실함으로써 발생한 결과 가운데 하나다. 이것은 물론 사실이다. 그러나 또한 어떠한 제한도 허용하지 않는 규범을 시행하고자 하는 유혹이 선행한 것도 사실이다. 그리고 이러한 유혹에 따름으로써 근대의 세속화가 초래된 것이다.

나는 곧 이 주제로 돌아올 것이지만, 지금 당장은 과거와 현재 사이의 대비를 설명하는 작업을 마무리 짓고 싶다.

물론, 반구조의 상실이 초래한 결과 중 하나는 완전한 규범은 제한될 필요가 없으며, 그것은 제한 없이 실행될 수 있고 실행되어야 한다고 믿는 경향이었다. 그런데 이러한 경향은 우리 시대의 다양한 전체주의적 운동과 정치 체제 뒤에서 그것을 움직이게 하는 사상 가운데 하나였다. 사회는 완전히 변화되어야 했고, 행위에 대한 어떠한 전통적 속박이 이러한 기획을 방해하도록 허용하지도 않았다. 이보다는 덜 극적인 방식으로, 그러한 사상은 좁은 시야를 조장하여, 정치적 옳음에 대한 다양한 '언어 규범'이 특정 대학에 적용되게 하고, "더 이상 참을 수 없음"과 같은 슬로건에 긍정적인 고리를 부여해준다.

아마도 프랑스 혁명기는, 반구조가 상실되는 것과 하나의 규범을 도덕적 한계 없이 적용하는 기획이 동시에 발생한 경우다. 이것은 새로운 사회를 표현하고 그 기반을 다지기 위한 축제를 구상했던 다양한 혁명 정부의 시도에서 분명하게 나타난다. 혁명 정부의 이러한 시도들은 카니발, 순례 여행, 성체축일 등과 같은 과거의 축제들에서 이끌어냈다. 그러나 어떤 의미에서 보면 그 기획의 본질은 전도된 것이었다.

왜냐하면, 반구조의 중요한 특성이 완전히 상실되었기 때문이다. 사실상 혁명 정부의 행사가 갖는 목적은 현재의 지배적인 규범의 틈을 벌리는 것이 아니라 오히려 그 정신을 표현하고, 그것과의 동일화를 고취시키는 것이었다. 프랑스 혁명력 2년(Year II)의 비(非)기독교화에서처럼, 카니발의 반구조적 요소가 가끔씩 차용되기도 했지만, 그와 같은 파괴적인 풍자는 일반적으로 고대 종교나 통치 체제에 대한 것이었다. 그것이 목적한 것은 통치 규범의 적들을 완전히 파괴하는 것이었지, 규범 그 자체를 중지시키는 것은 아니었다.10)

공식적인 실체에 대한 축전에 어울리게, 이러한 축제는 일반적으로 잘 정돈되어 있었다. 그것은 사회적 유대 그 자체나 '자연'을 찬양하도

---

10) Mona Ozouf, *La fête révolutionnaire, 1789-1799*(Paris: Gallimard, 1976), pp.102-108. 또한 Michel Vovelle, *La mentalité révolutionnaire*(Paris: Edition sociales, 1985)도 보라.

록 의도되었으며, 엄격하게 평등주의적이고 상호 호혜적인 것이었다. 그것은 관객과 배우 사이의 구별이 없어져야 한다는 루소(J.-J. Rousseau)식의 요구를 충족시키고자 했다. 이러한 축제에 대한 다음과 같은 기록이 그 사실을 잘 보여준다. "5월 15일의 자유의 축제는 어쨌든 국가적이었다. 그때는 민중과 모든 계급이 동시에 배우이자 관객이 된다."11) 축제는 분명히 인간 중심적이었다. "유일한 참된 종교는 인간을 고귀하게 하는 것이다."12)

그러나 그것은 의심할 나위 없이 극도로 지루했으며, 그것을 포함하도록 고안된 새로운 달력과 함께, 그것을 후원했던 정권의 쇠락과 함께 사라졌다. 그것은 금세기 공산당 정권의 자축연에서 유사하게 시도된 것의 전조였으며, 이것도 그와 유사하게 사라졌다. 그리고 그것은 1793년 비(非)기독교화된 카니발의 양상으로 이루어진 관행에서 볼 수 있는 것처럼, 우리 시대에는 전통적인 반구조에 발생한 것이 무엇인지를 알게 한다. 그것은 유토피아 혹은 완전히 조화로운 새로운 통치 체제에 대한 지침을 제공할 수 있다. 나는 다음에 이 주제로 돌아올 것이다.

---

11) Mona Ozouf, *La fête révolutionnaire, 1789-1799*, p.88. 루소는 *Lettre à d'Alembert*에서 원칙을 아주 분명하게 밝히고 있다. 여기에서 그는 근대의 연극과 실재하는 공화국의 공식적인 페스티벌을 대조시킨다. 후자와 같은 것들은 야외에서 열린다. 그는 관객과 수행자의 정체성이 그러한 덕스러운 집회의 열쇠라는 점을 분명히 한다.
"그러나 어떤 것들이 그러한 광경의 대상이 될 수 있을까?
거기에서 무엇을 보여줄 수 있을까?
누군가 원한다 할지라도 아무것도 보여줄 수 없을 것이다.
자유와 함께, 풍요로움이 넘치는 곳은 어디나 행복이 또한 넘친다.
꽃으로 왕관처럼 장식한 푯말을 광장 한가운데에 꽂으시오.
그리고 그곳에 사람들을 다시 모으시오. 그러면 당신은 기쁨을 얻을 것이오.
더 잘해보시오: 그 (축제의) 광경에 구경꾼을 늘어놓으시오.
그들 자신이 배우가 되게 하시오.
모든 사람이 그 속에서(즉, 축제 속에서) 결합되도록,
각자가 다른 사람들 속에서 스스로를 보고 스스로를 사랑하게 하시오."
J.-J. Rousseau, *Du contrat social*(Paris: Garnier, 1962), pp.224-225 참조.

12) Pierre Jean George Cabanis. Mona Ozouf, *La fête révolutionnaire, 1789-1799*, pp.336-337에서 인용.

그러나 도덕적 한계가 없는 구조를 세우는 것은, 반구조를 잊어버린 세대가 느끼는 유혹이다. 그것은 피할 수 있으며, 대체적으로 피해왔다. 권력 분립처럼, 반대의 원리는 우리의 현 정치 규범 속에 수용될 수 있다. 이것은 대개 제한의 원리, 즉 국민의 소극적 자유라는 이름으로 이루어졌다. 물론, 롤즈(J. Rawls)와 드워킨(R. Dworkin)이 말하는 현대의 '자유주의'에서 볼 수 있는 바와 같이, 어떻게 자유로우면서 자기 제한적인 정권이 하나의 원리에 따라 움직일 수 있는지를 밝히기 위한 지적인 작업이 여전히 시도된다. 이것은 근대성이 유일하고 전권적인 규범이라는 신화를 얼마나 철저하게 받아들였는지 보여준다.13) 그러나 콩스탕(Benjamin Constant), 토크빌(Alexis de Tocqueville), 그리고 20세기의 벌린(Isaiah Berlin)은 우리가 하나 이상의 원리에 충성해야 한다는 점과, 본질적으로 우리에게 고착되어 있는 원리들이 빈번하게 갈등을 일으킨다는 사실을 인식한 학자들이다.

이론과 실재 양면에서, 이와 같은 종류의 다원주의적인 자유주의 정권들이 발전된 곳에서는, 반구조를 상실한 결과가 훨씬 완화되었다. 이러한 사회에서는 반구조가 새로운 영역, 즉 사적인 영역에 주어진다고 말할 수도 있다. 이러한 사회에서는, 공적/사적 구별과 소극적 자유의 광범위한 영역이 이전 시대의 뒤바꿈의 축제에 상당하는 영역이다. 여기, 우리 자신에서, 친구와 가족 중에서 혹은 자발적인 단체에서 우리는 우리의 규범화된 역할을 제거하고 벗어던질 수 있으며, 우리의 전 존재로서 생각하고 느낄 수 있고, 공동체의 여러 가지 강렬한 형태를 발견할 수 있다. 이러한 영역이 없다면, 근대사회에서의 삶은 사는 보람이 없는 것이 될 것이다.

이와 같은 비공식적인 영역은 그 자신만의 공적 영역, 즉 미술, 음악, 문학, 사상, 종교 생활과 같은 영역을 발전시켰는데, 이곳에서 상상력이 길러지고 관념과 이미지가 순환한다. 만약 이러한 영역이 없다면 개인의 규범화된 역할의 제거는 철저하게 무기력해질 것이다. 이와 같은 근대의 반구조적 영역이, 자유로운 창조, 그리고 지금까지 경험되지 않은

---

13) 나는 "Iris Murdoch and Moral Philosophy"에서 이것을 좀 더 길게 논의했다.

고독과 의미의 상실을 향한 전례 없는 가능성을 열어놓는다. 두 가지 가능성 모두 그 영역이 '사적'인 것이라는 사실에서 기인하며, 그것의 공적인 영역은 순전히 자발적인 참여자에 의해서 유지된다.14)

근대의 문제는 이 점에서 과거의 어떤 것과도 구조적으로 다른 것이다. 그리고 이것은 전통적인 구조와 반구조의 역할 중 어떤 것도 더 이상 우리에게 소용없다는 것을 의미한다. 뒤바꿈의 의식에서 혹은 내가 일찍이 언급했던 아프리카 사회의 음란한 의식에서, 우리는 단지 흉내 내어 조롱함에서 허용된 상반되는 원칙들을 개진하는 것이 아니다. 우리의 목적은 종종 그런 반대 원칙들에 일종의 시너지(동반 상승) 효과를 가져오는 것, 즉 덜 폐쇄적인 구조가 되게 하고, 동시에 구조를 새롭게 하기 위해 그것에 반구조의 에너지를 끌어오게 하는 것이다.

이것은 근대 세대인 우리의 능력을 넘어서는 것이다. 혹은 적어도 의식(ritual)을 통해서는 아니다. 때로 공통의 슬픔 혹은 어떤 공통의 위협이, 한 사회의 상반되는 힘들을 불러 모아 그들의 공동성을 인식하게 한다. 그러나 이것은 외부의 위험이 우리를 결합하는 데 필요한 것이라는 사실이, 우리 시대에서 지속되는 국가주의의 위력을 어느 정도 설명해준다는 것과는 아주 다른 것이다.

따라서 반구조가 옮겨간 곳 중의 하나가 사적 영역이고, 공적 영역은 그것으로부터 유지된다. 그러나 그것이 다가 아니다. 반구조에 대한 요청은 고도로 상호 의존적이고, 기술공학적이며, 극도로 관료적인 우리의 세계에서 여전히 강하다. 어떤 점에서는 그 어느 때보다 더 강력하다. 중앙집권적 지배, 규격화, 도구적 이성의 폭정, 순응주의의 힘, 자연에 대한 약탈, 상상력의 안락사 등에 대한 저항의 흐름이, 마지막 두 세기에 걸친 이 사회의 발전에 수반하여 일어났다. 그러한 저항은 근래 1960년대와 1970년대에 절정에 이르렀다. 그리고 이것이 마지막이 아니라는 것을 우리는 확신할 수 있다.

---

14) 우리 시대의 리미널리티(liminality)와 예술에 대한 터너의 논의를 보라. Victor Turner, *Dramas, Fields, and Metaphors*, pp.254-257; *The Ritual Process: Structure and Anti-Structure*, pp.128-129.

당시에는 카니발의 많은 양상들이 다시 나타나고 개정되었다. 1968년 5월의 파리를 생각해보라. 구조에 대한 탄핵, 그들이 방면시켰다고 생각한 연대감의 에너지를 생각해보라. '68세대'가 원한 것은 사적 영역의 반구조를 없애고 그것을 공적 영역의 중심이 되도록 만드는 것이었으며, 정확히는 그 두 영역 사이의 구분을 없애는 것이었다.

그러나 이것 또한 옛날의 반구조와는 결정적으로 다르다. 여기에서 규범을 부정하는 것은, 유토피아의 근원으로서, 내가 위에서 언급한 것처럼 현 사회를 대체하고자 하는 새로운 프로젝트로서 야기된다. 쾌활한 혁명가들이 혁명 속으로 카니발을 아무리 가깝게 끌어오고자 해도, 카니발과 혁명은 결코 동시에 발생할 수 없다. 혁명이 목적하는 것은 현 질서를 대체시키는 것이다. 혁명은 이전의 반구조를 채굴하여 자유, 공동체, 급진적인 형제애에 대한 새로운 규범을 만들어내고자 한다. 혁명은 새롭고 완전한 규범의 발생지이며, 그 규범은 어떠한 도덕적 한계도 필요로 하지 않고, 따라서 어떠한 반구조도 포함하지 않는다. 그리하여 (불행히도 1968년에는 성취되지 않았지만) 성취된다 해도 그 꿈은 악몽으로 바뀌게 된다.

이 점에서 우리는 규범과 부정에 대한 옛날의 놀이가 가지는 지혜를 깨닫게 된다. 우리는 그것을 거의 잊어버릴 위험에 처해 있다. 모든 구조는 일시적으로 중지되지는 않더라도 제한될 필요가 있다. 그러나 우리는 구조 없이는 살 수 없다. 우리는 이런 반대되는 것들의 긴장을 넘어서, 그 자체만으로 다스릴 수 있는 순수한 반구조 혹은 순수한 비규범 (non-code)으로 영원히 건너뛰었다는 착각에 빠지는 일 없이, 더 좋은 사회를 찾으면서 규범과 그것의 제한 사이에서 앞뒤로 왔다 갔다 할 필요가 있다.15)

그러나 이러한 꿈은, 우리 세대에서, '국가 사멸'을 꿈꾸며 '과학적 사회주의'를 주창한 사람들처럼 경직된 두뇌를 가진 사람들에 의해 놀라울 정도로 자주 다시금 떠오른다. 왜냐하면 초기에 그 구조가 지녔던 사

---

15) 빅터 터너가 *Dramas, Fields, and Metaphors* 에서 이 점을 효과적으로 입증한다. pp.268-270.

회적 배출구로서의 역할을 상실하면서, 구조 자체나 구조의 경직성과 부정의, 인간적 열망과 고통에 대한 구조의 무감각이 산출하는 괴로움이 우리를 다시금 이러한 꿈으로 이끌어가기 때문이다. 우리는 아마도 그 꿈의 마지막을 아직 보지 못한 것 같다.

II.

뒤바꿈과 반구조의 세계에서의 시간 개념이, 벤야민(Walter Benjamin)이 근대성의 중심 개념으로 삼은 "동질적이고 비어 있는 시간"일 수 없다는 것은 분명하다.16) 예를 들어 카니발의 시간은 카이로스적이다. 즉, 시간의 흐름은 카이로스적인 매듭, 즉 그 본성과 위치가 뒤바꿈을 요구하는 순간들과 만나고, 다시 새로운 헌신을 요구하는 순간들이 그러한 순간들을 뒤따르고, 또다시 파루시아(Parousia), 즉 참회 화요일, 사순절, 부활절에 근접한 순간들이 이를 뒤따른다.

이제 우리가 말할 우리 시대의 이야기 속에는 카이로스적인 순간들이 존재한다. 혁명 그 자체는 그 후계자들과 지지자들에 의해 카이로스적인 순간으로 이해된다. 또한 국가주의적인 역사 편찬도 그런 순간들로 가득하다. 그러나 변화하는 것은 이러한 순간들로 함께 둘러싸이는 때다. 근대 이전 시대에 보통의 시간 동안 조직화되는 분야는, 내가 '고차원적 시간'으로 부르고자 하는 시간으로부터 산출되는 것이다.

여기에서 소개할 가장 분명한 용어는 '영원성'이다. 그리고 그것은 철학적으로 신학적으로 고차원적 시간을 위하여 성별(聖別)된 용어이기 때문에 잘못된 것이 아니다. 그러나 나는 그보다 더 일반적인 용어를 필요로 한다. 왜냐하면, (a) 영원성의 종류가 한 가지 이상이고, (b) 이것들이 고차원적 시간을 규명해내지 못하기 때문이다.

고차원적 시간들은 어떠한 역할을 감당했는가? 고차원적 시간들은 신성한 것과 무관한 평범한 시간들을 모으고 소집하여 다시 질서를 부여하고 강조하였다고 말할 수 있다. 이 후자의 시간을 나는 '세속적 시

---

16) Walter Benjamin, *Illuminations*(New York: Schoken Books, 1986).

간'이라고 부르겠다.

우리 모두 알고 있듯이 '세속적'이라는 개념은 새쿨룸(saeculum), 즉 한 세기 혹은 한 세대라는 개념에서 유래했다. 그런데 이러한 개념이 수도원에 속하지 않는 성직자와 수도원에 속하는 성직자처럼 혹은 새쿨룸 속에 있는 것과 종교 생활 속(즉, 어떤 수도원적 질서 속)에 있는 것처럼 반대 항을 갖는 용어로 사용되기 시작할 때, 원래의 의미는 매우 특정한 방식으로 나타난다. 새쿨룸 속에 있는 사람들은 일상적 시간 속에 깊이 파묻혀 있으며, 영원성에 더 가깝게 살기 위하여 이로부터 벗어난 사람들과 반대로, 그들은 일상적 시간의 삶을 살아간다. 그래서 이 개념은 고차원적 시간과 상반되는 일상적인 것으로서 사용된다. 현세적/종교적도 이와 유사한 구별이다. 하나는 일상적 시간 속의 사태와 관련되고, 다른 하나는 영원한 것들과 관련된다.

따라서 전근대적인 시간 의식을 논의할 때 세속적이라는 개념을 사용하지 않기는 어렵다. 사태를 철저하게 다루기 위한 가장 좋은 방법은 세속적이라는 개념을 사용하는 것이다.

'세속적' 시간은 우리에게 일상적인 시간이며, 사실, 우리에게 그것은 단지 시간 혹은 기간이다. 하나의 사건은 다른 사건 뒤에 나타난다. 어떤 것이 지나갔다면 그것은 과거다. 시간의 배열은 일관되게 이행하는 것이다. 만약 A가 B 앞에 있고 B가 C 앞에 있다면 A는 C 앞에 있다. 우리가 이 관계를 양화시킨다 해도 마찬가지다. 만약 A가 B에 앞서 오랫동안 존재한 것이고, B가 C에 앞서 오랫동안 존재한 것이라면, A는 C에 앞서 매우 오랫동안 존재한 것이다.

고차원적 시간은 세속적 시간을 모으고 이에 다시 질서를 부여한다. 고차원적 시간은 세속적인 시간의 질서에, 세속적인 시간과는 일관되지 않게 보이는 것과 '휨(warps)'을 끌어들인다. 따라서 세속적인 시간에서는 서로 분리되어 있었던 사건들이 아주 가깝게 연결될 수도 있다. 베네딕트 앤더슨(Benedict Anderson)은 내가 지금 여기에서 기술하고 있는 것과 동일한 주제에 관해 통찰력 있는 논의를 전개할 때,17) 아우어바흐

---

17) Benedict Anderson, *Imagined Communities*(London: Verso, 1983), pp.28-31.

(Auerbach)가 예상하기와 이행하기(prefiguring-fulfilling) 관계에 대해 언급한 것을 인용한다. 그 관계에서 보면, 이삭의 희생과 예수의 십자가에 못 박힘처럼, 구약의 사건들은 신약의 사건들을 예표하고 있다고 생각된다. 이 두 사건들은, 신성한 계획에서 직접적으로 접촉하는 부분을 통하여 연결된다. 비록 그 사건들이 수세기 떨어져 있다 해도, 그것들은 영원 속에서 동일한 것으로 간주된다. 즉, 신의 시간에서는 이삭의 희생과 십자가에 못 박힘이 일종의 동시적인 사건이다.

이러한 관점에서 보면, 마찬가지로 1998년의 수난일이 1997년의 세례요한 축일보다 예수가 십자가에 못 박힌 그날에 얼마간 더 가깝다. 일단 사건들이 한 가지 이상의 시간의 종류와 관련된 것으로 설정되면, 시간을 배열하기와 관련된 이슈는 완전히 변형된다.

왜 고차원적 시간은 더 높은가? 유럽이 플라톤과 그리스 철학으로부터 상속받은 영원성에 대해서는 답변하기 쉽다. 진실로 참되고 온전한 존재는 시간 밖에 존재하며 불변하는 것이다. 시간은 영원의 움직이는 모상(模像)이다. 시간은 불완전하며 혹은 불완전한 경향이 있다.

아리스토텔레스에게 영원성은 이 세상의 것에 해당된다. 여기에서는 어떤 것도 그 본성에 완전히 따른 것으로 생각될 수 없다. 그러나 흠 없이 영원을 반영하는 어떤 과정이 있다. 시작도 끝도 없는 순환적 진행 속에 있는 별들이 그 예다.

이러한 사상의 일반적 경향은 영원한 우주, 즉 변화를 겪지만 그 속에 시작도 끝도 없는 것을 위하여 노력한다는 것이었다. 참된 영원성은 이것을 넘어서는 것이었고 고정되고 불변하는 것이었다.

영원성은 이데아의 왕국이었다. 이데아보다 하위에 이데아를 세상에서 구현한 것이 놓인다. 이것은 일상적인 세속적 시간에서 정말로 중요한 것이다. 그리고 모든 것은 세속적 시간에서 이데아의 형상으로부터 어느 정도 벗어난다.

그리하여 시간 속에서 발생한 것은 초시간 속에서 발생한 것보다 덜 참되다. 제한은 이러한 벗어남에 붙여진다. 왜냐하면, 시간의 진행은 (별들의 순환처럼) 영원에 더 가까운 더 높은 움직임에 의한 위치에서 고려되기 때문이다. 어떤 설명에서 그것은 또한 순환적인 '위대한 세월'에 의한 위치에서, 모든 것이 자신의 원래 상태로 돌아오게 하는 거대한 시간의 순환에 의한 위치에서 관련된다. 이것은 신화학에서 빌려온 일반적인 생각이다. 그리하여 스토아학파는 그와 같은 각각의 순환에 따라서 모든 것은 커다란 화재 속에서 아무런 차이가 없는 원래의 상태로 돌아오는 것으로 본다.

기독교는, 영원성에 대한 이와 같은 관념을 완전히 포기하지 않은 채 그것과 어느 정도 다른 관념을 발전시켰다. 성경은 우주가 신에 의해 창조되었다고 말한다. 성경은 또한 신이 인간과 관계 맺는다는 것에 대해서도 이야기한다. 이와 같이 신성하기도 하고 인간적이기도 한 역사 개념은, 시종일관 반복되는 순환이 존재한다는 생각과 양립할 수 없다. 그것은 또한 시간 속에서 일어난 것이 중요한 의미를 지닌다는 것을 뜻한다. 신은 시간 속에서 펼쳐지는 이야기 속으로 들어온다. 성육신과 십자가에 못 박힌 사건은 시간 속에서 발생한 것이다. 따라서 여기에서 일어난 일이 더 이상 완전하게 실재하는 것보다 덜 실재하는 것으로 여겨질 수 없다.

이로부터 또 다른 영원의 개념이 등장한다. 그것이 플라톤과 그 뒤의 플로티노스 식으로 이해되는 한, 우리가 신에게로 가는 길은 우리가 시간으로부터 벗어나는 것에 있다. 그리고 또한 시간 너머에 존재하며 아무런 감정도 없는 신은 역사 속에 참여할 수 없다. 기독교인들이 지닌 생각은 이것과 다른 것이어야 한다. 기독교적인 개념은 천천히 발전되었다. 라틴 기독교에서 그것을 형식화한 것 가운데 가장 잘 알려진 것은 아우구스티누스가 형식화한 것이다. 아우구스티누스로 인해 영원 개념은 축적된 시간 개념으로 새롭게 인식되었다.

자신의 그리스적인 바탕과 달리 객관적인 시간 및 과정과 움직임으로서의 시간을 바라본 아우구스티누스는, 『참회록』 11장에 나오는 그의 유명한 논의에서 지속되는 시간 문제를 다루고 있다. 그가 말하는 순간은 하나의 한계이고 하나의 점처럼 연장이 없는 시간 종지부의 경계인, 아리스토텔레스의 "지금"이 아니다. 오히려 그것은 과거를 현재 속으로 모두 모으는 것이며, 현재는 미래를 투사하는 것이다. 더 이상 '객관적으로' 존재하지 않는 과거는 여기에서 나의 현재 속에 존재한다. 과거는 이 순간을 형성하고 나는 이 순간에 미래로 나아갈 것이며, 미래는 아직 '객관적으로' 존재하지 않지만 투영하는 것으로서 존재한다.18) 어떤 의미에서 아우구스티누스는 하이데거(M. Heidegger)의 세 가지 엑스터시를 미리 보여준 것이라고 생각될 수도 있다.19)

이것은 행위의 구성 요소들 간에 존재하는 일종의 동시성을 만들어낸 것이다. 즉, 나의 행위는 나의 상황을 결합시킨다. 다시 말해, 나의 행위는 나의 과거로부터 나오는 것이면서, 동시에 과거에 대한 반응으로서 내가 투사할 미래와 함께 나타나는 것이다. 그것들은 서로를 이해한다. 그것들은 분리될 수 없다. 그리고 이런 방식으로 특정한 최소한의 일관성이 지금의 행위 속에 존재하며, 최소한의 두께가 존재한다. 또한 행위의 결합을 분해하지 않고서는 더 이상 시간은 그보다 하위로 나눠질 수 없다. 그 행위의 결합은 아우구스티누스의 유명한 예들인 음악과 시에서 우리가 발견할 수 있는 종류의 결합이다.20) 첫 번째 음정과 마지막 음정은 일종의 동시성을 지닌다. 왜냐하면, 모든 음정은 멜로디가 들리기 위해서 다른 음정이 나올 때 함께 들려야 하기 때문이다. 이런 미시 환경에서 시간은 멜로디를 구성하는 음정을 우리에게 지시하기 때문에 중요한 것이다. 그러나 여기에서 그것은 파괴자로서의 시간의 역할을 수행하지 않는다. 파괴자로서의 시간은 내 젊음을 아주 멀리 빼앗아가고, 과거의 시간에 대해서 문을 닫는다.

그리하여 정말로 우리의 흥미를 끄는 대화의 예에서 발견할 수 있듯이, 행위와 향유의 순간들로 이루어진 일종의 확장된 동시성이 존재한다. 당신의 질문과 나의 대답, 당신의 답변은, 비록 멜로디에서처럼 시간 속에서 그것들의 순서가 아주 중요한 것이긴 하지만, 이와 같은 의미

---

18) Jean Guitton, *Le temps et l'éternité chez Plotin et Saint Augustin*(Paris: Boivin, 1933), p.235.

19) Martin Heidegger, *Sein und Zeit*(Tübingen: Niemeyer, 1927).

20) Jean Guitton, *Le temps et l'éternité chez Plotin et Saint Augustin*, ch. 5.

에서 함께 발생하는 것이다.

따라서 아우구스티누스는 신이 시간을 그러한 행위의 순간으로 만들수 있고 실제로 그렇게 한다고 생각한다. 따라서 모든 시간은 그에게 현재하는 것이며, 그는 그것들을 그의 확장된 동시성 속에 소유한다. 이제 그의 시간은 모든 시간을 포함한다. 그것은 '현재 있음'이다.

따라서 영원해지는 것은 신의 순간에 참여하는 것이다. 아우구스티누스는 일상적인 시간을, 통일성을 잃고 분산되고 확장된 것으로 보았으며, 과거로부터 단절되고 미래와 접촉하지 못한 것으로 보았다. 우리는 우리의 작은 시간의 꾸러미 속에서 쇠하여간다. 그러나 우리는 영원에 대한 억누를 수 없는 열망을 가지고 있다. 따라서 우리는 영원으로 넘어가기 위해 노력한다. 불행하게도 이것은 매우 자주 우리의 작은 시간의 꾸러미에 영원한 의미를 부여하고 사물을 신성시함으로써 더 깊이 죄에 빠져드는 형태를 취할 때가 많다.[21]

그러므로 중세 시대는 영원성에 대해 두 가지 모델을 가졌다고 말할수 있다. 그 하나는 우리가 플라톤의 영원성이라고 부르는 것으로, 완전히 부동하고 무감각하며 시간을 벗어남으로써 열망할 수 있는 것이며, 다른 하나는 시간을 소멸시키지 않고 그것을 하나의 순간으로 모으는 신의 영원성이다. 우리는 오직 신의 삶에 참여함으로써 신의 영원성에 접근할 수 있다.

이것에 더하여 우리는 세 번째 종류의 고차원적 시간 개념을 살펴보고자 한다. 우리는 이것을 엘리아데(M. Eliade)를 따라 "기원의 시간"이라고 부를 수 있다.[22] 위의 두 가지 영원성과 달리 이것은 철학자나 신학자에 의해 발전되지 않았다. 이것은 단지 유럽뿐 아니라 거의 모든 곳의 민속적 전통에서 발견할 수 있는 개념이다.

이 개념은 위대한 시간(Great Time), 즉 그 시간(illud tempus), 즉 사물의 질서가 세워진 시간 — 현재의 세계를 창조한 시간이든, 사람들을

---

21) 같은 책, pp.236-237.
22) Mircea Eliade, *The Sacred and the Profane*(New York: Harcourt Brace, 1959).

그것의 법칙과 더불어 만든 시간이든 ― 에 대한 것이다. 이 시간에서의 행위자는 오늘날의 사람들보다 더 커다란 스케일로 존재하며, 아마도 신들이거나 아니면 적어도 영웅들이다. 세속적 시간의 관점에서 보면 이 기원은 먼 과거에 속하며, '잊힌 시간'이다. 그러나 그것은 단지 과거 속에 존재하지 않는다. 왜냐하면 그것은 또한 우리가 다시 접근할 수 있고 다시 가까워질 수 있는 것이기 때문이다. 이것은 단지 의식을 통해서 존재하겠지만, 이 의식은 또한 새롭게 하고 다시 봉헌되는 효과를 낳음으로써, 그 기원에 더 가까워지게 하는 결과를 낳는다. 그리하여 위대한 시간(Great Time)은 우리 배후에 존재하는 것이며, 어떤 의미에서는 우리 위에 존재하는 것이다. 그것은 최초에 생긴 것이며 또한 우리가 역사를 통하여 움직일 때, 그것으로부터 멀리 떨어지거나 가까이 있을 수 있는 위대한 전형이다.

고차원적 시간에 대한 이와 같은 세 가지 종류 가운데 각각의 특정한 양상이 중세 선조들의 시간 의식을 형성하도록 도왔다. 각각의 경우에, 단지 세속적인 시간의 '수평적' 영역은 물론, 내가 위에서 언급했던 시간의 '휨'과 단축을 허용할 수 있는 '수직적' 영역이 존재한다. 세속적 시간의 흐름은 다중적(多重的)인 수직적 상황에서 일어나므로 모든 것은 하나 이상의 시간의 종류와 관련된다.

그리하여 왕이 두 가지 '몸'을 갖는 중세 말기의 왕국은, 플라톤의 영원 속에서도 존재하는 것으로 생각되어야 한다. 결코 죽을 수 없는 몸은 시간과 변화에 굴복하지 않는다. 동시에 많은 수의 이러한 왕국은 그들의 법을, 기원의 시간 틀에서 나온 개념으로서 잊힌 시간 이후부터 설정되어 있는 것으로 보았다. 또한 기독교 국가의 일부분으로서 그것들은 교회를 통하여 신의 영원성과 관련되었다.

한편, 교회는, 전례(典禮) 규정에 따른 역년(曆年)에서, 그리스도가 이 땅에 있었던 그 시간(illo tempore)에 일어났던 일을 기억하고 다시 행한다. 그것이, 올해의 성금요일이 지난해의 세례요한 축일보다 십자가에 못 박힘에 더 가까울 수 있는 이유다. 그리고 그리스도의 행위와 수난이 여기에서 신의 영원성에 참여하기 때문에, 십자가에 못 박힘 그 자체는, 세속적인 시간에서 모든 시간들이 서로에게 가까운 것보다 모든 시간에 더 가깝다.

다른 말로 하면, 이런 관점에서 세속적 시간대는 동질적이지 않고 상호 교환할 수 있는 것이 아니다. 그것들은 고차원적 시간들과 그것들이 관련되는 위치를 통해 특징지어진다. 나는 여기에서 대비 사례, 즉 근대적 의식의 특징인 벤야민의 "동질적이고 비어 있는 시간" 개념을 환기시키고 있다. 이 견해에서 보면 시간은 공간처럼 하나의 용기(容器)이며 그것을 채우는 것과는 무관한 것이다.

나는 현대인들이 이와 같은 사고방식을 갖는 것이, 그것이 나타내는 것처럼 옳은 것인지 확신할 수 없다. 고대와 중세의 '위치' 개념에서 현대의 '공간' 개념으로의 이동이 공간의 부분들과 그것을 채우고 있는 것과의 분리를 포함했다는 것은 사실이다. '위치' 개념이 거기에 존재하는 것에 의해 동일시되는 반면, 뉴턴 식의 공간과 시간은 단지 그 안에서 사물들이 움직일 수 있는 용기였다. (그리고 심지어 물체가 아닌 것, 즉 진공도 그 안을 채울 수 있었다.) 시간에 대한 그와 같은 현대의 많은 이해는, 시간을 엔트로피와 같은 우주적 과정과 분리될 수 없는 것으로서 받아들인다.

그러나 우주적인 용어로 시간을 규정하는 것은 시간을, 우리가 지구상에서 겪는 인간적이고 역사적인 사건들을 담는 무관심한 용기로 만드는 것이다. 그러한 의미에서 우주적 시간은 (우리에게) 동질적이고 비어 있다.

그러나 이러한 설명은 이전의 복합적인 시간 의식에는 전혀 맞지 않는다. 만약 시간대가 세속적 시간 질서 속에서의 그것의 위치에 의해서만 규정되지 않고, 고차원적 시간과의 근접성을 통해 규정된다면, 그 속에서 일어난 것은 더 이상 그것이 위치하는 바와 무관한 것이 아니다. 질서의 영원한 패러다임에서 떨어져 나온 시간은 더욱 많은 무질서를 보일 것이며, 신의 영원성에 더 가까운 시간-위치는 더욱 많이 모아질 것이다. 성인의 축일에 중심이 되는 순례 여행에서 신성시되는 것은 시간 자체다.23) 햄릿이 "시간은 탈골되었다"라고 말할 때 우리는 이 말을,

단지 "이 시간의 조각을 채우고 있는 덴마크 사회의 상황이 통탄스럽다"는 것에 대한 단순한 비유로서가 아니라 글자 그대로 받아들일 수 있다. "탈골되었다"는 것은, 질서 있는 영원의 패러다임에 더 가까운 시기에 그러한 것처럼 사물이 적합하게 서로 들어맞지 않는다는 것을 의미한다. 우리가 크리스마스이브에는 유령과 도깨비가 감히 땅에서 돌아다니지 못한다는 마르켈루스(Marcellus)의 옛말을 글자 그대로 받아들여야 하는 것처럼, "그 시간은 대단히 성스럽고 우아한 것이다."[24]

동질성과 공허함이 근대 시간 의식의 전부를 말해주는 것은 아니다. 나는 다음에 우리가 잠재성과 성숙성이라는 관념을 중심으로 형성되는 이야기 형태를 갖고 있다는 점을 주장하고자 한다. 이 같은 이야기는 어떤 의미에서 다른 시간-위치를 의미 있게 만든다. 그러나 확실히 이전에 지녔던 고차원적 시간에 대한 복잡한 의식과 관련하여, 우리의 사고방식은 동질성과 내용에 대한 무관심을 소중하게 간직한다. 우리는 이제 햄릿이 생각했던 바를 이해하는 것조차 대단히 힘들다고 생각한다. 그것은, 우리가 우리 조상들과는 달리 우리의 삶을 전적으로 세속적 시간의 수평적인 흐름 안에서만 보는 경향이 있기 때문이다. 다시 한 번 말하지만, 나는 사람들이 신의 영원성을 믿지 않는다고 말하는 것이 아니다. 많은 사람들은 믿고 있다. 그러나 세속적 시간을 고차원적 시간 안에 겹쳐두는 것은, 오늘날의 많은 사람들에게 더 이상 일반적이고 '소박한' 경험의 문제가 아니며, 아주 명백한 것이기 때문에 신앙 또는 불신앙의 대상도 아니다. 마치 14세기 콤포스텔라(Compostella)나 캔터베리(Canterbury)의 순례자가 그러했던 것과 마찬가지다. (또한 오늘날 체스토코바(Czestochowa)와 과달루페(Guadalupe)에 있는 많은 사람들의 경

---

23) 빅터 터너는 또한 순례자들이 고차원적 시간 속으로 들어간다는 논지를 입증한다. Victor Turner, *Dramas, Fields, and Metaphors*, p.207 참조.

24) "누군가가 말하기를, 우리 구세주의 탄생을 축하하는 이즈음이 되면, 이 새벽의 새는 밤새도록 운다. 그때는 아무도 감히 밖으로 다니지 못하고, 밤은 깜깜해지고, 모든 별이 잠잠하며, 어떤 요정도 요술을 부리지 않고 어떤 마녀도 마법을 걸 힘이 없으며, 너무나 신성하고 너무나 우아한 때다." *Hamlet*, Act I, Scene I, lines 158-164.

우도 마찬가지일 것이다. 우리의 세속적 연대는 시간적 경계뿐 아니라 지리적, 사회적 경계를 갖고 있다.)

이 점은, 근대 세속 사회를 위한 조건을 형성하는 데 기여한 각성 및 반구조의 상실과 더불어 또 다른 커다란 변화다. 분명히 근대 자연과학은 변화와 관련을 맺고 있었다. 17세기 기계 과학은 변화의 배후에 있는 안정적인 실재에 대하여 완전히 다른 관념을 제시하였다. 이것은 더 이상 영원이 아니었다. 안정적인 것은 시간의 배후에 있는 어떤 것이 아니고, 모인 시간도 아니며 단지 시간 내에 있는 변화의 법칙이다. 이것은 일탈이 없다는 점을 제외하고는 고대의 객관적인 시간과 마찬가지다. 지구상의 사물은 별들이 그러한 것처럼 이 같은 법칙에 따른다. 수학의 영원성은 변화 너머에 존재하는 것이 아니며 오히려 끊임없이 변화를 통제한다. 수학의 영원성은 모든 시간으로부터 같은 거리를 유지하고 있다. 그것은 이 점에서 '더 높은' 시간이 아니다.

그러나 과학이 우리의 현재 사고방식에 중요한 것이긴 하지만, 그것의 원인적 역할을 과장해서는 안 되며, 그것을 변화의 주된 동력으로 생각해서도 안 된다. 우리가 세속적 시간 속에 존재하게 된 것은 우리가 생활하고 삶을 명령하는 방식을 통해 생성된 어떤 것이다. 그것은 또한 정교한 각성을 수반하는 사회적이고 이념적인 변화에 의하여 초래되었다. 특히, 근대의 문명화된 질서는 역사상 처음으로 시간을 측정하고 조직하도록 우리를 훈련시켰다. 이제 시간은 '낭비되어서는' 안 되는 중요한 자원이 되었다.[25] 그 결과 빡빡하고 질서 잡힌 시간 환경이 만들어졌다. 이것은 자연으로 보일 정도로 우리를 둘러싸고 있다. 우리는 우리가 살아가는 환경을 균일하고 단조로운 세속적 시간으로 만들었으며, 일을 이루기 위해 시간을 측정하고 통제하려 한다. 이 '시간 틀(time frame)'은 아마도 근대성의 다른 어떤 측면보다도 베버(M. Weber)의 "쇠우리"[26]라는 유명한 표현에 적합하다. 그것은 더 높은 모든 시간을

---

25) H. Zerubavel, *Hidden Rhythms of Everyday Life*(Berkeley: University of California Press, 1981), ch. 2 참조.

26) Max Weber, *The Protestant Ethic and the Spirit of Capitalism*(London: Allen

배제하며, 그러한 시간을 이해하기가 매우 어렵게 만든다.

III.

이제, 변화의 두 가지 중요한 측면에 대해 언급하겠다. 첫째는 '질서를 향한 열망', 즉 개인의 삶뿐만 아니라 전체 사회를 개혁하고 통제하고자 하는 충동이다. 이것은 서구의 중세 후기와 근대 초기에 매우 강력했던 것으로 보인다. (오늘날에는 휴면 상태인가?) 나는, 소위 종교개혁을 포함하여 중요한 종교적 개혁 운동에 대해서만 말하고 있는 것이 아니다. 그것은 시민성, 미풍양속, 군사적 효율성이라는 이름으로 정부가 시민의 종교적, 사회적, 경제적 생활을 재조직하고 규율하고자 하는 모든 시도를 포함한다.

사실 이와 같은 두 가지 종류의 계획은 종종 중복되었다. 비록 시민성과 종교적 개혁(개신교든 가톨릭이든)의 목표가 정의상 분명하게 구별될 수 있지만, 실제로는 자주 정교하게 결합되었다. 전 주민을 규율하고 질서 있게 하려는 시도는, 거의 대부분 종교적 요소를 갖고 있었다. 예컨대, 사람들에게 설교를 듣거나 교리를 배우도록 요구했다. 좋은 행실이 종교와 분리될 수 없는 문화에서 달리 어쩔 수 있었겠는가? 또한 종교적 개혁은 공공질서라는 요소를 갖고 있었다. 그리고 이 점은, 종교적 회심의 열매가 질서 있는 생활을 포함하는 것으로 간주되었고, 질서 있는 생활은 사회적 질서에 따르는 것을 포함했기 때문에 불가피했다. 16세기의 가장 유명한 개혁의 시도 가운데, 개신교 측의 칼뱅(J. Calvin)의 제네바와 가톨릭 측의 보로메오(Carlo Borromeo)의 밀라노가 있다. 그것들은 엄청난 노력의 결과였고, 그들의 노력 속에는 종교, 도덕, 좋은 공적 질서의 이슈들이 함께 묶여 있다. 그리고 그들의 수단은, 많은 경우 지극히 제한되어 있었고, 좋은 시민적 질서의 이슈로부터 종교적 이슈를 적절히 구별해낼 수도 없었다. 성 카를로 보로메오는 카니발과 춤을 공격했을 뿐 아니라 빈자들을 조직하고 규율하고자 했다. 이 모든

& Unwin, 1965).

것이 단일한 개혁 프로그램의 일부분이었다.

결국, 이와 같이 두 가지 이상이 결합된 영향력 하에서, 근대 초기의 엘리트들은 더욱더 광범위하게 서민적 관행들에 반기를 들었다. 그들이 무질서, 난폭함, 방치된 폭력으로 간주한 것들은 용납되지 않았다. 이전에 정상적인 것으로 받아들여지던 것이, 이제는 허용될 수 없는 것으로, 심지어 수치스러운 것으로 여겨졌다. 16세기에 이미 그리고 그 이후에도 계속하여 이것은 네 가지 유형의 프로그램을 착수하도록 이끌었다.

(1) 첫째는 위에서 언급한 대로 새로운 종류의 빈민법이다. 이 법은 그 이전과 비교할 때 중요한 변화, 심지어 뒤바꿈을 포함한다. 중세에는 가난의 둘레에 성스러운 기운이 서려 있었다. 그렇다고 해서 그와 같이 극도로 계급 의식적인 사회가, 사회 계층 구조의 맨 밑바닥에 있는 빈곤하고 무력한 자들을 심하게 경멸하지 않았다는 것은 아니다. 그러나 바로 그렇기 때문에 빈자들은 성화의 기회였다. 마태복음 25장의 대화에 따르면, 곤경에 처한 사람을 돕는 것은 그리스도를 돕는 것이다. 그 당시의 권력자들이 그들의 교만과 죄를 상쇄시키기 위해 한 일 가운데 하나는, 빈자들에게 자선을 베푸는 것이었다. 수도원과 왕이 그렇게 했고, 나중에는 부유한 중산층도 그렇게 했다. 부유한 사람들은 자신의 유언에, 자신의 장례식에서 일정한 수의 극빈자에게 자선금을 지급하게 하는 조항을 넣어야 했다. 그러면 이번에는 빈자들이 그 부자의 영혼을 위해 기도해야 했다. 나사로의 기도가 하늘에 들려 부자를 아브라함의 품으로 인도해주도록 재촉할 수도 있는 것이다.[27]

그러나 15세기에는 인구의 증가와 농작물의 부족, 그로 인한 빈민들의 도시로의 유입의 결과 근본적으로 태도가 바뀌었다. 새로운 일련의 빈민법이 채택되었는데, 그것은 자비 이외에는 달리 의지할 데 없는 절대 빈곤의 사람들로부터 일할 능력이 있는 사람들을 근본적으로 구별하는 것을 원칙으로 삼았다. 일할 능력이 있는 사람들은 추방되거나 매우 적은 급료를 받고 열악한 상황에서 일하도록 보내졌다. 일할 능력이 없

---

27) Bronislaw Geremek, *La Potence ou la Pitié L'Europe et les Pouvers du Moyen Age a Nos Jours*(Paris: Gallimard, 1987), p.37 참조.

는 사람들은 구제되었지만 다시금 매우 통제된 조건 속에서 결국 감옥과 같은 수용 시설에 감금되었다. 또한 걸인의 자녀를 자립시키기 위해서 그들에게 상업을 가르쳐 근면하고 쓸모 있는 사회의 구성원으로 만들고자 노력했다.28)

일을 제공하고, 원조하며, 훈련하고 재활하는 모든 활동은 경제적인 목적에 따라서 혹은 통제의 수단으로서 감금을 수반할 수 있었다. 이로써 미셸 푸코(Michel Foucault)의 말을 따라 "대감금"이라고 불린 시기가 시작된다. 그 시기에는 의지할 바 없는 또 다른 계층의 사람들, 특히 정신이상자들을 포함하게 되었다.29)

그 동기가 무엇이든 간에 심각한 태도의 변화가 존재한다는 것은 분명하다. 빈곤을 이해하는 방식 전체가 달라졌다고 말할 수도 있을 것이다. 게레멕(B. Geremek)이 지적하듯이,30) 중세에는 자발적인 빈곤이 성스러움으로 가는 길이었다. 비자발적인 빈자들은 일반적으로 성자로 간주되지 않았다. 그들은 인내를 가지고 운명을 견디는 대신에 질투를 느끼거나 범죄에 빠져들 수 있었다. 그러나 그럼에도 불구하고 빈자는 성화의 기회였다. 빈자에게 주는 것은 그리스도에게 주는 것이다. 그러나 새로운 태도는 그러한 태도를 폐기하고 빈자를 근본적으로 다른 식으로 바라보았다. 이러한 태도는 이중적이었다. 우선 빈자가 상을 받을 만한지 평가되었다. 즉, 공적이 있는가, 도움이 정당한가, 또는 자신을 위해서 마땅히 일하고 있는가? 그리고 다른 한편, 빈자를 다루는 방식이 도구적·합리적으로 평가되었다. 특히 달러, 플로린(florin) 화폐, 프랑스 화폐, 각국의 금화 및 은화 등에 대해 가장 많은 타격을 주는 것에 관심이 집중되었다. 17세기 영국의 빈민 시설에서 사람들은 경제적 필요가 있는 물건을 만들기 위해 일해야만 했다. 그들은 양털로 실을 만드는 일을 했는데, 그 일이 그 당시 산업에서 병목 현상을 보였기 때문이다. 이 같

---

28) 같은 책, p.180 이하.

29) Michel Foucault, *Histoire de la Folie à l'âge classique*(Paris: Gallimard).

30) Bronislaw Geremek, *La Potence ou la Pitié L'Europe et les Pouvers du Moyen Age a Nos Jours*, pp.40-41.

은 방식으로 그들은 생활비에 대하여 값을 지불하고 사회를 돕는다. 갱생 작업은 동일한 도구적 엄밀성에 의해 추진되었다. 암스테르담 라스푸이(Rasphuis)에는 습관적으로 게으른 사람들을 투옥했는데, 그 감옥은 그들이 움직이지 않는 한 천천히 물이 차오르는 곳이었다. 그들은 오래 휴식할 수가 없다. 그렇지 않으면….31)

극단적인 청교도 사상은 빈자들에 대해서 이보다 훨씬 가혹했다. 걸인에 대한 판결은 냉혹하게 적대적이었다. 퍼킨스(W. Perkins)에게 걸인은 "몸으로부터 떨어져나간 썩은 팔다리다."32) 잘 질서 잡힌 공화국에 걸인의 자리는 없었다.

이 같은 근본적인 전환은 저항을 불러일으켰다. 가톨릭 국가에서는 교리적인 이유에서 사제들, 특히 탁발 수도회가 이러한 생각에 반대했다. 그리고 경제적인 발전 면에서 좀 더 '후진적인' 나라인 스페인에서는, 빈자들에 대한 개혁이 완전히 중단되었다.33) 왜냐하면, 이러한 전환은 빈곤에 대한 중세 전체 신학과 너무 크게 단절된 것이었기 때문이다. 그러나 대부분의 유럽 가톨릭 국가에서는 이러한 전환을 막지는 못했다. 빈자들에 대한 새로운 접근 방식은 파리에서 실행되었고 카를로 보로메오의 밀라노 프로그램에서 표현되었다.

반대의 두 번째 근원은 변화를 막는 데 훨씬 미약한 것이었다. 그것은 빈자가 끌려갈 때 혹은 그를 숨기거나 보호할 때조차 자신을 나타내는 사람들로부터 나온 것이다.

(2) 정부, 시 당국, 교회 혹은 그것들의 복합체는, 종종 대중문화의 특정한 요소, 즉 샤리바리(charivari), 카니발, 혼란스러운 축제, 교회에서의 춤 등을 심하게 반대했다. 우리는 여기에서도 전환을 본다. 이전에 정상적인 것으로 생각되어 모든 사람들이 거기에 참여할 준비가 되어

---

31) 같은 책, pp.277-278.

32) William Perkins, *Works*(London, 1616), I, p.755; Michael Walzer, *The Revolution of the Saints: A Study in the Origins of Radical Politics*(Harvard University Press, 1965), p.213에서 인용됨.

33) Bronislaw Geremek, *La Potence ou la Pitié L'Europe et les Pouvers du Moyen Age a Nos Jours*, pp.186, 201.

있었던 것들이 이제는 완전히 비난할 만한 것이 되었고, 어떤 의미에서는 매우 불온한 것으로 생각되었다.

에라스무스(Erasmus)는 1509년 시에나에서 그가 목격한 카니발을 두 가지 근거에서, "비기독교적인" 것이라고 비난했다. 첫째는 그것이 "고대의 이교도 신앙의 흔적"을 담고 있다는 것이었고, 둘째는 "사람들이 지나치게 방종에 빠진다"는 것이었다.34) 엘리자베스 시대의 청교도인 필립 스텁스(Philip Stubbes)는, "감염되기 쉬운 춤의 끔찍한 악덕"이 불결하게 손으로 더듬게 하고 더러운 접촉을 만든다고 비난했다. 그래서 그것은 "매춘의 전조가 되고, 음탕함과 도발적인 더러움의 예비 행위이며, 모든 종류의 음란함의 시작"이라고 비난했다.35)

버크(P. Burke)가 지적한 것처럼, 기독교인은 수세기 동안 대중문화의 이런 양상을 비판했다.36) 새로운 것은, (a) 성도들의 환경에 대한 새로운 걱정 때문에 종교적인 공격이 강화되었다는 것과, (b) 시민성의 이상과 질서 정연, 품위, 세련에 대한 시민성의 기준이 그러한 관행으로부터 상류 계층을 분리시켰다는 점이다.

시민성 그 자체가, 버크가 대중문화로부터의 "상류 계층의 철수"라고 부른 것의 원인이 되었다.

> 1500년에는 … 대중문화가 모든 사람의 문화였다. 교육받은 자들에게는 보조적인 문화였고, 그 밖의 모든 사람들에게는 유일한 문화였다. 그러나 1800년에 이르기까지 대부분의 유럽에서는 성직자, 귀족, 상인, 전문적 직업인과 그의 아내들이 대중문화를 하위 계층에게로 넘겨버렸다. 그들은 이제 세계를 보는 견해상의 심각한 차이를 통해 하층민과 구별되었다. 이것은 처음 있는 일이었다.37)

16세기에 시민성은 다음과 같은 것을 의미했다.

---

34) Peter Burke, *Popular Culture in Early Modern Europe*, p.209.
35) 같은 책, p.212.
36) 같은 책, p.217.
37) 같은 책, p.270.

귀족은 더 품위 있는 태도, 예절 교과서에서 본보기로 제시되는 새로우면서 더 의식적인 행위 양식을 취했다. 예절 교과서 가운데 가장 유명한 것이 카스틸리오네(Castiglione)의 『궁정인(*Courtier*)』이다. 귀족은 자기를 통제하는 것과 고의적으로 태연하게 행동하는 것, 스타일에 대한 감각을 기르는 것, 마치 격식을 갖춘 춤을 추듯이 품위 있게 움직이는 것 등을 배웠다. 춤에 대한 논문도 증가하여 왕실의 춤은 시골 춤으로부터 갈라져 나오게 되었다. 귀족은 커다란 식당에서 자신이 거느리는 사람들과 함께 먹는 것을 그만두고 구별된 장소로 철수했다. ('응접실'을 말하는 것이 아니고 '방으로 철수하기'를 말하는 것이다.) 그들은 롬바르디아의 관행처럼 자신의 소작농과 레슬링하기를 중단했다. 그리고 스페인의 관행처럼 사람들이 보는 앞에서 황소 죽이는 것을 중단했다. 귀족은 정해진 규칙에 따라 바르게 말하고 쓰는 것을 배웠으며, 장인이나 소작농들이 쓰는 기술적인 용어나 방언을 사용하지 않도록 배웠다.[38]

시민성의 이상이 그 자체로 이 같은 중단을 가져오기에 충분했을 것이다. 그러한 중단이 18세기에 이르러서는, 전통적인 경건성의 요소도 지나치게 '열광적인 것'이라면서 멀리하게 만들었다. 그러나 시민성의 이상은 종교적 개혁과 뒤섞이면서 중단을 넘어서 민중들의 문화를 억누르고 재창조하려는 시도, 즉 바바리아의 막시밀리안과 같은 시도를 하게 되었다. 17세기 초 막시밀리안의 개혁 프로그램은, 특히 마술, 가면무도회, 짧은 옷, 혼욕, 점(占), 과식과 과음, 결혼식에서의 '부끄러운' 언사를 금지시켰다.[39]

(3) 17세기에는 위의 두 가지 활동이 세 번째 활동 아래 포섭되었다. 이 세 번째 활동은, 권력과 진보를 위하여 법령을 통해 신민의 경제적, 교육적, 영적, 물질적 복리를 형성하려는 시도였다. 그리고 이러한 시도는 프랑스와 중앙 유럽에서 절대주의적 혹은 통제경제정책 경향의 발전하는 국가 구조에 의해 행해졌다. 잘 질서 잡힌 '행정복지국가'[40]라는

---

38) 같은 책, p.271.

39) 같은 책, p.221.

40) 물론 이것이 근대적인 의미의 '경찰국가'를 뜻하는 것은 아니다. 'Polizei'(폴리스에서 파생된 또 다른 용어)는 "넓은 의미에서의 행정을 의미한다. 즉, 한

이상은 15세기부터 18세기까지 독일에서 최고에 달했다. 이 같은 통제 경제정책 활동은 종교개혁 이후의 상황, 즉 각 영토의 지배자가 교회를 재조직해야 하고(개신교 영토에서), 복종을 강화해야 하는(모든 영토에서) 상황을 통해 촉진되었다. 그러나 통제하려는 시도는 다음 세기까지 연장되며 경제적, 사회적, 교육적, 도덕적 목표를 포함하게 된다. 이것은 우리가 이미 (1), (2)에서 탐구한 영역, 즉 구제의 규정 및 전통적인 축제와 관행을 억제하는 것을 포함한다.41) 그러나 16세기에는 더욱 확장하여 학교교육을 확립하고 생산성을 증가시키며, 더욱 합리적이고 열심히 일하는 근면하고 생산 지향적인 사고방식을 그 신민들에게 주입시키게 된다. 사회는 자기 규율을 이끌어내려는 목적 하에서만 규율에 통제되어야 했다.42)

요컨대, 이것은 시민성이라는 이상의 몇 가지 특징을 더 넓은 계층의 주민에게 부과하려는 것을 의미했다. 의심할 바 없이 여기에서 중요한 동기는 순종적이고 효율적인 군인을 배출할 수 있는 주민과 군인에게 보수를 지불하고, 그들을 무장시킬 자원을 만들어내는 것이었다.

그러나 이 같은 많은 법령들은 진보(또는 진보라고 생각되는 것)를 목적 자체로서 상정한다. 18세기로 가면서 법령의 목적은 개인과 사회 전체에 생기는 이익을 위하여 인간 활동의 생산적, 물질적 측면을 더욱 강조하면서 점점 더 계몽 운동의 사상을 통합하게 된다.43)

(4) 만약 우리가 절차, '방법', 규율 양식 등의 증가를 살핀다면, 우리는 또 다른 각도에서 전체 발전을 보는 것이다. 이 가운데 어떤 것은 개인적 영역에서 자기 통제 및 지적 혹은 정신적 발전의 방법으로서 발생한다. 또 다른 것은 체계적인 조직적 통제의 맥락에서 부과되고 가르쳐진다. 푸코는 16세기에, 물리적 운동에 대한 정밀한 분석에 기반한 훈련

지역의 주민이 평화스럽고 질서 있게 존재하기 위해서 반드시 요구되는 제도적 기관이나 절차를 함축한다." Marc Raeff, *The Well-Ordered Police State* (Yale University Press, 1983), p.5.

41) 같은 책, pp.61, 86-87, 89.

42) 같은 책, p.87.

43) 같은 책, p.178.

프로그램들이 그것을 여러 부분들로 쪼갠 후 사람들을 그것의 표준화된 형태로 훈련시키면서 어떻게 증가했는지 기술하고 있다. 물론, 그것의 일차적인 현장은 군대다. 군대가 군인을 훈련하는 새로운 양식을 시작한 이후에 그 원칙들 가운데 몇몇이 학교나 병원, 나중에는 공장에까지 적용되었다.44)

이 모든 프로그램들이 나타내고 있는 동시에 변화에 대한 이와 같은 욕구 아래 놓여 있는 것은 인간 존재를 개조하는 능력에 대한 과장된 확신이다. 우리는 법의 힘으로 인간의 악한 본성을 통제하려는 몇몇 청교도 프로젝트의 순수한 열망에 감명 받지 않을 수 없다. 윌리엄 스토턴 (William Stoughton)은 1604년 논문에서 다음과 같이 선언하고 있다. "신의 십계명을 기록한 두 개의 판 가운데 어느 쪽이든 그것을 포함하는 율법에 관한 범죄는 존재하지 않는다. 그러나 범죄는 언제나 그랬고 지금도 그렇듯이, 장엄하고 세속적인 왕의 재판권에 의해 처벌될 수 있는 것이다." 따라서 십계명 전체는 이미 법률로서 금지된 것이다. 계속해서 스토턴은 이단과 교회 결석에 대해 논의한다. 한편, 그 당시의 다른 청교도들은 베어 베이팅(bear-baiting, 쇠사슬로 곰을 묶어놓고 개를 덤비게 하는 옛 놀이), 춤, 욕설, 일요일의 스포츠, 처치 에일(church-ales, 교회에서 교구의 기금 마련을 위해 맥주를 팔던 행사) 등을 금지하는 법을 제안했다.45)

그러나 또 다른 방향, 즉 행정복지국가의 법령에서 마찬가지로 커다란 야심이 극명하게 나타난다. 신민의 삶의 세부 목록에 대한 훌륭한 규정을 통해서 신민을 개조하고자 하는 욕구는 그들을 새로운 형태로 만들 능력에 대한 무한한 확신을 나타낸다. 래프(M. Raeff)는 그것을 다음과 같이 표현한다. "말로서 충분하게 진술되지는 않았지만, 인간 본성의 순응성에 대한 가정이 함축되어 있다." 이 주장은 "인간 본성은 본질적으로 순응적이며 의지와 외부 환경에 의해 형성될 수 있다"는 것이다.46)

---

44) Michel Foucault, *Surveiller et Punir*(Paris: Gallimard, 1975), Part III, ch. 1.
45) Michael Walzer, *The Revolution of the Saints*, pp.225, 227 참조.

물론 어떤 사람들에게는 인간의 개조가 원칙적으로 하나의 가능성일 뿐이었다. 그들은 그 가능성을 모든 대중과 함께 실현해나가기를 크게 바라지도 않았다. 그러나 그 믿음은 이와 같은 사회적 기술공학의 가능성이 원칙상 존재하지 않는다는 것이다.

변화의 가능성에 대한 다수의 견해가 변경되었다. 새로운 확신이 발생한 결과, 사회 구조 및 그것의 해악과의 관계를 전체적으로 모호하게 이해하는 것은 쇠퇴하게 되었다.

나는 이미 사회의 특정한 측면을 바라보는 방식에서의 심각한 변화를 언급했다. 예를 들어, 빈민을 새롭게 평가하는 전환적 사고와 악하고 무질서한 사회의 구습을 거부하고 그것으로부터 분리되는 것에 관해서 말했다. 각각의 경우 처음의 자세 밑에 놓여 있는 것은 하나의 교설 그 이상의 어떤 것, 더 정확히 말하면 전체적인 이해의 틀이었다.

아마도 이것은 사회를 여러 질서로 나뉘어 있는 것으로서, 위계적으로 서열화된 것으로서, 그 기능에서 상보적인 것으로서 이해하는 경향이 있다고 말하는 방식으로 나타낼 수 있다. 우리는 이러한 틀을 반영하는 것으로서 명백하게 주장된 학설들의 예에 익숙하다. 예를 들어, 기도하는 사람(수사와 성직자), 싸우는 사람(귀족), 노동하는 사람(농부)의 세 가지 질서를 가진 사회와 왕국과 인체 사이의 다양한 유비, 즉 각각의 계급이 신체의 각 부분과 연결되는 것 등이 있다.

이런 식의 표현에서 중요한 점은, 계층 사이에 분명한 가치상의 차이가 존재하지만, — 결국, 우리는 계층적인 질서를 다루고 있는 것이다 — 하층민을 제거함으로써 혹은 모든 사람을 수사나 기사로 변화시킴으로써 사태를 개선시키는 것은 있을 수 없다는 것이다. 모든 계층이 전체를 위하여 필요하다.

나는, 이런 취지의 명백한 학설이 존재하지 않는 구별일지라도 이와 같은 이해가 적용되는 또 다른 구별이 일반적인 의식 속에 존재한다고 생각한다. 그리하여 빈자들에 대한 태도는 분별력을 지니게 되었는데, 이것은 부분적으로 "가난한 사람은 항상 너희와 함께 할 것이다"가 당

---

46) Marc Raeff, *The Well-Ordered Police State*, p.177.

연한 것으로 여겨졌기 때문이다. 게다가 이것은 도리에 맞는다. 왜냐하면 빈자는, 한편으론 복 받은 사람들에 의해 구제되지만 부자들의 구원을 이루는 기회이기도 하기 때문이다. 바로 이 점에서 가치 면에서의 차이와 나란히 상보성이 존재했다. (그럼에도 불구하고 두 가지 방면에서 차이점을 말할 수 있다. 기부한 주인 혹은 시민은 세속적인 지위에서 걸인보다 확실히 더 높다. 그러나 후자가 종교적인 지위에서 더 높을지도 모른다.) 이런 방식의 이해에서 보면 실제로 빈민을 없애려고 하는 것은 터무니없는 것이다.

나는, 엄격하게 신성한 것과, 활기찬 정신을 속 시원히 드러내는 것, 심지어 육체의 감각적인 즐거움 간의 관계에도 이와 비슷한 것이 적용된다고 생각한다. 물론 이 경우는, 이 문제와 관련해 언급할 수 있는 명백한 학설이 존재하지 않기 때문에 빈자의 경우처럼 다루어지기 어렵다. 그러나 이와 같은 것은 카니발 의식이나 다양한 '혼란'의 축제, '세계가 거꾸로 되었다가' 후에 사물의 질서가 회복되는 모든 종류의 의식에 암시되어 있다.

어느 경우든 카니발은 위에서 우리가 주장한 대로 시간을 카이로스적이며 다층적인 것으로서 이해한다.

이러한 이해는 여러 가지 면에서 기독교 이전의 것이며, 그 기원에서 기독교 밖의 것이지만, 반드시 반기독교적인 것은 아니다. 또한 악은 선과 밀접하게 관련되어 있기 때문에 세상의 종말에 이르기 전 복음을 전하는 시기에는 제거될 수 없으며, 알곡과 가라지가 추수 때까지 함께 가야 한다는 생각에 대한 근거가 복음서에 나와 있다.

명백히 현대의 엘리트들은 이러한 이해에 대한 감각을 전적으로 상실했다. 점차로 세계와 시간에 대한 새로운 개념이 우세해지기 시작했으며, 그 새로운 개념에 따라 더 높은 것과 더 낮은 것, 질서와 혼돈의 상보성은 더 이상 필요하지 않게 되었다. 이 혼돈의 자리를 인정하는 것은 더 이상 카이로스적인 시간의 상태와 함께 진행되는 불가피한 교체가 아니다. 오히려 그것은 우리가 근절시키고자 하는 것에 대한 이유 없는 양보이며 해악과의 타협이 되었다. 따라서 대중문화의 이런 요소에 대한 비판적인 목소리들이 점점 높아져서, 16-17세기 엘리트들 사이에 귀청이 터질 것 같은 합창을 만들어냈다.

이와 관련해서는 이야기가 장황하지만 매우 짧게 말하겠다. 우리는, 세계와 시간에 대한 이와 같은 새로운 이해가 원래는 기독교적인 사고방식 안에서 나왔지만, 이제는 세속적인 변형을 겪는다는 것을 알 수 있다. 아마도 처음에는 유스투스 립시우스(Justus Lipsius)의 네오 스토이시즘으로 시작했지만, 점점 더 세속적인 방향으로 변해간다고 말할 수도 있다. 사실, 그것은 "동질적이고 비어 있는 시간"을 중요한 구성 요소로 하는 현대의 세속적인 사고방식을 구성하도록 돕는다고 말할 수도 있다. 그리고 이것과 함께 새롭고 타협이 불가능한 질서 개념이 나온다. 그리고 그 질서는 우리 삶 속의 질서이며 사회적 질서다.

이 새로운 개념의 현대적인 변형은 그 이전의 것들보다 폭력과 사회적 무질서에 대해 훨씬 덜 관대하다. 16세기는 혼란스러운 군대식 귀족 정치를 길들이고 왕실을 돌보고 보살피며 왕실 재산을 관리하도록 길들였다. 18세기는 전체 주민을 길들이기 시작했다. 서유럽에서는 폭동, 농민 반란, 사회적 무질서가 드물어졌다. 대부분의 대서양 연안 사회는 그들의 가정생활에서 매우 높은 기준의 비폭력을 기대하기에 이르렀다. (다른 점에서와 마찬가지로 이 점에서 미국은 기묘하게도 더 이전의 시기로 되돌아간 것이다.)

그리고 이 모든 발달을 통해 성장하는 것은, 부분적으로는 그러한 발달을 추진하고, 부분적으로는 그러한 발달을 통해 강화되는바, 우리의 삶에 이러한 종류의 질서를 세우는 우리의 능력에 대한 인식의 성장이다. 이러한 확신이 다양한 규율 프로그램의 중심에 있다. 다양한 프로그램들은 개인적인 것과 사회적인 것이 있다. 사회적인 것에는 종교적, 경제적, 정치적인 것들이 포함되며, 그러한 프로그램들이 16-17세기 이후부터 우리를 변화시켜가고 있다. 이와 같은 확신은, 우리는 타협할 필요가 없으며 상보성을 필요로 하지 않고 질서를 세우기 위해 혼돈의 반대 원칙에 대해 한계를 인정할 필요가 없다는 믿음과 동질적인 것이다. 그리고 이 때문에 질서를 향한 이 같은 욕구는 전통적인 뒤바꿈의 축제에 의해 거슬러지고 불안정하게 된다. 그것은 '거꾸로 된 세계'를 소화할 수 없다.

그리하여 그것은 인간의 순응성과 더 높은 단계로의 발전에 중요한 한계가 존재한다는 인식을 놓치기 쉽다. 가공하지 않은 야만적 본성은 시민성에 저항한다. 그러나 만회할 수 없는 상실, 치명적인 불안정, 전체에서 본질적인 부분의 파괴와 같은 것은 없다. 여러분은 여러분이 할 수 있는 데까지 멀리 갈 것이다. 이것은 파라과이의 제수이트 유토피아스(Jesuit Utopias)와 중앙 유럽의 행정복지국가에도 적용된다.

나중에 이런 견해를 구별시키는 심리학적 이론들이 발생할 것이다. 인간 존재는 백지에 각인된 습관의 묶음이다. 개혁의 한계는 없다. 그러나 한계에 대한 경솔한 무시는 이러한 이론에서 비롯된 것이 아니다. 오히려 그것은 질서에 대한 새로운 이해에서 온 것이다. 이 새로운 이해는 자발적이고 적극적인 노력이 인간의 삶을 변화시키는 데 가장 중요한 것이라고 보는 견해다.

IV.

지금까지의 논의를 정리해보자. 나는 처음에, 시간 경험의 변화를 파악할 수 있는 가장 좋은 방법은 질서를 이해하는 방식의 변화를 통해서라고 말했다. 우리의 선조들은 위계적으로 관련된 복합적인 시간의 세계 속에 살았다. 그들이 살았던 위계적 상보성을 지닌 사회 질서는 오직 이 같은 다층적 시간 속에서 이해되었다. 왕의 두 가지 몸과 같은 교리는 균일하고 세속적인 시간 속에서 기괴하고 터무니없는 것이 되었다.

특히, 반대되는 것들 혹은 적어도 가치 있으면서 동일하지 않은 것들 사이의 상보성 혹은 필연적인 교체의 개념은, 사회가 그러한 상보성이 다스리는 우주 속에 놓여 있다는 것을 가정한다. 그리고 그러한 우주를 지배하는 시간은 그 내용과 무관한 동질적인 용기가 아니라 다양한 형태를 취하며 카이로스적인 것이다.

그러나 계속되는 근대 개혁의 물결은, 종교 혹은 '시민성'의 이름으로, 조직과 규율을 통해서, 선한 필요가 나쁘거나 덜 좋은 필요에게 단지 전술적이고 우연적으로만 양보하는 인간적 질서를 만들고자 노력했다. '시민성'(이제는 이 말을 함축적으로 나타내기 위해 과정적인 단어인 '문명화'를 사용하겠다)의 규율은 상보성을 제거하는 데 결정적으로 기여했다. 그렇게 함으로써 시민성의 규율은 고차원적 시간이 일상적으로 이해되는 세계로부터 우리를 끌어내, 세속적 시간이 공적인 영역을 독점적으로 지배하는 세계로 이끈다.

만약 우리가 단지 사회의 주요한 근대적 형태, 즉 공적 영역, 경제, 민주주의 국가 등의 발전을 바라본다면, 우리는 또 다른 각도에서 이와 동일한 과정을 추적할 수 있다.

근대적 민족국가는 베네딕트 앤더슨(Benedict Anderson)의 유명한 구절대로 "상상된 공동체"다.47) 그것은 사회적으로 상상되는, 즉 사회적으로 공유되는 특별한 종류의 방식을 지니며, 그런 방식을 따라 사회적 영역들이 상상된다고 말할 수도 있다. 근대적 상상에는 두 가지 중요한 특징이 있다. 각각의 특징은 유럽 역사에서 전에 지녔던 모습과 대조함으로써 가장 잘 드러낼 수 있다.

첫째, 위계적이고 중재된 접근 방식의 사회로부터 수평적이고 직접적 접근 방식의 사회로 변화되었다. 이전의 형태에서는 위계질서와 내가 말하는 중재된 접근 방식이 공존한다. 17세기 프랑스와 같은 계급사회 — 토크빌의 구절을 사용하면, "서열 사회" — 는 명백한 의미에서 위계적이었다. 그러나 이것은 또한 누구든 사회의 어떤 구성 요소에 속하게 됨으로써 이 사회에 속하게 된다는 것을 의미했다. 농부는 농부로서 주인에게 연결되고 그 주인은 왕의 소유였다. 지방자치제 의원은 그 승인된 신분을 통해 왕국에서의 신분을 지녔고 국회에서 어떤 기능을 발휘했다. 이에 반해 시민권의 현대적 개념은 직접적이다. 어떤 방식으로든 내가 나를 제외한 나머지 사회 구성원들과 매개적 조직을 통해 관련될 때, 나는 이 모든 관련 방식과 나의 시민권이 구별된다고 생각한다. 내

---

47) Benedict Anderson, *Imagined Communities: Reflections on the Origin and Spread of Nationalism*(London: Verso, 1983; 2nd edition, 1991).

가 국가에 속하는 근본적인 방식은 다른 종류의 소속에 의존하거나 그것에 의해 매개되지 않는다. 나는 내 동료 시민들과 나란히, 우리의 공통적인 충성의 대상인 국가와 직접적으로 관계를 맺는다.

물론 이것이 일이 행해지는 방식을 필연적으로 변화시키는 것은 아니다. 나는 그녀의 시숙이 판사 혹은 국회의원인 여자를 알고 있다. 그래서 나는 내가 곤경에 처했을 때 그녀에게 전화를 건다. 변화된 것은 규범적인 그림이라고 말할 수도 있다. 그러나 이것의 기반에 놓여 있는 것은 사람들이 소속을 상상하는 방식에서의 변화다. 그리고 이런 방식의 변화가 없다면 새로운 규범은 우리를 위해 존재할 수 없다. 물론 17세기 프랑스 사회와 그 이전에는, 직접적인 접근 방식이 낯설고 분명하게 이해되지 않는 사람들이 있었다. 교육을 받은 사람들이 모델로 삼은 것은 고대 공화국이었다. 그러나 많은 다른 사람들은, 왕국 혹은 우주적 교회와 같이 더 큰 전체에 속하는 것을, 오직 교구나 군주처럼 더 직접적이고 이해 가능한 작은 단위를 그와 같이 큰 존재와 겹치는 방식을 통해서 이해할 수 있었다. 근대성은 다른 무엇보다도 사회적 상상에서의 혁명과, 이와 같은 중재 형식들을 변두리로 추방하고, 직접적인 접근 방식의 이미지를 유포하는 것을 포함했다.

이것은 다양한 형태로 발생했다. 사람들 자신이 전국적인 규모의 논의(때때로 국제적인)에 직접 참여하는 것으로 생각하는 공적 영역의 발생, 모든 경제적 행위자가 동등한 입장에서 다른 행위자와 계약적인 관계를 맺는 것으로서 간주되는 시장경제의 발전, 근대적 시민권의 발생 등. 그러나 우리는 다른 방식으로, 즉 접근의 직접성이 우리의 상상을 장악했다고 생각할 수 있다. 예를 들어 패션의 영역에서 우리는 스스로 스타일을 선택하고 전하는 것으로 본다. 우리는 스스로를 매스미디어 스타들의 범세계적인 관객의 일원으로 생각한다. 그리고 이런 영역들이 그 고유의 의미에서 위계적인 반면, — 그것은 거의 신화적인 인물에게 집중한다 — 모든 참여자는 다른 어떤 특별한 충성이 없이도 직접 그 영역에 접근할 수 있으며 소속할 수 있다. 더 실재적인 참여 양식과 함께 이와 동일한 것이 사회적, 정치적, 종교적인 다양한 운동에 사용될 수 있다. 그러한 운동들은 근대적 삶의 중요한 특징이며, 사람들을 범지역적으로 국제적으로 묶어 단일한 공동체적 매개자를 만들어낸다.

이와 같이 상상된 직접적인 접근 방식은 사실 평등과 개인주의의 근대적 측면과 연결되어 있다. 접근의 직접성은, 위계적인 소속이 갖는 이질성을 파괴한다. 그것은 우리를 획일적으로 만들며, 평등해지는 하나의 방법이다. (그것이 유일한 방법인지 여부는 다문화주의에 대한 오늘날의 투쟁과 관련되어 있는 중요한 이슈다.) 동시에, 다양한 형태의 중개의 제거는 우리 삶에서 그것이 가지는 중요성을 감소시켰다. 개인은 더욱더 그것들로부터 자유로워졌으며, 개인으로서의 자기의식이 증가하게 되었다. 근대적 개인주의는 하나의 도덕적 이상이며, 어떤 것에도 속하지 않는다는 것 — 이와 같은 개인주의는 예외적이고 왜곡된 것이다 — 을 의미하지 않는다. 오히려 스스로를 지금까지 더욱더 넓고 더욱 개인과 무관한 존재, 즉 국가, 운동, 인류 공동체 등에 속하는 것으로 생각하는 것을 의미한다.

근대의 사회적 상상의 두 번째 중요한 특징은 세속적 시간에서의 공통된 행위보다 더 중요한 지역 초월적 실체들 — 이 실체들은 더 높은 다른 어떤 것에 기반한다 — 이 존재하지 않는다는 점이다. 근대 이전의 국가에는 이것이 적용되지 않는다. 왕국의 위계적 질서는 존재의 커다란 연쇄에 기반을 두고 있는 것으로 간주되었다. 부족 단위는 법률에 의하여 그러한 단위로 형성된 것으로 생각되었는데, 법률은 "생각해낼 수 없는 시간"까지 또는 아마도 엘리아데가 뜻하는 것처럼 "기원의 시간"의 지위를 지닌 어떤 최초의 시간까지 거슬러간다. 영국의 시민전쟁까지 포함하여 근대 이전의 혁명에서 회고적 전망과 최초의 법률을 제정하는 것의 중요성은, 정치적 실재가 이런 의미에서 행위 초월적이라는 인식에서 생겨난다. 그것은 단지 그 자신의 행동을 통해 스스로를 창조할 수 없다. 이와 반대로, 그것은 이미 그러한 것으로 구성되었기 때문에 하나의 실재로서 행위할 수 있다. 최초의 형성으로 돌아가는 것에 정당성이 수반되는 것은 바로 그 때문이다.

사람들이 자연 상태로부터 함께 나온 것으로 본 17세기의 사회계약론은 명백히 또 다른 사고의 질서에 속한다. 그러나 18세기 후반에 이르기까지는 사물을 생각하는 이와 같은 새로운 방식이 사회적 상상 속으로 들어가지 않았다. 미국의 혁명은 어떤 의미에서 분수령이었다. 그것은, 식민지인들이 영국인으로서 자신들의 기존의 권리 아래서 싸우고 있었다는 의미에서 회고적인 정신 속에서 착수되었다. 게다가 그들은 기존의 식민지 입법부 아래서 의회와 연합하여 싸우고 있었다. 그러나 그 전체 과정으로부터 "우리, 민족"이라는 결정적인 허구가 나타난다. 그리고 새로운 헌법을 선언하는 것은 그러한 "우리"의 입이다.

여기에서 민족 혹은 그 당시에 불렸던 대로 "국민"은 그것의 정치적 구성체와 독립하여 그보다 앞서 존재할 수 있다는 생각에 의지하게 된다. 그래서 이 민족은 세속적 시간 속에서 그 자신의 행위에 의하여 헌법을 부여받는다. 물론 획기적인 행위에는 고차원적 시간이라는 오래된 개념으로부터 끌어온 이미지들이 빠르게 제공되었다. 프랑스의 새로운 혁명력(革命曆)처럼 "시대의 새로운 질서(Novus Ordo seculorum)"는 유대-기독교적 묵시에 많이 의존한다. 헌법 제정은 우리가 끊임없이 다시금 가까워지려고 노력해야 하는 더 높은 종류의 행위자로 가득 찬 "기원의 시간", 고차원적 시간의 어떤 힘을 부여받게 된다. 그러나 그럼에도 불구하고 사물을 생각하는 새로운 방식은 퍼져나간다. 국민과 민족은 인격을 지닐 수 있고, 모든 우선적인 정치적 서열 밖에서 함께 행위할 수 있다. 근대적 국가주의의 중요한 전제 가운데 하나가 자리 잡는다. 왜냐하면, 이것이 없다면 국민의 자기 결정은 아무런 의미가 없기 때문이다. 이것은, 국민이 그들의 역사적 정치적 조직에 의한 차꼬를 풀고 자기 자신의 구성체를 만들 권리다.

앤더슨의 설명이 시사하는 바는 그것이 이러한 두 가지 특징들을 연결시킨다는 것이다. 그것은 직접적인 접근 방식의 사회의 발생이 시간 이해의 변화와 연결되어 있으며, 결과적으로 사회 전체를 상상하는 이해 방식의 변화와 연결되어 있다. 앤더슨은 국가에 속한다는 새로운 인식이, 어떻게 동시성의 범주 아래서 사회를 이해하는 새로운 방식[48] —

48) 같은 책, p.37.

사회를 구성원들의 삶을 특징짓는, 무수한 사건들의 동시적 발생으로 이루어진 전체로서 이해함 — 에 의해 예비되었는지 강조한다. 그러한 사건들이 균질적인 시간의 조각들을 채운다. 이러한 매우 분명하고 모호하지 않은 동시성의 개념은 시간을 오로지 세속적인 것으로 이해하는 것이다. 세속적인 시간이 다양한 종류의 고차원적 시간과 섞여 짜이는 한, 모든 사건들이 동시성과 연속이라는 모호하지 않은 관계 속에 위치하리라는 아무런 보장도 없다. 고귀한 축제는 하나의 측면에서 나의 삶이나 내 동료 순례자들의 삶과 동시적이다. 그러나 다른 측면에서 그것은 영원성 혹은 기원의 시간 혹은 그것이 예시하는 사건들에 가깝다.

순전히 세속적으로 시간을 이해하는 것은, 일상적인 사건의 연속이 고차원적 시간과 접하게 되는 "높은 지점"과 무관하게, 따라서 그렇게 규정된 시간에 일어서서 중재하는 왕이나 사제와 같이 특권적인 사람이나 기관을 인식하지 않고 사회를 "수평적으로" 상상하도록 허용한다. 근본적인 수평성은 정확히 말해 직접 접근하는 사회에 함축되어 있는 것이다. 그런 사회에서 각각의 구성원은 "전체에 대해 직접적이다." 물론 이러한 새로운 이해는 출판 자본주의의 발전과 같은 사회적 발전이 없었다면 발생할 수 없었을 것이라는 앤더슨의 주장은 옳다. 그러나 그는 이 말이 사회적 상상의 변화가 이러한 발전을 통해 충분히 설명되었다는 것을 함축하는 것을 원하지는 않았다. 근대사회는 또한 우리가 우리 자신을 사회로서 특징짓는 방식에서 변화를 요구했다. 그런 변화 가운데 결정적인 것은, 누구의 것도 아닌 비중심적인 견해로부터 사회를 파악하는 능력이다. 즉, 나 자신의 관점보다 더 참되고 권위가 있는 관점에 대한 탐구는, 내가 사회를 왕 혹은 신성한 집회 등의 중심에 놓도록 이끌지 않는다. 오히려 이와 같이 횡적이고, 수평적인 견해 — 특정한 위치를 갖지 않은 관찰자가 가질 수 있는 — 를 수용하도록 이끌며, 특별한 마디 지점이 없이 극적 장면 밖에 놓이는 사회를 허용하도록 이끈다. 근대의 직접적인 접근 방식의 사회, 그들의 자기 이해, 절대적인 자기동일성에서의 굴절과, "세계 그림의 시대"의 근대적이고 객관적인 표현 양식 사이에는 밀접한 내적 연결 고리가 존재한다.49) 즉, 동시적 발생으로서의 사회, 사회의 비인격적인 "체제"로의 교체, 지도에 표시된 것으로서의 사회적 지형, 박물관에 나타난 것으로서의 역사적 문화 등등의 연결 고리가 있는 것이다.50)

V.

이제 우리는, 근대가 얼마나 냉혹하게 우리 자신을 오로지 세속적 시간 속에서만 이해하고 혹은 상상하도록 이끌어왔는지를 평가할 수 있는 더 좋은 처지에 놓여 있다. 이것은 부분적으로 우리가 한데 뭉뚱그려 '각성'이라고 부르는 복합적인 변화를 통해 실현되었다. 각성은 질서를 향한 욕구를 물려받음으로써 헤아릴 수 없을 정도로 강화되었다. 이제 그 질서는 우리가 문명화를 통해 이해하는 바의 일부분이 되었다. 문명화는 우리가 시간을 도구로서 혹은 관리해야 할 자원으로서, 즉 측정하고 분할하며 통제하는 자원으로서 대하도록 만들었다. 바로 그러한 성격의 도구적 자세는 균질화하는 것이다. 그것은 어떤 더 나아간 목적을 위해 부분을 한정한다. 그러나 어떠한 본질적인 질적 차이도 인식하지 못한다. 이러한 자세는 엄정한 시간 틀을 세웠고 우리 모두는 그 속에서 살아간다.

그러나 이것의 꼭대기에서 동시적이고 연속적인 순수하게 세속적인 시간은, 다양한 형태의 근대적인 사회적 상상의 매개물이다. 우리의 공적이고 사적인 삶 속에서 우리는 이전 시대의 고차원적 시간을 위한 여지가 존재하지 않는, 파급적인 시간-배열에 의해 둘러싸여 있다.

그러나 이것은 단순히 "동질적이고 비어 있는 시간"이 아니었다. 인간이 오직 이런 시간 속에서만 살 수 있는지 여부가 의심스럽다. 우리에게 시간은 여전히 순환하는 것으로 특징지어진다. 우리는 순환 속에서

---

49) Martin Heidegger, "Die Zeit des Weltbildes", in *Holzwege*(Frankfurt a. M.: Niemeyer).

50) 나는 이 부분의 아주 많은 논의들이 Craig Calhoun의 최근 저작에 기대고 있다는 점을 말하고 싶다.

우리 자신의 방향을 결정한다. 아주 바쁜 직업의 빽빽한 스케줄 속에 아주 철저하게 몰두된 사람들조차, — 아마도 특별히 그들이 — 일상적인 이 방해를 받으면 완전히 당황할 수 있다. 그 틀은 그들의 삶과 서로 구별되는 다른 순간들에 각각의 의미를 제공하며, 시간의 흐름을 표시하는 작은 시간들을 창조하면서 의미를 부여한다. 그것은 마치 우리 인간들이 이런저런 형태로 모아진 시간을 필요로 하는 것과 같다.

이것이 우리 시대에 충족될 수 있는 한 가지 방법은 이야기이며, 개인과 사회로서의 우리 이야기를 더 강렬하게 말하는 것이다. 가장 원초적인 개인적 단계에서 자서전 — 이 장르는 어떤 의미에서 아우구스티누스가 시작했다. 그 후 루소가 다시 채택하기 전 14세기 동안은 사용되지 않았다 — 은 가장 두드러진 근대의 집필 분야 중 하나가 되었다.

사회적 단계에서 역사에 대한 우리의 관심이 그 어느 때보다 많아졌다. 그러나 이뿐만 아니라 정치적 단계에서 우리는 우리 국가의 역사를 이해할 필요가 있다.

수평적이고 직접적인 접근 방식의 세계로 이행하는 것은 세속적 시간 속에 자리 잡는 것과 섞여 있으며, 시간과 공간에서의 우리의 위치를 다르게 이해하도록 만든다. 특히 그것은 역사와 서술 양식을 다르게 이해하도록 만든다.

가장 현저하게 이전의 행위 초월적 기초를 필요로 하지 않는 새로운 집합적 주체, 즉 그 자신의 나라를 세울 수 있는 민족 혹은 국민은 자신의 이야기를 말하는 새로운 방식을 필요로 한다. 어떤 면에서 이것은 과거의 것과 유사하다. 나는 위에서 나라 세우기 이야기가 어떻게 우리가 다시 되찾을 수 없는 기원의 시간에서의 영웅적인 인물들의 오래된 이미지를 끌어오는지에 대해 기술했다. 미국의 이야기에서 조지 워싱턴과 다른 설립자들의 태생에 관한 진술이 어떻게 되어 있는지를 생각해보라. 그러나 모든 유사성에도 불구하고 분명한 차이가 존재한다. 우리가 다루고 있는 것은 순전히 세속적인 시간 속의 이야기다. 이후에 확립된 현재의 질서가 옳다는 인식은 시간에 대한 이와 같은 이해와 조화되는 용어로 표현되어야 한다. 우리는 더 이상 고차원적 시간 속에 거하는 자기실현적 질서를 나타냄으로써 그것을 기술할 수 없다. 세속적 시간에 숙달된 범주는 오히려 유기체적 영역에서 이끌어낸 증가, 성장의 범주다. 자연 속에서 잠재성은 완성된다. 따라서 역사는, 이를테면 잘못과 미신에 대항하여 싸우는 인간의 능력과 이성이 느린 속도로 증가하는 것으로서 이해될 수 있다. 근거 짓기는 사람들이 합리적 이해의 특정한 단계에 다다랐을 때 등장한다.

이 새로운 역사는 그것의 마디를 지닌다. 그러나 그 마디들은, 이를테면 합리적 통제의 잠재성이 완성되는 혹은 이성의 잠재성이 완성되는 단계에서 조직된다. 하나의 이야기에서 우리의 성장은 한편으로 올바른 도덕적 질서와, 우리가 실현시키고자 의도하는 상호 이익의 연결 관계("우리는 이러한 사실들이 자명한 것이라고 생각한다")가 나타나게 되는 것을 포함한다. 그리고 다른 한편으로는, 그것을 실행시키기 위해 자기 통제를 성취하는 것을 포함한다. 우리가 이 두 가지 길에서 충분하게 전진할 때 우리는 마디 지점에 존재하게 되며, 그 지점에서 새롭고 더 좋은 사회가 세워질 수 있는 것이다. 우리의 영웅 만들기는 그들이 가진 예외적인 특징에도 불구하고 세속적 시간에서의 성장 이야기로부터 나타난다.

이것은 근대성을 지닌 가장 중요한 서술 양식 가운데 하나인 진보의 이야기(혹은 신화)와 조화될 수 있다. 그러나 이것은 또한 매우 널리 의존된 또 다른 기반, 즉 혁명의 기반과 조화될 수 있다. 이것은 성숙의 마디 지점이다. 사람들은 그 지점에서 도덕 질서를 방해하고 왜곡하는 오래된 형식 및 구조와 결정적으로 관계를 끊을 수 있다. 갑자기 전에는 결코 있을 수 없었던 일, 즉 이와 같은 질서의 요구를 성취하는 것이 가능해진다. 모든 것이 가능하다는 성급한 인식이 존재하게 된다. 그리고 그것은 혁명의 개념이 반역과 비겁함을 통해 무한한 가능성이 좌절되고 배반되는 과거의 마디 지점의 강력한 신화로 쉽게 변질되는 이유다. 혁명은 이미 완성된 어떤 것이다. 이것은 19세기 동안과 금세기에 이르기까지 프랑스 급진 좌파의 지속적인 신화였다.[51]

---

51) Bronislaw Baczko, *Les Imaginaires Sociaux*(Paris: Payot, 1985), pp.117-118.

그러나 가장 강력한 이야기 양식 가운데 하나는 '국민'을 중심으로
하는 이야기다. 그 자신의 정치적 태생을 관장할 수 있는 사람들에게는
어떤 역설이 존재한다. 바로 그런 사람들이 자치를 위하여 함께 어울리
도록 만드는 것은 무엇인가? 사실 때때로 그것은 역사의 우연이다. '국
민'은 태어난다. 왜냐하면 지금까지 하나의 권력에 의해 지배된 사람들
이 이 같은 지배를 그들 자신의 손으로 가져와야 한다고 결심하기 때문
이다. (혹은 어떤 엘리트들은 그들이 이런 결과로 인도되어야 한다고 결
의한다.) 이것은 1789년 프랑스의 경우였으며, 이보다는 덜 순조로웠던
오스만 제국의 국가적 독립을 이루려던 20세기 초반의 시도도 이 경우
에 해당된다. 혹은 그 외의 민족들은 미국의 혁명과 더불어 자치를 위한
정치적 선택으로부터 스스로를 세우고자 했다. 혁명은 그들이 가진 확
고한 정치적 선택을 통해 다른 영국인 심지어 그들 한가운데에 있는 토
리 당원들로부터 그들 자신을 분리시켰다.

그러나 우리가 국가주의라고 부르는 대부분은 역사적 우연 혹은 정치
적 선택과 다른, 어떤 토대가 선택된 단일체에 존재한다는 생각에 기반
한다. 국가로 인도된 사람들은 공통 언어, 공통 문화, 공통 종교, 공통된
행위의 역사에 의해 함께 조화되는 것으로 판단된다. 종종 이와 같은 공
통된 과거의 대부분이 순전히 허구라는 주장이 끊임없이 제기되었다.52)
이것은 사실이다. 그러나 그것은 확실히 종종 정치적으로 효과적인 허
구이며 이 허구는 내면화되었고 관련된 사람들의 사회적 상상의 일부분
이 되었다.

그리고 여기서 다시 기초가 되는 범주는 잠재력의 성장이라는 범주
다. 우리의 분산, 다수의 방언, 의식의 부족에도 불구하고 우리 자신은
우크라이나인이며, 세르비아인이고, 슬로바키아인이었다. 우리는 우리
가 함께 하나의 독립된 민족으로 움직이는 것이 자연스럽고 옳은 것이
되게 하는 중요한 어떤 것을 공유했다. 단지 우리는 각성될 필요가 있었

---

52) Ernest Gellner, *Nations and Nationalism*(Cornell University Press, 1983); Eric
Hobsbawm, *Nation and Nationalism Since 1780*(Cambridge University Press,
1990) 참조.

다. 그 후에 아마도 우리는 이런 운명을 실현시키기 위해 투쟁할 필요가 있었다. 여기에서 핵심은 의식의 성장과 성숙이라는 이상, 결국 그 자신에 대립하게 되는 그 자체로서의 이상이다.

이야기의 이와 같은 세 가지 양식, 즉 발전, 혁명, 국민은 분명하게 결합될 수 있다. 이것들은 또한 구원사의 종교적인 이해로부터 도출되는 묵시록적이고 메시아적인 형태와 결합될 수 있다. 예를 들어 성숙하는 질서는 폭력적인 반대 입장, 즉 더 폭력적일수록 궁극적인 승리에 더욱 가까이 다가간다는 반대자들에 맞서야 한다. 혁명에는 엄청난 투쟁과 세속화된 대결전이 수반되었다. 20세기 역사에서 이것의 파괴적인 효과는 아주 극명하다.

그리고 도덕적 질서, 자유, 권리를 향한 투쟁 혹은 전 세기적 발전에서의 우리의 위치에 대한 우리의 자각은 국가의 정치적 역사에서의 우리의 현재의 위치를 넘어서 있다. 이것은 우리의 국가적인 자기 이해의 아주 중요한 부분이 될 수 있다. 프랑스 혁명 당시 프랑스 국민 의식 속에 있었던 일종의 보편주의적 국수주의, 즉 프랑스를 유럽에 인간의 자유와 권리를 가져오도록 운명 지어진 국가로서 보는 견해를 생각해보라. 호전적인 영광과 보편적인 사명이 섞여 있었다. 이것은 나폴레옹이 알고 있었듯이 도취제다. 소련과 중국은 금세기의 다른 시기에 이 같은 모습을 나타내려고 했다

이야기는 시간을 모으는 하나의 방법이다. 그것은 시간의 흐름을 형성하고, 시간의 흐름을 '이질화'하며, 1789년, 1989년의 혁명과 해방의 시간과 같은 카이로스적인 순간들을 구별시킨다.

그리하여 우리는 그것들을 기념하기 위해 다시 집결할 수 있다. 공통적인 창립의 사건을 기념하기 위해 흩어져 있다가 함께 모이기 때문에 기념 그 자체가 일종의 작은 카이로스적인 순간이 된다. 우리는 지금 그것을 나누고 있기 때문에 더욱 강렬하게 우리의 이야기가 하나임을 느낀다.

그러나 우리가 우리 자신을 어떤 프로그램 없이 그 자체로서 함께 발

견하게 되는 또 다른 순간들이 있다. 예를 들어, 수백만의 사람들은 다이애나 왕세자비가 죽었을 때 그들이 느끼는 것을 느끼면서 자신이 고독하지 않다는 것을 발견한다. 그들은 함께 애도하는 행위 속에서 자신을 발견하다. 그리고 이 애도 행위는 일종의 카이로스적인 새로운 순간과 공통적인 사회 이해와 각 개인들의 이야기 속의 전환점을 창조하면서 거대한 공통의 의무가 된다. 이런 순간들은 매우 강력하고 심지어 그만큼 위험할 수도 있다.

그러나 이것이 근대사회의 절실한 필요를 충족시켜주는 것으로 보인다. 나는 위에서 전형적으로 근대적인, 사회적 상상의 '수평적' 형태에 관해서 말했다. 이 수평적 상상 속에서 사람들은 자신과 수많은 다른 사람들이 동시에 존재하고 활동한다고 생각한다. 나는 경제, 공적 영역, 독립 민족뿐만 아니라 패션의 영역도 언급했다. 이것이 동시성의 네 번째 구조의 한 예다. 그것은 공적 영역이나 독립 민족과 다르다. 왜냐하면, 이것은 공통 행위의 측면이기 때문이다. 이 점에서 그것은 수많은 개별 행위들을 사슬같이 연결시키는 경제와 같다. 그러나 그것은 또한 우리의 행위가 패션의 영역에서 특별한 방식으로 관련된다는 점에서 경제와 다르다. 나는 나 자신의 고유한 모자를 착용한다. 나는 그렇게 함으로써 여러분 모두에게 나의 스타일을 보이고 있는 것이다. 이 점에서 나는 여러분이 여러분의 스타일을 보이는 것에 응답하는 것이다. 여러분이 나의 것에 응답하는 것처럼. 패션의 영역 속에서 우리는 기호와 의미를 지닌 하나의 언어를 함께 떠받치며, 그 언어는 계속해서 변화된다. 그러나 그것은 어떤 순간에도 우리의 몸짓에 그것이 가진 의미를 제공하기 위해 요구되는 배경이다. 만약 내 모자가 건방지면서도 과묵한 일종의 자기 과시를 표현할 수 있다면, 그것은 스타일의 일상 언어가 우리들 가운데서 이 같은 단계까지 발전했기 때문이다. 나의 몸짓이 그것을 변화시킬 수 있고, 그러면 당신이 이에 반응하는 스타일은 그 언어가 드러내는 새로운 상황으로부터 그 의미를 얻게 될 것이다.

내가 이와 같은 패션 영역의 예로부터 끌어오기를 바라는 일반적인 구조는, 수평적이고 동시적인 공동 현존의 구조다. 이 구조는 공통 행위의 구조가 아니며 오히려 상호간의 표현 구조다. 우리가 행위할 때 우리 각자에게는 타인이 우리가 행위하는 것의 목격자로서, 따라서 우리 행위의 의미를 함께 결정하는 자로서 거기에 존재한다는 것이 중요하다.

이러 종류의 영역들은 근대의 도시 사회에서 점점 더 중요해진다. 그 사회에서 많은 수의 사람들은 서로를 모른 채, 서로 교제하지 않은 채 어깨를 스치고, 서로에게 영향을 미치며, 서로의 삶의 불가피한 상황을 만든다. 사람들은 날마다 일하기 위해 도시로 몰려들고 그곳에서 타인은 내가 가는 길에 놓여 있는 방해물의 수준으로 떨어질 수도 있다. 그러나 이와 다르게 도시 생활은 더불어 사는 다른 방식을 발전시켰다. 예를 들어, 우리 각자는 일요일에 공원에서 산책하며, 여름의 거리 축제에서 혹은 플레이오프 경기 전 경기장에서 서로 뒤섞인다. 이곳에서 각각의 개인 혹은 작은 집단은 그들만의 방식으로 행위한다. 그러나 곧 그들이 표현하는 것이 타인에게 무언가를 말하며, 타인에 의해 응답되고, 모든 사람의 행위를 특징짓는 공통의 분위기와 풍조를 형성하도록 돕게 되리라는 점을 깨닫는다.

수많은 도시의 개체들은 유아론과 의사소통의 경계에서 맴돈다. 나의 커다란 말소리와 몸짓은 명백하게 단지 나의 친한 동료들에게만 건네진다. 나의 가족은 일요일에 나만의 산책에 참여하며 조용히 걷는다. 그러나 항상 우리는 우리가 형성하고 있는 공통된 영역을 깨닫는다. 우리가 서로 주고받는 메시지는 이 공통 영역에서 그 의미를 획득한다. 고독과 의사소통 사이의 이 낯선 지대는 19세기 그것이 발생할 때 이 현상을 처음 관찰한 수많은 사람들을 매료시켰다. 우리는 마네의 몇몇 그림 혹은 도시의 광경이나 게으름뱅이와 멋쟁이의 역할에 강렬한 관심을 가졌던 보들레르를 생각할 수 있다. 그들은 관찰과 표현을 결합시켰다.

물론 이 19세기 도시 공간은 화제의 대상이었다. 즉, 모든 관련자들이 서로를 보며 동일한 장소에 있었다. 그러나 20세기의 의사소통은 화제의 대상이 되는 것 이후의 변형들을 만들어냈다. 예를 들어, 우리는 CNN 카메라 앞에서 군인들에게 돌을 던진다. 왜냐하면, 이 행위가 세계에 반향을 일으킬 것이라는 점을 알고 있기 때문이다. 우리가 그 사건에 참여한다는 것의 의미는, 그것을 공유하는 광대하게 흩어져 있는 청중들 전체에 의해 형성된다.

바로 이와 같은 영역이 고독과 연대감 사이에서 맴돌기 때문에 그들은 때때로 공통 행위 속으로 휙 던져진다. 그리고 사실, 그들이 그렇게 하는 순간을 정확하게 지적하기는 어렵다. 우리가 연장전의 결정적인 득점을 응원하는 사람으로서 일어설 때, 우리는 의심할 나위 없이 공통의 행위자가 된다. 그리고 우리는 경기장을 떠날 때, 행진하고 노래하고 심지어 함께 여러 가지 형태의 무차별 폭력을 가함으로써 이것을 연장시키고자 한다. 록페스티벌에서 환호하는 군중은 마찬가지로 뒤섞인다. 이와 같은 혼재의 순간에는 옛날의 커다란 집단적 의식이나 카니발을 생각나게 하는 고조된 흥분이 존재한다. 그래서 어떤 이는 이러한 순간들을 우리의 세계에 존재하는 종교의 새로운 형태들로 보았다.[53] 뒤르켐(E. Durkheim)은 이와 같은 집단적 흥분의 시간들에 대하여 사회의 기초가 되는 순간이며 신성하다고 중요한 위치를 부여했다.[54] 어쨌든 이러한 순간들은 오늘날의 '외로운 군중들'의 중요한 요구에 부응하는 것으로 보인다.

이런 순간들 가운데 몇몇은 사실, 내가 1절에서 말한 앞선 세기의 카니발과 아주 유사하다. 그 순간들은 강렬하고 감동적일 수 있다. 왜냐하면, 그러한 순간에는 그 이전에 흩어져 있던 잠재력으로부터 새로운 집단적 행위자가 탄생하는 것을 볼 수 있기 때문이다. 그 순간들은 도취시키고 흥분시킬 수 있다. 그러나 카니발과 달리 그 순간들은 구조와 반구조에 대한 암시적이지만 매우 확고한 공통의 이해를 기반으로 하지 않는다. 그 순간들은 종종 대단히 강력하지만 또한 자주 '거칠고' 혼란스럽다. 많은 상이한 도덕적 힘 — 유토피아적이고 혁명적인, 외국인 혐오적인 또는 거칠고 파괴적인 — 에 의하여 움직여질 수 있다. 또는 그 순

---

53) Danièle Hervieu-Léger, *La Religion pour Mémoire*(Paris: Cerf, 1993), ch. 3, 특히 p.82 이하 참조.

54) Émile Durkheim, *Les Formes élémentaires de la Vie religieuse*(Paris: F. Alcan, 1925).

간들은 웬체슬라스 광장에서 종을 번갈아 울리는 것처럼, 깊이 느껴지고 공통적으로 의지하는 선으로 구체화될 수 있다. 또는 다이애나 왕세자비의 장례식에서 비일상적인 삶 가운데서 사랑과 행복에 대한 일상적이고 연약한 추구를 축하하는 것과 같을 수 있다.

뉘른베르크 집회와 또 다른 공포로 가득 찬 20세기 역사를 기억할 때, 사람들은 이와 같이 '거친' 카이로스적인 순간들 속에서 희망만큼 공포를 느낄 충분한 이유를 갖는다. 그러나 그런 순간들의 잠재력과 거대한 호소력이 아마도 근대의 세속적 시간의 경험 속에 함축되어 있다.

VI.

앞 절에서 우리는 우리의 세계에서 시간이 구체화될 수 있는 두 가지 방법을 확인하였다. 첫 번째 방법은 우리 생활에서의 순환, 반복, 되풀이되는 형태, 즉 하루의 반복, 한 주, 계절과 한 해, 활동이 많은 시간, 휴가 등에 의해서다. 두 번째 방법은 변화, 성장, 발전, 잠재성의 현실화를 통해서다. 이것들은 창설, 혁명, 해방이라는 그 자신의 유일한 순간들을 갖고 있다. 이 순간들의 바깥에는 '거칠고', 계획되지 않았으며, 종종 예측할 수 없는 회합의 순간들이 존재한다. 그 순간들에는 서로의 표현이 공통적인 행위로 변한다. 이것들은, 잠재적인 공통의 기반이 처음으로 발견되고, 그리하여 아마도 새로운 공존의 방식이 시작되는 '혁명적인' 순간의 느낌을 가질 수 있기 때문에 대단히 강력할 수 있다. 그것들은 적어도 이 순간에는 접합점 같은 느낌이 들 수 있고, 이 점은 종종 압도적인 그것들의 매력의 일부다.

순환과 유일함은 복잡한 관계를 맺고 있고 서로 의존하고 있다. 우선 위대한 접합점은 7월 4일, 7월 14일, 5월 3일에 반복하여 경축된다. 이야기가 생생하고 적절하며 형성적인 것으로 남아 있기 위해서는 이 같은 경축이 필수적이다. 또한 '거친' 접합점 중 일부는 경축으로부터 존재하거나 생겨난다.

그러나 유일함이 생생하게 남아 있기 위해서 반복되어야 한다면, 순환이 그 의미와 힘을 위해서 유일함에 의존한다는 것도 사실이다. 이 같은 것이 언제나 사실이었다고 주장할 수 있을 것이다. 인류는 실제로 날, 달, 년 그리고 대화재로 끝나는 스토아학파의 '위대한 세월(Great Years)'과 같은 더 긴 기간이라는 시간의 순환을 채택해왔다. 그러나 많은 반복될 수 있는 부분은 하나의 계속적인 질서 또는 초월적인 원리에 관계되며, 그러한 부분이 의미를 갖는 것은 바로 이 같은 질서 또는 원리에 의해서다. 스토아학파의 위대한 해는 한 가지 원리의 전개 및 그 원리의 근원으로 회귀함을 나타낸다. 플라톤에게 많은 사례는 단지 하나의 이데아에 대한 관계일 뿐이다.

실제로 모든 전근대적인 견해에서는 시간의 반복되는 순환의 의미가 시간 바깥 혹은 고차원적 시간 혹은 영원성에서 발견되었다. 근대 세계에서 특이한 점은 반복적인 순환에 의미를 부여하는 하나의 실재가 진보의 이야기, 이성과 자유, 문명, 품위 또는 인권 등으로 다양하게 이해되는, 인간의 자기실현에 관한 이야기라는 견해의 출현이다. 수년 동안 심지어 평생 동안의 규율 있는 업무의 반복, 발명의 위업, 창조, 개량, 국가 건설은 더 큰 이야기 속에서의 위치를 통하여 더 큰 의미를 갖게 된다. 내가 헌신적인 의사, 엔지니어, 과학자, 농학자라고 가정해보자. 나의 생활은 규율 있는 반복으로 가득 차 있다. 그러나 나는 이것을 통해 역사상 처음으로 인류의 복지를 위해 쓰이는 문명을 만들고 유지하는 데 기여하고 있다. 그리고 내가 이룩하는 작은 발견과 개량은 나의 후계자로 하여금 동일한 과제를 조금 더 높은 성취로부터 시작할 수 있도록 할 것이다. 이 같은 반복을 진정으로 가치 있게 만드는 것은 그러한 반복의 의미인데, 그 의미는 공간과 시간을 넘어서 확대되는 이 큰 그림 안에 존재한다.

근대 세계의 중요한 특징은 이 같은 이야기가 공격을 받게 되었다는 것이다. 어떤 경향의 '포스트모더니즘'은, 거대한 이야기의 시대는 끝났고 우리는 이러한 이야기를 더 이상 믿을 수 없다고 주장한다.[55] 그러

---

55) 특히 J. Lyotard, *La Condition post-moderne*(Paris: Edition de Minuit, 1979) 참조.

나 그러한 이야기의 종언은, 포스트모더니즘 작가들 자신들이 이야기의 지배가 끝났다고 선언하면서 같은 수사를 사용하고 있기 때문에 더욱더 명백하게 과장된 것이다. 즉, 그들은 이전에는 우리가 거대한 이야기에 열중하였으나 지금은 그 이야기의 공허함을 깨달았고 다음 단계로 나아간다고 주장하는 것이다. 이것은 낯익은 상투어다.

인간의 진보에 대한 이야기는 우리의 세계에 아주 깊이 새겨져 있기 때문에 그에 대한 모든 믿음이 상실되는 날은 정말로 두려운 날이 될 것이다. 그같이 깊이 새겨져 있다는 사실은 일상의 어휘에 의해 많이 입증된다. 즉, 일상의 어휘에서 어떤 생각은 '진보적인 것'으로, 다른 생각은 '퇴보적인 것'으로, 어떤 견해는 오늘날의 견해로, 다른 견해는 확실히 '중세적인 것'으로, 어떤 사상가는 '시대를 앞서 간다'고, 다른 사상가는 아직 이전 세기에 머물러 있다고 묘사되는 것이다.

그러나 비록 전체적으로 붕괴된 것은 아니지만, 근대성의 이야기가 18세기에 시작된 이래 이의가 제기되었고 논란의 대상이 되었으며 공격을 받아왔다는 것 또한 사실이다. 맨 처음부터 단조로움, 무미건조함, 진보의 목표에 관한 영감의 부족, 일상적인 인간의 행복에 관한 항의가 있었다. 어떤 사람들에게는, 모든 초월적인 전망이 폐기되었다는 사실 자체가 이 같은 목표를 부적합한 것으로 비난하기에 충분했다. 그러나 확고한 무신론자들인 다른 사람들은 인간의 삶을 일률적으로 낮추고, 예외적이고 영웅적이며 생활보다 더 위대한 것을 위한 자리를 마련하지 않는다면서 그것을 비난했다. 진보는 평등, 최저의 공통 수준, 위대함의 종말, 희생, 자기 극복을 의미했다. 니체는 우리의 문화에서 이 같은 공격선을 분명하게 표현하는 가장 영향력 있는 사람이었다.

그 밖에 문명의 규율은 생에 의미를 부여하는 영감, 심오한 느낌, 강력한 감정 등을 제한하고 부인하는 것으로 간주되었다. 규율은 우리가 탈출해야 하는 감옥을 표현한다. 낭만주의 시대 이래로 이 같은 지역으로부터 공격이 반복되었다.

무의미성이라는 유령이 이 모든 공격을 관통한다. 즉, 초월, 영웅주의, 깊은 느낌을 부인한 결과로 우리는, 공허하고, 헌신에 영감을 불어넣을 수 없으며, 진정으로 가치 있는 어떤 것도 제공하지 않고, 우리 자신을 헌신할 수 있는 목표를 향한 열망에 응답할 수 없는 인생관을 갖게 된 것이다. 우리가 인간의 행복을 파괴하고 있는 세력에 대항하여 싸워야만 할 때는 인간의 행복만이 우리에게 영감을 불어넣을 수 있다. 그러나 인간의 행복은 일단 실현되면 권태, 즉 우주의 하품 이외에 아무것에 대해서도 영감을 불어넣지 않는다.

이 같은 주제는 진정으로 근대성에 특이한 것이다. 이전에는 의미의 부재를 두려워하는 것은 기이한 것으로 여겨졌다. 인류가 구원과 저주 사이에 놓여 있을 때는 우리가 복수하는 신의 부정의와 잔혹함에 대하여 항의할 수도 있다. 그러나 중요한 이슈가 남지 않은 것에 대해 항의하지는 않는다.

이 같은 걱정은 근대성에 매우 본질적인 것이었기 때문에 어떤 사상가들은 종교의 본질을 의미의 문제에 대한 종교의 답변에 있는 것으로 보았다. 막스 베버의 카리스마 이론은 이 같은 생각, 즉 카리스마적인 인물은 강력한 의미 감각을 제시하기 때문에 주목을 받는다는 생각에 의존한다. 이 점에서 베버는 종교는 고통에 의미를 주기 때문에 신뢰할 수 있는 것으로 될 수 있다는 니체의 생각을 따른다. 우리가 견딜 수 없는 한 가지는 의미 없는 고통인 것이다.56) 그리고 최근에 마르셀 고셰 (Marcel Gauchet)는 그의 흥미로운 책에서 베버의 견해를 따랐다.57)

사실 나는 이 같은 이론은 중요한 점에서 적절치 않은 것이라고 생각한다. 그러한 이론은 종교의 핵심이 의미에 대한 인간의 필요를 해결하는 데 있다고 시사한다. 이 같은 입장을 취하면서 그러한 이론은, 근대의 곤경으로부터 유래된 견해가 사물에 대한 최종적인 진리인 것처럼 근대의 곤경을 절대화한다. 이 같은 방식으로, 그러한 이론은 어떤 의미에서는 진보에 관한 이야기로부터의 파생물을 구성한다. 그러나 그러한 이론이 출발하는 직관이 다음과 같다는 것은 논쟁의 여지가 없다. 즉, 의미에 관한 문제는 우리 시대의 중심적인 편향이고, 의미의 위협적인

---

56) Friedrich Nietzsche, *Genealogie der Moral*, III, S.28.

57) Marcel Gauchet, *Le Désenchantement do monde*(Paris: Gallimard, 1985).

결핍은 우리가 그것에 의존하여 살아가는 근대성에 대한 모든 이야기를 약화시킨다.

그러나 이 같은 타고난 약함을 도외시하고도 근대성에 대한 이야기는 19세기와 20세기에 의심과 공격의 대상이 된다. 이는 부분적으로 문명의 실제적인 업적, 즉 산업 불모지, 방만한 자본주의, 대중 사회, 생태학적 황폐함 등이 점점 더 의심스럽게 보이기 시작하기 때문이다. 그러나 또한 최초의 계몽주의적 목표가 점점 더 다른 변종으로 분화하기 때문이기도 하다. 그러한 변종은 때때로 의미심장한 성취를 포함하는 인간의 복지의 이설(異說)과 같이, 이전의 비판에 대응하여 발생한다. 그리고 자본주의의 타락을 극복하고자 한 공산주의적 환상과 같이, 문명의 문제 있는 실현에 대응하여 발생한다.

이 모든 것에 더하여 계몽주의 시대에 여전히 위력을 많이 떨쳤던, 질서에 대한 이전의 생각, 존재의 위대한 연쇄와 같은 생각, 신과 인간의 구원사에 대한 생각은 그 힘을 많이 잃었다. 낭만주의 시대의 시와 예술 중 많은 것은 오로지 이 같은 몰락을 배경으로 해야만 이해될 수 있다. 질서에 대한 더욱 오래된 관념은 시적 언어에 대한 일군의 참조 사항과, 이해되는 힘을 지닌 일련의 회화 주제를 제공했다. 이제 이와 같이 참조 사항과 힘에 의존하는 예술 언어는 약화되기 시작한다. 시는 일반적으로 받아들여진 사물에 대한 생각과는 관계없이 형성된 "더 미묘한 언어"를 찾는다.58) 예술은 새롭게 정의된 주제를 찾는다.

그러나 문명 속에서의 규율 잡힌 일상생활의 반복은 믿을 만한 이야기 또는 질서에 대한 이전 관념과 같은 것을 통해 지지받지 못하면서 대단히 문제 있는 것으로 된다. 우선 이것들은 우리를 의미 없는 반복으로 한정하는 것으로, 의미의 근원이 될 수 있는 것은 무엇이든 분쇄하고 죽이는 감옥으로 여겨질 수 있다. 이 같은 생각은 이미 낭만주의 시대의

---

58) 이 용어는 셸리의 것이다. 그러나 매우 흥미로운 방식으로 얼 와서만에 의해 선택되었다. Earl Wasserman, *The Subtler Language: Critical Readings of Neoclassic and Romantic Poems*(Johns Hopkins University Press, 1968) 참조. 'subtler language' 개념을 더 깊이 논의하려면, 나의 책, *Sources of the Self* (Harvard University Press, 1989), Part V를 보라.

비판에서 나타났지만, 현대로 가까이 오면서 더욱 끈질기게 되풀이된다.

이와 같지 않다면 이 같은 반복이 그 자체로서 우리의 생활을 완성할 수가 없다. 왜냐하면 우리는 실업, 강요된 게으름 또는 규율을 받아들일 수 없음/받아들이려고 하지 않음에 의하여 반복으로부터 추방되거나 반복에 들어갈 수 없게 되거나 또는 반복 바깥에 머물러 있기 때문이다. 그러나 그때 매일의 시간의 바로 그 형태, 현 순간의 시간의 지역적인 형태가 상실될 위험에 놓인다. 시간은 붕괴되고, 모든 의미 있는 연관성을 상실하고, 무기력하거나 무한하게 된다.

이것도 아니면 반복은 여전히 현존하지만 반복적인 사례를 넘어서서 우리의 생활을 통일하지는 못하게 된다. 반복은 전 생애에 통일을 줄 수 없고, 우리의 삶을 우리 조상과 후손의 삶과 통일시키지도 못한다. 그러나 이 점은 언제나 반복될 수 있는 순환의 의미의 중요한 일부였다. 반복은 연속성 안에서 우리를 연결함으로써 다른 사례를 시간을 넘어선 더 큰 하나의 형태 안에서 묶는다. 이 같은 형태는 질적으로 동일하다는 점에서 조상들의 형태와 하나다. 그러나 이뿐만 아니라 그 형태는 조상들의 형태와 연속적이며 같은 이야기의 일부다. 그들이 이 같은 이야기를 우리에게 전해준 것은 그들의 생활 형태의 일부였다. 내가 재공연을 통하여 그들을 존경하고 그 형태를 다시 살면서 그들을 기억하는 것은 나의 생활 형태의 일부다. 이 같은 다른 공연은 불연속적이지 않다. 그것들은 연결되어 있고 파손되지 않은 이야기로 결합된다.

생의 반복적인 순환이 시간을 넘어 연결되고 연속성을 만든다는 것은 의미를 지닌 생활의 필수 조건이다. 바로 이 같은 연결은 영원 속에서의 만남이라는 이전의 방식에 의해 확인되었다. 이는 마치 인간의 자기실현에 대한 근대의 강력한 이야기에 의하여 제공되는 것과 같다. 그러나 신뢰성과 이 같은 이야기의 힘이 약화되는 곳에서 통일성은 위협을 받는다.

우리는 뒤늦은 것이지만 분열과 무의미성에 대한 이 같은 위협은 순전히 세속적인 시간으로의, 또한 고차원적 시간과 연결되지 않고 사는 삶으로의 최초의 이동에 내재되어 있었고, 적어도 인간의 문제에 관한 한 "동질적이고 비어 있는" 것으로 묘사될 수 있는 우주적 시간을 배경으로 한다고 주장할 수 있다. 그러나 오랫동안 이전 견해의 남은 힘과 강력한 이야기의 힘이 이 같은 위협을 멀리 두었다는 점은 분명하다. 사람들이 시간 의식의 일종의 위기에 대한 인식을 보기 시작한 것은 19세기 중엽인데, 물론 이는 예술적, 문화적 엘리트들 사이에서만 그렇다.

우리는 그것을 내가 방금 언급한 세 가지 방식으로 본다. 반복 속에 갇혀 있다는 느낌은 쇠우리에 대한 베버의 위대한 이미지에 의하여 분명하게 표현된다. 이것은 진부한 것, '일상의 것' 안으로 투옥되는 것이다. (사실, 우리가 영어로 카리스마의 '속화(俗化)'로 번역하는 말은 'veralltaglichung'이다.)

매일의 시간의 붕괴의 느낌, 그것이 일종의 단조로운 무한성으로 경화됨은 보들레르에 의하여 감동적으로 명백히 표현되었다. 그것은 그가 "우울", "권태"라고 부르는 것의 본질이다.

프루스트(M. Proust)는 시간을 넘어서 있는 상실된 연결을 가장 뛰어나게 명백히 표현하였을 뿐만 아니라 그것을 회복하는 경험 내재적인 새로운 방법을 만들어냈다. 즉, 고차원적 시간에 대한 예전의 의식이 사라진 세속의 시간의 세계에 사는 것은, 진정으로 시간 및 기억에 대한 새로운 감각이 자라도록 허용하고 또한 이를 야기했다. 이 같은 감각 중 가장 현저한 것의 하나는 『잃어버린 시간을 찾아서』에서 우리의 눈앞에 창조되는데, 이 작품은 그것이 형식화될 수 있는 '더 미묘한 언어'의 창조를 향해 건설한다. 프루스트가 우리에게 주는 것은 세속의 시간의 흐름 가운데 있는 근대적 삶의 감성으로부터 만들어진, 고차원적 시간에 대한 느낌이다. 넓은 간격의 순간간의 연결은 존재의 질서나 신성한 역사에 의하여 매개되지 않는다. 그것은 마들렌과 흔들리는 포석(鋪石)에 대한 세속적이고 관능적인 경험 속에서 나타나게 된다.

이 세 가지 차원에서 상실의 느낌을 통해 나타나는 것은 문명의 규율 잡힌 질서의 객관화된 시간-근원의 아래에서 또는 이를 넘어서 살아온 시간을 재발견하려는 필요다. 바로 살아온 경험을 통해서 우리는 쇠우리로부터 빠져나갈 방법을 발견하거나 또는 권태의 세계를 변형하거나 상실된 시간을 다시 연결한다.

　작가들은 상실을 탐구하고 변형을 더듬어 찾지만, 철학은 베르그송이나 하이데거에서처럼 살아온 시간을 시험적으로 주제로 삼기 시작한다.

　위에서 말한 것은 우리의 근대 시간-경험이 고차원적 시간의 퇴보에 대하여 반응하는 방법 중 일부다. 그 방법을 모두 열거하기 위해서는 현대 문화, 특히 죽음에 대한 우리의 태도에 대한 훨씬 더 광범위한 연구가 필요할 것이다. 그러나 나는 검토 중인 이 영역에서 중요한 문제의 일부를 드러내기에 충분한 내용이 전달되었기를 바란다.

신혜영 옮김

종교와 정치: 종교적 갈등과 인정 투쟁의 정치

I.

지난 몇 세기 동안 진행된 '라틴 기독교 문명'('서양'으로도 알려진)의 변화가 오늘 발표의 첫 주제인데, 이런 전환을 서술할 때 맨 먼저 우리가 연상하는 것은 '세속화'라는 단어다. 세속화와 함께 서로 보완 관계에 있는 다른 현상은, 집단적으로 이루어지는 의식(儀式)에 대한 강조로부터 개인적 헌신이나 신앙을 중요시하는 형태로 종교가 점차적으로 바뀌어갔다는 사실이다. 라틴 기독교 문명의 경우, 이런 변화는 다음과 같은 세 가지 사항을 함축한다. 첫째는 갈수록 예수 그리스도가 강조되었다. (11세기 이후 예수 그리스도의 중심성이 갈수록 확대되어간 것이 명백하다.) 둘째는, 르네상스 이후 지속적으로 신앙생활의 내면성이 증대했다. (가톨릭의 경우, 성 테레사, 로욜라, 성 프랑수아 드 살르가 그리고 개신교의 경우 청교도들과 경건파가 그 예다.) 셋째는, 성스러움이 시공간이나 인물 그리고 제례에 있다는 생각이 점차 약화되어갔다는 것이다. 대신 내면적 헌신과 도덕적 행동의 표출, 또 (나중에는) 경건한 느낌의 배양에서 신성함이 발견된다는 시각으로 이행했다. (개신교에서는 청교도들이 자기 성찰과 행위를 가장 강조했으나 루터교도 특정한 내면적 헌신을 장려했으며 가톨릭에서는 얀센파가 강력한 자기 성찰적 도덕주의를 시현했다.)

그러나 기독교 문명의 이런 특징을 넘어서, 근대 세계와 더 관련 깊은 종교적 변화의 일반 양상을 추출해낼 수 있다. 첫째는, 집단적 의례에 대한 준수보다 개인의 책임과 헌신을 강조한다는 점이다. 바꿔 말하면 개인적 정체성의 의미가 더 부각되는 것이다. 라틴 기독교 문명에서 개인주의의 부상은 종교 생활의 전환에서부터 비롯된다는 추론이 가능하다.

그러나 또한 지난 수백 년 동안 발생한 상상의 혁명적 전환은 더 넓은 문화적-종교적 격변이라는 맥락 속에서 해석되어야 한다. 우리가 추적할 수 있는 한도 내에서 초기 소규모 사회의 종교 생활의 특징에 주목할 때 천 년간 발생한 전체적 변화의 규모가 좀 더 분명히 드러난다. 이 시기 삶의 양상에 대해서는 추측만이 가능하지만, 모든 인류가 이런 소규모 사회에서 살았던 시기가 분명 있었을 것이다.

그러나 우리가 '초기 종교'(예컨대 로버트 벨라(Robert Bellah)가 "원형적 종교"[1]라고 부른 것을 부분적으로 포함하는)를 살펴보면, 행위자가 그런 삶의 형태와 얼마나 깊이 '연결되어 있는가(embed)'를 주목하게 된다. 이제 그 모습을 세 가지 방식으로 서술해보자.

첫째, 사회적으로 구석기시대와 일부 신석기시대 부족 사회에서 종교 생활은 사회생활과 서로 분리할 수 없는 것이었다. 이는 물론 초기 종교에만 국한된 현상은 아니다. 왜냐하면 이 사회의 행위자들이 사용한 기초적 언어, 성스러움의 범주, 종교적 경험 형식, 의식 행위의 양태 등을 사회적으로 확립된 종교 생활에서도 찾아볼 수 있기 때문이다. 소규모 사회도 공통된 인간적 능력들을 독자적으로 형성하고 나름대로 표현해온 것으로 짐작된다. 이런 종교적 어휘가 흩어지고 교환되기도 했지만 그 어휘의 차이나 가능성의 범위는 믿을 수 없으리만치 다양하다.

인간에게 공통된 종교적 능력이란 무엇인지, 또 이 능력이 인간의 영

---

1) Robert Bellah, *Beyond Belief: Essays on Religion in a Post-Traditional World*(New York: Harper & Row, 1970), ch. 2 "Religious Revolution" 참조.

혼으로부터만 나오는 것인지 아니면 인간을 넘어서는 영적 실재에 대한 반응으로 간주되어야 하는지의 문제는 일단 건너뛰기로 하자. 이것이 삶의 필연적 차원인지 아니면 종국적으로 극복할 수 있는 문제인지 여부도 (비록 이 사안에 대해 내가 강한 육감을 지니고 있기는 하지만) 열어놓겠다. 그러나 다음과 같은 문제가 새로 부각된다. 첫째는, 일상생활에서 발견되는 힘이나 동물이 아니라 무언가 고차적인 것으로 인지되는 힘, 권능, 영혼과 관련된 존재의 편재성(遍在性)이며, 둘째는, 고차적 권능들이 인식되고 연결되는 방식이 다양하다는 사실이다. 이는 '이론'이나 '믿음'의 차이 이상의 문제이며, 종교적 능력과 경험 그리고 종교를 체험하는 다양한 방식의 현격한 차이를 지칭한다.

따라서 신들림으로 여겨지는 황홀경에 빠지는 사람도 있고, (가끔은 동일인이) 강력한 꿈을 꾸기도 하며, 고차적 세계로 스스로 옮겨가는 경험을 하는 샤먼도 있고, 어떤 상황에서는 경이로운 치유 효과가 발생하기도 한다. 현대 문명인 대부분이 결코 이해할 수 없는 이런 현상들은 또한 종교적 능력을 삶에서 아직 획득하지 못한 고대인들에게도 불가사의한 것이었다. 그 결과, 불길한 꿈을 꾸는 자들이 신들림을 경험하지 못할 수도 있으며, 신들림을 겪는 사람들이 치유 능력을 가지 못하는 등의 경우도 발견된다.

획득 가능한 종교적 언어, 능력, 경험 양태들이 우리가 태어난 사회의 소산이라는 사실은 어떤 의미에서 모든 인간에게 해당된다. 위대한 혁신적 종교를 세운 이들도 각자의 사회에 이미 존재했던 종교적 어휘에 의존해야만 했던 것이다. 이는 인간 언어 일반에 모두 해당되는 사실이기도 하다. 즉, 인간은 자신이 성장한 언어 공동체로부터 언어를 배우며, 주어진 언어에 기댐으로써만 그것을 넘어설 수 있다는 것이다. 그러나 또한 영적 어휘들 사이의 교류가 갈수록 잦아지면서 서로 영향을 주고받으며, 어휘 선택지도 늘어나고, 떨어져 사는 관계로 극심한 편차를 보였던 사람들의 종교적 삶의 차이가 갈수록 완화되는 세계 안으로 우리가 진입해가고 있다는 사실도 명백하다.

모든 종교가 사회적 성격을 띠게 되는 두 번째의 방식이 대분리

(Great Disembedding) 현상과 더 관련이 깊다. 이 방식은 집단 전체 아니면 집단을 대신하는 특별 행위자가 중요한 종교 행동, 즉 접신, 기도, 공양, 신 또는 혼을 불러냄, 신적 권능에 접근함, 치유 효과, 보호, 은사(恩赦) 등에서 주요 행위자 역할을 하는 경우다. 바꿔 말하면 초기 종교에서 인간은 한 무리로서 신과 교통하는 것이다.

예컨대 50년 전에 린하트(Godfrey Lienhardt)가 묘사했듯이 딩카족의 희생 제의에서 실례를 볼 수 있다. 한편으로 제례의 주행위자인 "고기잡이 창의 대가"는 어떤 의미에서 전체 무리를 대신하는 "직능인"이다. 또한 모두가 제례에 전념할 때까지 이 대가의 선창(先唱)을 따라함으로써 전 공동체가 한 몸이 되는 것이다. 행사가 절정에 이를 때 "참가자 모두가 완벽하게 통합된 한 무리와 일체가 된다." 주문으로 신을 불러냄으로써 함께 접신하게 되는 경험인 것이다.2)

이는 특정 공동체에서만 사건이 발생하는 방식은 아니다. 의식의 효율성을 위해 집단행동이 필수적이기 때문이다. 딩카족 세계에서는 혼자 신을 불러내는 것이 불가능하다. "실질적이고 전통적으로 개인을 포괄하는 공동체가 행하는 통합적 행동의 중요성이야말로 딩카족이 집과 동족에서 떨어져 불운을 겪을 때 공포를 느끼는 이유다."3)

공동체가 직접 관여하거나 공동체를 대리하는 주요 행위자가 이끄는 집단적 종교 의식은 사실 거의 모든 초기 종교에서 발견되며, 어떤 점에서는 오늘날까지 지속되고 있다. 내가 탈주술화에 대해 언급하면서 지적한 것처럼, 이런 현상은 사람들이 주술화된 세계 속에서 사는 한 계속 중요성을 띠게 될 것이다. 예컨대 "마을의 경계 영역을 막대로 두드리기"라는 농촌 마을 행사는 교구 전체의 일이며 집단행동으로서만 유효한 것이다.

종교와 사회적 의식의 상호 연결은 또 다른 특징을 동반한다. 가장 중요한 종교 행위가 집단적이고 또 성직자, 샤먼, 치료 능력자, 예언자,

---

2) Godfrey Lienhardt, *Divinity and Experience*(Oxford University Press, 1961), pp.233-235.
3) 같은 책, p.292.

족장 등의 직능자들이 종교 행위의 핵심 역할을 하기 때문에 이들의 역할을 규정하는 사회 질서가 신성한 것으로 간주되는 것이다. 급진적 계몽주의가 이 현상에 주목해 조롱의 대상으로 삼은 것은 말할 것도 없다. 신성한 사물의 구조와 직능자들을 동일하게 보는 태도가 만들어내는 불평등, 억압, 착취 형태들의 고착을 계몽주의는 백일하에 폭로하고 규탄했다. 그리고 "마지막 성직자의 창자를 이용해 마지막 왕을 목 졸라 죽이는" 그날을 고대했던 것이다. 그러나 실상 이런 동일시는 왕이나 성직자의 위계가 생겨나기 전, 즉 아주 심한 형태의 불평등이 생겨나기 전까지 소급되는 매우 오래된 현상이다.

불평등과 정의의 문제 뒤에는 초기 사회 속 인간의 '정체성'이라고 오늘날 불리는 좀 더 심층적인 사안이 존재한다. 가장 중요한 행위가 (족장, 샤먼, 고기잡이 창의 대가가 이끄는) 특정한 방식으로 전체 집단 (종족, 부족, 아(亞)부족, 인척)의 행위에 의해 표현되는 까닭에 초기 사회 인간들은 사회적 모체로부터 절연될 가능성이 있는 자신을 상상할 수 없다. 아마도 절연에의 시도 자체가 거의 불가능했을 것이다.

초기 사회 인간들에게 절연이 어떤 의미를 지닌 것인가를 이해하기 위해 오늘날 우리들조차 쉽게 떨칠 수 없는 맥락을 생각해보자. 내가 다른 부모 밑에서 태어났다면 나는 어떤 사람이 됐을까? 이런 질문이 하나의 사유 실험으로서 제기될 수 있다. (답은 다른 부모 밑에서 태어난 사람 비슷할 것임.) 나 자신의 정체성을 탐색하기 위해 실험을 계속해보자. 지금의 직장을 내가 택하지 않았거나 지금의 아내와 결혼하지 않았다면 내가 과연 어떻게 됐을까를 생각해보면 머리가 복잡해진다. 초기 사회 인간들에 대해 사회와의 절연이 갖는 뜻을 제대로 밝히기 위해 내 정체성의 형성 지평에 관해 너무 깊숙이 논의해온 것 같다. 그러나 대부분의 사람들에게 성차(性差)도 비슷한 의의를 지닌다.

여기서 나의 논점은, 초기 사회 사람들이 특정 맥락과 분리된 자아를 상상조차 할 수 없었다는 사실이 현대사회 구성원에게도 본질적 차원에서는 계승된 측면이 있다는 것이다. 그러나 상황은 많이 변했다. 위에서 예시된 가상적 질문들을 우리가 제기할 수 있을 뿐만 아니라 절실한 실질적 논제(이민을 가야 하는가? 개종을 하든지 종교를 버려야 하는가?)로 간주한다는 사실 자체가 우리가 맥락과 얼마나 분리되었는가를 시사한다. 그럴듯하지 않은 추상적 논제들을 운위할 수 있는 현대인의 능력이 이 사실을 반영한다.

내가 사회적 연결이라고 명명한 논제는 부분적으로 정체성의 문제이기도 하다. 사회적 연결이란, 개인의 자아의식이라는 관점에서 볼 때 사회적 모체 밖의 자아가 상상 불가능하다는 사실을 뜻한다. 그러나 사회적 연결은 또한 사회적 실재이기도 하다. 즉, 특정한 방식으로 구조화되어 있는 사회 전체의 행위가 가장 중요하기 때문에 사회적 연결이란 우리 스스로의 사회적 존재를 떠올리는 방식이기도 한 것이다. 우리의 자아의식에 제한을 가하는 종류의 사회적 상상이 지배적인 곳에서는 사회적 연결이 증가하는 것을 알 수 있다.

따라서 연결되어 있다는 것은 사회와 이어져 있음을 의미한다. 사회적 연결은 우주와의 연결로 이행된다. 왜냐하면 초기 종교에서 인간이 만나는 정령과 초자연적 힘들이 여러 방식으로 세계와 결부되어 있기 때문이다. 앞서 중세 조상들의 주술적 세계와 관련해 이를 논의한 바가 있다. 우리 조상이 숭배한 신이 세계를 초월해 있기도 하지만 동시에 성물(聖物)이나 성소 등을 통해 선조들이 우주 안의 정령들과 교섭했고, 사물에 내재된 인과적 권능과 교류하기도 했던 것이다. 초기 종교에서는 상위의 신들도 세계의 어떤 양상과 동일시되기도 했다. '토테미즘'을 신봉했던 곳에서는, 예컨대 동물이나 식물 종 등이 무리의 정체성에 핵심적이기도 했던 것이다.[4] 지리적 지형이 종교 생활에 필수적 영향을 미치기도 했다. 예컨대 어떤 장소는 신성하며, 땅의 형상이 신성한 시간 속에 있는 원초적 사물의 배열을 알려주기도 한다. 풍경을 통해 조상과 고차적인 신성한 시간과 연결될 수 있는 것이다.[5]

---

4) 예컨대 같은 책, ch. 3; Roger Caillois, *L'homme et le sacré*(Paris: Gallimare, 1963), ch. 3 참조.

5) 이는 많이 지적된 호주 원주민 종교의 특징이다. Lucien Lévy-Bruhl, *L'expérience mystique et les symboles chez les primitifs*(Paris: Alcan, 1937), p.180; Roger Caillois, *L'homme et le sacré*, pp.143-145 ; W. E. H. Stanner, *On*

사회 그리고 우주와의 연결 외에 초기 종교에서 현실과 연결되는 세 번째 형태를 발견할 수 있다. 이것이 이른바 '고등 종교'와 초기 종교 사이의 가장 큰 차이다. 초기 종교에서는 사람들이 번영, 건강, 장수, 다산(多産) 등을 간구하며 병, 죽음, 기근, 불임, 급사 등을 피하게 해달라고 신에게 간청한다. 세상적 잘됨(human flourishing)에 대한 이런 갈망은 거의 직관적으로 이해할 수 있는 사항이며 어떤 의미에서 매우 '자연스러운 것'이기도 하다. 그러나 내가 제1강연에서 언급한 것처럼, 후기의 '고등' 종교는 이런 통상적 생각에 대해 급진적인 의문을 제기하면서 잘됨에의 간구를 넘어서야 한다는 주장을 편다.

물론 이는 모든 사람이 세상적 잘됨을 추구한다고 말하는 것은 아니다. 초기 종교의 신들도 인간에게 고통스러운 목표를 설정했을 수 있다. 초기 종교의 신들이 인간에게 호의적이기만 한 것은 아니라는 주장에도 일리가 있다. 가끔은 신이 우리에게 냉담하거나 인간이 피해야 하는 적개심, 질투, 분노를 표출할 수도 있다. 신에게는 원칙적으로 선의가 선차적이지만, 신의 분노나 질투가 때로는 '책략가'적 인물들의 행위나 화해를 통해 신의 뜻에 도움을 줄 수도 있는 것이다. 어쨌든 중요한 것은 보통의 세상적 잘됨이 신의 선한 의도의 징표로 받아들여졌다는 사실이다. 예언자나 샤먼처럼 보통 사람들이 획득 불가능한 능력이 존재할 수 있지만, 결국에는 이 능력도 세상적 잘됨이라는 목표에 봉사하는 것으로 간주된다.

초기 종교와는 대조적으로, 첫 강연에서 살펴본 것처럼 기독교나 불교의 경우에, 세상적 잘됨의 기준을 넘어서는 선의 개념을 발견할 수 있다. 세상적 잘됨이라는 잣대에서 전면적으로 실패하는 경우에도, 즉 바로 그런 실패를 **통해서**(젊어서 십자가에 못 박혀 죽거나) 또는 잘됨이 펼쳐지는 영역을 송두리째 떠남으로써(윤회의 순환을 끝냄으로써) 오히

Aboriginal Religion(Sydney University Press, 1989)등을 보라. 토지에 대한 이런 연관성을 영국령 콜롬비아의 오카나간 족과 관련해 분석한 책으로는 Jerry Mander and Edward Goldsmith eds., *The Case Against the Global Economy*, ch. 39 참조.

려 선에 이를 수 있다는 것이다. 초기 종교와 관련해서 기독교의 역설은, 기독교가 인류에 대한 신의 무조건적 사랑을 초기부터 의심의 여지없이 명백하게 설파하면서도 인간의 목적을 잘됨의 잣대를 초월해서 재규정한다는 데 있다.

이 점에서 초기 종교와 근대의 배타적 휴머니즘은 서로 통한다. 이것이 바로 근대의 수많은 계몽주의 이후 시기 인물들이 '이교 사상'에 대해 공감을 피력한 이유다. 존 스튜어트 밀에 의하면 "이교적 자기주장"은 "기독교적 자기부인"보다 훨씬 우월하다. (내가 나중에 논의하려고 하는데, 이런 태도와 '다신론'에 대한 공감이 서로 관련은 있지만 같은 것은 아니다.) 근대 휴머니즘은 세상적 잘됨과 세상 너머의 지평이 서로 전혀 상관관계가 없다고 주장하는 데서 그 전례가 없는 경우라 할 수 있다.

앞서 시사된 것처럼 나는 여기서 '초기 종교'를 이른바 '차축(車軸) 시대 이후'의 종교와 대조해 사용하고 있는데,6) '차축 시대'는 물론 야스퍼스에 전거를 둔 말이다.7) 차축 시대란 기원전 6세기를 전후해 상이한 문명에서 각기 독립적으로 공자, 부처, 소크라테스, 유대교 선지자들 같은 창립자들에 의해 특징지어진 다양한 '고등' 종교가 출현한 놀라운 시기를 지칭한다.

초기 종교와 비교해서 차축 종교의 놀랄 만한 특징, 즉 미리 예측하기 어려웠던 특징은 사회적 질서, 우주, 인간의 선이라는 세 가지 연결 지평과 모두 단절을 개시했다는 점이다. 물론 이런 단절들이 모두 단번에 이루어졌다고 하기는 어렵다. 어떤 점에서 불교는 윤회가 곧 고통이라는 이유로 우주 질서 그 자체를 회의했고, 나아가 종교와 우주와의 연결을 혁신적으로 단절했다는 점에서 가장 급진적이었다. 이 세계가 혼란스럽기 때문에 세계 자체가 재생되어야 한다고 주장한 점에서 기독교

---

6) 예컨대 S. N. Eisenstadt ed., *The Origins and Diversity of Axial Age Civilizations*(State University of New York Press, 1986)와 Robert Bellah, *Beyond Belief* 참조.

7) Karl Jaspers, *Vom Ursprung and Ziel der Geschichte*(Zurich: Artemis, 1949).

에도 유사점이 있다. 그러나 공자나 플라톤의 상이한 경우에서처럼, 어떤 차축 이후 시대 종교적 시각은 조화로운 우주와의 관련이라는 감각을 유지하고 있다. 그러나 이 경우도 조화로운 세계와, 실제 매우 불완전한 사회적 질서 사이의 차이를 분명히 함으로써 우주와의 연결을 집단적 종교 행위를 통해 이루려는 시도에 대해서는 비판적이다.

가장 근본적인 변화는 차축 종교가 인간의 선에 대한 시각을 수정했다는 사실이다. 정도에는 차이가 있지만 모든 차축 종교가 그때까지 자연스러운 것으로 전승되어온 세상적 잘됨의 개념에 대해 급진적으로 회의했던 것이다. 따라서 사회 구조나 또 세상적 잘됨이 추구되는 우주의 지평 자체가 근본적으로 의심의 대상이 될 수밖에 없었다.

지금까지 논의한 차이점을 이렇게 요약해보자. 차축 시대 이후 종교와 달리 초기 종교는 내가 지금까지 서술한 세 가지 차원에서 사물의 질서를 그대로 수용한다. 호주 원주민 종교를 다룬 뛰어난 연작 논문들에서 스태너(W. E. H. Stanner)는 원주민 종교의 정신성에 핵심적인 "동조적(同調的) 태도"에 대해 언급한다. 호주 원주민들은 차축 이후 시대의 여러 종교적 운동에서 발원한 "삶과의 다툼"이라는 태도를 건설하지 못했다.8) 이런 차이는 간과되기 쉽다. 왜냐하면 원주민 신화에 의하면 사물의 질서가 꿈의 시간(시간 밖의 원초적 시간으로서 '언제나 같은 시간'이기도 한) 동안에 만들어지는 방식이 다음과 같기 때문이다. 즉, 책략, 기만, 폭력이 파멸을 가져오고, 그 과정을 거쳐 분열되고 일그러진 형태로 인간이 삶을 보전하고 다시 꾸린다. 그 결과 삶과 고통, 통합과 분열은 뗄 수없이 이어져 있다. 이는 창세기 1장을 연상시키는 타락 설화 비슷하게 들린다. 그러나 기독교와는 대조적으로 원주민들에게는 제례 의식과 깨달음을 통해 원초적 시간 질서와의 접촉을 회복하고 꿈을 '따라간다'는 과제가, 선과 악이 뒤섞여버린 분열되고 손상된 섭리와

---

8) W. E. H. Stanner, "On Aboriginal Religion", a series of six articles in *Oceania*, vols. 30-33(1959-1963); 인용된 이 표현은 Articles II, vol. 30, no. 4(June 1960), p.276에 실려 있다. W. E. H. Stanner, "The Dreaming", in W. Lessa and E. Z. Vogt, eds., *Reader in Comparative Religion*(Evanston: Row, Peterson, 1958), pp.158-167도 참조.

이어지는 것이다. 따라서 원초적 분열을 고치거나 보상한다든가 또는 원초적 상실로부터 선을 이끌어낸다는 발상 자체가 부재한 것이다. 나아가 제례에 수반된 지혜는, 지울 수 없고 "변화시킬 수도 없는 것을 기꺼이 찬미하는" 태도를 낳는다.9) 시원적 파멸이 창세기에서처럼 인간을 신성함과 신으로부터 단절시키는 것이 아니라 우리가 "따라가려고" 노력하는 신성한 질서 형성에 오히려 도움을 준다는 것이다.10)

초기 종교적 삶을 차축 종교가 완전히 대체한 것은 아니다. 초기 종교적 특징들은 수세기 동안 수정된 형태로 대부분의 종교 생활을 계속 규정했다. 차축 종교의 정식화뿐 아니라 위계적 조직과 국가 구조의 맹아적 발생과 함께 대규모로 분화되고 도시화된 사회의 성장이 이런 수정을 낳았다. 또한 이런 변화가 분리 과정을 촉진해왔다고 분석되기도 했다. 왜냐하면 국가 권력의 존재 자체가 종교 생활과, 종교 생활에 필요한 사회 구조를 규제하려는 시도를 포함함으로써 이 둘을 둘러싼 불가침적 분위기를 깨뜨리기 때문이다.11) 이 논제는 매우 중요하며, 나중에 내가 비슷한 주제를 제시할 것이지만 지금은 차축 시대의 중요성에 전념할 필요가 있다.

상술한 변화가 사회 전체의 종교 생활을 단번에 모조리 바꾼 것은 아니지만 그 결과 탈맥락화된 종교라는 새로운 가능성이 창출된 것은 사실이다. 바꿔 말하면, 기존의 신성한 질서로부터 독립적인 새로운 사회성 속에서 개인들 스스로 신이나 성스러움과 관계 맺기를 시도할 수 있게 되었고, 그런 관계가 기존의 세상적 잘됨의 개념을 넘어서거나 크게 변화시켰다는 것이다. 따라서 수도사나 비구승, 탁발승 그리고 신이나

---

9) Article VI, *Oceania*, vol. 33, no. 4(June 1963), p.269.

10) 나는 로버트 벨라가 자신의 논집 *Beyond Belief*에 실은 "Religious Evolution"에서 서술한 종교적 발전 양상에 대한 설명으로부터 큰 도움을 받았다. 내 논의는 벨라가 시도한 구별법보다 훨씬 단순하다. 내가 사용한 '초기' 종교의 범주는 벨라의 '원시' 종교와 '원형적' 종교를 섞어놓은 것이다. 나는 차축 종교의 탈맥락적 효과를 선명하게 부각시키려 했다.

11) Marcel Gauchet, *Le désenchantment du monde*(Paris: Gallimard, 1985), ch. 2 참조.

제단에 귀의하는 사람들이 능동적으로 주도권을 발휘했고, 전례 없이 새로운 사회성의 형태인 발기인 집단이나 귀의자 집단, 승가, 수도원 질서가 출현한 것이다.

사회 전체의 종교 생활과 이런 신생 질서들 사이에는 틈이나 차이 또는 결별까지도 발견된다. 물론 새 질서 자체도 다른 계층이나 계급을 포함하면서 어느 정도는 분화된 조직일 수 있고, 그 안에 새로운 종교적 관점이 자리 잡을 수도 있다. 그러나 특히 '고차적인' 인간적 선의 이념을 가지고 세속적 번영의 지평과 결별한 새로운 신앙은 이 모든 것들을 무시할 수 있다.

그 결과 불가피하게 긴장이 생기지만, 상이한 종교 형태들 사이의 보완성을 회복하고 전체의 통합성을 확보하려는 시도도 자주 찾아볼 수 있다. 따라서 '고등' 종교를 전면적으로 믿는 사람들이, 한편으로는 신에게 세상적 잘됨을 비는 초기 종교 신봉자들을 비판하면서도 양자 사이에는 상호 부조의 관계가 성립했던 것이다. 속인들은 스님들을 공양함으로써 '보시'를 베풀고, 이 보시 행위가 속인들을 영적으로 좀 더 '정화'시키기도 하면서 동시에 속인들이 살면서 부딪힐 재난을 감소시키고 건강, 번영, 다산을 돕기도 하는 것이다.

상기한 보완성에의 요구는 매우 강력하다. 불교, 기독교, 이슬람교 같은 '고등' 종교가 사회 전체에 전파되어 있는 경우에도 (막스 베버의 용어를 쓰자면) 종교 '대가'로 구성된 헌신적 소수와, 전승되거나 약간 바뀐 사회적 신성함을 믿는 대중 종교 사이에 차이가 있기 마련이다. 이 둘은 한편으로는 상호 긴장 관계를 구성하면서 위계적 보완 관계를 형성하기도 하는 것이다.

현대인의 시각에서 아주 투명한 평가를 내리자면, 초기 종교와 완고하게 유착되어 있던 대다수 종교 생활의 힘에 포위되어 있었기 때문에 차축 종교의 영성(靈性)이 온전한 맥락 분리 효과를 산출하지 못했던 것처럼 보인다. 차축 종교가 비록 종교적 개인주의를 생산하기는 했지만, 이는 루이 뒤몽(Louis Dumont)에 의하면[12] "세상 밖의 개인" 단계

12) Louis Dumont을 참조하라.

였다. 즉, '세상'과 불화하면서 주변부적이었던 소수 엘리트의 삶의 방식이었던 것이다. 이때 세계는 신이나 성스러움과의 관련 속에서 질서 지어진 우주만을 지칭하는 것이 아니라 그것들과 연계되면서 구조화된 사회를 뜻하는 것이기도 하다. 이 '세계'는 연결의 모체로서, 그 안에 머물러 있으면서 거리를 두려 하는 사람들까지를 포괄하는 불가피한 사회생활의 틀이다.

이 모체 스스로가 차축적 영성 원리를 따라 변형되어, '세계' 자체를 개인들이 구성하는 것으로 해석하기까지는 아직 많이 기다려야 했다. 그렇게 될 경우 뒤몽의 용어로 "세상 안의 개인"을 위한 단계가 전개될 것이다. 즉, 행위자가 보통의 '세상적' 삶에서 자신을 근대성의 행위 주체인 개인으로 간주하는 단계인 것이다.

이전 강연에서 내가 서술한바 이런 전환의 과정은, 기독교적 질서의 요구에 의거해 사회를 철저히 재편하고, 주술화된 우주의 유산을 청산하며, 영적인 것과 찰나의 것, 신에 충실한 삶과 '세상'의 삶, 질서와 혼란 사이의 오래된 상보 관계를 제거하는 것과 같은 변화를 포괄한다.

이런 기획의 작동 형태와 방식은 철저히 탈맥락적이다. 즉, 행위를 절제 있게 재생시키고 객관화와 도구적 시각을 통한 사회적 형태를 구성하는 작업이다. 그리고 그 목표도 본질적으로 분리적이다. 우주와의 연결이라는 두 번째 지평을 파괴한 탈주술화의 흐름이 이를 분명히 드러내지만 기독교적 문맥에서도 이를 찾아볼 수 있다. 한편으로 기독교는 예컨대 스토아주의와 연계를 맺고 차축적 영성의 기능을 수행했다. 그러나 또한 기독교에 고유한 양태도 존재한다. 신약성서는 하나님의 왕국에 들어가기 위해서는 가족, 부족, 사회라는 안전망을 떠나거나 상대화시키라는 호소로 가득 차 있다. 모태 신앙을 인정하지 않고 개인이 주체적으로 소명에 답함으로써 비로소 진정한 신도가 될 수 있다고 주장하는 몇몇 개신교 교회들의 운영 방식에서 그 실례를 본다. 서약 위에 사회가 입각해 있기 때문에 사회도 자유로운 개인의 결정에 의해 형성된다는 관점과 서로 보완 관계에 있는 개념인 것이다.

이는 상대적으로 명백한 경우다. 내 주요 논점은 근대적인 "세상 안의 개인"을 창출하기 위해 사회를 재구성하려는 기독교적 또는 기독교-스토아주의적 시도가 엄청나게 넓고 다채로운 효과를 가져왔다는 것이다. 그것은 일차적으로 도덕적 상상, 이차적으로 사회적 상상을 근대 개인주의를 북돋는 방향으로 몰고 갔던 것이다. 앞 절에서 언급한 근대 자연법 이론에서 등장하는 새로운 도덕적 질서 이념에서 그 생생한 실례를 본다. 스토아주의가 이 이념에 큰 영향을 끼쳤고, 논란의 여지는 있지만 네덜란드의 신스토아주의자인 유스투스 립시우스와 그로티우스가 그 창시자들이다. 의지에 입각한 인간 사회 재창조를 강조하는 점에서 이는 기독교화되고 근대화된 스토아주의인 것이다.

변화된 정체성과 종교개혁의 기획이 탈맥락화에 기여했다. 앞서 설명한 것처럼 개체의 상상력에 개념적 제한을 설정한다는 점에서 연결은 동시에 정체성의 문제이기도 하다. 또 연결은 우리가 사회 전체를 상상하거나 사유하는 방식인 사회적 상상을 제한하기도 한다. 개인적 헌신과 규율을 중시하는 변화된 정체성은 오래된 집단적 의식이나 소속감에 대해 거리를 두면서 비판적이거나 때로는 적대적인 태도를 취하기도 했다. 종교개혁의 동력은 집단의식이나 소속 자체를 일소하는 것을 꿈꾸기도 했다. 잘 훈련된 엘리트들은 자아관과 사회적 기획 두 영역에서 개인으로 이루어지는 사회 세계라는 개념으로 전진해갔던 것이다.

개인주의의 이런 특징들이 다른 종교적 전통으로 모두 순탄하게 '전파됐던' 것은 아니다. 예컨대 내면성에 대한 강조는 모호한 위치에 있었다. 더욱이 권리 주체인 개인이 구성하는 사회라는 개념은 더욱 선택적으로만 수용됐을 뿐이다. 이슬람교도로서의 현대적 정체성에도 개인적 헌신과 책임감의 중요성이 주요 부분을 구성했던 것으로 보인다.

따라서 코메코글루(Kömeçoğlu)는 이슬람의 찻집들이 더 이상 의상 규약이나 공간적 분리에 의존하지 않고 지금은 내면적 형성과 자기 형성에 호소한다고 주장했다. 그가 얘기한 "데카르트적 이분법"을 나는 모든 외부적 형식으로부터 스스로를 단절시키는 개인적 책임감의 이념으로 다시 서술하고 있다. 내가 보기에 무사(Moussa)가 프랑스 타블리(Tabligh) 젊은 수도사들의 "계몽적 이슬람교 또는 청교도적 이슬람교"

를, 그들 부모 세대의 "관습적 이슬람교 또는 전통주의적 이슬람교"와 대비시켰을 때 개인적 책임감에 대한 비슷한 전환을 가리키고 있는 것이다.

이런 종류의 개체화는 가끔 특정한 전통적 의식 형태나 신앙에 대해 '비이슬람적'이라고 폄하하는 결과를 낳을 수 있다. 오늘날 자주 이슬람 개혁주의자들은 이슬람 율법인 샤리아의 엄격성을 되찾고 싶어 할 뿐만 아니라 '수피'[13]라는 일반 서술 용어로 지칭되는 신앙 형태를 회의의 눈길로 본다.

그러나 또한 이런 전환이 가족, 부족, 촌락 같은 집합적 정체성으로부터 사람을 자유롭게 하는 계기도 제공한다. '관습적, 전통주의적 이슬람교'는 바로 이런 집합적 정체성 위에서 실천된다. 집합적 정체성으로부터의 분리는 이슬람교도, 진정한 이슬람교도 또는 매우 엄격한 실천 형태를 신봉하는 이슬람교도라는 식으로 정체성이 분명하게 범주화되는 것을 도와준다. 물론 그전에도 이슬람교도들은 나름의 정체성을 각자 지녔으나 다음과 같은 차이점이 발견된다. 많은 경우 과거의 이슬람교도들은 자신이 속한 부족이나 마을의 집단적 실천을 **통해** 믿게 되었지만 지금은 이런 틀을 벗어나 스스로의 신앙을 실천할 수도 있게 되었다는 점이다.

스스로 헌신하면서 책임감을 갖는 범주적 정체성을 상정할 때 우리가 근대적인 공적 영역으로 진입해 들어갈 수 있다. 신의 명령에 의해 성립된 왕국, 칼리프 통치, 오래된 종족법, 성스러운 '극장 국가' 같은 전승된 행위 초월적 구조로부터 자유로운 공간을 나는 공적 영역이라 부르는데, 근대의 공적 영역은 사회 구성원들의 자기의식적 공동 행위에 의해 비로소 창출되는 것이다. 특정한 목표에 대해 곧잘 무심하거나 적대적이기까지 한 대규모 장(場) 안에서, 자발적으로 움직이거나 동기 부여된 사람들이 그 공동 목표를 성취하기 위해 같이 모이거나 같이 행동할 때 비로소 연합체가 창설된다. 자발적 동원이나 집단행동을 통해서 만들어져야만 특정한 장(場)이 냉담하거나 적대적인 성격을 극복할 수 있

13) [역주] 범신론적 신비주의 이슬람 교파.

는데, 예컨대 이란의 팔레비 왕을 축출하고 설립된 이슬람 공화국이 그같은 경우다.

이제 근대적 형태의 공적 영역에 딱 들어맞는 종교적 정체성을 갖게됐는데 이런 정체성이 성립되기 위해서도 공적 영역이 전제되어야 한다. 공적 영역은 근대 정치의 표준적 특징인 개인적 개입과 연합체 형성을 요구한다. 공적 영역이 존속, 발전되기 위해서는 다양한 대중매체를 전면적으로 활용하는 것이 필수적이다. 에이켈만(D. Eickelman)은 오늘날의 이슬람 운동들이 얼마나 깊숙이 인쇄물에 의존하는지에 주목했다. 예컨대 이슬람교도들이 서구 세속주의 같은 적대적 이념과의 논쟁으로 종종 치닫기도 하는 독서 행위를 통해 자신의 신앙을 강화한다는 것이다.14) 이란 혁명의 지적 지도자 가운데 어떤 이들은 서양에서 널리 읽히는 프랑스 철학자들과의 부분적 연관 속에서 스스로의 사상을 규정하기도 했다. 호메이니의 육성 설교 테이프가 이란 혁명 성공에 얼마나 큰 역할을 했는지에 대해서는 오늘날 너무나 잘 알려져 있다.

신이 공적 영역에 임하는 경우에조차 수많은 전근대적 형태에서와는 다른 의미를 갖는다는 사실에 주목해야 한다. 전근대적 형태의 경우는 강력하고 국지적인 의미의 신성함에 의존하는데, 내가 원(源)-뒤르켐적 경향이라 명명한 실제 사례를 신이 직접 윤허했다는 프랑스 구(舊) 왕정 체제에서 발견할 수 있다. 그러나 서양에서는 미합중국의 탄생처럼 신(新)-뒤르켐적인 모델도 존재한다. 신의 섭리와 계획 위에 미국이 기초하고 있다고 믿는 점에서 신이 세계에 임재해 있는 것이다. 여러 중대한 차이점에도 불구하고 미국과 오늘날의 이란 이슬람 공화국 사이에 일종의 유사성이 있는 것이다.

근대 공적 영역에서 진행되는 운동들 중의 일부가 서양에서 '근본주의'라 불리는, 좀 더 순수한 초기 형태의 종교로의 귀환을 외치는 운동이라는 사실이 하나의 역설이라고 주장하는 이들이 있다. 그러나 지나치게 단순화된, 즉 상호 배치되는 전제 위에 동결된 채로 구축된 '근대성'과 '종교'의 정의를 받아들이지 않는다면 역설이 발생할 이유가 없

---

14) D. Eickelman을 참조하라.

다. 서양인에게 '근본주의'의 전형인 개신교의 성서적 문자주의조차도 최첨단 매체를 이용할 뿐만 아니라 몇몇 근대적 전제 위에서만 비로소 유의미한 것이기 때문이다. 문자 그대로 해석되어야 할 것과 비유적인 것 사이의 선명한 구분 자체가 초기 기독교 시대에는 이해될 수 없었을 근대적 가정이라는 사실에 주목해야 한다.

근대성과 종교 사이에 역설이 존재하지 않았다고 해도 긴장까지 없었던 것은 아니다. 무심하거나 적대적인 공간 속에서 개인적 헌신에 의존해 움직이는 데는 일정한 책임감이 요구되고, 그 책임감이 새로운 헌신을 반영하는 행위 규칙의 특징들과 충돌할 수도 있기 때문이다. 괼(Nilüfer Göle)과 다른 학자들의 연구가 시사하듯이 가장 선명한 실례로서 이슬람 운동 안에서의 여성의 경우를 들 수 있다. 다시 말하자면, 자발적 행동에 기초한 운동에서 책임 있는 역할은 대변인이라든가 하는 지도자의 자리를 필요로 할 수 있다. 이런 요구와, 공적 영역에서 눈에 띄지 않는 익명 상태로 여성이 남아 있어야 한다는 퇴행적 행위 규칙이 서로 갈등을 빚을 수 있기 때문이다. 새로운 정체성이 형성되기 위해서는 이처럼 긴장이 필연적이며, 이는 다시 갈등과 진화의 중요 원천이 되기도 한다.

II.

우리는 지금까지 강한 개인적 믿음을 동반한 종교적 정체성이 공적 영역에 진입하는 방식과 그에 수반된 긴장에 대해 논의해왔다. 그러나 오늘날의 현실에서 이것과는 다른 파괴적 방식으로 종교가 부각되는 현상, 즉 종교가 갈등의 원천으로 부각되는 경우에 주목할 필요가 있다.

많은 경우에 종교로부터 초래되는 갈등은 강력한 개인적 신앙을 가진 사람들 때문에 생기는 것이 아니다. 물론 증오, 갈등, 박해의 원천이 종교적 전승 속에 깊이 내재해 있는 것처럼 보일 수도 있다. 계몽주의 시대 이후 널리 퍼진 견해에 의하면, 갈등과 억압적 속성이 유대교적 일신론으로부터 비롯된 종교에서 특히 강하게 나타난다고 한다. 십자군 원정과 종교재판이라는 끔찍한 역사를 돌아보면서 계몽주의는 특히 기독교가 대표적이라고 보지만, 이슬람교도 거의 기독교와 비슷한 죄과를 갖고 있다고 생각했다. 서양의 자유주의적, 세속적 영역에서 호전적 기독교를 규탄하고, 그리고 이슬람교의 사악한 변화에 대해 강력하게 비판한다는 점에서 오늘날 이런 시각이 존속되고 있다고 할 수 있다.

일신론에 대한 비판이 단지 편견의 문제인 것만은 아니다. 고대 세계에서 사람들이 유대인과 후기 기독교인들을 '무신론자'라고 비난했던 것은 특기할 만한 사실이다. 왜냐하면 교차 숭배와 혼성 종교로 표현되듯 타인의 신앙을 서로 관대하게 인정하는 당시의 통상적 관습을 유대인과 기독교도들이 거부했기 때문이다. 유대인과 기독교도들은 다른 신의 존재 자체를 극력 부정했고, 이방의 신들을 악마와 동일시했으며 다른 신을 경배하는 행위도 철저히 금했다. 분명한 경계선을 설정해 광신적으로 그것을 지켰던 것이다.

기독교와 이슬람교는 유대교로부터 이런 경계선을 계승한 후, 자신들의 신앙을 전 인류에 전도하는 것을 새로운 소명으로 추가했다. 이런 믿음이 특히 기독교의 역사에서 종교적 정복 전쟁이나 강제 개종을 흔히 초래하기도 했으며, 내부적으로도 이단에 대한 경계가 강화되고 배교자들이 가혹하게 처벌되었던 것이다.

따라서 집단적 갈등, 전쟁, 박해, 강제 개종의 원천으로서 특정한 종류의 종교상을 떠올릴 수 있다. 유대교, 기독교 같은 종교와, 깨어 있는 이교 신앙에서 발견되는 더 관용적인 태도(에드워드 기본), 중국 문명의 지혜(계몽주의의 중요한 주제), 근래 힌두교의 열린 경계선, 불교의 평화주의는 서로 선명하게 대조되는 것이다.

역사적으로 보건대 이런 서술에 일리가 있는 것도 사실이지만, 이런 평가가 20세기 상황에서 종교와 증오의 관련성에 대한 전모를 말해주는 것은 아니다. 인도에서는 국지적 힘을 가진 초(超)국수주의적 정치 운동의 집결지의 역할을 어떤 의미에서 힌두교가 맡고 있기 때문이다. 스리랑카에서도 불교를 내세운 끔찍한 폭력 행위가 자행되어왔다. 해당 종교의 전통을 이런 사건들이 배신하고 있다는 지적도 있지만,15) 종교와 폭력 사이의 관련성은 부인하기 어려운 것처럼 생각된다. 일신론에 내재된 폭력이라는 병균이 결국 그토록 전염성이 강한 것일까?

그러나 한 꺼풀 아래 심층을 들여다보면 다른 판단을 내리는 것이 불가피하다. 수많은 20세기적 사건이 노정하는 폭력성의 근저에 자리하고 있는 것은 종교 자체가 아니다. 바꿔 말하면, 그 자체 본질적으로는 종교와 관련 없는 메커니즘을 통해서 폭력이 발생하는 것이다. 몇몇 악명 높은 사례들이 이런 진단을 뒷받침하며, 신앙과 폭력 사이에 다른 관계가 있음을 시사한다.

예컨대 종교재판이 자행되던 좋지 못한 시절에, 기회주의자나 세태에 영합하기 마련인 사람들이 항상 어느 정도는 존재한다는 사실을 감안하더라도, 종교 심문관들은 많은 경우에 믿음을 보위하고자 하는 열망에 불타는 매우 헌신적이고 독실한 신앙인들이었다. 그러나 오늘날 북아일랜드 얼스터의 상황을 보면 패턴이 다르다는 것을 알 수 있다. 거기서 폭력을 구사하는 사람들은, 용감하게 평화를 외치는 정말로 진실한 구교/개신교 신자들과 갈수록 차별화되는 인물들이다. 성직자이면서 동시에 극단주의자인 이안 페이슬리(Ian Paisley) 목사 같은 경우는 갈수록 시대착오적 유산이 되어가는 것처럼 보인다. 살인자들도 나름대로 성스럽다고 확신하는 열정에 가득 차 있는 것은 사실이지만, 그 열정은 하나님의 목적에 부합되지 않는 것이다.

극단적인 힌두교 근본주의 정당인 BJP 당과 그 모(母) 조직체인 RSS가 또 다른 대표적인 경우다. 도대체 어떤 의미에서 이 단체들이 비세속적인 종교적 목적을 갖는다고 말할 수 있을까? 간디 암살범들은 간디의 신앙심 자체를 비난한 것이 아니라(어떻게 그게 가능했겠는가), 간디가 폭력주의를 반대하는 것과, 파키스탄에 인도의 금 소유 일부를 반환한 것을 격렬히 규탄했던 것이다. 암살범의 후예들은 인도를 핵 강국으로 만듦으로써 오래된 야심 한 가지를 실현했다. 그리고 이런 것들이 도처에 편재하는 민족주의의 목표이기도 하지만, 이런 정치적, 군사적 야심

---

15) 특히 스리랑카의 경우 다음을 참조. Stanley Tambiah, *Buddhism Betrayed* (Chicago: University of Chicago Press, 1992).

이 종교, 특히 힌두교와 무슨 상관관계가 있다는 것인가?

근래 BJP가, 라마 탄생지에 있는 이슬람교 사원을 파괴하고 그 자리에 힌두교 사원을 건립해야 한다는 운동을 펼쳐 자신들의 존재를 각인시킴으로써 집권하는 데는 어느 정도 도움이 됐을 것이다. (바브리 마스지드 모스크 사원을 파괴한 행위가 다수 인도인들을 경악시킴으로써 사건 발생 이후 BJP가 당 강령 중에 이 항목에 대한 선전을 약화시켰음에도 불구하고.) 따라서 현실은 복합적이다. 하지만 BJP의 핵심 조직인 RSS의 목표를 살펴보면, 세속적 권력 획득을 목표로 삼는 조직체가 대중의 열성적 신앙을 악용하고 있다는 사실에 놀라게 된다. 여하튼 북아일랜드나 인도의 경우 모두 폭력과 테러를 선동하는 데 앞장서는 자들이 반드시 가장 독실한 신앙인인 것은 아니다.

그렇다면 지금 도대체 무슨 일이 벌어지고 있는 것일까? 금세기에 종교와 연루되었다고들 하는 폭력 사태들은 많은 경우 정체성 획득 투쟁의 일환으로 표출된 것이라고 나는 생각한다. 정체성 투쟁이란 나와 남의 정체성을 어떻게 분명히 규정할 것인가의 문제를 둘러싸고 진행된다. 그리고 이런 규정성이 반드시 종교적 성질을 갖는 것은 아니다. 오히려 반대로 민족, 언어, 종족 등이 그런 규정 작업에 영향을 미친다. 여기서 내 논점은 규정 양태의 차이에도 불구하고 정체성 투쟁을 추동하는 동력이 매우 유사하다는 것이다. 정체성을 규정하는 데, 예컨대 언어보다 종교를 더 부각시켜도 달라지는 것은 별로 없다. (물론 다음의 내 논의가 보여주는 것처럼 반드시 그런 것은 아니다.) 북아일랜드나 예전 유고슬라비아의 경우 원래의 종교적 차이들이, 경험되고 느껴진 '민족'들 사이의 증오라는 형태로 경화(硬化)되었다고 논변할 수 있다. 밀로셰비치 같은 무신론자는 '세르비아인'으로서 보스니아나 코소보 알바니아인들과 선투를 벌이는 것이다. 이런 싸움에 신이나 그리스 성교회의 종교 생활이 끼어들 여지는 없는 것이다. 여기서 중요한 것은 사람들의 역사적 정체성이어서, 성당이나 전통적 경배지 따위는 중요한 영토적 지표일 뿐이지 그 이상의 무엇이라고 할 수 없다.

바꿔 말하면, 근대 정체성 투쟁을 규정하는 데 종교가 중요한 역할을 했을 때조차 종교는 (예컨대 '우리' 민족을 규정하는 역사적 전통 같은) 일반적 서술의 하위 구성 요소에 머물렀다는 것이다. 이런 일반적 서술들은, 항상 종교적 신앙과 실천의 주요 준거였던 신, 깨달음, 해탈 등을 주요 관심사로 취급하지 않았다. 그 결과 종교를 '둘러싼' 투쟁이 아직도 중요한가라는 질문이 이 시점에서 마땅히 제기될 수 있는 것이다.

III.

내 논지를 좀 더 선명히 하기 위해 오늘날 세계적으로 광범위하게 확산된 정체성 투쟁 밑바탕에 놓인 핵심적인 특징에 대해 논의해보자. 매우 우려할 만하게도 근대의 정체성 투쟁은 어떤 의미에서 근대 민주주의 그 자체로부터 비롯된 것이다. 이것은 매우 역설적인 사태다. 왜냐하면 근대 민주주의는, 노예와 여성을 배제했던 고대 아테네 민주주의보다 우월한, 인류 역사상 가장 포용적인 체제이고 또 그런 목표를 지향하기 때문이다. 그럼에도 불구하고 민주주의의 동역학은 자주 집단들 사이의 각축과 배제를 초래하는데, 바로 이것이 내가 정체성 투쟁이라고 부른 현상의 근저에 자리 잡고 있다.[16]

그렇다면 과연 무엇이 배제를 유발할까? 우리는 그 핵심을 이렇게 요약할 수 있다: **모든** 국민의 통치라는 특징이 민주주의를 포용적인 것으로 만드는 동시에, 모든 국민의 **통치**라는 점에서 배제가 발생하게 되는 것이다. 스스로 통치하는 사회에서 고도의 응집성이 요구되는데, 배제는 바로 그 필요성의 부산물인 것이다. 민주국가는 공통적 정체성 비슷한 것을 요구한다.

자기 통치와 민주국가의 정당성의 기본 양태 속에 함축되어 있는 것이, 민주국가는 인민주권에 근거한다는 원리라는 사실을 감안하면, 왜 민주국가가 공통적 정체성을 필요로 하는지 이해할 수 있다. 왜냐하면

---

16) 나는 이를 다음 글에서 자세히 논한 바 있다. Charles Taylor, "A Tension in modern Democracies", in A. Botwinick and W. Connolly, eds., *Democracy and Vision*(Princeton University Press, 2001).

인민이 주권자로 자처하기 위해서는 일종의 인격을 지닌 실체가 되어야 하기 때문이다.

인민주권 체제의 물꼬를 튼 혁명은 통치 권력을 왕으로부터 '민족'이나 '인민'으로 이전시켰다. 그 과정에서 새로운 형태의 집합적 행위자가 만들어졌다. 이런 용어들은 그전에도 있었으나 그 의미는 적어도 근대 초기 유럽의 맥락에서 이제 전혀 새로운 것이 되었다. 따라서 왕국의 전체 백성들이나 사회의 비(非)엘리트 계층도 분명히 '인민'이라 불릴 수 있으나, 혁명 이전에는 인민이라는 개념이 함께 결정하고 행동할 수 있는 **의지** 주체로서의 실체를 의미하지는 않았던 것이다.

그런데 왜 이 새로운 실체가 강력한 형태의 응집력을 필요로 하는 것일까? 인민주권이라는 개념 자체가 자유와 권리를 존중해야 한다는 원칙에 의해 다소간 제어되는 다수 의지가 아니겠는가? 그러나 가장 느슨한 조직체까지를 포함해서, 모든 종류의 단체들이 다수결 결정 규칙을 손쉽게 채택할 수가 있는 것이다. 예컨대 공개강좌가 진행되는 도중에 너무 덥다고 느낀 사람들이 창문을 열 것을 요구하고 다른 이들이 반대하는 상황을 가정해보자. 이 같은 경우, 손을 들어 용이하게 표결이 가능하고 참석한 사람들이 그 결과에 이의를 제기하지 않을 것이다. 이 경우 청중들은 서로 관심도 없고 상대방을 알지 못하면서 단지 강좌 때문에 모인 이질적 개인들의 집합일 수 있다.

이 사례가 민주사회가 대조적으로 무엇을 필요로 하는가를 보여준다. 민주국가는 공개강좌의 청중이라는 우연적 집합보다 훨씬 강력한 연대를 필요로 한다는 사실을 우리는 직관적으로 투명하게 이해할 수 있다. 그러나 이 필연성을 도대체 어떻게 이해해야 할 것인가?

그 한 가지 방법은 인민주권의 논리를 더 깊숙이 천착해보는 것이다. 인민주권은, (제한적으로) 다수결에 궁극적으로 의존하는 결정 절차들을 권장할 뿐만 아니라 특정한 정당화를 제공하기도 한다. 예를 들자면, 인민주권 체제 아래서는 절대 군주정이나 완고한 귀족 정체에서는 불가능한 방식으로 우리가 자유로운 것이다.

이제 이런 상황을 어떤 개인의 시각에서 본다고 가정해보자. 예를 들어, 내가 어떤 중요한 안건을 둘러싼 표결에서 져서, 나로서는 반대하는 규칙을 지킬 수밖에 없는 상황을 상정해보자. 이 경우 내 의지가 실현되지 않았는데 왜 내 스스로를 자유롭다고 보아야 하는가? 왕의 결정과는 대조적으로 내 동료 시민들의 다수결에 의해 결정됐다는 사실이 그렇게 중요한가? 왜 이 요인이 결정적이어야만 하는가? 쿠데타를 통한 집권을 호시탐탐 노리는 잠재적 군주가 이 사안에 대해서 시민 다수의 의견을 거슬러서 나와 견해를 같이하는 사태까지를 가정해볼 수 있다. 이 경우 쿠데타 이후에 내가 더 자유로운 존재가 되는 것이 아닐까? 왜냐하면 그렇게 됨으로써 현안에 대한 나의 의지가 관철되는 것이기 때문이다.

우리는 이런 문제가 단순히 이론적 차원에 그치지는 않는다는 사실을 분명히 인식할 수 있다. 이런 상황이 개인들 차원에서 생기는 경우는 드물겠지만, 스스로 억압받고 있다고 느끼는 소수민족 같은 아(亞)집단의 경우에는 정기적으로 발생하기 때문이다. 소수민족들은 아마도 누가 뭐라고 하든지 간에 자신들을 더 큰 주권적 인민의 일부로서 볼 수 없을 것이기 때문에 불만을 가질 수 있다. 그 결과 바로 인민주권론의 논리에 따라서 자신들에 대한 통치를 부당한 것으로 소수민족들이 간주할 수도 있는 것이다.

공개강좌에 참석한 청중들보다 훨씬 강력한 의미에서, 집합적 행위자 이념과 인민주권 사이에 내적 연계가 존재한다는 사실을 우리는 여기서 이해할 수 있다. 이 집합적 행위자는 강좌 참석자의 경우와는 전혀 다르게, 우리가 그 안에 유기적으로 소속되는 것에 의해서 구성원이 될 수 있는 성격의 행위자인 것이다. 상기한 가설적 예처럼 투표에 져서 위에서 상정된 논변의 유혹을 받는 사람들에게 우리가 제공할 수 있는 답변의 성격을 생각해보면, 소속 의식의 본질이 무엇인가를 이해할 수 있다.

거창한 집합적 행위자를 끌어들임으로써 반대 투표자들로 하여금 자발적으로 복속하게 만드는 것은 터무니없는 일이기 때문에, 이 문제에 대한 타당한 해답은 존재하지 않는다고 믿는 극단적인 철학적 개인주의자들이 있다. 그러나 궁극적으로 철학적인 이 사안을 해결하지 않고서는 다음의 질문을 던질 수 없는 것이다. 중요한 현안을 둘러싼 자신들의 의지가 관철되지 않은 경우에조차 사람들로 하여금 민주 체제 안에서 스스로 자유롭다고 기꺼이 인정하게끔 만드는 '상상된 공동체'의 특징이란 과연 무엇이란 말인가?

이 질문에 대한 답변은 다음과 같은 방식으로 제시된다. 우리와 마찬가지로 여러분들도 자유롭다. 왜냐하면 우리를 무시하는 다른 주체가 우리를 지배하는 것이 아니라 우리 모두가 함께 우리 스스로를 통치한다는 이유 때문에 모두 자유로운 것이다. 결정을 내리는 데 우리 모두가 나름의 역할을 하고 자신의 견해를 피력할 수 있는, 즉 주권을 창출하는 데 일익을 담당하는 것이 보장되어 있다는 의미에서 우리가 자유롭다는 것이다. 우리 모두에게 자치권을 부여하는 법률 덕분에 우리가 자유를 향유하며, 이 자유를 우리는 함께 누린다. 우리들의 자유는, 특정한 의사 결정 과정에서 우리가 이기고 지는 것과 상관없이 이 법률에 의해 실현되고 보호되는 것이다. 그리고 함께 자유를 실현하고 보위하는 법이 공동체를 정의하는 것이다. 바꿔 말하면, 법에 의거해 함께 행동함으로써 자유를 지키는 집합적 행위자 또는 인민을 이 법이 정의하는 셈이다.

타당하든 그렇지 않든 간에 이것이 바로 민주사회에서 사람들이 지금까지 수용해왔던 해결책이다. 강좌 참석자의 경우보다 훨씬 강력한 소속 의식을 민주사회의 구성원들이 포함하고 있음을 이 해결책이 보여준다. 항상 생성 과정 중에 있는 집합적 행위자는 소속 의식을 통해 자유라는 매우 중요한 덕목을 실현하게 된다. 정체성을 형성하는 데에서 이 덕목이 필수적인 한, 개개인들도 집합적 행위자와 강력한 동일시를 경험하며 집합적 주체에 동참하는 다른 사람들에 대해서도 유대감을 느낄 수 있는 것이다. 자신의 자유를 확보한다는 미명 아래 왕(또는 장군)의 쿠데타를 지지할까 말까 좌고우면(左雇右眄)하는 것으로 위에서 가설적으로 묘사된 사람이 던지는 질문에 대답할 수 있는 유일한 방법은 이런 소속 의식에 호소하는 것이다.

누가 종국에 철학적으로 옳든지 간에 핵심 논제는 다음과 같다. 즉, 이런 해결책을 사람들이 받아들여야만 인민주권론의 정당성이 사람들의 동의를 확보할 수 있으며, 또한 강력한 집합적 주체에 대한 호소를 통해서만 이 정당성 원리가 유효하게 되는 것이다. 앙앙불락(怏怏不樂)하는 무수한 소수민족의 경우에 나타나듯 집합적 행위자와의 동일시가 부재한 곳에서는 반대자들이 보기에 정부의 지배가 정통성을 결여하게 된다. 인민의 지배라고? 그건 멋들어진 이야기다. 그러나 우리는 그 인민의 일부가 아니므로 지배를 받아들일 수 없다는 논거에서다. 여기서 민주주의와 강력한 집합적 공동 주체 사이에 존재하는 내적 연관성이 드러난다. 반대자들은 민주 정체의 바탕을 흐르는 정통성 원리의 논리를 이용해 위험부담을 스스로 진 채 정체성 형성을 거부하고 있는 셈이다.

이 마지막 사례는 인민주권론의 호소력에 중요한 변환이 발생했음을 시사한다. 바로 위에서 언급한 예는, 고대 공화정이 창도했고 미국 독립 혁명과 프랑스 대혁명에 의해 환기된 '공화주의적 자유'라고 부를 수 있는 종류의 것이었다. 그러나 바로 프랑스 혁명 직후에 인민주권론의 매력이 민족주의적인 형태를 띠기 시작했다. 프랑스 군대가 무력을 통해 프랑스 대혁명의 원리를 전파하려던 시도가 독일, 이탈리아 등에서 오히려 반작용을 초래한 것이다. 즉, 프랑스 대혁명을 추동하고 보전하던 주권적 인민의 이념이 자신들을 대변하지도 않으며, 그 속에 자신들이 포함되지도 않는다는 사실을 이들이 깨닫게 된 것이다. 따라서 주체적 행위자가 되기에 필요한 통합성을 획득하기 위해서는 주권적 인민이 사전(事前)에 존재하는 문화, 역사 그리고 (유럽의 경우 더욱 자주) 언어의 공통성을 이미 가지고 있어야만 한다는 인식이 널리 받아들여졌다. 정치적 민족이 가능하기 위해서는 그전에 이미 문화적(때로는 인종적) 민족이 성립해야만 했던 것이다.

이런 의미에서 민족주의는 민주주의가 (바람직하거나 또는 바람직하지 못한 방식으로) 성장해 표출된 것이다. 신성 동맹의 연합체인 다인종적 전제 제국에 대항하는 해방 투쟁이 전개된 19세기 초 유럽 상황에서는 민족주의와 민주주의 사이에 어떤 갈등도 없는 듯 보였다. 예컨대 마치니가 보기에 양자는 완전히 일치되는 목표였던 것이다.17) 특정한 민족주의가 자기주장을 내세워 인권과 민주주의를 폐기한 것은 그 후의 일이다.

그러나 이 단계에 들어서기 전에도 민족주의는 인민주권론을 조정하는 구실을 했다. 소수민족 같은 반대자들에 대한 응답은 다음과 같이 제시된다. 당신들의 정체성에 핵심적인 사항이 공동의 법에 의해 구현되며, 공화주의적 자유뿐만 아니라 문화적 정체성 질서도 이 핵심적 사항 가운데 하나인 것이다. 바꿔 말하면 인간으로서의 자유뿐만 아니라 공동의 문화적 정체성의 표현까지를 민족국가가 보위하고 실현한다는 것이다.

비록 실제로는 두 흐름이 자주 동행하면서 민주사회의 수사학과 상상 속에서 서로 구별되지 않지만, 인민주권론의 호소력도 '공화주의적' 흐름과 '민족적' 흐름을 갖는다고 할 수 있다.

(사실상 최초의 '공화주의적', 전(前)-민족주의적 혁명이었던 미국 독립 혁명과 프랑스 대혁명이 산출한 사회에서도 민족주의가 출현하는 것을 볼 수 있다. 혁명가들이 내심 실제로 어떤 배제를 수용하고 선호했다고 하더라도 두 혁명의 지향점은 자유라는 보편적 선이었다. 그러나 미국과 프랑스에서 공히 혁명가들은 자유를 실현하는 **특정한 역사적 기획**에 애국적으로 헌신했던 것이다. 자신들의 공화정이 "인권"의 담지자이며 "인류 최후, 최선의 희망"이라는 선언에서 드러나듯 보편주의 자체가 강력한 민족적 긍지의 원천으로서 작동했던 것이다. 이것이 바로, 적어도 프랑스의 경우에 자유가 정복의 기획으로 전화되어 위에서 언급한 것처럼 대응적 민족주의를 초래하는 치명적 결과를 낳은 이유다.)

그 결과 자신들의 자유의 실현/보루이자, 민족적/문화적 표현으로서

---

17) 그리고 사실상 민주주의 추진 운동은 압도적으로 '민족적' 형태를 취했다. 논리적으로는 오스트리아나 터키 같은 다민족적 권위주의 체제에 대한 민주적 도전이, 제국에 편재(遍在)하는 '인민'들이 다민족적 시민권을 추구하는 형태로 전개되는 것도 얼마든지 가능하다. 그러나 실은 이런 시도가 실패하고 민족들이 각개 약진했던 것이다. 그래서 1848년에 체코인들은 파울스키르헤에서 민주화된 제국에 소속되는 것을 거부했으며, 마찬가지로 오스만 제국의 시민권을 획득하고자 했던 신생 터키의 시도가 좌초됨으로써 맹렬한 터키 민족주의가 발생했던 것이다.

구성원들이 동일시하는 새로운 집합적 행위자가 출현했다. 물론 전근대 사회에서도 사람들이 체제나 신성한 왕 또는 위계질서와 자신들을 '동일시하기도 했으며', 기꺼이 신민이 되기도 했다. 그러나 민주 시대에 사는 우리는 자유로운 행위자로서 동일시하는 것이다. 이것이 바로 정당화 이념에서 인민의 의지 개념이 핵심적 역할을 하는 이유다.[18]

이는 근대 민주국가가 시민들의 자유의 보루와 표현의 장(場)이라고 자처할 수 있는 공동의 목적과 준거점을 일반적으로 수용한다는 사실을 뜻한다. 사실상의 근거가 있든지 그렇지 않든지 간에, 정통성 있는 국가라면 시민들이 이 같은 주장을 믿어야만 한다.

그래서 대부분의 전근대 국가에서는 찾아볼 수 없는 다음과 같은 질문들이 근대 국가를 향해 제기될 수 있는 것이다. 즉, 국가는 무엇 때문에 누구를 위해 존재하는가? 누구의 자유와 어떤 사람들의 자기표현을 위해서 국가가 있는가? "누구를 위해?"라는 질문에 대해 합스부르크 왕조나 오스만 왕조를 지칭하면서 대답하지 않는 한, 오스트리아 제국이나 터키 제국에 대해 앞서의 질문을 던진다는 것은 무용한 일이며, 이런 답이 제국의 통치를 정당화시켜줄 가능성도 거의 없다.

근대 국가가 지닌 정치적 정체성이란, "누구와 무엇을 위해?"라는 질문에 대해 일반적으로 수용된 답변이라고 정의될 수 있는 것이다. 근대 국가 구성원들의 삶에서 무엇이 중요한가를 규정해주는 준거점인 수많은 성원들의 다양한 정체성과 국가의 정치적 정체성은 서로 다르다. 양자 사이에 접점이 있으면 물론 더 바람직하다. 그러나 개인과 소집단의 정체성은 갈수록 다양해지고 분화되어서 서로 상이해지기 마련이다.[19]

---

18) 아주 초기에 이 이념의 기초를 놓았던 루소는, 민주적 주권체가 강좌 참석자 같은 "우연적 집단"이 아니라 강력한 집합적 행위자로서 "자발적 모임"이어야 한다고 생각했다. 즉, "독자적인 통합성, 공통적인 **나,** 생명, 의지를 갖춘 도덕적이고 집합적인 단체"여야 한다는 것이다. 여기서 의지라는 용어가 핵심적인데, 왜냐하면 이 단체에 인격을 부여하는 것이 바로 "일반 의지"이기 때문이다. J.-J. Rousseau, *Contrat Social*, Book 1, ch. 6.

19) 나는 이 관계를 "Les Sources de l'identité moderne", in M. Elbaz, A. Fortin, G. Laforest, eds., *Les frontières de l'Identité: modernité et postmodernisme au Québec*(Saint-Foy: Presses de l'Université Laval, 1996), pp.347-364에서 분석

따라서 공동의 정체성이 필요해지는 것이다. 그런데 공통적 정체성이 어떻게 배제를 만들어내게 되는 것일까? 다양한 상황들에서 예증되듯이 여러 가지 가능성이 존재한다.

이런 상황 가운데 가장 비극적이면서 선명한 경우가 바로 오늘날 우리가 '인종 청소'라 부르는 현상인데, 이때 주류 통합체에 들어가지 못하는 집단은 잔혹하게 쫓겨나게 된다.

인종 청소 같은 극단적 조치가 취해지지는 않는 경우도 있지만, 주류 정체성을 위협하는 독자적 집단을 겨누는 배제의 역학이 여기서도 마찬가지로 작동하기 마련이다. 이상하게 들릴지도 모르지만, 강제적 산입(算入)도 일종의 배제로 분류되어야 한다. 예컨대 19세기 헝가리 민족주의 운동은 슬로바키아인과 루마니아인들을 강제로 통합시키려 했으며, 터키인들은 자신들의 동쪽 국경에 쿠르드족이 존재한다는 사실 자체를 인정하지 않으려 한다. 소수민족들이 보기에 이것이 배제가 아닌 것으로 생각될 수도 있으나 분명히 배제로 귀결되는 조치다. 결과적으로 주류 집단이 소수민족들에게, "너희들의 정체성과 자아관 그대로는 우리 땅에 둘 수 없으니 우리 입맛에 맞게 너희들을 뜯어고쳐 놓겠다"라고 말하는 것이기 때문이다.

또 배제가 남아프리카공화국의 옛 인종차별정책처럼 궤변의 형태를 취할 수도 있다. 이 경우 흑인은 국가 외부에 있는 '모국'의 시민에 불과하다는 이유로 수백만 흑인들의 남아프리카공화국 시민권이 거부되었던 것이다.

소수파 같은 타자들이 주류의 정치적 정체성에 위협이 된다고 생각될 때 이런 배제 조치가 시행된다. 그러나 타자들로부터의 위협이 과연 사실인가 하는 것은, 인민주권론이 우리 시대를 대변하는 정통성 이념이라는 사실에 비추어 판단되어야 할 것이다. 오스만 제국의 경우처럼 사회 성원들이 신분에 의해 확연히 우열성이 갈리는 노골적인 계급사회를 유지하기는 쉽지 않은 일이다.

따라서 옛날의 지배자들은 자신들과 매우 상이한 방대한 숫자의 신민

했다.

들과 기꺼이 공존했으며, 실상 신민의 숫자가 많으면 많을수록 바람직하게 여겼던 것이다. 옴미아드 제국을 정복한 이슬람교도들은 피치자인 기독교인들의 개종을 강제하지 않았고, 오히려 개종을 말리기까지 했다. 치자와 피치자 사이의 불평등 상황이라는 기본 전제가 인정된다는 전제 아래서, 옛 제국들은 '다문화적' 관용성과 공존에 결코 인색하지 않았던 것이다. 유명한 실례를 들면, 아크바르 치하의 무굴 제국의 경우는 오늘날 그곳이나 세계 다른 곳의 현황과 비교해서도 놀라울 만큼 개명되고 인간적이었던 것이다.

유럽에 국한시켜 이야기한다고 해도 발칸 전쟁으로부터 시작해 제1차 세계대전을 거쳐 제2차 세계대전에 이르기까지 유행병처럼 확산되었고 지금도 계속되고 있는 것같이, 20세기가 인종 청소의 시대라는 것은 우연이 아니다.

국가의 정치적 정체성과 연관해 국민을 심각하게 분열시키는 새로운 현안들을 초래했다는 의미에서 민주주의 시대는 공존을 방해하는 장애물을 산출한다. 예컨대 인도 아대륙 대부분 지역에서 힌두교도들과 이슬람교도들이 서로 종교적으로 영향을 주고받으면서 사이좋게 공존해왔는데, 후에 치열하게 서로 싸우게 되었던 것이다. 과연 무슨 일이 발생했던 것일까? 영국의 분할 통치 전략 시도 또는 어느 지역에서 누가 다수인가를 처음으로 따졌던 영국의 인구조사 애호증 등이 그 이유라고 주장되기도 한다.

이것이 중요한 요인일 수도 있겠지만, 분명한 사실은 정치적 정체성이 현안으로 떠오르는 상황에서야 이런 요인들이 비로소 중요성을 띠게 된다는 것이다. 외부에서 부과된 다인종 제국의 꺼풀을 민족주의적 운동이 벗겨내고 민주국가를 성립시킬 때 정치적 정체성의 문제가 현안으로 부상한다. 그렇다면 정치적 정체성이 단순히 다수결의 문제인 것일까? 예컨대 이슬람교도들은 파키스탄의 힌두라지 산맥으로 향해야 한다[20]는 보장을 다시 요구한다. 또 범인도적 정체성을 지향한 간디와 네루의 제안은 지나교도들을 만족시킬 수 없다. 그 결과 의심이 싹트고 독

20) [역주] 파키스탄으로의 통합.

자적 정체성에 대한 요구가 생겨 분열이 시작되는 것이다.

그 결과 모든 당사자가 상대방을 정치적 정체성에 대한 위협으로 받아들이도록 인도된다. 우리가 아직 정확히 알지 못하는 기제를 통해 때때로 이 같은 두려움이 우리 집단의 삶에 대한 직접적 위협으로 전화되며, 우리에게 끔찍하게 익숙해진 것처럼 잔혹한 대응과 재대응의 악순환으로 폭발하는 것이다. 그렇다면 다수라는 것이 결정적 중요성을 획득하게 되는 민주주의 시대에서만 인구조사가 파괴적 중요성을 갖게 된다고 정리할 수 있을 것이다.

IV.

내가 국가의 정치적 정체성이라고 명명한 새로운 질문들을 인민주권의 시대가 제기하기 때문에 정체성 투쟁의 밑바탕에는 민주주의가 놓여 있다. 예컨대 국가의 목표는 무엇이며 국가는 누구를 위해 있는가? 이 질문에 대한 답에 대해서도 또 질문이 꼬리를 물고 이어진다. 나나 우리가 이 국가와 '스스로를 동일시'할 수 있는가? 국가가 우리들을 과연 반영하는가? 우리 자신들을, 국가가 반영하거나 보호하게끔 되어 있는 국민의 일부라고 간주할 수 있는가?

개인과 구성 집단들이 자체의 삶에서 무엇이 중요한가를 정의할 수 있게 해주는 개체적 정체성이 정치적 정체성과 만나는 자리에서 위의 질문들에 대한 깊은 감수성과 강력한 이의가 체험될 수 있다. 프랑스어를 쓰는 공동체에 내가 소속된다는 사실을 만약 나 스스로 중요하게 생각한다면 영어를 공용어로 쓰는 국가는 나를 제대로 반영할 수 없다; 내가 이슬람교를 진정으로 믿는다면, '힌두교 근본주의'에 의해 정의되는 국가는 온전한 나의 것일 수 없는 것이다. 따라서 근대 민족주의의 한가운데 우리가 놓여 있는 것이다.

그러나 국가 의지에 반영되기를 바라는 개인적 정체성과 집단 정체성들 자체가 자주 재정의되는 과정 가운데 있기 때문에 '민족주의적' 현안이 훨씬 복잡해진다. 이런 재정의도 흔히 환경에 의해 제약되며, 굉장히 갈등 유발적이고 혼란스럽다고 할 수 있다. 근대 세계에서 연속적으로 민족주의가 부상하는 과정을 따라가보면 이런 궤적을 둘러싸고 있는 힘들을 발견할 수 있다.

우리는 애당초 왜 민족주의가 발생하는 것인가라고 물을 수도 있다.21) 나아가, 헤겔이 선호했을 가능성이 많은 것같이 왜 독일인들은 자유로운 나폴레옹 제국의 성원이 되는 데 만족하지 않았을까? 왜 알제리인들은 험난한 독립 투쟁 대신 "알제리가 바로 프랑스다"라는 논리가 가져다주었을 명실상부한 프랑스 시민권을 요구하지 않았을까? 이처럼 수없이 많은 유사한 질문들이 추가로 제기될 수 있다.

그러나 민족주의 운동의 초기 단계에서는 자신들이 거부하는 식민 모국의 문화를 숙지하고 있는 엘리트들이 앞장선다. 성공적인 민족주의 운동의 경우, 그러다가 나중에 인민 대중이 동참하게 되는 것이다. 따라서 우리는 민족주의 운동의 원천에 대한 서술의 두 단계를 구별해야 한다.

첫 번째 단계를 먼저 다루어보자. 식민 모국의 수많은 가치관을 수용했음에도 불구하고 왜 엘리트들이 식민 모국으로의 통합을 거부하는 것일까? 여기서 우리는 근대성의 전개 양상에 특유한 또 다른 특징을 관찰해야 한다.

한편으로 근대성은 파도와 같은 것으로서, 전통적 문화들을 연이어 압도하고 포위하기 마련이다. 그중에서도 근대성을 시장-산업 경제, 관료적으로 조직된 국가 그리고 인민의 자기 지배 형태 같은 발전으로 이해한다면, 근대성은 참으로 파도처럼 전진한다. 그리고 인민의 지배까지는 몰라도 시장경제와 관료 국가는 어떤 의미에서 돌이킬 수 없는 시대적 흐름이다. 시장경제와 관료 국가 또는 그것과 비슷한 훌륭한 기능적 대안을 거부하는 자는 누구든지 냉혹한 세력 경쟁에서 처지게 될 것이고 종국에는 이런 변화를 겪게 되지 않을 수 없다. 이런 식으로 정의된

---

21) 이에 대해 나는 다음 글에서 자세히 분석했다. Charles Taylor, "Nationalism and Modernity", in John Hall ed., *The State of Nation*(Cambridge University Press, 1998).

근대성의 전진을 추동하는 역관계에는 충분한 이유가 존재하는 것이다.

그러나 이를테면 내부로부터 체험되는 근대성은 적잖이 다른 것이다. 방금 서술된 제도적 변화는, 서양에서 맨 처음 그랬듯이 다른 곳에서도 예외 없이 전통적 변화를 흔들고 변화시켰다. 부끄럽게도 유럽 식민주의가 수없이 범한 것처럼 토착 문화가 거의 파괴되고 원주민들은 죽거나 강제로 통합되는 경우 외에, 토착민들이 새로운 관행을 수용하면서 자신들의 전통문화에서 적절한 전거(典據)를 찾을 때 전통문화에서 근대성으로의 성공적 전환이 성취된다. 그런 의미에서 근대성은 하나의 파도가 아니다. 세계에서 이런 제도적 변화를 수행하는 문화들이 각기 중요한 의미에서 서로 다르기 때문에, 복수(複數)의 근대성이라고 표현하는 것이 더 적절하다. 따라서 그 자체로도 매우 다양한 서양 근대성의 행로 외에도 일본의 근대성, 인도의 근대성, 이슬람 근대성 등의 다양한 변용이 운위될 수 있는 것이다.

이런 관점에서 우리는 파도로서의 근대성이 전통문화에 위협적으로 느껴질 수 있다는 사실을 이해한다. 근대성은, 변화에 격렬히 반대하는 사람들에게는 외부적 위협으로 남을 것이다. 그러나 특정한 형태의 제도적 변화를 수용하려 하는 사람들에게서 발견되는 반응이 있다. 보수주의자들과는 달리 이들은 변화에 포위되고 압도당해버린 원주민들의 운명을 피하려 하면서도 변화 자체를 거부하려 하지는 않는다. 그들이 원하는 것은, 새 관행을 성공적으로 차용할 수 있게 해주는 자신의 문화적 원천을 이용해 근대성에 창조적으로 대응하는 것이다. 요약하자면, 이들은 서양의 경험을 교사로 삼고자 하는 것이다. 그러나 그 목표를 이루기 위해서는 서양의 경험을 복사만 해서는 곤란하다는 사실도 이들은 깨닫고 있다. 전통적 전거를 활용한 창조적 변용이란, 그 말의 정의상 문화마다 다를 수밖에 없기 때문에 서양 근대성을 그대로 차용하는 것은 해법이 될 수 없다. 바꿔 말하면, 서양을 베끼는 것은 곧 서양에 함몰되는 것을 뜻하므로 다른 방안을 찾아보아야 하는 것이다.

따라서 자신들이 처한 상황에서 발견되는 객관적 요소에 대응하려는 '근대화되고 있는' 엘리트들은 '차이에의 소명'을 체험한다. 차이에의 소명이 민족주의의 한 배경이지만 이것이 전부는 아니다. 자국민의 번영을 지향하는 사람들은 누구든지 다소간에 차이에의 소명감을 느끼지만, 자기 존엄 의식을 압도적으로 중시하는 엘리트 계층이 특히 강력하게 이런 도전을 절실히 체험하게 되는 것이다.

시장경제, 국가 체제, 민주화를 효과적으로 받아들인 사회들이 막강한 힘을 갖게 되기 때문에 서양 근대성은 정복의 문화로서 기능해왔다. 그런데 정복자들은 즐겁게 수용하지만 피정복자들은 거부하는 우열(優劣) 의식의 전제가 정복의 도정 중에 싹트게 되며, 이는 자기 존엄 의식에 대한 심각한 도전이 아닐 수 없다. 전통적 엘리트 집단이 정복 과정으로부터 격절(隔絶)되어 있는 수준에 비례해서 위기의식을 덜 느낀다. 그러나 이미 식민지가 된 상황에서든 아니면 압도당해 위태로운 상황에 있는 나라에서든 근대화에 동참하고 있는 엘리트들은, 극복되어야 마땅한 후진성에 항시적으로 도처에서 직면하게 되는 것이다. 문제는 이들이 이 후진성을 넘어설 수 있는가 하는 것이다.

따라서 엘리트 집단이 나름의 해결책을 발견해야만 한다는 과업은 동포애의 차원을 넘어서, 자신들의 존엄성을 지켜야 한다는 절박성을 갖는다. 엘리트들이 주체성을 지키면서 제도적 변화를 이루고 창조적 변용을 수행할 수 있을 때까지는, 자문화의 열등성이라는 오명을 피할 수 없기 때문이다. 정복자들이 무차별적으로 피정복 문화에 대한 편견을 퍼트리게 되는 것은 물론이다. 그들의 힘과 성공 때문에 정복자들의 발언은 (비합리적이지만 이해할 만하게도) 무게를 갖기 마련이며, 어떤 의미에서 대화 당사자가 된 정복자들이 피정복자들을 인정할 때 그것은 심대한 의의를 갖게 된다. 자신들이 인정받지 못할 때 특히 피정복자들은 정복자들에게 인정받는 것의 중요성을 가차 없이 부인하지만, 그런 과장된 어조가 부인의 진실성을 때로는 의심쩍게 만드는 것도 사실이다.

차이에 대한 요구의 인정인, 식민 모국으로 통합되는 것에 대한 엘리트 집단의 거부가 근대 민족주의적 전환의 한 원천인 것이다. 그리고 이는 바람직한 공동선을 창조해야 한다는 문제로서 뿐만 아니라 너무도 절절한 자기 존중과 존엄성의 문제로서, 하나의 실존적 도전으로서 체험되는 것이다. 민족주의가 그렇게 강력한 감성적 힘을 갖는 이유, 또 긍지와 수치의 문제와 그렇게 자주 결부되는 이유도 바로 이 때문이다.

근대적 질곡에 대한 대응이라는 면에서 민족주의는 근대의 소산이다. 그런데 이런 도전과 응전의 관계는 좀 더 밀접한 것이기도 하다. 위에서 나는 종종 민족주의가 '근대화되어가는' 엘리트 집단에서 득세한다고 논한 바 있다. 존엄성에 대한 위협에의 대응이 민족주의의 한 얼굴이라는 점에서 도전/응전의 연관성은 단순한 우연 이상의 것이다. 그러나 동시에 근대성은 존엄성의 조건을 변화시켰다.

결과적으로 이는 위계적이고 '매개된' 사회로부터 '수평적이고' 서로 직접 접촉이 가능한 사회 방향으로의 변화가 될 수밖에 없다. 초기 사회에서 관례였던 명예의 개념은 본질적으로 위계적이었고, 몽테스키외의 용어를 빌리자면 "우선권"을 전제했다.22) 내가 명예를 갖기 위해서는, 오늘날의 명예 표창장 '수상 목록'의 경우에서처럼 일부에게만 부여되는 그런 위상을 지녀야만 한다. 그런데 이와는 정반대로 모든 인간이 동등한 존엄성을 지닌다는 생각 위에 수평적 사회가 근대적인 '존엄성' 개념을 발전시켰다. 예컨대 칸트에게 존엄성은 모든 이성적 행위자에게 공통적으로 귀속된다.23) 철학적으로 우리는 모든 인간이 다 존엄한 존재라고 믿지만, 정치적으로는 수평적 사회가 함께 제대로 작동할 때 비로소 우리가 동등한 존엄성의 느낌을 공유하게 되는 것이다.24) 전형적으로 근대적인 문제 상황에서는, 존엄성은 공동의 범주적 정체성과 서로 연계된다. 나의 자존 의식은 내 족보나 우리 종족만으로는 도출될 수 없으며, 중요한 부분이 범주적 정체성에 의존한다.

그러나 근대사회로 깊숙이 진입할수록 범주적 정체성 자체가 위협받거나 모멸의 대상이 될 수 있는데, 이때 존엄성의 문제가 한층 분명하게

---

22) Montesquieu, *L'Esprit des Lois*, Book 5, ch. 1.

23) I. Kant, *Groundwork of the Metaphysics of Morals*(Berlin Academy Editions, Berlin: de Gruyter, 1968), Vol. 4, p.434.

24) 이것이 꼭 정치적 사회일 필요는 없다. 그것은 종교적 고해에서거나, 인종적 무리처럼 느슨한 공동 행위자일 수도 있다.

우리 앞에 부각되는 것이다. 민족주의가 근대적 현상인 이유는, 근대화의 물결이 대변하는 위협에 대응하는 전형적으로 근대적인 응전 방식이기 때문이다. 전통 사회의 엘리트층은 정복자의 힘 앞에서 존엄성이 결정적으로 감소하는 것을 언제나 체험하게 된다. 이에 대처하는 한 가지 방식은, 전통적 정체성이나 명예 의식에 의존해 정복자들에 대항하거나 타협하는 방법이다. 또 수립해야만 하는 존엄성의 담지자로서 새로운 범주적 정체성을 형성해내는 방법이 있는데 바로 이 대응 방식의 한 종류가 민족주의인 것이다. 따라서 민족주의는 본질적으로 근대의 소산이다. 부분적으로, 1857년에 발생한 인도의 대반란은 끊임없이 되풀이되는 존엄성의 상실을 전근대적 맥락25)에 의존해 극복해보려는 시도였기 때문에 후의 인도독립의회 같은 민족주의적 운동이 아니었던 것이다.

민족주의의 근대적 문맥은 또한 존엄성에 대한 추구를 외부적으로 하게 만든다. 어떤 인간적 정체성도 순전히 내면적으로만 형성되는 것은 아니며, 타자가 일정한 역할을 하기 마련이다. 그러나 좋은 의미에서든 나쁜 의미에서든 타자의 역할이 우리가 갖고 있지 않은 그 무엇을 대조적으로 정의하는 데 그칠 수도 있다. 새로 '발견된' 대륙의 원주민들이 콜럼버스 이후의 유럽인들을 그런 방식으로 보았다. 유럽인들도 한편 긍정적인 방식으로(자축하는 의미에서 스스로를 '문명인'이라고 규정하는 식으로), 또 동시에 자기 비판적 방식으로('순수한 야만인'과 대조되는 타락한 유럽인으로) 문명의 타자인 '야만인'을 상정했다. 타자에 대한 이런 방식의 준거는 상호작용을 필요로 하지 않는다. 만약 서로 교류가 늘어나면 이런 판에 박힌 시각이 더 이상 유지될 수 없기 때문에 상호작용이 없을수록 더 좋다고 생각할 수도 있다.

그러나 근대 세계에서의 정체성은 갈수록 우리가 타자와 직접 만나는 인정의 공간에서 형성된다는 사실을 강조하고 싶다. 여기서 인정의 정치학에 대한 일반 이론을 개진할 수는 없으나,26) 근대 민족주의의 경우

---

25) [역주] 여기서 전근대적 맥락이란 '무굴 제국의 부흥'을 의미한다.

26) Charles Taylor, "The Politics of Recognition", in Amy Gutmann ed., *Multiculturalism: Examining the Politics of Recognition*(Princeton University

이는 분명한 사실이라고 생각된다. 근대 민족주의 정치는 인정의 정치이며 참으로 그 원형적인 범례라 할 수 있다: 민족적 투쟁은 페미니즘, 소수 문화자 운동, 동성애 운동 등에 적용될 수 있는 모델이 창출되는 지평이다. 반식민 투쟁의 문맥에서 쓰인 프란츠 파농(Frantz Fanon)[27] 같은 사람의 저작의 주제들이 다른 맥락에서 활용되는 사실이 이런 연관성을 예증한다. 엘리트층에서의 강력한 민족적 감정은 흔히 정체성의 가치가 위협받을 때 발생하는 것이다.

정복 사회의 구성원들의 입장에서 처음에는 피식민지의 정체성이 비(非)인정에 취약한 것으로 여겨진다. 그러나 나중에는 세계적인 공적 지평이 생겨나 그 안에서 주체적으로 당당하게 서 있다고 자처하는 민족들이 그 지평 위에서 평가되고 있음을 스스로 보고 또한 그런 평가가 중요하다고 생각하게 된다. 세계 차원의 공적 지평은, 차별성을 부드럽게 표현하기 위해서 주기적으로 신조어를 발명해야 될 정도로 상대 평가의 어휘에 의해 지배당하고 있다. 예컨대 제2차 세계대전 후에 '저발전국'이라는 용어가 그때까지 널리 사용되던 '후진국'이라는 표현을 대체했는데, 이제 그 말도 세련되지 못하다는 이유로 선진국/개발도상국이라는 지금의 구분법을 쓰고 있는 것이다. 선진국을 따라잡아야 한다는 근대 민족주의의 배경이 이런 공통 용어들 안에 녹아 있거니와 이 용어 자체가 세계 공적 영역을 활성화시키기도 하는 것이다.

정복이나 정복의 위협이 우리들의 자존 의식에 건강하게 작용했던 적은 한 번도 없었으며, 근대 민족주의도 아주 오래된 어떤 울림을 갖는 것이 사실이다. 그러나 (제도적) 근대화의 연속적 물결, 차이에의 도전, 범주적 정체성의 성장 그리고 인정의 공간으로서 세계 공적 지평의 창출이라는, 민족주의를 만들어낸 전체 맥락은 본질적으로 근대적인 것이다. 따라서 원시적 정체성이나 격세 유전적 대응으로부터 오늘날 우리는 매우 먼 거리에 놓여 있는 것이다.

Press, 1992) 참조.

27) 특히 *Les Damnés de la Terre*(Paris: Maspéro), p.19 참조.

V.

지금까지 우리는 근대의 정체성 투쟁의 배경에 대해 논의해왔다. 이는 근대 국가 안에서 피할 수 없는 장(場)을 창출하는데, 그 장에서는 정체(政體)의 본질이 무엇이며 누구를 위한 것인가 하는 정치적 정체성을 둘러싼 질문과, 나/우리가 그 안에서 자리를 확보하고 있는가 하는 파생적 질문이 제기된다. 이런 논제가 전통적 생활 방식을 필연적으로 재규정하는 작업이 수행될 수 있는 바로 그 지점이기 때문에 논의가 그만큼 특별히 뜨거운 것이 된다. 독립국가의 국민인 '우리'에 대한 요구 자체 또는 우리를 배제하는 현존하는 국가 안에서 우리의 의지가 반영되어야 한다는 요청, 근대적 의미에서의 국민 됨을 향한 이런 움직임 자체가 '우리'가 과연 누구인가라는 질문의 재정의를 포함하기도 한다. 따라서 이전에 주류였던 '캐나다-프랑스 국가'에 대한 보수적, 교권적 규정에서는 이런 규정이 정치적 제도를 통해서가 아니라 가톨릭교회가 주된 역할을 하는 삶의 방식들의 대화 속에서 주로 실현되어야 한다고 주장했던 것이다. 경제 성장을 강조하고 특히 교육과 보건 의료 등의 사회 문제들을 다루는 데 국가의 역할을 강화시키려는 경향을 가졌던 영어-개신교 문화적인 북미 사회를 강력하게 견제하는 것이 그 당시의 정치적 전술이었다. 이는 지방 경제를 강하게 엄호하는 태도와 함께, 중앙 정부를 배제해왔던 영역에 지방 정부가 직접 개입하는 것을 삼가는 지방 정부 차원에서의 자기 절제를 요구했다. 오늘날 독립국가의 성립을 바라는 일부 '퀘벡 분리주의자들'의 정체성 밑바닥에 놓여 있는 자기규정과는 현격한 차이를 보이는 태도가 아닐 수 없다.

물론 이런 움직임은 종교적 자기규정으로부터 거리를 두는 것을 포함한다. 지난 50년 동안 퀘벡 사회는 급격히 세속화되었다. 아일랜드적 교권 전통과의 격렬하고 오래된 싸움이 예시하듯이 민족주의의 초기 유형은 개신교도들이 다수인 캐나다와 북미 대륙에서 가톨릭 공동체의 성원이 된다는 것이 무엇을 의미하는가에 대한 논쟁적 태도를 동반했다.

여기서 핵심 문제는 다음과 같다. 어떤 종류의 국가를 만들 것인가?

선택은 가능한가? 독립국가를 건설할 수 있겠는가? 아니면 통합을 선택해야 하는가? 이러한 정치적 정체성의 논제를 해결하는 과업은 개인적 또는 집단적 정체성과 관련된 주요 문제를 해결하는 작업과 분리할 수 없다. 정녕 우리가 누구인가? 무엇이 우리에게 중요한가? 현재에 대한 가치 판단이 과거에 우리에게 중요했던 것을 정의하는 것과 어떤 관련이 있는가? 우리를 우리로 만드는 과거와의 의미심장한 연계성이란 무엇인가? (예컨대 4세기 동안 프랑스어를 썼다는 사실이 핵심인가, 아니면 가톨릭 신자라는 사실이 중요한가?)

이런 재(再)주장 또는 재규정을 특히 어렵게 만드는 요인에는 두 가지가 있다. 먼저 이런 재정의 작업이 매우 고통스러워서 정체성이 상실됐다거나 배신당했다고 여기는 지점에 이를 수 있다. 또한 존엄성이 화두인 상황 속에서 살고 있으므로 우리가 얻게 될 정체성이 우리를 열등하게 각인시켜 남보다 못한 존재, 그래서 남의 그늘에 가려서 지배받아야 할 존재로 낙인찍히는 것이 아닌가 하는 두려움이 있다. 강력한 타자가 우리를 실제로 열등하게 여길 수도 있다. 그러나 더 중요한 문제는 우리가 어떻게 이런 상황에 대처할 것이며, 과연 특정한 방향(경제 '근대화', 사회적 관행의 개혁, 독립이나 자치의 획득)으로 변화함으로써만 남이 가하는 경멸적 판단을 거부하고 국가들 사이에서 당당하게 설 수 있겠는가의 여부다. 한 사람이 진실로 변화해 존엄성을 회복한 것이 다른 이들에게는 전면적 배신이 된다는 사실이 우리가 처해 있는 질곡을 더 가중시킨다.

이제 재정의를 통한 정체성 투쟁 과정과 종교가 연루되게 된다. 그 결과는 때로 부정적이어서 자코뱅 민족주의의 정체성이나 좌파적 정체성의 경우에서처럼 옛 신앙이 배제되거나 주변화된다. 그러나 때로는 옛 신앙이 다시 활성화되는 경우도 있다. 예컨대 브라모 사마지28)처럼,

---

28) [역주] 1828년에 인도에서 창립된 종교로서 전능하고 자비로운 유일신을 신봉하며, 모든 존재에 대한 사랑에서 신앙이 증명된다고 믿고, 세계의 모든 종교와 경전들을 존중한다. 노벨 문학상 수상자 타고르도 그 주요 신봉자 중의 하나였다.

옛 종교 전통의 '개혁판'이 출현해 근대성의 좋은 점을 껴안고, 소홀히 취급된 자체 전통 안에서 그런 좋은 점들을 재발견하기까지 한다. 또는 이와 반대로, 본질적인 부분을 이른바 개혁이 방기했기 때문에 근원으로 새로 더 엄격하게 돌아가야 한다는 반론도 제기되었다. 그러나 이런 경우조차도 매스컴 기술을 십분 활용하면서 근대의 소산인 권력, 국가, 경제적-군사적 합리성의 요구에 부응하려는 노력을 통해 근대적 문맥에서 진행된 것이다. 따라서 표면적으로 주장하는 것보다는 덜 순수한 근원으로의 복귀인 경우가 많다. '근본주의'의 열정은 항상 일종의 잡종이기 마련이다. 오늘날의 개신교 성서 '근본주의'도 모든 것을 계시로 생각한 중세 가톨릭교회의 상징적 우주 속에서는 생겨날 수 없었을 것이다. 왜냐하면 근본주의 운동 자체가 근대 과학의 시대에 특유한 엄밀성에 대한 반작용으로서 나왔기 때문이다. 초기 기독교의 시대에서는 세속적 시간이, 다양한 고차적 시간 질서와 다채로운 영원의 지평과 섞여 있었다. 이런 시간 의식 속에서는, 창세기에서 서술된 '하루'가 '문자 그대로' 일출과 일몰 사이 24시간을 의미하는가라는 논제의 초점을 설명하는 것이 쉽지 않았을 것이다. 나아가서 그런 질문에 관심을 가져야 할 이유 자체를 납득시킬 수 없었을 것이다.

또 다른 예를 들자면, 이란 혁명과 그 후 들어선 정권들은 근대적 매스컴 기술, 대중 동원 방식, 국가 형태(일종의 의회적 신정 체제)에 깊숙이 의존했다.

다른 관점에서 보자면, 이런 운동들은 현대적 상황에서 전통 신앙을 최대로 살려내려는 시도로 간주될 수 있다. 예컨대, 비록 적응의 시도가 생경하게 여겨진다고 해도 전통의 역사 — 이슬람교의 경우, 코란과 율법에 기초해 알라신께 경배하는 삶을 살아가는 — 를 가로지르는 시도로 간주될 그 무엇을 확보하는 것이 궁극적 목표였다. 그러나 재정의/재주장을 위한 투쟁이 정체성 투쟁과 깊이 연루될수록 균열이 발생한다. 특정한 '인민'의 존엄성과 권력을 획득해야 한다는 두 가지 목표/논제가 서로 충돌할 때, 개혁의 과업이 종교적 전통의 궤적에서 벗어나게 된다. 역사적으로 실천됐던 신앙뿐만 아니라 오늘날 정당화될 수 있는 신앙으로부터도 거리가 먼 목표가 부과될 수 있기 때문이다.

특히 대량 살상 무기를 통해 자신의 의지를 실현할 능력을 지닌 주류 인민을 만들어내는 것이 진정한 힌두교 신앙으로부터 나오는 요구였던 적은 결코 없었다. 간디가 증명하듯이, 또 현재의 인도 집권당인 BJP의 정신적 조상들이 범한 잔인한 간디 암살이 반면교사로 예증하듯이, 힌두교 신앙으로부터는 오히려 정반대로 전면적 평화에의 요구를 도출하기가 더 쉬웠을 것이다. 마찬가지로 역사상 기독교 신앙이 최악의 형태로 왜곡되었을 때조차도, 대량학살이 기독교 신앙의 목표로 여겨진 적도 없었다.

'종교적' 원천을 갖는 것처럼 보이는 현대의 아주 심한 폭력 사태는 사실상 종교와 관련이 거의 없으며, 종교와는 아주 다른 요인에 의해 촉발된다. '인민'에 의해 구성되면서 그 인민을 구성하기도 하는 정체성 투쟁으로부터 폭력이 생긴다. 스스로를 정의하고 정치적 정체성을 획득하려 싸우는 자기 규정적 집단들이 폭력의 원천인데, 이때 신앙심이 거의 실종되거나 불구화되면서 종교는 단지 역사적 표지의 기능을 할 뿐이다. '세르비아' 극단주의자들, IRA와 오렌지 테러리스트,29) 그리고 BJP 당 지도부 대부분이 이에 해당된다.

전체 BJP 운동을 어떻게 평가해야 하는가는 그리 분명하지 않은데, 왜냐하면 아요댜에 있는 라마 사원을 둘러싼 소요의 경우처럼 부인할 수 없이 강력한 대중적 지지가 정치적 주도권 획득 투쟁과 연관되어 있기 때문이다. 현대의 다양한 전투적 이슬람 운동의 경우는 사태가 더 복잡하다. 많은 이슬람 운동들이 독실한 신앙심에 의해 추동된다는 것은 명백한 사실이지만, 그렇다고 해서 이슬람 운동의 형태나 궤적이 정체성 투쟁의 맥락에 의해 깊이 영향을 받지 않는다고 말할 수도 없다. 이슬람 통합주의는 복합적이고 다면적이며 중층 결정된 실재이기 때문에 한 가지 설명법으로 그것을 포착하려는 것은 어리석은 일이다. 그럼에도 불구하고 이슬람 통합주의의 다양한 특징들이 내가 위에서 서술한 것과 많은 부분에서 서로 부합된다고 나는 생각한다. 정체성을 위협하

---

29) [역주] IRA의 분파.

는 문맥인 세계의 공적 지평에서 활동하고 있다는 의식이, 적대감과 무관심으로 가득 찬 항의에도 불구하고 이슬람 문명 안에 분명히 존재한다. 서양(특히 서양의 핵심인 '거대한 악마' 미국)에 대한 너무나 지나친 거부감과, 미국으로부터의 비판에 대한 아주 예민한 반응이 이를 예증한다. 제한 없이 전파되어야 마땅한 최종적 계시라는 자화상을 이슬람교가 갖고 있는 까닭에, 강대국의 영향이 자신들의 자존심을 위협하는 사태에 대해 이슬람 사회가 더 못 견뎌 하는 것처럼 생각된다. 기독교적 표현을 사용해서 좀 그렇기는 하지만, 이슬람교의 섭리는 정복자들의 위상과 당당히 맞서 싸울 수 있는 것을 의미하는데, 실제로는 그들에게 무력하게 정복당해왔다는 사실 때문에 이슬람 섭리관이 혼돈에 빠졌던 것이다.

이슬람의 근원을 충실히 지키고 있다는 모든 항변에도 불구하고, 이슬람 통합주의는 위에서 해명된 것처럼 어떤 측면에서 아주 근대적인 현상이다. 이슬람 통합주의는 수평적이고 직접 접촉이 이루어지는 운동인 근대적 방식을 사용해 국민을 동원하기 때문에, 선출된 의회, 관료 국가, 군대라는 '근대의' 제도적 기구를 능란하게 활용한다. 인민주권론을 거부하고 일종의 신정 체제를 구축한 이슬람 통합주의는 또한 전통적 지배 계층을 불법화시키기도 했다. 예컨대 이란 혁명은 팔레비 왕에 대항해서 실행되었다. 또 이슬람 신정 국가의 성격과 목표를 감안해 '합리적으로' 그럴 만한 가치가 있는 사람들, 즉 율법 전문가들만이 특별한 권위를 누린다. 살만 루시디를 죽이라는 명령을 내리는 데에서 이슬람교적 사법 체제를 매체 지향적으로 남용한 호메이니의 예를 구태여 들 필요도 없을 것이다. 또한 살만 루시디가 '신성 모독적인' 풍자시를 영어로 써서 서양 독자들을 대상으로 출판했다는 사실이 그의 끔찍한 '죄악상'을 얼마나 증가시켰던가를 상기해야 한다.

또한 우리는 현대 이슬람 개혁 운동이, 여성의 의상과 행동의 중요성을 왜 그렇게 강조하는지를 충분히 이해하지 못하고 있는지도 모른다. 아프가니스탄 탈레반 정권의 경우에서처럼 여성의 옷과 행동거지에 대한 엄격한 제한은 코란과 전통을 전면적으로 복원하려는 시도였다. '근대주의'와 이슬람 통합주의 모두에게, 여성이 뚜렷한 '지표' 역할을 했던 궤적을 추적할 수 있는 것이다. 무스타파 케말30)은 여성이 서양식 옷을 입고 거리를 활보하며 사회적 모임에 참석하고 남자와 춤까지 추도록 강제적 개혁 조치를 폈다. 전통 복식은 '시대에 뒤떨어진 것으로' 낙인찍혔다. 오늘날 많은 이슬람교 사회에서 여성에게 부과되는 옷과 행동에 대한 이례적 강조는 또 다른 극단일 것이다. 이슬람 세계에서 여성의 복식과 행동거지의 문제가 각자의 입장, 발언의 방식 그리고 서양 근대성의 거부 여부를 측정하는 국제적으로 공인된 지표가 된 것이다. 율법의 무게나 신성화된 신앙 형태보다는 국제적인 공적 영역에서의 투쟁이 이슬람 세계에서 일어나는 일을 더 많이 규정하고 있는지도 모른다.31)

아마도 가장 선명한 예는 2001년 9월 11일, 온 세계를 경악하게 한 세계무역센터 자살 공격의 경우일 것이다. 오사마 빈 라덴이 이끄는 알카에다 그룹은 몇몇 이슬람 '테러리스트' 운동에 분명히 존재하던 경향을 더 극단으로 밀어붙였다: 그들은 전통적으로 허용되어온 경계를 넘어서는 형태의 행위를 정당화하는 성전과 순교의 개념을 구사했던 것이다. 바꿔 말하자면 알카에다는 전투원과 무고한 민간인의 구별을 무시하고 자살 공격을 옹호했다는 두 가지 점에서 한계를 넘어섰다. 그중 하나만이라도 문제가 심각하지만, 알카에다는 둘을 합침으로써 이슬람교의 원리들을 분명히 위배했다. 이슬람교 일부 학자들은 적군을 살해하기 위해서가 아니라 무고한 민간인들을 죽이기 위해 자살을 범하는 자는 순교자의 명칭을 얻을 자격이 없음을 분명히 해왔다.

그러나 놀라운 것은 이런 원리가 수많은 이슬람 사회에 거의 영향을 끼치지 못한다는 사실이다. 디스코텍에서 춤추는 10대 소년 소녀들만을 희생시킬 수도 있는 자살 테러 공격자들을, 팔레스타인 젊은이들이 '순

---

30) [역주] 현대 터키의 국부(國父).

31) 터키와 더 광범위한 이슬람 세계적 맥락 둘 다를 포함한 이런 전체 주제에 대한 괼의 흥미로운 분석으로부터 나는 큰 도움을 받았다. Nilüfer Göle, *Musulmanes et Modernes*(Paris: Le Découverte, 1993) 참조.

교자들'이라 부르는 데서 나타나는 것처럼 이런 원칙은 현장에서 완전히 무시된다. 나아가 이렇게 '뜨거운' 사회의 수많은 종교적 권위자들이 최선의 사법적 판단에 의존하기보다는 대중에 영합하고 있다. 도대체 여기서 무슨 일이 일어나고 있는 것일까? '그들'이 '우리'를 멸시하고 학대한다는 의식이 '이슬람적인' 행동을 추동하는 것이 혹시 아닐까? 그리하여 이런 행동이 잘 알려진 민족주의적 반응과 이 점에서 매우 유사한 것이 혹 아닐까? 기독교 세계의 예를 들어보면, 제1차 세계대전 때 모든 전쟁 당사국의 성직자들은, 극히 드문 존경할 만한 몇몇을 제외하고는 조국의 군대에 신의 은총을 베풀었다. 조금만 거리를 두고 보면, 그 성직자들이 기독교의 원리를 위반했다는 사실이 고통스러울 만큼 명백하게 드러난다.

더욱이 민족주의, 프롤레타리아 국제주의 그리고 종교적 근본주의를 동일한 맥락에서 바라보는 관점이 이 삼자가 아주 자주 사실상 같은 공간을 획득하기 위해 투쟁한다는 사실인, 그들 사이의 상호 교류를 이해하는 데 도움을 줄 수 있다. 소비에트 마르크스주의의 종말이 극심한 민족주의의 발흥으로 인도됐던 것처럼 아랍 민족주의가 이슬람 통합주의를 낳았던 것이다.32) 범주적 정합성의 추구, 차이의 소명에 대한 응답 그리고 마땅히 발견되어야 할 존엄성의 담지자여야 한다는 갈망은 다양한 형태를 취할 수 있다. 이 가운데 어떤 꿈이 설득력 없는 것으로 화할 때 왜 다른 갈망이 오히려 강해지는가를 이제 우리는 이해할 수 있다.

이러한 논의는 다소 복합적인 결과를 낳는다. 그것은 '종교'를 단일한 내적 역학에 단순히 대응하는, 명확히 파악될 수 있는 현상으로 취급하지 말라는 경고를 발한다. 그 결과 오늘날 종교와 관련된 하나 이상의 역학이 엄존한다는 사실이 이제 분명해졌다. 흔히 종교적 차이와 결부된 것으로 여겨지는 폭력 사태를 극복하기 위해 무슨 조치를 취하려면 특히 이 점을 명심해야 한다.

---

32) M. Kramer, "Arab Nationalism: Mistaken Identity", *Daedalus*, vol. 122, no. 3(Summer 1993), pp.171-206.

'종교적' 증오와 폭력으로 귀결될 수도 있지만 헌신적 공격성이라는 면에서 종교와는 다소 낯선, 특히 근대적인 역학이 존재한다는 사실에 주목해야 한다. 종교와 무관한 성격이 선명히 드러나는 경우도 있지만, 여러 요인이 혼재되어 있는 경우도 물론 존재한다. 과거 또는 신앙에의 충성, 사회적 규율과 질서 회복에의 요구, 권력과 '인민'의 존엄성에 대한 요구 등의 다양한 요인들이 종교적 운동을 색깔 짓기 때문에 이런 경우 단일한 역학이 작동한다고 할 수 없다.

이를 구별하는 작업은 쉽지는 않으나 중요한 정책적 결과를 초래한다. 정체성 투쟁이 중요한 역할을 하는 곳에서는 폭력의 근원을 종교적 교리에서 찾는 것은 무망한 일이기 때문이다. 대신 극단적인 정체성 갈등에 대처할 수 있는 고전적 방법이 동원되어야 할 것이다. 즉, 대치 상황을 완화시키거나 완충 역할을 할 수 있는 복합적 정체성 또는 '혼성적' 정체성의 여지를 확장시켜야 한다는 것이다. '힌두 근본주의'를 내세운 BJP 운동에 대한 큰 도전은, 그런 범카스트적 통합의 기치를 당연히 매우 수상쩍은 것으로 보는 인도의 하층 카스트와 불가촉천민으로부터 제기된다. BJP 식의 배제 운동을 중화시켜줄 수 있는 새로운 연대가 이런 도전으로부터 출현할 수도 있을 것이다.

세속화된 자유주의자들이 흔히 생각하는 것과는 아주 달리, 위와 같은 경우 종교적 신앙이나 경건성을 감소시키는 것이 문제를 푸는 데 전혀 도움이 안 될 공산이 크다. 그렇게 될 경우 기대와는 정반대로 최소한의 양심까지 저버린 냉혈적인 살인자들이 더 설칠 가능성도 있다. 그러나 빈 라덴의 변태적 광신 같은 경우에는, 부분적으로 이슬람의 영적 근원에 대한 진정한 복귀를 통해 제어되어야만 한다.

궁극적인 것에 대한 집착, 즉 근원으로 돌아가고자 하는 개인적 헌신의 형태로 쉽게 전화될 수 있다는 점에서 이런 모든 형태의 종교에 위험성이 내재하는 것도 사실이다. 많은 이란 사람들에게 나타나는 것처럼, 스스로에 대한 존중과 존엄성, 즉 인정 투쟁에 전념하는 집합적 정체성과, 개인적 헌신의 대상인 종교가 동행할 수도 있다. 특히 인정 투쟁은 자부심, 존엄성, 자존심을 매우 강조하고 폭력을 손쉽게 정당화할 수 있기 때문에, 아주 절박한 상태에 놓인 종교가 이런 상황에서 잠재적으로 극히 위험한 타락상을 시현할 가능성도 존재한다. 공동의 정체성이라는 미명을 가지고 공동 정체성에 동의하지 않는 사람들에 대한 억압을 정당화하는 경우는 말할 필요도 없지만, 이른바 '이슬람적인' 폭력 사태도 이에 해당된다.

간디 대(對) BJP 당, 멜레비33) 대 공식적 이슬람주의 운동, 북아일랜드 기독교 등의 부조화도 존재한다. 따라서 진정한 신앙심이야말로 세속적 목표를 달성하기 위해 종교를 악용하는 데 대한 최선의 처방책일 수도 있다.

윤평중 옮김

---

33) [역주] 영혼의 각성과 만물에 대한 사랑을 기반으로 하는 신비주의적 명상과 실천을 내세우는 이슬람 교파.

계몽의 두 얼굴: 내재적 역계몽

I.

'계몽(Enlightenment)'과 '역계몽(Counter-Enlightenment)'은 둘 다 정의하기 힘든 개념들이다. 그것을 기술하려는 모든 시도는 아마도 편향적일 것이다. 나의 기술 또한 예외라고 주장할 수는 없다. 내가 하고 싶은 것은 현대 문화, 즉 계몽에 영향을 받은 문화의 특징이라고 생각하는 것을 드러내는 일이다. (나는 계몽의 흔적을 좇는다는 의미에서 '탈계몽(post-Enlightenment)'이라는 말을 사용할 수도 있었지만 또 다른 편향된 함의, 즉 계몽은 아무튼 과거의 것으로 끝난 것이라는 함의를 피하기 위해 그 말을 사용하지 않는다.)

계몽은 그것이 비판했던 '전통적' 삶과 사회 형태의 옹호자들로부터 반동을 불러일으켰다. 이것이 우리가 흔히 역계몽이라고 부르는 것, 즉 밖으로부터의 반작용이다. 그러나 계몽은 또한 시간이 흐르면서 하나의 내재적 반작용, 즉 '내부로부터' 그것이 가장 신봉했던 이상들에 대한 공격을 자극했다. 물론 내가 방금 따옴표로 표시했던 두 단어의 사용과 더불어 하나의 중요한 해석적 도약이 이루어지고 있다. 오늘날 계몽의 가치들에 대한 푸코(M. Foucault)나 데리다(J. Derrida)와 같은 사람들의 공격, 또 한 세기 전의 니체(F. Nietzsche)의 공격을 모두 내부로부터의 공격이라고 부를 수 있는 이유는 무엇일까? 그 이유는 이 사상가들은 계몽사상의 지배적 조류와 중요한 것 — 간단히 말해서 초월성(transcendence)에 대한 거부라고 부를 수 있는 것 — 을 공유하고 있기 때문이다. 이러한 관점에서 본다면 내가 여기에서 논의하는 반동은 하나의 내재적 반발이라고 할 수 있다. 그것도 내부로부터의 반발이라는 의미, 그리고 내재성 자체의 한계들에 대한 반역이라는 두 가지 의미에서.

II.

나는 여기에서 매우 난해하고도 모호한 내재/초월이라는 구분을 도입했다. 나는 먼저 그것들을 통해 내가 의미하는 것에 관해 좀 더 이야기함으로써 가능한 애매성을 부분적으로 줄이려고 한다. 나아가 이러한 의미에서 계몽사상 — 그리고 실제로는 탈계몽 문화 — 의 지배적 조류가 초월성에 대한 거부를 지향하고 있음을 드러내 보일 것이다.

여기에서 초월성을 거부한다는 것은 인간 삶이 삶 자체를 넘어선 어떤 지점의 추구를 거부한다는 것을 의미한다. 그 이상의 무엇이 있으며, 또한 인간 삶이 그 자체를 넘어서려고 한다는 강한 의미 — 인류사를 통해 지속적으로 나타났던 — 는 하나의 환상으로 낙인찍힌다. 또한 비참하고 비인도적인 귀결을 조장하는 위험한 환상으로 판정된다. 그것을 부정하는 것은 우리가 배타적 인본주의(exclusive humanism)라고 부를 수 있는 것, 즉 오로지 인간적 번영이라는 관념 — 이것을 넘어서는 어떤 타당한 목적도 인정하지 않는 — 에만 바탕을 둔 인도주의를 불러온다.

이렇게 말해지는 초월적인 것의 결정적 특징은 그것이 '삶을 넘어선' 삶의 지점과 관련된다는 점이다. 초월성은 다른 차원들, 예를 들면 자연과 세계를 초월하는 어떤 것에 대한 믿음과 같은 차원들을 가질 수도 있다. 이것들 또한 마찬가지로 매우 흔히 등장한다. 그러나 계몽이 제기하는 결정적인 문제로 여기에서 내가 초점을 맞추고 있는 것은, 삶의 핵심에 눈을 돌린, 적극적이고 실제적인 물음이다.

이렇게 함으로써 나는 기독교뿐만 아니라, 예를 들면 불교와 같은 다른 수많은 신앙들의 본질을 이루고 있는 어떤 것을 다루려고 한다. 하나의 기본적인 생각이 이러한 신앙들에 매우 다른 형태로 유입되어 있는데, 우리는 그 생각을 삶이 전부가 아니라는 주장을 통해 파악할 수 있을 것이다.

이러한 생각의 표현을 받아들이는 하나의 방법은 그것을 다음과 같은 의미로 받아들이는 것이다. 즉, 삶은 죽음 이후에도 계속되고 지속성이 있으며, 따라서 우리의 삶은 우리의 죽음과 함께 완전히 끝나지는 않는다. 나는 이러한 읽기를 통해 긍정되는 것을 부정하려는 것이 아니라 그 생각을 약간 다른 의미(분명히 관련되어 있기는 하지만)에서 받아들이려고 한다.

내가 의미하는 것은 오히려 다음과 같다. 사태의 핵심은 삶에, 삶의 충만성에, 심지어 삶의 좋음에 국한되지 않는다는 것이다. 이것은 단순히 내 삶의 충만성(또한 아마도 내가 사랑하는 사람들의 삶의 충만성)만이 나의 관심사가 되어야 한다는 이기주의의 거부를 의미하는 것은 아니다. 충만한 삶은 인류의 이익을 위한 투쟁을 포함해야 한다는 밀(J. S. Mill)에 동의하기로 하자. 그렇다면 초월적인 것의 인정은 그것을 넘어선 지점을 이해하는 것이다.

이것의 한 유형은 우리가 고통과 죽음에서 단순히 부정성, 즉 삶의 충만성의 퇴락만을 발견하는 것이 아니라 삶을 넘어서서 문제시되는 어떤 것을 긍정하는 하나의 장소 — 삶 자체가 본래 비롯되는 — 를 발견할 수 있다는 통찰이다. 마지막 구절은 우리를 다시 삶에 대한 관심으로 되돌아가게 하는 것처럼 보인다. 배타적 인본주의의 조망 안에서조차도 어떻게 다른 사람의 삶을 위해서 우리가 고통과 죽음을 받아들일 수 있는지를 쉽게 설명할 수 있을 것이다. 어떤 견해에 따르면 그것 또한 마찬가지로 삶의 충만성의 일부다. 초월적인 것을 인정한다는 것은 그 이상을 포함한다. 삶을 넘어서서 문제시되는 것은 그것이 단지 삶을 유지시켜주기 때문에 문제시되는 것은 아니다. 만약 그렇지 않다면 그것은 행위라는 의미에서 '삶을 넘어서'가 아닐 것이다. (기독교인에게 신의 의지는 인간의 번영을 원하지만 "하느님의 뜻이 이루어지리라(Thy will be done)"가 "인간이 번영하리라"로 환원되는 것은 아니다.)

이것은 오늘날 서구 문명의 성격에 가장 크게 대립되는 방식으로 말하는 것이다. 그것을 틀 짓는 다른 방식들이 있다. 초기 기독교로 되돌아간다는 것은 내가 '삶을 넘어서'라고 부르는 것을 포괄할 수 있도록 '삶'을 재정의하는 것이다. 예를 들면, 신약성서에서 '영생'의 환기, 그리고 요한복음 10장 10절의 유명한 구절이 그것이다.

또는 그것을 세 번째 방식으로 말할 수 있다. 즉, 초월적인 것을 인정하는 것은 정체성의 변화를 요구받는 것을 뜻한다. 불교는 우리에게 이렇게 말하는 명백한 이유를 제시한다. 여기에서 변화란 자아에서 '무아(no-self, anatta)'로의 매우 급진적 변화다. 그러나 기독교 신앙도 동일한 방식으로 이해될 수 있다. 즉, 신과의 관계 속에서 자아를 철저하게 탈중심화시키려는 요구로 이해될 수 있는 것이다. ("하느님의 뜻이 이루어지리라.") 우리는 17세기 프랑스의 영성에 관한 방대한 연구에서 브레몽(A. H. Bremond)이 사용했던 언어로 '신중심주의(theocentrism)'를 이야기할 수 있다.[1] 이렇게 해석하는 것은 나의 첫 번째 해석 방식과 유사성이 있다. 왜냐하면 번영하는 삶이라는 대부분의 관념들은 안정된 정체성, 즉 번영에 대한 정의의 대상으로서의 자아를 가정하기 때문이다.

따라서 초월적인 것을 인정하는 것은 삶을 넘어선 추구 또는 정체성의 변화에 자신을 여는 것을 의미한다. 그러나 만약 그렇게 된다면 우리는 인간적 번영이라는 측면에서 어디쯤에 서 있게 되는가? 이에 관해서는 많은 갈래와 혼동과 불확실성이 있다. 역사적으로 비중 있는 종교들은 사실상 일상적 실천을 통해 번영과 초월에 대한 관심을 결합시켜왔다. 삶을 넘어섰던 사람들의 최고의 성취들이 장벽의 이편에 남아 있는 사람들의 삶의 충만성을 뒷받침해왔다는 사실은 심지어 하나의 기정사

---

1) Henri Bremond, *Histoire littéraire du sentiment religieux en France depuis la fin des guerres de religion jusqu'à nos jours*(Paris: A. Colin, 1967-1968).

실이 되었다. 따라서 순교자들의 무덤에서의 기도는 신실한 기독교인들에게 장수와 건강 그리고 수많은 좋은 것들을 기원한다. 또한 이슬람 세계의 몇몇 성자들의 묘지에서도 그것은 마찬가지다. 반면에 예를 들면, 상좌부(上座部, Theravada)2) 불교에서는 수도승의 헌신은 축복이나 부적과 같은 것을 통해 보통 사람들의 번영과 관련된 일상적 목적들을 겨냥한다.

이에 반대해서 모든 종교에는 탈속과 번영 사이의 이러한 공생적이고 보완적인 관계를 하나의 위장으로 간주하는 '개혁가들'이 있었다. 그들은 종교가 '순수성'으로 회귀해야 한다고 주장하고, 탈속 자체를 번영의 추구로부터 벗어난 모두를 위한 목표로 설정한다. 그 일부는 번영의 추구를 전반적으로 폄하하며, 중요하지 않은 것으로 보거나 또는 신성에 대한 장애라고 단언한다.

그러나 이러한 극단적 태도는 어떤 종교에서는 핵심적 본지에 어긋난다. 여기에서 내가 생각하는 사례는 기독교와 불교다. 탈속, 즉 초월적 삶의 추구는 우리를 멀리 떠나게 할 뿐만 아니라 다시 번영으로 회귀시킨다. 기독교적 용어로 만약 탈속이 신과의 관계 안에서 우리를 탈중심화시키는 것이라면 신의 의지는 인간의 번영을 원하며, 따라서 우리는 다시 이 번영의 긍정으로 회귀하게 되는데, 그것은 성서적으로 아가페(agapê)라고 불린다. 불교적 용어로 계몽(깨달음)은 우리를 세속으로부터 벗어나게 할 뿐만 아니라 자(慈, metta, loving kindness)와 비(悲, karuna, compassion)의 수문을 열어준다.3) 자신의 구제에만 관심을 갖

---

2) [역주] 석가모니 사후 100년경, 교단의 규칙에 대한 해석 등을 둘러싸고 의견이 대립하여 교단은 보수적인 상좌부와 진보적인 대중부(大衆部)로 분열된다. 현재 상좌부는 스리랑카, 미얀마 등 남아시아 지역에 전승되고 있으며, 대중부의 전통을 계승한 대승불교에서는 이들을 소승불교라 멸칭한다.

3) [역주] 'metta'는 '자(慈)'로 한역되며, 원래 타자에게 이익이나 안락을 주려는 연민, 우애 등을 의미한다. 'karuna'는 '비(悲)'로 한역되며, 타자의 불이익이나 괴로움을 동정하고 그것을 제거하려는 마음을 의미한다. '자(慈)'와 '비(悲)'는 단독으로 사용되기도 하나 '자비(慈悲)'라는 개념으로 일반화된다. 대승불교의 비판과는 달리 자비는 상좌부 등 부파불교에서도 설해지며, 대승불교에서는 이것이 좀 더 강조될 뿐이다. 대승불교에서는 자비에 의한 이타행

는 벽지불(辟支佛, Paccekabuddha)⁴⁾의 상좌부 개념이 있다. 그러나 그는 모든 존재의 해방을 위해 수행하는 최고의 붓다보다는 낮게 평가된다.

따라서 탈속과 번영의 보완적 공생을 받아들이는 태도의 밖에, 그리고 순수성이라는 태도의 너머에 제3의 길이 있는데, 그것을 아가페/카루나의 태도라고 부를 수 있을 것이다.

III.

계몽을 뒤따라온 현대의 문화와 초월적인 것 사이의 갈등에 관해서는 충분한 논의가 이루어졌다. 사실상 삶의 긍정 속에는 현대의 서구적 정신성의 강력한 구성적 흐름이 개입되어 있다. 그것은 삶을 유지하고, 번영을 이루고, 고통을 줄이려는 오늘날의 범세계적인 관심 속에 명백해 보이는데, 내 생각으로 그것은 역사를 통해 선례가 없는 일이다.

이것은 역사적으로는 내가 다른 곳에서 "일상적 삶의 긍정"이라고 불렀던 것으로부터 비롯된다.⁵⁾ 내가 이 말을 통해 표현하려고 했던 것은 현대 초기의 문화적 혁명인데, 그것은 사색이라는 소위 더 고상한 활동과 상류 문화를 전복시키고, 좋음의 중심을 일상적 삶, 생산 그리고 가족 안에 설정했다. 그것은 우리의 일차적 관심사가 삶을 증진시키고, 고통을 줄이며, 번영을 촉진하는 것이어야 한다는 이러한 정신적 전망에 속하는 것이다. 무엇보다도 '좋은 삶'에 대한 관심은 자존심과 자기 침잠의 냄새를 풍긴다. 더욱이 그것은 본래적으로 불평등주의적이다. 왜냐

(利他行)이 수행자 모두에게 요구되어, 대승불교 이념의 실천자인 보살의 삶의 방식에서는 자신의 깨달음보다 타자의 구제가 우선시된다.

4) [역주] 'Paccekabuddha'는 스승이 없이 혼자서 진리를 깨달은 자라는 의미에서 '독각(獨覺)'이라고 한역되기도 하고, 연기(緣起) 혹은 다른 계기(外緣)들을 통해 깨달은 자라는 의미에서 '연각(緣覺)'이라고 한역되기도 한다. 깨달음의 내용을 다른 사람에게 설하지 않고 혼자 즐기는 자라 하여 대승불교에서는 이 입장을 자기중심적인 것으로 폄하한다.

5) Charles Taylor, *Sources of the Self*(Cambridge, MA: Harvard University Press, 1989), ch. 13 참조.

하면 일상적 삶을 바르게 유지하는 것이 모두에게 열려 있었던 반면, 소위 '고상한' 활동은 소수의 엘리트만이 수행할 수 있었기 때문이다. 이러한 도덕적 성향의 관점에서는 우리의 주된 관심사가 정의와 박애 안에서 타인들과의 관계가 되어야 한다는 것이 명백해 보인다. 또한 이러한 관계는 평등의 차원에 있어야 한다.

우리의 현대적인 윤리적 전망의 주된 요소를 구성하고 있는 이러한 확신은 본래 기독교적 경건성이라는 양식에 의해 고무되었다. 그것은 실천적인 아가페를 고취시켰으며, '고상한' 활동 또는 영성의 존재를 믿는 사람들의 자긍심, 엘리트주의, 말하자면 자기 침잠을 극렬하게 반대했다.

소위 수도자적 삶의 '고상한' 소명에 대한 개혁주의자들의 비판을 생각해보자. 이것은 우월한 헌신을 추구하는 엘리트의 길을 특징짓기 위한 것이었다. 그러나 그것은 사실상 자긍심과 자기기만을 향한 일탈이었다. 기독교인에게 참으로 신성한 삶은 일상적 삶 자체 안에, 즉 일과 가사에서 기독교적이고 신앙심 있는 방식으로 살아가는 삶 안에 있다.

현세적인, 말하자면 소위 '고상한' 현실에 대한 세속적 비판 — 후일에 변형되어 기독교 그리고 사실상 종교 일반에 대한 세속적 비판으로 사용되었던 — 이 있었다. 세속주의자들은 개혁가들이 수도사와 수녀들에 대항해서 수용했던 것과 동일한 수사적 태도를 기독교 신앙 자체에 대항해서 취한다. 흔히 알려지기로 기독교 신앙은 순수하게 가상적인 고상한 목표를 위해 현실적이고 감각적이며 현세적인 인간적 선을 비웃는데, 그러한 목표를 추구하는 것은 우리를 현실적인 것, 현세적인 좋음의 좌절 그리고 고통, 굴욕, 억압 등으로 이끌어갈 뿐이라는 것이다. 따라서 이 '고상한' 길을 옹호하는 사람들의 동기는 사실상 의심스러운 것이다. 자긍심, 엘리트주의, 그리고 지배 욕구는 마찬가지로 공포나 소심함(초기 개혁가들의 이야기에 나타나지만 덜 드러나는)과 함께 이 이야기에서 하나의 역할을 한다.

물론 이 비판에서 종교는 앞에서 두 번째의 순수주의적 태도와 동일시되며, 그렇지 않으면 이것과 첫 번째의 '공생적'(대개 '미신적'으로 간주되는) 태도와의 결합과 동일시된다. 여기에서 세 번째인 아가페/카루나의 태도는 드러나지 않게 된다. 그 이유는 그것의 변형된 변이가 세속주의적 비판자들에 의해 사실상 가정되어 있기 때문이다.

IV.

위에서 나는 현대 문화와 세속주의에 관해 이야기했다. 그러나 이것들을 모두 계몽의 탓으로만 돌릴 수 있을까? 많은 사람들에게 이 물음은 하나의 사소한 말재간에 불과하다. 그들에게서 현대의 세속적 문화를 산출한 것이 계몽이라는 사실은 너무나 명백하다. 그러나 실제로 상황은 훨씬 더 복잡하다. 계몽은 훨씬 더 다층적인 사건이었으며 또한 사건이다.

나는 계몽에 핵심적인 것이 서로 관련된 두 가지 중심 이념이라고 주장하고 싶다. 첫 번째는 우리가 직면한 우리의 숙명, 역사와 사회를 우리가 (칸트가 「계몽이란 무엇인가(Was ist Aufklärung)」6)에서 표현했던 것처럼 우리의 조건을 사소한 것으로서 극복함으로써) 과거와 다른 방식으로 받아들일 수 있으며, 또 그래야 한다는 것이다. 두 번째는 우리에게 그렇게 할 수 있는 능력이 주어져 있다는 점이다. 왜냐하면 우리는 우리의 조건을 새로우면서도 더 명료한 방식으로 이해할 수 있으며, 그것에 관해 과거에 우리가 갖고 있지 않았던 지식을 갖거나 획득할 수도 있기 때문이다. 이러한 두 가지 생각은 칸트가 「계몽이란 무엇인가」에서 택했던 구호 안에 함께 제시되어 있다. "감히 알고자 하라(Sapere aude)." 사소한 위상에서 자기 책임으로의 이행은 우리로 하여금 지식을 획득하고 우리의 삶을 영위하는 데 필요한 진리들을 수용할 준비를 하도록 요구한다. 이것은 과거에 우리를 지식으로부터 단절시켰던, 모든 나태하고 맹목적인 습관, 미지에 대한 불안, 그릇된 권위에 대한 신뢰와 결별할 수 있는 용기를 요구한다. 따라서 용기와 지식은 불가분 묶

---

6) I. Kant, "Was ist Aufklärung", in *Werke*(Akademie-Textausgabe, Berlin: Walter de Gruyter, 1968), vol. VIII, SS.33-42.

여 있다.

용기와 지식의 복합체를 벗어날 수 없으며, 사실상 그것에 보완적인 하나의 개념은 동기화된 환상(the motivated illusion)이라는 개념이다. 우리는 그 모든 무지와 불안의 힘에 사로잡혀 있었기 때문에 알려고 하지 않았다. 우리는 우리 자신의 조건에 관한 환상 속에 있었다. 그러나 이것은 단순히 중립적인 사실적 오류가 아니다. 그것은 불안, 나태, 충성, 경외 등과 같은 강력한 정서들에 의해 묶여 있다. 그래서 단절을 위해서는 용기가 필요했으며 또 필요하다.

내 생각으로는 이러한 것이 계몽에 대한 서사적 자기 이해에 필수적이다. 물론 엄격하게 동기화된 환상이라고 정의될 수 있는 것은 다양하게 변화할 수 있다. 전투적인 세속주의적인 해석에서는 동기화된 환상은 항상 종교와 동일시되지만 그것은 사태를 지나치게 단순화한 것이다. 비록 동기화된 환상이 그처럼 종교와 동일시되지는 않지만 내 생각으로는 계몽 서사의 주요 흐름은, 우리에게 전해오는 것처럼 내가 여기에서 정의하는 것으로서의 초월성 — 즉, 삶을 넘어선 삶의 핵심을 설정하는 것 — 을 환상이라는 지대의 중심에 있는 것으로 본다.

따라서 일반적으로 계몽에 영향을 받은 현대 문화는 그처럼 반종교적이지는 않다. 종교에 대한 적대감은 있지만 우리 사회에서 이 전망은 보편적인 것과는 거리가 멀다. 이것은 물론 특히 종교적 믿음과 실천의 비율이 높은 미국에서 분명하다. 그렇지만 나는 초월성의 부정이 단순히 전형적인 시골 무신론자 스타일의 세속주의보다는 훨씬 더 깊고 넓게 침투해 있으며, 스스로를 신앙인이라고 생각하는 많은 사람들의 전망을 형성한다고 본다.

이 영역은 명료하고 잘 검증된 확신을 수립하기가 어려운 영역이다. 나는 사람들이 명시적으로 믿는 것에 관해서만 이야기하고 있는 것이 아니라 사고의 기류와 가정들의 지평에 관해 이야기하고 있다. 우리는 초월적인 것을 부정하는 새로운 이론에 관해서라기보다는 초월적인 것의 쇠락에 관해서 이야기하는 편이 더 나을 것이다. 우리 시대의 많은 사람들, 특히 젊은이들은 내가 여기에서 사용하고 있는 의미에서 초월적인 것을 마치 자신들의 영역에서 완전히 벗어난 것처럼 생각한다. 폭넓은 영적 갈증이 존재하지만 그것은 인간적인 활동의 다양한 변형들과 마찬가지로 흔히 배타적 인본주의 영역 안에 있는 형식들에 눈을 돌림으로써 충족된다. 그렇지 않으면 영적 갈증은 내재적인 것과 초월적인 것 사이의 경계를 철저히 흐리는 방식을 통해서 충족된다. 마치 모든 위대한 종교적 전통에 매우 핵심적이었던 이 문제 자체가 더 이상 대부분의 사람들에게 문제시되지 않는 것처럼.

오늘날 많은 사람들이 경험하는 형태의 이 쇠락은 지난 반세기 동안에 드러난 비교적 최근의 문제다. 그것은 자아의 고양된 의미, 즉 내가 '진정성(authenticity)'의 윤리학7)이라고 서술하려고 했던 하나의 윤리적 전환을 수반했다. 내 생각으로 우리는 현대 문화에서의 이러한 대규모적 변화를 여전히 매우 부적절하게 이해하고 있다. 그것이 계몽으로 이어지는 뿌리를 갖는다는 것, 또한 초월성에 대한 초기의 논란적인 거부가 어떤 방식으로든 지금 내가 쇠락이라고 부르는 것을 초래했다는 것은 분명하다. 그러나 이 쇠락이 초월성에 대한 공격적 거부를 감소시켰다는 것 또한 사실이다. 그 구분이 흐려짐으로써 성직자들과 세속주의자들 사이의 오랜 전투에 참가하고 있는 모든 사람들이 마치 다른 시대 사람처럼 낯설게 보일 수 있다. 그 전환은 초기 갈등의 심각성 때문에 특히 프랑스에서 눈에 띈다.8)

V.

여기에서 내가 초월성에 대한 명시적 거부가 아니라 쇠락을 하나의 이론이라기보다는 견해들의 기류로서 다루고 있기 때문에 이 기류를 일련의 명제들로 서술하는 데에는 항상 어떤 왜곡이 있게 될 것이다. 그럼에도 불구하고 나는 그렇게 하려고 한다. 왜냐하면 이 기류가 우리의 곤

---

7) Charles Taylor, *The Malaise of Modernity*(Toronto: Anansi Press, 1991) 참조.
8) Émile Poulat, *L'ère postchrétienne*(Paris: Flammarion, 1994)의 흥미로운 논의 참조.

경에 대한 어떤 이해를 담고 있으며, 또한 내가 이것을 표현하는 다른 어떤 방법도 알고 있지 않기 때문이다. 만약 그것이 명제로 기술된다면 그것은 다음과 비슷한 어떤 것이 될 것이다. (a) 우리에게 삶, 번영, 죽음과 고통의 퇴치는 최고의 가치가 있다. (b) 이것은 항상 그렇지는 않았다. 그것은 우리의 선조들 그리고 다른 초기 문명들에서는 그렇지 않았다. (c) 과거에 그렇지 않도록 가로막았던 것 중의 하나는 종교가 가르쳤던 것으로서 '더 고상한' 목표들이 존재한다는 생각이었다. (d) 우리는 (이러한 종류의) 종교를 비판하고 극복함으로써 (a)에 도달했다.

우리는 혁명 후(post-revolutionary) 기류와 유사한 것 안에서 살고 있다. 혁명들은 스스로가 위대한 승리를 거두었다는 생각을 산출했으며, 과거의 체제 안에서 그 적을 찾았다. 혁명 후 기류는 구제도(ancien régime) 냄새가 나는 모든 것에 극도로 민감하며, 심지어 일반화된 인간의 선호를 비교적 순수하게 인정하는 행위 속에서도 일종의 퇴행을 본다. 따라서 신교도들은 모든 의식(rituals)에서 가톨릭의 복귀를 보았으며, 볼셰비키주의자들은 일상적 호칭인 '씨'를 버리고 강제적으로 사람들을 '동지'라고 불렀다.

나는 이러한 종류의 기류에 대한 더 온건하지만 일반화된 해석이 우리 문화 안에 널리 퍼져 있다고 주장하고 싶다. 초월적 삶의 추구에 관해 이야기하는 것은 우리의 인본주의적으로 '개명된' 세계의 삶에 대한 최우선적 관심을 잠식하는 것으로 보이게 될 것이다. 그것은 혁명을 역전시키고, 우선성에 관한 과거의 나쁜 질서 — 여기에서 삶과 행복은 탈속의 제단 위에 희생될 수 있다 — 를 복구하려고 시도하는 것이다. 그렇게 해서 심지어 신앙인들마저도 종종 삶의 우선성에 도전하지 않는 방식으로 그들의 신앙을 재정의하도록 권유받는다.

내 주장은 이러한 기류가 종종 근거에 대한 어떠한 정형화된 인식도 없이 우리 문화에 널리 퍼져 있다는 것이다. 예를 들면, 그것은 고통과 죽음에 대해 피하고 싸워야 할 위험과 적이라는 것 외에 어떠한 인간적 의미도 부여할 수 없는 널리 확산된 무능력으로부터 생겨난다. 이 무능력은 단순히 특정한 개인들의 결함이 아니다. 그것은 예를 들면, 그 자체의 한계를 이해하거나 인간 삶의 어떤 자연적 조건을 인식하는 데 큰 어려움을 갖고 있는 의료 행위 등과 같은 제도와 실천 속에 고착되어 있다.9)

항상 그렇듯이 이러한 혁명 후 기류 안에서는 결정적인 뉘앙스가 상실된다. 삶의 우선성에 대한 도전은 두 가지를 의미할 수 있다. 그것은 삶의 중심적 관심사로서 생명 유지와 고통 회피의 위상을 바꾸려는 시도를 의미할 수 있다. 또는 그것은 삶 이상의 중요한 것이 있다는 주장을 하거나 적어도 그러한 통찰에 대한 가능성을 여는 것을 의미할 수도 있다. 이 두 가지는 분명히 동일하지 않다. 더욱이, 사람들은 그럴듯하다고 생각할지도 모르지만, 후자의 도전이 '우리를 유연하게 만들고' 전자의 도전을 용이하게 만든다는 의미에서 그것들이 인과적으로 연결되어 있다는 것은 사실이 아니다. 사실상 나는 (『자아의 원천(*Sources of the Self*)』의 마지막 장에서 그랬던 것처럼) 그 반대가 참이라고 주장하고 싶다. 즉, 두 번째(이것을 '형이상학적'이라고 부르기로 하자) 의미에서의 삶의 우선성에 집착하는 것은 첫 번째 (또는 실제적인) 의미에서 삶의 우선성을 진지하게 긍정하는 것을 어렵게 만든다.

그러나 지금 당장 이 주장을 다루지는 않을 것이다. 내가 여기에서 제시하고 있는 논제는 서구의 현대성이 초월적인 것에 대해 매우 비우호적이게 된 이유가 '혁명 후 기류' 때문이라는 것이다. 물론 이것은 과학의 발달로 인해 종교의 신뢰성이 감소되었다는 주류의 계몽 이야기에 반하는 것이다. 물론 이 주장에는 무엇인가 있기는 하지만 그것은 내 생각으로는 결코 주된 이야기가 아니다. 나아가 그것이 어느 정도까지 사실인 이유는, 말하자면 사람들이 과학과 종교를 대립적으로 해석하는 이유는, 흔히 도덕적 수준에서 미리 감지되는 양립 불가능성 때문이다. 내가 여기에서 탐색해온 것은 이러한 심층적 수준이다.

달리 말해, 또다시 단순화해보면 서구의 현대성에 대한 믿음의 장애물들은 인식적이라기보다는 근본적으로 도덕적이고 정신적인 것이다. 나는 여기에서 논증에서 회의의 정당화에서 말해지는 내용에 관해서가

---

9) Daniel Callaghan 참조.

아니라 그 추동력에 관해서 이야기하고 있다.

VI.

그러나 나는 내 주장의 주된 노선에서 벗어날 우려가 있다. 나는 배타적 인본주의가 항상 그렇듯이 안으로부터의 반발을 자극시켰다고 주장하기 위해서 우리 시대의 자화상을 그렸다. 그 반발은 사람들이 삶의 세속적 종교라고 부를 수 있는 것 ― 현대사회의 가장 두드러진 특징의 하나인 ― 에 대한 반발이었다.

인류사에 비추어볼 때 우리는 기근, 홍수, 지진, 질병 또는 전쟁을 통한 고통과 죽음이 범세계적인 동정심과 실천적 연대성을 일깨울 수 있다는 이례적인 도덕 문화 속에서 살고 있다. 물론 이것이 잉여 생산은 물론 현대의 매체와 교통의 유형들에 의해 가능해졌다는 사실을 인정한다면. 그러나 이것들이 문화적, 도덕적 변화의 중요성에 대한 우리의 눈을 가려서는 안 된다. 동일한 매체와 교통수단이 어디에서나 동일한 반응을 불러오는 것은 아니다. 즉, 그것은 구라틴(ex-Latin) 기독교국에서 불균형적으로 강하게 나타난다.

매체 광고와 매체 수요자들의 근시안적 관심에 의해 산출되는 왜곡들 그리고 종종 더 시급한 사건들을 CNN의 카메라만이 접근할 수 있는 방치된 영역으로 몰아넣으면서 극적인 화면들이 매우 강력한 반응을 불러일으키는 방식들을 인정하기로 하자. 그럼에도 불구하고 실상은 주목할 만한 것이다. 히로시마와 아우슈비츠의 시대는 또한 국제사면위원회와 국경 없는 의사회(Médicins sans Frontiéres)를 탄생시켰다.

물론 이 모든 것의 기독교적 뿌리는 깊다. 먼저 후일 프로테스탄트 교회에 의해 수용되었던 반개혁 교회의 이례적인 선교 노력을 들 수 있다. 나아가 주로 복음주의자들에 의해 고취되고 주도되었던 대중 조직 운동이나 19세기 초 영국에서의 반노예 운동이 있었다. 또한 미국에서 그에 상응하는 노예제도 폐지 운동 또한 주로 기독교적으로 고무된 것이었다. 나아가 범세계적인 부정의의 완화와 고통의 제거를 위한 조직화의 관행은 우리 정치 문화의 일부가 되었다. 비록 오늘날의 운동에서 독실한 기독교 신앙을 가진 사람들이 여전히 중요한 역할을 하기는 하지만, 그 과정의 어디에서부터인가 이 문화는 더 이상 단순히 기독교적 고무의 산물이 아니게 되었다. 더욱이 그것은 기독교 자체의 한계를 넘어서기 위한 연대성의 추동을 위해 기독교 문화와의 단절을 필요로 했을 것이다.

이것이 내가 여기에서 서술하려는 계몽의 복합적 유산이다. 그것은 삶의 유지와 고양 그리고 죽음과 고통의 회피의 중요성을 긍정하는 강력한 인본주의를 포괄하며, 이러한 인본주의를 하나의 배타적 견해로 만드는 경향이 있는 초월성의 쇠락/거부를 포괄하며, 나아가 이것들 중 전자가 후자를 통해서 그리고 후자에 의존하고 있다는 희미한 역사적 의식을 포괄한다.

이러한 과정을 통해 전개된 계몽의 정신은 두 세기 반 전에 시작될 때부터 저항에 직면해왔다. 계몽 정신은 영향력이 매우 큰 공리주의적 변형을 통해 인간 삶을 '일차원적'으로 해석하고 평면화시키는 것으로 간주되었으며, 그 결과로 사용된 표현은 후일에 널리 통용되었다. 도스토예프스키의 『지하 생활자의 수기』의 주인공의 표현을 빌리면 '수정궁궐(Crystal Palace)' 안의 삶은 숨 막히고, 퇴행적이고, 소멸적이며, 파괴적인 것으로 받아들여진다. 이 반응에는 적어도 두 가지 중요한 원천 — 때로 (쉽지 않게) 결합될 수는 있는— 이 있다.

그 하나는 초월적인 것에 대한 지속적인 영적 관심인데, 그것은 번영하는 인간 삶이 전부라는 사실을 받아들일 수 없었으며, 그러한 환원을 경멸했다. 다른 하나는 낡은 귀족주의적 기풍으로부터 비롯되는데, 평등과 박애의 문화가 불러올 파괴적 결과에 저항했다. 그것은 인간 삶의 영웅적 차원의 상실 그리고 그 결과로 인간을 부르주아, 즉 공리주의적 인간으로 전락시키는 것을 우려했다. 우리는 이러한 관심이 반동적 집단들을 넘어서서 유지되고 있다는 사실을 토크빌(Alexis de Tocqueville)을 통해서 볼 수 있는데, 그는 민주주의 시대에 살고 있는 우리를 위협하는 이러한 종류의 인간성의 환원에 대해 크게 우려했다. 그는 사람들이 "사소하고 비속한 쾌락(petits et vulgares plaisirs)"에만 빠져들게 되고, 자유에 대한 사랑을 상실하게 되는 세상을 두려워했다.10)

VII.

이 저항들은 오래된 전통들, 즉 한편으로는 초월적인 것의 전통들 그리고 다른 한편으로는 명예와 탁월성에 관한 오래된 기준들에 의해 조장되었다. 내가 내재적 반발이라고 부르는 것은 삶의 우선성에 대한 저항이지만, 그것은 이러한 전통적 원천들을 포기했다. 그것은 초월성에 근거하고 있는 것도 아니며, 사회적 위계질서에 대해 역사적으로 수용된 이해에 근거하고 있는 것도 아니다. 그것은 니체에게서 볼 수 있듯이 전사 윤리(warrior ethics)의 초기 해석들에 의해 고무된 것일 수는 있다.

항상 그렇듯이 그것은 삶의 우선성에 대한 불신의 내부로부터 비롯된 반발이다. 그것은 이제 초월적인 어떤 것의 이름 아래서가 아니라 실제로는 삶의 우선성을 인정함으로써 우리가 제한되고 소멸해간다는 생각으로부터 비롯된다.

계몽이 환상의 영역으로 전락시켰던 전통들에 의해 조장되었던 외재적 역계몽이 그랬듯이, 내재적 역계몽은 과거에 대한 이러한 거부를 공유하며 때로는 강화시키면서 자라났다. 그러나 세속적인 계몽의 인본주의가 초기 기독교, 즉 아가페에 의해 고무된 일상적 삶의 긍정으로부터 자라났듯이 내재적 역계몽도 그것의 외부적 선례로부터 자라났다.

이것이 일차적으로 발생했던 것은 낭만주의와 그 후계자들로부터 자라났던 문학, 예술 영역이다. 낭만주의 운동은 전부는 아니지만 역계몽의 중요한 소재지의 하나다. 의미가 박탈된 평면화된 세계에 대한 저항은 낭만주의 작가들과 예술가들의 반복적 주제였다. 그리고 이것은 반드시 그래야 할 이유는 없었지만 역계몽에 대한 믿음과 병행할 수 있었다. 적어도 그것은 계몽적 세속주의의 투박한 변형인 공리주의에 동조할 수 없도록 만들었다.

---

10) Alexis de Tocqueville, *La Démocrtie en Amérique*, vol. II,

내재적 역계몽은 서구 문화의 이 영역 안에서 시작되었다. 처음부터 그것은 미학적인 것의 우선성과 결합되었다. 그 우선성을 거부하고 '미학적 환상'(폴 드 만(Paul de Man)처럼)에 관해 이야기할 때조차도 내재적 역계몽은 핵심적으로는 예술, 특히 현대적인 포스트낭만주의 예술과 관련되어 있었다. 현대의 학계에서 그 대규모적 집단은 문학 학과에서 찾아볼 수 있다.

이러한 미학적 전환의 전형적인 인물은 말라르메(S. Mallarmé)다. 고답파의 선도자들처럼 그는 이상의 추구, 미의 추구를 삶으로부터 멀어지는 것과 동일시했다.

> 이렇듯, 굳은 영혼을 한 인간에 대한 환멸에 사로잡혀
> 그의 욕망들만이 뒤덮고 있는 행복 안에서
> 뒹굴면서…
> 나는 피하여 모든 십자형 유리창 틀에 매달리네.
> 거기서 사람은 삶에 등을 돌리고
> 무한의 성스러운 아침이 금빛으로 물들이는
> 영원의 이슬로 씻긴 유리 안에서 축복받은 채
>
> 나는 나를 비춰보고 내게서 천사를 보네. 그리하여 나는 죽고 그리고
> — 창유리가 예술 또는 신비이기를
> 나는 왕관으로 장식한 나의 꿈을 품고서
> 절대의 미가 꽃피는 전생의 하늘에 다시 태어나고 싶네.
> (「창문들(Les Fenêtres)」, 21-32)

이 초기 시에서 우리는 벌거벗은 삶에 대한 불만의 종교적 원천을 찾아볼 수 있다. 다양한 형태로 반복적으로 연상되는 창(窓)의 이미지는 세계를 더 높은 것과 더 낮은 것으로 갈라놓는다. 더 낮은 것은 병원에 비유되며 삶은 일종의 부패다. 그러나 위에 그리고 너머에 있는 것은 강, 하늘이며 이것을 연상시키는 이미지들, 즉 무한(Infini), 천사(ange), 신비(mysticité)는 여전히 종교적 전통의 반향들로 물들어 있다.

그러나 후일 자신의 위기 이후에 말라르메는 유물론적 세계관과 유사한 어떤 것을 제시한다. 모든 것의 아래에서 우리가 볼 수 있는 것은 부질없는 것(le Rien), 무(le Néant)다. 그러나 시인의 소명은 여전히 중대한 것이다. 그는 본래적이고 완전한 언어라는 낭만주의 전통으로부터 빌려온 용어들로 시인에 관해 이야기한다. (시는 '대지에 관한 오르페우스적 해석'에 관한 것이다.)

말라르메는 믿음의 관점에서 계몽에 동조했으며, 심지어 계몽에 대한 극단적인 유물론적 해석에도 동조했다. 그러나 인간 실존의 핵심이라는 관점에서 본다면 그는 계몽으로부터 극단적으로 멀어졌다. 삶의 우선성은 결정적으로 거부되며 급진적 반동을 통해 다루어진다. 그렇게 해서 드러나는 것은 역으로 죽음의 우선성 같은 것이다.

말라르메에게서 시적 소명의 실현, 즉 정화된 언어의 성취는 필수적으로 시인의 죽음과 같은 어떤 것을 포함한다. 그것은 물론 모든 개별성의 극복을 말한다. 그러나 그 과정은 실제적인 죽음 안에서만 도달된다. "시인의 내부에서 마침내 영원이 시인을 바꾸어놓는 것처럼."

그 여파로 그 긴 고통의 시간 동안 나의 존재가 겪었던 모든 일은 다 이야기할 수 없는 것이다. 그러나 다행스럽게도 나는 완벽하게 죽었고 나의 지고의 정신이 모험할 수도 있을 가장 불순한 지대가, 시간의 반영조차도 더 이상 흐리게 할 수 없는 영원성, 나의 정신, 나의 정신의 순수성 그 자체에 익숙한 고독자다.11)

말라르메는 엘리엇(T. S. Eliot)과 첼란(P. Celan) 등으로 이어지는 조류에서 최초의 위대한 현대의 부재의 시인("소리 나는 무의 파괴된 보잘것없는 물건들")이 된다. 분명히 부재는 대상의 부재("비어 있는 살롱의 식기대 위에서: 어떤 죽음의 강도 아닌")이다. 그러나 이것은 오직 죽음이라는 의미에서 주체("왜냐하면 스승은 무가 자랑으로 여기는 유

---

11) Letter of March 1866 to Henri Cazalis, reproduced in *Propos sur la Poésie*, p.66.

일한 물건을 가지고 죽음의 강에 눈물을 긷기 위해 갔다.")의 부재를 통해서만 획득될 수 있는 어떤 것이다. 초기의 종교적 전통을 수반하는 특이한 유사물이 설정되지만 그것은 부정된 초월성의 틀 안에서다.

죽음 그리고 죽음의 순간은 종교적 전통 안에 뿌리 깊은 자리를 차지한다. 기독교 안에서 모든 것의 포기, 자아의 포기로서의 죽음이 그것이다. 결정적 순간으로서의 죽음의 시간이 그것이며, 따라서 "이제 우리의 죽음의 시간에 우리를 위해서 기도해주소서"라고 기도한다. 그러한 위상은 대부분의 불교적 전통에서도 마찬가지다. 기독교적으로 말하자면 모든 것을 내놓는 곳으로서 죽음의 자리는 신과 가장 가깝게 만나는 곳이다. 따라서 역설적으로 가장 풍요로운 삶의 원천이다.

새로운 후기 말라르메적(post-Mallarmé) 관점에서 죽음의 자리는 새로운 원형적 위상을 갖게 된다. 기독교적 역설은 탈락된다. 즉, 죽음은 더 이상 삶의 원천이 아니다. 그러나 이제 새로운 역설이 생긴다. 내가 여기에서 사용하는 의미에서, 즉 삶을 넘어선 삶의 핵심이라는 의미에서의 초월성에 대한 새로운 긍정이 생기게 되는 것으로 보인다. 그러나 동시에 이 핵심이 실재의 본성 안에 어떤 근거도 갖지 못한다는 점에서 이것은 부정된다. 실재 안에서 이 핵심을 추구하는 것은 단지 무(無)에 직면한다는 것이다.

내재적 초월성이라고 부를 수 있는 이러한 역설적 관념은 내재적 역계몽의 일차적 주제의 하나다. 죽음은 어떤 의미에서 특권적 관점, 즉 삶의 원형적인 회합 지점을 제공한다. 이러한 생각은 반드시 말라르메로부터 비롯되는 것은 아니지만 우리 문화 안에서 반복적으로 나타난다. 하이데거의 '죽음을 향한 존재(Sein-zum-Tode)'는 잘 알려진 예다. 그러나 그 주제는 사르트르(J.-P. Sartre), 카뮈(A. Camus), 푸코에게서는 다소 다른 형태로 나타나며, '인간의 죽음(the death of man)'이라는 유행 등에 반영되어 있다. 또한 '주체의 죽음(the death of the subject)'을 이야기하는 변형 안에서는 특정한 종교적 전망 — 특히 불교와의 유사성이 가장 뚜렷한 — 과의 역설적 유사성이 명백히 드러난다.

VIII.

이에 수반되면서, 동시에 이와 밀접하게 연관되어 있는, 삶의 우선성에 대한 또 다른 유형의 반발이 있는데, 그것은 주로 외재적 역계몽 안에서의 다른 저항의 원천에 의해 고무되었다. 그것은 위대하고 예외적이고 영웅적인 것의 이름으로 행해지는, 평면화에 대한 저항이다.

이러한 종류의 견해의 가장 영향력 있는 옹호자는 의심할 나위 없이 니체다. 또한 우리 시대에 가장 중요한 반인본주의적 사상가들, 예를 들면 푸코, 데리다 그리고 이후의 바타유(G. Bataille) 등이 모두 니체에 크게 의존하고 있다는 것은 중요한 사실이다.

물론 니체는 우리의 최고의 목표가 삶을 유지하고 증진시키며 고통을 줄이는 것이라는 생각에 반대했다. 니체는 이 주장을 형이상학적으로뿐만 아니라 실천적으로도 거부했다. 그는 이러한 일상적 삶의 전반적 긍정의 기저에 있는 평등주의에 반대했다. 그러나 그의 반동은 어떤 의미에서 마찬가지로 내재적이다. 삶은 그 자체로 잔인성, 지배, 배제를 지향할 수 있으며, 사실상 가장 풍성한 긍정의 순간들에 그렇게 한다.

따라서 어떤 의미에서 이러한 방향은 삶의 현대적 긍정 안에 남아 있다. 삶의 운동 자체(힘에의 의지)보다도 더 고귀한 것은 없다. 그러나 그것은 박애, 보편주의 그리고 조화와 질서에 분개한다. 그것은 삶의 긍정의 일부로서 파괴와 혼돈, 고통과 착취를 부과하려고 한다. 적절하게 이해된 삶은 마찬가지로 죽음과 파괴를 긍정한다. 다른 형태로 가장하는 것은 그것을 제한하고 길들이고 가두고, 그것의 최고의 발현을 가로막는 것이며, 우리가 "예"라고 대답할 수 있는 어떤 것으로 만드는 것이다.

죽음에의 직면과 고통의 부과를 박탈하는 삶의 종교는 제한적이며 저열한 것이다. 니체는 자신이 플라톤 이전과 기독교 이전의 전사 윤리, 즉 용기, 위대성, 엘리트적 탁월성의 고취라는 유산의 일부를 이어받고 있다고 생각했다. 그리고 그 핵심에는 항상 죽음의 원형적 자리가 있다. 죽음에 직면하려는 의지, 삶을 명예와 명성보다 낮은 것으로 설정할 수 있는 능력은 항상 전사의 징표, 그의 우월성 주장의 징표였다.12) 현대 안에서 삶을 긍정하는 인본주의는 무기력을 낳았다. 이러한 비난은 흔히 역계몽의 문화에서 반복적으로 나타난다.

물론 이러한 반문화의 귀결의 하나는 파시즘— 니체를 원형적 나치주의자로 간주하는 단순한 신화에 대한 카우프만(W. Kaufmann)의 반박이 얼마나 옳고 타당한 것이든 그에 대한 니체의 영향이 전적으로 낯선 것은 아니다— 이다. 그러나 이러한 사실에도 불구하고 죽음과 폭력에 대한 매혹은, 예를 들면 바타유 그리고 데리다와 푸코 등이 공유하는 관심 속에 반복적으로 나타난다. 푸코에 대한 밀러(J. Miller)의 책은 '인본주의'에 대한 이러한 반발을 우리가 깨부숴야 할 숨 막히고 억압적인 공간으로 보여준다.13)

여기에서 나의 논점은 신니체주의를 파시즘으로 통하는 대기실로서 논파하려는 것이 아니다. 마치 우리 문명의 모든 주요한 정신적 경향이 파시즘에 대한 책임으로부터 전적으로 자유로운 것처럼. 핵심적 논점은 삶, 폭력의 포기, 평등의 부과 등에 대한 엄격한 관심에 대해 날카롭게 저항하는 반인본주의가 존재한다는 것을 인정할 수 있게 하는 것이다.

그 자체를 충분히 긍정할 수 있는 고양된 삶에 대한 니체적 이해 또한 어떤 의미에서 우리를 초월적 삶으로 이끌어간다. 그리고 이 점에서 그것은 (신약성서에서의 '영생'처럼) 고양된 삶에 대한 다른 종교적 관념들과 유사하다. 그러나 그것은 죽음과 고통을 수반하는 삶의 부정에 대한 매혹을 끌어들임으로써 우리를 초월로 이끌어간다. 그것은 모종의 최고선인 초월적 삶을 인정하지는 않으며, 그러한 의미에서 그 자체를 종교에 전적으로 대립적인 것으로 간주한다. '초월성'은 또다시 중요한 의미에서 역설적이게도 내재적이다.

---

12) 헤겔은 전통적인 명예 윤리학의 이러한 특성을 자신의 주인/노예 변증법의 핵심으로 만들고 있다. 전사들 간의 원초적인 인정 투쟁에서 각각은 자신이 자신의 생명을 위험에 내맡김으로써 인정의 자격이 있다는 것을 드러낸다. 이 존엄성의 핵심은 이와 같은 "모험의 감행(Daransetzen)"이다. G. W. F. Hegel, *Phänomenologie des Geistes*, ch. IV.

13) James Miller, *The Passion of Michel Foucault*(Simon & Schuster, 1993).

IX.

따라서 내가 내재적 역계몽이라고 불렀던 것은 심지어 죽음 그리고 때로는 폭력의 매혹에 대한 새로운 척도를 포함한다. 그것은 현대 문화를 지배하는 배타적 인본주의에 반발한다. 그러나 그것은 또한 초월성에 대해 존재적으로 근거를 둔 과거의 모든 이해들을 거부한다. 만약 우리가 이에 대한 해명을 받아들인다면 우리는 아마도 현대 문화에 대한 우리의 구도를 바꿀 수 있을지도 모른다. 그것을 양편으로 갈라진 투쟁, 즉 '전통', 특히 종교적 전통과 세속적 인본주의 사이의 투쟁으로 보는 대신에, 우리는 일종의 모두에게 열린, 삼각 구도의, 그리고 아마도 궁극적으로 사각 구도의 투쟁으로 볼 수도 있을 것이다.

세속적 인본주의자들이 있으며, 신니체주의자들이 있으며, 또한 삶을 넘어선 어떤 좋음을 인정하는 사람들이 있다. 중요한 문제에서 어느 두쪽도 나머지 제3의 입장에 대항하여 결합할 수 있다. 신니체주의와 세속적 인본주의자들은 모두 종교를 비난하며 모든 좋은 초월적 삶을 거부한다. 그러나 신니체주의자들과 초월성을 인정하는 사람들은 세속적 인본주의의 지속적 실패에 대해 놀라지 않는다는 점에서 입장을 공유하며, 또한 그 삶의 비전이 한 차원을 결여하고 있다는 생각을 공유한다. 세 번째 조합에서는 세속적 인본주의자들과 신앙인들은 니체의 후예들의 반인본주의에 반대하여 인간적 선이라는 관념을 옹호하는 데 동조한다.

초월성을 인정하는 사람들이 나누어진다는 설명을 받아들인다면 네 번째 조합이 여기에 도입될 수 있다. 어떤 사람들은 세속적 인본주의를 향한 모든 방향이 철회되어야 할 잘못이라고 생각한다. 우리는 사태에 대한 초기의 견해로 되돌아갈 필요가 있다. 다른 사람들(나를 포함해서)은 삶의 실천적 우선성이 인류에 크게 기여했으며, 그래서 '혁명적' 이야기에는 모종의 진리가 있다고 생각한다. 이러한 기여는 사실상 기존의 종교와의 단절이 없이는 주어질 것 같지 않다. (우리는 심지어 현대가 갖는 불신이 신의 뜻이라고 말하고 싶어질 수도 있지만 그것은 지나치게 자극적인 표현이 될 것이다.) 그럼에도 불구하고 우리는 삶의 형이상학적 우선성이 잘못되고 답답한 것이라고 생각하며, 나아가 그것의 지속적 지배는 실천적인 우선성을 위험에 빠뜨린다고 생각한다.

나는 지금까지 주제를 다소간 복잡하게 만들었다. 그럼에도 불구하고 앞서 제시했던 간명한 주장들은 여전히 분명하게 드러난다고 생각한다. 세속적 인본주의자들과 반인본주의자들은 '혁명적' 이야기에 동의한다. 말하자면 그들은 우리가 좋은 초월적 삶이라는 환상으로부터 해방되었으며, 따라서 우리 자신을 긍정할 수 있을 것으로 본다. 이것은 박애와 정의에 대한 계몽의 보증이라는 형식을 취할 수 있다. 또는 그것은 힘에의 의지 — 또는 '기표의 자유로운 놀이' 또는 자아의 미학 등 오늘날의 모든 해석 — 에 대한 완전한 긍정을 위한 헌장이 될 수도 있다. 그러나 그것은 동일한 혁명 후 기류 안에 머물러 있다. 전적으로 이 기류 안에 있는 사람들에게 초월성은 거의 드러나지 않는다.

물론 우리는 오늘날의 반인본주의가 더 이상 중요하지 않은 운동이라는 점을 들어 이러한 삼각 구도를 거부할 수도 있다. 만약 우리가 비교문학의 인기 있는 교수들에게만 초점을 맞춘다면 이것은 그럴듯하게 보일 수도 있다. 그러나 내 생각으로는 우리 문화와 현대사 안에서 이 세 번째 조류의 영향력은 매우 강력한 것이었다. 특히 우리가 파시즘은 물론 볼셰비키주의(물론 이것이 그러한 유일한 사례는 아니다)처럼 계몽에 고취된 운동들에까지지도 영향을 미쳤던 폭력의 매혹을 감안해본다면 더욱 그렇다. 또한 과연 우리가 심지어 '진보적인' 민주주의적 민족주의의 유혈의 역사를 제외할 수 있을까?

X.

그렇지만 우리가 삼각 구도를 받아들인다면 매우 흥미로운 물음들이 제기된다. 각각의 물음을 설명하게 되면 다른 것들이 도전을 받게 된다. 특히 반인본주의는 계몽의 관점에서 설명하기가 쉽지 않다. 종교와 전통으로부터 '해방된' 사람들의 입장에서 왜 이러한 역전이 이루어지는가?

종교적 관점에서 문제는 정반대다. 너무나 성급하고 너무나 멋진 설명이 눈앞에 있다. 즉, 초월성의 거부는 모든 도덕적 기준의 붕괴와 궁극적인 와해에 이르게 되어 있다는 것이다. 먼저 세속적 인본주의가, 그리고 그 다음에 궁극적으로 그것의 경건성과 가치들이 도전을 받게 된다. 그리고 마지막으로 허무주의가 있다.

나는 이러한 해명이 아무런 통찰도 담고 있지 않다고 말하는 것이 아니다. 그러나 그것은 너무나 많은 것을 미해결로 남겨둔다. 반인본주의는 단지 블랙홀, 즉 가치의 부재만이 아니라 죽음 그리고 때때로 폭력에 대한 하나의 새로운 평가다. 나아가 그것이 죽음과 폭력에 관해 재서술하는 매혹은 많은 전통적인 종교 현상을 떠올리게 만든다. 이 매혹이 반인본주의의 경계들을 넘어서 확장된다는 것은 분명하다. 내가 방금 말했던 것처럼 우리는 그것을 계몽의 계승자들에게서도 볼 수 있다. 그러나 종교적 전통에서도 반복적으로 나타난다는 것 또한 분명하다. 굴라그(Gulag)와 종교재판은 그러한 영속화된 힘을 증언해준다.

그러나 지나치게 방종적인 종교적 설명에 대한 이러한 강한 거부는 배타적 인본주의에 대해 새로운 문제를 제기한다. 만약 항구적이고 반복적인 어떤 것이 있다면 그것은 어디에서 오는가? 사회생물학으로부터 죽음 원리에 관한 프로이트(S. Freud)의 고찰에 이르기까지 우리에게는 악을 향한 인간의 성향을 보여주는 충분한 내재적 이론들이 있다. 그러나 그것들은 자체적인 역계몽의 동력을 갖고 있다. 즉, 그것들은 개선에 대한 희망에 가혹한 한계를 설정하고 있다. 그것들은 우리가 우리의 운명을 책임지고 있다는 계몽의 핵심적 발상에 회의적인 경향이 있다.

동시에 초월성의 관점에서 다음과 같은 몇 가지 고찰들은 명백해 보인다.

배타적 인본주의는 마치 우리 너머에 아무것도 없는 것처럼 초월적인 창문을 닫는다. 더욱이 마치 그 창문을 열고, 먼저 바라보고, 그 다음에 넘어서는 것이 인간 심성의 억제할 수 없는 요구가 아닌 것처럼. 마치 이러한 요구를 느끼는 것이 하나의 실수, 잘못된 세계관, 나쁜 적응, 나아가 모종의 병리의 결과인 것처럼. 그것은 인간의 조건에 관한 근원적으로 다른 관점들이다. 누가 옳은가?

자, 우리 모두가 살아가는 삶에 관해 누가 더 나은 설명을 할 수 있는가? 이러한 각도에서 보면 현대의 반인본주의의 존재 자체가 배타적 인본주의에 반하는 것처럼 보인다. 만약 초월적 견해가 옳다면 인간은 삶을 넘어선 어떤 것에 부응하려는 뿌리 깊은 성향을 갖는다. 그것을 거부하는 것은 답답한 일이다. 그러나 그렇다면 삶의 형이상학적 우선성을 받아들이는 사람들에게조차 이러한 전망은 그 자체로 억압적인 것으로 보이게 된다. 자기 과시적이고 자기 만족적인 시각에서가 아니라 바로 이러한 의미에서 불신은 스스로를 붕괴시켜야 하며, 또한 종교적 전망은 반인본주의를 놀랍지 않은 것으로 받아들이게 된다.

이러한 전망에서 볼 때 우리는 사색을 좀 더 밀고 나아가, 죽음과 폭력에 매료되는 항구적인 인간의 감수성이 그 바탕에서 종교적 인간(homo religiosus)으로서 우리의 본성의 한 표현이라고 제안하고 싶어진다. 초월성을 인정하는 사람의 관점에서 본다면 그것은 열망이 우리를 초월성에 이르게 하는 데 실패했을 때 그 열망이 가장 손쉽게 초월해나가는 지점의 하나다. 이것은 종교와 폭력이 단순히 선택지라는 것을 의미하지는 않는다. 반대로 그것은 대부분의 역사적 종교들이 인간 제물로부터 공동체 간 학살에 이르기까지 폭력에 깊숙이 연루되어 있다는 것을 의미한다. 대부분의 역사적 종교는 초월적인 것에 대해 매우 불완전하게 지향되어 있을 뿐이기 때문이다. 다양한 형태의 폭력 숭배의 유사성은 사실상 명백하다.

그렇지만 그것이 의미할 수 있는 것은 폭력을 향한 성향을 완전히 벗어나는 유일한 길은 초월성으로의 전환과 같은 어떤 것, 말하자면 삶을 넘어선 어떤 좋음에 대한 진지한 사랑을 통해서 가능하다는 것이다. 이러한 유형의 주장은 르네 지라르(René Girard)에 의해 제시되었는데, 나는 희생양 현상에 중심성을 두는 데는 동의하지 않지만 그의 작품에 크게 공감한다.14)

---

14) René Girard, *La violence et le sacré*(Paris: Grasset, 1972); *Le Bouc émissaire* (Paris: Grasset), 1982 참조.

그러나 우리가 어떤 설명적 견해를 받아들이든 나는 나의 논의가 오늘날 계몽을 이해하려는 어떠한 진지한 시도도 내재적인 역계몽에 대한 깊은 탐색 없이는 불가능하다는 생각을 뒷받침하는 것이 되었기를 바란다. 양편의 투쟁이라는 고전적 시나리오는 이 세 번째 경쟁자 ― 그들이 그들 사이에서 만들어낸 ― 와의 차이와 유사성을 통해 주된 두 편의 옹호자들에 관해서 우리가 배울 수 있는 모든 것을 어둠으로 가린다.

노양진 옮김

다원주의와 종교

우리들이 세속 시대에 살고 있다고 하는 말을 오늘날 서구에서 종종 듣게 된다. 이 말의 정확한 의미는 무엇인가? 그 의미를 나타내는 여러 방법이 있는데, 예컨대 공적 생활과 종교의 분리, 종교적 신앙과 활동의 쇠퇴라는 말이 있다. 이 두 묘사는 모두 옳다. 그러나 나는 이러한 발전 과정을 다른 관점에서 살펴보려고 한다. 지금까지, 특히 최근 수십 년간 에는 사회생활 가운데 종교의 상황에서 중대한 변화가 일어났는데, 이 는 기독교 문명(Christendom)의 점진적 종언이라고 부를 수 있겠다.

기독교 문명의 종언이 기독교의 종언을 의미하는 것은 아니다. 이는 기독교의 새로운 시작을 의미할 수도 있다. 아무튼 콘스탄티누스 대제[1] 통치 전 3세기 동안 기독교 신앙은 전파되었다. 기독교 문명이란 사회 나 문화 전체가 기독교 신앙과 행위로 고취된 상태, 사회와 문화가 일정 한 형태의 기독교 신앙을 중심으로 결합된 상태를 말한다. 여기서 사회 에의 귀속은 교회에의 귀속과 연결되어 있었다. 이는 역사상 실재한 종 교들에서 일반적인 일이다. 기독교나 불교처럼, 이러한 연결 관계에서 벗어난 곳에서 발생했던 종교들도 결국 이러한 형태의 관계를 형성하게 되었다.

---

1) [역주] AD 313년에 밀라노 칙령을 통해 기독교를 로마의 국교로 공인한 황제.

우리의 상황도 이와 전적으로 다르지 않다. 내가 추적하려는 발전 과정은 서구 어디에서나 모두 동일하게 강도를 가졌던 것은 아니다. 우리의 정체성은 과거와 연관되어 있기도 하다. 그러나 아마도 우리는 후기 로마 제국 이래로 가졌던 우리의 상황과는 달라진 새로운 움직임을 식별하기 시작할 수 있을 것이다.

새로운 상황을 기술하는 한 방법은 종교적 귀속과 정치적 귀속 사이의 연관성이 점차로 줄어드는 상황이라는 것이다. 또 다른 표현 방법은, 주위 환경으로부터 오는 최소한의 도전을 받으며 신자나 비신자가 될 수 있는 편안한 구석 자리로부터 점점 더 많은 사람들이 쫓겨나는 세계 속에 우리가 살고 있다는 것, 따라서 점점 더 많은 사람들이 자신의 종교적 생활 모습에 대해 개인적인 결정을 내리도록 내몰리고 있다는 것이다. 이 세계는 다음과 같은 두 가지 특징을 가지고 있다. (1) 이 세계는 공적 생활에서 더욱 세속적이고 중립적이 될 것이다. 즉, 이런저런 입장을 반성하는 가운데 이러한 사적 결정들을 내릴 수 있는 사회적 틀을 허용할 가능성은 점점 더 줄어들 것이다. 또한 (2) 이 모든 개인적 결정들로 형성된 종교의 모습은 다른 형태의 집단적 정체성과, 그것이 정치적이든 사회적이든 또는 부족적이든 상관없이 점차 적은 연결성을 가질 것이다.

(1) 공적 영역의 세속화. 우리는 신의 존재로부터 벗어날 수 없는 사회에서 살았다. 권위 자체는 종교적 의식과 결부되어 있었고, 신에 대한 여러 호소들은 공적 생활과 분리될 수 없었다. 그러나 우리의 과거에는 이러한 일이 이루어지는 형태는 한 가지 이상이 존재했다. 16세기에서 19세기에 이르기는 동안, 우리는 중세기에 그리고 수많은 비서구적 문화권에서 존재했던 원래적 모형에서 그와는 아주 다른 모형으로 움직여 갔다.

이전 모형은 '주술적 세계'라는 것과 관련되었다. 이 말은 사실 막스 베버에게서 온 것인데, 그 반의어는 '탈주술적'이라는 말이다. 주술적 세계에는 종교적 의식(즉, 聖)과 속(俗) 사이에 강한 대립이 존재한다.

성(聖)이란 말은 교회와 같은 어떤 장소, 종교 축일과 같은 어떤 시기, 미사와 같은 어떤 행위를 의미하는데, 여기에는 거룩하고 신성한 것이 현존한다. 이러한 것들에 반하여 다른 장소와 시간, 행위는 세속적인 것으로 여겨진다.

주술적 세계에는 신이 사회 안에 현존하는, 즉 종교적인 것이 작용하는 분명한 방식이 있다. 그리고 정치 사회는 이러한 것들과 밀접히 연결될 수 있고, 또 그 자체로서 더 높은 지평에서 존재한다고 생각될 수 있다. 에른스트 칸토로비츠(Ernst Kantorowicz)는 유럽 역사에서 '신비한 몸'이라는 말의 최초의 용례 가운데 하나가 프랑스 왕국을 가리키는 것이라고 한다.[2] 왕은 불멸적, 불사적 지체들을 의미하는 땅들을 잇는 연결물 가운데 하나였다.

혹은 조금 다른 말로 하면, 이러한 과거의 사회들에서는 왕국은 강한 이행의 규칙이 지배하는 일상적, 세속적 시간 속에 존재할 뿐 아니라, 더 고차적 시간들(higher times) 속에 존재하기도 한다. 물론 또 다른 종류의 고차적 시간들도 있는데, 예를 들면 변화를 전적으로 초월해서 우리가 머무는 지평이 존재하는 플라톤적 영원이나, 기독교적 전통 속에서 이해된 일종의 시간의 총 집합과 같은 신의 영원성 그리고 엘리아데가 말한 의미에서의 기원(origins)을 나타내는 여러 시간들이 그것이다.

특히 프로테스탄트 사회에서 탈주술화의 등장과 더불어 우주와 정치체를 모두 연관 짓는 또 다른 모델이 형성되었다. 여기에서 설계(Design) 개념이 중요하다. 우주를 예로 들면, 주술적 세계로부터 후기 뉴턴적 과학과 일치하여 이해된 우주로의 전환이 이루어졌다. 후자의 우주에서는 우리 주변의 우주에서 표현되는 더 높은 의미에 대한 물음은 전적으로 존재하지 않는다. 그러나 여전히 뉴턴과 같은 사람들에게도 우주는 신의 영광을 선포한다는 강한 생각이 있었다. 이는 그의 설계에서, 그 아름다움에서, 그 규칙성에서 명백하기도 하지만 동시에 신의 피조물, 특히 우리 자신들, 우주 전체를 사용하는 탁월한 피조물의 복지를 위해 도움이 되도록 그것이 명백히 만들어졌다는 점에서이기도 하였

---

2) Ernst Kantorowicz, *The King's Two Bodies*(Princeton University Press, 1997).

다. 이제 신의 현존은 더 이상 종교적 의식 속에 있지 않은데, 왜냐하면 신성 범주는 탈주술적 세계에서는 사라져버리기 때문이다. 그런데 신은 그의 설계를 통하여 동일하게 강력히 현존하는 것으로 생각될 수 있다.

신이 우주에 현존한다는 것은 다른 관념, 즉 정치체에서의 신의 현존 관념과 조화를 이룬다. 여기에서도 유사한 변화가 발생한다. 땅 위에 발을 딛고 서 있는 왕에게는 거룩함이 없다고 생각하게 되었다. 그런데 우리가 신의 설계를 분명히 따르는 사회를 건설하는 한에서는 거룩함이 있을 수 있다. 예컨대 모든 인간은 평등하게 창조되었고, 창조주에 의해 불가침의 권리를 부여받았다고 하는 미국의 독립선언서에서 선포된 것과 같은 방식으로, 신에 의해 수립된 것으로 간주되는 도덕 질서 관념 안에 거룩함의 현존이 존립할 수 있다.

이 선언서에 표현된 그리고 그 후로 우리의 세계에서 지배적이 된 도덕 질서 관념은 그에 선행하는 질서들과는 확연히 다르다. 왜냐하면 그것은 개인에서 출발하며, 개인들을 위계질서 안에 선험적으로 고정된 것으로 간주하지 않기 때문이다. 이 새로운 도덕 질서를 벗어난다면 개인들은 온전한 인간 행위자로 간주되지 않을 것이다. 그의 구성원은 우주를 반영하고 그와 연결된 사회에 본질적으로 거주하는 행위자가 아니라, 그로부터 벗어나 있는 개인들로서 서로 연합을 이룬다. 이 연합에 잠재된 설계는, 각자가 자신의 생의 목적을 추구할 때 서로에 대해 상호 이익을 주도록 행위하게 된다는 것이다. 이는 상호 이익을 위해 조직화된 사회를 요구하는데, 여기서 각자는 타인의 권리를 존중하고 그들에게 어떤 종류의 상호 도움을 제공한다. 이러한 생각을 정식화한 가장 영향력 있는 초기 사상가는 존 로크였다. 그러한 상호 봉사의 질서라는 기본 개념은 일련의 변형들을 거쳐서 우리에게 전해져왔는데, 여기에는 루소와 마르크스에 의한 근본적 변형과 같은 것이 포함된다.

그런데 그러한 계획이 신적인 것으로 이해되고 질서는 신의 법과 동일한 자연법으로 간주되었던 과거에는, 이러한 요구 사항을 만족시킨 사회를 건설하는 것은 신의 설계를 충족시키는 것으로 간주되었다. 그러한 사회에서 사는 것은 신이 현존하는 사회에서 사는 것이라고 할 수

있는데, 이는 주술적 세계에 속했던 방식, 즉 종교적 의식을 통해서가
아니라 우리가 신의 계획을 따라가기 때문이다. 신은 우리가 사는 방식
을 설계한 자로서 현존한다. 유명한 구절을 인용하자면, 우리는 우리 자
신을 "신 아래 한 민족"으로 여길 수 있다.

이러한 새로운 질서 관념의 범형으로 미국을 이처럼 논하는 가운데,
나는 로버트 벨라(Robert Bellah)의 "시민적 종교"라는 아주 유익한 개
념을 따른다. 물론 이러한 종교의 상황들이 지금 도전을 받고 있기 때문
에 그 개념의 타당성이 오늘날 당연히 그리고 정당하게 논쟁의 대상이
되고 있기는 하지만, 벨라가 초기 및 이후 두 세기에 걸친 미국 사회의
어떤 본질적인 요소를 포착했음은 의심의 여지가 없다.

벨라가 예를 들어 인용한 케네디의 취임 연설과 링컨의 두 번째 취임
연설의 구절들을 오늘날의 미국의 수많은 비신자들에게는 이상하게도
들리고 위협적으로 보이기도 하는 것들인데, 이러한 것을 유일하게 이
해할 수 있도록 해주는 근본 관념, 즉 미국은 우리의 신의 목적을 수행
하려는 소명을 가지고 있다는 생각은, 권리를 지닌 자유로운 개인들의
질서라는 개념과 연관해서 이해되어야 한다. 이것이 바로 "자연 및 자
연의 신의 법"에 호소하는 독립선언문에서 선포된 것이었다. 이러한 법
의 타당성은 이신론자와 유신론자 모두에게서 그들이 신의 계획의 일부
가 되어 있다는 데 근거한다. 여기에다 미국의 혁명가들의 적극적 행동
주의가 추가한 것은, 역사란 이러한 계획이 점진적으로 실현되는 무대
라는 관점과, 그들 자신의 사회가 바로 이러한 실현이 완수될 장소라는,
즉 링컨이 후에 "지상에서 최후의, 최상의 희망"이라고 부른 곳으로 간
주하는 관점이다. 성서에 바탕을 둔 개신교 미국의 문화와 더불어, 초기
의 미국의 공식적 어법 가운데 종종 반복된 고대 이스라엘과의 유비를
쉽게 만들어내었던 것도, 이처럼 자신을 신의 목적을 완수하는 자들로
간주한 견해 때문이었다.3)

---

3) Robert Bellah "Civil Religion in America", in *Beyond Belief: Essays on
   Religion in a Post-Traditional World*(New York: Harper & Row, 1970), ch.
   9 참조.

오늘날의 혼란스러운 상황은 이러한 전통과의 연속성과 불연속성이 함께 존재하기 때문에 발생한다. 어떤 형태의 근대적 도덕 질서 관념의 중요성은 계속 유지되고 있다. 미국인들이 국가 설립자들이 가졌던 것과 동일한 원리들에 따라 아직도 움직이고 있다는 사실을 이해 가능하게 하는 것은 바로 이것이다. 틈이 벌어진 부분은, 이러한 질서가 정당한 것으로 간주되는 이유가, 모두는 아니라도 수많은 사람들에게는 더 이상 신의 은총이 아니라는 사실이다. 질서의 근거는 자연 속에서, 어떤 문명 개념 속에서 또는 종종 칸트에 의해 고무된 주장인, 도전될 수 없는 선험적 원리에서 뿐이다. 그래서 어떤 미국인들은 독립선언서를 신으로부터 구출하려는가 하면, 다른 사람들은 더 깊은 역사적 뿌리에 입각하여 그러한 일이 독립선언서를 왜곡하는 것으로 간주한다. 그래서 오늘날의 미국의 문화 투쟁이 있게 된다.

그런데 근대성으로 가는 미국의 노선은 비록 많은 미국인들이 전형적인 것으로 여기기는 하지만 사실상 다소 예외적인 것이다. 공적 영역의 세속화가 다른 곳에서는 다소 상이한 방식으로 발생했기 때문이다.

즉, 가톨릭 사회들에서는 [종교적] 현존의 옛 모델이 훨씬 더 오래 지속되었다. 사실상 그 모델은 탈주술화에 영향을 받았고, 위계질서가 어떤 의미로 불가침의 것으로, 왕은 신성하게 간주되는 식으로 점점 더 타협의 형태를 이루어갔는데, 여기에는 또한 기능적 정당화의 요소들이 슬며시 들어오기 시작해서, 예컨대 군주의 통치는 질서를 위해 필수불가결한 것으로 주장되기도 했다. 우리는 이러한 것은 '바로크4)식의' 타협으로 간주할 수 있다.

우리가 살고 있는 오늘날까지의 삶으로의 행로는, 사회에서의 이러한 두 가지 형식의 종교적 현존으로부터 내가 아래에서 정의를 내리게 되는 다른 형태로 옮겨진 것이다. 가톨릭적인 '바로크' 시대에서 나오는 길은 파국적인 혁명적 전복을 통해 만들어졌다. 그런데 '개신교식'의 길은 더욱 순탄하였으므로, 어떤 점에서는 추적하기가 더욱 어렵다.

---

4) [역주] 대체로 16세기 말과 17세기를 지칭함.

데이비드 마틴(David Martin)은 자신의 통찰력이 풍부한 많은 저술5)에서 '개신교식'의, 특히 '영어권'에서 있었던 길에 대한 흥미 있는 설명을 제시했다. 이 일은 사회적 상상력의 지배 형식이 점점 더 상호 이익의 질서를 중심으로 이루어지는 사회에서 발생했는데, 여기서 '바로크식' 질서는 소원하고 다소 혐오스럽게 느껴졌다. 이는 간단히 말해 '교황 절대주의'6)로 간주되었다.

이러한 견지에서는, 이 같은 문화권에서는 종교에 대한 타당한 집착이란 오직 자발적으로만 가능하게 된다는 것이 점차 명백해지게 된다. 종교를 강요하는 것은 점점 덜 적법한 것이 된다. 그래서 엘리트 중심의 종교에서 대중이 소외되어 과거의 교회의 경우와는 상당히 다른, 새로운 자발적 연합의 형식을 가질 수 있게 되었다. 이러한 현상의 원형이 웨슬리의 감리교인데, 이 같은 자유로운 교회의 진정한 팽창은 18세기 말 미국에서 발생했고, 이것이 미국의 종교의 면모를 바꾸어놓았다.

감리교인들와 더불어 우리는 새로운 현상, 즉 교회나 분파가 아니라 오늘날 우리가 '교파(denomination)'라고 부르는 것의 원형을 갖게 된다. 트뢸취적인 의미의 이 같은 '교회'는 모든 사회 구성원들을 교회 안으로 모을 것을 요구한다. 가톨릭교회와 마찬가지로 이 교회는 모든 사람을 위한 교회가 되는 것을 자신의 소명으로 여긴다. 일부의 주요 개혁 교회들도 이와 동일한 염원을 갖고 있는데, 예컨대 독일과 스칸디나비아 그리고 먼저는 영국에서도 그랬던 것처럼, 자신의 교회를 사회 전체와 대립적 관계에 놓기도 했다.

그런데 우리가 트뢸취를 따라 '분파(sects)'라고 부르는 것, 즉 진정으로 그의 구성원이 될 자격이 있는 '구원받은 자들'에 집중하는 집단도 어떤 의미에서는 당황한 교회들이었다고 할 수 있다. 그들은 영국 장로교인들과 마찬가지로 유일한 국가 교회가 되려는 열망을 품었다. 또는 일부 재침례교도처럼 더 큰 집단을 형성하기를 단념하고 그 때문에 사

---

5) 예를 들어, *Tongues of Fire*(Oxford: Blackwell, 1990); *A General Theory of Secularization*(Oxford: Blackwell, 1978).

6) [역주] Papist. 다소 경멸적인 표현.

회에 대한 접촉을 최소화하려고 한 사람들도 있었다. 그래도 그들은 여전히 종교적 삶이라고 정의하는 영역을 한정하려 했다.

감리교 운동은 그 태동기에는 독자적 교회가 되려고 애쓰지 않았고, 단지 영국 국교 내의 한 흐름이 되려고 하였을 뿐이다. 감리교인들은 자신들의 영성을 실천하였지만, 이는 다른 사람들을 포괄하는 더욱 큰 범위 안에서였다. 그들이 바란 지위는 가톨릭교회의 종교적 교단7)의 지위와 유사한 것이었다. 이와 같은 적법한 범위 안에서의 차이라는 생각은 그들이 추방되었을 때도 유지되었으며, 교파라는 특징을 이루는 표준적 모습을 이루게 되었는데, 이는 미국에서 지배적인 현상이 되었다.

교파란 동호인 단체와 흡사하다. 이 그룹은 (적어도 어떤) 다른 그룹을 구원과 저주의 문제로 차별화하지 않는다. 자신의 방식이 자신들에게는 더 낫고, 더 나은 신앙생활을 위한 것으로 간주될 수 있지만, 자신을 다른 인정된 교파들과 분리하지는 않는다. 따라서 그들은 '교회들 (churches)'을 위한 공간 안에 존재함으로써 또 다른 더욱 일반적 의미에서 이들 전체 그룹은 '유일한 교회(the church)'를 형성한다. 당신이 선택한 교회에서의 예배를 금지하는 것은 이러한 더 넓은 의미에서의 '교회'에 속하는 것을 금지하는 것인데, 이는 허용된 선택 범위에 제한을 두는 것이다.

과거 미국에서는 가톨릭은 이러한 제한 외부에 있었는데, 오늘날에도 많은 사람들에게는 그렇다. 그런데 다른 사람들에게는 그 제한이 넓어져 유대인들을 유대-기독교 일신론의 공통적 전통의 일부로 포함한다.

이처럼 어떤 사람의 교회가 모든 신자들을 다 포함하지는 않기 때문에, 모든 신자를 포괄하는 더 넓은 그리고 조금 덜 조직적인 전체에 대한 귀속감이 존재한다는 것이 교파주의의 특징이다. 그런데 국가에 대해서 적어도 이러한 것의 부분적 표현을 발견할 수 있다. 상호 인정하는 교파들의 구성원들은 '신 아래의' 민족을 형성할 수 있는데, 이는 마치 위에서 언급한 미국의 '시민 종교'의 경우처럼, 그들의 국가를 형성하고 유지하라는 신의 요구에 따라 행동한다는 의미에서다. 사실상 신의 설

---

7) [역주] 프란시스코 교단과 같은 것을 말한다.

계가 자유를 포함하는 한에서는, 이러한 것은 복수의 교파들에 대한 개방 요구로 해석될 수 있다.

신의 정치적 소명이라는 이러한 생각은 미국의 개신교도들 사이에는 매우 강하게 유지되어왔고 오늘날까지도 남아 있다. 그런데 이와 유사한 발전이 영국에서도 이루어졌다. 린다 콜리(Linda Colley)의 주장에 따르면, 일종의 영국적 민족주의가 18세기에 발전되었는데, 이 가운데 일부는 공통적 프로테스탄티즘을 중심으로 형성되었으며, 이는 실제의 신앙 고백에서는 폭넓은 차이점을 드러낸다.[8] 이는 국가 안전에 대한 주요 위협이 거대한 '교황 절대주의적' 권력으로부터 왔던 세상에서, 영국인들이 개신교의 주장을 자신의 입장과 동일시했던 바탕 위에서 형성된 것이었다.

그래서 어떤 점에서는 교파적 정체성에는 종교를 국가로부터 분리하려는 경향이 있다. 한 교파가 국가 교회가 될 수 없고, 그 구성원들은 국가 교회가 되려는 어떠한 주장도 받아들이거나 그에 동조할 수 없다. 교파주의는 교회란 모두 동일한 선택 사항일 뿐이라는 생각을 함축하고 있으며, 비록 법적으로는 아니라도 실질적으로 국가와 교회의 분리 체제 하에서 가장 잘 번성한다. 그런데 다른 차원에서 보면, 정치체는 더욱 폭넓은 포괄적인 '교회'와 동일시될 수 있고, 이것이 교회의 애국심의 결정적 요소가 될 수 있다.

이는 물론 '뒤르켐적' 상황과는 아주 다른 상황을 우리에게 제시한다. '뒤르켐적' 상황이란 일부 가톨릭 국가들에서 현저하게 나타났던 것으로, 여기서는 사회적 종교성이 교회에 의해 정의되고 또 실천되었다. 한편, 탈주술화된 개신교적 상황에서는 특정한 장소, 시간, 사람, 행위가 세속적인 것과 구별된다고 하는 이전의 의미와 같은 종교성은 더 이상 존재하지 않는다. 다른 한편으로 어떠한 하나의 교회도 정치 사회와 신의 섭리의 연관성을 독자적으로 규정하고 공표할 수는 없다.

물론 여기서 내가 논하고 있는 것은 이 점에서 미국에서 완전한 형태로 실현된 이상적 형태에 관한 것이다. 영국 상황은 국가 교회들의 지속

---

8) Linda Colley, *Britons*(Yale University Press, 1992).

적 존재로 인해 혼란스러운데, 여기서는 한 교회(영국 국교회)가 제의적 역할을 지속적으로 담당하고 있으며, 그의 의식 유형과 의식적 세부 사항에서 가톨릭적 중세의 유산을 유지하고 있다. 그런데 대중이 이러한 의식에 참여하는 것과 이 교회에 대해 인정하는 것은 서로 무관한 것이라고 오랫동안 생각되었다.

나는 종교와 국가 간의 이러한 연관을 "신(新)-뒤르켐적" 양식이라고 부를 것이다. 이는 한편으로는 '바로크적' 가톨릭 사회의 '원(原)-뒤르켐적'인 양식과 구별되며, 또 다른 한편으로는 실존의 종교적 차원과 정치적 차원이 상당히 분리된 더욱 최근의 형식과 대비되는 것이다. '원래의(原)' 단계는 신과 고차원적 시간에 대한 존재적 차원의 의존의 의미가 여전히 살아 있는 상황에 상응하는 것인데, 그것은 탈주술화와 도구적 정신에 의해 약화될 수 있는 것이다. 반면 '새로운(新)' 사회에서 신은 사회적 조직의 중심이 되는 신의 설계로 인해 존재한다. 우리가 우리의 사회를 규정하여 함께 인정하는 공통적 묘사, 즉 우리가 "정치적 정체성"이라고 부르는 것이 바로 이것이다.

이제 우리가 이 '영어권'의 궤적을 살펴본다면, 교회가 거의 불가피하게 반대 세력을 산출했던 '바로크' 시대와는 달리, 이 시기는 높은 수준의 종교적 신앙과 예식을 유지할 수 있음을 알게 된다. 엘리트들이 가진 권력에 대한 분개와 그들의 종교적 스타일로부터의 이반은 또 다른 형식의 기독교적 생활과 예배 의식 안에서 표현된다. 대중 집단은 자신의 종교적 스타일을 발견하고 그에 따라 살아가는데, '열렬한' 감리교인들이 18세기의 영국에서, 또 침례교도들이 미국의 변방 지역에서, 복음주의자들과 사순절파가 오늘날 라틴아메리카와 아프리카와 아시아에서 그렇게 하고 있다. 점잖은 에피스코팔(감독주의)과 장로교인들이 점령하다시피 한 동북부 지역으로부터의 소외 때문에, 미국의 남부와 서부 지역은 열정적인 거듭남의 복음주의 형태를 취할 수 있게 되었다.

동시에, 신앙은 국가와의 '신-뒤르켐적' 동일화를 통해 유지된다. 오랜 기간에 걸쳐 수많은 영국인들에게는 특정 개신교적으로 다양화된 기독교가 특정 도덕적 기준들을 가진 것으로 확인이 되었는데, 종종 '품위

(decency)'라는 말로 요약되었다.[9] 영국은 이러한 다양성을 세계무대로 전달한 탁월한 전달자로 여겨졌다. 이것이 우리가 "성취된 종합"이라고 불렸던 것이다. 영국의 애국주의는 많은 사람들에게는 이 같은 신앙과 규범의 복합체를 중심으로 형성되었다. 수많은 개신교 미국인과 최근의 일부 가톨릭 미국인은 미국이 다른 세계 인류에게 자유민주주의를 전파할 신적 소명을 가지고 있다고 생각해왔다.

여기서 우리의 논점은 일반화될 수 있을 것이다. 근대사의 과정에서 신앙적 동맹은 특정한 인종적, 민족적, 계급적 또는 지역적 그룹들의 정체감을 형성하는 것과 결부되어왔다. 영국과 미국은 강한 독립국가다. 그러나 이러한 정치성의 확인이 변방의 억압받는 사람들에게서도 종종 일어났다. 폴란드와 아일랜드의 가톨릭적 정체성은 이런 점에서 널리 알려진 것이다. 과거의 프랑스령 캐나다의 경우는 별개의 문제다.

여기서의 집단과 신앙 고백의 연결은 비록 그것이 동일한 가톨릭교회가 연관되기는 했어도 '바로크식'의 위계질서를 가진 원-뒤르켐적인 연결은 아니다. 권좌와 제단은 동맹을 맺지 않는데, 이는 루터교나 영국국교 또는 정교에서 뿐만 아니라 (빈의) 가톨릭의 경우에도 권좌는 이질적인 것으로 간주되기 때문이다. 엘리트들에 대한 분노는 이 엘리트들이 권력과 특권을 상실한 만큼 주변적인 문제로 되었다. 그런데 민족의 지배와 억압에 대한 감각, 고난과 투쟁 가운데서의 도덕감은 종교적 신념과 충성에 깊이 결부되어, 폴란드를 "열방 가운데 십자가에 달린 그리스도"로 묘사하는 것과 같은 과도한 수사법에까지 이르렀다. 그 결과를 나는 "신-뒤르켐적" 효과라고 부르고자 하는데, 여기서는 집단에 대한 귀속감과 신앙 고백에 대한 귀속감은 합치되고 집단의 역사에 대한 도덕적 문제는 종교적 범주로 표현되어 있다. (억압받는 민족의 대표적 언어는 프랑스 혁명의 언어였다. 이 언어는 여기서 언급된 다른 국가들에게 그 계기를 주었다. 연합 아일랜드(United Irish), 1837년의 파피노

---

9) 영국에서 기독교가 품위 개념과 관련된 것을 데이비드 마틴이 포착하였다. David Martin, *Dilemmas of Contemporary Religion*(Oxford: Blckwell, 1978), p.122.

(Papineau)의 반역, 다브로프스키(Dabrowski) 군대 등이 그것이다. 그런데 각각의 경우 가톨릭적 표현이 나중에는 더욱 우세해졌다.)

이러한 효과가 나타난 곳에서는 신앙과 예식의 잠재적 쇠퇴가 지체되거나 또는 나타나지 않았다. 이것은 다소 '세속적' 정신 상태를 지닌 현대의 사회학 분위기에서 쉽게 오해를 불러일으켰다. 어떤 이들은 이러한 상황과 앞서 언급한 영어권 국가들에 대해서, 종교는 '통합적 기능'을 수행한다고 말하도록 유혹을 받았다. 이러한 실수는, 종교적 신앙은 여기서 의존적 변항이며 그의 통합적 기능은 설명에 도움을 주는 요인이라는 주장으로 쉽게 이어졌다.

그런데 내 생각에는, 사람들이 자신의 강한 도덕적, 정치적 경험을, 압제에 대한 것이든 특정 도덕적 원리를 중심으로 한 성공적 국가 건설에 대한 것이든, 암호화하는 것을 유의미하다고 생각하는 언어가 종교적 언어라고 말하는 것이 덜 왜곡적이다. 한편으로는 폴란드나 아일랜드의 농민이나 노동자들, 다른 한편으로는 스페인과 프랑스의 농민이나 노동자들의 서로 다른 난점을 여기서 인용하는 이유는, 전자의 경우는 가톨릭 언어로의 암호화를 권하거나 이에 대한 저항이 거의 없었던 반면, 후자의 경우는 '바로크적'인 체제에서의 삶으로 인해 그런 암호화에 강하게 반대하게 되는 경험을 산출한다는 것을 지적하기 위해서다.

(2) 새로운 개인주의. 여기에는 흥미 있는 주제들이 있지만, 현대의 곤경에 대한 연구로 바로 넘어가도록 하겠다. 이는 지난 반세기 동안 혹은 그보다 더 짧은 시기에 어떤 일이 일어났는데, 이 일은 우리 사회의 신앙 상태를 심각하게 바꾸어놓았기 때문이다. 우리는 지금 다소 새로운 종교 생활의 시기에 있으며 이는 윌리엄 제임스가 이미 묘사했던 것이다.

많은 다른 사람들과 마찬가지로 나는 우리 북대서양 지역의 문명이 최근 수십 년간 문화적 혁명을 경험하고 있다고 생각한다. 아마도 1960년대는 상징적으로 말해 경첩과 같은 순간을 제공했다고 하겠다. 이는 한편으로는 개인화 혁명이라고 할 수 있는데, 이 말은 이상하게 들릴 수 있다. 우리의 현대는 이미 어떤 개인주의에 기초하고 있기 때문이다. 그런데 이 개인주의는 새로운 중심축으로 전환되었는데, 그렇다고 해서 다른 축들을 버린 것은 아니다. 도덕적/정신적 그리고 도구적 개인주의와 더불어 우리는 이제 널리 확산된 '표현적' 개인주의를 가지고 있다. 물론 이것이 전적으로 새로운 것은 아니다. 표현주의는 18세기 말의 낭만주의 시대의 산물이었다. 지적, 예술적 엘리트들은 19세기 전체에 걸쳐 자신을 표현하고 살아가는 진정한 방식을 찾았다. 새로운 현상이란 이러한 종류의 자기 정향이 대중적 현상이 된 것이다.

여기에 대한 가장 명백한 외적 현상이 소비자 혁명이었다. 전후의 풍요와 더불어 과거에는 사치품으로 여겼던 것들이 확산되면서 사적 공간과 그 공간을 채우기 위한 수단들에 대한 새로운 관심 집중이 이루어졌는데, 이는 이전의 꼭 짜인 노동계급10)과 농업 공동체11) 그리고 심지어는 대가족제의 관계들을 이완시키기 시작했다. 상호 도움을 주는 양상은 감소했지만, 이는 부분적으로는 그에 대한 긴급한 필요가 줄어들었기 때문이다. 사람들은 자신만의 삶을 중심으로 살아갔는데 이것이 핵가족 생활이다. 그들은 신도시나 교외로 이사를 갔고, 더욱더 자신만의 삶에 집중했으며, 세탁기에서 패키지여행 상품에 이르기까지, 판매를 위해 내놓은 전 영역에 걸친 계속적으로 증가하는 상품과 서비스를 통해 생활하고, 이러한 것들에 의해 형성되는 더욱 자유로운 개인주의적 삶을 살아간다. 쉽게 입수할 수 있는 수단들이 점차 폭넓게 증가함에 따라 '행복의 추구'는 새로운, 더욱 직접적인 의미를 갖게 되었다. 그리고 이렇게 새롭게 개별화된 공간에서 소비자는 더욱더 자신의 취향을 표현하고 자신의 공간을 자신만의 필요와 선호에 따라 꾸며가도록 고무되었는데, 이러한 일들은 이전 시대에는 오직 부자들만 할 수 있는 일이었다.

이러한 새로운 소비자 문화의 한 가지 중요한 측면은 의류에서 레코드에 이르기까지 홍수처럼 쏟아지는 새로운 물건들로 이루어진 젊은이

---

10) Richard Hoggart, *The Uses of Literacy*(London: Chatto & Windus, 1957)와 비교하라.

11) Yves Lambert, *Dieu change en Bretagne*(Paris: Cerf, 1985)와 비교하라.

들을 위한 특별한 시장이 만들어진 것인데, 이 시장은 소년과 청년기에 이르는 연령층을 겨냥한 것이었다. 청년 문화가 발달하는 것과 더불어 이러한 물건들을 팔기 위해 전시되는 광고들은 아동기와 책임을 지는 성년기 사이에 위치하는 청년기를 인생의 한 단계로서 생각하는 새로운 종류의 자기의식을 창조하는 데 기여하였다. 물론 이러한 것이 전례가 없었던 일은 아니었다. 과거의 많은 사회에서 인생에서 그 시기를 구별하여 그들만의 특별한 모임들과 풍속을 만들어주기도 하였다. 그리고 상류층의 청년들은 학창 시절을 즐기기도 했고 (때로는) 친목 단체를 만들어 즐기기도 했다. 민족 문화의 통합과 도시 생활의 확장과 더불어 19세기의 말에 이르러 중상류의 청년들은 자신들을 사회적 실체로서 자각하기 시작했다. 심지어 청년들은 정치적 첨병, 즉 정치적 동원의 바탕이 되기도 했는데, 이러한 것을 독일의 청년 운동(Jugendbewegung)과 파시스트의 유명한 행진곡에 나오는 '젊음(Giovinezza)'에 대한 호소에서 볼 수 있다. 이와 같은 청년기의 자기 구별은 19세기와 20세기 초의 노동계급의 문화에는 없던 것인데, 노동계급에서는 생활의 필요 때문에 소년기 이후와 진지한 소득 활동기 이전에 위치하는 그와 같은 공백기는 배제되는 것으로 보이기 때문이다.

요즈음의 청년 문화는 그들에게 던져지는 광고의 방식에서도 그렇고 상당 정도로 스스로 그렇게 보듯, 표현주의적이라고 정의를 내릴 수 있다. 수천, 심지어 수백만의 다른 사람들과 보조를 맞출 수 있는 폭넓은 패션의 공간에서, 사람들이 선택하는 의상 스타일과 그들이 듣는 음악의 종류는 자신의 개성을 표현하고 또 선택하는 이들의 기호를 표현한다.

잠시 이러한 패션 공간에 관해 말해보겠다. 우리가 전후의 소비자 문화에 대한 이와 같은 외적 사실들에 대한 논의에서 그에 수반되는 자기 인식에 대한 논의로 넘어갈 때 우리는 내가 "진정성(authenticity)"의 문화라고 부른 것이 지속적으로 확산되어 있음을 알게 될 것이다.12) 18세기 말의 낭만주의적 표현주의와 더불어 등장한 삶에 대한 이해란, 우리

---

12) Charles Taylor, *The Malaise of Modernity*(Toronto: Anansi, 1991) 참조.

들 각자는 우리의 인간성을 실현하는 자신만의 방식을 가지고 있다는 것이며, 또한 사회나 이전 세대 또는 종교적이거나 정치적인 권위에 의해 외부로부터 우리에게 부과된 모델에 일치하도록 순응하기를 거부하고 자기 자신의 삶을 발견하고 살아내는 것이 중요하다는 것이다.

이는 19세기와 20세기 초의 많은 지식인들과 지성인들의 관점이었다. 이 시기 전체에 걸쳐 일부 문화 엘리트들 가운데에서 이러한 사조가 강화되는 모습이나 또는 심지어 극단화되는 모습, 예를 들면 권리 또는 의무에 대한 점증하는 의식이나 '부르주아'적이거나 기존의 규칙과 기준들에 대한 저항, 그들이 창조적이거나 생명력이 있다고 느끼는 생활 방식과 예술에 대한 공개적인 천명 등을 추적할 수 있다. 블룸스베리 그룹 (Bloomsbury milieu)13)이 자신의 특질을 정의한 것은 20세기 초 영국에서의 이러한 노선에서 중요한 단계였다. 이 획기적 변화에 대한 감각은 "1910년 또는 그 언저리에 인간 본질은 변화되었다"라는 버지니아 울프의 유명한 문구에 반영된다.14) 욕망과 도덕성, 고결감이 함께 나타난 조치였던, 앙드레 지드가 1920년대에 동성애자임을 고백한 사건에서도 이와 유사한 계기가 나타난다. 그것은 지드가 더 이상 거짓된 태도를 유지할 필요를 느끼지 않았기 때문만은 아니다. 오랜 갈등 속에서 그는 이를 숨기는 태도가 자기 자신에게 그리고 자기와 유사하게 애써 가식된 태도를 취하는 다른 사람들에게 가하는 잘못된 일이라고 간주했기 때문이다.15)

그런데 이러한 진정성의 윤리가 사회 전반에 걸쳐 모습을 드러내기 시작한 것은 제2차 세계대전 이후였다. "네 일이나 신경 써"와 같은 표현들이 유행하게 되었다. 1970년대 초의 맥주 광고는 우리에게 "오늘의 세상에서 너 자신이 되도록 하라"고 말한다. 단순화된 표현주의가 어느 곳에나 침투되어 있다. 당신으로 하여금 당신 자신을 찾고, 자신을 실현

---

13) [역주] 런던의 블룸스베리 지역에 살던 버지니아 울프를 중심으로 모인 예술 지상주의적 예술가 집단.

14) Samuel Hynes, *The Edwardian Turn of Mind*(Princeton University Press, 1968), p.325.

15) Michel Winock, *Le siècle des intellectuels*(Paris: Seuil, 1997), ch. 17.

하며, 자기의 진정한 자아를 나타내도록 돕는 치료법들이 양산되고 있다.

새로운 표현주의적 자기 각성은 다른 종류의 사회적 상상력을 전면에 등장시킨다. 사회적 상상력의 전형적인, 근대적인 '수평적' 형태에 관하여는 이미 다른 곳에서 말한 바 있는데,[16] 이 형태에 따르면 인간은 자신과 수많은 다른 사람들이 동시에 존재하고 활동하고 있는 것으로 파악한다. 이러한 형태들 가운데 폭넓게 인지되고 있는 세 가지는 경제, 공적 영역 그리고 주권을 가진 민족이다. 그런데 위에서 언급된 패션의 영역은 동시성의 네 번째 구조의 예다. 공적 영역과 주권적 민족은 공동 행위의 영역이기 때문에 패션의 영역과는 다르다. 이런 점에서 패션은 수많은 개인적 행위들이 집중되어 있는 경제와 유사하다. 그러나 경제와도 다른 이유는 우리의 행위가 패션의 영역에서는 독특한 방식으로 관계를 맺기 때문이다. 나는 내가 원하는 모자를 쓰면서 나의 스타일을 당신들 모두에게 현시한다. 그리고 이런 방식으로 나는 당신들의 자기 현시에 대해 응답하는데, 이는 마치 당신들이 나의 자기 현시에 대해 응답하는 것이나 마찬가지다. 패션의 공간은 기호와 의미를 동시에 가진 언어를 유지하는 공간이다. 이러한 기호와 의미는 항상 변화하는 것이지만, 이는 또한 언제나 그것이 가지고 있는 의미를 우리의 몸짓에 옮겨 담을 때 필요한 배경이 된다. 만일 내 모자를 통해 내가 나만의 특유한 멋쟁이의 모습과 그 배경에 깔린 자기 현시를 표현할 수 있다면, 이것은 그 스타일이 가진 공통 언어가 그 정도로 우리들 사이에서 진화했기 때문이다. 내 몸짓을 통해 나의 자기 현시 내용을 바꾸면, 또한 나의 몸짓의 언어의 의미를 새로운 지평에서 취하여 당신이 스타일 있는 움직임으로 응답하게 될 것이다.

이러한 패션 공간의 예에서 내가 도출하려는 일반적 구조는 수평적, 동시적 상호 현존의 구조인데, 이는 공동 행위의 구조가 아니라 상호 현시의 구조다. 우리들이 행위할 때 타인들이 거기서 우리 행위의 증인으로, 따라서 우리 행위의 의미의 공동 결정자로 존재한다는 것은 우리 각

---

16) "Modern Social Imaginaries" 참조.

자에게 중요하다.

내가 첫 번째 강연에서 언급하였듯이 이런 종류의 공간들은 수많은 사람들이 서로를 알지 못하는 가운데 어깨를 부딪히며, 서로 관계를 맺지 않으면서도 서로 영향을 주며 서로의 삶에 대해 불가피한 배경 (context)을 형성해가면서 살아가는 현대 도시 사회에서 점점 더 중요하게 된다. 매일 아침 시내의 직장으로 몰려가면서 다른 사람들을 내 길의 장애물 신세로 전락시키기도 했지만, 도시 생활은 일요일에 공원에서 산책하고 여름 거리 축제나 경기장에서의 플레이오프 경기를 즐기기 위해 몰려드는 것과 같은, 더불어 삶의 다른 방식들로 발전해왔다. 여기서 각각의 개인이나 작은 집단들은 자기 나름대로의 행위를 하지만, 그러나 그들의 현시는 타인들에게 무엇인가를 말하고 있으며, 그들에 의해 응답될 것이고, 모든 사람의 행위를 채색할 공통의 분위기나 음조를 형성하는 데 이바지하리라는 것을 알고 있다.

여기서 다수의 도시에 사는 단자들은 유아론(唯我論)과 소통의 경계에서 떠다니고 있다. 나의 큰 말소리나 몸짓은 단지 나의 밀접한 동료들에게만 과도하게 표출될 뿐, 나의 가족은 조용히 산책을 하고, 우리 자신의 일요일 외출에만 신경을 쓰지만, 그러나 항상 우리는 우리를 형성하는 이 공동의 공간에 대해 의식한다. 오가는 메시지들은 이 공간에서 그 의미를 갖게 된다. 고독과 소통 사이의 이러한 이상한 영역이 19세기에 나타났을 때 이 현상은 수많은 관찰자들에게 강한 인상을 주었다. 예로서 마네의 그림이나, 도시의 풍경에 매료된 보들레르의 경우를 들수 있는데, 여기서의 한량과 멋쟁이의 역할에서 관찰과 현시를 결합하고 있는 것을 볼 수 있다.

그래서 이 새로운, 더욱 개인화된 행복의 추구, 과거에 형성된 특정 관계와 공동 생활 방식의 이완, 표현적 개인주의와 진정성 문화의 확산, 이러한 상호 현시 공간의 점증하는 중요성, 이 모든 것은 사회 안에서 공존하는 새로운 방식을 가리키는 것 같다. 전후에 계속 증가해온 이러한 표현적 개인주의는 특정 환경, 즉 노인 세대들보다는 젊은 세대들에서 더욱 강하고, 1960년대와 1970년대에 형성된 환경에서 더욱 강하다고 할 수 있는데, 그러나 전반적으로는 지속적으로 진보해가는 것으로 보인다.

이것은 우리의 사회적 상상력을 어떻게 변경시키는가? 여기서는 하나의 이상적 유형에 대해 개괄적인 묘사만 할 수 있을 뿐인데, 이는 우리가 새로운 것이 옛것과 공존하는 점진적 과정을 다루고 있기 때문이다.

주권 국민으로서의 우리의 자기 이해는 이러한 새로운 개인주의로 대체되지는 않았다. 그리고 상호 이익이라는 근대적 도덕 질서에 대해서 보면 새로운 개인주의는 강화되어왔다. 다른 말로 하자면 이것은 다소 다른 형식을 취했다고 할 수 있다. 공정성의 이상과, 서로의 자유에 대한 상호 존중의 이상은 과거 어느 때보다 젊은이들 사이에 가장 강하다. 사실 엄격히 말하면, 각자는 자기 일만 하고 다른 사람의 '가치'를 비판해서는 안 된다는 부드러운 상대주의가 진정성의 윤리에 수반된 것 같아 보인다. 이러한 상대주의는 진성성의 윤리에 의해 요구되는 확고한 윤리적 기초에 따라 선언된다. 사람들은 다른 사람들의 가치를 비판해서는 안 된다. 왜냐하면 그들도 당신처럼 자신의 고유한 삶을 살 권리를 가지고 있기 때문이다. 관용될 수 없는 죄는 불관용이다. 이러한 명령은 자유의 윤리와 상호 이익의 윤리로부터 명백히 등장한다.[17]

'상대주의'에 명백한 새로운 변형이 등장하는 곳은, 이러한 명령이 다른 사람들에 의해 둘러싸이고 또 자제되는 곳에 존립하는 곳이다. 로크에 따르면, 자연의 법은 강한 훈련을 통해 사람들에게 가르쳐질 필요가 있다. 그래서 비록 개인적 자유가 그 목표라 하더라도, 일반적으로 강요된 강한 인격적 미덕의 필요와 개인적 자유 사이에는 어떠한 양립 불가능성이 느껴지지는 않았다. 오히려 이러한 것들이 없다면 상호 존중의

---

17) 슐레겔은 오늘날의 젊은이들의 연구에 항상 등장하는 가치들을 다음과 같이 지적한다. Jean-Louis Schlegel, "droits de l'homme, tolérance, respect des convictions d'autrui, libertés, amitié, amour, solidarité, fraternité, justice, respect de la nature, intervention humanitaire", *Esprit*, no. 233(Juin 1997), p.29. 데네플(Sylvette Denèfle)도 프랑스의 불신자들로 이루어진 자신의 샘플의 입장에 동의한다. 관용은 그들에게서 핵심적 덕목인 것이다(p.166 이하).

체제는 살아남을 수 없었을 것이다. "해악의 원리"라고 불린 것, 즉 어느 누구도 내가 좋은 것을 추구하는 것을 방해할 권리를 가지고 있지 않으며 단지 타인을 해롭게 하는 것을 막을 권리만 있다는 원리를 밀(John Stuart Mill)이 선언하기까지는 오랜 시간이 흘렀다. 그의 시대에는 이러한 것이 거의 일반적으로 받아들여지지 않았는데, 이는 그것이 자유방임주의(libertinism)로 가는 행로로 보였기 때문이다.

그런데 오늘날 해악의 원리는 폭넓게 수용되고 있으며, 지배적인 표현적 개인주의가 요구하는 공식처럼 보인다. (밀의 논지가 홈볼트에게 나타난 표현주의적 원천들에 의존하는 것은 아마도 우연이 아닐 것이다.)

사실상 '(개인적) 행복의 추구'는 전후의 시기에 새로운 의미를 갖게 된다. 물론 이 권리는 세 가지 기본권 가운데 하나로 모셨던 미국 혁명 이래로 자유주의의 필수적 요소가 되었다. 그런데 공화국으로서의 미국의 제1세기에 그것은 당연한 것으로 간주되는 것들의 목록 가운데 등록되었다. 우선 미국에는 미국인들이 따라 산다고 생각되었던 자기 규율이라는 선을 중심으로 한 시민 윤리가 있었다. 그런데 이것을 넘어 성적 도덕의 요구와, 이후에 "가족의 가치(family values)"라고 불렸던 것의 요구 그리고 열심히 일하는 것과 생산성이라는 가치 또한 존재하였는데, 이러한 것은 개인적 선의 추구에 어떤 틀을 부여하였다. 이러한 틀 밖에서 움직이는 것은 자신의 행복 추구라기보다는 파멸로 향하는 것이었다. 따라서 그러한 규범들을 가르치려고 노력하는 사회에서는, 심지어 그 규범들을 강요하는 어떤 경우들(예를 들어 성적 도덕)에서는 독립선언서에 모셔진 세 가지 기본권들에 상반되는 것은 없어 보인다. 다양한 양태의 사회적 일치를 강요하는 점에서 유럽 사회들이 아마도 미국 사회보다 약하다고 하겠지만, 그들의 규약은 훨씬 더 제약적이다.

개인적 성취에 대한 이러한 제약들이 침식당하는 것은 어떤 경우에서는 점진적이었고 또 오락가락하기도 했지만, 장기적으로는 분명한 일반적 경향이었다. 샌델(Michael Sandel)은 시민 윤리에 대한 관심이 미국 역사 제1세기에 얼마나 더 두드러졌는지에 대하여 주목하였다. 브랜디스(Brandeis)는 그 세기의 초기에 있었던 독점 방지 판결은 부분적으로는 대규모의 결합이 "노동자들로 하여금 자신이 시민이라고 생각하도록 해주는 도덕적, 사회적 자격 요건을 침식한다"는 이유에서 이루어졌다고 주장하였다.[18] 그런데 20세기가 지나가면서 그와 같은 고려점들은 점차 뒤로 물러섰다. 법정은 점차로 개인의 '프라이버시'를 옹호하게 되었다. 개인의 행복 추구에 대한 제한, 특히 성적 문제와 다른 영역에서의 제한이 가장 명백히 제한되었던 것은 제2차 세계대전 이후였다. 프라이버시를 강조하면서 형법의 영역을 제한하는 미 대법원의 결정이 그 명백한 예다. 이와 유사한 일이 트루도(Trudeau)에 의한 캐나다 형법의 수정에서도 일어났는데, 그 원리는 "국가가 국민의 침실에서 일어나는 일에 관여하지 않는다"는 것이었다. 위녹(Michel Winock)은 1970년대에 프랑스에서 일어난 '정신세계'에서의 변화에 대해 다음과 같이 언급하였다. "검열의 폐지, 풍속의 자유화는" 낙태의 합법화, 이혼 제도의 개혁, 포르노 영화의 인정 등과 같은 "법과 관계를 맺게 될 것이다."[19] 이러한 진화가 대서양권의 실제 모든 사회에서 발생한다.

사실상 인격 훈련의 필요는 한층 더 뒤로 물러섰는데, 이는 상호 존중의 도덕이 진정한 자아 성취 자체의 이상 가운데 묻힌 것 같아 보인다. 이 이상은 분명 수많은 젊은이들이 오늘날 경험하고 있는 것인데, 이들은 파시즘과 극단적 민족주의가 표현주의적 원천에 얼마나 심취해 있었는지를 망각하고 있는 듯하다.

이 모든 것은, 이러한 권리에 대한 상호 존중의 원리들이 대서양권 세계의 우리 문화 속에 둘러싸여 있음을 반영하는데, 이는 권리 회복과 비차별을 위한 우리의 정치적, 법적 절차가 비록 세세한 적용에서는 우리의 격렬한 논박을 당하기는 해도 전체적으로는 적법적인 것이라고 보는 배경을 형성하게 된다. 그런데 이는 특정한 정치 공동체에 대한 귀속감과 권리 의식이 느슨하게 연결되어 있음을 반영하는데, 여기에는 궁

---

18) Michael Sandel, *Democracy's Discontent*(Harvard University Press, 1996), pp.209-210.

19) Michel Winock, *Le siècle des intellectuels*, p.582.

정적인 측면과 부정적인 측면이 있다.

여기서 나는 가장 넓은 의미에서의 종교적 예식의 가상적 장소에 대한 기술이라는 이 글의 목적에 집중하기 위해서, 앞서 언급한 문제에 대한 찬반 논쟁에는 상관하지 않겠다. 표현적 개인주의라는 새로운 사회적 상상물의 이상적 형태를 그려볼 때 우리는 그것이 아주 비-뒤르켐적이라고 말할 수 있다.

원-뒤르켐적 체제 하에서는 내가 종교적 예식과 관계를 맺는 것은 원칙적으로 사회와 공존하고 있는 교회에 대한 나의 귀속을 의미한다. 실제로 관용 대상인 국외자들과 훈련되지 않은 이교도들이 있기는 할 것이지만 말이다. 신-뒤르켐적 체제에서는 내가 선택한 교파로 들어가겠지만 그것은 다시 내가 더 넓은, 그리고 더 분명하게 포착하기 어려운 '교회', 그리고 더 중요한 것으로 신적 역할을 담당하는 정치체와 연결된다. 이 두 경우 모두, 신에게 의지하는 것과 국가에 귀속하는 것 사이에는 어떤 연결성이 있다. 따라서 내가 이들을 '뒤르켐적'이라고 한 것이다.

신-뒤르켐적 형태는 개인과 선택의 자유를 향한 중요한 진일보를 포함하고 있다. 어떤 사람이 교파에 들어가는 것은 그것이 그 사람에게 맞는 것 같기 때문이다. 그리고 사실상 그와 같은 선택을 통하지 않고서는 '교회'에 속할 방법이 없는 것처럼 보인다. 원-뒤르켐적 규칙 아래서는 사람들은 강력하게 통합을 이루고 또 자신의 의지를 거슬러 신과의 올바른 관계를 맺을 것을 요구할 수 있는데(또 실제로 그러했는데), 이러한 것은 이제는 이해할 수 없는 일이 된다. 강요는 그릇된 것일 뿐만 아니라 어리석은 것이고 또 지긋지긋한 일이다. 낭트 칙령의 취소에 대한 교육받은 유럽인들의 반응에서, 이러한 의식의 발전에서 중요한 전환점을 볼 수 있다. 교황조차도 그러한 것이 오류였다고 생각했다.

그런데 표현주의적 시각은 이것을 한 단계 더 끌고 간다. 내가 참여하는 종교적 삶이나 행위들은 내가 선택한 것이어야만 할 뿐 아니라 나에게 확증적이어야 하며, 그것은 내가 이해하는 나의 영적 발전 단계 면에서 타당해야만 한다. 이것을 우리를 한층 더 멀리 이끌고 간다. 교파의 선택은 고정된 틀, 말하자면 사도신경이나 더 큰 '교회'에 대한 신앙의 틀 안에서 이루어진 것으로 이해된다. 이러한 신앙의 틀 안에서 나는 내가 가장 편안하게 느끼는 교회를 선택한다. 그런데 초점이 나의 영적인 길, 따라서 내가 유의미하다고 보는 더 미묘한 언어들 속에서 내게로 오는 모든 통찰들로 기울어지게 된다면, 이와 같은 또는 다른 틀을 유지하는 것은 점차로 더 어렵게 된다.

그런데 더 넓은 '교회' 속에 나 자신을 위치시키는 것이 나에게 그렇게 적절하지 않을 수도 있고, 또 이와 더불어 '신 아래의 민족' 속에 또는 신적 역할을 가진 그러한 정치 조직체 안에 나 자신을 위치시키는 것이 그다지 적절하지 않을 수도 있다. 새로운 표현주의적 체제 안에서는, 종교적 예식에 우리가 관여하는 것을 '교회'든 국가든 어느 특정한 넓은 틀 안에 포함시킬 필요가 없다.

이것이 바로 최근 수십 년간 프랑스에서 과거의 '프랑스 전쟁(guerre franco-française)'[20]의 양편 모두를 불안정하게 만들어버린 이유가 된다. 교회의 추종자들의 숫자가 급격히 줄어들었을 뿐 아니라, 젊은이들은 교회 추종자들과 라이벌 관계에 있었던 자코뱅적 또는(and/or) 공산주의적 세계관을 던져버리기 시작했다. 바로크의 역동적인, 원-뒤르켐적 성직권주의와의 갈등 속에서 일종의 휴머니즘이 등장하게 되었다. 이는 나름의 방식으로 일종의 민족 '교회', 일종의 공화국의 원리가 되었는데, 이 틀 안에서 사람들은 서로 다른 형이상학적이고 또 (이러한 표현을 고집한다면) 종교적인 견해를 갖게 된 것이다. 공화제는 성직자의 군주제주의라는 원-뒤르켐적 체제에 대립하는 일종의 신-뒤르켐적 체제를 보여준다. 이 전통은 심지어 '신성한 것'이라는 용어를 자신의 입장을 위해 인수하기도 했다. ("신성한 타결"[21]이나 마라 등을 죽인 "신성 모독의 손"이라는 표현에 대해 생각해보라.) 이러한 표현적 개인주의의 새로운 탈-뒤르켐적 체제에서 가톨릭주의와, 이상과 같은 종류의 공화주의가 심각한 변화를 경험하는 것은 놀랄 일이 아니다.

---

20) [역주] 1954년경 프랑스에서 일어난 정치적 전쟁을 일컫는 말.
21) [역주] 이념을 초월하여 단결하자는 의미.

이러한 것은 질서의 이상들이 신앙과 비신앙 간의 논쟁과 뒤섞여 형성되는 방식을 전적으로 변경시켰다. 이러한 변화를 통해 믿을 수 없게 되어버린 것은 우리가 도덕적 이상에 대한 폭넓은 합의를 이룩했다는 것뿐만 아니다. 탈-뒤르켐적 체제에서는 종교적인 의미든 '세속적(laïque)' 의미든 간에 '종교적 예식'이 정치적 충성에서 벗어나기도 했던 것이다. '프랑스 전쟁'을 가동시켰던 것은 그와 같은 두 개의 전면적인 충성 경쟁이었다. 1914년에 많은 사람들을 자신의 조국을 위하여 싸우도록 참호 속으로 보내고, 4년이 넘도록 도망가거나 폭동을 일으키는 일이 거의 없이 그들을 거기에 잡아놓을 수 있었던 것도 이러한 오래된 체제였다.22)

내가 여기에 대해 말할 때 과거 시제를 사용했는데, 이는 이 전쟁의 주요 교전국이었던 국가들 중 많은 나라에서는 새로운 체제 때문에 그러한 일들이 더 이상 불가능하게 되었을 것이기 때문이다. 그러나 그렇게 되어버린 지역도 제한적 영역에 불과하다는 것도 분명하다. 그 아래 발칸 지역만 하더라도 1911년에 발발한 전쟁 이후에 그다지 변한 것이 없다. 그리고 심지어 중심적인 북대서양 사회들에서도 그 변화가 돌이킬 수 없는 것이라고 너무 자신만만하게 믿어서도 안 된다.

원-, 신-, 탈- 뒤르켐적이란 말은 이상적 형태를 묘사하는 말이다. 나의 주장은 이 말들이 총체적 묘사를 제공한다는 것이 아니라, 우리의 역사가 이러한 체제들을 통과하여 움직여왔다는 것과 우리의 시대는 점점 더 뒤쪽으로 채색되고 있다는 것이다.

새로운 체제가 전체적인 이야기를 제공하지 않는다는 것은 이미 작금의 사회에서 벌어지는 갈등에서도 명백하다. 어떤 의미에서는 미국에서 '도덕적 다수(Moral Majority)'라는 그룹을 움직이고 또 '기독교 우파(Christian Right)' 운동을 일으킨 부분적인 원인은, 과거에 국가에 대한 정의를 이끌어낸 신-뒤르켐적 이해의 파편화된 모습에서 다시 회복하려는 열망이라고 할 수 있다. 이러한 열망에 따르면 미국인이 된다는 것은

---

22) François Furet, *Le Passé d'une illusion*(Paris: Gallimard, 1996). 이 책은 그러한 충성심과 이를 유지시키는 귀속감이 얼마나 대단한지를 보여준다.

또다시 유신론, 즉 '신 아래 한 민족'이라는 생각과 연관을 갖는 것이거나 또는 적어도 이러한 것과 뒤얽힌 윤리와 연관을 맺는 것이다. 이와 유사하게, 바티칸에 의해 움직이는 가톨릭교회의 리더십의 많은 부분은 영성에 대한 새로운 표현주의적 이해에 함축된, 획일적인 권위에 대한 도전에 저항하려는 것이다. 그리고 미국의 가톨릭교회는 과거에 신-뒤르켐적인 종교적 기초 수립을 가능케 했던 과거와 같은 도덕적 합의를 다시 이룩하려는 시도 가운데 기독교적 권리 운동과 공동 보조를 취하고 있다.23)

이러한 시도들이 가진 아주 전투적인 본성은 우리가 과거의 체제에서 얼마나 벗어나 있는지를 보여준다. 이러한 전환은 우리 시대의 신앙 상태를 설명하는 데 큰 도움이 된다.

그런데 이 점을 검토하기에 앞서 나는 이러한 전환이 근대의 주관화의 논리 및 우리가 '완화된 자아'라고 부르는 것과 얼마나 밀접히 연관되어 있는지를 드러내 보이겠다. 우리는 이미 18세기에, 앞의 첫 번째 강의에서 언급했던 중요한 '분기점들' 중 하나에서, 완화된 정체성을 가진 냉정하고 엄격한 종교에 대한 한 반응이 감정, 정서를 강조하는, 우리를 감동시키는 생동감 있는 신앙이었음을 보았다. 우리는 이러한 것을 경건주의와 감리교에서 보게 된다. 이는 신학적 정확성보다도 더 중요한 것이다.

물론 이러한 운동은 정통적 신앙의 권위 내에 남기를 희망하지만, 머

---

23) José Casanova, *Public Religions in the Modern World*(University of Chicago Press, 1994). 이 탁월한 저서는 우리의 종교적 난점이 얼마나 다양한지를 보여주고 있다. 만일 우리가 탈-뒤르켐적 이해에 의해 전적으로 규정된 상태 가운데 살게 된다면, 공적 영역에는 종교를 위한 공간이 더 이상 존재하지 않게 될 것이다. 종교 생활은 전적으로 사적으로 되었는데, 이는 오늘날 아주 널리 퍼진 특정 절차적 자유주의와 보조를 같이한다. 그런데 카사노바는 종교의 "탈사적 노력(deprivatization)", 즉 자신이 속한 사회의 종교적 삶에 다시 개입하려는 교회와 종교 단체의 시도를 추적하려 한다. 이러한 예로는 지금 언급한 기독교 권리 운동과 가톨릭 주교들의 서한 등이 있다. 이러한 일들이 중지될 것 같지는 않다. (또 중지되는 것이 바람직하지도 않다.) 그러나 이러한 개입이 발생하는 상황은 계속적인 뒤르켐적 체제의 목적과, 점점 더 많은 사람들이 탈-뒤르케적 이해를 수용하는 사실을 통해 정의된다.

지않아 그 강조점이 점점 더 그들의 대상의 본질보다는 감정의 힘과 진실성으로 옮겨가게 될 것이다. 금세기 후반쯤이면 『에밀』의 독자들은 무엇보다도 성격에서 깊은 진정한 감정을 동경하게 될 것이다.

여기에는 어떤 논리가 존재한다. 이전에 열정적 신앙이 있었던 곳에서 지극히 중요한 문제들은 교리적 문제들이었다. 그런데 이제는 순전한 지적인 정통 신앙의 냉정한 거리 두는 태도에는 종교의 핵심이 상실된다는 느낌이 널리 퍼지게 되었다. 인간은 정열을 통해서만 신과 연관을 맺을 수 있다. 이러한 것을 느끼는 사람들에게서 정열의 강도는, 신학적 정식화에서 정확성이 다소 결여되는 것을 감내할 가치가 있을 정도로 주요한 덕목이 되었다. 타인과의 연관에서 이탈한 이성에 의해 지배되는 시대에는 이러한 덕목은 더욱더 중요한 것으로 여겨지게 될 것이다.

낭만주의 시대까지는 이와 동일한 문제가 다소 입장이 바뀐 채 있었다. 오늘날에는 [차갑게 고립된] 이성은 어느 형태의 궁극적 진리에도 도달할 수 없는 것처럼 많은 사람들에게 보인다. 요구되는 것은 좀 더 상위의 것 또는 신성한 것을 나타낼 수 있는 미묘한 언어다. 그런데 이러한 언어가 힘을 얻기 위해서는 작가와 독자 사이의 공명이 필요하다. 어떤 외적인 정식화가 동의를 얻는다는 것이 주요 문제가 아니라, 더 높은 실재에 대한 감동적 통찰력을 산출해낼 수 있는가가 중요한 것이다. 깊이 느껴진 개인적 통찰이 이제는 우리의 가장 소중한 종교적 자원이다. 슐라이어마허에게서 중요한 탐구 대상은 더 위대한 것에 대한 강력한 의존감이다. 이러한 것이 사람들 속에서 지배하게 되고 또 말로 표현하게 하는 것이 올바른 공식을 획득하는 것보다 더 결정적이다.

현재의 표현주의의 형태는 어떤 일반적 형태로 우리 문화 속으로 깊이 침투한 그와 같은 전환에서 발생한다고 나는 생각한다. 슐라이어마허의 표현으로 "유식한 종교 경멸자"가 지배하는 시대에서 진정으로 가치가 있는 것은 영적 통찰/감정이다. 이러한 통찰/감정은 불가피하게 그것을 소유한 사람들에게서 잘 공명되는 언어에 의존하게 된다. 따라서 모든 사람으로 하여금 자기 자신의 영적 영감의 길을 따르도록 하라는

454

명령이 주어진다. 당신의 주장이 정통적 교리에 맞지 않는다고 하는 주장 때문에 당신의 영감을 저버리지 않도록 하라.

원래의 원-뒤르켐적 체제 속에서 사람들은 정통 신앙과 다른, 자기 자신의 종교적 본능이 이단적이거나 또는 적어도 열등하다는 이유에서 그것을 버리라는 명령에 복종해야 했다. 신-뒤르켐적 세계에 사는 사람들은 그들의 선택이 '교회' 또는 자신이 선호하는 국가의 전반적 틀에 일치해야 한다고 느끼기 때문에 심지어 유일교파[24]나 윤리 단체(ethical societies)들도 일요일마다 예배를 드리고 설교를 듣는 교파의 모습으로 자신을 드러내었다. 탈-뒤르켐적 시대에는 많은 사람들이 일치의 요구를 잘 이해하지 못하게 된다. 신-뒤르켐적 세계에서 자신이 믿지 않는 교회에 참여하는 것이 단지 잘못된 것일 뿐 아니라 어리석고 또 모순된 일이었던 것처럼, 탈-뒤르켐적 시대에는 자신에게 감동과 영감을 주는 입장이 아닌 영성에 집착한다는 생각이 모순적이다. 오늘날 많은 사람들에게는, 어떤 외적 권위에 부합하기 위해 자신의 노선을 버린다는 것은 영적 생활의 한 형태로 이해될 수 없다.[25] 뉴에이지 축제의 한 연사의 말로 나타내자면 그 명령은 "당신 자신의 내적 자아에 비추어 옳게 들리는 것만을 취하라"는 것이다.[26]

---

24) [역주] 삼위일체설을 부인하고 유일 신격을 인정하여 그리스도의 신성을 부인하는 기독교의 이단적 일파.

25) Luc Ferry, *L'Homme-Dieu ou le sens de la vie*(Paris: Grasset, 1996), ch. 1. 이 책에서 페리는 이 현상을 "le refus de l'Autorité"라는 제목으로 다루었다. 그가 말한 것에 나는 대체로 동의하지만, 그는 이러한 반응의 표현주의적 근원을 살펴보는 대신에 그것을 바로 데카르트와 연결함으로써 지나치게 주지주의화했다고 생각한다.

26) Paul Heelas, *The New Age Movement*(Oxford: Blackwell, 1996), p.21에 인용된 정신과 육체, 영혼에 대한 조지 트레벨리안(Sir George Trevelyan)의 축제 강연에서. 이 명령은 뉴에이지 입장만을 대표한다고 말할 수도 있다. 그러나 이런 점에서 다양한 뉴에이지 운동은 더욱 광범위하게 주장된 태도를 가속화한다고 할 수 있다. 이 점은 힐라스가 6장에서 주장한 것이다. 예컨대 1978년에 한 갤럽 조사에서 미국인들의 80퍼센트가 "개인은 교회나 회당에서 독립하여 자기 자신만의 종교적 신념에 도달해야 한다"는 점에 동의를 했다고 한다. 같은 책, p.164. 이는 Robert Bellah et al., *Habits of the Heart*(Berkeley: University of California Press, 1985), p.228에도 인용되었다.

물론 영성의 지위와 본질에 대한 이와 같은 이해는 그 속에 다원주의를 내장하고 있는데, 이 다원주의는 어떤 교리적 틀 안에서만 아니라 무제한적으로 그러한 성격을 갖는다. 다른 말로 하면, 제한을 가한다는 것은 또 다른 질서를 의미하는데, 그것은 어떤 의미로는 정치적인 것이고, 또한 자유와 상호 이익이라는 도덕 질서에서 흘러나온 것이다. 나의 종교적 노선은 다른 사람의 노선을 존중해야 한다. 그것은 해악의 원리를 준수해야만 한다. 이러한 제약과 더불어 한 사람의 노선은 어떤 공동체 또는 심지어 민족 공동체나 자칭의 국가 교회들조차 수용하도록 요구되는 제약들을 넘나들며 만들어질 수 있는데, 그뿐 아니라 가장 느슨한 사교 그룹들이나 자문이나 문헌을 제공하는 단순한 어떤 봉사 단체라도 따라야 하는 제약들도 넘어서 만들어질 수 있다.

원-뒤르켐적 입장이나 신-뒤르켐적 입장에서 종교적 탐색에 대한 타당한 대답이 되기 위해서 반드시 충족시켜야 하는 선험적 원리들은 새로운 체제에서는 방기된다. 종교적인 것 그 자체는 이제 더 이상 본질적으로 사회와 연관되지 않는다.

완화된 정체성에 대한 표현주의적 응답의 논리도 같은 것이 적용된다. 그러나 물론 이러한 것이 지금까지 해왔던 것처럼 애써서 성취해야 할 필요는 없다. 적어도 어떤 사회에서 최근 수십 년간 그렇게 된 주요 촉매는 전후의 풍요에 의해 형성된 새로운 개인주의적 소비자 문화였던 것 같다. 불변적 필수 요건으로 보였던 것에 사로잡힌 마음에서 바라본 시대, 즉 가장 낙관적인 전망이란 적절히 충분한 만큼 가지고 재난을 피하는 정도를 유지하는 것으로 생각했던 시대에 살아온 사람들에게 이러한 것은 엄청난 호소력을 가졌던 것 같다. 이브 랑베르(Yves Lambert)는 이러한 새로운 문화가 어떻게 [프랑스의] 브르타뉴 교구의 밀접한 공동체적 삶을 즉시 이완시켜서 사람들로 하여금 그들의 집중된 공동체 집단적 생활에서 개인의 번영을 활발히 추구하는 삶으로 바꾸어놓았는지를 보여주었다. 그의 정보 제공자가 말한 것처럼, "더 이상 종교를 걱정할 시대가 아니다. 많은 일들이 있다. 돈이 필요하고 안락함도 필요하고, 그 모든 것이 필요한 것이다. 모든 사람들은 바로 그 속에 던져져 있고 거기에 머물러 있는 것이다!"27)

이러한 것은 서로 연관된 움직임들이다. 새로운 풍요는 더 나은 소통과 더불어 등장하는데, 이것이 지평을 열어주었다. 그러나 그 때문에 새로운 행복의 추구에 사람들이 너무나 강력하게 이끌려, 그들은 물질적, 종교적 세계를 지나오면서 살아남았던 공동체와 그의 공동의 노력 주변으로 형성되었던 오래된 의식적(儀式的) 삶을 버리기 시작했다. 이러한 의식적 삶은 이제 그 자체가 축소되기 시작했고 일부는 사라지기 시작했다. 그리고 그 안에 남아 있기를 바라는 사람들을 잡아놓을 수 있는 것도 점차 줄어들었다.28)

이것은 마치 더 강력한 마법에 대해 호응하여 '개종'하는 것과 마찬가지다. 과거의 개종은 그러했다. 이는 리머첼 마을 사람들이 종교를 통해 경제적 생존과 재난 구호에만 관심을 가졌기 때문이 아니라, 그들의 신앙은 구원에 대한 관심과 복지에 대한 관심에 너무나 밀접하게 결부되어, 번영으로 향한 새로운 개인적 노선의 입증된 인상적 전망이 그들의 과거의 모습 전체를 뒤바꾸어놓았기 때문이다. 또 다른 정보 제공자가 말하기를, "이웃은 나만큼 잘살거나 또는 나보다 더 잘살아서 나에게로 오지도 않는데, 내가 왜 사람들과 함께 이야기를 주고받아야 하는 미사에 나가겠는가? 다시 말해 내 가까이에 있는 이웃에게로 왜 가겠는가?"29)

다른 말로 하면 과거의 시각은 현세와 내세에 대한 관심과 복합적으로 얽혀 있는데, 그것이 이제는 아주 결정적으로 분리되었다. 이것은 다시 재결합할 수 없으며, 랑베르가 말한 것처럼 신앙은 오직 진화를 통해

---

27) Yves Lambert, *Dieu Change en Bretagne*(Paris: Cerf, 1985), p.373.

28) 종교사회학자들은 이미 프랑스의 어떤 지역에서는 고도의 종교 행위가 교구 내에서의 생활과 결부되었다는 것을 인지하였다. 도시로의 이주는 일반적으로 엄청난 파괴적 효과를 가졌다. 가브리엘 르 브라(Gabriel Le Bras)가 말했던 것처럼, "Je suis convaincu que sur cent ruraux qui s'établissent à Paris, il y en a à peu près 90 qui, au sortir de la gare Montparnasse, cessent d'être des pratiquants." Danièle Hervieu-Léger, *Vers un nouveau Christianisme?*(Paris: Seuil, 1986), p.37에서 인용.

29) 같은 곳.

그것을 신봉하는 사람들 사이에서만 살아남게 될 것이다.30) 이와 유사한 일이 비록 훨씬 더욱 도시화된 사회이기는 하지만 1960년대의 퀘벡에서 일어났다. 거기서 그 효과는 민족적 정체성과 가톨릭주의가 신-뒤르켕적 결합을 하여 지체되었지만, 그러나 이러한 연결이 풀어졌을 때 그 붕괴는 당황스러울 정도의 속도로 일어났다. 이러한 경과는 아마도 현재 아일랜드에서 일어나고 있는 일과 폴란드에서 나타나기 시작한 일과 유사성이 있는 것 같다.

다른 개신교 사회들, 특히 영어권의 사회에서 일어나는 이에 상응한 몰락은 더욱 점진적이며 덜 극적인데, 이는 아마도 새로운 소비자 문화가 더욱 긴 시간에 걸쳐 더욱 천천히 성장했기 때문이라고 하겠다. 그런데 영국과 미국 모두에서 1960년대의 표현주의적 혁명은 사태를 가속화했던 것으로 보인다.

공적 영역에 있는 종교의 지위에서의 이러한 전체적 전환의 충격을 어떻게 이해할 것인가? 다음과 같은 방식으로 이해해보자. 18세기의 배타적 휴머니즘의 창안은 새로운 다원주의적 상황을 만들었는데, 이 문화는 종교와 비종교를 분리시켰다(1단계). 이러한 휴머니즘에 대한 반응뿐만 아니라 거기서 발생한 관계망(완화된 정체성, 도덕 질서)에 대한 반응도 모든 방향으로 선택의 폭을 증폭시켰다(2단계). 그러나 이러한 다원주의는 오랫동안 대체로 특정한 엘리트 그룹, 지식인, 예술가 사이에서 작용하였고 또 그의 선택 사양을 만들어내었다.

일찍부터 특히 가톨릭 국가들에서는 불신앙을 대중들에게 전달하려는 전투적 휴머니즘에 바탕을 둔 정치 운동이 일어났는데, 다소 미약한 성공만을 거두었을 뿐이다. 그리고 종교적 소외도 일정 계층의 일반인들을 별 대안을 제시하지 않고서 교회로부터 분리하였다. 다른 한편으로 많은 사람들은 이러한 다원적이고 파편화된 문화 바깥에서 보류 상태로 있었다. 또는 그 문화의 언저리에서 다른 뒤르켕적 체제를 통해 신앙적인 선택의 길에 확고히 머물러 있다 해도, 거기서 주어진 종교적 선택이란 자신의 사회에 대한 유착과 밀접하게 결부되어 있다. 이러한 것

---

30) 같은 책, p.385 이하.

은 원형의 것이라 할 수 있는데, 이러한 것은 비록 전체 사회적 차원에서는 급속히 약화되기 시작한다 해도 랑베르가 본 리머첼 마을과 같은 지방 공동체의 수준의 지역에서는 잘 작용할 수 있다. 혹은 그것은 민족적 섭리라는 개선가적 의미에서처럼, (최근의 폴란드의 경우처럼 무신론을 포함한) 다른 종교적 특성을 가진 권력에 대항하여 위험에 처해 있는 정체성을 옹호하는 억압된 집단 사이에서처럼 또는 이민자 집단에서처럼 새로운 유형으로 볼 수도 있다.

나의 가설은 전후에 탈-뒤르켐적 시대로 우리의 사회적 상상력이 점점 더 쏠려가는 것은 다양한 뒤르켐적 체제를 불안정하게 만들고 기초를 약화시킨다는 점이다. 이것은 사람들을 점차로 이완시켜 파편화된 문화로 몰아가거나, 또는 새로운 소비자 문화가 과거의 시각을 상당히 움직여 사람들을 이러한 파편화된 세계 속으로 폭발적으로 몰아내버리게 된다는 것이다.

측정 가능한 외적 결과로 우리는 다음과 같이 예측할 수 있겠다. 첫째, 자신을 무신론자, 불가지론자 또는 종교를 갖지 않는 자라고 주장하는 수많은 사람들이 영국과 프랑스, 미국, 호주 등과 같은 많은 나라들에서 나올 것이다.[31] 그러나 이를 넘어서, 전 영역에서 중간적 입장이 아주 확장될 것이다. 수많은 사람들은 자신이 어떤 신앙 고백 공동체에 속하고 신을 믿는다고 선언하기는 하지만 활동적 참여를 하지 않을 것이다. 또 다른 차원에서 보면, 초월적인 것에 대한 신앙의 범위가 확대될 것이며, 인격적 신에 대한 신앙에 대한 선언은 줄어드는 반면, 비인격적 힘과 같은 것에 더 많은 사람들이 집착하게 될 것이다.[32] 다른 말로 하면, 많은 영역의 사람들이 정통 기독교 바깥에서 움직이는 종교적

---

31) Steve Bruce, *Religion in the Modern World*(Oxford University Press, 1996), pp.33, 137이하; Sylvette Denèfle, *Sociologie de la sécularisation*(Paris: L'Harmatan, 1997) 참조.

32) 예컨대 *Gallup Political & Economic Index* 394(June 1993)에 따르면 영국인들의 40퍼센트가 "어떤 종류의 영 또는 생명의 힘(lifeforce)"을 믿고 있는 반면 "인격적 신"을 믿는 사람은 30퍼센트라고 한다. Paul Heelas, *The New Age Movement*, p.166에서 인용.

신앙을 표현하게 된다. 특히 동양에 근원을 둔 비기독교적 종교들의 성장과 뉴에이지적인 형태의 실천, 인본주의적/종교적 영역을 잇는 견해들, 영성과 치료를 결합하는 의식 등의 확산은 바로 이러한 방향으로 따르는 것이다. 게다가 더욱더 많은 사람들은 이전에는 받아들일 수 없다고 보았던 입장들, 예컨대 많은 사람들이 핵심적 교리를 받아들이지 않고서도 자신을 가톨릭교도라고 한다든지, 기독교를 불교와 결합한다든지, 또는 사람들이 자기가 확실하게 믿지 않는 존재를 향해 기도를 올리는 등과 같은 일들을 하고 있다. 이러한 것이, 사람들이 과거에는 이와 같은 입장을 갖고 있지 않았다는 것을 말하는 것은 아니다. 단지 이제는 그와 같은 것을 마주치기가 더욱 쉬워졌다는 것을 말하려는 것이다. 이러한 모든 것에 대응하여 기독교 신앙은 다양한 방식을 재정의하고 재구성하는 과정 가운데 있는데, 이는 바티칸 II의 형태에서 은사주의적(카리스마적) 운동으로 나아간다. 이러한 모든 것은 표현주의 문화가 우리 시대에 준 충격의 결과를 대표한다. 이것은 아주 새로운 문제를 만든다.[33]

이러한 상황과 경향의 배후에는 무엇이 놓여 있는가? 우리가 현재의 상황을 하나의 이성적 유형으로 이해할 수는 없지만, 만일 우리 자신이 신-뒤르켐적 시대에서 진정성(authenticity)의 시대로 더 움직여간다는 것을 이해한다면, 우리는 이 전체를 어떤 의미에서는 기독교 문명의 퇴보라고 이해할 수 있을 것이다. 기독교 문명이란 사회와 문화가 기독교 신앙에 깊이 입각한 문명으로 이해할 수 있다.

---

33) 내가 '탈-뒤르켐적' 체제라고 부른 것으로 수많은 서구 사회들이 움직이는 것은 분명 '다문화주의'로의 변화를 용이하게 했다. 동시에 인구가 점점 더 다양해짐에 따라 이는 더욱 긴급한 문제가 되었다. 그런데 다문화주의도 또한 긴장 상태를 산출했는데, 이러한 긴장 상태는 이러저러한 '뒤르켐적' 이해를 구별된 사회 구성원들이 갖게 됨으로써 종종 악화되게 된다. 미국에서는 보수적 기독교인들이 만연된 표현주의 때문에 초조한 상태에 있다. 그리고 많은 프랑스인들은 자신의 국가가 이슬람적 요소를 갖게 되는 것을 참기 어려워한다. 왜냐하면 아주 오랫동안 그들은 자신의 국가가 본질적으로 가톨릭 국가라고 여겨왔거나 또는 가톨릭주의와 '비종교성(laïcité)' 간의 갈등으로 구성된 것으로 생각해왔기 때문이다.

이제 서구에 있는 우리 사회는 역사적으로 영원히 기독교에 입각한 채 남아 있게 될 것이다. 나는 이러한 것의 중요성 몇 가지를 나중에 다시 다룰 것이다. 그런데 내가 기독교 문명의 퇴보라고 한 뜻은, 어떤 강한 정치적 또는 집단적 정체성에 의해 혹은 그들이 사회적으로 본질적인 하나의 윤리를 유지한다는 의미에서 같은 신앙 안으로 사람들이 이끌리거나 그 신앙을 유지하기가 점차 일반적이 되지 않는다는 것이다. 물론 이 두 가지 모두를 유지하는 곳도 여전히 있다. 적어도 집단 정체성은 이민자들, 특히 최근의 이민자들 — 그리고 비기독교권, 즉 기존의 다수자의 종교와 차이를 느끼는 무슬림이나 힌두교도들은 더욱더 — 에게는 중요한 것이다. 그리고 분명히 여러 나라에서 크든 작든(미국에서는 크게, 스웨덴에서는 작게) 교회에는 핵심적인 교인들과 정기적인 예배 참석자들이 남아 있게 될 것이다.

신-뒤르켐적 정체성의 지속적 중요성을 확신하는 다른 이유도 있다. 어떤 사회에서는 탈-뒤르켐적 분위기에 대해 분투적 관계와 같은 것을 맺는 경우도 있다. 예컨대 미국의 경우나 기독교 권리 운동의 요구, 예컨대 학교에서의 공중 기도와 같은 것을 생각해보라. 그런데 이러한 정체성은 억압받고 위협받는 집단들 속에 훨씬 더 명백히 존재하며, 특정한 인종적, 역사적 정체성을 가진 민족은 집회를 가질 때 종종 어떤 종교적 기념물을 추구하기도 한다. 그 예로 폴란드인들과 아일랜드인들을 언급했다. 이들은 근대적 정치 형식으로 던져졌던 민족들인데, 왜냐하면 이들은 외부에 의해 통치되고 때로는 아주 심각하게 억압을 받았던 맥락에서 자신의 통합을 이룩하거나 독립을 획득하려고 동원되었기 때문이다. 따라서 그들은 정치체에 대한 근대적 언어와 근대적 개념들을 갖게 되었다. 그들은 근대적 의미에서의 민족이다. 그리고 역사에서의 행위자가 되는 집단으로서의 근대적 민족은 자신이 관여하는 일, 즉 내가 정치적 정체성이라고 부른 것에 대한 어떤 이해를 필요로 한다. 앞서 언급한 두 경우에서 가톨릭이 된다는 것은 그러한 정체성의 중요한 부분이었다.

이러한 현상은 현대 세계에서 중요하게 남아 있다. 비록 신앙의 관점에서 보면 사람들은 그것에 대해 양극단으로 나뉘겠지만 말이다. 깊이 인식된 종교적 충성심에서부터, 종교적 기념물이 사람들을 동원하기 위해 냉소적으로 조작되는 상황에까지 이르는 전 영역에 해당하는 예가 존재한다. 밀로셰비치나 BJP[34])에 대해 생각해보라. 그러나 자신의 윤리적 판단이 무엇이든 간에 이러한 것은 오늘의 세계에서 강력한 현실이며 사라질 것 같지 않은 현실이다.

그런데 우리는 일반적으로, 민족-고백(ethnic-confessional) 차이들에 의해 분리되지 않은 근대사회(북아일랜드에 대하여 말하는 것이 아니다)에서는 신-뒤르켐적 시대에 들어 최근에 지배적으로 된 형식들이 그들의 구성원들을 지배하지 않게 될 것이라고 말할 수 있다.

종교에 대한 인간의 열망이 저하될 것이라는 견해를 우리나 내가 받아들이지 않는다 해도, 종교에 대한 더 깊은 침잠과 종교적 실천에 대한 접근은 어디에 놓여 있다고 보아야 하는가? 그 대답은 각자가 자기 자신의 종교적 생활에서 이끌리는 영적 실천의 여러 형태다. 이러한 것들은 명상이나 어떤 자선 행위, 공부 그룹, 성지 순례, 어떤 특별한 형태의 기도 또는 이러한 일들을 함께하는 것 등을 포함할 수 있다.

이러한 형식의 영역은, 일상적인 교회 행위에 이미, 그리고 주로 몰두하는 사람들에게는 소위 다른 선택 대상으로서 항상 존재해왔던 것이다. 그런데 이제는 종종 그 반대의 일이 일어난다. 먼저 사람들은 성지 순례나 세계 청년의 날 행사, 명상 그룹 또는 기도 모임으로 이끌린다. 그리고 나서 만일 사람들이 적절한 방향으로 움직인다면 그들은 자신이 일상적 [종교적] 실천 속에 휩싸여 있음을 알게 될 것이다.

그리고 그러한 형태의 [종교적] 실천 사이에, 또 신앙 집단들 사이에 많은 운동이 있게 될 것이다.

이러한 것은 탈-뒤르켐적 체제를, 평범하게 되고 또 전적으로 사적으로 되어버린 영성과 혼돈하여 생겨난 오류를 보여준다. 물론 양자가 함께 있는 많은 경우도 있을 것이다. 우리의 현재의 난점에 수반되는 위험들도 있다. 탈-뒤르켐적 세계란 앞서 말한 것처럼, 종교적인 것에 대한

---

34) [역주] 인도의 힌두교 민족주의 정당.

우리의 관계가 우리의 정치 사회에 대한 우리의 관계에서 점점 더 벗어나게 된다는 것을 의미한다. 그런데 그러한 것은 그 자체로는 종교적인 것에 대한 우리의 관계가 집단적 연결(collective connections)에 의해 과연 매개되는지 또는 어떻게 매개되는지에 대하여 아무것도 말해주지 않는다. 전적으로 탈-뒤르켐적 사회는 우리의 종교적 귀속이 우리의 민족적 정체성과 연관되지 않게 되는 사회일 것이다. 그러한 사회는 그러한 종교적 충성의 영역이 폭넓고 다양하게 되는 사회임이 거의 확실하다. 이는 윌리엄 제임스가 만들어 유명하게 된 의미에서, 개인적 경험을 중심으로 한 종교적 생활을 따르는 수많은 사람들을 가지게 되리라는 것은 거의 확실하다.35) 그런데 여기서 모든 사람들이 또는 대부분의 사람들이 이러한 것을 할 것이라는 것이 도출되는 것은 아니다. 많은 사람들은 그들의 영적 고향을, 예를 들어 가톨릭교회를 포함하는, 교회에서 찾게 될 것이다. 탈-뒤르켐적 세계에서는 이러한 충성이 이전의 단계에서 해방되어 신성화된 사회(原-형태)로 혹은 어떤 민족적 정체성(新-형태)에 대한 충성에서 분리될 것이다. 그리고 만일 앞서 말한 것이 옳다면 그에 대한 접근의 양식은 달라질 것이다. 그리고 그것은 여전히 집단적 연결이 될 것이다.

이러한 연결은 성례(聖禮)든 또는 일반적 예식을 통해서든, 근대적 세계에서도 분명 여전히 강력하다. 우리는 여기서 쉽게 빠지기 쉬운 오류, 즉 우리의 개인적 삶과 사회적 삶에서 종교의 새로운 지위, 다시 말해 우리가 영적 의미를 따라가야 한다는 이해의 틀과 우리가 어떤 길을 따를 것인가의 문제를 혼동하는 오류를 피해야 한다. 새로운 틀은 강력한 개인주의적 요소를 가지고 있지만 그렇다고 해서 그 내용도 개인주의화한다는 것을 반드시 의미하는 것은 아니다. 많은 사람들은 극단적으로 강력한 종교적 공동체에 참여하는 자신을 발견하게 될 것이다. 이는 그곳이 바로 많은 사람들의 영적인 감각에 의해 그들이 이끌리는 곳이기 때문이다.

---

35) William James, *The Varieties of Religious Experience*(New York: Modern Library, 1929).

물론 그들의 조상이 그러했던 것처럼 그들이 이러한 공동체에 반드시 쉽사리 가서 앉아 있지는 않을 것이다. 그리고 특히 탈-뒤르켕적 시대란 종교적 충성에 있어 훨씬 더 작은 정도의 세대 간의 연속성을 의미한다. 그리고 강력한 집단적 성격을 가진 선택도 추종자를 잃어버리지 않게 될 것이다. 아마 그 반대의 조류가 명백해질 것이다.

내용과 틀을 혼동하게 될 때 과소평가하기 쉬운 또 다른 일은, 우리의 원래의 종교적 직관에 대한 우리의 반응이 형식적인 종교적 예식으로 이어지게 되는 방식이다. 우리의 노선이 순간적인 영감, 즉 강한 영적 호감이나 맹목적 통찰의 순간에서 시작할 수도 있다. 그러나 그것은 다시 어떤 아마도 상당히 큰 요구를 하는 영적 훈련을 통해 지속될 수도 있을 것이다. 그것이 명상일 수도 있고 기도일 수도 있다. 사람은 종교적 삶을 발전시킨다. 거의 틀림없이 이러한 종류의 길은 우리의 (폭넓게 말해) 탈-뒤르켕적 시대에는 훨씬 더 현저하고 만연하게 될 것이다. 수많은 사람들은 순간적인 경탄의 감정에 만족하지 않게 될 것이다. 그들은 그것을 더 이상 심각하게 간주하지 않을 것이며, 그런 것이 가능하게 되는 방법을 찾을 것이다.36) 이것이 바로 그들이 전통적 형식의 신앙으로 나아가는 연결 통로인 종교적 예식으로 나가게 되는 이유다.

그렇다고 해서 탈-뒤르켕적 체제와, 종종 좋은 감정과 피상적인 것으로 빠져버리는 개인화된 영적 경험에 대한 경향 사이에는 아무런 연관이 없다고 말하려는 것은 아니다. 왜냐하면 명백히 이런 종류의 노력을 요구하지 않는 영성은 수많은 사람들이 제 나름의 방식을 따라갈 때 이해하게 되는 것이기 때문이다. 만일 사람들이 과거로 되돌아갈 수 있다면 자기에게 몰입하는 추구자의 숫자는 급격히 줄어들 것이다. 그런데 이 모든 것은 자신의 잘못을 반복하는 데 대한, 그리고 자신만의 영적 노선을 따르라는 명령과 더욱더 약화되고 피상적인 선택들을 동일시하는 것에 대한 변명이 될 수는 없다.

일부 보수적인 사람들은 이 시대가 수많은 사람을 자유롭게 방랑하면

---

36) Robert Wuthnow, *After Heaven*, ch. 7 "The Practice of Spirituality"의 매우 흥미로운 토론을 참조하라.

서도 별로 절실하지 않는 영성으로 인도했다는 것을 지적하면서 이 세대를 저주하는 것으로 충분하다고 생각한다. 그런데 그들은 자신들에게 다음과 같은 두 가지 질문을 제기해야 한다. 첫째, 우리가 원-뒤르켐적인 체제로 또는 심지어 신-뒤르켐적 체제로 돌아간다는 것이 생각 가능한가? 더욱 심각한 것은 둘째 문제로, 모든 체제가 그 자체로 흥미로운 일탈의 형식을 가지고 있지 않은가? 만일 우리의 체제가 다소 천박하고 절실하지 않은 영적 선택을 양산하려는 경향이 있다고 해도, 우리는 여러 종류의 강요된 일치에 대한 영적 대가를 잊어서는 안 된다. 위선, 무능력, 복음에 대한 내적 반감, 신앙과 권력의 혼돈 그리고 더욱 심각한 일들 말이다. 비록 선택권이 내게 있다고 해도, 우리가 현재의 체제에 머무르려고 할 만큼 더 지혜로운지 나는 확신할 수 없다.

김선욱 옮김

다산기념 철학강좌 ■ 7

탈이데올로기 시대의 이데올로기

20세기에 대한 철학적 평가

2003

슬라보예 지젝

김범수 · 김상환 · 김서영 · 김선욱 · 변문숙 · 홍준기 옮김

Slavoj Žižek

차례

저자 서문

고명한 '다산기념 철학강좌'의 따뜻한 강연 초청이 있어 한국을 방문하기로 결정한 후, 나는 곧 한국과 슬로베니아 두 나라가 깜짝 놀랄 만큼 서로 유사한 상황에 처해 있음을 깨닫게 되었다. 한국은 슬로베니아보다 20배 이상 인구가 많다 해도, 우리 두 나라는 모두 강대한 세 이웃 국가에 둘러싸여 있다. 슬로베니아의 경우는 독일, 이탈리아 그리고 남슬라브 국가들이 그런 이웃에 해당한다. 우리 두 나라는 모두 이 이웃 국가들이 끊임없이 가하는 압력에 시달려왔고, 때로는 이 국가들에 의해 식민지화되기도 했다.

우리 두 나라는 모두 20세기에 자유를 쟁취하기 위해 혹독한 대가를 치렀다. 우리를 침략한 것은 이웃 국가들이었다 해도, 갈등은 세대 전체를 갈기갈기 찢어놓은 잔혹한 내전으로 마감되었던 것이다. 우리 두 나라는 모두 냉전으로 인해 국토가 분단되었다. 우리 두 나라에서 생존의 핵심 전략은 언제나 문화에 있었다. 그리고 지난 10년이나 20년 동안, 다행스럽게도 두 나라는 모두 안정적인 평화와 민주주의, 그리고 (상대적인) 경제적 번영을 이룩했다. 이 때문인지 한국에 있을 때 나는 마치 이방인을 만나고 있는 것이 아니라 오히려 어떤 친척을, 그동안 뭘 모르고 경솔히 해왔던 가까운 친척을 방문하고 있는 듯한 느낌이었다. 공항을 빠져나오는 길에서부터 나는 이곳의 시골 풍경을 사랑하게 되었다. 숲으로 빼곡히 들어찬 작은 언덕들은 곧장 슬로베니아를 떠오르게 했던 것이다.

이국땅에 있으면서 또한 고국에 있다는 야릇한 이 동시적인 체험 속에서 나는 어쩔 수 없이 어떤 오래된 물음과 부딪혀야 했다. 어떻게 해야 우리는 자신의 장벽을 넘어 타자에게 이르고, 특히 다른 인종에게까지 손을 건넬 수 있는 것일까? 유럽 문학에는 적군 병사와 얼굴을 직접 대면하면서 싸우는 것을 가장 숭고하고 진정한 전쟁 체험으로 치켜세우는 기나긴 전통이 있다. (제1차 세계대전 중 자신이 스스로 겪었던 여러 참호전을 되돌아보는 회고록에서 그러한 대면 상황을 찬미했던 에른스트 융어의 글을 보라.) 병사들은 얼굴을 마주하는 직접적 대치 상황에서 적군 병사를 죽이는 일, 찌르기 전에 그의 눈을 응시하는 일을 머릿속에 그리곤 한다는 것이다. 이처럼 신비한 피의 성찬식은 더 이상 싸움이 일어나지 못하도록 막기는 고사하고 그 싸움을 '영적으로' 정당화하는 구실을 한다. 급기야는 몽매주의로 가득한 이 같은 이데올로기로부터 한 걸음 더 나아간 모습도 연출되는데, 가령 스탈린그라드 전투에서 일어났던 어떤 숭고한 연대의 순간에 그런 모습을 볼 수 있다.

1942년 12월 31일 새해 전날 스탈린그라드 전투 당시, 러시아 배우와 음악가들은 군 위문 공연차 그 포위된 도시를 찾았다. 바이올린 연주자 미하일 골드슈타인은 병사들을 위한 독주회를 열기 위해 참호로 갔다. 그가 빚어낸 선율들은 확성기를 통해 독일군 참호 쪽으로 흘러들어갔고 사격은 돌연 중지되었다. 무시무시한 고요 속에서 골드슈타인의 활은 춤을 추며 음악을 쏟아냈다. 연주가 끝나자 러시아 병사들은 정적에 휩싸였다. 이윽고 이 홀린 듯한 마법의 상태를 깨뜨린 것은 독일 영토 내의 다른 확성기에서 나온 목소리였다. 그 목소리는 더듬거리는 러시아어로 이렇게 간청했다. "바흐를 더 연주해주시오. 쏘지 않겠소." 골드슈타인은 바이올린을 다시 집어 들고 활기찬 바흐의 가보트를 연주하기 시작했다.

이 바이올린 연주는 사격이 중지되는 아주 짧은 숭고한 순간으로 기능하는 데 그쳤고, 당연히 문제는 여기에 있다. 연주가 끝나자마자 사격은 곧바로 계속되었던 것이다. 따라서 이 연주는 사격을 막지 못했을 뿐 아니라, 한 걸음 더 나아가 싸움 중의 두 편이 함께 공유할 수 있는 배경을 만들어주면서 그 사격을 지원해주기까지 했다. 이 연주가 사격을 막지 못했던 이유는 어디에 있는 것일까? 그것은 정확히 그 연주가 너무 고상하고 '심오했기' 때문이 아니겠느냐는 가설도 얼마든지 가능할 것이다. 즉, 어떤 일이 이루어지는 데 필요한 것은 그보다 훨씬 더 표면적이고 피상적인 어떤 것이라는 점이다. 보편적 인간성에 대한 훨씬 실감나는 체험, 다시 말해서 우리가 빠져든 갈등의 무의미에 대한 좀 더 효과적인 체험은 시선의 교환이라는 단순한 모양새를 띨 수 있고, 이런 단순한 시선의 교환이 모든 것을 말해준다.

예전의 남아프리카공화국에서 일어난 어떤 반인종차별 시위 도중 백인 경찰 부대가 흑인 시위자들을 해산시키고 추격할 때의 일이다. 한 경찰관이 고무 곤봉을 손에 들고 어떤 흑인 부인을 뒤쫓아 달려가고 있었다. 그런데 갑자기 그 부인의 신발 한 짝이 벗겨져버렸다. 그러자 경찰관은 자동적으로 '깍듯한 예의'를 지키면서 신발을 주워 들고 그녀에게 건네주었다. 이 순간 그들은 눈짓을 교환했으며 둘 다 자기네가 각기 처한 상황이 얼마나 헛된 것인지를 깨닫게 되었다. 그처럼 예의바른 태도를 취하고 난 다음, 다시 말해서 벗겨진 신발을 건네주고 그녀가 신발을 다시 신을 동안 기다려준 다음에 그가 그녀를 쫓아가서 곤봉으로 내려친다는 것은 그야말로 '불가능한' 것이 되어버렸다. 그래서 이 경찰관은 그녀에게 머리를 끄덕여 가볍게 목례를 하고는 몸을 돌려 다른 방향으로 걸어갔다. 이 이야기에 담긴 도덕적 교훈은 어디에 있는가? 그것은 그 경찰관이 갑자기 자신의 선한 본성을 발견했다는 데 있는 것이 '절대' 아니다. 다시 말해서 여기서 문제는 결코 인종주의적인 이데올로기 훈련을 이겨내는 어떤 착한 본성이 아닌 것이다. 오히려 정반대로 그 경찰관은 그의 심리적 자세에 관한 한 분명 전형적인 인종주의자임이 틀림없다. 여기서 승리를 거두었던 것은 다름 아닌 그가 받았던 '피상적인' 예절 훈련이다.

그 경찰관이 신발을 건네주기 위해 손을 내밀었을 때, 이 제스처는 물리적 접촉의 계기 이상의 것이었다. 백인 경찰관과 흑인 부인은 어떠한 직접적 의사소통도 가능치 않은, 말 그대로 서로 다른 두 사회적, 상징적 세계에 살고 있었다. 두 세계를 분리시켰던 장벽은 두 사람 각각에게 짧은 순간이나마 중지되었고, 그것은 마치 어떤 또 다른 세계, 유령적인 세계로부터 손 하나가 불쑥 삐져나와 그들의 일상적 현실로 들어온 듯한 사건이다.

오늘날의 세계에서도 그와 같은 마술적인 마주침이 더 많이 일어나리라는 희망을 이 책에 실어 한국의 독자들에게 보낸다.

2003년 10월 15일 류블랴나에서

슬라보예 지젝

실재의 열망, 가상의 열망

1953년 7월, 브레히트(Brecht)는 시위하는 노동자들을 해산하기 위해 스탈린가(街)로 줄지어 향하고 있던 소련 탱크 부대 옆을 지나면서 손을 흔들어 환호했고, 그날 밤 일기장에는 그의 생애에 처음으로 공산당에 가입하고 싶은 충동에 사로잡혔다고 적었다. (그는 공산당원이 아니었다.) 이는 브레히트가 그 잔인한 분쟁이 풍요로운 미래를 가져오리라 희망했기 때문도, 그런 희망을 내세워 그런 분쟁을 묵인했기 때문도 아니었다. 그것은 다만 그렇게 눈앞에서 벌어지고 있던 가혹한 폭력이 어떤 진정성의 징표로 비추어졌고 또 그에 대한 확신이 들었기 때문이다. 이는 알랭 바디우(Alain Badiou)가 20세기의 주요 특징과 동일시했던 "실재의 열망"[1]에 해당하는 한 가지 모범적 사례가 아닐까? 19세기가 유토피아적이거나 '과학적인' 기획과 이상들을 꿈꾸고 미래를 설계했다면, 그와는 반대로 20세기가 겨냥한 것은 사물 자체가 나타나도록 하고 새로운 질서에 대한 갈망을 직접적으로 실현하는 데 있다. 20세기를 규정하는 궁극적 경험은 실재에 대한 직접적 경험이다. 이때 실재는 일상의 사회적 현실에 대립하는 것이고, 이런 실재는 환멸을 낳는 현실의 층위들에서 벗어나기 위해 치러야 할 대가에 해당하는 극단적 폭력 안에

---

1) Alain Badiou, *Le siècle*(Paris: Seuil, 2005) 참조.

서 경험된다.

일찍이 에른스트 융어(Ernst Jünger)는 제1차 세계대전의 참호 속에서 일대일로 맞붙어 싸우는 육박전을 본래적이고 진정한 상호주관적 만남으로 찬미한 바 있다. 즉, 진정성은 난폭한 위반의 행위에 있는 것이고, 라캉의 실재 — 안티고네가 도시 공동체의 질서를 어길 때 마주하게 된 사물(Thing) 자체 — 에서부터 바타유적인 과도성에 이르는 많은 개념들이 이를 표현하고 있다. 성욕과 섹스의 영역에서 이런 '실재의 열망'을 담고 있는 아이콘은 오시마 나기사(Oshima Nagisa)의 「감각의 제국」이다. 이 1970년대 일본 컬트 무비에서 두 연인의 성애관계는 죽음에까지 이르는 상호 고문으로 과격화되고 있다. 실재의 열망을 표현하는 궁극의 형상(形象)은 극도로 노골적인 포르노 웹사이트에서 볼 수 있지 않을까? 가령 여자 성기의 안쪽을 들여다보는 장면, 게다가 진입 중의 남자 성기의 머리에 설치된 소형 카메라의 눈으로 들여다보는 장면을 생각해보라. 하지만 이런 극단적인 지점에서는 어떤 전회가 일어난다. 욕망의 대상이 너무 가까이 다가오게 되면, 성적 매혹은 구토로 전환된다. 고깃덩어리의 실재 앞에서 구토하게 되는 것이다.

'실재의 열망'이 사회적 현실 안에서 이루어지는 '선의(善意)의 봉사'에 대립한다면, 그런 열망의 또 다른 형태는 쿠바혁명에서도 확연히 드러나고 있다. 쿠바에서는 포기 승인장 자체가 혁명적 사건의 진정성을 입증하는 증거물로 경험, 부과되고 있는데, 이는 정신분석에서 거세의 논리라 불리는 것에 해당한다. 쿠바의 정치-이데올로기적 정체성 전체는 충실한 거세(fidelity to castration)에 기초하고 있다. (그러므로 지도자의 이름이 피델 카스트로(Fidel Castro)라는 것은 하등 놀라운 일이 아니다!) 혁명적 사건의 이면에서 사회적 생활은 점점 더 무력증에 빠져들고, 시간이 지나감에 따라 나라 전체는 썩어가는 낡은 건물들과 더불어 잔뜩 찌푸리게 된다. 이는 혁명적 사건이 어떤 새로운 질서의 급작한 수립에 의해 '배반'을 당했기 때문에 일어나는 일이 아니다. 오히려 그 혁명적 사건에 대한 끈질긴 집착이 실정적인 사회적 환경의 수준에서 그런 동결 현상을 가져오는 것이다.

또 이른바 근본주의적 테러라는 것도 역시 실재의 열망을 표현하고 있는 것이 아닐까? 1970년대 초반으로 돌아가서 생각해보면, 독일에서 신좌파 학생운동이 실패로 끝나자 그 뒤를 이어 나오는 것들 중의 하나가 RAF 테러리즘(가령 바더-마인호프(Bader-Meinhoff) '갱' 등)이었다. 이 테러리즘이 밑에 깔고 있던 전제에 따르면, 학생운동의 실패는 대중이 소비주의적이고 반정치적인 환경에 너무 깊이 빠져 있고 그래서 정상적인 정치 교육이나 의식화 작업을 통해 대중을 일깨운다는 것은 이제 불가능하게 되었음을 입증해주었다. 이데올로기적 마비 상태와 소비주의적 최면 상태 등에서 잠자고 있는 대중을 흔들어 깨우기 위해서는 훨씬 더 폭력적인 개입이 있어야 하고, 가령 슈퍼마켓의 폭파 같은 직접적이고 난폭한 개입을 통해서만 소기의 목적을 거둘 수 있음이 밝혀졌다는 것이다. 물론 수준의 차이는 있지만, 오늘날의 근본주의적 테러도 똑같은 논리를 따르고 있는 것이 아닐까? 이 테러의 목적도 일상적 이데올로기의 세계에 깊이 빠져 있고 마비 상태에 잠들어 있는 서방 시민들을 일깨우는 데 있는 것이 아닐까?

혁명과 테러라는 이 두 사례는 '실재의 열망'의 근본적 역설을 가리키고 있다. 즉, 실재의 열망은 자신의 정반대 쪽에서, 어떤 연극적 스펙터클 안에서 절정에 이른다. 스탈린 시대에 여론 조작을 위해 벌이던 공개 재판이 극적인 테러 행위로 귀착되었다고 할 수 있을 것이다. 좀 더 일반적인 수준에서 보면, 스탈린주의는 무지막지한 '실재의 열망'을 지녔을 뿐 아니라 목적을 위해서라면 수백만의 목숨을 빼앗는 것을 마다하지 않았고 민중을 거리낌 없이 도구적으로 사용할 수 있는 재료로 취급했지만, 이런 스탈린주의는 동시에 **본연의 외양**을 유지하는 데 가장 민감한 정권이었다. 스탈린주의는 이런 본연의 외양(appearances)이 교란될 수 있는 위험에 처할 때는 언제나 완전히 겁을 집어먹고 미친 듯이 반응했다. (가령 정권의 실패를 명백히 드러내는 어떤 사건은 대중매체를 통해 보도될 것이지만, 구소련의 매체에서는 노동자들의 시위나 항의 집회는 말할 것도 없고 범죄나 매춘을 다루는 기사나 보도는 전혀 없었다.)

그래서 만일 실재의 열망이 **실재의** 극적인(spectacular) **효과**인 그 순수한 가상(semblance) 안에서 끝나고 어떤 정확한 전도 지점에서 끝난다면, '마지막 인간들'이 지닌 '포스트모던한' 가상의 열망은 실재의 열망으로 향하는 어떤 난폭한 복귀 안에서 끝나고 극적인 실재에 해당하는 그 순수한 가상 안에서 끝난다. 여기서 '면도칼 자해자들'(대부분 여성인데, 이들은 면도칼이나 다른 도구로 스스로 자해하고픈 강력한 충동을 경험한다)의 출현이 우리들의 환경이 나날이 가상화(virtualization)되고 있다는 사실과 밀접한 상관관계에 놓여 있음을 생각해보자. 이 현상은 실재의 신체로 되돌아가는 어떤 절망적인 전략을 대변한다. 그런 한에서 그 자해는 몸에 문신을 새기는 관행과 대조되어야 한다. 정상적인 문신은 주체가 (잠재적인) 상징적 질서 안으로 편입되었음을 보증한다. 하지만 면도칼 자해는 정반대의 문제, 즉 현실에 대한 주장과 관련된 문제를 제기한다. 면도칼 자해는 자살 행위도 아니고 자기 소멸의 욕망을 나타내는 것도 결코 아니다. 그것은 다만 현실에 (다시) 뿌리를 박으려는 어떤 과격한 시도다. 또는 (똑같은 현상의 또 다른 측면이지만) 자기 자신이 실존하지 않는 것으로 보일 때 느끼는 견디기 어려운 불안에 맞서서 우리의 자아를 신체적 현실 안에 굳건히 정초하려는 어떤 과격한 시도다. 면도칼 자해자들에 대한 표준적인 보고에 따르면, 스스로 자해한 상처에서 붉고 따뜻한 피가 흘러나오는 것을 보고 나면 느낌이 다시 살아나고 현실에 확고히 뿌리내린 기분이라는 것이다.2) 그래서 비록 면도칼 자해가 어떤 병리적인 현상임에는 틀림없지만, 그럼에도 불구하고 그것은 여전히 특정한 종류의 정상성을 되찾고 정신병에 이르는 완전한 심리적 파멸을 모면해보려는 어떤 병리적인 시도다.

오늘날 우리는 시장에서 해로운 속성이 제거된 온갖 상품들을 볼 수 있다. 가령 카페인이 제거된 커피라든지, 지방을 뺀 크림이라든지, 알코올 없는 맥주 등이 그것이다. 이런 목록은 또 계속 이어진다. 가령 가상 섹스는 어떤가? 이것은 섹스 없는 섹스에 해당한다. 아무런 사상자 없이(물론 아군만의 이야기지만) 전쟁을 치를 수 있다는 콜린 파웰(Colin

---

2) Marilee Strong, *The Bright Red Scream*(London: Virago, 2000) 참조.

Powell) 독트린, 이것은 교전(交戰) 없는 교전에 해당한다. 정치를 전문가에 의한 행정으로 보는 현대 정치학의 재정의도 마찬가지다. 이렇게 재정의된 정치는 정치 없는 정치에 해당한다. 이런 목록은 마침내 오늘날 자유와 관용을 내세우는 다(多)문화주의에까지 이른다. 이 다문화주의는 타자성이 제거된 타자의 경험에 해당한다. (그 타자는 매혹적인 춤을 추고 생태학적으로 건전하고 유기체적인 접근법을 통해 현실에 접근하지만, 남편을 구타하는 아내 등과 같은 모습에는 눈감고 있는 이상화된 타자다.) 가상현실(virtual reality)은 실체가 제거된 생산물을 낳는 이런 절차를 단순히 일반화하고 있을 뿐이다. 즉, 가상현실이 제공하는 것은 그 자체가 실체가 제거된 현실이고 실재의 핵심적 저항이 죽어버린 현실이다. 카페인 없는 커피가 진짜 커피가 아니면서 진짜 커피와 똑같은 맛과 향기를 내는 것처럼, 가상현실은 현실이 아니면서 현실같이 경험된다.

그렇지만 이런 가상화의 과정 끝에서 우리를 기다리는 것은 우리가 '진짜[실제의] 현실' 그 자체를 어떤 가상적 사물로 경험하기 시작한다는 사실이다. 대다수의 대중에 대해 세계무역센터 빌딩의 붕괴는 텔레비전 화면상의 사건이었다. 또 주저앉고 있는 빌딩이 뿜어내는 거대한 먼지 구름을 향해 있던 카메라 앞으로 겁먹은 군중들이 달려 나오는 모습을 잡은 장면을 재방송을 통해 볼 수 있었는데, 이 장면 자체의 프레임은 우리의 마음에 대참사를 다룬 영화에서 볼 수 있는 극적인 장면들을 불러일으키지 않았는가? 그 장면은 그 밖의 모든 다른 효과들을 능가하는 어떤 특수 효과가 아니었을까? 왜냐하면 이미 제레미 벤담(Jeremy Bentham)이 통찰했던 바와 같이 현실은 그 자신의 가장 훌륭한 외양이기 때문이다.

따라서 세계무역센터의 폭발에 대한 표준적 해석에 얽매일 필요는 없다. 이 해석에 따르면, 그 폭발은 우리의 착각과 미망(迷妄)의 영역을 산산조각 낸 실재의 침입이었다. 하지만 이와는 반대로 세계무역센터의 붕괴 이전에 우리는 제3세계의 참상을 우리의 사회적 현실과는 무관한 것으로 바라보았고, (텔레비전) 화면상에 유령적으로 출현하는 것으로

나 (우리에 대해) 존재하는 것으로 바라보았다. 그것이 우리가 우리의 현실 안에서 살아가는 방식이었다. 2002년 9월 11일 일어난 사건은 이 화면상의 공상적 출현이 우리의 현실로 들어왔다는 데 있다. 결코 현실이 우리의 이미지로 들어온 것이 아니라 오히려 이미지가 우리의 현실(다시 말해서 우리가 현실로 경험하는 것을 규정하는 상징적 질서)로 들어와서 우리의 현실을 산산조각 낸 것이다. 이것이 의미하는 것은, 가상(semblance)과 실재의 변증법이 일상적 삶의 가상화(virtualization)와는 다른 문맥에서 일어난다는 사실이다. 하루가 다르게 일상적 삶이 가상화되고 우리가 갈수록 인공적으로 구성된 세계에 살게 되었다는 경험은 '실재로 복귀하고' 어떤 '실재적인 현실'에 굳건한 뿌리를 다시 내리고자 하는 참을 수 없는 충동을 낳는 것이지만, 가상과 실재의 변증법은 이런 초보적인 사실로 모두 환원되거나 설명될 수 없다. **다시 돌아오는 실재는 어떤 (다른) 가상의 지위에 있다. 정확히 말해서 실재는 바로 실재적이기 때문에, 다시 말해서 외상적이고 과도한 성격을 지니기 때문에 우리는 그 실재를 우리의 현실(우리가 현실로 경험하는 것) 안으로 통합해낼 수 없고, 그래서 그 실재를 어떤 악몽의 출현으로 경험할 수밖에 없다.** 붕괴하는 세계무역센터의 이미지가 매혹적인 이유는 여기에 있다. 즉, 그것은 어떤 이미지, 어떤 가상, 어떤 '효과'이지만, 동시에 '사물 자체'를 동반하고 있는 이미지, 가상, 효과다. 이 '실재의 효과'는 1960년대에 롤랑 바르트(Roland Barthes)가 실재의 효과(l'effet du réel)라 불렀던 것과 같은 것이 아니다. 그것은 오히려 그것의 정반대에 해당하는 비실재의 효과(l'effet de l'irréel)다. 우리는 텍스트의 허구적 생산물을 '실재적인 것'으로 받아들이는 경향이 있는데, 이것은 텍스트 자체에 의해 유도되는 효과이고, 바로 이것이 바르트가 말하는 '실재의 효과'다. 하지만 이와는 전혀 반대로 여기서는 실재가 지각상에 어떤 악몽 같은 비현실적 유령으로 나타나야 하고, 이것이 실재 자체가 계속 유지될 수 있기 위한 조건이다.

우리는 보통 허구를 현실로 오인하지 말아야 한다고 말한다. 여기서 포스트모더니즘의 주장을 생각해보자. 그 주장에 따르면, '현실'은 어떤 담론적 생산물이나 상징적 허구에 불과한데 우리는 그것을 어떤 실체적인 자율적 사태로 오인하고 있다. 정신분석은 이와 반대되는 것을 가르치고 있다. **현실을 허구로 오인하지 말아야 한다**는 것이다. 즉, 우리가 허구로 경험하는 것 중에서 실재의 단단한 알맹이를 식별해야만 하고, 이 실재의 알맹이는 우리가 그것을 허구화하는 한에서만 존속할 수 있는 어떤 것임을 알아야 한다. 요컨대 현실의 어떤 부분이 환상을 통해 '기능 변화'를 겪는지 식별하고, 그래서 그것이 현실의 일부임에도 불구하고 허구적인 양태로 지각되고 있음을 제대로 파악할 줄 알아야 한다. '실제적인' 현실 속에서 허구의 부분을 알아보는 일은 현실(로 나타나는 것)이 허구의 가면임을 폭로하는 것보다 훨씬 더 어려운 일이다. (여기서 우리는 물론 다시 라캉이 오래전에 말한 거짓말 개념으로 돌아가지 않을 수 없다. 동물은 거짓된 것을 참된 것처럼 꾸밀 때나 속일 수 있는 것이지만, 오로지 인간 — 상징적 공간에 거주하는 존재자로서의 인간 — 만이 참된 것을 거짓된 것처럼 꾸미면서 속일 수 있다.) 그리고 이런 통찰에 힘입어 우리는 '면도칼 자해자들'의 사례를 다시 해석할 수 있다. 만일 실재의 참된 대립 항이 현실이라면, 면도칼로 스스로 자해할 때 이들이 실제로 도망치고 벗어나고자 하는 것은 단순히 비현실성에 빠져 있다는 느낌이나 일상적 삶의 인공적 가상성이 주는 느낌으로 그치는 것이 아니다. 그들은 오히려 실재 자체로부터 도망치고 있는 것이고, 이 실재는 우리가 현실에 내린 닻이나 뿌리를 상실하는 순간 출몰하기 시작하는 통제 불가능한 환각의 형태를 띠면서 터져 나오는 것이다.

그렇다면 바로 이와 같은 '실재의 열망'은 거부되어야 하는가? 단호하게 아니다. 왜냐하면 이런 입장을 취하게 되면 마지막까지 가기를 거부하는 태도, '외양들(appearances)을 보존하자'는 태도밖에 남지 않기 때문이다. 20세기의 '실재의 열망'이 던졌던 문제는 그것이 실재에 대한 열망이 아니라 단지 가짜의 열망이었다는 데 있고, 이 가짜의 열망이 외양들 배후에서 무지막지하게 실재를 찾으려고 노력했다면, 그런 노력은 **실재와 마주치기를 회피하려는 궁극적 전략**이었다는 데 있다. 하지만 어떻게 피하는 것일까?

먼저 '특별한(special)'이란 말의 사용법에서 엿볼 수 있는 보편과 특수 사이의 긴장에서 출발점을 찾도록 하자. 누군가 "우리는 특별한 자금이 있지!"라고 말할 때, 이는 특별하게 배당된 공적 자금이 있다는 것이 아니라 어떤 불법적이거나 적어도 비밀스럽게 감춰둔 자금이 있다는 것을 뜻한다. 어떤 섹스 파트너가 "무언가 특별한 것을 원하세요?"라고 말할 때, 이는 정상적이지 않은 어떤 '도착적인' 성행위를 뜻한다. 경찰이나 신문기자가 '특별한 질문 방법'을 언급하면, 이는 고문이나 그와 유사한 불법적 압력을 뜻한다. (또 나치 포로수용소에서 수많은 사람들을 죽이고 소각하고 그 시체를 처분하는 가장 끔찍한 작업을 위해 별도로 배치되고 동원된 부대는 'Sonderkommando', 곧 특수부대(special units)라 불리지 않았는가.) 쿠바에서는 동유럽 공산권이 와해된 이후의 어려웠던 시기를 '특별한 시기'라고 부르고 있다.

이런 연장선상에서 볼 때 벤야민이 『언어 일반과 인간 언어의 특수성 (*Language in General and Human Language in Particular*)』이라는 그의 초기 저작에 붙인 제목은 천재적인 영감을 담고 있다고 높이 평가해야 한다. 여기서 문제는 인간 언어가 어떤 '본래의' 보편적 언어에 속하는 특수한 하위 종(種)에 해당하고, 이 보편적 언어는 그 밖의 모든 특수한 종류의 언어들(신이나 천사들의 언어? 동물 언어? 우주 어디엔가 있을 어떤 다른 이지적 존재자들의 언어? 컴퓨터 언어? DNA 언어?)을 포함한다는 데 있는 것이 아니다. 인간 언어 말고는 현실적으로 존재하는 언어란 없는 것이기 때문이다. 문제는 다만 인간 언어라는 이 '특수한' 언어를 이해하기 위해서는 어떤 최소한의 차이를 끌어들일 **수밖에 없고**, 이 특수한 언어와 '본래의' 보편적 언어(가령 인간적 유한성, 성적 정념과 도덕성, 지배권 투쟁과 권력의 외설성 등의 징표가 모두 사라진 순수한 언어 구조)를 갈라놓는 그 간극에 견주어 인간 언어를 생각해야 한다는 데 있다. 이런 벤야민의 가르침은 하버마스가 놓치고 있는 교훈이다. 즉, 하버마스가 하고 있는 일은 정확히 해서는 **안 될** 일이다. ─ 그는 현실적으로 존재하는 언어의 규범으로 이상적인 '일반 언어'(화행론적 보편자들)를 **직접** 설정하고 있다. 그래서 벤야민의 제목의 연장선상에서 보면, 사회법의 기본 구도는 "법 일반과 그 배후의 특수한 외설적 초자아"라는 구도로 기술되어야 한다.

이 점을 어떻게 사회 분석에 적용할 수 있을까? 여기서 프로이트의 쥐인간에 대한 사례 분석을 떠올려보자.3) 쥐인간의 어머니는 그의 아버지보다 사회적 신분이 높았던 반면, 그 아버지는 상스러운 말을 즐겼을 뿐 아니라 물려받은 빚이 있었다. 게다가 쥐인간은 아버지가 어머니를 만나기 얼마 전에 매력적이지만 무일푼인 여자를 쫓아다니다가 부유한 결혼생활을 위해 버렸다는 사실을 알게 되었다. 쥐인간은 어머니가 자신을 부유한 집안과 결혼시키려고 하자 아버지와 똑같은 상황에 빠지게 된다. 사랑하는 가난한 여자냐, 아니면 어머니가 자신을 위해 준비한, 물질적으로 더 풍요한 미래를 약속하는 배후자냐를 놓고 선택해야 하는 것이다. 쥐 고문의 환상은 바로 이런 배경 안에 위치시켜놓고 보아야 한다. (고문당하는 사람은 굶주린 쥐들이 들어 있는 항아리에 묶이는데, 그 항아리를 그 사람의 엉덩이 부위에 엎어놓으면 쥐들이 항문을 갉아 먹으면서 그 안으로 들어가게 된다.) 쥐인간은 군사 훈련 중에 이 이야기를 듣게 되었는데, 이때 그는 보통의 장교들에게 (넉넉한 집안에서 태어난) 자신과 같은 사람도 비천한 태생에 고생을 많이 한 그 어떤 군인들 못지않게 혹독한 군대 생활을 견뎌낼 수 있음을 과시하려고 노력하고 있었다. 쥐인간은 자신의 가정사(家庭史)를 분할하는 사회적 부유층과 빈곤층, 상위층과 하위층이라는 두 극(極)을 이런 식으로 조합하려고 했다. 같은 부대에 근무하던 잔인한 성격의 대위는 신체상의 처벌을 열심히 옹호했고, 그와 트럼프 카드를 치던 쥐인간이 단호히 의견을 달리하자 카드를 던지면서 그 쥐 고문의 이야기를 꺼냈다.

여기서 이 소름끼치는 쥐 고문의 환상이 매혹적인 힘을 지녔다면, 그 힘을 떠받치는 다양한 연결 고리들은 직물처럼 얽힌 기호 차원의 연상들에서 비롯된다(Rat: 쥐, Ratte: 빚의 이자율, heiraten: 결혼하다, Spielratte: 강박적인 노름꾼에 대한 비속어 …). 하지만 이것이 전부가

---

3) Sigmund Freud, "Notes upon a Case of Obssessional Neurosis", in *Freud Standard Edition*, Vol. 10 참조.

아니다. 여기서 중요하다고 볼 수 있는 것은, 그 수많은 해석에도 불구하고 어쩌다 한두 번 언급되었을까 말까 할 정도로 드물게 나온 이야기지만, 그 아버지와 아들이 마주친 선택은 **계급 갈등**과 관련된다. 그 두 사람은 모두 대립하고 있는 두 편을 화해시키면서 계급적 차이를 넘어서고자 했다. 그들의 운명은 가난한 집에서 태어나 부잣집 여자와 결혼하지만, 여전히 고생이 많은 하층 계급의 태도를 유지하고 있는 사내의 운명인 것이다. 잔인한 대위는 정확히 바로 이런 연결 지점에 개입하는 인물이다. 가령 그가 외설적일 정도로 야비하고 상스럽다는 것은, 사회적 권위를 지탱하는 잔인한 체벌을 연상시키면서 계급적 화해에 대한 꿈을 짓밟고 있다. 이런 잔인한 대위와 같은 인물을 험악한 권력을 마구잡이로 휘두르는 파시스트적인 인물로 해석해볼 수는 없을까? 그는 냉소적이고 혹독한 파시스트적인 흉한(兇漢)으로서, 온화한 자유주의자를 내쫓으면서 자신이 그를 위해 손을 더럽히고 있다고 생각하는 그런 인물에 해당하는 것이 아닐까?

프란시스 포드 코폴라(Francis Ford Coppola) 감독이 「지옥의 묵시록(Apocalypse Now)」을 보완해서 새롭게 편집한 2000년 판 「지옥의 묵시록: 리덕스」는, 국가 권력의 이런 구조적 과잉 현상을 해석할 수 있는 좌표점들을 명쾌하게 펼치고 있다. 이 영화의 주인공 커츠는 프로이트적 의미의 '원초적 아버지'에 해당하고, 어떠한 상징적 법에도 종속되지 않은 외설적 향락의 아버지, 소름끼치는 향락의 실재와 직접 대면하려고 나서는 절대적 주인(지배자)을 대신한다. 그런데 이런 원초적 아버지가 어떤 야만적인 과거의 유산이 아니라 오히려 현대 서구 정권의 필연적 소산(所産)으로 등장한다는 것은 의미심장한 일이 아닐까? 커츠는 완벽한 군인이었고, 지나칠 정도로 그 자신을 군사 권력 조직과 동일시했기 때문에 조직 그 자체가 제거해야 하는 과도한 잉여로 전락했다. 이 영화의 궁극적 지평은 권력이 그 자신의 고유한 과도 잉여를 낳고, 자신이 싸우고 있는 상대를 모방해야 하는 작전을 통해 이 잉여를 없애야만 하는 과정에 대한 통찰이다. (커츠를 사살해야 하는 윌러드의 임무는 공식적 기록에는 빠져 있고, 윌러드에게 임무를 맡기는 장군이 언급하는 것처럼 "그것은 결코 없던 일이다.") 이리하여 우리는 권력이 결코 허용하지 않으면서도 그 자신이 스스로 펼치는 비밀 작전의 영역으로 들어선 셈이다.

또 오늘날 공식적 매체를 통해 근본악의 화신으로 그려지고 있는 인물들에 대해서도 똑같이 말해야 하는 것이 아닐까? 바로 여기에 빈 라덴(Bin Laden)과 탈레반(Taliban) 정권이 아프가니스탄에서 CIA의 지원 아래 소련과 맞서 싸우던 게릴라 부대의 일부였다는 사실의 배후 진리가 있는 것이 아닐까? 이것이 파나마의 노리에가(Noriega)가 CIA 요원이었다는 사실의 배후 진리 아닐까? 이 모든 경우들을 통해 볼 때 미국은 결국 그 자신의 과도한 잉여와 싸우고 있는 것이 아닐까? 또 이는 이미 파시즘에 대해서도 타당한 이야기가 아닐까? 자유 서방 국가들은 그 자신에게서 시작된 과잉의 부산물을 파괴하기 위해 공산국가와 힘을 합쳐야 했던 것이다. (동일한 연장선상에서 볼 때, 「지옥의 묵시록」이 정말 전복적인 성격을 띠기 위해서는 반파시즘 동맹의 공식을 따라야 했고, 그래서 윌러드가 베트콩과 결탁하여 커츠를 해치워야 했다고 말하고 싶다.)

'실재의 열망'이 담고 있는 핵심은 바로 이런 권력의 더럽고 외설적인 이면(裏面)과의 동일시 — 그런 이면을 기꺼이 떠맡는 바로 그 영웅적인 제스처 — 에 있다. 그것은 "누군가는 손을 더럽혀야 하는 게 아니냐. 그러니까 손을 더럽히자!"라는 영웅적인 태도이자 그 자신이 이루어낸 결과에서 그 자신의 모습을 보지 않으려 하는 아름다운 영혼의 전도된 거울상(像)이다. 이런 태도는 어쩔 수 없이 손을 더럽혀야 처리될 수 있는 일에 기꺼이 나서는 영웅들에 대해 우파 쪽에서 흔히 보여주는 그 독특한 열광과 찬양에서도 역시 엿볼 수 있다. 즉, 조국을 위해 고귀한 임무를 떠맡고 이 사명을 위해 목숨까지 바치기에 이른다는 것은 쉬운 일이고, 그에 비하면 조국을 위해 어떤 **범죄**를 저지르는 것은 오히려 훨씬 더 어려운 일이다. 유대인 학살에 나선 히틀러는 이런 이중의 게임에 능통했고, 히믈러(Himmler)를 이용하여 그 '더러운 비밀'을 자세히 설명했다. 1943년 10월 4일 포젠에서 SS 지도자들을 상대로 한 연설에서

히믈러는 유대인들의 대량학살에 대해 공공연히 언급하면서, 그것이 "우리 역사의 영광스러운 한 페이지이자 결코 쓰인 적도 결코 쓰일 수도 없는 한 페이지"라고 크게 떠벌렸는데, 그는 이 학살 대상에 여자와 어린아이들이 포함된다는 것을 명확히 밝혔다.

우리는 "여자와 어린아이들은 어떻게 처리해야 할까?"라는 물음에 부딪힙니다. 나는 여기서도 전적으로 명료한 해결책을 찾기로 결정했습니다. 나는 남자들을 전멸시키는 나 자신이 정당하다고 생각하지 않습니다. 다시 말해서 그들을 죽이든 죽였든 하등의 정당성이 없는 것입니다. 하지만 마찬가지로 이들의 아이들이 자라나서 우리의 아이와 손자들에게 복수하도록 내버려둔다는 것은 역시 정당화할 수 없는 일입니다. 이 민족이 지구상에서 없어지기 위해서는 어려운 결단을 내려야 하는 것입니다.4)

그 다음 날 SS 지도자들은 히틀러 자신이 전쟁의 성격과 상황을 직접 설명하는 모임에 참석하라는 명령을 받았다. 이 자리에서 히틀러는 최후의 조치에 대해서는 언급할 필요가 없었고, 다만 SS 지도자들의 사태 파악과 그들 간의 공유된 음모를 넌지시 가리키는 것으로 충분했다. "독일의 전 국민은 이것이 사느냐 죽느냐 하는 문제임을 알고 있습니다. 그들의 뒤에 있는 다리는 끊어졌습니다. 이제 오로지 앞으로 향한 길만 남은 것입니다."5) 이런 초자아의 외설스러운 역설들을 낳는 논리는 체스터턴(Gilbert Keith Chesterton)이 명쾌하게 설명한 바 있다. 그는 『정통(Orthodoxy)』의 마지막 부분에서 종교에 대한 유사-혁명적 비판자들이 빠지는 함정을 그리고 있다. 이 서술에 따르면, 비판자들은 처음에 종교를 인간의 자유를 위협하는 억압 세력으로 비난한다. 그렇지만 종교와 싸우는 와중에 그들은 자유 자체를 포기하게 되는 어쩔 수 없는 상황에 처하게 되고, 그래서 정확히 그들 스스로 옹호하고자 했던 것 자

---

4) Ian Kershaw, *Hitler: 1936-1945 Nemesis*(Harmondsworth: Penguin Books, 2001), pp.604-605에서 재인용.

5) 같은 책, p.606.

체를 희생시키기에 이른다. 종교에 대한 이론적이고 실천적인 차원의 무신론적 거부의 궁극적 희생양은 종교가 아니라(종교는 흐트러짐 없이 계속 살아 있다), 오히려 종교가 위협하고 있다는 자유 자체가 된다. 종교적 참조점이 사라진 무신론적인 급진적 세계는 평등주의적 테러와 독재로 가득 찬 잿빛 세계로 변하는 것이다.

　　자유와 인류를 구하기 위해 교회와 싸우는 사람들은 마지막에 가서 단지 교회와 싸울 수 있다는 명분 아래 결국 자유와 인류를 내동댕이치게 된다. ··· 내가 아는 어떤 남자는 사후(死後)에 자신이 인격적으로 실존하지 못한다는 것을 증명하는 데 너무 열렬한 나머지 현재의 자신에게도 인격적 실존이 없다는 입장으로까지 나아갔다. ··· 내가 아는 어떤 부류의 사람들은 신의 심판이 있을 수 없다는 점을 입증하기 위해 인간의 심판도 있을 수 없다는 것을 보여주고자 했다. ··· 우리는 타인에 대한 사랑 때문에 세계를 파국에 빠뜨리는 광신자를 감탄하지 않을 뿐더러 용서하기도 힘들다. 하지만 타인에 대한 증오 때문에 세계를 파국에 빠뜨리는 광신자에 대해서는 무어라 해야 하는가? 그는 실존하지 않는 신을 위해 실존하는 인류를, 인류의 실존 자체를 희생시키고 있다. 그는 제단(祭壇)에 제물을 바치는 것은 아니지만, 이제 단지 제단의 백해무익(百害無益)과 교황의 권좌의 무의미를 주장하는 데 제물을 바친다. ··· 인격성에 대한 동양적 회의를 통해 그들이 입증하는 것은, 우리가 사후에 인격적 삶을 영위하지 못한다는 점이 아니라 오히려 우리가 이 세상에서 참으로 아름답고 완전한 인격적 삶을 영위할 수 없다는 점이다. ··· 세속주의자들은 신성한 것들을 망가뜨리지 못했다. 세속주의자들이 망가뜨린 것은 다만 세속적인 사물들뿐이다.6)

오늘날 여기에 덧붙여야 하는 첫 번째 사항은, 이것이 종교 옹호자들 자신에게도 똑같이 적용되는 이야기라는 점이다. 사실 얼마나 많은 광신적인 종교 수호자들이 현대의 세속적 문화를 사납게 공격하다가는 (의미 있는 종교적 경험을 모조리 상실하는 가운데) 결국 종교 자체를

---

6) Gilbert Keith Chesterton, *Orthodoxy*(San Francisco: Ignatius Press, 1995), pp.146-147.

저버리게 되었는가? 또 정확히 똑같은 방식으로 자유주의 전사들은 반민주적 근본주의와 싸우는 데 너무 골몰한 나머지 테러와 싸울 수만 있다면 그들 스스로 자유와 민주주의 자체를 내팽개치려 드는 것이 아닐까? 그들은 비기독교적인 근본주의가 자유에 대한 주요 위협임을 입증하는 데 너무 열을 내다가 그만 기독교적이라는 우리 사회에서 우리 자신의 자유를 제한해야 한다는 입장으로 주저 없이 물러선다. 만일 '테러리스트들'이 타인에 대한 사랑 때문에 세계를 도탄에 빠뜨릴 기세라면, 테러와 맞서는 우리의 전사들은 이슬람이라는 타자에 대한 증오 때문에 그들 자신의 민주적인 세계를 파탄에 빠뜨릴 기세다. 조나산 알터(Jonathan Alter)와 앨런 더쇼비츠(Alan Derschowitz)는 인간 존엄성을 너무 사랑한 나머지 그 존엄성을 지키기 위해 고문 — 인간 존엄성의 마지막 전락(轉落) — 을 합법화할 뜻을 비치고 있다.

앨런 더쇼비츠[7]는 국제사회가 테러리즘에 미온적으로 대처하고 있음을 힐난하는 것으로 그치지 않고, 우리에게 고문을 합법화하는 것과 같은 종류의 "생각할 수 없는 것을 생각해야 한다"고 부추기고 있다. 다시 말해서 법을 고쳐서 예외적인 상황이 닥치면 법원은 '고문 영장'을 발부할 권한을 가질 수 있도록 해야 한다는 것인데, 이런 주장에 대응하는 것은 보기보다는 그렇게 쉽지 않은 일이다. 첫째, "생각할 수 없는" 고문이라고? 이것은 예전부터 언제 어디서나 있어왔던 것이 아닐까? 둘째, 만일 공리주의적 노선을 따르는 더쇼비츠의 논변을 받아들인다면, 테러 자체의 합법성을 논증하는 것도 가능하게 되는 것이 아닐까? 테러 분자를 고문해서 수많은 무고한 목숨을 살릴 정보를 얻어내야 하는 것이라면, 그와 똑같은 논리에서 테러를 전적으로 묵인하지 못할 이유는 없지 않을까? 만일 훨씬 더 큰 규모의 폭력을 방지할 수 있다면, 적어도 부당한 점령 지역에서 전투를 벌이고 있는 군인이나 경찰 요원에게는 테러가 용인되어야 하는 것이 아닐까? 그래서 우리는 여기서 헤겔이 말하는 즉자(In-itself)와 대자(For-itself)의 대립이 드러나는 훌륭한 사례와 만

---

7) Alan Derschowitz, *Why Terrorism Works*(New Haven: Yale University Press 2002).

난 셈이다. 즉, '대자적으로' 자신의 명시적인 목표들과 관련해서 더쇼비츠는 물론 테러리즘을 맹렬하게 공격하고 있다. 그렇지만 '즉자적으로 혹은 우리에 대해' 그는 테러리즘의 유혹에 말려들고 있다. 왜냐하면 그의 반테러리즘 논변은 이미 테러리즘의 기본 전제를 뒷받침하고 있기 때문이다.

좀 더 일반적으로 말해서 이는 이데올로기적 대의명분(大義名分)에 대한 포스트모더니즘의 경멸에 대해서도 타당한 이야기가 아닐까? 또 이는, 탈이데올로기 시대를 살아가는 우리는 세계를 변혁하기보다는 그 대신 우리 자신과 우리의 내면적 세계 전체를 개조해야 하고, 이를 위해 새로운 형식의 (성적, 정신적, 미학적 등의) 주관적 실천에 힘써야 한다는 생각에 대해서도 타당한 이야기가 아닐까? 하니프 쿠레이쉬(Hanif Kureishi)가 자신의 책 『친밀(*Intimacy*)』에 대한 인터뷰에서 말하고 있는 것처럼, "20년 전만 해도 혁명을 하고 사회를 변혁하려는 것이 정치적이었지만, 이제 정치는 지하실에서 사랑을 나누면서 세계 전체를 재창조하는 두 신체로 내려왔다." 이런 진술과 대면할 때는 옛날의 비판 이론이 던진 교훈을 떠올리지 않을 수 없다. 그 가르침에 따르면, 도구화, 대상화되어버린 '소외된' 공공적 교환의 지배에 맞서기 위해 본래적이고 내밀한 사적(私的) 영역을 강조하다 보면, 사적인 내면성 자체가 총체적으로 대상화되는 '상품화된' 영역으로 뒤바뀌게 된다. 오늘날 사적인 내면성으로 후퇴한다는 것은 최근의 문화 산업이 선전하고 있는 사적 본래성의 공식들을 취한다는 것을 의미한다. 가령 정신적 계몽에서 가르침을 얻고 최신의 문화적 유행이나 그 밖의 다른 유행들을 따라간다는 것을 의미하는가 하면, 조깅이나 보디빌딩에 심취한다는 것을 의미하기까지 하는 것이다. 사적 내면성으로의 후퇴가 담고 있는 최후의 진리는 텔레비전의 쇼 프로그램에 나와서 마음속 깊이 묻어둔 비밀을 공개적으로 고백한다는 데 있다. 이런 종류의 사적 내면성에 맞서기 위해 강조해야 하는 것은, 오늘날 '소외된' 상품화의 속박들을 깨뜨릴 수 있는 유일한 길은 어떤 새로운 공동체의 가능성을 열어놓는 데 있다는 점이다. 이 시대는 그 어떤 시대보다 마르그리트 뒤라스(Marguerite

Duras)의 소설들이 던지는 교훈을 실감할 수 있는 시대다. 그 교훈에 따르면, 진하고 돈독한 **인격적**(성적) 관계를 유지하는 길 — **유일한** 길 — 은 한 쌍의 연인이 서로의 눈을 들여다보면서 주변의 세계를 잊는 데 있는 것이 아니라, 오히려 서로 손을 잡고 함께 바깥으로 눈을 돌려 어떤 제3의 지점(두 사람이 함께 싸우고 함께 참여하는 대의(大義))을 바라보는 데 있다.

일반화되고 있는 주체화의 궁극적 귀결은 '객관적 현실'이 사라진다는 데 있는 것이 아니다. 그것은 오히려 우리들의 주체성 자체가 사라지고 시시한 변덕이나 기분으로 전락하는 반면, 사회적 현실은 끄떡없이 계속 잘 돌아간다는 데 있다. 여기서 독재자(Big Brother)가 존재한다는 것을 의심한 윈스턴 스미스(Winston Smith)에게 질문자가 던진 그 유명한 대답("존재하지 않는 것은 바로 당신입니다.")을 부연해서 설명하고 싶은 유혹이 들게 된다. 즉, 이데올로기적 대타자의 존재를 의심하는 포스트모더니즘에 대한 적절한 응답은, 존재하지 않는 것은 바로 주체 자체라는 것이다. 필립 맥그로(Phillip McGraw)의 최신 베스트셀러 『중요한 것은 자아다(*Self Matters*)』는 그 제목부터가 우리 시대의 기본적 태도를 멋지게 요약하고 있는데, 어떻게 "당신의 삶을 안으로부터 창조할 수 있는가"를 가르치는 이 책의 논리적 보완물이 『완전하게 사라지기(*How to Disappear Completely*)』라는 제목의 책이라는 것은 하등 놀라운 일이 아니다. — 이 책은 한 사람이 살아오면서 갖게 된 모든 흔적들을 지워버리고 자기 자신을 전적으로 새롭게 '재발명'하는 방법을 가르치는 입문서다.

여기서 고유한 의미의 선(禪)과 서양적으로 변형된 선의 차이를 지적해야 한다. 원래 선의 위대성은 그것이 '진정한 자아'로의 '내적 여행'으로 환원될 수 없다는 데 있다. 선적 명상의 목적은 이와는 전혀 반대로 자아를 완전히 비우는 데 있으며, 자아라는 것은 없고 발견될 수 있는 '내적 진리'라는 것은 도대체 없다는 것을 받아들이는 데 있는 것이다. 그래서 서양 불교가 결코 받아들일 수 없는 것은, '자아로의 여행'에서 희생되는 마지막 제물이 이 자아 자체라는 점이다. 그리고 이것은 아도르노와 호르크하이머의 『계몽의 변증법』이 던지는 교훈과 똑같은 것이 아닐까? 실증주의의 마지막 희생양은 혼란스러운 형이상학적 기초 개념들이 아니라 오히려 사실들 자체다. 급진적으로 세속화를 추구하고 세속적 삶으로 너무 기울어지면 이 삶 자체가 어떤 핏기 없는 '추상적' 과정으로 변모하게 된다. 또 이런 역설적 전도는 그 어떤 곳보다 사드(Sade)의 작품에서 가장 구체적으로 드러나고 있다. 사드의 작품에서 성욕은 모든 구속에서 벗어나고 최소한의 정신적 초월성의 흔적마저 사라지게 되면 그 자체가 어떤 기계적 동작으로 전환되고 본래적인 감각적 열정을 모두 상실하게 된다. 또 오늘날의 '마지막 인간들', '포스트모던한' 개인들이 빠져든 막다른 골목에서도 이와 유사한 전도를 명확히 식별할 수 있는 것이 아닐까? 그들은 테러 분자처럼 '고귀한' 목표들을 모두 거부하고 생존을 위한 삶에 전력을 기울이지만, 그들의 삶은 갈수록 점점 더 세련되고 인공적으로 자극, 환기되는 조그마한 쾌락들로 둘러싸이고 있다.

오늘날 우리는 시장에서 해로운 속성이 제거된 온갖 상품들을 볼 수 있다. 가령 카페인이 제거된 커피라든지, 지방을 뺀 크림이라든지, 알코올 없는 맥주 등이 그것이다. 이런 목록은 또 계속 이어진다. 가령 가상섹스는 어떤가? 이것은 섹스 없는 섹스에 해당한다. 가상현실이 제공하는 것은 그 자체가 실체가 제거된 현실이고 실재의 핵심적 저항이 죽어버린 현실이다. 카페인 없는 커피가 진짜 커피가 아니면서 진짜 커피와 똑같은 맛과 향기를 내는 것처럼, 가상현실은 현실이 아니면서 현실같이 경험된다.

이것은 쾌락주의적인 '마지막 인간'의 태도가 아닌가? 모든 것이 허용되고, 당신은 모든 것을 즐길 수 있다. 그러나 당신이 즐기는 모든 것은 해로움을 줄 수 있는 알맹이, 실체가 빠진 것이다. (이것이 '혁명 없는 혁명'이라는 '마지막 인간'의 혁명이기도 하다.) 바로 이것이 "만일 신이 존재하지 않는다면 모든 것은 금지된다"는 라캉의 반(反)도스토예프스키적인 금언의 두 가지 변이형 중의 하나가 아닌가? (1) 신은 죽었고, 우리는 모든 것이 허용되는 세상에서 살고 있으며, 당신은 쾌락과 행복을 위해 분투해야 한다. 그러나 행복과 쾌락으로 충만한 삶을 살기 위해 당신은 위험한 과도나 무절제를 피해야 하고, 그래서 실체가 제거되지 않은 것은 모두 금지되어야 한다. (2) 신은 죽었고 초자아가 당신에게 즐기라고 명령한다. 하지만 한정된 향유는 이미 무제약적 향유에 대한 배반이고, 그래서 금지되어야 한다. 영양 섭취의 차원에서 다시 해석하자면, 이것은 사물 자체를 직접 향유하라는 것이 된다. 왜 커피를 가지고 안달하는가? 카페인을 당신의 혈관에 직접 주사하라! 왜 외부 현실에서 오는 감각적 지각과 자극들 때문에 안달하는가? 약물을 먹으면 뇌에 직접 효과가 오는 것을! 그런데 신이 있다면 모든 것은 허용된다. 특히 신을 대신해서 직접 행위하고 신의 의지를 위한 도구의 자격에서 행위한다고 주장하는 사람들에게 모든 것이 허용된다. 신과 직접 이어져 있고 하나가 된다는 것은 분명 '단순히 인간적인' 그 어떤 속박이나 계산들을 무시할 수 있는 정당한 근거가 된다(가령 스탈린주의에서 역사적 필연성의 대타자는 지독한 무자비를 정당화시켜주는 준거점이다).

오늘날의 쾌락주의는 쾌락과 제약을 결합하고 있다. 하지만 이것은 더 이상 옛날부터 내려오는 쾌락과 제약 사이의 '절도(right measure)'라는 개념이 아니라 다만 대립 항들 간의 직접적 일치라는 일종의 유사-헤겔적 개념이다. 즉, 작용과 반작용은 일치해야 하고, 손상을 야기하는 바로 그 사물이 이미 치료를 가져오는 약이어야 한다. 이 점을 말해주는 마지막 사례는 아마 미국에서 구할 수 있는 초콜릿 변비약일 것이다. 이 약에는 "변비입니까? 이 초콜릿을 더 먹어보세요!"라는 역설적 처방이 적혀 있다. 다시 말해서 변비를 일으킨 바로 그 물질을 더 먹어보라는 것이다. 여기서 우리는 바그너의 「파르지팔(Parsifal)」에 나오는 "상처를 냈던 창만이 그 상처를 치료할 수 있다"는 그 유명한 말의 기묘한 이본(異本)을 발견하는 것이 아닐까? 또 진정으로 제약 없는 소비(주로 약물, 자유 성교, 흡연 등의 형태로 추구되는 소비)가 최대의 위험으로 부상하고 있다는 사실은 부정적인 방식으로 이런 관점의 패권을 입증해주고 있는 것이 아닐까? 이런 위험들과 맞서는 싸움은 오늘날의 '생태 정치(biopoltics)'가 목표로 하는 주된 관심의 대상이다. 여기서 필사적으로 추구되고 있는 해법들은 초콜릿 변비약의 역설을 반복하게 될 것이다. 가령 '안전한 성교' 같은 것이 주된 해법으로 옹호되고 있는데, 이 말에 접하면 "콘돔 끼고 섹스를 하는 것은 비옷 입고 샤워하는 것 같지 않아?"라는 오래된 농담의 진가를 알아볼 수 있게 된다. 여기서 설정되는 궁극의 목표는, 카페인 없는 커피와 동일한 연장선상에서 '아편 없는 아편'을 고안해내는 데 있다. 그래서 마리화나가 자유주의자들 사이에서 인기를 끌고 합법화까지 고려되었다는 것은 전혀 놀라운 일이 아니다. 그것은 이미 일종의 '아편 없는 아편'이다.

이 점은 행복의 주제로 이어진다. 사람들은 정확히 언제 행복하다고 말해질 수 있을까? 1970년대 말이나 1980년대의 체코슬로바키아 같은 나라에서 사람들은 실제적으로 행복했다. 행복의 세 가지 근본 조건이 충족되었기 때문이다. (1) 먼저 물질적 수요와 욕구가 기본적으로 해결되었지만, 그렇다고 **너무** 과도하게 충족되지 않았다. 왜냐하면 과도한 소비는 그 자체가 불행을 야기할 수 있기 때문이다. 때때로 일정 기간 시장에서 물자 부족을 겪는 것(2-3일 커피를 구할 수 없고, 그 다음엔 고기를, 그러다가 텔레비전을 구하지 못하는 것)은 좋은 일이다. 물자 부족을 겪는 이 짧은 기간은 사람들이 물건을 마음대로 구할 수 있다는 것이 매우 반갑고 고마운 일임을 상기시켜주는 어떤 예외적 상황의 구실을 했다. 만일 언제 어디서나 물건을 자유롭게 구할 수 있다면, 사람들은 이런 구매 가능성을 자명한 삶의 사실로 여기게 되고, 자신의 행운에 감사하는 마음을 갖지 않는다. 그래서 삶은 특별한 노력이나 충격 없이 어떤 규칙적이고 예상 가능한 방식으로 흘러가고, 개인은 내면으로 후퇴하여 사적인 둥지를 틀게 될 수 있기에 이른다. (2) 그 다음으로 지극히 중요한 특징은, 사안이 꼬일 때마다 모든 책임을 묻고 욕을 해댈 수 있는 대타자(공산당)가 있어서 개인은 실질적으로 아무런 책임 의식을 느끼지 않았다는 데 있다. 가령 일시적으로 어떤 물자가 달리게 된다든지 하다못해 폭풍우가 닥쳐서 커다란 피해를 입었다면, 이는 모두 '그들의' 잘못으로 돌아갔다. (3) 마지막으로, 꿈을 꿀 수 있고 때로는 심지어 방문할 수조차 있는 어떤 다른 장소(소비주의적인 서방 세계)가 있었다. 게다가 이 다른 장소는 너무 멀지도 너무 가깝지도 않은 아주 적당한 거리에 있었다. 하지만 이런 아슬아슬한 균형은 깨지게 되었는데, 그것을 깬 것은 다름 아닌 **욕망**이었다. 욕망은 사람들로 하여금 일정한 선을 넘어서게 만들고 마침내 대다수가 명백히 덜 행복한 체제로 들어서게 만드는 힘이었다.

그래서 알랭 바디우의 표현을 빌리면, 행복은 어떤 진리의 범주가 아니라 오히려 어떤 단순한 존재의 범주에 속하고, 그런 한에서 규정성과 일관성을 결여한 혼란스러운 개념이다. (여기서 미국으로 이민 온 독일 사람이 "행복하세요?"라는 물음에 "예, 예, 매우 행복합니다. 행복하게도 그렇지 못한 것이죠(aber glücklich bin ich nicht…)"라고 대답했다는 일화를 생각해보자.) 그것은 **이교도**의 범주다. 이교도들에 대해 삶의 목적은 행복한 삶을 사는 데 있고("이후 내내 행복하게" 산다는 것은 이미 이교도 사상의 기독교적 변이형에 불과하다), 종교적 경험이나 정치적 활동은 그 자체가 상위 형식의 행복으로 간주된다(아리스토텔레스를 보라). 최근에 달라이 라마(Dalai Lama) 자신이 세계 전역에 행복의 복음을 전파하면서 그토록 커다란 성공을 거두고 있다는 것은 하등 놀라운 일이 아니며, 게다가 다른 곳이 아닌 미국에서, 바로 이 행복(추구)의 마지막 제국에서 가장 커다란 반향을 불러일으키고 있다는 것은 하등 놀라운 일이 아니다. 요컨대 행복은 쾌락 원칙의 범주이고, 그런 행복을 좀먹는 것은 쾌락 원칙의 저편에 대한 고집이다.

엄격한 라캉적인 의미에서 새길 때, '행복'은 자신의 욕망에서 비롯되는 귀결들을 모두 대처하지 못하는 주체의 무능력이나 무방비 상태에 기초한다. 즉, 행복을 위해 지불해야 할 대가는 주체가 자신의 욕망의 비일관성 안에 붙들려 있어야 한다는 것이다. 일상의 삶에서 우리는 정말로[실제로] 욕망하지 않는 대상들을 욕망(한다고 주장)하고, 그래서 궁극적으로 우리에게 일어날 수 있는 최악의 사태는 우리가 '공식적으로' 욕망하던 대상을 실제로 **얻어버리고 마는** 일이 된다. 그래서 행복은 본래부터 위선적이다. 즉, 행복은 우리가 진짜로는 원하지 않는 대상을 꿈꾸는 행복이다.

오늘날 좌파는 명백히 들어줄 수 없는 요구들을 내세워가며 자본주의 체제를 무차별하게 공격하고 있지만(완전 고용 이룩하라! 복지국가 존속! 이민자들에게 모든 권리를!), 이때 벌어지고 있는 것은 기본적으로 어떤 과민성 도발의 게임이자 주인[지배자]으로서는 충족시킬 수 없는 요구를 내세워 그의 무력증을 드러내고자 하는 게임이다. 그렇지만 이런 전략의 문제점은 체제가 그런 요구를 들어줄 수 없다는 데 있을 뿐 아니라 또한 그렇게 요구하는 사람들이 자신들의 요구가 실현되는 것을 **정말로** 원하지 않는다는 데 있다. 가령 이민자들에게 모든 권리를 부여하고 국경을 개방하라고 요구할 때 '급진적인' 학자들은, 이런 요구가 그 즉시 받아들여지자마자 서방의 선진 국가들은 당연히 수백만의 새로운 이민자들로 들끓게 되고, 그 결과 인종 차별적인 노동자 계층의 격렬한 반대 운동이 촉발되어 오히려 학자들의 특권적 입장이 위태롭게 될 수 있음을 알고 있는 것일까? 물론 잘 알고 있지만, 그들은 자신들의 요구가 결코 수용되지 않으리라는 사실에 기대고 있다. 바로 이런 방식으로 그들은 위선적으로 자신들의 특권적인 지위를 계속 향유하면서도 명쾌하고 급진적인 의식을 지켜갈 수 있는 것이다. 지난날 "현실주의자가 되자, 불가능한 것을 요구하자!(Soyons réalistes, demandons l'impossible!)"라는 1968년의 모토는 여기서 어떤 냉소적이고 불길한 새로운 의미를 획득하고, 게다가 아마 이 새로운 의미를 통해 자신의 진리를 드러내고 있다고 해야 할 것이다. 즉, "현실주의자가 되자. 우리 학계의 좌파는 비판적인 모습을 보여주면서도 체제가 제공하는 특권들을 충분히 즐기기를 원한다. 그러니까 불가능한 요구들을 가지고 체제에 마구 대들도록 하자. 우리는 이 요구들이 받아들여지지 않을 것이고, 그래서 실제로는 아무것도 변화되지 않을 것이며, 또 우리는 과거와 똑같이 계속 특권을 유지하리라는 것을 모두 잘 알고 있다!" 만일 누군가가 어떤 대기업이 저지른 회계 비리를 고발한다면, 그는 살인 기도에까지 이를 수 있는 위험을 무릅써야 한다. 반면 누군가가 전(全) 지구적 자본주의와 잡종적인 탈식민주의적 정체성의 출현 사이의 연계성을 주제로 연구 계획을 세워 똑같은 대기업에게 재정 지원을 요청하면, 그는 수십만 달러에 달하는 연구비를 얻기 십상이다.

따라서 행복에 관한 한 급진적 지식에 반대하는 보수주의자들은 전적으로 정당하다. 즉, 지식은 궁극적으로 우리를 불행하게 만드는 것이다. 체스터턴이 이교도의 신앙이나 무종교와 관련하여 그야말로 **도착적인** 행복의 본성을 자세히 설명하여 호응을 얻고 있는 이유도 여기에 있다. 그는 고대의 이교도적 태도가 삶에 대한 발랄한 긍정의 태도인 반면, 기독교는 어두운 죄의식과 체념의 질서를 강제한다는 (잘못된) 통념을 비켜 지나가고 있다. 대단히 우울한 것은 오히려 거꾸로 이교도적 삶의 태도다. 즉, 이교도적 무종교는 즐거운 삶을 설교하고 있을지라도, "삶이 남아 있는 동안 즐겨라. 왜냐하면 마지막엔 언제나 죽음과 쇠퇴만이 남게 되기 때문이다"라는 식으로 가르친다. 기독교의 복음은 이와 반대로 죄의식과 체념이라는 환멸적인 표면 아래에 무한한 기쁨이 있음을 가르치고 있다.

> 기독교의 바깥 테두리는 도덕적 극기(克己)와 전문적 사제(司祭)들이 만드는 단단한 보호막이다. 하지만 그 비인간적인 보호막 안쪽에서 당신은 아이들처럼 춤추고 어른들처럼 술을 마시는 오래된 인간적인 삶을 발견하게 될 것이다. 왜냐하면 기독교는 이교도적 자유를 지켜주는 유일한 틀이기 때문이다.8)

톨킨(J. R. R. Tolkien)의 『반지의 제왕』은 궁극적으로 이런 역설을 입증하고 있는 것이 아닐까? 오로지 신앙심이 깊은 기독교인만이 그토록 눈부신 이교도적인 세계를 상상할 수 있었을 것이고, 그래서 **이교도적 무종교는 기독교의 궁극적인 꿈**임을 재차 확인할 수 있었을 것이다. 이런 관점에서 보면, 최근에 『반지의 제왕』이나 『해리 포터』 시리즈 같은 책이나 영화들이 이교도적인 마술에 커다란 의미를 부여하면서 기독교를 좀먹고 있는 것이 아닐까 걱정하는 보수적인 기독교 비평가들은

---

8) Gilbert Keith Chesterton, *Orthodoxy*, p.164.

논점을 놓치고 있고, 다시 말해서 여기서 피할 수 없는 그 도착적인 결론을 간과하고 있다. "당신은 우울한 슬픔을 대가로 지불하지 않으면서도 이교도적인 즐거운 삶을 꿈꾸고 있는가? 그렇다면 기독교를 선택하시오!" 이것이 바로 그 결론이다.

우리는 이런 역설의 흔적들을 잘 알려진 기독교적 사제(혹은 수녀)상(像)에서까지 식별해낼 수 있다. 여기서 사제는 성적(性的) 지혜의 마지막 담지자로 그려지고 있다. 「사운드 오브 뮤직」의 가장 인상적인 장면으로 평가할 수 있는 대목을 생각해보라. 폰 트랩 대령에게 주었던 성적 매력을 어찌할 수 없어 그의 가족으로부터 도망쳐 나와 다시 수도원으로 돌아온 이후 마리아는 거기서도 마음의 평화를 찾지 못한다. 왜냐하면 그녀 역시 대령을 갈망하고 있기 때문이다. 기억해볼 만한 장면에서 원장 수녀는 그녀를 격려하면서 폰 트랩 집안으로 돌아가 대령과 잘해보라고 충고한다. 이런 충고는 "모든 산을 올라라!"라는 이상야릇한 노래에 실리는데, 이 노래의 주제는 놀랍게도 "해봐! 위험을 무릅쓰고 너의 가슴이 원하는 모든 것을 찾아봐! 별것 아닌 걱정으로 주저하지 마!"다. 이 장면이 지닌 섬뜩한 힘은 기대치 못한 상황에서 욕망의 스펙터클을 펼치면서 문자 그대로 당혹스러운 장면으로 변해버리는 데 있다. 극기와 단념을 설교하리라 예상되던 바로 그 인물이 욕망에 충실하라고 가르치는 교사로 변하는 것이다. 「사운드 오브 뮤직」이 (아직 사회주의 시절이었던) 유고슬라비아에서 상영될 때 바로 이 장면 — 3분간의 이 노래 — 이 검열로 잘려나간 유일한 대목이었음은 의미심장한 일이다. 그 익명의 사회주의 검열관은 이로써 기독교 이데올로기의 진정한 위험성을 식별해낸 예민한 감식력을 과시한 셈이다. 즉, 기독교는 희생의 종교도 아니고 (정념적 삶에 대한 이교도적인 긍정과 대비되는) 세속적 쾌락에 대한 단념을 가르치는 종교가 아니다. 기독교는 오히려 거꾸로 **대가를 지불하지 않으면서도** 욕망에 마음껏 탐닉하는 어떤 우회적인 전략이자 날이 저물 때 우리를 기다리는 파멸과 쇠퇴의 고통에 대한 두려움 없이 인생을 즐기는 우회의 전략이다.

이런 방향에서 생각을 끝까지 밀고 나간다면, 기독교적 희생의 궁극적 기능도 바로 여기에 있다고 말할 수 있다. ― 너는 욕망에 탐닉하여 마음껏 즐길 수 있다, 그에 대한 대가는 내가 모두 짊어질 테니! 그래서 젊은 여신도가 성모 마리아에게 바치는 이상적인 기도에 대한 농담은 진리를 담고 있다. "죄를 범하지 않으면서 잉태하신 성모 마리아여, 저는 잉태하지 않으면서도 죄를 범할 수 있게 해주시옵소서!" 기독교의 이런 도착적인 기능 방식에서 볼 때, 종교는 죗값을 치르지 않고도 인생을 즐길 수 있게 해주는 어떤 보호막이라 할 수 있다.

물론 대가를 지불할 필요가 없다는 인상은 오해를 살 만하다. 즉, 우리가 실제로 치르는 대가는 욕망 자체이고, 다시 말해서 이 도착적인 주문에 굴복하면서 우리는 욕망을 양보하거나 훼손하게 된다. 우리가 모두 잘 알고 있는 것처럼, 오랜 기간 동안의 긴장이나 절제가 있은 후에 "저지르자"를 외칠 수 있고 마침내 그때까지 금지된 쾌락에 탐닉할 수 있게 될 때는 엄청난 안도감을 느끼기 마련이다. 드디어 '원하던 것을 할 수 있을 때' 갖게 되는 이런 안도감은 아마 타협을 위해 욕망을 (실현하는 것이 아니라 오히려) 양보하는 가장 좋은 모델일 것이다. 다시 말해서 라캉에게서 욕망의 신분은 본성상 윤리적이다. 즉, "욕망을 양보하지 말라"는 마침내 "너의 의무를 다하라"와 동일한 것이 된다. 또 이것이 도착적으로 변형된 기독교가 우리를 부추기는 점이다. "너의 욕망을 배반하라. 본질적인 것에 관해서, 실질적으로 중요한 것에 관해서 양보하라. 그러면 가슴속 깊이 꿈꿔왔던 자잘한 쾌락들을 모두 맛볼 수 있다!" 오늘날에는 이렇게도 말할 수 있을 것이다. "결혼을 포기하고 사제가 되어라. 그러면 네가 원하는 꼬마들을 모두 가질 수 있을 것이다…" 여기서 근본적인 구조는 '조건적인 향유'의 구조(너는 어떤 '비합리적인' 우연한 예외나 금지를 조건으로 '그것을' 가질 수 있다)라기보다는 오히려 차라리 거짓된 희생의 구조다. 다시 말해서 대타자를 기만하고 대타자 몰래 '그것을' 슬쩍 취하기 위해 그것을 가지지 않고 단념하겠다고 주장하는 구조인 것이다.

자노 슈와르크(Jeannot Szwarc)의 「수수께끼(Enigma)」(1981)에서 예를 빌려와보자. 이 영화는 존 르 카레(John Le Carre) 식의 예술성이 가

미된, 냉전시대 첩보 스릴러물의 전형을 보여주는데, 이 이야기의 주인 공은 동독의 반체제 기자였다가 서방 세계로 이주한 후 CIA에 의해 스파이로 발탁되어 다시 동독으로 파견된다. 그에게 맡겨진 임무는 KGB 사령부와 전초 부대들 사이의 모든 통신을 읽어낼 수 있는 주파수대 변환(방지)용 컴퓨터 칩을 입수하는 것이다. 그렇지만 이 스파이에게 이상 기류의 조짐이 조금씩 나타나기 시작한다. 동독인들과 러시아인들이 자신의 임무 수행과 관련된 정보를 이미 입수했다는 낌새가 나타나는 것이다. 도대체 어찌 된 일인가? 공산주의자들이 CIA 사령부에 스파이를 두고 있어서 이 비밀 작전의 정보를 빼돌린 것일까? 영화의 막바지에 이르러 알 수 있는 것처럼, 해답은 훨씬 더 교묘하다. 즉, CIA는 이미 그 칩을 확보했고, 그렇지만 불행히도 러시아인들이 이 사실을 의심하여 간간이 이 컴퓨터 통신망을 이용한 비밀 통신을 중단했다. CIA가 의도한 비밀 작전의 진정한 목적은 러시아인들로 하여금 미국인들이 이 칩을 소유하고 있지 않다고 확신하도록 만드는 데 있다. 그 칩을 위한 요원을 파견하고, 동시에 러시아인들로 하여금 그 칩을 입수하려는 작전이 펼쳐지고 있음을 알게 하려는 엄청난 노력이 뒤따르는 것이다. 물론 CIA는 러시아인들이 그 요원을 체포하리라는 사실을 염두에 두고 있다. 그래서 그런 계산의 마지막 결과는, 러시아인들이 그 비밀 작전을 성공적으로 예방하여 미국인들이 칩을 가지고 있지 않다고 확신하고, 따라서 그 통신 노선을 계속 이용해도 무방하다고 굳게 믿게 된다는 것이다.

이 이야기의 비극적 측면은 물론 그 임무 수행의 실패가 미리 계산되고 있다는 점에 있다. CIA는 그 작전이 실패하기를 원하고, 다시 말해서 그 불쌍한 반체제 요원은 적군에게 아군이 자기편의 비밀을 소유하지 않았다는 확신을 심어준다는 상위의 목표를 위해 미리 희생되는 것이다. 여기서 전략은 자신이 찾고 있는 것을 이미 소유하지 않고 있다는 확신을 대타자(적)에게 심어주기 위해 어떤 수색 작전을 펼치는 데 있다. 요컨대 어떤 결여, 어떤 필요를 가장하여 대타자를 속이고 아갈마 (agalma) ─ 대타자의 가장 내밀한 비밀 ─ 를 이미 차지하고 있다는 사실을 감추려는 목적을 달성하는 것이다.

이런 구조는 욕망을 구성하는 상징적 거세의 기본적 역설과 모종의 관계를 맺고 있는 것이 아닐까? 이 역설적 구조 안에서 대상은 먼저 상실되어야 하고, 그런 조건에서만 법에 의해 규제되는 욕망의 전도된 사다리에서 되찾을 수 있다. 상징적 거세는 보통 결코 소유해본 적이 없는 어떤 것의 상실로 정의된다. 다시 말해서 욕망의 대상-원인은 바로 상실과 철회의 제스처를 통해 비로소 출현하는 어떤 대상이다. 그렇지만 「수수께끼」의 경우 우리가 마주치는 것은 상실-가장(假裝)의 구조라기보다 그 가장의 역(逆)구조다. 상징적 법의 대타자가 향락(jouissance)을 금지하는 한에서 주체가 즐길 수 있는 유일한 길은 자신이 향락을 주는 대상을 결여하고 있는 척 위장하는 것이고, 다시 말해서 그 대상을 필사적으로 찾고 있는 듯한 장면을 연출함으로써 그 대상의 소유를 대타자의 시선 앞에 감추는 것이다.

이 점은 또한 희생의 주제에도 새로운 빛을 던져준다. 즉, 희생은 대타자로부터 무엇인가를 얻어내기 위해 치르는 것이 아니라 다만 대타자를 속이기 위해 치르는 것이고, 대타자로 하여금 아직 무엇인가 빠져 있고, 다시 말해서 향락이 모자란다고 확신하도록 만들기 위해 치르는 것이다. 강박 신경증 환자들이 반복적으로 발작적인 희생 제의(祭儀)를 치르려는 충동을 경험하는 이유는 바로 여기에 있다. 그것은 곧 대타자의 눈앞에서 자신들의 향락을 부인하기 위해서다. 또 이 점은 이와는 다른 수준에서 이른바 '여성의 희생'에 대해서도, 즉 남편이나 가족을 위해 그늘에 숨어 자기 자신을 희생하는 역할을 떠맡는 여자에 대해서도 똑같이 적용되는 것이 아닐까? 이런 희생도 역시 대타자를 속이는 구실을 한다는 의미에서 거짓된 것이 아닐까? 그 희생을 통해 대타자로 하여금 그 여자가 실제로 무엇인가 결여된 것을 얻고자 필사적으로 노력하고 있다고 확신하게 만든다는 의미에서 거짓된 것이 아닐까? 정확히 이런 의미에서 희생과 거세는 서로 대립하는 위치에 두어야 한다. 즉, 희생은 거세의 자발적 수용을 포함하는 것이 아니라 오히려 반대로 거세를 부인하는 가장 세련된 방식이고, 다시 말해서 우리 자신을 값진 사랑의 대상으로 만들어줄 숨겨진 보물을 실제로 소유하고 있지 않는 듯 행동하는 가장 세련된 방식이다.

이런 역설들이 던지는 주된 교훈은, 대타자를 '믿는다고 가정된 주체'로 변형시키는 가운데 우리가 감당할 수 없는 천진난만한 믿음을 그 대타자에게 돌리지 않도록 유의해야 한다는 것이다. 심지어 최상의 확실성을 지닌 경우 — 자살 테러와 관련된 악명 높은 '이슬람 근본주의자들'의 경우 — 조차, 보기보다는 그렇게 쉽게 단정 지을 수 없다. 과연 그들이 적어도 사후에는 하늘나라에서 70명의 처녀들을 부리는 주인으로 깨어나리라고 '실제로 **믿어야**' 한다는 것이 그렇게 자명한 것일까? (어느 자살 테러 분자가 자살 공작에 나서기 전에 자신의 몸에 향수를 뿌렸는데, 이것이 그 처녀들에게 멋진 냄새를 풍기기 위함이었다는 이야기를 기억하자.) 오히려 그들은 자신들의 신앙을 지독하게 못미더워하고 이런 회의의 난관을 빠져나가기 위한 수단으로 자살 행위를 이용한다면? 그래서 그들이 "내가 정말[실제로] 믿는 것인지는 나도 모르겠지만, 대의를 위해 목숨을 바침으로써 나의 믿음을 행동으로 입증할 것이다"라고 말하고 있는 것이라면? 이와 마찬가지로 골수 스탈린주의 작가이자 소련 작가동맹 의장이었던 알렉산드르 파데예프(Alexander Fadeyev)가 제20차 공산당대회에서 흐루시초프의 비밀 보고를 듣고 권총으로 자살했을 때, 그를 두고 '정직한 믿음의 소유자'임이 틀림없다고 단정하지 말아야 한다. 모든 정황을 따져보면, 그는 체제 상층부의 부패를 충분히 알고 있었던 것 같다. 그가 믿었던 것은 대타자이고, 다시 말해서 사회주의적인 새로운 인간의 공적(公的) 외양(外樣) 등이었다. 따라서 그가 자살한 것은 흐루시초프의 보고서에서 어떤 새로운 사실을 알게 되었기 때문이 아니다. 풍비박산 난 것은 결코 그 어떤 그의 착각이나 가상이 아니었다. 그것은 오히려 **이데올로기적 착각 자체의 '수행적인 힘'에 대한 믿음**이었다.

그래서 파데예프의 자살은 1945년 초에 일어난 어느 독일 시장의 자살과 비교해볼 만하다. 그는 마을을 점령한 미군에 의해 강제로 근처의 포로수용소를 방문했다가 집으로 돌아오자마자 스스로 목숨을 끊었다. 이는 그가 자신이 충성을 바친 정권의 실상을 알지 못하다가 그 진상을 보자 견딜 수 없었기 때문에 죽음을 선택한 것이 아니었다. 오히려 반대로 그는 다소간 **모든 것을 알고 있었고**, 몰랐던 것은 오히려 **대타자**, 사회적 외양들의 질서였다. 그렇기 때문에 그의 자살은 궁극적인 위선(僞善)의 행위였고, 자신이 알지 못하는 **척하는** 행위였다. 그는 자신의 목숨을 끊어서 자신의 정직한 무지(無知)의 외양을 지켜내고자 했다. (스탈린은 자살을 결국 비겁한 짓이라고 비난했고 당을 배반하는 짓으로 규정했는데, 적어도 이 경우들에 비추어보면 그의 말이 거의 옳은 듯하다.)

이보다 훨씬 유명한 '정직한 나치'도 똑같은 경우에 해당한다. 그는 동독의 조그만 마을의 시장이었는데, 1945년 2월에 러시아군이 진격해 오자 가장 좋은 옷을 골라 입고 온갖 메달을 걸치고 나와 대로를 한가로이 거닐다가 러시아군에 의해 피살되었다. 대다수 사람들이 자신의 나치 경력의 흔적들을 재빨리 지워버리고자 했던 것과는 무척 대조를 이루는 것인데, 이런 제스처 — 나치의 패망 시점에 나치에 대한 충성을 드러내놓고 증명하는 제스처 — 는 정말 그토록 고귀한 것일까? 그 시장이 긍지를 지닐 수 있었던 배경은 무엇일까? 그는 자신이 도대체 어떤 나라에서 살고 있는지 몰랐던 것일까? 그것이 아니라면, 따라서 그의 제스처는 또한 — 가능한 가장 나은 경우 — 최악의 범죄들과 긴밀하게 타협했던 일생에 일종의 고결함을 부여하려는 필사적이고 위선적인 시도가 아닐까?

그렇다면 과거에는 사람들이 직접적으로 '실제로 믿었던' 시절이 있었을까? 로베르트 팔러(Robert Pfaller)가 그의 『타인의 착각들』9)에서 입증하고 있는 것처럼, 주관적으로 전적인 신뢰감을 주는 어떤 진리에 대한 직접적 믿음("나는 여기 서 있다!")은 근대적 현상이고, 이와는 대조적으로 전통적 믿음은 예절이나 의식(儀式) 같은 '거리를 둔 믿음'이

---

9) Robert Pfaller, *Illusionen der Anderen*(Frankfurt a. M.: Suhrkamp, 2002) 참조.

었다. 탈근대사회는 직접적으로 믿는 것이 아니라 오히려 거리를 두고 믿는다. 그리고 이른바 '원시적인' 신화에 대한 계몽기 비판의 오해도 바로 여기에 있다. 비판자들은 먼저 어떤 종족이 물고기나 새에서 유래했다는 생각을 곧이곧대로 직접적인 믿음으로 간주하고, 그 다음에 이런 생각을 바보 같고 '물신적'이며 순진한 믿음으로 낙인찍어버린다. 이로써 그들은 '원시화된' 타자의 믿음에 자신들의 생각을 강제로 덧씌워 놓는 셈이다. (이는 또한 워튼(E. Warton)의 『순수의 시대(*The Age of Innocence*)』의 역설이 아닐까? 뉴랜드의 부인은 남편의 정절을 믿는 '순진한(innocent)' 여자가 아니었다. 그녀는 올렌스카 백작부인에 대한 남편의 열정적인 사랑을 잘 알고 있었다. 다만 이 사실을 예의를 차려 모르는 척했고, 그의 정절에 대한 믿음을 연출했다.) 팔러가 제대로 강조하고 있는 것처럼, 오늘날 우리는 그 어느 때보다 훨씬 더 믿는다.

가령 지극히 회의적인 태도인 해체론적 태도는 어떤 '정말[실제로] 믿는' 모습의 타자에 의존하고 있다. 포스트모던한 사상이 반어적 거리 내기의 기법들(인용 부호 등)을 끊임없이 사용해야 할 필요성을 보건대, 그 배후에는 이런 기법들이 없다면 믿음은 직접적이고 비-매개적이게 된다는 두려움이 깔려 있음을 쉽게 알 수 있다. 말하자면 만일 내가 반어적으로 "시인이 그렇게 표현한 것처럼 나는 당신을 사랑해"라고 말하는 대신 그냥 "나는 당신을 사랑해"라고 말한다면, 이는 내가 당신을 사랑한다는 어떤 직접적으로 확신하는 믿음을 수반하는 것이고, 다시 말해서 직설적인 진술 "나는 당신을 사랑해" 안에는 어떤 거리가 이미 효력을 미치지 못하고 있다는 것이다.

또 오늘날 '문화'에 대한 언급이 중요성을 더해가는 것도, '문화'가 삶의 세계의 중심 범주로 떠오르는 것도 아마 모두 여기에 그 이유를 두고 있을 것이다. 가령 종교와 관련하여 우리는 오늘날 더 이상 '실제로 믿지' 않는다. 우리는 단지 (몇몇의) 종교적 의식들을 따를 뿐이고, 게다가 우리가 속한 공동체의 '라이프 스타일'에 대한 존중의 일환으로 따를 뿐이다(신앙심이 없으면서도 '전통의 중시에서' 정결한 음식을 먹는 관례를 따르는 유대인들의 경우 등). "나는 그것을 정말[실제로] 믿는 것이 아니다, 그것은 단지 내 문화의 일부다"는 정말로 우리 시대의 부인(否認), 전치(轉置)된 믿음의 특성을 보여주는 지배적 양식인 것처럼 보인다. 문화적 라이프 스타일이란 것은, 비록 우리가 산타클로스의 존재를 믿지 않을지라도 매년 12월만 되면 집집마다, 심지어 모든 공공적인 장소에까지 크리스마스트리가 장식된다는 사실 말고 또 무엇으로 설명할 수 있을까? 그래서 '실제로 참된' 종교, 예술 등등과 구별되는 '비-근본주의적' '문화' 개념은 그 핵심에서 볼 때 부인되고 비인격화된 믿음들에 대한 이름이기 십상이다. — '문화'는 우리가 정말로[실제로] 존재한다고 믿지 않고 '심각하게 받아들이지' 않으면서도 준수하는 모든 것들에 대한 이름일 것이다. 또한 바로 이런 이유 때문에 과학은 이런 문화 개념의 일부가 되지 못하는 것이 아닐까? 과학은 너무도 실제적이고 사실적인 것이기 때문이 아닐까? 또 이와 똑같은 이유 때문에 우리는 근본주의적 신앙인들을 '야만인'으로, 반문화적 인물이자 문화에 대한 위협으로 외면해버리는 것이 아닐까? 그들이 뱃심 좋게 자신들의 신념을 **심각하게 받아들이고** 있기 때문이 아닐까? 우리는 오늘날 자신의 문화를 직접적으로 실현하는 사람들, 자신의 문화에 거리를 두지 못하는 사람들을 궁극적으로 문화에 대한 위협으로 생각한다. 2년 전 아프가니스탄의 탈레반 정권이 바미안(Bamiyan)에 있는 고대 불상들을 파괴했을 때의 격분을 생각해보라. 계몽화된 서구인들은 그 누구도 부처의 신성성(神聖性)을 믿지 않음에도 불구하고 그토록 격분했던 것인데, 이는 탈레반의 이슬람주의자들이 자신들의 조국은 물론 인류 전체의 '문화적 유산'에 대해 그에 합당한 존경심을 보여주지 않았다는 것 때문이었다. 그들은 모든 문화인들처럼 자신들의 고유한 종교를 타자를 통해 거리를 두고 믿는 것이 아니라 정말로 진지하게 믿었던 것이고, 그래서 다른 종교의 유적들이 지닌 문화적 가치에 대해 아무런 진지한 감수성을 전혀 갖지 못했다. 그들에게 그 불상들은 '문화적 보물'이 아니라 헛된 우상들에 불과했던 것이다.

김상환 옮김

유전공학에서 정신분석학으로

'유전공학의 윤리적 결과'에 관한 오늘날의 토론에서 잘못된 것은 그것이 독일 사람들이 빈덴슈트리히-윤리(Bindenstrich-Ethik), 즉 하이픈-윤리라고 부르는 것으로 급속하게 변하고 있다는 사실이다. '기술-윤리', '환경-윤리' 같은 식으로 말이다. 이러한 윤리는 나름의 역할, 즉 데카르트가 『방법서설』 도입부에서 언급하는 [다음과 같은] '잠정적 윤리'의 역할과 유사한 역할을 하고 있다. 즉, 우리가 위험과 파괴적인 새로운 통찰력으로 가득 차 있는 새로운 길을 갈 때, 우리는 우리의 일상적 삶을 위한 실제적 지침으로서 오래된, 확립된 규칙들에 매달릴 필요가 있다. 비록 새로운 통찰력은 우리로 하여금 우리의 전체적인 윤리적 건축물을 위한 신선한 기반을 제시하도록 강요한다는 것을 우리가 알고 있음에도 불구하고 말이다. (데카르트의 경우 이러한 새로운 근거는 칸트에 의해 주체적 자율성의 윤리로서 제공되었다.) 오늘날 우리는 똑같은 곤경에 처해 있다. '잠정적 윤리'가 출현하고 있는 새로운 것에 대한 완전한 성찰의 필요성을 대신할 수 없는 상황에 놓여 있다는 것이다.

간단히 말하면, 여기에서, 즉 하이픈-윤리에서 우리가 잃어버리는 것은 윤리 그 자체다. 문제는 보편적 윤리가 특수한 주체들로 해소된다는 것이 아니라, 정확히 그 반대로 특수한 과학적 진전들이 직접적으로 오랜 휴머니즘적 '가치'와 대결한다는 것이다. (예를 들면 유전공학이 존엄과 자율성에 관한 우리의 감각에 어떻게 영향을 미치는가 하는 것이다.) 그렇다면 우리는 다음과 같은 선택지에 직면한다. 우리는 전형적으로 포스트모던적인 과묵한 자세를 취하거나(끝까지 가지는 말자. 과학적 사물(Thing)에 대해 적당한 거리를 취하자. 이 사물이 모든 우리의 도덕적 인간적 개념들을 파괴하는 블랙홀로 우리를 이끌어가지 않도록 하기 위해서 말이다) 혹은 용감하게 부정성과 함께 머물러야 할 것이다. 즉, '우리의 정신은 게놈이다'라는 판단이 또한 무한 판단으로서 기능한다는 도박과 더불어, 과학적 현대성(scientific modernity)의 결과들을 전적으로 용감하게 받아들여야 한다는 것이다.

유전공학에서의 주요한 결과는 자연의 종말이다. 우리가 그것[자연]의 구성의 규칙들을 알게 되자마자 자연적 유기체는 조작 가능한 대상들로 변화한다. 그리하여 인간적, 비인간적 자연은 '탈실체화(desubstantialized)'하며, 자신의 침투 불가능한 밀도를, 하이데거가 '땅(earth)'이라고 부른 것을 박탈당한다. 따라서 인간의 심리 그 자체를 기술적인 조작의 대상으로 환원시킴으로써 유전공학은 하이데거가 현대 기술에 내재하고 있는 '위험'으로 감지한 것을 실제적으로 현실화시키고 있는 것이다. 여기에서 중요한 것은 인간과 자연의 상호 의존이다. 속성을 조작할 수 있는 하나의 다른 자연적 대상으로 인간을 환원시킴으로써 우리가 상실하는 것은 단지 인간성(humanity)만이 아니라 **자연 그 자체**다. 이러한 의미에서 프랜시스 후쿠야마(Francis Fukuyama)는 옳다. 즉, 인간성 그 자체는, 우리가 단지 우리에게 주어진 것으로서의 '인간적 자연'이라는 개념, 즉 우리가 그[침투 불가능한 차원] 속으로 태어난/던져진 우리 자신 속의/자신의(in/of ourselves) 침투 불가능한 차원이라는 개념에 의존하고 있다. 그러므로 역설적인 것은 비인간적인 침투 불가능한 자연(하이데거의 '땅')이 있는 한에서만 인간도 있다는 사실이다.

그렇다면 우리는 이러한 위협에 어떻게 반응하는가? 잘 알려진 헌팅턴병(Huntington's Disease) 사례를 상기해보자. 그 병에 직접 책임이 있는 유전자가 있으며, 우리 모두는 우리가 헌팅턴병에 걸릴 것인지의 여부뿐만 아니라, [만약 병에 걸리게 된다면] 언제 걸릴지 정확히 알 수 있다. 그것은 유전자의 전사(transcription) 오류, 즉 이 유전자의 중앙에 있는 '단어'인 캑(CAG)의 더듬거리는 반복에 달려 있다. 광기가 나타나게 될 나이는 정확히, 그리고 오차 없이 이 유전자의 한 곳에 있는 캑의 반복 횟수에 달려 있다. (만약 40회의 반복이 있으면 당신에게 59세에 최초로 증상이 나타날 것이며, 41회의 반복이 있으면 54세에, 50회의 반복이 있으면 27세에….) 안락한 생활, 육체적 건강, 최고의 약품, 건강 음식 그리고 가족의 사랑과 지지도 이것에 대해 아무것도 할 수가 없다. "그것은 환경의 변화에 의해서 감소될 수 없는 순수한 숙명이다."1) 아직 치료책은 없다. 우리는 그것에 대해 아무것도 할 수 없다. 그렇다면, 우리가 검사를 받고 만일 병증 소유자라는 진단을 받는다면 언제 우리가 미쳐서 죽게 될지 정확히 말해주는 지식을 얻을 수 있다는 사실을 우리가 알게 될 때 우리는 어떻게 할 것인가? '환상을 가로지르기(traversing the fantasy)'[의 상황] 그리고 우리의 삶을 결정하는 우연성이라는 전적으로 무의미한 실재와의 대면의 상황에 대한 예로서 [헌팅턴병보다] 더 명백한 상황을 우리가 상상할 수 있을까? (이 유전자를 판독한 과학자들을 포함해) 대부분의 사람들은 무지를 택할 것이라는 것은 놀랄 만한 일이 아니다. 이 무지는 단순히 부정적인 것이 아니다. 왜냐하면 무지라는 빈 곳(void)이 환상을 위한 공간을 열기 때문이다. 더욱이 게놈에 대한 접근에 의해 열린 유전공학적 개입의 전망과 더불어 종(species)은 **자신을**, 자신의 좌표를 변화/재정의한다는 사실은 유한한 종의 제약으로부터, '이기적인 유전자'에의 예속으로부터 인류를 효과적으로 해방한다. 그러나 이러한 해방은 대가를 치러야 한다. 마르부르크에서의 한 대담에서 하버마스는 인간에 대한 유전공학적 조작에 대한 자신의 경고를 반복했다.

인간의 유전자적 유산(inheritance)에 대한 개입으로써 자연에 대한 지배는 자신에 대해 통제하는 행위로 역전한다. 이는 우리의 일반적인, 윤

---

1) Matt Ridley, *Genome*(New York: Perenial, 2000), p.64.

리적인 자기 이해를 변화시키며, 자율적인 생활 방식을 위한 조건들과 도덕에 대한 보편적 이해를 교란할 수 있다.2)

하버마스는 여기에서 두 개의 위험이 숨어 있다고 본다. 첫째, 그러한 개입은 우리가 만든 것과 저절로 성장한 것 사이의 경계를 흐리게 하고, 이를 통해 개인의 자의식에 영향을 미친다. 자신의 '저절로 생긴'(가령 공격적인 혹은 평화적인) 성향이 자신의 유전자 코드에 대한 타인의 의도적인 개입의 결과로 생겨났다는 것을 알게 된 사춘기 소년은 이 사실에 대해 어떻게 반응할 것인가? 이것은 인간으로서의 자신의 정체성의 핵심을, 달리 말하면 우리는 **(자기) 개발**(Bildung), 즉 우리의 자연적 성향들을 형성/교육하는 고통스러운 투쟁을 통해 우리의 도덕적 정체성을 발전시킨다는 관념을 파괴하지 않겠는가? 결국 직접적인 유전공학적 개입의 전망은 교육의 필요성 그 자체를 무의미한 것으로 만든다. 둘째, 주체들 간의 관계의 차원에서 말하자면, 그러한 유전공학적 개입은 '저절로' 인간이 된 사람들과 인위적으로 조작된 성격을 가지고 있는 사람들 사이에 비대칭적 관계를 낳는다. 몇몇 사람들은 다른 사람들의 창조자라는 특권의 소유자로 등장할 것이다. 이는 우리의 성적 정체성에 근본적으로 영향을 미친다. 여기에서 부모들이 자녀들의 성을 선택할 수 있는 가능성만이 아니라 성전환 수술의 지위가 쟁점이 될 것이다. 지금까지는 우리의 생물학적 성 정체성과 심리적 성 정체성 사이의 간극을 상기시킴으로써 성전환 수술을 정당화할 수 있었다. 어떤 생물학적 남자가 자신을 남자의 육체에 갇힌 여자로 경험한다면, 왜 그/그녀는 자신의 생물학적 성을 변화시키고 이를 통해 자신의 성적, 감정적 생활에 균형을 도입해서는 안 된다는 말인가? 하지만 유전공학적 조작의 전망은 심리적 정체성 그 자체를 조작할 수 있는, 훨씬 더 극단적인 가능성을 열어준다.

비록 이러한 논변은 간단하면서도 흠잡을 데 없지만, 여기에는 한 가

---

2) Thorsten Jantscheck, "Ein ausgezehrter Hase", *Die Zeit*(July 5, 2001), p.26에서 재인용.

지 커다란 문제가 있다. 유전공학적 개입의 가능성 그 자체가 '자연적' 존재라는 우리의 자기 이해를 사후적으로 변화시키지는 않는가? 이제 우리는 우리의 '자연적' 성향 그 자체를, 단지 직접적으로(immediately) 주어진 것으로서가 아니라 '매개된(mediated)' 어떤 것으로, 원칙적으로 조작 가능한 (그리하여 단순히 우연적인) 어떤 것으로 경험한다는 의미에서 말이다. 여기에서 요점은 이전의 순진한 직접성으로 다시 돌아갈 수 없다는 것이다. 우리의 자연적 성향이 유전자의 맹목적인 우연성에 의존하고 있다는 것을 우리가 일단 **알게** 되면, 이러한 성향에 완고하게 집착하는 것은 현대적 우주의 오랜 '유기체적' 풍속에 집착하는 것만큼이나 허구적이다. 그렇다면 하버마스가 말하는 것은 근본적으로 다음과 같다. 비록 우리는 우리의 성향들이 무의미한 유전자적 우연성에 의존하고 있다는 것을 알고 있지만, 존엄성과 자율성을 유지하기 위해 마치 이것이 사실이 아닌 것처럼 생각하고 행동하자. 여기에서 역설적인 것은, 자율성은 우리를 결정하는 맹목적인 자연적 우연성으로의 접근을 금지함으로써만, 즉 궁극적으로 과학적 개입의 자율성과 자유를 **제한함**으로써만 유지될 수 있다는 것이다. (비록 근본적인 차원에서 자율성은 우연성과 연결되어 있다는 것이 사실이기는 하더라도 말이다. 내가 정확히 언제 죽을지 안다는 것에는 우리를 비참하게 만드는 무엇인가가 있다. 과거 1950년대로 돌아가자. 미국에 한 사형수가 있었다. 그는 자기가 사용할 수 있는 몇 안 되는 재료들(침대의 금속관, 놀이 카드의 색깔로부터 나온 화학물질 등)을 가지고 총을 만들었고 매일 밤 그는 그 총으로 자신의 머리를 겨누었다. 사형수는 정확히 언제 그 총이 발사되어 자신을 죽게 될지 알지 못하도록 그 총을 고안했다. 만약 총이 발사된다면 사형수는 갑자기 그리고 자기 손으로 죽는 것이다. 그런 식으로 그는 자신의 자율성의 최소치를 주장한 것이다.) 이것은, 우리가 도덕적 존엄성을 유지하려고 한다면 어떤 것들에 대해서는 알지 못하는 편이 더 낫다고 주장하는 오랜 보수적인 논변에 대한 새로운 판본이 아닌가? 여기에서 우리는 하버마스의 논리를 다시 발견한다. 과학의 결과들은 우리의 자율성과 자유(라는 지배적인 관념)를 위협하기 때문에 우리는 과학을 제한해야 한다. 이러한 해결책을 위해 우리가 치러야 하는 대가는 과학과 윤리 사이의 물신주의적 분열이다. ("나는 과학이 주장하는 바를 잘 알고 있다. 그러나 그럼에도 불구하고 나의 자율성(의 외양)을 유지하기 위해 나는 그것을 무시하고 마치 내가 그것을 알지 못하는 것처럼 행동하기를 선택한다.") 이것은 우리로 하여금 다음과 같은 진정한 질문에 직면하는 것을 막는다. **어떻게 이러한 새로운 조건들은 우리로 하여금 자유, 자율성 그리고 윤리적 책임성이라는 개념 그 자체를 변형시키고 재창조해야 하도록 강제하는가?**

하지만 가톨릭 신자들이 제기할 수 있는 반론은 타당한가? 그들에 따르면 진정한 위험은 비영적인 실체들로 우리가 철저히 환원된다는 것이 아니라, 유전공학에서 **우리들, 인간들은 우리 자신들 그 자체를 위협한다**는 것이다. 달리 말하면 요점은 우리가 불사의 영혼을 갖고 있느냐 아니냐가 아니라 ─ 물론 우리는 그것을 가지고 있다! ─ 유전공학에 종사함으로써 우리는 [영혼의] 이러한 지위에 대한 앎을 상실하고 우리 자신을 마치 단지 생물학적 유기체인 것처럼 다룬다는 것이다. 하지만 이러한 논변은 문제를 전치시킬 뿐이다. 만약 그것이 사실이라면 가톨릭 신자들은 오히려 유전공학적 조작에 완전히 몰두하는 이상적인 주체가 될수도 있지 않겠는가? 왜냐하면 그들은 자신들이 인간 존재의 물질적 측면만 다루고 있지, 인간의 영적 중심을 다루고 있지 않다는 것을 확실히 알고 있으니 말이다. 요약하면, 그들은 그들이 하고 싶은 것을 무엇이든지 할 수 있다. 왜냐하면 인간의 영혼, 초월적인 영적 차원에 대한 그들의 믿음이 그들이 인간을 과학적 조작의 대상으로 환원시키는 것을 막아줄 것이기 때문이다. 그리하여 우리의 복수심을 가진 질문이 되돌아온다. 만약 인간이 불사의 영혼 혹은 자율적인 영적 실체를 가지고 있다면, 그렇다면 왜 유전공학적 개입을 두려워하는가?

더 나올 수 있는 종교적 반론은, 육체(뇌)와 독립한 영혼과 함께 육체는 신에 의해 창조된 도구라는 것, 즉 육체는 영혼이 이 세상에서 자신을 표현하는 방식이라는 것이다. 우리가 그것의 근본적 구조에 너무 많이 개입하게 되면, 우리는 우리의 영혼의 그릇으로서 신에 의해 창조된 정확한 구조를 교란시킬 수도 있으며, 이를 통해 영혼의 표현을 흐리게 한다. (예를 들면 라디오는 전파를 수신하고, 전송된 메시지를 들릴 수 있도록 만드는 도구인데, 우리가 너무 많이 개입하면 전송이 불가능해진다는 식으로 말이다.) 하지만 이러한 반론 역시 애매하다. 우리가 도구가 작동하는 방식을 잘 이해한다면 우리가 그것을 개선하는 것을 금할 이유가 있겠는가?

정신분석적 관점에서 보자면 문제의 핵심은 상징적 질서의 자율성에 있다. 나는 나의 상징적 우주에서의 해소되지 못한 봉쇄(blockade) 때문에 성행위 불능자(impotent)가 되었으며, 그래서 나는 상징적 장애/억제를 해소하는 작업을 통해 나를 '교육'하는 대신 비아그라를 먹는다고 가정해보자. 문제가 해결된다. 나는 다시 성적으로 능력을 되찾았다. 하지만 여전히 문제는 남는다. 이 해결책[비아그라]으로 어떻게 상징적 봉쇄그 자체에 영향을 줄 수 있는가? 해결책이 어떻게 '주체화'될 수 있는가? 여기에서 상황은 전적으로 결정 불가능하다. 해결책이 봉쇄에 대한 상징적 돌파(working-through)로 경험되지 않는다. 그 자체로 그것[해결책]은 상징적 장애 그 자체를 탈봉쇄하며(unblock), 나로 하여금 그것[해결책]의 완전한 무의미를 받아들이도록 강요한다. 혹은 그것은 정신병적 왜곡을 낳는다. 더 근본적인 정신병적 차원에서 장애의 복귀(return of the obstacles)를 야기한다는 것이다. (예를 들면 나는 망상증적(paranoiac) 태도로 내몰려지며, 개입을 통해 내 운명을 결정지을 수 있는 어떤 지배자의 자의에 내 자신이 노출되어 있음을 경험한다.) 이러한 '노력해서 얻지 않은(unearned)' 해결책에 대해서 치러야 할 상징적 대가가 항상 존재한다. 그리고 이와 비슷하게 직접적인 생화학적 혹은 유전공학적 개입을 통해 범죄와 싸우려는 시도에 대해서도 마찬가지의 말을 할 수 있다. 범죄자로 하여금 강제로 과도한 공격성을 완화시키는 약을 먹도록 강요하는 식으로, 범죄자를 생화학적 치료에 종속시킴으로써 범죄와 싸울 때, 우리는 개인 속에서 이러한 [범죄적] 가능성을 촉발시킨 사회적 기제를 전혀 문제 삼고 있지 않는 것이다.

여기에서 정신분석학이 제시하는 또 하나의 교훈은, 호기심은 인간에게 타고난 것이며 생래적이라는 관념(우리들 각각의 깊은 곳에는 앎의 충동(Wissenstrieb), 즉 알고자 하는 충동이 있다)과는 달리 인간의 자연스러운(spontaneous) 태도는 "나는 그것에 관해 알고 싶지 않다"는 것이다. 너무 많이 알려고 하지 **않는 욕망**이 [오히려] 근본적인 욕망이다. 지식에서의 모든 진정한 진보는 우리의 자연스러운 성향에 대항하는 고통스러운 투쟁을 통해 이루어졌다. 잠시 헌팅턴병으로 되돌아가자. 만일 내 가족 중에 이 병에 걸린 경우가 있다고 하자. 그렇다면 나는 내가 무참히 이 병에 걸리게 될지 그렇지 않게 될지의 여부(그리고 병에 걸린다면 언제 걸릴지)를 말해주는 검사를 받아야 하는가? 만일 내가 언제 죽게 될지 안다는 사실을 견딜 수 없다면 가장 (현실적이라기보다는 환상적인) 이상적인 해결책은 다음과 같을 것이다. 나는 다른 사람 혹은 기관에 나를 테스트할 수 있는 권한을 위임하고, 그 결과를 나에게는 말하지 않도록 한다. 그리고 (검사 결과가 양성이라면) 그 치명적인 병이 발발하기 바로 직전에, 예고 없이 그리고 고통 없이 내가 자는 동안에 나를 죽이도록 만드는 것이다. 그러나 이 해결책의 문제점은 (나의 병에 관한 진리를) **타자(the Other)가 알고 있다는 것을 내가 안다**는 것이다. 이것이 모든 것을 망친다. 나를 무시무시하고 마음을 갉아먹는 의심에 휩싸이게 한다. 그렇다면 정반대의 해결이 이상적인 해결인가? 내 아이가 이 병에 걸렸을 가능성이 있다고 내가 의심한다고 할 때, 나는 아이에게 알리지 않고 그를 검사받게 만들고, 발병하기 직전에 그를 고통 없이 죽인다. 여기에서 궁극적인 환상은 우리가 알지 못하는 상태에서 우리를 위해 모든 것을 할 수 있는 익명의 국가 제도에 관한 환상이다. 그러나 다시 한 번 의문이 생긴다. 우리는 그것에 관해 (즉, 타자가 알고 있다는 것을) 알고 있는가, 그렇지 않은가? 완전한 전체주의로의 길이 열린다. 여기에서 잘못된 것은 저변에 깔려 있는 다음과 같은 전제다. 즉, 타자를 고통으로부터 보호하고, 그를 무지(알지 못함) 속에 내버려 두는 것이 궁극적인 윤리적 의무라는 생각 말이다.

이제 우리의 기본 요점으로 되돌아가자. 유전공학과 더불어 우리는 우리의 자유와 존엄을 상실한다기보다는, 오히려 **우리는 처음부터 그것**

들을 가지고 있지 않았다는 경험을 한다. 만일 오늘날 우리가, "우리 스스로 성취한 것과 뇌에 있는 다양한 화학물질의 차원 때문에 우리가 성취한 것 사이의 경계를 흐리게 만드는 치료술"[3])을 갖고 있다면, 이러한 치료술의 효력 그 자체가 "우리가 스스로 성취한 것" 역시 "뇌에 있는 다양한 화학물질의" **다른** "차원"에 의존하고 있다는 것을 암시하지 않는가? 그러므로 톰 울프(Tom Wolfe)의 유명한 책 제목을 인용한다면, 여기에서 우리는 "미안해, 하지만 네 영혼은 방금 죽었어"라는 말을 듣는 것이 아니다. 우리가 진정으로 듣는 것은 우리는 처음부터 영혼을 갖고 있지 않았다는 것이다. 유전공학의 주장들이 옳다면 오늘날 우리는, 인간적 존엄인가 혹은 '포스트 인간적인' 기술적 개인 생산인가라는 양자 사이에서 선택할 것이 아니라, 존엄이라는 **착각**에 집착하는 것과 실제로 우리가 무엇인가라는 우리의 **현실**을 받아들이는 것 사이에서 선택해야 한다. 그렇다면, 프랜시스 후쿠야마가 "인정(승인, recognition)에 대한 욕망은 생물학적 기반을 가지며, 그 기반은 뇌에 있는 세로토닌의 차원과 연결되어 있다"[4])고 말할 때, 이러한 사실을 우리가 알고 있다는 것 그 자체가 이미 타자들에 의한 승인으로부터 유래하는 존엄감을 해치지 않는가? 우리는 물신주의적 부인(disavowal)이라는 대가를 치르고서야 그것[존엄]을 가질 수 있다. "나는 나의 자기 존중감이 세로토닌에 의존하고 있다는 것을 매우 잘 알고 있다. 하지만 그럼에도 불구하고 나는 그것을 즐기고 있다." 그 다음 페이지에서 후쿠야마는 자기 존중감을 성취하는 세 가지 차원에 대해 쓰고 있다.

낮은 자기 존중감을 극복하는 정상적이고 도덕적으로 받아들일 만한 방식은 자신과 그리고 다른 사람들(타자들)과 투쟁하고, 열심히 일하고, 고통스러운 희생을 때로는 견딤으로써 마침내 상승[성공]하고, 그리고 그렇게 되었다[성공했다]고 [남들에게] 보이는 것이다. 미국의 대중 심리

---

3) Francis Fukuyama, *Our Posthuman Future*(London: Profile Books, 2002), p.8.
4) 같은 책, p.45.

학에서 이해되는 식으로 말하면 자기 존중감의 문제는 자격[이 있는 사람], 즉 모든 사람이 갖기를 필요로 하는 어떤 것(이것이 그럴 만한 가치가 있는 것이든 없는 것이든 간에)이 되는 것에 있다. 이것은 자기 존중감의 가치를 저하하며 그것에 대한 추구를 자기 패배적인 것으로 만든다.

그러나 미국의 제약 산업이 등장해 졸로프트(Zoloft)와 프로작(Prozak) 같은 약을 통해 뇌의 세로토닌을 증가시킴으로써 병(bottle) 속에 들어 있는 자기 존중감을 제공할 수 있다.5)

두 번째 해결책과 세 번째 해결책 사이의 차이는 처음에 보이는 것보다 훨씬 더 음험해(uncanny) 보인다. 그것들은 같은 방식으로 '허위적'이지 않다. 내가 그럴 자격이 있다고 사회가 동의하고 내 동료들의 인정을 제공하기 때문에 내가 자기 존중감을 얻을 때 이것은 정말로 자기 패배적인, 수행적 모순(performatory paradox)이다. 하지만 내가 약을 통해서 그것을 얻을 때, 나는 '실재적 사물'을 얻는다. 다음의 시나리오를 상상해보자. 나는 퀴즈 대회에 참가한다. 공부라는 어려운 과정 대신 나는 약을 먹고 기억력을 증진시킨다. 그러나 경쟁에서 이김으로써 내가 얻는 자기 존중감은 여전히 실재적 성취에 근거하고 있다. 달리 말하면 나는 퀴즈의 주제들에 관해 적절한 자료들을 모두 암기하려고 수많은 밤을 보낸 동료들보다 실재적으로 잘 수행했다는 것이다. 이에 대해 직관적으로 제기될 수 있는 명백한 반론은 진정으로 자부심을 가질 수 있는 권리를 가진 사람은 나의 경쟁자뿐이라는 것이다. 왜냐하면 그의 결과는 열심히 공부하고 고통스럽게 노력한 성과이기 때문이다. 그러나 이러한 입장에는 무언가 내적으로 우리에게 굴욕감을 느끼게 하는, 잘난 척하는 어떤 것이 있지 않는가? 가령 [힘들게] 성공적으로 격언들을 암기한 정신 장애인에게 "너는 네가 한 것에 대해 자부심을 가져야 한다"고 말하듯이 말이다. 더욱이 엄청난 노래 재능을 갖고 태어난 사람이 자신의 공연에 대해 자부심을 느낄 때, 비록 우리는 그의 노래가 노

---

5) 같은 책, p.46.

력이나 훈련보다는 재능에 더 기반을 두고 있다는 것을 알고 있지만, 우리는 그의 자부심을 정당한 것으로 생각하지 않는가? (이는 해묵은 모차르트-살리에르 문제이기도 하다. 너무나 쉽게 작곡하는 모차르트가 뼈를 깎는 노력과 헌신을 하는 살리에르보다 훨씬 우수한 작품을 만들어내는 것을 보고 살리에르는 질투한다.) 하지만 약을 통해 내가 나의 노래 실력을 개선한다면 나는 자부심을 갖지 못하게 될 것이다. (내가 그러한 약을 발명하고 그것을 나 자신에게 실험해보는 노력을 한 경우는 예외다.) 그렇다면 노력과 투쟁 대(對) 약의 도움의 대립의 문제는 아니라고 할 수 있다. 오히려 요점은 자연적 재능과 노력 둘 다 '나의 부분', 나 자신의 부분으로 간주된다는 것에 있다. 반면 약을 통한 향상은 외적 조작의 결과다. 그리고 이는 다시 한 번 같은 문제로 우리를 이끌어간다. 나의 '자연적 재능'이 나의 뇌에 있는 어떤 화학물질에 의존하고 있다는 것을 우리가 알고 있는 이상, 내가 그것을 '외부에서' 얻어왔는가 아니면 자연적으로 타고났는가 하는 문제가 도덕적으로 정말 그렇게 중요한가? 다음의 질문은 문제를 더욱 복잡하게 만든다. 내적 투쟁, 훈련, 노력에 참여하고자 하는 나의 의지가 어떤 화학물질에 의존하고 있다면? 퀴즈 대회에서 승리하기 위해 내가 내 기억력을 증진시키는 약을 직접 먹는 것이 아니라 '단지' 나의 결심과 노력을 강화시키는 약만 먹는다면? 그것도 여전히 '속임수'인가? 그리고 마지막 (하지만 중요한) 질문으로, '실재적' 성취를 통해 내가 획득한 자기 존중감은 정말로 선천적으로 가치가 있는 것인가? (단순히 사회적인 부정의 때문만이 아니라) 실재적 성취의 차원과 그것에 대한 상징적이고 공적인 의식(ritual)에서의 승인 사이의 간극이 있기 때문에 승인이 '실재적 수행'에 **무언가를 덧붙이는** 것은 아닌가? 오래전에 라캉은, 우리가 어떻게 점수를 매기는지를 알고 있다 해도 이러한 객관적인 지식과 우리에게 자격을 부여하는, 그것의 수행적 선포 사이에 왜 최소한의 간극이 있는지를 강조해 설명한 바 있다. 그러므로 약의 문제는 단순히 약이, 가질 자격이 없는 자기 존중감, 즉 '실재적 성취'에 근거하지 않은 자기 존중감을 만들어낸다는 것이 아니라, 더 역설적으로 들리겠지만 약은 **상호 주관**

적인 상징적 의식에 의해 제공되는 만족을 우리로부터 빼앗아간다는 것이다.

그렇다면 왜 후쿠야마는 자유주의적 민주주의에 대한 역사 종말적 방어로부터 두뇌 과학이 던지는 위협으로 나아갔는가? 얼핏 보기에 이에 대한 대답은 쉬워 보인다. 즉, 유전공학적 위협은 자유주의적 민주주의의 기초 자체를 파손하는 '역사의 종말'에 관한 새롭고 훨씬 철저한 판본이다. 새로운 과학적, 기술적 발달은 자유롭고 자율적인 자유민주적 주체들을 잠재적으로 쓸모없는 것으로 만든다. 그러나 두뇌 과학으로 후쿠야마가 선회한 것에는 더 깊은 이유, 즉 그의 정치적 전망과 직접 관련되는 이유가 있다. 마치 유전공학적 조작이 후쿠야마로 하여금 자유주의적 민주주의에 관한 그의 이상화된 이미지의 어두운 이면을 주목하도록 강요한 것 같다는 것이다. 갑자기 유전공학적 위협과 관련해 그는 그의 자유주의적 민주주의의 유토피아에서 마술처럼 사라진 것들을 긍정할 수밖에 없다. 유전공학과 다른 형태의 두뇌 조작의 전망은, 사람들을 조작하고 무시무시한 의학적 실험에 관여하기 위해 자유 시장을 남용하는 기업들의 어두운 계획, 그리고 자기의 자손들을 우수한 정신적, 신체적 능력을 가진 특수한 종족으로 키우려는 (그리하여 새로운 계급 전쟁을 부추기는) 부자들의 어두운 계획, 그리고 이와 유사한 악몽과도 같은 시나리오의 실현을 위한 가능성을 열어준다. 명백히 후쿠야마에게 이러한 위험을 제한하는 유일한 길은 시장에 대한 강력한 국가의 통제를 다시 도입하고 새로운 형태의 민주적인 정치 의지를 발전시키는 것이다.

이 모든 것에 동의하지만 다음과 같이 덧붙이고 싶다. **우리는 유전공학적 위협과는 독립적으로, 다름 아닌 세계화된 시장경제의 잠재적 위협을 통제하기 위해 이 모든 조치들을 역시 필요로 하지 않는가?** 아마도 문제는 유전공학 그 자체가 아닐지도 모른다. 오히려 그것은 유전공학이 작동하고 있는, 권력 관계라는 사회적 틀일 것이다. 유전공학을 위험한 것으로 만드는 것은, 유전공학의 사용이 기업적 자본의 이해관계와 국민에 대한 통제를 증가시키기 위해 유전공학을 이용하고자 하는 국가 기관들의 이해관계에 의해서 결정된다는 것이다. 그러므로 문제는 궁극적으로 '윤리적'인 것이 아니라 '경제적, 정치적'이다. 후쿠야마의 난관은 따라서 이중적이다. 그의 주장은 너무 추상적이며 동시에 너무 구체적이라는 것이다. 그는 새로운 두뇌 과학과 이와 관련된 기술의 완전한 철학적 의미에 대해 질문하지 못했다. 그리고 그는 이러한 과학과 기술을 적대적인(antagonistic) 사회 경제적 콘텍스트에 위치시키지 못한다. (진정한 헤겔주의자라면 파악했어야 마땅하지만) 후쿠야마가 파악하지 못하는 것은 두 개의 '역사의 종말' 사이의 필연적인 연결, 즉 하나의 종말에서 다른 종말로의 필연적인 이행이다. '역사의' 자유민주주의적 '종말'은 직접적으로 그것의 반대물로 이행한다. 왜냐하면 그것의 승리의 바로 그 순간에 그것은 자신의 근거 자체, 자유민주적 주체 그 자체를 상실하기 때문이다.

그렇다면 게놈(genome) 프로젝트와 유전공학적 개입에 대해 헤겔이라면 무엇을 말하고자 했을까? 그의 반응이 무엇이든 간에, 분명한 것은 헤겔은 모험보다는 무지를 선호하면서, 두려움으로부터 슬쩍 도망치려고 하지는 않았으리라는 것이다. 고유한 헤겔적 시각에서 말하자면, 우리는 이러한 완전한 자기 객관화(self-objectivation) 사이를 뚫고 지나가야(go through) 한다. 왜냐하면 단지 그것을 통해서만 순수한 형식(form)으로서의 주체 — 주체의 순수한 형식 — 가 등장하기 때문이다. 내가 **그것[그 점]으로부터**(from which) "그것이 나(That's me)"라는 저 유전공학적 공식을 두려움을 가지고 파악하는 점(point)으로서의 주체 말이다. 간단히 말하면, 헤겔은 "당신은 게놈이다"라는 말에 대해, 그러니까 "정신은 뼈다" 그리고 "나는 돈이다"라는 일련의 표현들을 완성하는 무한 판단인 "당신은 그것이다"라는 표현에 대한 파괴적인 새로운 판본["당신은 게놈이다"]에 대해 기뻐하지 않았을까? 게놈이라는 무의미한 실재와의 대면은, 그것을 통해 내가 현실을 지각하는 환상의 스크린을 제거한다. 게놈 공식에서 나는 직접적으로 실재에 접근한다. 하버마스와 반대로 우리는 게놈적 객관화를 완전하게 취해야 할 **윤리적** 필요성을 주장해야만 한다. 나의 실체적 존재를 무의미한 게놈 공식으로 이렇게 환원시키는 것은 **자아**의 환상적인 **재료**(fantasmatic étoffe du moi), 즉 그것[재료]으로부터 우리의 자아가 만들어지는 재료를 말살하고, 이를 통해 나를 순수한 주체로 환원시킨다는 것이다. 게놈을 마주보고 있는 나는 아무것도 아니다. 그리고 **이 아무것도 아님, 바로 그것이 주체 자신이다.**

'탈신화화의 한계'를 공식화하기 위해 노력하는 후기 세속적(post-secular) 노력은 계몽의 내적 논리는 인간의 과학적 자기 객관화로 끝난다는, 즉 인간을 과학적 조작의 대상으로 변형시키는 것으로 끝난다는 전제를 너무나도 빨리 받아들인다. 그리하여 인간의 존엄을 유지하는 유일한 방법은 종교적 유산을 현대적 관용구로 번역함으로써 그것을 구하는 것뿐이라고 한다. 이러한 유혹에 대항해 우리는 계몽의 기획의 목표를 고수할 것을 주장한다. 계몽은 끝(목표)까지 밀고 가야 할 '끝나지 않은 기획'으로 남아 있다. 그리고 이 목표는 완전한 과학적인 자기 객관화가 **아니라** 우리가 과학의 논리를 끝까지 따라갔을 때 도래하게 될 새로운 형태의 자유다. 우리는 이 도박을 해야 한다.

그렇다면 인간 정신에 대한 신경과학적 이미지와 정신분석학의 간극은 무엇인가? 그것은 단순히, 동물의 짝짓기 행동을 조절하는 좌표는 자연적 본능에 체현되어 있는 반면 인간은 자연적 본능을 결여하고 있고 따라서 그들에게 자신의 좌표를 제공해주는 '제2의 자연', 상징적 제도를 필요로 한다는 것에 있지 않다. 상징적 질서라는 좌표는 여기에서 우리로 하여금 타자의 욕망이라는 막다른 골목(impasse)에 직면할 수 있게 해준다. 그리고 문제는 상징적 질서는 궁극적으로 실패한다는 것이다. 장 라플랑슈(Jean Laplanche)가 지적했듯이, '원초적 장면'의 외상적 충격, 타자의 욕망의 기표라는 수수께끼는 상징적 질서 속에서 결코 완전히 '승화'될 수 없는 잉여(excess)를 산출한다. 인간이라는 동물에 내재하는 악명 높은 '결여'는 단지 부정적인 것, 즉 본능적 좌표의 부재가 아니다. 그것은 잉여, 외상적인 잉여적 현존과 관련되어 있는 결여다.6) 역설적인 것은 정확히 잉여적인, 의미를 부여할 수 없는 에로틱한 매혹과 애착이 있기 때문에 의미가 존재한다는 것이다. 의미의 가능성의 조건은 불가능성의 조건이다. 인간의 지능의 과도한(잉여적인) 발달의 최후의 동력은 "케 보이?(Che vuoi?)", 즉 타자의 욕망의 수수께끼의 심연을 해독하려는 노력이 아니겠는가? 형이상학과 성욕 (혹은 정확히 인간의 에로티시즘) 사이의 연결은 정말로 문자적으로 받아들여야 하지 않겠는가? 궁극적으로, 의미의 무의미한 지탱자로서 이 외상적인, 소화할 수 없는 중핵은 근본적 환상(fundamental fantasy) 그 자체가 아닌가? 잘 알려져 있듯이 바그너의 음악적 증오는, 그에게 허위적이고 상업적인 유대적 음악의 대변자인 마이어베어(G. Meyerbeer)를 향한 것이었다. 하지만 그의 절망의 최저점에서(1840년 5월 3일) 바그너가 자존감의 최후의 흔적마저 상실한, 낯선 굴종적인 아첨을 마이어베어에게 보이고 있다는 것은 잘 알려져 있지 않다.

"그것은 **마이어베어이며, 마이어베어뿐**입니다. 내게 모든 것인, 모든 것을 의미하는 사람에 대해 내가 생각할 때마다 나는 가장 깊은 감정에서 우러나오는 눈물을 흘린다고 내가 당신에게 말했을 때 당신은 즉시 나를 이해할 것입니다…. 언젠가 당신에 대한 나의 감사를 말하게 될 나의 작품을 위한 양식과 힘을 발견하기 위해 나는 당신의 종, 육체 그리고 영혼이 되어야 한다는 것을 깨달았습니다. 나는 충성스럽고 정직한 종이 될 것입니다. 나는 당신의 종으로 태어났음을 공개적으로 인정합니다. 나 자신을 무조건적으로, 거리낌 없이 그리고 맹목적인 신뢰 속에서 다른 사람에게 헌신할 수 있다는 것은 나에게 무한한 기쁨을 줍니다. 내가 당신을 위해, 당신만을 위해 일하고 노력하고 있다는 것을 안다는 것은 그 노력과 수고가 더욱더 즐겁고 가치 있는 것처럼 보이게 만듭니다. 그러므로 주인님, 나를 사십시오. 그것은 결코 무가치한 구입이 아닙니다…. 당신의 소유물, 리하르트 바그너."7)

---

6) Jean Laplanche, *New Foundation for Psychoanalysis*(Oxford: Basil Blackwell, 1989) 참조.

7) Bryan Magee, *The Tristan Chord*(New York: Owl Books, 2001), pp.345-346 에서 인용.

마조히즘적 항유(enjoyment)에 대한 이보다 더 직접적이고 적나라한 표현은 없었다. 이러한 완전하고 적나라한 복종의 자세가 바그너의 '근본적 환상', 즉 남성적인 반유대주의의 가식 아래에서 부정되어야 하는 그의 주체적 정체성의 중핵이 아니겠는가? 강간에 관한 환상(그리고/또는 그것을 지탱해주고 있는 마조히즘적 환상)과 같은 환상의 지위는 정확히 정신분석학과 페미니즘의 화해할 수 없는 차이를 보여주는 최후 지점으로 우리를 데려간다. 적어도 표준적인 페미니즘에게 강간은 외부에서 부과된 폭력이라는 것은 선천적인 공리다. 심지어 여자가 강간당하는 환상을 갖고 있다고 할지라도, 그것은 그녀가 남성적 태도를 내면화했다는 개탄할 만한 사실을 입증할 뿐이다. 여기에서 사람들은 순수한 공황적인 반응을 보인다. 여자가 강간당하는 혹은 적어도 심하게 추행당하는 환상을 가질 수 있다는 것을 어떤 사람이 언급하는 순간에 그는 커다란 고함 소리를 듣는다. "그것은 마치 유대인이 수용소에서 가스에 질식사 당하는 환상을 갖고 있다고 말하거나, 아프리카 출신 미국인이 사형(lynch)을 당하는 환상을 갖고 있다고 말하는 것과 같은 것이야!" 이러한 관점에서 본다면 분열된 히스테리적 입장(position)(성적 추행과 착취를 욕망하고 남자로 하여금 자기를 유혹하도록 부추기면서 성적으로 추행을 당하고 착취당하는 것에 대해 불평하는 것)은 부차적일 것이다. 하지만 프로이트에게 히스테리적 입장은 주체성을 구성하는 원초적인 것이다. 프로이트의 견해에 따르면 강간의 문제는, 그것이 잔인한 외적 폭력의 사례이기 때문만이 아니라 그것이 희생자 자신 속에서 부인된 어떤 것을 건들고 있기 때문에, 그토록 외상적인 충격을 준다. 프로이트가 "주체가 자신의 환상 속에서 매우 강렬하게 갈망하는 것이 그들에게 현실로 나타난다면 그들은 그럼에도 불구하고 그것으로부터 도피할 것이다"[8]라고 썼을 때, 그의 요점은 단순히 검열 때문에 그런 일이 일어난다는 것이 아니라 우리의 환상의 핵을 우리는 견디지 못한다는 것이다.

---

8) Sigmund Freud, *Dora: An Analysis of a Case of Hysteria*(New York: Macmillan, 1963), p.101.

환상의 원래적 위치는 부모의 성행위를 지켜보거나 목격하고 있는 어린아이의 위치다. 강렬한 속삭임, 침실에서 나오는 이상한 소리 등 이모든 것이 **의미하는** 것은 무엇인가? 그렇다. 어린아이는 이러한 이상하게 강렬한 단편들을 설명해주는 장면을 환상하고 있는 것이다. 데이비드 린치의 「블루 벨벳」의 가장 유명한 장면을 상기해보자. 벽장에 숨어있는 카일 맥라클란은 이사벨라 로셀리니와 데니스 호퍼 사이의 괴이한 성행위를 목격한다. 그가 보는 것은 그가 듣는 것을 설명하기 위한 명확한 환상적 보완물이다. 호퍼가 가면을 쓰고, 그 가면을 통해 숨을 쉬는 장면은 성행위에 동반되는 강렬한 호흡을 설명해주는 상상된 장면이 아니겠는가? 그리고 환상에 내재해 있는 근본적인 역설은, 주체가 결코 "그래, 이젠 됐어. 나는 완전히 이해했어. 내 부모님이 섹스를 하고 있어. 나는 이제 더 이상 환상을 가질 필요가 없어!"라고 말할 수 있는 순간에 결코 도달하지 못한다는 것이다. 바로 여러 가지 의미가 있겠지만 바로 이것이 라캉이 "성관계는 존재하지 않는다"라고 말했을 때 그가 의미했던 것이다. 모든 **의미**는 어떤 무의미한 환상적 틀에 의존하고 있다는 것이다. 우리가 "됐어, 이제 이해해"라고 말할 때 이것이 궁극적으로 의미하는 것은 "이제 나는 그것을 내 환상의 틀 안에 위치시켰어"다. 혹은 오래된 데리다적 뒤틂(twist)에 다시 의존한다면 불가능성의 조건, 의미의 한계, 무의미한 중핵으로서의 환상은 동시에 의미 가능성의 환원 불가능한 조건이다.

환상 개념이 갖고 있는 존재론적 스캔들은, 그것이 '주관적' 그리고 '객관적'(주체의 지각과 독립해 존재한다는 평이한 의미)이라는 표준적인 대립을 전복시킨다는 것이다. 그러나 그것은 또한 '주관적'(주체가 의식적으로 경험하는 직관들로 환원된다는 의미)이지 않다. 환상은 "객관적으로 주관적인 것이라는 괴상한 범주" — "사물들이 비록 당신에게 그런 식으로 보이지 않는다 할지라도, 그것들이 현실적으로 객관적으로 당신에게 보이는 방식"[9] — 에 속한다. 예를 들면 의식적으로는 유대인

---

9) Daniel C. Denett, *Consciousness Explained*(New York: Little, Brown and Company, 1991), p.132(물론 데닛은 여기에서 이 개념을 순수하게 부정적인

에게 호의적인 어떤 사람이 그럼에도 불구하고 자신이 알지 못하는 깊은 반유대적 편견을 품고 있다고 우리가 주장할 때, 이때 우리가 주장하는 것은 (이러한 편견은 유대인이 진짜로 어떤 사람인가가 아니라 그에게 유대인이 보이는 방식(그가 유대인을 어떤 식으로 보는가 하는 방식)을 제시하는 한에서) 그는, 유대인이 그에게 정말로 어떻게 보이는가 하는 것을 알고 있지 못하다는 것이 아닌가? 상품 물신성과 관련해 마르크스는 "객관적으로 필연적인 외양"이라는 용어를 사용한다. 그렇다면, 어떤 비판적인 마르크스주의자가 상품 물신성에 매몰되어 있는 부르주아 주체를 만날 때, 그에 대한 마르크스주의적 비난은, "당신에게 상품은 특수한 능력을 가지고 있는 마법적인 대상으로 보일지 모른다. 하지만 정말로 상품은 인간들 사이의 관계의 물화된 표현이다"라는 것이 아니다. 진정한 마르크스주의자의 비난은 다음과 같다. "상품은 당신에게 사회적 관계의 단순한 체현으로 나타난다고 당신은 생각할 수 있다. (예를 들면 돈은 당신으로 하여금 사회적 생산물의 일부를 구입할 수 있도록 해주는 일종의 증서다.) 그러나 그것은 사물들이 당신에게 실재적으로 드러나는 방식이 아니다. 당신의 사회적 현실에서 사회적 교환 행위에의 참여를 통해서, 상품은 특수한 능력을 가진 마법적인 대상으로 당신에게 실재적으로 나타난다는 음험한(uncanny) 사실을 당신은 증명하고 있다." 바로 이것이 서로에게 말하기 시작하는 상품들에 관한 유명한 마르크스의 우화에서 그가 목표하고 있는 것이다.

만약 상품들이 말할 수 있다면, 그것들은 이렇게 말할 것이다. 우리의 사용 가치는 사람들의 관심을 끈다. 하지만 그것은 대상으로서의 우리에게 속하는 것이 아니다. 대상으로서의 우리에게 속하는 것은 우리의 가치다. 상품으로서 우리 자신의 교류(intercourse)가 그것을 증명한다. 우리는 단지 교환 가치로서만 서로에 대해 관계를 맺고 있다.[10]

방식, 즉 무의미한 형용 모순의 예로서 제시하고 있다).

10) Karl Marx, *Capital*, Vol. One(Harmondsworth: Penguin Books, 1990), pp. 176-177.

마르크스는 여기에서 셰익스피어의 『헛소동』에 나오는, 도그베리가 시콜에게 하는 충고를 반어적으로 인용함으로써 『자본론』의 제1장을 결론짓는다. "호의적인 사람이 되는 것은 운명의 선물이다. 하지만 읽고 쓰는 것은 자연에 의해서 주어진다." 이러한 역전은 주관적인 착각이라는 의미에서 허구가 아니다. 반대로 그것의 지위는 객관적이다. 그것은 '객관적 외양'의 지위를 가지며, "사물로 나에게 정말로 어떻게 보이는가?"라는 문제로서, 이는 사물들이 직접적으로 나에게 어떻게 보이는가라는 것과는 정반대의 이야기다. 부르주아 경제학의 범주들은 "사회적으로 통용되는, 따라서 객관적인, 즉 역사적으로 결정된 사회적 생산 양식에 속하는 생산 관계를 위한 사회적 형식들이다."11)

2003년 3월 도널드 럼스펠드는 알려진 것[알고 있는 것]과 알려지지 않은 것[알지 못하는 것]의 관계에 관한 아마추어적인 철학적 사유를 조금 해보았다. "알려진 알려진 것(known knowns)이 있다. 즉, 우리가 알고 있다는 것을 아는 것들이 있다. 그리고 알지 못한다고 알려진 것(known unknowns)이 있다. 즉, 우리가 알지 못한다는 것을 아는 것들이 있다. 하지만 또한 알지 못하는 알지 못하는 것(unknown unknowns)이 있다. 즉, 우리가 알지 못한다는 것을 알지 못하는 것들이 있다." 럼스펠드는 여기에 중요한 네 번째 항목인 알려져 있지 않은 알려진 것(unknown knowns)을 첨가하는 것을 잊어버렸다. 즉, 우리가 알고 있다는 것을 알지 못하는 것들 말이다. 바로 이것이 정확히, 라캉이 말하듯이 "자신에 대해 알지 못하는 지식", 즉 프로이트적 의미의 무의식이다. 만일 럼스펠드가 이라크와 전쟁할 때의 가장 큰 위험은 '알지 못하는 알지 못하는 것(unknown unknowns)', 즉 우리가 그것이 무엇이라고 상상조차 못하는, 사담 후세인으로부터 오는 위협이라고 생각한다면, 이에 대해 우리는, 오히려 이와 반대로 가장 큰 위험은 '알려져 있지 않은 알려진 것(unknown knowns)', 즉 우리 자신이 그것들에 집착하고 있다는 것을 우리가 알기조차 하지 못하는, 부인된(disavowed) 믿음과 가정들

---

11) 같은 책, p.169.

이라고 대답해야 한다. 1920년대의 서머싯 몸(Somerset Maugham)의 한 단편소설에서 40대의 한 영국인은 수십 년 동안 식민지인 상하이에서 일했고 마침내, 런던으로 돌아가서 독신으로 안락한 생활을 하겠다는 자신의 꿈을 실현시킬 수 있을 만큼 충분히 돈을 벌었다. 그러나 런던에서 몇 주 지낸 후 그는 너무 따분해졌고 의기소침해졌다. 그래서 그는 상하이에서 다시 살기 위해 그곳으로 출발한다. 그는 중국으로 가는 배에 올라탔지만, 상하이로 돌아가는 긴 여행길에서 배가 하노이에서 잠시 멈춘 동안에 배에서 내려 하노이에 영구히 머물렀다. 인생의 꿈의 실현에 의해 실망한 후 그는 자신이 더 이상 그러한 경험을 할 수 없을 것이라는 것을 알고 있었기 때문에 이제 영원히 중국 가까이에 머무르겠다고 결심한 것이다. 상하이에서의 삶이 얼마나 멋졌는지를 영원히 꿈꾸면서 말이다. 바로 이것이 라캉이 "자신의 욕망을 타협하는 것", 즉 "환상의 현실화라는 위험을 무릅쓰는 방법을 통해 자신의 환상을 가로지르는 것을 거절하는 것"이라는 말로 의미하는 것이다.

이것은 또한 주체의 구성적인 '탈중심화'에 관한 라캉의 주장의 의미를 정확히 설명하는 방식들 중의 하나이기도 하다. 그것의 요점은 나의 주관적인 경험이 나의 자기 경험과 관련해볼 때 탈중심화되어 있는, 그리하여 그 자체로 나의 통제를 벗어나는(모든 유물론자들이 이 점을 주장한다) 무의식적인 객관적 기제들에 의해 규제된다는 것이 아니다. 거기에는 더욱 우리를 당황케 하는 무엇이 있다. 나는 심지어 나의 가장 내밀한 '주관적' 경험, '사물들이 내게 드러나는 방식', 나의 존재의 핵심을 구성하고 보증하는 근본적인 환상마저 박탈당한다. 왜냐하면 나는 그것을 결코 의식적으로 경험하고 취할 수 없기 때문이다. 표준적인 견해에 의하면 주체성을 구성하는 차원은 현상적인 (자기) 경험의 차원이다. 내가 나 자신에게, "내가 알지 못하는 기제가 나의 행위와 지각, 사유를 지배한다고 할지라도, 아무도 나로부터 지금 내가 보고 느끼는 것을 빼앗아갈 수 없다"고 말하는 순간 나는 주체다. 가령 내가 사랑에 빠져 있다고, 한 생화학자가 나의 모든 강렬한 감정들은 내 육체 속의 생화학적 가정의 결과에 지나지 않는다고 내게 정보를 준다고 할 때, 나는 외관(appearance)에 매달림으로써 그에게 이렇게 대답한다. "당신이 말하는 모든 것이 사실일지도 모른다. 하지만 그럼에도 불구하고 그 무엇도 내가 지금 느끼는 열정의 강렬함을 나로부터 빼앗아갈 수 없다." 하지만 라캉의 요점은, 정신분석가는 정확히 이것을 주체로부터 빼앗아갈 **수 있는** 사람이라는 것이다. 정신분석가의 최종 목표는 주체의 (자기) 경험의 우주를 규제하는 근본적인 환상 그 자체를 주체로부터 빼앗아가는 것이다. 프로이트적 '무의식의 주체'는, 주체의 현상적인 (자기) 경험(그의 '근본적 환상')이 그에게 접근 불가능하게 될 때(즉, '원초적으로 억압될' 때)만 등장한다. 가장 급진적으로 말하자면 무의식이란 접근 불가능한 현상이지, 나의 현상적 경험을 규제하는 객관적인 기제가 아니다. 그렇다면, 한 실체가 '내적 생활(inner life)'(즉, 외적 행동으로 환원될 수 없는 환상적인 자기 경험)의 징후를 보여주는 순간 우리는 주체를 다루고 있다는 일반화된 견해에 반대해, 인간의 고유한 주체성의 특징은 오히려 그 둘을 분리하는 간극에 있다고 주장해야 할 것이다. 달리 말하면, 가장 근본적인 차원에서 환상은 주체에게 접근 불가능하다는 것이다. 주체를 '빈(공허한, empty)' 것으로 만드는 것이 바로 이 접근 불가능성이다. 그리하여 우리는, '내적 생활'을 경유해 자기 자신을 직접적으로 경험하는 주체라는 표준적인 개념을 전적으로 전복시킬 수 있는 관계를 획득했다. 공허한, 비현상적인 주체와 주체에게 접근 불가능한 현상 사이의 '불가능한' 관계 말이다. 달리 말하면, 정신분석학(그리고 들뢰즈)은 우리로 하여금 **주체 없는** 역설적인 **현상학**을 정식화할 수 있도록 허락해준다. 주체의 현상이 아닌, [하지만] 주체**에게** 현상하는 현상들이 등장한다. 이것은, 주체가 여기에 관여하지 않는다는 것을 의미하는 것은 아니다. 하지만 그것은 정확히 **배제**(exclusion)라는 방식으로, 즉 이러한 현상들을 취할 수 없는 부정적인 기관(agency)으로 존재한다.

그리고 환상의 기능은 라캉이 상징적 거세라고 부르는 것의 간극을 말살하는 것이다. 그렇다면 상징적 거세, 그리고 그것의 기표로서의 팔루스란 무엇인가?

우리는 팔루스는 기표라는 것으로부터 출발해야 한다. 이것이 의미하는 것은 무엇인가? 전통적인 직위 수여식으로부터, 우리는 단지 권력을 '상징(화)하는' 것뿐이 아니라, 그것들을 획득하는 주체로 하여금 정말로 권력을 행사하도록 해주는 대상들이 있음을 알고 있다. 만일 왕이 손에 홀을 들고 있고 왕관을 쓰고 있으면 그의 말은 왕의 말로 간주될 것이다. 그러한 표식은 외적인 것이지 나의 본성의 부분이 아니다. 나는 권력을 행사하기 위해 그것을 입고 있다. 그 자체로 그것들은 나를 '거세한다.' 그것들은 직접적인[있는 그대로의] 나와 내가 행사하는 기능 사이에 간극을 도입한다. (내가 그 기능을 완전히 수행해낼 능력이 있는 것은 아니다.) 바로 이것이 저 악명 높은 '상징적 거세'가 의미하는 것이다. 그것은, "상징적인 것으로서의 거세 혹은 단지 상징적으로 집행되었다는 의미에서의 거세"(내가 어떤 것을 박탈당하면 나는 "상징적으로 거세되었다"고 말한다는 의미에서)가 아니라, 내가 상징적 질서에 사로잡혀 있고, 따라서 상징적 위임(symbolic mandate)을 받았다는 바로 그 사실에 의해서 발생하는 거세다. 거세란 직접적인 나와 나에게 어떤 '권위'를 부여하는 상징적 위임 사이의 간극이다. 이러한 정확한 의미에서 권력의 정반대이기는커녕 그것은 권력과 동의어다. 그것은 나에게 권력을 부여한다. 그리고 직접적으로 나의 존재의 생명적(vital) 힘, 나의 남성성 등을 표현하는 기관이 아니라 정확히 하나의 표식, 즉 왕 혹은 재판관이 자신의 표식을 부착하고 있듯이 내가 쓰고 있는 가면으로서 우리는 팔루스를 생각해야 한다. 팔루스는 내가 부착하고 있는 '육체 없는 기관'이다. 그것은 영원히 나의 육체의 '유기체적 부분'이 됨이 없이 나의 육체에 매달려 있다. 그것은 나의 육체의 비일관적인, 잉여적인 보충물로서 튀어나와 있다.

당신은 이 '무한 판단'을 취할 준비가 되어 있는가? 2001년 5월 7일 『뉴스위크』 지의 커버스토리("종교와 뇌")는 강렬한 종교적 경험에 동반되는 뇌의 과정을 판독한 '신경신학자'의 가장 최근의 성공 사례에 대해 보도한다. 가령, 어떤 주체가 자신을, 자신의 자아의 제약으로부터 벗어난, 우주의 무시간적이고 무한한 부분이라고 경험할 때, 시간, 공간에 관한 정보를, 그리고 공간에서 육체의 방향 잡기(orientation of the body in space)를 작업해내는 뇌의 장소는 '어두워진다(goes dark).' 강한 명상적 집중 동안에 감각 재료의 입력(sensory inputs)이 봉쇄될 때, 뇌는 자신을 모든 사람, 모든 사물과 밀접하게 엮인 무한한 존재로 지각할 수밖에 없다. 시각(visions)도 마찬가지다. 시각은 시간적 돌출부(temporal lobes)에서의 전자적 활동의 비정상적 분출에 명확히 상응한다. 잡지 기사는 더욱 개방적인 논조로 결론짓는다. 물론 우리가 경험하는 모든 것은 또한 신경적 활동으로 존재한다. 하지만 이것이 인과성의 문제를 해결하는 것은 아니다. 예를 들면 우리가 사과를 먹을 때, 우리는 또한 뉴런적 활동으로서의 그것의 맛을 즐긴다. 하지만 이것이, 사과가 정말로 바깥 저기에 있고 우리의 활동의 원인이 된다는 사실에 결코 영향을 주지는 않는다. 마찬가지로 우리의 뇌의 주름 부분이 신(에 대한 경험)을 창조하는지, 아니면 신이 우리의 뇌의 주름 부분을 창조했는지의 문제는 결정 불가능하다. 더욱이 종교는 심리 내적인(신비적 혹은 그 밖의 무엇이든 간에) 경험으로 환원될 수 없다. 그것은 또한 어떤 (명제적) 진리에 대한 믿음, 우리의 윤리적 자세와 실천적 활동에 관한 문제이기도 하다. 유대인에게 중요한 것은 율법을 따르는 것이지 당신이 율법을 따르고 있을 때 당신이 생각하고 경험하는 것이 아니다.

하지만 이러한 손쉬운 해결책은 더 깊은 딜레마를 감추고 있다. 인과성의 문제는 해결하기가 상대적으로 더 쉬워 보인다. 우리(실험자인 박사)가 직접 뇌의 적당한 부분에 개입해서 문제가 되고 있는 그 행동을 산출해낸다면? 만일 우리가 그러한 활동을 하는 동안에 주체가 '신적 차원'을 경험한다면, 이것은 결론적인 대답을 제공하고 있지 않은가? 그리고 두 번째의 반론에 대해서도 마찬가지가 아닌가? 만일 우리가 어떤 주체에게 종교적 교리를 마구 제시하고, 그를 적당한 전자적 혹은 화학적 자극에 종속시킴으로써 깊은 종교심을 가진 사람으로 행동하고 생각하고 느끼는 사람으로 만든다면, 이것 역시 딜레마를 해결해주지 않는가? 더욱이 사과와의 비교는 오래전에 헤겔이 칸트를 비판했던 것과 똑같은 이유로 부적당하다고 할 수 있다. 신에 대한 존재론적 증명을 비웃으면서 칸트는 100탈러라는 개념은 우리의 주머니에 있는 실제적인 100탈러와 같지 않다고 주장했다. 하지만 요점은 정확히 우리는 우리의 일상적인 현실 외부에 존재한다고 가정되는 무한한 실체인 신에 대해서 이야기하고 있는 것이지 사고나 탈러[돈]에 대해 이야기하고 있는 것이 아니라는 것이다. 그러나 여기에서 문제는 더욱 복잡해진다. 왜냐하면 맥긴(McGinn)이 올바로 지적하고 있듯이 의식을 안다는 것은 뇌와 정신의 교차(intersection)를 안다는 것이기 때문이다. 즉, 직접적으로 사유/앎**인**(is) 물리적/생물학적 과정("우리가 생각하는 동안에 뇌 속에서 진행되고 있는 것", 즉 정신의 육체적 대응물이 아니라는 것임)과 직접적으로 물리적 과정**인**(is) 사유("H$_2$O는 물이다"라는 의미)의 교차를 안다는 것이기 때문이다.

의식이 뇌로부터 출현할 수 있도록 허락해주는, 뇌의 알려져 있지 않은 속성들은 의식이 뇌 속에 체현될 수 있도록 허락해주는, 의식의 감추어진 측면들과 중첩한다. 출현의 원칙과 체현의 원칙은 일치한다…. 의식을 설명하는, 뇌의 알려져 있지 않은 속성들은 우리에게 감추어져 있는, 의식의 속성들이다. 이 두 무지(ignorance)의 영역은 서로서로 아무런 관련이 없는 것이 아니다. 반대로 그것들은 무지의 **같은** 영역이다.[12]

인지적 폐쇄(cognitive closure)라는 의미에서 뿐만 아니라 이것을 넘어서 앎(awareness) 그 자체가 그것의 육체적 대응물에 대한 거리라고 **정의된다**면? (즉, 주체는 S'이다. 주체는 대상으로서의 주체를 벗어나는 것이다.) 만일 내가 육체로서의 나를 직접적으로, 객관적인 현실로서, "사유하는 사물"(칸트)로서 알게 된다면, 나는 더 이상 (우리가 접근할 수 있는 유일한 의미로서의) 인간적 의미에서 사유하지는 않는다. 그리고 현실 그 자체는 더 이상 현실이 아닐 것이다. 이러한 폐쇄(closure)는 단지 인지적인 것만은 아니다. 그것은 존재론적으로 사유-앎-의식을 구

---

12) Colin McGinn, *The Mysterious Flame*(New York: Basic Books, 1999), pp.155-156.

성한다. 이러한 역설은 인지과학에서의 악명 높은 좀비(zombie) 문제로 우리를 데려간다. 이것은 아마도, 의식 자체는 대상의 지위를 갖는다는 라캉의 주장에 대한 최종적 증명이 될 것이다.

좀비는 완전하게 자연적이고 기민하며, 수다스럽고 생기 있는 행동을 보여주는 인간이거나 혹은 인간이려고 한다. 하지만 사실 좀비는 전혀 의식을 가지고 있지 않으며 일종의 기계일 뿐이다. 좀비에 대한 철학자의 관념의 전체 요점은, 당신은 외적인 행동을 검토함으로써는 결코 좀비를 정상적인 사람과 구분할 수 없다는 것이다. 우리가 우리의 친구들과 이웃들에 관해 알 수 있는 모든 것은, **당신들의 가장 친한 친구들 중 몇몇은 좀비일 수도 있다**는 것이다.[13]

좀비에 대한 이러한 관념은 인간 정신을 행동주의적-환원주의적으로 구성하려는 시도를 거부하기 위해 제안되었다. 행동주의적-환원주의적 구성은 인간의 모든 현상적 속성을 갖고 있는 것처럼 보이지만 그럼에도 불구하고 우리가 직관적으로 '의식' 혹은 '자기의식'으로 파악하는 것을 갖고 있지 않은 한 실체를 구성한다. 물론 문제는 의식을 어떤 특수한, 관찰 가능한 경험적인 속성으로 꼭 집어내는 것은 불가능하다는 것이다. 행동의 두 계열(인간의 행동과 좀비의 행동)은 어떤 실질적인 이유로도 구분할 수 없다. 하지만 파악되지 않는 차이는 중요하다. (라캉이 말하는 대상 a인 이 차이를 해명해주는, 파악되지 않는 X 말이다.) 자세히 조사해보면 '내적 생활'을 가지고 있는 '정상적인' 인간과 좀비의 대립은 보기보다 훨씬 역설적이다. 좀비는 비록 그것이 무언가를 느끼는 것처럼 생각하고 행동한다고 할지라도 실제로는 아무것도 느끼지 못한다고 우리가 주장할 때, 속임을 당하는 것은 누구인가? 외부적 관찰자인 우리인가? 아니면 좀비 자신이 스스로를 속이고 있는 것인가? 좀비의 행동을 관찰함으로써 그것을 인간의 행동과 구별하지 못하는 것을 관찰자라고 한다면, 그렇다면 왜 좀비는 관찰자를 위해 행위하는 내

---

13) Daniel C. Dennett, *Consciousness Explained*(New York: Little, Brown and Company, 1991), p.73.

적 생활을 흉내 내야 하는가? 마치 자신이 내적 생활을 가지고 있다는 듯이 말이다. 다른 한편, 만약 좀비가 **스스로를** 속이고 있는 것이라면,

당신 자신의 현상적 상태의 '외양(seemings)'은 이러한 상태에 대한 자기 귀속적(self-ascriptive) 판단, 믿음, 사유, 기억, 기대 등에 의해 구성되는 한에서(의심의 여지없이 그러한 외양이 그렇게 구성될 수 있는 범위는 클 것이다), 당신이 좀비가 되자마자 당신은 어떤 진정한 현상적 상태를 갖기를 그칠 것이라는 사실에도 불구하고, 당신의 내적 생활은 계속 당신에게 같은 것처럼 **보일 것**(seem)이다. 달리 말하면 좀비 가설에 따르면 당신은 당신의 현상적 상태를 '환각 속에서 만들어내고 (hallucinating)' 있는 것이다.14)

하지만 그렇다면 우리는 어떻게 '외양(seeming)'과 '외양의 외양 (seeming of seeming)'[그렇게 보이는 것처럼 보이는 것]을 구분할 것인가? 어떤 상태가 **나에게 그렇게 보이는 것처럼 보일 수 있는가?**(Can a state seem to me to seem?) 이러한 입장은, "사물이 정말로 내게 그렇게 보인다"와 "나에게 그렇게 보이는 것처럼 보인다"는 구분을 무의미한 구분으로 비판하는 데닛의 비판을 받을 만한 무의미한 입장이 아닌가? 데닛의 결론은 필연적인 결론이 아닌가? 단지 단편적인 이차적인 '외양들'만이 존재하며 너머에 있는 것은 뉴런적 기제인가? 하지만 정반대의 강력한 결론, 즉 모든 외양은 외양의 외양이라는 결론은 어떠한가? 우리는 우리가 믿고 있다는 것을 결코 확신할 수 없다고 키에르케고르가 주장했듯이, 외양은 그 개념 자체에서 볼 때 분열된, 반성적 (reflexive)이라는 것이다. 결론적으로, 외양의 출현에 의해 도입된 존재론적인 분열은 단순히 외양과 현실 사이의 분열이 아니라 항상 외양 그 자체에 내재해 있는 분열이 아닌가? 여기에서 헤겔적 주장은, 사물들이 현상하는 방식은 사물들 자체에 내재해 있다는 것, 현상 그 자체가 본질

---

14) Guven Guzeldere, "Introduction: The Many Faces of Consciousness", in Ned Block, Owen Flanagan, and Guven Guzeldere eds., *The Nature of Consciousness*(Cambridge, MA: The MIT Press, 1997), p.44.

적이라는 것만이 아니다. 여기에, 본질 그 자체가 현상에 내재해 있으며 현상의 분열 속에 반영되어 있다는 것을 덧붙여야 한다. 진정한 수수께끼는 사물들이 "진정으로 무엇인가?"라는 것이 아니라, 그것들이 "우리에게 **정말로** 어떻게 **보이는가?**"라는 것이다. 이는 환상에 대한 라캉의 개념을 향하고 있다. 따라서 결론은 명확하고 분명하다. 우리 모두는 자신이 좀비라는 것을 알지 못하는, 자신을 자의식적 존재로 지각하도록 스스로를 속이고 있는 좀비다.

그렇다면, 무의식에 직접적으로 접근했기 때문에 프로이트는 의식 그 자체에 대한 적절한 이론을 제공하는 데 실패했다는, 정신분석학에 대한 표준적인 철학적 비판은 어떤가? 의식과 무의식은, 중간적인 수많은 상태를 가진(예를 들면 혼란스러운 반의식 상태), 같은 차원에 있는 두 개의 반대되는, 혹은 같은 개념적 장에 내재해 있는 양극(poles)을 지칭하는 것이 결코 아니라, **완전히 양립 불가능한**(incommensurable) 것이 아닌가? 의식의 차원에서 우리는 프로이트의 무의식을 상상조차 할 수 없다. (우리가 상상할 수 있는 것은 깊은 '비합리적' 충동이라는 생철학적 '무의식'이다.) 그리고 무의식은 의식에 대해 외적이라기보다는 오히려 그것에 무관심하며, 다른 차원에서 기능하는 것이 아닌가? 그러나 이 점을 너무 급히 인정하기 전에 우리는 의식과 기억의 대립에 관한 프로이트적 견해를 자세히 검토해야 한다. 의식적이 되지 않은 것은 기억의 흔적 속으로 기록된다는 생각 말이다. 이러한 주장의 결론은, 의식은 근본적으로 방어 형성물(defense-formation), 억압의 한 방식이라는 것이다. 우리는 어떤 것을 직접적으로 망각하기 위해 그것을 의식한다. 그래서 그것은 기억 속으로 기록되지 않으며 우리를 따라다니지 않는다는 것이다. 여기에서의 과제는 이러한 프로이트의 주장을, 의식의 근본적으로 '환원주의적인 기능에 대한' 인지과학적 '헤겔적' 통찰력과 연결시키는 일이다. 의식과 복합체(complexity) 사이의 연결은, "사물이 너무 복잡해지면 의식이 [그 안으로] 들어간다"는 것이 아니라, 반대로 의식은 복합체의 철저한 **단순화**의 매개라는 것을 뜻한다. 의식은 '추상화'의 매개 그 자체, 의식의 대상을 단순한 특징들의 쌍으로 환원시키는 매개다.

벤자민 리벳(Benjamin Libet)의 (주목할 만한 가치가 있는) 유명한 실험은 같은 방향을 지시하고 있지 않은가? 그것들을 흥미로운 실험으로 만드는 것은, 비록 결과는 명쾌하지만, 그 실험들이 무엇을 **위한** 실험인지는 분명하지 않다는 것이다.[15] 그것들은 자유의지가 없는 이유에 대해 증명하고 있다고 사람들은 주장할 수 있다. 즉, 심지어 우리가 의식적으로 결정하기 전에(가령 손가락을 움직이기로), 적당한 뉴런적 과정이 이미 작동하고 있다. 이것은 우리의 의식적 결정은 이미 진행되고 있는 것을 단지 주목하는 것(**이미 달성된** 것을 의식이 피상적으로 인정하는 것)에 불과하다는 것을 의미할 것이다. 다른 한편, 의식은 이미 진행되고 있는 이러한 과정에 거부권을 행사할 수 있는 것 같다. 그렇다면 적어도 우리의 저절로 주어지는 결정을 **봉쇄**할 수 있는 자유는 최소한 존재하는 것처럼 보인다. 그러나 자동적인 결정에 대한 우리의 거부 능력 그 자체가 이미 어떤 '맹목적'인 뉴런적 과정에 의해 결정되었다면? 하지만 세 번째의 더욱 급진적인 대안이 있다. 우리의 의식적인 결정에 앞서 이미 '자동적인' 뉴런적 과정 그 자체를 촉발시킨 **무의식적** 결정이 있었다면? 프로이트에 앞서 셸링(F. W. J. Schelling)은 우리가 내리는 기본적인 자유스러운 결정은 무의식적이라는 생각을 발전시켰다. 그렇다면 리벳의 실험과 관련해 프로이트적 관점에서 본다면 근저에 놓여 있는 근본적인 문제는 무의식의 지위의 문제다. 단지 의식적 사유(손가락을 움직이고자 하는 뒤늦은 의식적 결정)와 '맹목적'인 뉴런적 과정들(이 손가락을 움직이는 뉴런적 행위)만이 존재하는가? 혹은 무의식적 '정신적' 과정이 존재하는가? 그리고 참으로 무의식이 존재한다면 이것의 존재론적 지위는 무엇인가? 그것은 순수하게 잠재적인 상징적 질서의 지위 혹은 순수한 **논리적 전제**(비록 실재적 시간에서 실제적으로 행

---

15) Benjamin Libet, "Unconsciousness Cerebral Initiative and the Role of Conscious Will in Voluntary Action", *The Behavioral and Brain Sciences*, vol. 8(1985), pp.529-539; 그리고 Benjamin Libet, "Do We Have Free Will?", *Journal of Consciousness Studies*, vol. 1(1999), pp.47-57 참조.

해지지는 않았지만 결정을 **내렸어야 했다**)의 지위가 아닌가?

　인지과학자들의 기획이 유물론적 대답을 제공할 수 없는 것처럼 보이는 것은 바로 그러한 질문들과 관련해서다. 그것은 그러한 질문들을 부정하거나 '이원론적' 관념론적 입장으로 도피한다. 다니엘 데닛이 거의 강박적으로, '다윈의 생각'이 얼마나 위험한가라는 주제를 다양하게 제시할 때, 우리는 그의 주장은 정반대의 두려움을 은폐하고/드러내고 있다는 의심을 제기하고 싶어진다. 만일 다윈의 생각(진화의 철저한 우연성, 발생적 변이와 선택이라는 맹목적 과정으로부터 의도와 정신의 출현의 철저한 우연성)이 평화를 제공하는 메시지라면(쉽게 생각해. 우리의 삶에는 아무런 의미나 의무도 없어)? 키에르케고르 식으로 진정한 '위험'은, 진정으로 참을 수 없는 외상은, 우리가 진화적 적응의 결과로 환원될 수 **없다**는 것, 인지과학을 벗어나는 어떤 차원이 존재한다는 것을 받아들여야 하는 것이라면? 그렇다면 인지과학에 관한 가장 간결한 정의는 내면화된 행동주의, 즉 내부의 행동주의(유대인과 반대로 기독교인은 '내적으로 할례를 받아야' 한다)라는 것은 놀랄 만한 일이 아니다. 즉, 그것은 행동주의적 환원(관찰 가능한 적극적인 과정으로의 환원)을 내적인 과정에 (재)적용하는 것이 아닌가? 정신은 더 이상 블랙박스가 아니라 컴퓨터 같은 기계라는 것이다.

　(핑커로부터 맥긴에 이르기까지) 많은 인지과학자들이 다음과 같이 주장함으로써, 즉 의식이 자신에 대해서 알 수 없고, 세계에 존재하는 대상으로서 자신을 설명할 수 없다는 의식의 속성은 다름 아닌 의식 그 자체, 의식을 구성하는 것의 속성이기 때문이라고 주장함으로써 (자기)의식의 역설을 설명하려는 것은 바로 그러한 자해적 할례 때문이다. (핑커는 더욱 과학적인 진화주의적 판본을 제시한다. [핑커에 따르면] 의식은 자신을 이해/설명하려는 목적이 아니라 다른 진화적 기능을 가지고 출현했다. 반면 맥긴은, 왜 의식은 필연적으로 자기 자신에게 수수께끼인가라는 더욱 순수 이론적인 판본을 제시한다.) 우리가 여기에서 보고 있는 것은 형이상학의 출현에 관한 진화론적, 생물학적 설명 이외에 다름이 아니다. 그러나 『존재와 시간』의 틀로부터 나오는, 하이데거적인

반대 질문이 즉시 여기에서 떠오른다. 그럼에도 불구하고 의식이 **필연적으로** 자기 자신에 대해 묻고 질문한다는 사실은, 그것이 선천적으로 대답할 수 없는 수수께끼가 아닌가? (하이데거 자신이 말했듯이 **현존재**는 자기 자신의 존재에 관해 질문하는 실체다.) 어떻게 **이러한** 속성이 진화론의 논리 속에서 출현할 수 있는가? 요점은 단지, 의식의 적응 기능의 **정점**에서(주변에서 어떻게 길을 찾아나가는가 등) 의식이 **또한** 진화적, 적응적 기능(유머, 예술, 형이상학적 질문들)을 가지지 않는 수수께끼에 의해 방해받는다는 사실만은 아니다. (더 나아가) 중요한 요점은, 이러한 무용한 보완물(supplement), 선천적으로 해결할 수 없는 문제들에 대한 강박적 고착이 사후적으로, 풍부한 생존 가치를 갖는 절차(기술, 통찰력)들의 진정한 폭발을 가능하게 한다는 것이다. 마치, 생존 투쟁에서 다른 생물들에 대한 인간의 우월성을 주장하기 위하여 인간이라는 동물은 생존 투쟁 그 자체를 포기해야 하고 다른 질문들에 집중해야 하는 것처럼 말이다. 생존 투쟁에서의 승리는 단지 부산물로만 얻어질 수 있다. 직접적으로 생존 투쟁에 집중하면 그것을 상실한다. 불가능한/해결할 수 없는 질문들에 강박적으로 매달리는 존재만이 가능한 지식 속에서 길을 개척한다. 이것이 의미하는 것은, 하이데거가 말하려고 했듯이 동물의 생존 투쟁과 달리 인간의 투쟁은 이미 '반성적'이며 자신의 존재의 의미의 지평으로서 경험된다. 발전하고 있는 테크놀로지, 권력 투쟁은 직접적인 '생명의 사실'이라기보다는 존재의 어떤 계시 속에서, 계시로서 발생한다.

어떻게 뇌가 의식을 산출하는가 하는 것에는 실제로 아무런 신비스러운 것이 없다(양자역학을 이해하는 일은 원숭이의 인지적 능력을 벗어나 있는 것과 마찬가지로 우리 인간은 인지적으로 이러한 과정을 영원히 이해할 수 없다)고 맥긴이 주장할 때, 여기에는 이중의 아이러니가 있다. (양자역학에 아무런 관심도 없는) 원숭이와 완전히 달리 우리는 의식을 이해하기 위해 끊임없이 노력하지 않는가? (원숭이뿐만 아니라) 심지어 인간들도 양자물리학을 정말로 이해할 수는 없다(그것을 의미의 지평으로 완전히 번역한다는 엄격한 의미에서). 이러한 딜레마는 스티른 핑커의 『어떻게 정신은 일하는가?』16)라는 책의 마지막 장, 즉 예술, 농담하기 그리고 삶의 의미에 관한 질문(철학, 종교)처럼 적응적 기능에 아무 기여도 하지 못하는 인간의 행위에 대한 진화론적 설명을 시도하고 있는 '생명의 의미'에서 명백히 드러난다.

맥긴을 따라 핑커는, "우리의 정신은 철학의 중요한 문제를 해결하는 장치를 결여하고 있다"17)고 결론을 내리며, 이러한 "인지적 폐쇄(cognitive closure)"에는 아무런 형이상학적인 것이 없음을 강조한다. 그것은 엄격히 진화론적인 관점에서 설명될 수 있고 되어야 한다는 것이다. "그것은 어느 하나의 종(species)의 하나의 기관에 관한 관찰이다. 그것은 고양이는 색맹이다, 혹은 원숭이는 긴 나눗셈을 배울 수 없다는 것을 관찰하는 것과 다를 바 없다. 그것은 종교적 혹은 신비적 신념을 정당화하는 것이 아니라 왜 그것들이 무용한가를 증명한다."18) 진화 과정 속에서 등장하는 방식 때문에, 인류는 "자신의 힘을 자신의 종합, 구성(compositional), 조합 능력에 빚지고 있다." 그 자체로 인류는, "특히 전체적(holistic)이며 즉시 모든 곳에 있고 아무 곳에도 있지 않으며 동시에 모든 것"19)인 현상들을 파악하도록 만들어져 있지 않다. "오랜 세월 동안의 신비들에 우리가 당황해야 하는 것은 아마도, 단어들과 문장들의 세계를 연 조합적 정신(combinational mind)을 위해 우리가 지불한 대가인지도 모른다."20) 핑커는 이러한 현상으로 세 가지, 즉 문장, "나" 그리고 지시하기(referring)를 열거한다. 문장은 두뇌의 사건들의 조합 혹은 컴퓨터의 상태들의 조합이 아니라 직접적인 경험이다. "나"는 육체적 부분들 혹은 뇌의 상태들 혹은 정보의 편린들의 조합이 아니라, "시간 속에서의 자기(selfness)의 통일", 즉 구체적으로 어느 곳에도 존재하지 않는 단일한 장소(single locus)다. 자유의지는 "정의상, 사건

---

16) Steven Pinker, *How the Mind Works?*(Harmondsworth: Penguin Books, 1998).
17) 같은 책, pp.562-563.
18) 같은 책, p.563.
19) 같은 책, p.564.
20) 같은 책, p.565.

들과 상태들의 인과적 연쇄가 아니다."21) 그리고 마찬가지로, 의미의 조합적 성격에 관해서는 많은 설명이 있었지만, "의미의 핵 — 무언가를 지시하는 단순한 행위 — 은 여전히 수수께끼로 남아 있다. 왜냐하면 그것은 지시되고 있는 사물과 지시하고 있는 사람 사이의 어떤 인과적 관계로부터 이상하리만큼 떨어져 있기 때문이다."22)

그러나 우리가 여기에서 "이러한 문제들의 본질 그 자체와, 자연적 선택이 우리를 적응하도록 만들어준 컴퓨터적 장치 사이의 부조화"23)를 다루고 있다고 주장한다면, 진정한 수수께끼는 삶의 의미 그 자체가 아니라, 차라리 **왜 우리의 정신은 우선적으로 삶의 의미를 집요하게 탐구하는가** 하는 것이다. 만일 종교와 철학이, (적어도 부분적으로라도) "그것들이 해결할 수 있도록 고안되지 않은 문제들에 대한 정신적 도구들의 적용이라면,"24) 어떻게 이러한 잘못된 적용이 발생했으며, 왜 그 잘못된 적용은 그렇게 집요한가? 이러한 입장의 칸트적 배경에 주목하라. 이미 칸트는, 인간의 정신은 자신이 선천적으로 해결할 수 없는 형이상학적 질문의 짐을 지고 있다고 주장한 바 있다. 이러한 질문들은 보류될 수 없다. 그것들은 우리의 본성 그 자체의 일부다. 핑커는 예술을 다룰 때, 이러한 '잘못된 적용'의 기본 공식을 다음과 같이 제안한다.

우리에게 쾌락 감각을 제공함으로써 정신의 몇몇 부분은 쾌적함(fitness)의 증가의 달성을 기록한다(register). 다른 부분들은 목표 달성을 위해 원인과 결과에 관한 지식을 이용한다. 그것들을 한꺼번에 모으면 당신은 생물학적으로 무의미한 도전으로 상승하는 정신을 얻는다. 뇌의 쾌락 회로에 어떻게 도달하며, 거친 세계로부터 선의의 쾌적함의 증가를 억지로 빼앗는 불편함 없이 쾌락의 작은 충격을 어떻게 제공할 수 있는가를 생각하는 정신 말이다.25)

---

21) 같은 책, p.564.
22) 같은 책, pp.564-565.
23) 같은 책, p.565.
24) 같은 책, p.525.
25) 같은 책, p.524.

이러한 단락(short-circuit)에 대한 핑커의 첫 번째 예는 치명적인 쾌락의 악순환에 사로잡혀 있는 쥐다. "쥐 한 마리가, 뇌 중앙부에 있는 전뇌(forebrain) 다발에 이식된 전극으로 전자 자극들을 보내는 지렛대에 도달하면, 그 쥐는 탈진해 쓰러질 때까지 지렛대를 격렬하게 누른다. 먹고, 마시고, 성행위하는 기회조차 포기한 채."26) 간단히 말하면, 이 불쌍한 쥐의 뇌가 성교를 한 것이다. 마약은 이렇게 직접적으로 우리의 뇌에 영향을 미침으로써 작용한다. 여기에서 우리가 보는 것은 '순수한' 최음제다. 우리의 뇌에 쾌락을 제공하는 도구인 우리의 감각들을 자극하는 수단이 아니라, 뇌 자체 속에 있는 쾌락의 중심에 대한 직접적인 자극이다. 더 매개된 다음 단계는, 그것이 과거 세대에서 쾌적함(fitness)을 낳았을 환경에 있을 때, 그 회로를 자극하는 '감각을 경유해' 쾌락 회로에 도달하는 것이다. 과거 세대에서 동물이 자신의 주변에서 자신의 생존 기회(예를 들면 먹이를 발견하거나 위험을 피하는 것)를 증가시켜주는 어떤 패턴을 발견했을 때 말이다. 이제 유기체는 단지 쾌락을 얻기 위해 그러한 패턴을 직접적으로 만들어낸다. 이러한 모형이 음식, 음료 그리고 성적 쾌락, 심지어 예술까지도 설명한다. 미적 경험의 기초는, 원래 우리가 우리의 주변에서 방향을 잘 잡을 수 있도록 해주었던 (예를 들면 대칭적인, 명확한) 감각적 패턴의 재인식이다.

물론 여기에서 다음과 같은 수수께끼가 생겨난다. **어떻게 이러한 단락(short-circuit)이 발생하는가?** 원래는 우리의 생존을 목적으로 하는 목표 지향적 행위의 부산물(예를 들면 목표가 달성되었다는 표식)에 지나지 않았던 쾌락 경험이 어떻게 목적 그 자체로 변화하는가? 여기에서 가장 전형적인 사례는 물론 성(sexuality)이다. 원래 번식의 목표가 달성되었다는 것을 알려주는 성적 쾌락이 목적 그 자체가 된다. 그리하여 인간이라는 동물은 이 목표를 추구하고, 이것을 자세히 계획하고, 심지어 (피임을 통해서) 원래의 목표를 직접적으로 방해하기도 하면서 엄청난 시간을 낭비한다. 가톨릭은 성을 동물의 교미의 수준으로 질을 낮추는 번식의 목표로만 사용할 것을 허락한다.

---

26) 같은 책 p.524.

여기에서 근본적인 역설은 원래 단순한 부산물에 지나지 않았던 것이 자율적인 목표로 승격되었을 때, 바로 그때 인간의 고유한 차원이 등장한다는 사실이다. 인간은 더 이상 '반사적'이지 않다. 반면 인간은, 동물에게는 본질적인 가치를 지니고 있지 않은 것을 직접적인 목표로 지각한다. 요컨대 '인간화'의 영도(zero-degree)는 동물의 행위를 더욱 '매개하는 것', 더 높은 총체성(가령 우리는 더 높은 영적 잠재력을 발전시키기 위해 먹고 번식한다)의 종속된 계기로서 그것을 재등록하는 것이 아니라, 초점을 더욱 좁히는 것, 사소한 행위를 목적 그 자체로 승격시키는 것이다. 우리는 같은 몸짓을 반복하고 거기에서 만족을 얻을 때, 즉 폐쇄된, 자기 추진적인 고리에 사로잡혔을 때 '인간'이 된다. 우리 모두는 만화 영화의 전형적인 장면들 중의 하나를 기억한다. 춤추면서 고양이가 공중으로 뛰어 올라가고 자신을 축으로 돌기도 한다. 그러나 정상적인 중력의 법칙에 따라 땅의 표면을 향해 떨어지는 대신, 고양이는 공중에 일정 시간 정도 떠 있고, 마치 시간의 고리에 매달려 있는 것처럼 매끄러운 자세로 돌며 같은 원환 운동을 반복한다 등. (슬랩스틱의 요소들을 사용하는 몇몇 뮤지컬 코미디에서 같은 장면을 또한 발견할 수 있다. 무용수는 공중에서 빙빙 돌면서 얼마 동안 거기에 머물러 있다. 마치 잠시 그/그녀가 중력의 법칙을 정지시키는 것에 성공했다는 듯이 말이다. 그러한 효과가 무용이라는 예술의 궁극적 목표가 아니겠는가?) 그러한 순간에 '정상적인' 사물의 흐름, 물질적 현실이라는 우매한 타성(inertia)에 사로잡히는 '정상적인' 과정이 잠시 정지된다. 우리는 정지된 활성화라는 마술적인 영역, 말하자면 자신의 머리카락을 잡고 늪으로부터 자신을 끌어올린 뮌히하우젠(Münchhausen) 남작처럼 공중에 매달려 자신을 지탱하는, 일종의 영묘한 회전과 같은 마술적인 영역에 들어간다. 그 속에서 시간의 직선적인 진행이 반복적인 고리 속에서 정지하는 회전 동작이야말로 **충동**의 가장 근본적 속성이다. 이것은 또한 영도 차원(zero-level)에 있는 '인간화'다. 시간의 직선적인 연쇄를 정지/파열시키는 자기 추진적 고리 말이다.

스파이 소설과 영화의 교훈은 여기에서 적절하다. 적을 함정에 빠뜨리기 위한 완벽한 '조작(operation)'이 어떻게 해서 실패하게 되는가? 보통은, 더욱 어둡고 더욱 비밀스러운 음모가 그 뒤에 숨어 있다는 식으로, 예를 들면 이중 삼중의 스파이가 있다는 식으로 일이 꼬이게 된다. 하지만 더욱 비극적으로 꼬이기도 한다. '인간적 요소'의 예측할 수 없는 역할 말이다. 한 여자를 유혹하고, 이용하고, 그 다음에 희생시키는 역할을 맡은 요원(혹은 이 일에 적합한 남자)이 그녀에게 반하고, 그래서 그녀를 배반하고 희생시킬 수 없다. 그리하여 그는 그의 상관에게 단지 자기의 희생자를 이용하는 척만 한다. 실제로는 그녀를 구하기 위해 가능한 모든 일을 하면서 말이다. 이것이, 다중적 차원의 속임수보다 훨씬 더 '인간적인' 복합성이다. 복잡한 음모에서 단지 수단으로서 계획되었던 것이 갑자기 절대적인 목표로, 궁극적인 충성의 대상으로 승격한다. 나는 모든 것이 산산조각 날지라도 그것에 매달린다.

결론을 내리자. 그렇다면 우리는, 우리의 정신적 능력이 "객관적인" 도구로 점진적으로 외화된다(예를 들면 종이에 글을 쓰는 것이 아니라 컴퓨터를 이용하는 것)는 사실이 우리의 인간적 잠재성을 빼앗아간다고 한탄할 것이 아니라, 이러한 외화의 해방적 차원에 초점을 맞추어야 한다. 우리의 능력이 외부의 기계에 더욱 많이 전치되면 될수록 더욱 우리는 "순수한" 주체로 등장한다. 왜냐하면 이러한 공허화(emptying)야말로 실체 없는 주체성의 등장을 의미하기 때문이다. 우리가 "생각하는 기계"에 완전히 의존할 수 있게 될 때만 우리는 주체성의 빈곳에 직면하게 될 것이다. 2002년 3월 매스미디어는 런던 출신의 케빈 워윅(Warwick)이 최초의 사이버 인간이 되었다고 보도했다. 옥스퍼드의 한 병원에서 그의 뉴런 시스템은 컴퓨터 네트워크에 직접적으로 연결되었다. 그리하여 그는 오감을 거치지 않고 데이터를 직접 주입 받는 최초의 인간이 되었다. 인간 정신과 컴퓨터의 결합(후자가 전자를 대신한다기보다는), **이것**이 미래다.

뉴욕 대학의 과학자들이 쥐의 뇌로부터 직접적으로 신호를 받아들일 수 있는 컴퓨터 칩을 부착했다고 보고한 2002년 5월에 우리는 이러한 미래를 다시 한 번 맛보게 되었다. 그리하여 사람들은 조종 기제를 가지고(원격 조정 장치를 가진 장난감 자동차를 작동시키는 것과 같은 방식으로) 쥐를 통제할 수 있다(쥐가 달려가는 방향을 결정할 수 있다). 이 것은 인간의 뇌와 컴퓨터 네트워크 사이의 직접적인 연결의 최초의 사례는 아니다. 맹인들이 시각적 지각 장치(예를 들면 눈)를 직접 거치지 않고, 자신들의 뇌로 직접 주입되는, 주변 환경에 대한 기본적인 시각적 정보를 얻을 수 있도록 해주는 그러한 연결은 이미 존재한다. 쥐의 경우에서 새로운 것은 살아 있는 동물의 '의지', 그것이 취할 동작에 관한 '자발적인' 결정을 외부의 기계가 내려준다는 것이다. 물론 여기에 중요한 철학적 질문이 있다. 그 불운한 쥐는 외부에서 결정되는 자신의 동작을 어떻게 '경험'하는가? 쥐는 그것을 자발적인 어떤 것으로 '경험'하는가? (즉, 쥐는 자신의 동작이 조정되고 있다는 것을 전적으로 알지 못하는가?) 혹은 쥐는 '무언가 잘못되었다는 것'을, 다른 외부적 힘이 자신의 동작을 결정하고 있다는 것을 알고 있는가? 똑같은 추론을 사람에 대해서 행해진, (윤리적 문제가 생김에도 불구하고 기술적으로 말한다면 쥐의 경우보다 더 복잡하지는 않은) 같은 실험에 적용하는 것은 더욱 중요하다. 사람의 경우에는 이러한 질문을 던질 수 있지만, 쥐의 사례에서는 '경험'이라는 인간의 범주를 쥐에게 적용해서는 안 된다고 주장할 수 있다. 그렇다면 다시 물을 수 있다. 조종을 받고 있는 사람은 자신의 동작을 자발적인 어떤 것으로 계속 '경험'하는가? 그는 자신의 동작이 조종 받고 있다는 것을 전적으로 알지 못하게 되는가? 혹은 그는 '무언가 잘못되었다는 것'을, 다른 외부적 힘이 자신의 동작을 결정하고 있다는 것을 알고 있는가? 그리고 정확히 질문하면, 어떻게 이러한 '외부적 힘'이 '나의 내부에 있는' 어떤 것, 멈추게 할 수 없는 내적 충동으로 혹은 단순한 외적 강제로 여겨질 것인가? 아마도 상황은 벤자민 리벳의 유명한 실험[27)에서 기술된 것과 같을 것이다. 조종을 받고

---

27) Benjamin Libet, "Unconsciousness Cerebral Initiative and the Role of Conscious Will in Vountary Action", *The Behavioral and Brain Sciences*, vol. 8(1985), pp.529-539; 그리고 Benjamin Libet, "Do We Have Free

있는 사람은 움직이고자 하는 충동을 자신의 '자발적인' 결정으로 계속 해서 경험할 것이다. 하지만 — 유명한 0.5초 지연 덕분에 — 그/그녀는 이러한 결정을 **봉쇄**할 수 있는 최소한의 자유를 유지하게 될 것이다. 과 학자들과 보도 기자들이 이러한 기제를 어떻게 적용할 것인가를 언급했 다는 것 역시 흥미롭다. 언급한 첫 번째 세부 사항들은 인도주의적 도움 과 반테러 운동이라는 쌍과 연관되어 있다. (돌덩이 밑에 깔린 지진의 희생자들과 접촉하기 위해서, 그리고 인간의 생명을 위협함이 없이 테 러리스트에게 접근하기 위해서 조종 받는 쥐와 다른 동물들을 사용할 수 있다.) 그리고 여기에서 염두에 두어야 할 중요한 것은 기계 속으로 직접 통합된 인간 정신에 관한 이러한 음험한(uncanny) 경험은 미래 혹 은 어떤 새로운 것에 관한 비전이 아니라 항상 이미 진행되고 있는 어 떤 것, 여기에 맨 처음부터 있던 어떤 것에 관한 통찰이라는 것이다. 왜 냐하면 그것은 상징적 질서와 같은 실체이기 때문이다. 변하는 것은, 기 계의 직접적인 물질화, 그것의 직접적인 뉴런적 네트워크로의 통합에 직면해 우리는 더 이상 인격(personhood)의 자율성이라는 환상을 유지 할 수 없다는 것이다. 투석(dialysis)을 필요로 하는 환자는 처음에는 완 전한 무기력감을 느낀다는 것은 잘 알려져 있다. 어떤 사람의 생존 그 자체가 내가 내 앞에서 보는 기계적 장치에 달려 있다는 사실을 받아들 이기는 어려운 일이다. 그러나 이것은 우리 모두에게 마찬가지로 적용 되는 것이다. 약간 과장된 용어로 표현하면 우리 모두는 정신적-상징적 투석 장치를 필요로 하고 있다.

컴퓨터 발달은 불가시성(invisibility)으로 향하는 경향성이 있다. 신비 로운 깜박거리는 빛을 가진 거대한 흥얼거리는 기계는 우리가 지각하지 못하는 사이에 우리의 '정상적인' 주변 속으로 장착되어 그것을 더 부드 럽게 작동시킬 수 있도록 해주는 작은 조각들에 의해 점점 더 대체될 것이다. 컴퓨터는 점점 작아질 것이고 따라서 보이지 않을 것이며, 도처 에 있을 것이며, 아무 곳에도 없게 될 것이다. 그리고 너무 강력해서 그 것들은 시야에서 사라질 것이다. 요즈음의 자동차를 생각해보기만 해도

Will?", *Journal of Consciousness Studies*, vol. 1(1999), pp.47-57 참조.

이를 알 수 있다. 그 자동차에서 많은 기능들(창문 열기, 난방 등)이 우리가 거의 지각하지 못하는 작은 컴퓨터 때문에 부드럽게 작동하고 있다. 가까운 장래에 우리는 부엌, 심지어 옷, 안경, 구두까지도 컴퓨터화하게 될 것이다. 먼 장래의 일이기는커녕 이 불가시성은 이미 여기에 존재한다. 필립스는 재킷의 천 속으로 짜여 넣어지게 될 전화와 음악 재생기를 시장에 곧 내놓겠다고 계획하고 있다. 그렇지만 사람들은 보통 때와 다름없이(디지털 기계에 무슨 일이 일어날지 걱정하지 않고) 재킷을 입을 수 있을 뿐만 아니라 심지어 세탁할 때도 전자 하드웨어를 상하지 않을 수 있다. 우리의 감각적(시각적) 경험의 장으로부터의 이러한 사라짐은 겉보기와는 달리 그렇게 무해하지 않다. 필립스 재킷을 (더 이상 귀찮고 잘 부서지는 기계로서가 아니라, 우리의 육체의 장착된 거의 준유기체적인 의족 같은 것으로서) 다루기 쉬운 것으로 만들게 될 바로 그 특징은 전능한, 보이지 않는 주인의 환영 같은(phantom-like) 성격을 그것에 제공할 것이다. 기계적인 부착물은 우리가 그것과 상호작용하는 외부의 기계이기를 점점 그칠 것이며, 직접적인 유기체로서 우리의 직접적인 자기 경험의 더 많은 부분이 될 것이고, 이로써 우리를 내부로부터 탈중심화할 것이다. 그러한 이유로, 컴퓨터의 증가하는 불가시성과 다음과 같은 잘 알려진 사실, 즉 사람들이 무언가를 충분히 잘 배우면 사람들은 그것을 인식하기를 그친다는 사실 사이에 병행성이 있다고 말하는 것은 우리를 오도한다. 우리가 언어를 배웠다는 표식은, 우리는 더 이상 언어의 규칙에 집중할 필요가 없다는 것이다. 우리는 '자발적으로' 그것을 말한다. 적극적으로 규칙들에 집중하는 것은 심지어 우리가 유창하게 언어를 말하는 것을 방해한다. 하지만 언어의 경우에는 우리는 이전에 그것을 배웠어야 한다. (우리는 그것을 우리의 정신 속에 가지고 있다.) 반면 우리 주변의 보이지 않는 컴퓨터는 저기 바깥에 있으며, '자발적으로'가 아니라 맹목적으로 행동한다.

여기에서 한 걸음 더 나아가자. 데닛이 '정신'의 **사회적** 성격을 주장하는 곳에서 보 달봄(Bo Dahlbom)은 데닛을 비판28)할 때 그는 옳다.

---

28) Bo Dahlbom, "Mind is Artificial", in Bo Dahlbom ed., *Dennett and His*

즉, 정신에 관한 이론은 명백히 역사적, 사회적 맥락에 의해 조건 지어
진다는 것이 전부는 아니라는 것이다. (경쟁하는 다양한 설계도에 관한
데닛의 이론은 경쟁, 탈중심화 등의 동인을 갖고 있는, '포스트 산업적'
후기 자본주의 — 『설명된 의식(*Consciousness Explained*)』을 오늘날의
자본주의의 우화로 읽을 것을 제안하는 프레드릭 제임슨(Fredric
Jameson)에 의해서 또한 발전된 개념 — 의 뿌리를 보여주지 않는가?)
훨씬 더 중요한 점은, 어떻게 도구들 — 인간이 의존하는 외화된 지능
— 이 인간 정체성의 고유 부분들일 수 있는가에 관한 데닛의 주장은
데닛 자신보다 훨씬 더 멀리 나아가야 할 길을 열어준다는 것이다. 오랜
선량한 마르크스주의적 용어로 말하면, 인간은 사회적 관계의 총체성이
기 때문이다. 왜 데닛은 다음 단계의 논리적 단계를 취해서 직접적으로
사회적 관계의 이러한 그물망을 분석하지 않는가? "도구들로부터 특히
언어 그 자체에 이르기까지 외화된 지능"의 이 영역은 자기 자신의 영
역, 즉 헤겔이 "객관적 정신"이라고 불렀던 영역, 자연적 실체에 대립하
는 인공적 실체의 영역을 형성한다. 달봄이 제안하는 정식(formula)은
다음과 같다. "정신들의 사회"(민스키(Minsky), 데닛 그리고 그 밖의 다
른 사람들)로부터 "사회의 정신들"(즉, 사회적 관계(의 그물망)와 지능
을 "객관화시키는" 인공적 기계적 보충물의 복잡한 그물망 속에서만 등
장하고 기능할 수 있는 인간 정신)로.

홍준기 옮김

Critics(Oxford: Blackwell, 1993) 참조.

제 3 강연

소프트 혁명의 시대

이라크에 대한 전쟁을 옹호하기 위한 크리스토퍼 히친스(Christopher Hitchens)의 논거는 다음과 같았다: 이라크인의 대다수가 사실상 사담의 희생자들임을 잊어서는 안 된다. 그들은 사담의 제거를 진심으로 환영할 것이다. 사담은 이라크에서 너무나 큰 재앙이어서 어떤 형식이 되었든 미국의 지배는 일상의 생존 측면에서 그리고 공포를 훨씬 완화시켜 준다는 측면에서 좀 더 밝은 전망으로 보일 것이다. 우리는 여기서 '이라크에 서구 민주주의 보급'에 대해서 말하는 것이 아니라, 사담이라 불리는 악몽을 제거하는 것에 대해서 말할 뿐이다. 어떻게 미국 지배가 이라크인들에게 상처를 줄 것인지 증명하려고 시도했던 여러 논증들은 단적으로 잘못이다. 어쨌든 평범한 이라크인은 사담 정권의 패배로부터 생활수준 면에서나 종교 그리고 여러 자유의 측면에서 **혜택**을 입을 것이다. 이러한 대부분의 사람들에게는 서구 자유주의자들의 경고가 심각한 위선으로 보일 뿐이다. 그들은 이라크 사람들이 참으로 어떻게 느낄는지 진심으로 염려해보기나 했던가?

여기에서 우리는 더 일반적인 논점을 다음과 같이 만들 수 있다: 친(親)카스트로 쿠바인들이 미국으로 이주한 사람들을 구사노스(gusanos), 즉 벌레들이라고 부르는데, 그 이주민을 경멸하는 친카스트로 서구 좌파들은 어떠한가? 쿠바 혁명을 전적으로 지지한다고 치더라도, 정치적 환상에서 벗어나서 뿐만 아니라 굶주림만을 단적으로 지속시키는 지속적인 빈곤을 견디지 못해 쿠바를 떠나기로 결심했던 쿠바인들을, 전형적인 중간 계급에 속한 서구 좌파들은 무슨 권리로 경멸하는 것인가? 마찬가지로, 1990년대 초반에 수십 명의 서구 좌파들이 유고슬라비아가 여전히 그들에게 어떻게 존재하고 있는지 자랑스럽게 내 면전에서 말하면서, 유고슬라비아가 남아 있을 수 있는 유일한 기회를 내가 배반했다고 나를 책망했던 기억이 있다. 여기에 대해 나는 서구 좌파들의 꿈을 실망시키지 않도록 살아갈 준비가 아직 되어 있지 않다 … 라고 언제나 대답했다. 종신직의 서구 대학의 한 좌파 학자가 거드름을 피며, 서구적 자유민주주의와 약간의 소비재 상품을 원하는, 공산주의 국가에서 온한 동유럽인을 무시하는 것(심지어는 선심이라도 쓰는 듯 '이해한다'고 하는 것)보다 실질적으로 더 경멸적인 것과, 이데올로기적인(만일 이 말이 오늘날에도 어떤 의미를 지닌다면, 바로 여기에 적용될 것이다) 태도는 없다.

그러나 이런 사실로부터, "이라크인도 내심 우리와 같고, 실제로 우리와 같을 것을 원한다"는 생각으로 나아가기는 무척 쉽다. 케케묵은 소리가 여기서 다음과 같이 반복된다: 미국은 사람들에게 새로운 희망과 민주주의를 가져다주었다. 그러나 배은망덕한 그 사람들은 미국 군대를 칭송하는 대신에, 그들은 선물 중의 선물을 의심한다. 그래서 미국은 사심 없이 도와준 그들의 배은망덕 탓에 감정이 상한 어린애처럼 반응하는 것이다…. 여기에 깔려 있는 전제는 다음과 같은 구태의연한 것이다: 내심, 우리가 속마음을 드러낸다면, 우리 모두는 미국인이고, 이것이 우리의 참된 바람이다. — 그래서 필요한 모든 것이란 단지 사람들에게 기회를 제공하고, 부과된 구속으로부터 그들을 해방시키는 것인데, 그러면 그들은 우리의 이데올로기적 이상에 동참할 것이다…. 2003년 2월, 한 미국 하원의원은 당시 미국인들이 하고 있는 일, 다시 말해서 그들의 혁명을 세계 모든 나라에 수출하는 일을 묘사하려고 '자본주의적 혁명'이라는 말을 사용했다는 것은 놀랄 일이 아니다. 그들이 적을 '봉쇄'하는

데서 좀 더 공격적인 자세로 변화했다는 것은 놀랄 일이 아니다. 수십 년 전의 구소련처럼 지금 세계혁명을 수행하는 파괴적 행위자는 바로 미국인 것이다. 부시가 최근 "자유는 다른 나라에 미국이 주는 선물이 아니라, 인류에게 주는 신의 선물이다"라고 말했을 때, 이것은 겸손하게 보이지만 그와 반대되는 성격, 즉 최고의 전체주의적 태도를 숨기고 있는 것이다. 즉, 이 말의 의미는, 그렇다, **그러나** 세계 모든 국가에 이 선물을 분배하도록 선택받은 도구가 자신이라고 생각하는 것은 미국 자신이다!

'1945년의 일본을 반복하라'는 생각, 즉 이라크에 민주주의를 가져다 주고, 이 이라크가 아랍 세계의 모델로 기여하여 사람들로 하여금 부패한 정권을 제거시키게 하라는 생각은 즉각적으로 넘을 수 없는 장애에 부딪히게 된다. 즉, 미국의 지대한 관심사이기는 하지만 민주주의로 변화하지 **않은** 사우디아라비아는 어떠한가? 사우디에서 민주주의를 실시한다면 그 결과는 1953년의 이란(반제국주의적 성향을 가진 포퓰리스트 정권)의 반복이 되거나, '근본주의자'가 직접 선거에서 **승리한** 수년 전의 알제리의 반복이 되었을 것이다. 현재 상황에서 근본적인 사실은 미국이 그 약속을 이행할 수 없다는 것이다. 즉, 아랍 국가들이 서구 민주주의를 채택하게 되면 미국에게는 지정학적 재앙이 될 것이고, 미국에 대한 석유 공급이 위협을 받게 될 것이다.

그러나 도널드 럼스펠드의 '늙은 유럽'에 대한 역설적인 농담 속에는 진실이 담겨 있다. 전쟁 발발 몇 주 전, 대(對)이라크 미국 정책에 대항하여 발표했던 프랑스-독일의 입장은 그 이전에 프랑스-독일 정상회담에서 표명된 입장, 즉 시락과 슈뢰더가 프랑스-독일의 이중 주도권으로 유럽 공동체를 이끌려고 했던 입장에 비추어서 이해되어야 한다. 그러므로 반미주의가 '거대한' 유럽 국가들, 특히 프랑스와 독일에서 가장 강하다는 것은 놀라운 일이 아니다. 이는 세계화에 대한 그들의 저항의 일부인 것이다. 최근의 세계화의 경향이 국민국가의 주권을 위협한다는 불평이 있다. 그러나 여기서 **어느** 국가가 이 위협에 가장 노출되어 있는지 검토해보아야 한다. 그것은 작은 국가들이 아니라 이류의 (전)강대국, 다시 말해서 영국, 독일, 프랑스 등이다. 그들이 두려워하는 것은 새롭게 등장하는 전 지구적 제국에 완전히 빠져들게 되면 자신들은 말하자면 오스트리아, 벨기에 혹은 심지어 룩셈부르크와 같은 수준으로 전락할 것이라는 점이다. 프랑스에서 많은 좌파들이나 우파 민족주의자들 모두가 의견이 일치하는, '미국화' 거부는 따라서 궁극적으로는 프랑스 자신이 유럽에서 자신의 주도적 역할을 상실하고 있다는 사실을 받아들이기를 거부하는 것이다. 큰 민족국가와 작은 민족국가 사이의 평균화는 세계화의 유익한 결과로 평가되어야 할 것이다. 탈공산화된 새로운 동유럽에 대한 모욕적인 조소에서 유럽의 '위대한 민족'의 상처받은 나르시시즘의 모습을 식별하기 쉽다.

이런 위대한-국가-민족주의(great-state-nationalism)는 미국의 대이라크 전쟁에 대한 반대(의 실패)의 외적 특징만이 아니다. 그것은 프랑스와 독일이 이런 반대를 표명하는 방식 자체에도 영향을 주었다. 미국이 했던 식으로 정확히 행동하는 대신, 즉 그들의 '새로운 유럽' 국가들을 새로운 정치 군사적 지평에서 동원하여 새로운 공동 전선을 구축하는 대신, 프랑스와 독일은 거만하게 혼자서 활동했다. 대이라크 전쟁에 대한 최근 프랑스의 저항에는 '과거 퇴폐적' 유럽의 반향이 존재한다. 다시 말해 비활동으로, 즉 결단에 대한 결단을 통해 문제를 회피해버린 것이다. ― 이는 1930년대 독일에 대항하는 국제연맹의 비활동을 떠올리게 한다. 그리고 "조사관들이 조사하도록 내버려두라"는 평화주의자의 요구는 분명히 위선적**이었다.** 단지 군사적 개입이라는 확실한 위협이 존재했기 때문에 조사관들이 그 일을 하도록 허용되었을 뿐이기 때문이다.

지지와 반대 가운데 우리가 이유 있게 설 수 있는 곳은 어디인가? 추상적 평화주의는 지적으로는 어리석고, 도덕적으로는 잘못되었다. 위협에 대해서는 저항해야만 하는 것이다. 물론 사담의 몰락은 이라크 국민 대다수에게 구원이었다. 물론 "반란은 이라크인들 자신에게서 비롯되어야 한다", "우리는 그들에게 우리의 가치를 부과할 수 없다", "전쟁이 해결책이 아니다" 등과 같은 무수한 상투어에서처럼, 전쟁에 반대하는 모든 이유에는 어떤 위선이 존재했다. 그런데 전쟁을 반대한 사람들은, 이 전쟁에는 어떤 끔찍한 잘못이 있고, 회복할 수 없는 변화가 생길 것이라는 대단히 타당한 '본능적 감정'을 표출했다. 그것은 무엇인가?

자크 라캉의 유명한 주장 가운데, 아내에 대해 질투심 많은 남편의 주장(그녀가 다른 여러 남자들과 동침했다)이 사실로 판명되더라도, 그 남편의 질투는 여전히 병리적인 것이라고 하는 주장이 있다. 이와 동일한 방식으로, 유대인에 대한 나치의 불평(유대인들은 독일인을 착취했고 독일 소녀들을 유혹했다는 등)이 참일지라도, 나치의 반유대주의는 여전히 병리적일 수 있다고 (그리고 병리적이었다고) 말할 수 있다. 왜냐하면 나치가 자신의 이데올로기적 입장을 지탱하기 위해서 왜 반유대주의가 **필요**했는지 그 참된 이유를 숨겼기 때문이다. 같은 방식으로, 이라크에 대해서 "잔인한 독재자가 축출되었다. 그런데 왜 그것이 잘못인가!"라는 식으로 분명히 말하려는 유혹에 저항해야 한다. (즉, 좀 더 세련된 말로 표현하자면, "공산주의가 선을 실현하려고 했지만 파국적 결말로 끝나지 않았는가? 나쁜 목적(석유, 제국주의적 헤게모니) 때문에 수행되었더라도 그 결과가 좋다면 수행할 만하지 않은가?")

미국이 이라크를 공격하기 전에, 모든 사람들은 대규모 생태적 파국, 많은 미군 사상, 서구에 대한 또 다른 대규모 테러 공격 등과 같은 몇 가지 종류의 파국적 결말에 대해서 두려워했다. 이런 방식에서 우리 모두는 조용히 미국의 입장을 받아들였다. 그래서 그 전쟁이 금방 끝난 뒤(1991년 걸프 전쟁의 반복처럼), 사담 정권은 빠르게 붕괴되었고, 그래서 누구나 안도의 한숨을 내쉬었는데, 심지어 지금도 미국의 정책에 대해 비판하는 이들조차도 그러했다. 따라서 사람들은, 미국이 고의로 임박한 파국의 공포를 조장하여 파국이 실제로 발생하지 **않자** 전반적으로 안도감을 갖게 만들었다는 가설을 고려해보도록 유혹을 받게 된다. 그러나 이것이야말로 아마 틀림없이 가장 큰 진짜 위험일 것이다. 다시 말해서 다음과 같이 그 반대를 주장할 수 있도록 용기를 모아야 한다: 아마도 미국이 군사적으로 나쁜 결과를 갖는다면 그것은 가능한 결과 가운데 최상의 것이 될 것이다. 왜냐하면 그로 인해 애통할 만한 나쁜 소식이 전해질 것이며 이것이 모든 참가자들로 하여금 자신의 입장을 재고하게 만들 것이기 때문이다.

이 전쟁의 '승전'을 선언한 이후 얼마 지나지 않아 평화 운동은 점차로 거의 사라졌고, 전쟁을 반대했던 서유럽 국가들은 부끄러움 속에서 책임을 회피하다가 미국에 화해의 손짓을 보내기 시작했다. 심지어 슈뢰더는 자신의 반미 선언에 대해서 공개적으로 사과하기도 했다. 이라크 점령 후의 이라크 통치에서 UN과 미국과 그리고 연합국 가운데 누가 주도적인 역할을 수행해야 하는지에 대한 논쟁은, UN의 중심 역할을 원하는 유럽인들의 거대한 윤리 정치적 혼돈을 나타냈다. 군사적 승리는 오히려 간단한 부분이었다. 이제 미국과 연합국이 얽힌 복잡한 문제를 정리하도록 도와주는 대신, 유럽 국가들은 미국이 과장했던 약속을 충실하게 이행하도록 전적인 책임을 촉구해야만 한다. UN이 중요한 역할을 수행해주기 바라는 욕망 가운데 다른 국가가 만든 혼란을 해소하는 역할을 담당하려는 이상한 의향이 드러난다. 이런 저질 성향이 극에 달한 것은, 전후 이라크와 관련된 UN 안전보장이사회에서 미국의 제안을 프랑스, 독일 그리고 러시아가 함께 지지했을 때였다. 그로 인해 미군의 개입은 소급적으로 적법화되었다.

그러나 오늘날, 미국에 대한 유럽 국가의 저항이 어떻게 그렇게 약하고 또 하찮아질 수 있었는지, 그리고 유럽이 자주적인 정치적 행위자로서 주장하기를 어떻게 실패했는지에 대한 불평을 도처에서 듣게 될 때, 이런 실패에 대한 상당히 강한 자각은 그 자체로 긍정적 신호라는 점을 염두에 두어야 한다. 유럽이 자기주장을 할 필요를 분명히 자각하고 있다는 사실, 자기주장의 결여를 필패로 자각하고 있다는 사실을 그것은 부정적 방식으로 증언하고 있는 것이 아닌가? 페미니즘의 교훈이 여기서 도움이 된다. 여성들을 위한 첫 번째 단계는 가부장제도에 싸우는 것이 아니라 자신의 상황이 정의롭지 않고 수치스러운 것임을 경험하는 것이고, 자신의 수동성을 실패한 행위로 경험하는 것이다.

이전에 전쟁을 반대했던 사람들의 이런 불안은 그들의 심각한 방향상실을 나타내는 슬픈 신호다. 그들이 진정으로 염려해야 하는 때는 **지**

금이다. "그래도 결과는 바람직했다"고 받아들이는 것, 즉 많은 사망자 없이, 또 두려워했던 큰 참사들(유전의 방화, 대규모 살상 무기의 사용)이 발생하지도 않고 사담 정권이 붕괴했다고 받아들이는 것은 가장 위험한 착각에 빠지는 것이다. 그들이 잘못된 이유로 전쟁에 반대했던 대가를 치르고 있는 것이 바로 이것이다. 전쟁을 정당화하기 위해 주장했던 모든 예언들이 거짓으로 판명되었다는 것을 적어도 지금까지 우리는 자각했는가? 대규모 살상 무기가 사용되지도 않았고 발견조차 되지 않았다. 광신적인 자살 폭탄도 없었다. 유전도 거의 불타지 않았다. 끝까지 바그다드를 사수하고 도시를 파괴하는 광신적인 공화국 수비대도 없었다. 요컨대, 이라크는 미국의 압박만으로도 붕괴되는 종이 호랑이였음이 입증되었다. 바로 이 군사적 '승리'가 전쟁 반대가 정당했다는 사실, 이라크는 미국에 위협이 아니었다는 사실의 궁극적 증거가 아닌가? 사담 정권은 혐오스러운 독재정부였고, 자신의 국민들에게 많은 범죄를 저질렀다. 그러나 (인간의 고통에서나 국제정의 위반의 측면에서) 가장 심각한 범죄, 즉 이란 침략에 대해서 이라크는 처벌받지 않았을 뿐 아니라 심지어는 미국과 다른 많은 국가들로부터 지원까지 받았다는 중요한 사실에 주목해야 한다.

그렇다면 대이라크 전쟁에서 실제로 중요한 문제는 무엇이었는가? 2001년 9월 11일에 세계무역센터 빌딩이 폭파되었다. 12년 전인 1989년 11월 9일에는 베를린 장벽이 무너졌다. 11월 9일은 '행복한 1990년대'를, '역사의 종말'이라는 프랜시스 후쿠야마의 꿈을, 자유민주주의가 원칙상 승리했다는 믿음을, 그 탐색이 끝났다는 믿음을, 전 지구적인 자유주의적 세계 공동체가 임박하였다는 믿음을, 이런 초(超)할리우드 식 해피엔딩의 방해물이란 사소하고 우연적일 뿐이라는 (참호 속의 지도자들은 자신의 시간이 끝났음을 아직 파악하지 못했었다는) 믿음을 공표했다. 이와 반대로, 9 · 11은 클린턴 식의 행복한 1990년대의 끝을 알리는 주요 상징이고, 이스라엘과 요르단강 서안 지구 사이, 유럽연합 주변, 미국과 멕시코 국경 등 어디에서든 새로운 장벽이 등장하게 될, 닥쳐올 시대의 주요 상징이다. 경제 붕괴, 군사나 다른 측면의 파국들, 국가 비상사태 등, 새로운 전 지구적 위기에 대한 전망이 어렴풋하게 나타나고 있다. 최근 『이라크 전쟁(*The War Over Iraq*)』에서, 윌리엄 크리스톨(William Kristol)과 로렌스 F. 캐플런(Lawrence F. Kaplan)은 다음과 같이 쓰고 있다. "작전이 바그다드에서 시작되었지만, 거기에서 끝나지는 않는다. … 우리는 새로운 역사적 시대의 돌출점에 서 있다. 이는 결정적인 순간이다. … 이는 이라크 이상의 문제임이 분명하다. 심지어 중동의 미래와 테러와의 전쟁 이상의 문제다. 이는 21세기에 미국이 수행하려는 역할이 어떤 종류인지와 관련되는 것이다." 실제로 지금 문제가 되는 것은 바로 국제 공동체의 미래 — 이를 규제하게 될 새로운 규칙들, 장래의 새로운 세계 질서의 모습 — 라는 점에 동의할 수밖에 없을 것이다. 지금 진행 중인 일은 헤이그 법정의 거부라는 미국의 다음의 논리적 단계다.

최초의 항구적 성격의 전 지구적 전범 법정인 헤이그 법정이 2002년 7월 1일 대량학살, 인류에 대한 범죄와 전쟁범죄에 제재를 가할 수 있는 권한을 가지고 업무를 시작했다. 국가 원수부터 평범한 시민에 이르기까지 누구라도 ICC로부터 계획적인 살인, 고문, 강간 그리고 성 노예 등을 포함한 인권침해 건으로 기소될 수 있게 된다. 즉, 코피 아난(Kofi Annan)이 말한 것처럼, "우리 모두가 하나의 인간 가족의 구성원이라는 것을 인정해야만 한다. 우리는 새로운 제도들을 만들어야 한다. 이것이 바로 그 제도 중 하나다. 이것은 문명을 향해 천천히 나아가는 인류의 또 다른 한 걸음이다." 나치의 수괴들이 제2차 세계대전 후 뉘른베르크의 국제군사재판소에서 재판을 받았던 이래 국제정의를 위한 가장 큰 초석이라고 헤이그 법정의 탄생을 인권단체들은 환영했지만, 이는 미국, 러시아 그리고 중국으로부터 단호한 반대에 직면한다. 미국은 이 법정은 국가 주권을 침해할 뿐만 아니라, 국외 지역에서 일하는 미 국가 요원과 군인들이 정치적 이유로 기소될 소지가 있다고 주장한다. 그리고 미국 의회는 헤이그 재판소의 검사가 미국 요원을 기소할 경우에는 헤이그에 침공할 수 있는 권한을 미군에게 부여하는 법률 제정을 검토하고 있기도 하다.

여기서 주목할 만한 역설은 미국 스스로의 전적인 지지(와 투표)로 구성된 재판소의 재판권을 미국이 거부했다는 점이다! 미국이 헤이그 재판소의 국제 재판권을 거부한다면, 현재 헤이그 법정에 기소되어 수 감 중인 밀로셰비치는 왜 동일한 논리에 입각하여 그 법정의 재판권을 거부할 권리를 주장할 수 없는가? 크로아티아에 대해서 같은 논리를 적 용할 수 있다. 미국은 현재 크로아티아 정부에 대해 보스니아 내전 동안 전범으로 기소된 두 명의 장교를 헤이그 법정에 세우라고 극도의 압력 을 행사하고 있다. 여기에 대한 반응은 물론, "**그들이** 헤이그 법정의 적 법성을 인정하지 않았는데, 그들이 어떻게 우리에게 이것을 물을 수 있 는가?", "미국 시민들은 실제로 다른 국민들과 동등하지 않은가?"라는 것이다. 부시 독트린에 함축된 원리들을 단적으로 일반화한다면, 인도가 파키스탄을 공격할 충분한 권리를 갖고 있다고 할 수 있지 않은가? 사 실 파키스탄은 카시미르 지방에서 반(反)인도 테러리스트들을 직접적으 로 숨겨주고 후원했으며 대량 살상 (핵) 무기를 보유하고 있다. — 대만 에 대한 중국의 공격 등도 마찬가지다. 이러한 일들은 예측할 수도 없는 결말을 초래할 것이다.

미국의 지정학적 강경파들은 오늘날의 미국의 상황을 투석 중인 환자 의 상태와 비교하길 좋아한다. 이데올로기적 측면을 포함한 모든 측면 에서 미국의 '생활방식'은 정해진 최소한의 석유 공급량에 결정적으로 의존하는데, 그 3분의 1만 미국이 자체 생산할 수 있을 뿐이다. 그러므 로 투석 중인 환자와 마찬가지로 미국의 생존은 미국의 가치와 능력을 적대시하는 이슬람 사람들이 대부분 통제하는 석유 유입에 의존하는 것 이다. — 요컨대, 투석 치료 기계에 놓인 환자는 그 환자를 증오하는 미 친 의사에 의해서 통제되는 투석 기계를 달고 있는 셈이다…. 지속적인 위협에서 벗어나는 유일한 방법은 중동의 주요 석유 공급자를 직접적으 로 통제하는 것이다. 오늘날의 미국이 지닌 문제는, 미국이 새로운 지구 적 제국이라는 사실에서 비롯되는 것이 아니라, 오히려 지구적 제국이 아니라는 사실에서 비롯된다. 다시 말해서 미국은 새로운 지구적 제국 인 체하지만, 여전히 자신의 이익만을 극단적으로 추구하는 하나의 민족국가처럼 행동하고 있다.

　이러저러한 현상은 분명하게 우리가 '소프트 혁명'의 과정에 있다는
것, 즉 가장 기본적인 국제 논리를 결정하는 불문율이 변화하고 있는 과
정에 있다는 것을 가리킨다. 모든 과거 좌파들은 가족, 소유 등의 근저
를 뒤흔들려고 했던 공산주의자를 비판하는 사람들에게 마르크스가 『
공산당 선언』에서, 자본주의적 질서 자체가 그의 활동을 통해 대다수의
사람을 수탈하고, 게다가 전통적인 가족 질서를 파괴하고 있다(덧붙이
자면 이 사실은 마르크스의 시대보다 오늘날 더 타당하다)고 대답한 것
을 기억한다. 이와 마찬가지로, 오늘날 민주주의의 지구적 수호자라고
주장하고 있는 사람들이 실제로는 민주주의를 파괴하고 있지 않은가?
뒤집어 표현하자면, 전쟁을 지지하는 지도자들이 자신의 정치가 국민
다수에게 동의 받지 못하고 있다는 엄연한 사실에 부딪힐 때, 그들은
"참된 지도자는 앞장서지, 뒤따르지 않는다"는 평범한 지혜에 의지하려
고 한다. ― 만일 그렇게 하지 않는다면 그들은 여론조사에 얽매이게 될
것이라고 한 … 정치가가 자신의 결정을 윤리적으로 직접적으로 정당화
하려고 할 때, 윤리는 이런 어둡고 위협적인 전망을 은폐하려고 사용되
고 있음이 분명하다. 미국의 입장이 갖고 있는 엄청난 **윤리적** 비참함을
드러내는 조지 W. 부시의 최근의 공개 연설("세계는 악에 대항하는 행
동을 할 수 있는 용기를 지니고 있지 않은가?"라는 식의)에는 바로 이처
럼 과장된 추상적인 윤리적 수사술이 존재한다. ― 여기서 윤리적을 언
급한 것은 (식별하기에 어렵지 않은) 참된 정치적 이해관계를 감추는 데
에만 기여하는, 순전히 신비화시키는 기능만을 담당한다.

　민주주의에 대한 이런 점진적 제약은 현재 상황을 '다시 생각'하려는
시도, 민주주의와 인권을 동의하지만 그것을 '다시 생각'해야 한다는 입
장에서 분명하게 감지할 수 있다. ― 공적 토론의 장에의 일련의 참여는
이런 '재사유'의 방향에 대하여 분명히 지각할 수 있게 한다. 이런 방향
을 향한 운명적 첫 걸음은 조나산 앨터(Jonathan Alter)와 앨런 더쇼비
츠(Alan Derschowitz)와 같은 '자유주의자'에 의해서 수행되는데, 그들
은 테러 혐의자들에 대한 고문을 받아들이기 위해 인권에 대해 '다시

생각'할 것을 제안했다. 『뉴스위크』 지에 게재된 「고문에 대해서 생각할 시간(Time to Think about Torture)」이란 제목에 "이제는 새로운 세상이며, 생존을 위해서는 과거에는 문제가 되지도 않던 오래된 기술들을 요구할 수도 있다"는 불길한 부제목을 달고 있는 앨터의 칼럼이 그 예가 된다. 극단적인 긴급 상황(테러범이 수많은 사람들을 구할 수 있는 정보를 갖고 있다는 것을 알게 된 상황)에서는 물리적, 심리적 고문이 합법적이라는 이스라엘적인 생각과, "어떤 고문은 명백하게 효과를 발휘한다"와 같은 '중립적인' 진술을 통해 마음을 끈 다음, 다음과 같은 결론을 내린다.

> 우리는 고문을 합법화할 수 없다. 이는 미국적 가치와 상반된다. 그러나 우리가 세계 도처에서 이루어지는 인권 학대에 대해 계속적으로 반대를 표명하는 것처럼, 법이 금하는 심리적 심문과 같은, 테러리즘과 싸우기 위한 어떤 조치에 대해서는 열린 마음을 가질 필요가 있다. 그리고 비록 위선적이기는 하지만, 우리는 몇몇 용의자들을 그리 까다롭지 않은 우리의 우방 국가에 넘기는 것에 대해서도 생각해야 할 것이다. 이런 일이 예쁘게 진행될 것이라고는 그 누구도 말하지 않았다.[1]

이런 진술의 외설성은 노골적이다. 앨터가 여기서 주장한 것은 단적으로 고문의 '아웃소싱'이다. 아웃소싱은 오늘날의 자본주의의 대표적인 경제 전략이다. 즉, 아웃소싱은 (물론 광고, 디자인, 회계를 포함한) 원료 생산의 '더러운' 과정을 하청을 통해 다른 회사에 넘기는 것이다. 이런 방식으로 환경과 보건 법규를 피할 수 있다. 말하자면, 생산은 인도네시아에서 이루어지는데, 인도네시아의 환경 건강 규제는 서구보다 훨씬 약하다. 상표를 소유하고 있는 서구의 다국적 기업은 다른 회사의 위반에 대해서 책임이 없다고 주장할 수 있다. 고문도 이와 동등한 것으로 보는 것은 아닌가? 적법성 문제나 대중적 저항에 대해서 걱정할 필요 없는 미국의 제3세계 우방국에 고문을 '아웃소싱'하여 넘겨버리려는

---

1) *Newsweek*(November 5, 2001), p.45.

것은 아닌가? 게다가 CIA는 남미와 제3세계의 미국 군사 우방 국가에 수십 년 동안 고문 방법을 교육하지 않았던가? 심지어 앨런 더쇼비츠의 "나는 고문을 찬성하지는 않지만, 만일 당신이 고문할 것이라면, 확실히 법정 승인을 받아야 한다"는 '자유주의적' 주장에는 의심을 금할 수 없다. 근저에 놓인 논리 — "좌우지간 우리는 고문을 하고 있으니까 그 고문을 합법화시키면서 과도하게 나가는 것을 방지하는 편이 더 낫다!" — 는 극도로 위험하다. 이는 고문에 정당성을 부여하는 것이고, 그러므로 **더욱** 불법적인 고문을 위한 여지를 열어두는 것이다. 같은 맥락에서 더쇼비츠는 '촌각을 다투는 위급한' 상황에서 수행되는 고문은 범인이 갖고 있는 피고인으로서의 권리에 반하는 것이 아니라고 (그렇게 획득된 정보는 법정에서 그를 처벌하는 목적으로 사용되지는 않고, 또 그 고문은 처벌하기 위해서가 아니라 대규모 살상의 발생을 막기 위한 것이므로) 주장할 때, 그에 함축된 전제는 훨씬 더 거북스러운 것이다. 그렇다면 고문 받는 사람들이 응당 받아야 할 처벌의 일부로서가 아니라, 단지 그가 어떤 것을 알고 있다는 이유 때문에, 그 고문을 인정해야 한다는 말인가? 그렇다면 왜 수백 명의 아군들의 생명을 구할 수도 있는 정보를 갖고 있을지 모르는 전범에 대한 고문도 합법화되지 않는 것인가? 따라서 더쇼비츠의 자유주의적 '정직'에 반대해서, 사람들은 명백한 '위선'에 역설적으로 집착해야 한다. 자, 사람들은 어떤 한 상황에서 수천 명을 구할 수 있는 '무엇인가를 알고 있는 죄인'을 대면하고 있다고 상상할 수 있을 것이다. 이때 우리는 고문에 의존하게 될 것이다. — 그러나 심지어 이런 경우에서도 (아니 바로 이런 경우에) 사람들은 이런 절박한 선택을 보편적 원칙으로 발전시키지 **않는다**는 것이 절대적으로 중요하다. 그 순간의 불가피한 잔인한 긴급성을 따라야 할 때는, 사람들은 그저 단지 **그렇게 할 뿐이다.** 오직 이런 방식으로만, 즉 우리가 해야만 하는 일을 보편적 원칙으로 발전시킬 수 없고 또 그것을 금지할 때만, 사람들은 죄책감을 유지하고 우리가 행한 일을 인정할 수 없다는 각성을 유지하게 된다.

요컨대 그 같은 논쟁이나 "열린 마음을 유지하라(keep an open

mind)"는 요구들은 모든 진정한 자유주의자들에게조차도 테러리스트들이 승리하고 있다는 신호가 될 것이다. 그리고 공공연하게 고문을 변호하는 것은 아니지만 정당한 토론 주제로서 고문 문제를 도입하는 얼터의 글과 같은 것들은 어떤 의미에서 분명한 고문 옹호보다 더 위험하다. 적어도 지금은 고문을 명백히 옹호하는 것이 너무나 충격적이라서 거부될 테지만, 단지 정당한 토론 주제로서 도입하는 것은 순수한 양심을 보존하면서도 그에 대한 생각을 우리로 하여금 받아들이도록 한다. (물론 나는 고문에 반대하지만, 우리가 고문에 대해서 단순하게 토론하는 것이라면 누구를 다치게 하겠는가! 하는 식으로 말이다.) 고문을 정당한 토론 주제로 삼는 것은 고문을 주장하는 것보다도 이데올로기적 전제들과 옵션들을 더욱 급진적으로 변화시킨다. 그것은 전 영역을 변화시키지만, 노골적인 변호는 그런 변화를 초래하지 않고 어리석은 견해로 남게 된다. 여기서 문제가 되는 것은 근본적인 윤리적 전제의 문제다. 물론 단기간의 이익(수백의 생명을 구하는)의 측면에서 고문을 합법화할 수 있다. 그러나 우리의 상징적 세계(symbolic universe)에 대해 갖는 장기간적 결과는 어떠하겠는가? 사람들은 어디에서 멈출까? 중형 범죄자들, 예를 들어 이혼한 배우자로부터 자신의 아이를 유괴한 사람은 왜 고문하면 안 되는가? 일단 램프의 정령을 병 바깥으로 나오게 하면, 오직 촌각을 다투는 위급한 상황에만 고문을 허용한다는 식으로 고문을 '합리적인' 단계로 유지할 수 있을 것이라는 생각은 최악의 자유주의적 착각으로 남게 될 것이다. 촌각을 다투는 위급 상황의 예는 기만적이기 때문이다. 대부분 고문은 촌각을 다투는 위급 상황을 해결하려고 수행되지 않고, 오히려 순전히 다른 이유(처벌 목적이나, 적을 심리적으로 무력화시키거나, 사람들을 위협하여 통제하기 위한 이유 등) 때문에 수행된다. 그와 같은 윤리적 국면에서는 이런 실용적, 공리주의적인 추론을 철저하게 거부**해야만** 한다. 여기에 덧붙여서, 단순한 생각의 실험을 여기서 다시 해보자. 한 **아랍** 신문이 미군 포로에 대한 고문을 주제로 삼고, 고문은 근본주의적 야만 행위이며 인권에 대한 경멸이라는 논평을 상세히 쓰고 있다고 상상해보자!

고문이라는 주제는 일회적 사건이 아니라 지속으로 다루어져온 것이다. 2003년 3월 5일, NBC TV의 'Buchanan & Press'라는 뉴스쇼에서 최근 검거된 알카에다의 세 번째 고위 인사인 칼리드 샤이크 모하메드의 사진이 화면에 나왔는데, 그는 번호가 적히지 않은 반쯤 풀어헤쳐진 죄수용 잠옷을 입었으며, 그리고 언뜻 보기에 타박상처럼 보이는 것이 있는, 긴 콧수염을 한 초췌한 얼굴(그가 이미 고문당했다는 암시가 아닌가?)이었다. 그런데 팻 뷰캐넌이 재빠르게 "앞으로의 대미국 테러 공격에 대한 모든 세부적 계획과 테러리스트의 명단까지 알고 있는 이 사람을 고문해서 이 모든 것을 그에게서 알아내야 하지 않겠습니까?"라고 질문할 때, 무서운 일은 자세한 모습을 보여주는 그 사진이 이미 그 질문의 답을 암시하고 있다는 점이다. 다른 해설가들이나 시청자의 전화 응답이 압도적으로 "그렇다(Yes)"였음은 놀라울 것이 없다. 이는 과거 좋았던 시절인 알제리 식민지 전쟁에 대한 향수를 자아낸다. 그때 프랑스 군대가 고문을 자행했다는 것은 더러운 비밀이었다. 실질적으로 이는 『1984』에서 오웰이 상상했던 바가 거의 실현된 것이 아닌가? 조지 오웰은 '증오 회의'에 대한 소개에서, 모든 시민들이 반역자들의 사진을 보면서 그들에게 바보, 얼간이라고 소리쳤다고 묘사한다. 그리고 그 이야기는 다음처럼 계속된다. 다음 날, 폭스(Fox) TV에서 한 논평자가 이 죄수에게 어떤 것을 하든, 즉 잠을 안 재울 뿐 아니라 손가락을 부러뜨리는 일 등이 허락되어야 한다고 주장했다. 왜냐하면 그는 "어떤 권리도 없는 인간쓰레기"이기 때문이다. 이것이 참된 파국이다. 즉, 이런 공적인 진술마저도 오늘날 가능해진 것이다.

그리고 그 뉴스쇼는 계속된다. 4월 초, 미국이 알카에다의 두 번째 지휘관으로 추정되는 아부 주바이다를 체포했을 때, "그를 고문해야 하는가?"라는 질문이 주요 매체에서 공개적으로 토론되었다. 4월 5일 NBC에서 방영된 진술에서 도널드 럼스펠드는 자신이 우선시하는 것은 극악한 테러범의 인권이 아니라 미국인의 생명이라고 주장하면서, 주바이다의 안전을 염려하는 기자들을 공격하면서 고문을 위한 길을 공개적으로 열어놓았다. 그러나 가장 슬픈 광경은 럼스펠드에게 자유주의적 응대로 가장한 앨런 더쇼비츠가 개입하는 모습이었다. **고문을 정당한 토론 주제로 받아들이는 가운데** 그는 사실상 반제 회의(Wahnsee Conference)에서 유대인 멸종에 대한 법치주의적 거부와 동일한 논증을 펼쳤던 것이다. 그가 내세운 단서는 다음과 같은 두 개의 특정 문제에 관한 것이었다. (1) 주바이다의 경우는 긴급 상황에 해당되지 않는다. 즉, 그를 고문해서 정보를 캐냄으로써 막을 수 있는 임박한 대규모 테러 공격에 대한 세부 계획을 그가 실제로 알고 있는지 증명되지 않았다는 것이다. (2) 그를 고문하는 것은 아직까지 합법적으로 인정될 수 없을 것이다. 고문의 합법화를 위해서는 먼저 공적 토론이 시행되어야 하고, 그런 후 미국 헌법을 수정하고, 미국이 더 이상 포로 취급을 규정하는 제네바협정을 따르지 않을 것을 공개적으로 공표해야 하는 일들이 있어야 한다 …. 만일 자유주의에 극도의 윤리적 실패가 존재한다면, 바로 이것이다. 최근의 베스트셀러 『왜 테러리즘이 통하는가(*Why Terrorism Works*)』에서 더쇼비츠[2]는 '생각할 수 없는 것을 생각'해야 할 이런 필요를 더욱 상세히 진술하고 있다. 그의 제안은 예외적인 상황에서는 법정이 '고문 영장(torture warrants)'을 발부할 수 있도록 법을 개정해야 한다는 것이다. 더쇼비츠가 제기한 논증의 공리주의적 노선을 따른다면, 테러 자체의 합법성에 대해서도 주장할 수 있지 않겠는가? 더욱 많은 무고한 사람의 죽음을 막을 수 있는 지식을 갖고 있는 테러 분자를 고문해야 한다는 것과 동일한 이유에서, 훨씬 더 큰 규모의 폭력을 예방할 수 있다면, 적어도 불의한 침략 전쟁에 참가하는 군인과 경찰에 대한 테러가 왜 전적으로 용인될 수 없겠는가?

　서구가 '테러와의 전쟁'에서 자초한 위험은 백 년 전 길버트 키스 체스터턴(Gilbert Keith Chesterton)에 의해 명백히 감지되었다. 그는 자신이 쓴 『정통(*Orthodoxy*)』의 마지막 페이지에서, 종교에 대한 사이비 혁명적 비판자의 근본적 교착 상태를 다음과 같이 서술했다: 그들은 인간의 자유를 위협하는 압박의 힘으로 종교를 고발하는 것으로 시작한다.

---

2) Alan Derschowitz, *Why Terrorism Works*(New Haven: Yale University Press 2002).

그러나 종교와 싸우면서 그들은 자유 자체, 즉 자신들이 방어하고자 했던 바로 그것을 희생시킨다. — 즉, 종교에 대한 무신론의 이론적, 실천적인 거부의 궁극적 희생물은 (흔들리지 않고 지속적으로 자신의 생명을 유지하는) 종교가 아니라, 종교에 의해서 위협받는 자유 자체다. 종교를 언급할 수 없는 근본적으로 무신론적인 세계는 평등주의적 테러와 폭정으로 이루어진 회색의 세계다.

자유와 인간성을 위해서 교회와 싸우기 시작한 인간들은 오직 교회와만 싸움을 벌인다면, 자유와 인간성의 포기로 끝나게 된다. … 사후에 인격적 실존이 가능하지 않다는 것을 열정적으로 증명함으로 해서, 결국 지금 인격적 실존을 가질 수 없다는 입장을 가진 사람을 알고 있다. … 어떠한 인간의 심판도 가능하지 않음을 보여줌으로써 신의 심판도 있을 수 없다는 것을 증명했던 사람을 알고 있다. … 우리는 다른 사람에 대한 사랑으로 이 세계를 엉망으로 만드는 광신자를 존경하지도 않고 용서할 수도 없다. 그러나 다른 사람에 대한 증오로 이 세계를 엉망으로 만드는 광신자에 대해서 우리는 무엇이라고 말할 수 있는가? 그는 존재하지 않는 신 앞에 바로 인류의 존재를 희생시킨다. 그는 자신의 재단에 제물을 바치는 것이 아니라, 단지 재단의 나태함과 권좌의 공백을 주장할 뿐이다. … 인격에 대한 동양적 회의를 가지고서는 내세에 인격적 삶을 영위할 수 없다고 확신할 수 없다. 그들이 확신할 수 있는 것은 오직, 우리가 여기서 매우 즐겁고 완전한 삶을 영위할 수 없다는 것뿐이다. … 세속주의자들은 신적인 것들을 엉망으로 만들지는 않았으나 세속적인 것들을 엉망으로 만들었다. 그것이 그들에게 어떤 위안이기라도 하듯이.[3]

오늘날 여기에 덧붙여야 할 첫 번째 것은 그와 같은 것이 종교를 옹호하는 사람들 자신에게도 해당된다는 것이다. 얼마나 많은 종교적인 광신적 옹호자들이 자신의 세속문화를 사납게 공격하는 것으로 시작해서 (가치 있는 종교적 경험을 잃음으로써) 종교 자체를 버리는 것으로

---

3) Gilbert Keith Chesterton, *Orthodoxy*(San Francisco: Ignatius Press, 1987), pp.146-147.

끝나버렸던가. 그리고 완전히 같은 방식으로, 자유주의의 전사들은 너무나 열심히 반민주적 근본주의와 싸우다가, 오직 그들만이 테러와 싸우게 된다면 그들은 자유와 민주주의 자체를 내동댕이쳐버림으로써 끝나지 않는가? 그들은 비기독교 근본주의가 자유에 대한 가장 심각한 위협이라는 것을 증명하는 데 너무나 큰 열정을 가진 나머지, 우리 자신의 자유를 바로 지금 여기에서, 다시 말해서 소위 기독교적 사회 안에서 제한해야 한다. 만일 테러 분자들이 다른 사람에 대한 사랑을 이유로 이 세계를 망칠 준비가 되어 있다면, 테러에 대해 싸우는 우리의 전사들은 무슬림 타자에 대한 증오로부터 자신의 민주적 세계를 망칠 준비가 되어 있다. 알터와 더쇼비츠는 인간 존엄성을 너무나 사랑했기 때문에 그것을 방어하기 위하여 (인간 존엄성의 궁극적 하락인) 고문을 합법화할 준비가 되어 있다….

그리고 여기서, 필라델피아 상공에서 임박한 테러 공격을 막기 위해 유나이티드 항공기의 공중 납치범들을 공격해 넘어뜨린 승객들의 참으로 영웅적인 마지막 말, "시작해보자(let's roll)"라는 말을 반어적으로 꼬아본다면, 지금은 눈덩이가 실제로 구르고 있다(the snowball is really rolling on). 부시의 호감을 사고 있는 칼럼리스트인 파리드 자카리아(Pareed Zakaria)는 『자유의 미래(The future of Freedom)』4)에서, 자유에 대한 위협이 '과도한 민주주의', 다시 말해서 '안팎에서의 비자유주의적 민주주의(illiberal democracy at home and abroad)'(그 책의 부제)의 발생에서 야기된다고 한다. 그는 민주주의가 경제적으로 발전된 나라에서만 안정될 수 있다고 강조한다. 만일 개발 도상 국가들이 '조숙하게 민주화'되어 있다면, 그 결과는 경제적 파국과 정치적 독재 체제로 귀결되는 포퓰리즘이라고 말한다. 오늘날 경제적으로 가장 성공한 제3세계 국가들(대만, 한국, 칠레)은 독재자의 지배 기간 이후에 완전한 민주주의를 받아들였다는 것이다.

이라크에 대한 직접적인 교훈은 분명하고 명확하다. 그렇다면 미국은 이라크에 민주주의를 가져다주어야 하지만 민주주의를 즉각적으로 부

---

4) Fareed Zakia, *The Future of Freedom*(New York: Norton, 2003).

여해서는 안 된다. — 먼저 대략 5년 정도의 기간에 호의적인 독재적 성격의 미국이 지배하는 전권이 민주주의가 효과적으로 기능할 수 있는 적절한 조건을 창조할 수 있도록 해야 한다…. 우리는 이제 민주주의를 가져다준다는 것이 무엇을 의미하는지 안다. 이는 미국과 그 '자발적 동반자'가 자신들을, 한 국가가 민주주의를 위해 성숙했는지를 결정하는 절대적 판사로 임명한다는 것을 의미한다. — 이런 맥락에서 럼스펠드는 이미 2003년 4월에, 이란이 신정국(theocracy)이 아니라 모든 종교 단체와 인종 집단이 새로운 정부를 선택할 수 있는 동일한 권리를 누릴 수 있는 관용적인 비종교적 국가가 되어야 한다고 말했다. 이틀 후 부시 자신도 같은 점을 지적하며, "내가 원하는 것은 종교와 국가가 분리된 정부다"라고 말했다. 사람들은 여기에 다음과 같이 덧붙이고 싶어 한다. "이스라엘에도 동일하게 요구하는 것은 어떤가?" 자카리아의 주장에 담긴 또 하나의 역설은, 현재 상황에 대한 완전한 예로 사용될 수 있는 경우, 즉 중국이 있다는 것이다. 중국과 구소련 사이의 대립은, 자본주의적 발전을 위한 조건을 창조하는 운명에 놓인 독재정권과, 민주주의로 너무 빠른, 그러나 잘못된 전환 사이의 대립인가? 그렇다면 자카리아는 천안문 사태 때 악명 높은 탄압을 지지하지 않았던가?

미국 자신에 대해서는, 자카리아의 진단은 "미국은 정당성의 주요 척도로서 인기와 개방성을 중시하는 천박한 포퓰리즘을 점차 수용하고 있다. … 그 결과는 미국 체제에서 더 민주적이지만 자유는 줄어드는 심각한 불균형이 이루어진다"는 것이다. 그 치료는 독립된 중앙은행들처럼 민주주의적 소란(the democratic fray)으로부터 격리된 공평한 전문가들에게 더 많은 권력을 위임함으로써 이런 과도한 '민주주의의 민주화(democratization of democracy)'(또는 과민주주의(deMOREcracy))에 대해서 반응하는 것이다. 이런 진단은 실소를 자아낼 뿐이다. 오늘날 소위 '과민주화(over-democratization)' 속에서, 국제사회는 말할 필요도 없이 그들 국민 대다수의 의지와도 반대되는 대이라크 전쟁을 미국과 영국이 시작했다. 우리는 민주적 통제로부터 벗어나 있는 '공평한' 단체들이 세계 경제(무역협정 등)와 관련된 주요 결정을 부과하는 것을 언제나 목격해오지 않았는가? 오늘날 지금의 탈정치적 시대에서는 경제가 탈정치화되어야 하고 숙련자에 의해서 운영되어야 한다는 생각은 모든 사람들에 의해서 공유되는 상식이 아닌가? 훨씬 더 근본적으로 말하면, 경제적 그리고 지정학적 주요 결정이 통상 선거에서는 논점으로 부각되지 않는 시대에 '과민주화'에 대해서 불평하는 것은 과연 우스꽝스러운 것이 아닌가? 적어도 지난 30년 동안, 자카리아가 요구한 것은 이미 사실이었다. 우리가 오늘날 실제로 목격하고 있는 것은 이데올로기적 라이프 스타일 문제들로의 분열이다. 거기에서 사나운 토론이 맹위를 떨치고, 선택이 요청되고(낙태, 동성 결혼 등), 기본적인 경제정책은 탈정치화된 전문가가 결정할 문제로 제시된다. '과잉' 또는 소수자 우대 정책과 함께 '과민주주의'의 증식, '불평 문화' 그리고 희생자들에 대한 금전 및 다른 방식의 배상, 이러한 것이 궁극적으로 전면에 나서지만, 그 뒷면에는 경제적 논리가 조용하게 나아가고 있다.

'과민주주의(deMOREcracy)'의 과잉성에 반응하는 동일한 경향의 이면은, 실질적으로 전쟁 행위를 통제할 수 있었던 국제 조직체의 공개 해산이다. 그 대표적인 예는 케네스 앤더슨의 「누가 전쟁 규정을 소유하는가?(Who Own the Rules of War?)」[5]가 있는데, 그 부제목은 요점을 명확히 다음과 같이 밝힌다. "이라크 전쟁은 국제적 행동 규정의 재고를 요구한다. 그 결과는 중립적이고 좋은 의도를 가진 인권 단체들에게는 더욱 작은 권력을 부여하고 큰-막대-휘두르는 국가에게는 더욱 큰 권력을 부여하는 것을 의미할 수 있다. 그렇게 된다면 좋은 일이 될 것이다." 이 논문이 제기하는 주요 불평은, "지난 20년 동안, 전쟁 법을 수립, 해석 그리고 수정하는 과정에서의 무게중심은 점차로 선도적 국가들의 군대에서 멀어져서 좀 더 활동적인 인권 조직체로 이동했다"는 것이다. 이런 경향은 다른 국가에 개입하는 거대한 군사 강대국의 입장에 대해서는 균형이 맞지 않고 '부당한' 것으로 간주되고, 침략 당하는 국가에 대해서는 편파적이라고 간주된다. 그리고 '큰-막대-휘두르는 국가

---

5) Kenneth Anderson, "Who Owns the Rules of War?", *The New York Times Magazine*(April 13, 2003), pp.38-40

들'의 군대는 스스로 자신의 행동을 판단할 기준을 결정할 수 있다는 분명한 결론을 내린다. 이런 결론은 미국 시민에 대한 헤이그 전범재판소의 권위를 미국이 거부하는 것과 전적으로 일치한다. 실제적으로, 그들이 묘사하고 있는 것처럼, 『반지의 제왕』이나 유사한 신(新)고딕 서사시에서 볼 수 있을 것 같은, 새로운 암흑시대가 인류에게 엄습하고 있다.

그러므로 참된 위험은 장기적인 위험이다. 이라크에서 사담 정권은 궁극적으로는, 무슬림의 근본주의적 포퓰리즘에서 벗어난, 세속적 민족주의 정권(nationalist one)이었다. 사담이 단지 피상적으로만 범아랍 무슬림의 감정을 농락했다는 것은 명백하다. 그의 과거가 명백하게 밝혀주듯이, 그는 권력을 위해 노력하고, 자신의 목적에 따라 동맹을 바꾸어 가는 실용적 지도자였다. 먼저 석유 지대를 장악하려고 이란을 공격했고, 그 후 같은 이유로 쿠웨이트를 침공했고, 미국과 결탁한 범아랍 연합과 자신을 결별시켰다. 이런 세속적 본질에 대해 증명해주는 일화는, 2002년 10월 이라크 선거에서 사담은 100퍼센트 지지를 받았다는 아이러니한 사실인데, 이는 그동안 가장 높았던 99.95퍼센트의 지지율을 보인 스탈린의 결과를 넘어선 것이다. 그 선거에서 모든 공영 언론 매체에서 반복해서 흘러나온 캠페인 송은 다름 아닌 휘트니 휴스턴의 「나는 항상 그대를 사랑할래요(I Will Always Love You)」였다. 궁극적인 아이러니는 미국이 지금 이런 사담의 유산을 옹호해야 할 것이라는 사실이다… 사담은 세계를 산산조각 내려는 '대사탄(Great Satan)'에 사로잡힌 근본주의자가 아니었다. 그러나 미국 지배의 결과로 실제로 나타날 수 있는 것은 바로 진정한 근본주의적 무슬림의 반미 운동이고, 이런 운동이 다른 아랍 국가들이나 무슬림이 존재하는 나라들과 직접 연결된다는 것이다.

사담의 시대와 그의 비근본주의적 정권이 이라크에서 끝나고 있다는 것과, 대이라크 공격은 일종의 선제공격 — 이는 사담에 대한 것이 아니라, 사담의 정치적 계승자의 지위에 대한 주요 경쟁자인 진정한 근본주의적 이슬람 정권에 대한 것 — 으로 미국인들이 생각했다고 사람들은 추측할 수 있을 것이다. 탈(脫)사담 이라크에서, 미국에 반대하는 대중 집회를 이미 조직하고 있는 시아파 근본주의자들 사이에서 **진정한** 충돌이 나타나고 있는 것은 바로 지금이다. 시아파 성직자가 이란과 연결되어 있다는 명백한 이유에서, 그 압력이 이제 테헤란에 가해지고 있고, 다음 충돌의 형세가 지평으로 떠오르고 있음을 이미 알 수 있다. 그러나 이렇게 해서 미국 개입의 악순환은 오히려 더 복잡해질 뿐이다. 자기 달성적인 예언의 논리를 따라 말해본다면, 위험스러운 것은 바로 이런 미국의 개입은 미국이 가장 두려워하는 것, 즉 거대한 반미 무슬림 연합전선의 등장에 기여할 것이라는 점이다. 그러나 여기서 나는 약간 편집증적인 유혹을 떨칠 수 없다. 부시 측근들이 이것을 **알았다**면 어떻게 되는가? 이런 '부가적 결손'이 전체 작전의 참된 목적이었다면 어떻게 되는가?

따라서 우리는 잘못된 전투를 하지 않도록 아주 주의해야 한다. 즉, 사담이 어떻게 악한지, 그리고 전쟁 비용이 얼마가 될지에 대한 논쟁은 잘못된 논쟁이다. 우리 사회에서 실제로 어떤 일이 일어나는지, '대테러 전쟁'의 결과로 이곳에 어떤 종류의 사회가 출현하는지가 초점이다. 숨겨진 음모적 논점에 대해서 말하는 대신에, 지금 여기에 어떤 일이 진행되고 있는지, 어떤 종류의 변화가 발생하고 있는지로 초점을 이동해야 한다. 그 전쟁의 궁극적 결과는 **우리의** 정치적 질서에서의 변화가 될 것이다. 여기서의 진정한 위험은 유럽에서의 대중주의 우파의 실제적인 역할이 가장 좋은 예가 될 수 있다. 그들은 특정 주제들(외국의 위협, 이민 제한 필요성 등)을 거론하였는데, 이는 이후에 보수 정당들뿐만 아니라 심지어 '사회주의적' 정부의 현실주의적 정치에서도 조용히 다루고 있다. 사람들은, 만일 프랑스에 르팽(Le Pen)이 없다면 그는 반드시 만들어져야 할 것이라고 말하고 싶어 할 것이다. 그는 완벽하게 미워할 사람이고, 사람이 미워하고 싶은 사람이며, 증오할 만큼 사랑받는 유일한 사람이며, 더 넓은 자유주의적인 '민주적 약속(democratic pact)', 즉 다양성에 대한 관용과 존중이라는 민주적 가치와 병적 동일화를 보장하는 사람들을 증오한다. 그러나 격노한 자유주의자들은 그에 대한 공개적 비난 선언을 한 뒤, 그와 동일한 것을 더욱 '개명된' 방식으로 수행하기 위해 '인간의 가면을 쓴 르팽'처럼 행동을 진행한다.

우리는 여기서 일종의 전도된 헤겔의 '부정의 부정'을 보게 된다. 첫 번째 부정에서, 포퓰리스트 우파가 외국 위협에 대해서 분명하게 반대하는 주장을 하면서 격렬한 반대의 목소리를 냄으로써, 무력한 자유주의적 합의를 교란한다. 두 번째 부정에서, '점잖은' 민주적 중도파가 이런 포퓰리스트 우파에 대해 병적인 거부의 제스처를 취하는 바로 그 가운데 문명화된 방식으로 우파의 메시지를 수렴한다. 그런 가운데 배경에 자리 잡고 있는 '불문율'의 **전체 영역**은 어느 누구도 주목조차 하지 않는 가운데 이미 상당히 변화하였고, 모든 사람들은 이미 반민주적 위협이 사라졌다고 안도하게 된다. 그리고 참된 위험은 유사한 어떤 것이 대테러 전쟁에서도 발생할 것이라는 점이다. 즉, 존 애쉬크로프트(John Aschroft)와 같은 '극단주의자들'은 폐기될 것이지만, 그들의 유산은 우리 사회의 비가시적인 윤리의 조직 속으로 인지 불가능하게 뒤섞여서 남겨질 것이다. 그들의 패배는 그들의 궁극적 승리가 될 것이다. 그들의 존재는 더 이상 필요치 않다. 왜냐하면 그들의 메시지가 주류 속으로 통합될 것이기 때문이다. 그리고 이 패배가 동시에 표시하는 것은 민주주의 자체의 패배인데, 이는 민주주의 자체가 희화적 형태로 점차 변화하여 우익 대중주의의 위협에 직면했을 때는 무력하게 될 것이기 때문이다.

여기서 결정적으로 중요한 것은 '민주주의적' 덫을 피하는 것이다. 많은 급진적 좌파들은 '선험적 보장(transcendental guarantee)'이라는 법치주의적 논리를 받아들인다. 그들에게 민주주의란 아무런 보증이 없다는 것을 자각하는 사람들에 대한 궁극적 보장이다. 다시 말해서, 어떠한 정치적 행위도 ("우리는 단지 더 높은 필연과 의지의 도구에 불과하다"는 식으로) 어떤 초월적 형태를 가진 대타자(big Other)에서 직접적 토대를 요구할 수 없기 때문에, 즉 모든 그런 행동은 우연적 결정이 될 수 있는 위험을 포함하기 때문에, 어떤 사람도 자신의 선택을 다른 사람들에게 강요할 권리를 지니는 것이 아니라는 것이다. — 이는 모든 집단적 선택이 민주적으로 합법화되어야 한다는 것을 의미한다. 이런 전망으로부터, 민주주의는 옳은 선택의 보장이라기보다는 가능한 실패를 피하기 위한 일종의 기회 보장이다. 만일 일이 잘못되면, 나는 언제나 우리 모두의 책임이라고 말할 수 있다. 결론적으로, 이런 마지막 피난처는 사라져야만 한다. 사람들은 위험을 전적으로 떠맡아야 한다. 유일하게 적절한 입장은 『역사와 계급의식』에서 루카치가 이미 한 번 주장했다. 즉, 민주적 투쟁은 물신화되어서는 안 된다. 이것이 하나의 투쟁 형태이며, 그 선택은 상황에 대한 전체적 전략적 평가로 결정되어야 하지, 그것의 표면상으로 우월한 내적 가치에 의해서 결정되어서는 안 된다. 라캉의 분석처럼, 정치적 행위자는 스스로에 의해서만 정당성을 인정받을 수 있는 행위를 해야 한다. 거기에는 외적인 보장이 존재하지 않기 때문이다.

민주주의는 단순히 "국민의, 국민에 의한, 국민을 위한 권력"이 아니다. 민주주의에서 다수의 의지와 관심(이 두 가지는 결코 자동적으로 일치하지 않는다)에 따라 국가적 결정을 내린다고 주장하는 것만으로는 충분하지 않다. 민주주의 — 오늘날 이 용어가 사용되는 방식에서 — 는 무엇보다 형식적 법제주의와 관계된다. 즉, 민주주의의 최소 정의(定義)는, 대립관계가 분투적인(agonistic) 게임으로 완전히 흡수될 것을 보장하는 일련의 형식적 규칙에 무조건적으로 집착한다는 것이다. '민주주의'가 의미하는 것은, 어떤 선거 조작이 발생하든 간에 모든 정치적 행위자가 그 결과를 무조건적으로 받아들인다는 것을 의미한다. 이런 의미에서 2000년 미국의 대통령 선거는 실제적으로 '민주적'이었다. 선거 과정에서 이루어진 명백한 기만에도 불구하고, 대통령이 누가 될 것인지를 수백 명의 플로리다 사람들의 목소리에 따라 결정하게 된 사실이 무의미하다는 것이 명백함에도 불구하고, 민주당 후보는 자신의 패배를 받아들였다. 선거 후 그 결과가 불투명했던 몇 주 동안에 빌 클린턴은 "미국인은 말했지만 우리는 그들이 무엇을 말했는지 모르고 있다"고 사안에 적절하고 신랄한 논평을 하였다. 이 논평은 그 말뜻보다 더욱 심각하게 간주되어야 한다. 바로 지금도 우리는 미국인이 말한 바를 모르고 있다. — 그런데 그것은 아마도 그 결과의 이면에 실질적 메시지가 전혀 없었기 때문이 아니겠는가. 이것은 민주주의를 문제로 삼아야 한다는 것을 의미한다. 왜 좌파는 언제나 그리고 무조건적으로 형식적인 민주적 '게임 규칙(rules of the game)'을 존중해야만 하는가? 왜 좌파는 어떤 상황에서는, 최소한 형식적인 민주적 절차의 산물에 대한 적법성을 문제로 제기하지 않는가? 흥미롭게도, 적어도 형식적 민주주의자 자신이 (또는 적어도, 그들의 실질적 부분에서) 민주주의의 유보를 관용한 사례가 적어도 하나의 사례가 있을 수 있다. 형식을 갖춘 자유선거에서 형식적 민주주의의 폐지를 정강으로 약속하는 반민주적인 당이 승리하였다면 무슨 일이 일어나겠는가? 이런 경우, 국민들이 아직 민주주의를 받아들일 만큼 충분하게 '성숙'하지 못했음을 시인하며, 대다수를 적절한 민주주의자로 교육시키는 목적을 지닌 어떤 종류의 계몽된 독재가 선호할 만하다고 많은 민주주의자는 생각을 속으로 하게 될 것이다. 어떤 포퓰리즘이든 그의 주요 요소는 또한 형식적인 민주적 절차의 기각이다. 즉, 이런 규칙들이 아직까지 존중된다고 할지라도, 그 규칙들이 정치적 행위자들에게 결정적 정당성을 제공하지는 않는다는 것은 항상 명백해진다. — 포퓰리즘은 오히려 카리스마적 지도력과 군중 사이의 직접적인 슬픈 연결을 깨우치는데, 이는 국민투표와 군중집회들을 통해서 입증된다.

우리가 '대테러 전쟁'에 대해서 꿈꾸었을 때, 우리가 눈을 감았던 것은 무엇이었나? 아마도 여기서 첫 번째로 유의해야 할 것은, 9월 11일 이후 어떻게 반세계화(anti-globalist movement) 운동이 그 이유를 잃었는지 확인할 때 미국 논평자들이 충분히 만족했다는 점이다. — 이런 만족이 실상 더 많은 것을 말하고 있다면 어찌할 것인가? 대테러 전쟁이 테러 공격 자체에 대한 대답이라기보다는 오히려 반세계화 운동의 출현에 대한 대답이라면, 즉 그 운동을 억제하고 그 운동에 대한 관심을 다른 곳으로 옮기기 위한 방법이었다면 어떠하겠는가? 대테러 전쟁이 낳은 이런 '부수적 손상'이 그의 참된 목적이었다면 어떠하겠는가? 스티븐 제이 굴드(Stephen Jay Gould)가 (이데올로기적) 탈성향화(ex-aptation)라고 불렀음직한 경우, 즉 명백하게 부차적인 영향이나 이익(반세계화 저항주의가 이제는 테러 지원자 명단에 등재되었다는 사실)이 결정적으로 중요하다는 것을 여기서 우리가 다루고 있다고 말하고 싶다.

우리가 점차로 시야에서 놓치고 있는 다른 것은 이스라엘-팔레스타인 간 충돌의 주요 역할인데, 이는 '근대적' 서구와 '근본주의적' 이슬람 사이의 모든 충돌의 교점이다. 이런 충돌에 대한 큰 미스터리는, 모든 사람이 그 문제에 대한 유일한 해결책(웨스트 뱅크와 가자 지구에서 이스라엘 철수, 팔레스타인 국가 건설, 1967년 이전 이스라엘 국경으로 돌아가는 팔레스타인 피난민 권리의 철회, 예루살렘과 관련된 어떤 타협)을 알고 있는데, 왜 그토록 오랫동안 분쟁이 지속되는가 하는 점이다. 그 합의가 가까워 보일 때마다 알 수 없는 이유로 철회되었다. 단지 사소한 몇몇 진술상에 적절한 형식을 발견하기만 하면 평화가 이룩될 것 같은 때 모든 것들이 갑자기 산산조각 남으로써, 협상된 타협이 얼마나 깨지기 쉬운지 드러나는 일이 얼마나 종종 발생하는가? 중동 충돌에는 실제적으로 어떤 신경증적인 증상이 있다. — 모든 사람들이 방해물을 제거하는 방법을 알고 있지만, 그럼에도 어떤 사람도 이것을 제거하고 싶어하지 않는데, 마치 그 교착 상태의 유지를 통해서 얻어진 일종의 병리적인 리비도적 이익이 있기라도 한 듯이 말이다.

사람들은 여기서 증후적 **매듭**(knot)에 대해서 말하고 싶을 것이다. 이스라엘-팔레스타인 충돌에서, 표준적 역할들이 마치 매듭처럼 뒤집어지고 꼬여 있는 것은 아닌가? 이스라엘(그 지역에서 서구 자유주의적 근대성을 공식적으로 대표하는)은 자신의 민족-종교적 정체성을 통해서 자신을 합법화하는 반면, 팔레스타인(전근대 근본주의로 묘사되는)은 자신의 세속적인 시민권에 의해서 자신의 요구를 합법화시킨다. 그래서 우리는 이스라엘 국가의 역설을 보았다. 즉, 중동에서 소위 자유민주주의적 근대성의 섬인 이스라엘이 자신의 신성한 땅에서 훨씬 더 '근본주의적'인 민족-종교적 주장으로 아랍의 요구에 대응하고 있는 것이다.

따라서 고르디우스의 매듭(Gordian knot) 이야기에서처럼, 이런 교착 상태를 해결하기 위한 유일한 방법은 매듭을 푸는 것이 아니라 끊어버리는 것이다. 이츠하크 라빈은 그가 PLO를 팔레스타인의 적법한 대표로, 그리고 협상의 유일한 진정한 동반자로 인정했을 때, 이런 방향으로의 첫 번째 큰 걸음을 내디딘 것이다. 라빈이 "테러 조직인 PLO와 협상은 없다"는 이스라엘 정책을 뒤집어 "이런 속임수, 즉 PLO와 아무런 공적 연관을 갖지 않고 있는 팔레스타인들과 협상하는 일을 중지하고, 우리의 실재 파트너들과 대화를 시작하자"고 했을 때, 상황은 하룻밤 사이에 급작스럽게 변했다. 거기에는 참된 정치적 행위의 효과가 있다. 즉, 그것은 그 상황의 좌표를 변화시키고 생각할 수 없는 것을 생각하게 만들었다. 라빈의 군대 경력은 그다지 중요하지 않은 과거로 강등되었다. 그는 PLO를 동반자로 생각하는 사람이 되었던 것이다. 비록 노동당 정치가이지만 라빈은 최고의 보수적인 정치가로 특징화되는 제스처를 수행했다. 반대로, 2003년 1월 28일의 이스라엘 선거에서는 현대 보수주의자들의 실패, 즉 드골이나 심지어 리처드 닉슨과 같은 노선에서 역사적 행위를 수행하지 못하는 그들의 무능함이 가장 분명하게 나타났다. 드골만이 알제리의 독립을 보장할 수 있었다. 닉슨과 같은 보수주의자만이 중국과의 관계를 맺을 수 있다. 이런 맥락에서 보면, 이스라엘인들의 70퍼센트는 노동당 후보 암람 미츠마(Amram Mitzma)의 제안 — 웨스트 뱅크와 가자로부터 이스라엘의 무조건적 철수 — 이 위기의 유일한 해결책이라는 사실을 안다. 그러나 미츠마는 '강한 남자'라는 카리스마가 부족한 점잖은 윤리적 인물이기 때문에, 이스라엘 사람들은 그가 이런 행동을 수행할 인물이라고 신뢰하지 않는다. 그러므로 필요한 인물은 (라빈의 전통에서) 미츠마의 프로그램을 인계받는 샤론과 같은 사람이다. 물론 샤론은 그 프로그램을 인계받을 수 없다.

깔려 있는 문제는 아랍이 실제로 이스라엘이라는 국가의 존재를 받아들이지 않는다는 것만이 아니다. (이스라엘 사람들조차도 또한 웨스트 뱅크에 있는 팔레스타인 사람의 현존을 받아들이지 않는다.) 우리 모두는 동독 노동자들의 1953년 7월 반란에 대해 베르톨트 브레히트가 한 다음과 같은 말장난을 안다. "정당은 자신의 국민이 만족스럽지 않아서,

자신의 정치에 대해 더 큰 지원을 보낼 새로운 국민들로 대체할 것이다.” 오늘날의 이스라엘 국가와 팔레스타인들 사이의 관계도 이와 같다고 볼 수 없는가? 이스라엘 국가는 웨스트 뱅크와 가자 지구에 있는 사람이 만족스럽지 않아서, 그들을 다른 사람들로 대체할 궁리를 하는 것이다. 정확하게는 대표적인 희생자였던 유대인들이 급진적인 ‘인종적 청소’(팔레스타인인들의 웨스트 뱅크로 ‘이주’ — 이 말은 오웰 식으로 말을 바꾼 것임)를 생각하고 있다는 것은 좀 더 면밀히 고려해야 할 궁극적 역설이다.

만일 상실에 익숙해지기를 거부하고, 잃어버린 대상에 대한 열정적 집착이 존재했다면, 그것은 “내년에는 예루살렘에서 (봅시다)”라는 말에서 보듯 자신의 땅과 예루살렘에 대한 유대인의 집착일 것이다. 그리고 액면 그대로 받아들이면, 현재의 문제는 이런 근본적 충실성에 따른 파국적 귀결에 대한 최고의 증명이 아닌가? 과거 2천 년 동안 유대인들이 망명지에서 항구적으로 살아가면서 자신이 살던 곳에 확고한 뿌리를 내리지 못하던 근본적으로 나라 없는 국민이었을 때는, 그들이 예루살렘을 언급한 것은 근본적으로 순전히 부정적인 것, 즉 ‘집의 이미지 그리기’ 금지요 지상 어디에서도 편하게 느끼는 것의 금지를 의미했다. 그러나 백 년 전부터 시작된 팔레스타인으로 돌아오는 과정에서, 형이상학적인 **타자 지역(Other Place)**이 지상의 특정 공간과 직접적으로 동일화되었다. 유대인들이 그들의 땅을 잃고, 그것을 신비적인 상실물로 고양시켰을 때, ‘예루살렘’은 지상의 일부분 그 이상을 의미한다. 다시 말해 메시아의 등장, 형이상학적인 집, 인간 실존의 특징인 방황의 끝을 나타내는 은유가 된다. 그 메커니즘은 다음과 같이 잘 알려진 것이다: 한 대상이 상실된 후, 우리는 지상에서의 삶 가운데 상실한 훨씬 많은 것 또는 모든 것을 대체하는 것으로 전환된다. **천 년이 된 꿈이 마침내 실현되려고 할 때, 그 실현은 악몽으로 ‘변해야 한다.’**

그러므로 오늘날 중동에서 참으로 근본적인 윤리적, 정치적 행동은 무엇이겠는가 하는 거대한 문제에 대해서 대답하기 쉽다. 이스라엘인들과 아랍인들 양자 모두에게, 이것은 예루살렘의 (정치적) 통제를 포기하는, 다시 말해서 예루살렘의 올드 타운을 어떤 중립적인 국제적 힘에 의해서 (일시적으로) 통제된 탈국가화된 종교적 경배 장소로의 변화를 보장하는 제스처로 구성될 것이다. 양편 모두가 받아들여야 하는 것은, 예루살렘의 정치적 통제를 포기함으로써, 그들이 실제로 아무것도 포기하는 것이 없다는 것이다. (그들은 참된 탈정치적인, 신성한 도시로 예루살렘의 고양을 **획득하는** 것이다.) 그들이 잃게 될 것은, 정확하게 그리고 유일하게, 이미 그 자체로 잃어버릴 만한 것, 다시 말해서 정치적 권력 놀이 거리로 축소된 종교다.

* * *

미국-이라크 전쟁의 참된 영웅 중의 한 명은 의심할 바 없이, 불행한 이라크 공보장관이었던 무하마드 사이드 알 사하프였다. 그는 매일 열린 기자회견에서 가장 명백한 사실들을 부정하면서 이라크적 노선에 집착했다. — 그때 미국 군대는 그의 사무실에서 겨우 수백 야드 떨어진 곳에 있었는데, 그는 바그다드 거리에 있는 탱크를 보여주는 미국 텔레비전 장면은 할리우드 식 특별 효과일 뿐이라고 계속해서 주장했다. 지나친 삽화처럼 보이는 그의 행동에서, 그는 '정상적' 보도에는 숨어 있는 진실을 드러냈다. 즉, 그의 논평에는 세련되게 돌려서 표현하는 법도 없고, 그저 단호한 부정만이 있었을 뿐이다. 그의 논평에는 신선한 해방감을 주는 어떤 것이 있었는데, 거기에는 사실의 포착에서 벗어나려는 간절함과 그의 불쾌한 측면을 털어버릴 필요에서 벗어나려는 간절함이 나타난다. 그리고 나아가 때로 그는 이상한 진리를 보여준다. 예컨대 미국인들이 바그다드의 일부를 점령했다는 주장에 대해, 그는 "그들은 어떤 것도 통제하고 있지 않다. — 심지어 그들은 그들 자신조차도 통제하지 못한다!"고 되받아쳤다. 이것은 아마도 미국의 개입을 기다리는 궁극적 운명에 대한 최고의 한 줄 논평인 것 같다.

김선욱·김범수 옮김

파국과 함께 살아가기

명절 때면 피할 수 없이 마주치는 불쾌한 반지성주의자(anti-intellectualist) 친척들은, "지금 내가 마시는 바로 이 커피에 대해 철학자로서 한 말씀 부탁드릴까?" 같은 상투적인 말로 내 부아를 돋우곤 한다. 하지만 한번은, 돈을 잘 쓰지 않는 어떤 친척 한 명이 내 아들에게 '킨더 서프라이즈'라는 달걀 모양의 초콜릿을 주면서 생색을 내는 듯한 묘한 미소를 머금은 채, "그래, 이 달걀 초콜릿에 대해 자네는 어떤 철학적 논평을 하겠나?"라고 내게 물었을 때, 그는 그의 평생 다시없을 놀라운 일을 겪었다. 바로 아주 길고도 상세한 답변을 들어야 했던 것이다.

'킨더 서프라이즈'는 중부 유럽 일대에서 판매되는 초콜릿 제품 가운데 가장 인기 있는 것들 중 하나로, 초콜릿으로 만들어진, 속이 빈 달걀 모양의 껍질이 강렬한 색채의 종이 포장에 싸여 있다. 이 포장을 벗기고 초콜릿 껍질을 깨뜨려 열면 그 안에는 작은 플라스틱 장난감(또는 작은 조립식 장난감)이 들어 있다. 이 달걀 초콜릿을 산 아이는 종종 조바심을 내며 포장을 벗기고 초콜릿을 깨뜨리면서도 그것을 먹을 생각보다는 그 안에 들어 있을 장난감에만 온통 신경이 가 있다. 이러한 초콜릿 애호가야말로 라캉의 모토에 완벽하게 들어맞은 경우가 아닐까? "나는 당신을 사랑합니다. 그런데 설명할 순 없지만, 당신 안에 있는 어떤 것을 당신 자체보다 더 사랑합니다. 그래서 나는 당신을 파괴합니다." 그리고 이 장난감이야말로 사실상, 가장 순수한 상태의 대상 a(l'objet petit a), 우리 욕망 중심부의 공허를 채우는 작은 물체, 우리가 열망하는 것의 중심부에 있는 숨겨진 보물(agalma)이 아닐까?

물론, 중심에 있는, 이 물질로 이루어진 '실재하는(real)' 공허(void)는, 어떤 제품도 '진정한 그것(really THAT)'이 될 수 없으며 어떤 제품도 그것이 불러일으키는 기대에 부응하지 못한다는 것을 설명해주는 구조적, '형식적' 결함을 가리킨다. 바꿔 말하면, 그 작은 플라스틱 장난감은 (우리가 구입한 제품인) 초콜릿과 단지 다르다는 것에 그치지 않는다. 물질적으로는 다르지만 그것은 초콜릿 자체 내의 빈 곳을 채워줌으로써 초콜릿과 동일한 표면에 위치한다. 이미 마르크스를 통해 알 수 있듯이, 상품은 신의(神意)의 변덕(theological caprices)으로 가득 찬 신비로운 존재물(entity)이며, 특수한 욕구를 만족시키는 특수한 대상이고, 동시에 '그 이상(something more)'에의 약속이며, 환상 속에서만 가능한 심원한 즐거움에의 약속이다. 그리고 모든 광고에서 이 환상의 영역을 다룬다("X를 마시면 이것은 단순한 음료가 아닌 그 이상의…"). 그리고 그 플라스틱 장난감은 이 신비한 초과분을 직접적으로 물질화하고 가시화하려는 위험한 전략의 결과다. "우리 초콜릿을 드시면, 단지 초콜릿만을 즐기는 것이 아니라, (전적으로 쓸모없는) 플라스틱 장난감도 갖게 됩니다." 그래서 킨더 달걀 초콜릿은 '덤'을 약속하는 모든 제품에 적용될 만한 공식을 제공한다("DVD 플레이어를 하나 사시면 다섯 개의 DVD를 함께 드려요"에서부터 좀 더 직접적인 형태로 동일한 것을 더 주는 "이 치약을 사시고 3분의 1에 해당하는 양을 더 얻어가세요"까지). 전형적인 콜라 병의 트릭은 두말할 나위 없는 예다("병뚜껑 안쪽을 보시면 무료 콜라에서부터 신형 자동차에 이르는 상품들의 주인공이 되었는지 확인하실 수 있습니다."). 이러한 '그 이상(more)'의 기능은 '그 이하(less)'의 결핍을 채워주고, 상품이 정의(定義)상 자신의 (환상적인) 약속을 결코 이행하지 않는다는 사실을 보상하는 것이다. 바꿔 말하면, 궁극적인 '진정한' 상품은 어떤 보완물(補完物)도 필요로 하지 않는 것이며, 그것이 약속한 것을 충실히 이행하는 것일 것이다. — "당신은 당신이 지불한 만큼만의, 그 이상도 그 이하도 아닌 대가를 얻게 됩니다."

후식의 가운데에 위치한 빈 공간, 후식에 둘러싸인 공허에 대한 이야기는 오래된 역사를 갖고 있다.[1] 엘리자베스 여왕 시절의 영국에서는 근대적 주체 개념의 등장과 더불어 또 다른 현상이 출현하였는데, 연회장에서 먹는 '실질적인(substantial)' 육류 요리와 식사 후 연회장의 식탁이 치워지는 동안 (또는 '비워지는 동안(voided)') 또 다른 작은 방에서 먹는 달콤한 후식의 구별이 바로 그것이다. — 그래서 이러한 후식을 먹는 작은 방은 '보이드(void, 공허)'라고 불렸다. 그 결과 후식들도 '보이즈(voids)'로 지칭되었는데, 그것들은 형태에서도 '보이드'를 모방한 것으로, 대부분이 동물 형상을 하고 있는, 내부가 빈 설탕 케이크였던 것이다. 여기서 주목해야 할 점은 넓은 연회장에서의 '실질적인' 식사와 빈방에서의 실질적이지는 않지만 장식적인 후식 사이의 대조다. '보이드'라고 불리는 후식은 '육류와 유사한 것'일 뿐 모조품이며 순수한 외관(a pure appearance)에 불과하다. 이를테면 공작새는 아니면서 공작새처럼 보이는, 설탕으로 만든 공작새 같은 것이다. (그것을 먹는 의식(儀式)의 핵심은 표면을 격렬하게 부수고 내부의 공허를 드러내는 것이었다.) 이것은 오늘날의 카페인이 제거된 커피 또는 인공 감미료의 근대 초기의 형태이며 자신의 실체가 박탈된 음식의 최초의 예로서, 우리는 그것을 먹으면서도 어떤 의미로는 '아무것도 먹지 않는' 셈이다. 그리고 또 다른 주요 특징은, 후식을 먹는 곳인 '보이드'가 '사적(private)' 주관을 전개하는 공간으로서, 연회장의 '공적(public)' 공간에 대비된다는 것이다. 즉, 후식 '보이드'는 공식 만찬의 공공 의식을 마치고 나가는 곳에서 소비되었는데, 이 분리된 장소에서 사람들은 공식적인 가면(official mask)을 벗고 편안한 분위기에서 풍문, 막연한 느낌, 의견, 고백 따위를, 사소한 것에서부터 가장 친밀한 것에 이르기까지 전 범위에 걸쳐 교환하도록 허용되었던 것이다. 실질적인 '진정한 것(real thing)'과 공허를

---

1) "Consuming the Void", in Patricia Fumerton, *Cultural Aesthetics*(Chicago: Chicago University Press, 1991) 참조.

둘러싼 하찮고 꾸며진 현상 사이의 대립은 실체(substance)와 주체(subject)의 대립과 중첩된다. 같은 시기에 후식 '보이드'가 주체 자신에 대한, 즉 사교계 가면의 믿을 수 없는 외관 밑에 숨겨진 공허에 대한 암시로 작용했다는 것은 그리 놀라운 사실이 아니다. 이는 아마도 절대자(the Absolute)는 "실체(the Substance)로서 뿐만 아니라 주체(the Subject)로서도" 인식되어야 한다는 헤겔의 유명한 모토가 최초로 요리에 적용된 예일 것이다. 말하자면 육류와 빵뿐만 아니라 훌륭한 후식도 먹어야 한다는⋯.

우리는 이러한 '보이드'의 관습과 역사적으로 정확히 같은 시기인 근대 여명기에 '영(zero)'이라는 숫자가 고안되었다는 사실을 연관 지어야 하지 않을까? 이러한 사실은, 브라이언 로트만(Brian Rotman)이 지적했던 것처럼, 상품 교환과 상품 생산의 증대가 생산의 패권주의적 형태를 결과한 것과 연결되며, 공허와 상품의 관계는 시작부터 존재함을 의미한다.2) 라캉의 저서 『정신분석의 윤리학(Ethics of Psychoanalysis)』에서도 언급된 바 있는, 「사물(Das Ding)」이라는 글에 실린 고대 그리스의 단지에 대한 고전적인 분석에서, 하이데거 역시 상징적인 사물로서의 단지가 어떻게 중심부의 공허를 둘러쌓은 형태로 형성되어 있는지, 다시 말해 공허의 용기(container)로 기능하는지를 강조한다.3) 그래서 우리는 고대 그리스의 단지와 킨더 달걀 초콜릿이 서구 역사에서 사물(the Thing)의 두 시기를 지시하는 것으로, 즉 전자는 서구 역사의 여명기의 신성한 사물로, 후자는 말기의 우스꽝스러운 상품으로 해석하게 되는 것이다. 킨더 달걀은 오늘날 우리의 단지다. 그렇다면 아마도 서구 역사 전체를 압축하는 궁극적인 이미지는 고대 그리스인들이 신들에게 단지에 킨더 달걀의 플라스틱 장난감을 담아 바치는 것이 될 것이다. 여기서 우리는 아도르노(T. W. Adorno)와 호르크하이머(M. Horkheimer)가 그들의 저서 『계몽의 변증법(Dialectics of Enlightenment)』에서 취했

---

2) Brian Rotman, *Signifying Nothing*(London: Macmillan, 1987) 참조.

3) Martin Heidegger, "Das Ding", in *Vorträge und Aufsätze*(Pfullingen: Neske, 1954) 참조.

던 방식을 따라서, 서구 문명의 발달 전체를 하나의 간단한 문구, 즉 "선사시대의 마술적 조작에서 기술적 조작으로" 또는 "그리스의 단지에서 킨더 달걀로"라는 문구로 효과적으로 농축시켜야 할 것으로 보인다. 이러한 문구들과 함께 염두에 두어야 할 것은 철학의 새벽을 열었던 고대 그리스가 상품의 제조와 교환이 일어난 시기이며 장소라는 점이다. 최초의 철학자로 알려진 탈레스에 관한 일화들 중 하나는 그가 자신의 '실제 생활(real life)'에서의 다재다능함을 증명하기 위해 상업을 통해 부자가 된 다음 다시 철학에 복귀하였다고 전하고 있다. 즉, '사변(思辨, speculation)'이라는 용어의 이중적(형이상학적 그리고 재정적) 의미가 바로 처음부터 드러나고 있는 것이다. 어쩌면 우리는 그 때문에 하이데거가 언급한 그리스의 단지는 역사적으로 이미 상품이었으며, 바로 이러한 사실이 그 중심부에 위치한 공허를 설명하고 그것에 진정한 공명(resonance)을 부여한다는 가설을 세우지 않을 수 없는 것이다. 하나의 사물이 자기 자신일 뿐만 아니라 '자신을 넘어서', 그 사물 자체의 중심부에 공허로 새겨진(inscribed) 또 하나의 차원을 가리킬 수 있는 것은 그것이 상품이기 때문이다. 비스티귀(Miguel de Beistegui)가 하이데거에게서 폐쇄된 '가속(家屬)' 경제(house economy)로서의 오이코스(oikos) 개념의 은폐된 패권주의에 대하여, 즉 시장 여건에 대한 그리고 시장이 어떻게 항상 이미 폐쇄된 오이코스를 대신하는가에 대한 하이데거의 무지에 대하여 지적한 바에 따르면,[4] 사물로서의 단지야말로 이러한 사실의 궁극적인 증거라고 말할 수 있을 것이다.

그렇다면 오늘날의 '보이드'인 킨더 달걀과 우리에게 실체가 제거된 (카페인을 뺀 커피, 무설탕 감미료, 알코올 없는 맥주 등의) 'X가 들어 있지 않은 X'를 제공하는 상품의 풍요 사이에 상동 관계(homology)가 존재한다는 것은 그리 놀라운 일이 아니다. 두 경우 모두에서 우리는 핵심이 제거된 표면 형태만을 획득하게 된다. 하지만 더 근본적으로 엘리자베스 여왕 시절의 '보이드'에 대한 언급에서 지적된 바와 같이, 상품

---

4) Miguel de Beistegui, *Heidegger and the Political*(London: Routledge, 1998) 참조.

의 구조와 부르주아 주체의 구조 사이에 구조적 상동 관계가 명백히 존재하는 것이 아닐까? 주체들은, 그들이 보편적 인권의 주체들이라는 바로 그 점에서 킨더 달걀 초콜릿처럼 기능하고 있지 않은가? 프랑스에서는 '검둥이 머리(la tete du negre)'라는 인종차별주의적 명칭을 가진, ("마치 바보 같은 검둥이의 머리처럼") 공같이 생긴 속이 빈 초콜릿 케이크가 여전히 판매되고 있는데, 킨더 달걀 초콜릿에서는 이러한 빈 공간이 채워져 있는 셈이다. 이러한 사실은 우리 모두 그 중심부가 비어 있는 '검둥이 머리'를 가지고 있다는 교훈을 담고 있다. 인도주의적 보편주의자(humanist universalist)의 검둥이 머리에 대한 응수, 즉 우리 모두가 '검둥이 머리'를 가지고 있다는 것을 부정하려는 그의 시도는, 바로 킨더 달걀 초콜릿과 유사한 어떤 것이 아닐까? 인도주의적 관념론자들(humanist ideologists)은 이렇게 표현했을 것이다: 우리 가운데 일부는 흑인이고 일부는 백인이며, 일부는 장신이고 일부는 단신이며, 일부는 여성이고 일부는 남성이며, 일부는 부유하고 일부는 빈곤하여, 무한정 서로 다를지도 모르지만, 우리 내면의 깊숙한 곳에 플라스틱 장난감과 동일한 도덕적 등가물이, 동일한 '내가 알 수 없는 어떤 것(je ne sais quoi)'이, 모든 인간이 공유하는 존엄성을 어느 정도 설명하면서도 명확히 파악되지는 않는 어떤 X가 존재한다고. 프랜시스 후쿠야마(Francis Fukuyama)를 인용하면,

동등한 인정(recognition)에의 요구가 함축하는 바는 한 인간의 우연적이고 부수적인 특성들을 모두 벗겨내면 그 아래에 일정한 최소 수준의 존중을 받을 가치가 있는 어떤 본질적인 인간적 자질이 남는다는 것이다. 이것을 X 인자(因子, factor)라고 명명해보자. 피부색, 외모, 사회적 계층과 부, 성별, 문화적 배경 그리고 심지어 자연적 재능마저도 모두 비본질적인 특성들의 범주에 속하는 출생의 우연한 결과(accidents of birth)인 것이다. … 그런데 정치적인 영역 내에서 우리는 사람들을 그들이 X 인자를 소유한다는 근거로 동등하게 존중하도록 요구받고 있다.[5]

---

5) Francis Fukuyama, *Our Posthuman Future*(London: Profile Books, 2002), pp.149-150.

이러한 X 인자가 개인의 실재 내에 대응물을 갖고 있지 않은 일종의 '상징적 허구(symbolic fiction)'임을 강조하는 초월론적 철학자들과는 대조적으로, 후쿠야마는 영웅적으로 그것을 우리 '인간 본성' 안에, 우리의 고유한 유전 형질(genetic inheritance) 내에 설정한다. 그렇다면 결과적으로 게놈(genome)이야말로 우리 인간의 초콜릿 피부 안쪽에 깊숙이 숨겨진 플라스틱 장난감의 궁극적 형상(the ultimate figure)이라는 것이 아니겠는가? 따라서 백색 초콜릿, 우유 초콜릿, 짙은 색의 초콜릿, 견과류나 건포도가 들어 있는 것과 그렇지 않은 것이 있을 수 있지만, 그것의 내부에는 항상 같은 플라스틱 장난감이 들어 있는 것이다. (이는 외부는 같지만 안에 제각각 다른 장난감이 숨어 있는 킨더 달걀과 대조적이다.) 간단히 말하면 후쿠야마가 두려워하는 것은 우리가 초콜릿 달걀의 제조에 너무 깊이 빠져들면 안에 플라스틱 장난감이 들어 있지 않은 달걀을 만들어낼 수도 있다는 점이다. 어떻게? 우리가 우리의 '자연적(natural)' 특성들을 우연이나 운의 문제로 경험하는 것이 중요하다는 것을 강조한다는 면에서 후쿠야마의 말은 일리가 있다. 만일 이웃이 나보다 더 나은 외모와 지능을 갖고 있다면 이는 그가 운이 좋아 그렇게 태어난 것일 뿐 그의 부모조차 의도하지 못한 것이다. 여기서의 철학적 역설은 우리가 이러한 행운(lucky chance)의 요소를 제거한다면, 우리의 '자연적' 특성들이 유전공학이나 여타 과학적 조작에 의해 통제되고 단속된다면, 우리는 그 X 인자를 잃게 된다는 것이다.

물론 숨겨진 플라스틱 장난감에 특별한 이데올로기적 해석을 가하는 것도 가능하다. 이를테면 모든 인종적인 다양한 변형(variation)의 초콜릿을 제거한 후에는 항상 미국인을 만나게 된다는 인식이 그것이다. (비록 그 장난감은 중국에서 만들어진 것일 개연성이 매우 높지만 말이다.) 이 신비에 싸인 X, 우리 존재 내면의 보물은 자신을 이질적인 침입자로서, 심지어는 배설물이라는 기형(奇形)으로 드러낼 수 있다는 것이다. 이러한 항문과의 연관은 충분히 정당화된다. 즉, 내부의 **무매개적** 출현 (the immediate appearance of the Inner)이 형태 없는 배설물로 이루어지는 것이다.6) 자신의 배설물을 선사하는 어린아이는 일면 자신의 X

인자의 직접적인 등가물을 주는 것이다. 그러므로 잘 알려진 바와 같이 프로이트가 배설물을 어린아이가 부모에게 선사하는 선물의 최초 형태로, 가장 깊은 내부로부터의 물체로 간주한 것은 외견만큼 소박한 차원의 것이 아니다. 종종 간과되고 있는 사실은 타자(the Other)에게 제공된 자신의 조각은 근본적으로 숭고한 것(the Sublime)과 (우스꽝스러운 것(the Ridiculous)이 아니라 정확히 말해서) 배설된 것(the excremental) 사이를 왕래한다는 것이다. 바로 이러한 까닭에 라캉에게, 인간을 동물과 구별 짓는 특성들 중 하나는 인간에게만 배설물의 처리가 문제가 된다는 사실이다. 이는 그것이 고약한 냄새를 풍기기 때문이 아니라 우리의 깊은 내부에서 나온 것이기 때문이다. 우리가 배설물을 부끄러워하는 이유는 우리가 그 안에 우리의 내밀함을 노출시켰기 때문이고 구체화시켰기 때문이다. 동물들은 인간처럼 '내면(an interior)'을 갖지 않기 때문에 그것이 아무 문제도 되지 않는다. 이 지점에서 우리는 화산 용암을 "지구의 배설물"7)로 불렀던 오토 바이닝거(Otto Weininger)를 언급해야 할 것이다. 그것은 몸체의 내부로부터 나오는 것이고 이 내부는 흉측하고 혐오스럽다. "몸체의 내부는 매우 추악하다."8) 여기서 우리는 남근, 즉 배설과 생식을 담당하는 기관에서 동일한 사변적 양의성(兩意性, ambiguity)을 발견한다. 우리의 가장 내부적인 것이 직접적으로 표출되었을 때, 그 결과는 혐오스럽다. 이 외적으로 표현된 배설물은, 인간 신체에 침투하여 내부로부터 그것을 지배함으로써 그것을 식민화하는 외계의 괴물과 같은 것이다. 그리고 그것은 공상과학영화 절정의 순간에 입 또는 직접 가슴을 통해 인간의 신체를 뚫고 나온다. 리들리 스콧(Ridley Scott)의 「에일리언(Alien)」보다 좀 더 전형적인 예는 잭 숄더(Jack Sholder)의 「히든(Hidden)」이라고 볼 수 있는데, 여기서는 영화의 끝 부분에 인간의 몸체로부터 세차게 빠져나오는 벌레처럼 생긴 외

---

6) Dominique Laporte, *History of Shit*(Cambridge, MA: The MIT Press, 2000) 참조.

7) Otto Weininger, *Über die letzten Dinge*(München: Matthes und Seitz Verlag, 1997), p.187.

8) 같은 책, p.188.

계인이 직접적으로 항문과의 연상을 불러일으킨다. (이 외계인은 자신이 침투한 인간으로 하여금 게걸스럽게 먹고 역겹게 트림을 하게 만듦으로써 거대한 배설물을 연상시킨다.) 물론 킨더 달걀의 예를 반대 방향으로 활용하는 방법도 있다: 가운데 있는 장난감은 항상 다르지만 초콜릿 층은 항상 동일하다는 사실에 초점을 맞추지 말란 법은 없지 않겠는가? (그래서 이 제품의 이름이 '킨더 서프라이즈'다.) 이 점이 바로 인간의 경우에 들어맞지 않는가? 우리가 외견상으로 비슷해 보일지 모르지만, 내부에는, 우리 영혼의 불가사의가 존재하여, 우리 각자가 엄청난 규모의 내면적 자원을 감추고 있다는 것이다. 또한 플라스틱 장난감이 작은 부분으로 이루어져 있다는 사실을 이용할 수도 있다. 이와 같은 방식으로 우리가 우리의 자아를 형성하도록 되어 있다고 말이다.

X 인자는 상이한 주체들의 잠재적인 동일성뿐만 아니라 한 주체의 연속적인 동일성을 보장한다. 20년 전, 『내셔널 지오그래픽』지는 강렬한 황색 눈을 가진, 아프가니스탄의 한 젊은 여성의 사진을 실어 이목을 집중시켰는데, 2001년 같은 여성이 아프가니스탄에서 다시 발견되었던 것이다. 비록 그녀의 얼굴은 고단한 삶과 힘겨운 노동으로 인해 변해 있었으나 그녀의 강렬한 눈은 연속성의 인자로서 그녀를 즉시 알아볼 수 있게 만들었다. 그러나 역시 스무 해 전, 독일의 좌파 성향의 주간 시사지인 『스테른(Stern)』은 이러한 가설을 경험적으로 약화시키는 다소 잔인한 실험을 감행하였다. 두 명의 피폐한 남녀 행려자에게 돈을 지불하고 동의를 구해 이들을 깨끗하게 씻기고 면도시키고 유명 디자이너의 옷을 입히고 고급 미용실에서 머리 손질을 받게 하였다. 그리고 주간지에 행려자의 더럽고 면도조차 하지 않은 행색 그대로의 사진과 근사하게 단장한 후의 사진을 나란히 실었다. 그 결과는 가히 엄청난 것이었다. 우리가 보고 있는 것이 동일한 사람임이 분명했음에도 불구하고 옷차림의 변화의 결과는 우리의 믿음, 즉 다른 외모 아래 하나의 동일한 사람이 존재한다는 믿음을 흔들어놓았던 것이다. 외모만 달라진 것이 아니었다. 이러한 외모 변화가 심히 혼란스러운 결과를 가져온 것은 관찰자인 우리가 그 달라진 겉모습의 근저에서 변화된 인격을 어느 정도

감지했기 때문이다. 스테른 사에는, 행려자의 존엄성을 침해하고 모독했으며 그들을 잔인하게 농담거리로 만들었다고 비난하는 독자들의 편지가 쇄도하였다. 그러나 이러한 실험이 약화시킨 것은 다름 아닌 X 인자에 대한 우리의 믿음, 우리의 존엄성의 근거이며 겉모습의 변화에도 불구하고 지속되는 동일성의 핵심 부분에 대한 믿음이다. 간단히 말해서 이 실험은 일면 우리 모두가 '검둥이의 머리'를 갖고 있다는 것, 우리 주체의 중심부가 겉모습에 의해 채워진 공허라는 것을 경험적으로 증명하였다.

이제 플라스틱 장난감에 도달하려고 초콜릿 달걀을 맹렬히 부숴버리는 어린아이의 장면으로 다시 돌아가보자. 이 아이야말로 인간의 '본질'을 해방시키기 위해 역사적이고 우연적이며 '비본질적인' 피복(被覆, coating)을 제거하려 하는 소위 '전체주의'의 상징물이 아니겠는가? 전체주의의 궁극적 상상도(vision)가 바로 기존의 타락한 인간성이 철저히 붕괴된 그 파편 더미에서 새로운 인간이 나타난다는 것이 아니겠는가? 그렇다면, 역설적으로 들리겠지만, 자유주의와 '전체주의'는 X 인자, 인간 초콜릿의 중심부에 있는 플라스틱 장난감에의 믿음을 공유하는 것이다. 우리의 상호간의 차이에도 불구하고 우리를 동등하게 만드는 X 인자의 논점은 분명하다. "심층적으로 똑같이 취약한 인간들이라는 점에서 우리는 모두 동등하다"는 심오한 인도주의적 통찰의 저변에는 "심층적으로 우리가 이미 동등한데 표면적인 차이 때문에 굳이 다툴 필요가 있겠는가?"라는 냉소적 태도가 깔려 있다. 자신이 빈곤한 걸인과 똑같은 열정, 두려움 그리고 사랑을 공유한다는 사실을 통렬하게 깨달은, 속담 속의 백만장자처럼 말이다.

하지만 결여로서의 주체의 존재론, "우리 모두가 검둥이의 머리를 갖고 있다"는 주장은 진실로 궁극적인 대답을 제공하고 있는가? 그러한 결여 자체는, **최소한의 물질적 잔여**(a minimum of material leftover)에 의해서, 즉 확고한 존재적(ontological) 일관성을 갖지 못하며 단지 구체화된 공허에 불과한, 우연적인 '불가분의 잔여(indivisible remainder)'에 의해서 지탱되지 않으면 안 된다는 것이 라캉의 유물론적 기본 입장이 아닌가? 주체는 최소한의 '병리학적(pathological)' 보완물을 필요로 하지 않는가? 이것이 환상의 공식($-a$, 욕망의 대상 원인과 짝을 이룬 분할된 주체)이 가리키는 바이다. 그러한 (모든 대상들의 영역을 정화하는 바로 그 작용의 결과로서 하나의 대상이 출현한다는) 나선형의 구조는 초월론적 철학의 가장 근본적인 수사법에서, 즉 모든 우연적인 내용을 지움으로써 본질적 차원(X 인자)을 인식하는 태도에서 명백히 식별 가능하다. 아마도 이 X 인자와 관련된 가장 그럴듯한 전략은 20세기 전반에 걸쳐 지성인들에게 선호되었던 행태들 중 하나, 즉 상황을 파국으로 규정하려는 충동에서 발견될 것이다. 실제 상황이 어떠하건 그것은 '파국'으로 매도되어야 했고, 그것이 더 그럴듯해 보일수록 더욱더 이러한 행동을 부추겼다. 이러한 방식으로 우리의 '단지 존재자로서의(ontic)' 차이들과 무관하게 우리 모두는 동일한 존재적(ontological) 재난에 동참하는 것이다. 하이데거는 현시대를 가장 고조된 '위험'의 시대로, 허무주의가 실현된 시대로 비판하였다. 아도르노와 호르크하이머는 '관리되는 세계(administered world)' 내의 '계몽의 변증법'의 정점에서 그것을 보았다. 20세기 집단 수용소를 서구 전체 정치 기획의 '진실'로 규정하는 조르지오 아감벤(Giorgio Agamben)에 이르러서도 마찬가지다. 1950년대의 서독의 호르크하이머라는 인물을 상기해보자. 현대 서구 소비 사회에서의 '이성의 몰락'을 비판하면서도, **동시에** 그는 같은 사회를 지구 전역에 만연한 전체주의와 타락한 독재 체제들의 바다에 떠 있는 외로운 자유의 섬으로 옹호하였다. 이는 윈스턴 처칠(Winston Churchill)이 민주주의가 최악의 정치 체제이지만 그 이외의 체제들은 그것보다 더 나쁘다고 했던 잘 알려진 역설적 농담이 심각한 형태로 반복되고 있는 셈이다. 서구의 '관리되는 사회'는 문명을 가장한 야만이며 소외의 정점이고 자율적 개인의 해체라는 등. 하지만 모든 다른 사회 정치 체제가 더 나쁘기 때문에 사람들은 비교적 우위에 있는 그것을 지지할 수밖에 없는 것이다. 그렇다면 우리는 이러한 증상을 근원적으로 해석하라는 제안을 하게 된다. 만일 불행한 지성인들이 참을 수 없는 것은 자신들이 기본적으로 행복하고 안전하며 안락한 삶을 영위하고 있다는 사실이고, 그래서 자신들에게 더 높은 소명이 주어져 있다는 것을 확인시키는 방편으로 엄청난 파국의 시나리오를 만들어냈어야 했다면? 실제로 아도르노와 호르크하이머는 이 점에서 이상하리만큼 하이데거에 근접해 있다.

> 자연에서 그리고 우주에서 가장 엄청난 '재앙'은 인간이 그 스스로 비은폐성(Unheimlichkeit)이라는 사실에 비하면 아무것도 아니다. 그리고 이는 인간이 존재자 자체들 가운데 놓여 있고 존재자들임을 의미하는 한, 망각하는 존재자라는 사실에 근거하며, 따라서 그에게 고향(das Heimische)은 무의미한 허상일 뿐이고, 그것을 그는 자신의 거래 관계들(dealings)로 채운다. 비은폐성(Unheimlichkeit)과 고향의 상실(Unheimischkeit)은 인간이, 자신의 본질상, 재앙이라는 — 진정한 본질로부터 등을 돌리는 역전(逆轉, reversal)이라는 사실에 있다. 인간은 존재자들 가운데에서 유일한 재앙인 것이다.[9]

여기서 가장 먼저 철학자의 시선을 사로잡는 것은 칸트적인 숭고한 것(the Kantian Sublime)에 대한 암시적 지칭이다. 칸트에게서 자연현상에서 가장 엄청난 격발(激發)도 도덕률의 힘에 비하면 아무것도 아니라는 사실과 똑같은 방식으로, 하이데거에게서 자연과 사회적 삶 내에서 가장 엄청난 재난도 인간 자신이라는 재난에 비하면 아무것도 아니다. 이를 하이데거의 또 다른 주요 수사법으로 표현해보면, 재앙의 본질은 존재자적 재앙과 아무 관련이 없으며, 이는 재앙의 본질이 본질 자체의 재앙이고 그것의 퇴거(withdrawal)이며 그것이 인간에 의해 망각되는 것이기 때문이라고 할 수 있다. (이것은 유대인 대학살을 포함하는가? 혐오감을 유발하지 않으면서도, 존재의 망각이라는 재앙에 비하면 유대인 학살은 아무것도 아니라고 주장하는 것이 과연 가능한가?) (양면성을 드러내는) 차이점은, 칸트에게 자연적 폭력이 도덕법의 숭고한 차원을 부정적인 방식으로 명확히 드러내는 반면, 하이데거에게는 비교 항

---

9) Martin Heidegger, "Hölderin's Hymne 'Der Ister'", *Gesamtausgabe* 53 (Frankfurt: Klostermann, 1984), S.94.

이 인간 자신이라는 재앙이라는 것이다. 나아가 칸트는 자연적 재난의 격렬한 발생 사례들에 대한 경험에서 긍정적인 측면을 보았다. 그것들을 목격하는 가운데 우리는 부정적인 방식으로 도덕법의 그 무엇과도 비교할 수 없는 숭고한 위엄을 경험하는 것이다. 반면 하이데거에서는, 우리가 인간의 본질 자체에 속한 진정한 재앙을 부정적인 방식으로 경험하기 위해 실제적인 존재자적 재난의 위협을 필요로 하는지 그리 분명치 않다. (이러한 차이는, 칸트적인 숭고한 것에 대한 경험 속에서 주체는 안전한 거리에서 과도한 자연적 폭력을 바라보는 관찰자의 역할을 담당하고 결코 그것에 의해 직접적으로 위협을 당하지 않지만 하이데거에서는 이러한 거리감이 없다는 사실과 연관되는 것일까?)

이러한 면에서 하이데거를 조롱거리로 만드는 것은 쉬운 일이다. 그러나 그의 이론 체계(formulations)에는 '합리적인 핵심(rational kernel)'이 존재한다. 비록 아도르노와 호르크하이머라면 이러한 체계를 통렬하게 비웃고 무시하겠지만, 그들 역시 똑같은 처지에 있는 것이 아닐까? 그들은 후기 자본주의적 '관리된 세계(verwaltete Welt)'의 도래의 윤곽을 드러내면서, 그것을 야만주의와 일치하는 것으로, 문명 자체가 야만주의로 돌아가는 것으로, 계몽주의의 진보 전체의 일종의 부정적 종착점(negative telos)으로, 니체적인 초인의 왕국으로 묘사하고 있다. "그들은 낮에도 얼마간의 쾌락을 즐기며 밤에도 얼마간의 쾌락을 맛본다. 그러나 그들은 건강도 중시한다. '우리는 행복을 발명했다.' 최후의 인간들은 이렇게 말하면서 눈을 깜박였다."[10] 그러나 그럼에도 불구하고 그들은 동시에 더 직접적인 '존재자적' 재앙들(다른 형태의 테러 등)에 대해 경고한다. 그러므로 초인들의 자유민주주의적 사회란 문자 그대로 최악의 가능성인데, 여기서 유일한 문제는 다른 모든 사회들이 그보다도 더 못하다는 것으로서, 이 때문에 선택은 나쁜 것과 더 나쁜 것 둘 중에 이루어지는 것으로 보인다. 여기서도 양면성은 극복되지 않는 것이다. 한편으로 '관리되는 세계'는 계몽주의의 최종적인 재앙의 결과인

---

10) Friedrich Nietzsche, *Thus Spake Zarathustra*(*The Portable Nietzsche*(New York: Viking, 1968), p.130에서 인용됨).

반면, 다른 한편으로 바로 우리 사회들의 '정상적인(normal)' 운영이, 전쟁이나 테러에서부터 생태적 돌발 사태에 이르는 재난들에 의해 끊임없이 위협받고 있다. 그래서 사람들은 이러한 '존재자적' 재난들을 극복해야 하는 한편, 동시에 그들은 궁극적인 재난이 바로 어떤 '존재자적' 재난도 없는 상태에서 '관리되는 세계'가 '정상적'으로 운영되는 것임을 명심해야 한다. 여기에 바로 진정한 아포리아가 존재하는 것이다. 이러한 양면성을, 후기 자본주의적 소비주의 사회의 주체들과 유대인 학살의 희생자들 사이의 궁극적 일치를 주장하는("최후의 인간들은 이슬람교도들이다."), 모종의 의사(擬似) 헤겔적인 '무한 판단(infinite judgement)'을 통해 해결하려는 것은 분명 소용없는 일이다. 문제는 이슬람교도들(집단 수용소의 살아 있으면서도 죽은 자들)과의 감성적 동일시가 불가능하다는 것이다. 10년 전에 우리가 종종 들었던 "우리 모두는 사라예보에 살고 있지만, 아우슈비츠에서 일어난 일들은 너무 지나쳤다"라는 말과 동일한 방식으로 "우리 모두가 이슬람교도들이다"라고 말할 수는 없다. (그리고 반대로 "우리는 모두 뉴욕 시민이다!"라고 단언함으로써 9월 11일의 테러 사건에 대해 단결된 대처를 주장하는 것 또한 우스꽝스럽다. 제3세계의 수백만은 환영하겠지만 말이다.)

그렇다면 우리는 실제적인 윤리적 파국을 어떻게 다루어야 하는가? 20년 전 헬무트 콜(Helmut Kohl)이 늦게 태어난 덕분에 유대인 학살에 연루되지 않을 수 있었던 독일인들의 특수한 상황을 나타내기 위해 "늦은 출생이 베풀어준 자비(the mercy of the late birth/die Gnade des spaeten Geburt)"라는 문구를 사용했을 당시, 많은 논평자들은 이러한 공식적 표현을, 오늘날의 독일인은 유대인 학살을 자신들의 책임의 범위를 넘어선 것으로 잊어버려도 된다는 것을 암시하는, 일종의 도덕적 이중성과 기회주의의 징후로 보고 거부하였다. 그러나 콜의 표현은 확실히 버나드 윌리엄스(Bernard Williams)가 "도덕적 운(moral luck)"[11]이라고 명명한, 도덕성의 역설적이고도 민감한 부분을 건드리고 있다.

---

11) Bernard Williams, *Moral Luck*(Cambridge: Cambridge University Press, 1981) 참조.

윌리엄스는 자신의 예술적 재능을 충분히 계발하기 위해서 아내와 자식을 남겨두고 타히티로 간, 아이러니하게도 '고갱(Gauguin)'이라고 불리는 한 화가의 경우를 상기시킨다. 그의 이러한 행위는 도덕적으로 정당화될 수 있었는가? 윌리엄스의 대답은, 우리가 이러한 질문에 그의 위험한 결정의 최종적 결과를 알고 난 이후에야 비로소 **회고하여**(in retrospect) 답변할 수 있다는 것이다. 장 피에르 뒤퓌(Jean-Pierre Dupuy)가 지적한 바와 같이,12) 우리는 오늘날의 생태적 재앙의 위협에 대해 무엇인가 해야 한다는 긴박함과 관련하여 같은 딜레마에 직면한다. 우리는 이러한 위협을 심각하게 받아들여, 재앙이 일어나지 않는다면 우스꽝스러워 보일 만한, 조치를 바로 취하든지, 아니면 아무 조치도 취하지 않은 채 재앙이 발생하면 모든 것을 잃든지, 아니면 중간 지대(middle ground)의 선택이라는 최악의 경우로서 어느 정도 제한적인 수단을 강구하지만 실은 어떤 일이 발생하더라도 실패를 면하지 못하게 된다. (말하자면 문제는 생태적 재앙과 관련하여 중간 지대란 존재하지 않는다는 점이다. 재앙은 발생하거나 발생하지 않거나 둘 중 하나다.) 그러한 난관은 철저한 칸트주의자를 겁에 질리게 할 만한 것이다. 그것은 한 행위의 도덕적 가치를 철저하게 '병리학적' 조건들, 즉 완전히 우연적 결과에 의존하는 것으로 만들기 때문이다. 간단히 말해서 윤리적 교착 상태(ethical deadlock)를 수반하는 어려운 결정을 내릴 때, 나는 단지 이렇게 말할 수 있을 뿐이다. "내가 만일 운이 좋다면, 나의 현재 행동은 윤리적이었던 것이 될 것이다." 하지만 우리의 윤리적 입지를 그렇게 '병리학적'으로 지탱하는 것은 선험적으로 필연적이지 않은가? 만일 우리가 (적어도 우리 대부분이) 우리의 윤리적 평정을 유지하려면 과도한 유혹의 압력에 노출되지 않는 운이 따라야 한다는 상식적 의미에서 뿐만 아니라 말이다. (우리 중 대부분이 끔찍하게 잔인한 방법으로 고문을 당하면 최악의 배신을 저지를 것이다.) 일상생활에서 우리가 우리의 윤리적 긍지와 존엄성을 유지하는 경우, 우리는 우리가 어려운 여건에서도

---

12) Jean-Pierre Dupuy, *Pour un catastrophisme éclairé*(Paris: Editions du Seuil, 2002), pp.124-126 참조.

여전히 윤리적 견지에 충실할 것이라는 가정 하에서 행동한다. 여기서 논점은 우리가 자신들을 신뢰하지 못하고 자신들의 윤리적 견지를 의심 해야 한다는 것이 아니라, 오히려 모차르트의 「코시 판 투테(Cosi fan tutte)」에 등장하는 철학자 알폰조(Alfonzo)의 태도를 취해야 한다는 것 이다. 그는 애인에게 속은 두 사람에게 이렇게 충고한다. "여자들을 신 뢰하시오. 그러나 그들을 너무 많은 유혹에 노출시키지 마시오!"

우리의 자존감이 우리가 잘 인식하고 있는 '병리학적' 사실들을 인정 하지 않는 것에 의존한다는 것을 깨닫기는 어렵지 않다. 그러나 그럼에 도 불구하고 우리는 그것들의 상징적 효율성을 일시적으로 중지시킨다. 위엄 있는 한 지도자를 상상해보자. 만일 그가 '위엄이 손상된' (가령 울거나 토하는) 상황에 처한 장면이 카메라에 잡힌다면, 비록 그런 상황 이 우리 모두의 일상적 삶의 부분들이라 할지라도 이것이 그의 성공을 망칠 수 있는 것이다. 이제 조금 다른 차원에서, 곤란한 결정이 내려져 야 할 때 자신은 그 자리에서 빠질 줄 아는 노련한 정치인들의 능란한 처세술을 상기해보자. 이런 방식으로, 즉 그들이 우연한 일로 그 자리에 불참하지 않았더라면 그들이 문제를 제대로 해결했을 것이라는 환상을 유지시키면서, 그들은 자신들의 전능함에 대한 추종자들의 무의식적인 믿음을 손상시키지 않고 보존할 수 있다. 혹은 좀 더 사적인 차원에서, 첫 데이트를 하는 어린 남녀가 있고 소년은 소녀에게 좋은 인상을 심어 주려 노력한다고 상상해보자. 그리고 이들이 힘센 불량배를 만나게 되 어 소녀는 괴롭힘을 당하고 소년은 이에 당당히 맞서기를 두려워하는 바람에 창피를 당하게 된다고 말이다. 그러한 우연한 사태는 관계 전체 를 망쳐놓을 수 있다. 소녀는 그를 보면 언제까지나 그가 당한 수모를 떠올릴 것이므로 소년은 그 소녀를 다시 만나는 것을 회피할 것이기 때 문이다.

하지만 "도덕성은 그것을 소유할 여유가 있을 만큼 운이 좋은 사람들 을 위한 것이다"라는 브레히트적(Brechtian) 사실을 넘어서, 나치 집단 수용소의 이슬람교도들이라는 인물상에 의해 가장 잘 예시된 더 근본적 인 회색 지대가 존재한다. 그들은 기본적인 동물적 자극에 대한 반응조차 멈추고, 공격받았을 때 자신을 방어하지 않으며, 갈증과 허기의 감각조차 점차로 잃어가며 단지 몇몇 동물적 욕구에 의해 맹목적인 습관에 의해 먹고 마시는 '인류의 제로 수준(zero level of humanity)', 일종의 '살아 있으나 죽은(living dead)' 상태다. 이런 이유에서 그들은 상징적 진리를 결여한 실재(the Real)의 지점이며, 그들의 곤경을 '상징화'할 방법이, 그것을 의미가 담긴 삶의 이야기로 구성할 방법이 없다. 그러나 이러한 묘사의 위험성을 자각하는 것은 어려운 일이 아니다. 그들은 아무 생각 없이 재생산을 하면서 나치가 그들에게 저지른 '비인간화'의 증거가 된다. 그리고 그러한 사실이야말로 그들이 일면 비인간화되었다는 것, 인간성의 본질적인 특징들을 빼앗겼다는 것을 잊지 않으면서도 그들의 인간성을 끝까지 역설해야 하는 이유다. 그 이슬람교도들의 '비인간적' 무관심으로부터 '정상적인' 인간의 위엄과 참여를 분리시키는 기준선은 '인간성'에 내재하며, 이는 곧 '인간성' 자체의 한가운데에 일종의 비인간적인 정신적 외상(外傷)의 중핵 또는 틈새(traumatic kernel or gap)가 존재한다는 것을 의미한다. 이를 라캉의 용어로 표현하면, 그 이슬람교도들은 외심적(外心的, ex-timate) 방식으로 '인간적'이다. 이것이 의미하는 바는, 아감벤이 제대로 강조했던 것처럼, 윤리의 '정상적인' 규칙들이 여기서는 효력이 중지되었다는 것이다. 우리는 그들이 기본적인 인간의 존엄성을 박탈당한 사실을 유감스러워 하며, 단순히 그들의 운명을 개탄해서는 안 되는데, 이는 그 이슬람교도의 면전에서 품위를 갖추는 것, 위엄을 유지하는 것 자체가 순전히 무례한(indecency) 행위이기 때문이다. 단순히 그 이슬람교도들을 무시해서도 안 된다. 그 이슬람교도들의 끔찍한 역설에 직면하지 않는 어떤 윤리적 입장도 정의(定義)상 비윤리적이며, 윤리의 추잡한 모조품이다. 그리고 일단 우리가 그 이슬람교도의 문제에 효과적으로 대응하게 되면, '존엄성/위엄'과 같은 개념들은 어느 정도 그것들의 실체를 박탈당하게 된다. 바꿔 말하면, '이슬람교도'는 단지 윤리적 유형의 위계질서(hierarchy of ethical types) 내에서 가장 낮은 수준일 뿐만 아니라("그들은 위엄을 갖추지 못했을 뿐만 아니라 동물적 생명력과 자기 본위 의식(egotism)마저도 잃어버렸다.”), 위계질서 전체를 무의미한 것으로 만드는 제로 등급인 것이다. 이러한 역설을 고려하지 않는 것은 나치가 최초로 유대인을 인간 이하의 수준으로 잔인하게 강등시킨 다음 이러한 이미지를 그들이 인간 이하임을 증명하는 근거로 제시했을 때 행했던 것과 동일한 냉소주의에 동참하는 셈이 된다. 나치는 수치심을 주는 표준 절차를 극단화하였는데, 이를테면 한 위엄 있는 사람의 바지 벨트를 빼앗아 그가 어쩔 수 없이 바지를 양손으로 잡고 있어야 하는 상황을 강제적으로 연출한 후, 그가 위엄을 갖추지 못했다고 조롱하는 것이다. 정확히 이런 의미에서, 우리의 도덕적 존엄성은 궁극적으로 항상 가장된 것(fake)이다. 그것은 그 이슬람교도들의 운명을 피할 수 있는 우리의 운세에 달려 있다. 아마도 이러한 사실은 나치 수용소의 생존자들을 괴롭히는 ‘비합리적인’ 죄책감에 대해서도 설명할 수 있을 것이다. 생존자들에게 가장 순수한 형태로 직면하도록 강제되고 있는 것은 철저한 생존의 우연성이 아니라, 오히려 더 근본적으로 우리가 도덕적 존엄성을, 칸트가 말하는 우리 인격의 가장 고귀한 중핵을, 보유하는 것의 철저한 우연성이다.

이것은 어쩌면 윤리에 관한 20세기의 중요한 교훈, 즉 사람들은 모든 윤리적 자만심을 버리고 윤리적으로 행동할 수 있는 행운을 겸손하게 받아들여야 한다는 교훈일 수 있다. 또는 신학적인 용어로 표현하면, 자율성(autonomy)과 은총(grace)은 서로 대립하는 것이 아니라 한데 얽혀 있다. 즉, 우리가 도덕적 행위자로서 자율적으로 행위할 수 있다면 우리는 은총에 의해 축복을 받고 있는 것이다. 그리고 파국의 전망에 직면할 때도 우리는 같은 은총과 용기의 결합에 의존해야 한다. 자신의 글 「도덕성과 종교의 두 원천」에서 앙리 베르그송(Henri Bergson)은 프랑스와 독일 사이에 전쟁이 선언되었던 1914년 8월 4일에 그가 경험한 이상한 느낌들을 이렇게 묘사한다. “나의 노고에도 불구하고, 그리고 전쟁이란 그것이 승리를 가져온 것일지라도 내게는 여전히 재난으로 비춰짐에도 불구하고, 나는 윌리엄 제임스(William James)가 언급했던 것, 즉 추상적인 것으로부터 구체적인 것으로의 순조로운 진행에 대한 감탄의 감정을 경험하였다. 그 누가 그런 엄청난 사건이 그렇게 아무런 소동도 없이 현실로 나타날 것이라고 생각이나 했겠는가?"13) 여기서 중요한 것은 이전과 이후 사이의 단절의 양상이다. 발발 이전에 베르그송에게 전쟁은 "개연적인 동시에 불가능: 종착점까지 존속하는 복합적이며 모순적인 개념"14)으로 비춰지고, 발발 이후에는 일순간에 실제적이며 가능한 것이 된다. 그리고 이러한 개연성의 소급 현상에 역설이 존재한다.

나는 결코 현실(reality)을 과거에 끼워 넣어 시간이 거꾸로 작용할 수 있는 것처럼 가장한 적은 없었다. 그러나 의심의 여지없이 우리는 그곳에 가능성(the possible)을 삽입시킬 수 있다. 그보다는 오히려, 매순간 가능성이 그곳에 자신을 끼워 넣는다. 예견 불가능하고 새로운 현실이 자신을 창조하는 한, 그것의 이미지는 자신 배후의 자신을 불명확한 과거에 반영한다. 이 새로운 현실은 내내 자신이 가능해왔음을 발견한다. 그러나 그것이 언제나 존재해온 것이기 시작하는 시점은 그것의 현실로 출현하는 정확한 그 순간이며, 이것이 내가 그것의 현실성에 선행하지 않는 그것의 가능성이, 일단 이 현실성이 발현하면 그것에 선행한다고 말하는 이유다.15)

그러므로 불가능한 것으로서의 현실과의 만남은 항상 놓치게 된다. 그것은 불가능하고 비현실적인 것으로 경험되든지(다가오는 파국에의 전망, 그것이 얼마나 개연적인지 알고 있더라도, 우리는 그것이 결국 발생하지 않을 것이라 믿을 것이며 그래서 그것을 불가능한 것으로 치부해버린다), 아니면 현실적이면서 더 이상 불가능하지 않은 것으로 경험된다. (일단 재앙이 발생하면, 그것은 '재정상화(renormalized)'되며, 일상의 정상적 운행의 일부분으로서, 이미 항상 가능해왔던 것으로 인식된다.) 그리고 장 피에르 뒤퓌가 명확히 말한 것처럼, 이런 역설들을 가능하게 만드는 것은 지식과 믿음 간의 격차다. 우리는 그 재앙이 가능하다는 것을, 심지어는 개연적이라는 것을 알고 있지만, 그것이 정말 발생

---

13) Henri Bergson, *Œuvres*(Paris: PUF, 1991), pp.1110-1111.

14) 같은 곳.

15) 같은 책, p.1340.

하리라고는 믿지 않는다.16)

  그러한 경험들이 시사하는 것은 일반적인 시간의 '역사적' 개념의 한계다. 시간의 각 순간마다 실현되기를 기다리는 다수의 가능성들이 존재하고, 일단 그중 하나가 자신을 현실화하면 다른 것들은 무효화된다. 그러한 역사적 시간의 행위자에 대한 최고의 본보기는 최상의 가능 세계를 창조한 라이프니츠의 신이다. 창조 이전에 그는 그의 정신 내에 가능한 세계들의 장대한 배열(panoply) 전체를 담았으며, 그의 결정은 이러한 선택지들 중에 최상의 것을 고르는 것이다. 여기서 가능성은 선택에 선행한다. 선택은 가능성들 중의 선택이다. 이러한 선형적인 역사적 진화의 지평(this horizon of linear historical evolution) 내에서는 회고적으로/사후(事後)적으로 자신 스스로의 가능성을 여는 선택 또는 행위라는 개념은 생각조차 할 수 없다. 즉, 근본적으로 새로운 것의 출현이 과거를, 물론 실제적 과거가 아닌(우리는 공상과학의 세계 속에 있는 것이 아니다), 좀 더 형식을 갖춘 용어로 표현하면, 과거에 대한 양태 명제의 가치(the value of the modal propositions of the past)를 회고적으로/사후적으로 바꾼다는 생각이 바로 베르그송이 묘사한 경우에서 드러나는 것이다.17) 뒤퓌의 논점은, (우주적 또는 환경적) 파국의 위협에 적절히 대처하려면, 우리가 이러한 순간성(temporality)의 '역사적' 개념에서 탈피할 필요가 있다는 것이다. 즉, 새로운 시간 개념을 도입해야 한다.

---

16) Jean-Pierre Dupuy, *Pour un catastrophisme éclairé*, pp.142-143.

17) 가능성들을 과거에 투영/삽입하는 이데올로기적 방법이 물론 존재한다. 유고슬라비아의 붕괴에 대한 많은 좌파 자유주의자들의 태도는 이러하다. "전(前) 유고슬라비아 사회주의 연방공화국의 완전한 주권이 그 자체로는 합법적인 목적이었을지 모르지만, 과연 수십만의 인명과 파괴를 감수할 만한 가치가 있는 것이었을까?" 여기서의 오류는 1980년대 후반의 실제 선택이 마치 "유고슬라비아의 분리된 국가들로의 해체, 아니면 티토 대통령이 이끄는 종래의 유고슬라비아의 지속"이었던 것처럼 조용히 재정식화되었다는 사실이다. 밀로세비치 권력의 출현과 함께 과거의 유고슬라비아는 종식되었고, 따라서 "자주적인 연방공화국 아니면 세르보슬라비아"라는 양자택일에 대한, 진정한 정치적 행동으로서의 유일한 제3의 대안은 유고슬라비아의 완전히 새로운 기획을 다시 고안해내는 것이었다. 하지만 유고슬라비아 안에서는 그럴 만한 능력도 의향도 존재하지 않았던 것이다.

뒤피는 이것을 과거와 미래 간의 폐쇄 회로의 시간, "예측의 시간(time of a project)"이라고 지칭한다. 여기서 미래는 과거에 행한 우리 행위에 의해 인과적으로 산출되는 반면, 우리의 행위 방식은 미래에 대한 우리의 예상(anticipation)과 이러한 예상에 대한 우리의 대응에 의해 결정된다. 물론 이러한 회로는 일단(一團)의 잘 알려진, 스스로 실현되는 예언 등의 역설들을 만들어낸다. 즉, 만일 우리가 X가 발생하리라고 기대하고 그것에 따라 행동한다면 X는 실제로(effectively) 발생하리라는 것이다. 더욱 흥미로운 것은 그것의 부정적 변형들(negative versions)이다. 즉, 만일 우리가 (어떤 재난) X를 예상하거나 예견하여 그것을 방지하기 위해서 그것에 대비하는 행위를 한다면, 결과는 그 재난이 실제로 발생거나 발생하지 않거나 동일하다는 것이다. 만일 재난이 발생한다면, 우리의 예방 조치들은 부질없었던 것으로 간주될 것이고(운명에 대항할 수는 없는 것이다), 재난이 발생하지 않는 경우도 마찬가지다. (우리의 지식에도 불구하고 우리가 믿지 않았던) 그 재난은 애초부터 일어날 수 없었던 것으로 인식되어 우리의 예방 조치들이 다시 부적절했던 것으로 여겨질 것이기 때문이다(밀레니엄 버그의 여파를 상기해보자). 그러면 이 두 번째의 선택지가 합리적인 전략으로서 우리가 따라야 할 유일한 선택인가? 파국의 전망을 그려놓고, 우리의 예방 조치의 성공이 바로 우리로 하여금 행동하도록 만든 그 예상을 우스꽝스럽고 부적절한 것으로 만들기를 희망하면서, 파국을 방지하려 행동하는 것, 즉 인류를 구하기 위해 과도하게 돌연한 공포를 퍼뜨리는 사람의 역할(role of excessive panic-monger)을 영웅적으로 떠맡는 것 말이다. 그러나 회로는 완전히 닫혀 있지 않다. 과거 1970년대에 버나드 브로디(Bernard Brodie)는 냉전 시대의 상호 확인 파괴(MAD: Mutually Assured Destruction) 전략과 관련하여 폐쇄 회로의 교착 상태로부터 빠져나오는 길을 지적한 바 있다.

우리 시대의 한 가지 기이한 역설은, 핵 포기에의 권유가 실제적으로 작동하게 만드는, 그것도 잘 작동하게 만드는 주요 요인들 중에 하나가,

진정으로 심각한 위기 상황에서는 그것이 실패할 수도 있다는, 저변에 깔린 공포라는 사실이다. 그러한 상황에서 **사람들은 운명과 게임을 하지는 않는다.** 만약 우리가, 핵 포기 권유가 핵 공격에 대비하여 우리를 방어하는 역할을 하는 데에 백퍼센트 효과적일 것이라고 확신했더라면, 그것이 재래식 전쟁을 억제하는 효과는 제로에 가까울 정도로 감소되었을 것이다.18)

여기서 그 역설은 매우 잘 들어맞는다. 즉, 매드 전략은 그것이 완벽하기 때문에 작동한 것이 아니라 그것의 불완전함 덕분에 효과를 본 것이다. 말하자면 완벽한 전략은 치명적인 결함을 갖는다. (만일 한쪽이 다른 쪽을 핵무기로 공격한다면, 다른 쪽은 자동적으로 이에 응수할 것이고, 양쪽 모두 파괴될 것이다.) 만일 공격하는 측이, 최초의 공격 이후에도 상대편이 합리적인 행위자로 행동할 것이라는 사실에 의존한다면 과연 어떻게 될 것인가? 그의 선택은 지금 곧 이루어져야 한다. 자신의 나라 대부분이 파괴된 상황에서 그는 반격을 가하여 전적인 파국, 즉 인류의 종말을 불러올 수도 있고, **반격하지 않음**으로써 인류의 생존을 가능케 하고 자신의 고국이 이후에라도 재건될 수 있는 일말의 가능성을 확보할 수도 있다. 합리적인 행위자라면 두 번째 선택지를 고를 것이다. 앞서 말한 전략을 효과적인 것으로 만드는 것은 우리가 그것이 완벽하게 작동하리라고 확신할 수 없다는 바로 그 사실이다. 만일 쉽게 상상할 만한 (한쪽 편의 '비이성적인' 공격성에서부터 단순한 기술적 고장이나 의사소통의 착오에 이르기까지) 각종 이유로 상황이 통제 불가능하게 돌아간다면? 이러한 영구적 위협 때문에 양측은 상호 확인 파괴가 예견되는 상황에 근접하는 것조차 원하지 않고, 심지어는 재래식 전쟁마저 피하는 것이다. 그 전략이 완벽했더라면, 반대로 이런 태도를 용인하였을 것이다. "재래식의 전쟁을 한번 제대로 해보자. 우리 둘 다 어느 편도 핵 공격 쪽으로의 치명적인 한 발을 내디디는 모험을 하지 않을 것

---

18) Bernard Brodie, *War and Politics*(New York: Macmillan, 1973), pp.430-431, Jean-Pierre Dupuy, *Pour un catastrophisme éclairé*, pp.208-209에서 재인용됨.

이므로!" 그래서 상호 확인 파괴의 별자리운(星運, constellation)은 "만일 우리가 매드 전략을 따른다면, 핵 재앙은 일어나지 않을 것이다"가 아니라, "만일 우리가 매드 전략을 따른다면, **몇몇 예견할 수 없는 사고를 제외하곤**, 핵 재앙은 일어나지 않을 것이다"라고 할 수 있다. 그리고 오늘날 생태적 파국에 대한 예상도 마찬가지다. 우리가 아무 대비도 하지 않는다면 재앙은 발생할 것이고, 우리가 할 수 있는 모든 것을 한다면, 몇몇 예견할 수 없는 사고를 제외하곤 재앙은 발생하지 않을 것이다. 이러한 '예견할 수 없는 요인 e'는 정확히 '예측의 시간'의 완벽한 자기 폭로(self-disclosure)를 방해하는 실재(the Real)의 여분이다. 이러한 시간을 원형으로 묘사한다면, 그것은 그 원형의 완전한 노출을 방지하는 절단 부분(cut)이다. (정확히 라캉이 대상 a를 묘사하는 방식으로) 이러한 e의 역설적인 지위를 확증하는 것은 그 안에 가능성과 불가능성, 긍정과 부정이 동소공재(同所共在)한다(coincide)는 것이다. 그것은 예방의 전략의 완전한 작용을 방해하는 방식으로, 전략을 효과적인 것으로 만든다.

때문에 이 '파멸론자적 전략(catastrophist strategy)'을 선형적인 역사적 인과율의 낡은 용어로 인식하지 않는 것이 중요하다. 그것이 유효한 이유는 오늘날 우리가 미래에 대해 다수의 가능성들에 직면하여 이들 가운데에서 재앙을 방지하는 선택지를 고르기 때문이 아니다. 이 재앙은 그저 또 하나의 가능성으로 '수용될(domesticated)' 수 없는 까닭에, 유일한 선택지는 그것을 실제적인 것으로 단정하는 것이다. "사람들은 재앙을 좀 더 과격한 방식으로 미래에 새겨 넣어야 한다. 그것을 피할 수 없는 것으로 만들어야 한다."19)

여기서 우리는 상징계(symbolic order)와 사회적 장(social field) 자체를 구성하는 최소한의 '소외(alienation)'라는 개념을 도입해야 한다. 즉, 비록 내가 나와 내가 살고 있는 사회에 다가올 운명이 나와 같은 수백만의 개별자들의 현재 행위에 인과적으로 의존한다는 것을 알고 있지만, 그럼에도 불구하고 나는 운명, 즉 미래가 어떤 개별자의 의지나 행

---

19) Jean-Pierre Dupuy, *Pour un catastrophisme éclairé*, p.164.

위로부터도 독립된 익명의 힘에 의해 좌우된다는 것을 믿는 것이다. '소외'는, 자신의 능동적 역할로부터 주의를 돌려 역사적 과정을, 나의 계획과는 무관하게 자신의 길을 따라가는 '객체적인(objective)' 과정으로 인식하는 최소한의 '객체화(objectivization)'에 있다. (이는 또 다른 차원에서, 시장에 나온 개별 행위자들에게도 마찬가지로 적용된다. 시장에 나온 물건의 가격이 자신의 사고파는 행위들에 의존한다는 사실을 충분히 의식하고 있으면서도, 그럼에도 불구하고 그는 물품의 가격을 고정된 것으로 받아들이는 것이다. 그것을 자신이 반응해야 할, 주어진 액수로 보면서 말이다.) 물론 중요한 점은 이러한 두 차원이 교차한다는 것이다. 현재 나는 맹목적으로 반응하지 않고, 미래가 어찌될 것이라는 예상에 대해 반응한다.

　이러한 역설은 상징계에 가상현실계의 지위(the order of virtuality)를 부여한다. 비록 그것은, 헤겔이 사회적 실체와 관련하여 말한 바와 같이, 그것에 관계하는 개별자들로부터 독립된 "그 자체 내의/즉자적인" 존재성을 갖지 않는 체계이고, 비록 오직 개별자들의 행위 내에서만 실제적(actual)이지만, 그럼에도 불구하고 그것은 그들의 실체(SUBSTANCE)이며, 그들의 사회적 존립의 객체적 즉자(the objective In-Itself of their social existence)다. 이것이 바로 헤겔의 '즉자-대자(In-and For-Itself)'를 이해해야 하는 방식이다. 그것은 주체로부터 독립적으로 존재하는 즉자이나, 주체에 의해 독립적인 것으로 '설정(posited)'된 것이다. 말하자면 그것은 주체가 그것을 그 자체로 인정하는 한에서, 주체가 그것을 독립적인 것이라고 말하는 한에서만 주체로부터 독립되어 존재한다. 이러한 이유에서, 단순한 '소외'를 지적하는 것과는 달리, 죽은 망령들의 살아 있는 주체들에 대한 지배, 이러한 '자체 조작(autonomization)'은 윤리와 병존한다. 사람들은 이러한 가상현실을 위해 그들의 목숨을 희생하기도 하는 것이다. 따라서 '운명'이라는 우회를 취하지 않으면서, 사회를 그 안에서 개인들이 직접적으로 자신들의 집단적 계획들을 실현하는, 스스로 자신을 내보이는 조직체(self-transparent body)로 둔갑시켜, 소외를 '지양하는(sublating)' 것을 목표로 삼는 (게오르그 루카치의

『역사와 계급의식(*History and Class Consciousness*)』이 출처인 것으로 알려진) 마르크스적 단순 '비판'을 거부해야 한다는 뒤퓌의 주장은 옳은 것이다. 최소한의 '소외'야말로 바로 상징계 자체의 조건인 것이다.

그러므로 사람들은 실존주의자의 상투적인 시각, 즉 우리가 현재 역사적 과정에 종사할 때 그것을 가능성들로 충만한 것으로, 우리 자신들은 그 가능성들 중에서 자유롭게 선택할 수 있는 행위자로서 인식하고, 반면에 동일한 과정을 소급하여 되돌아볼 때는 대안에 열려 있지 않은 완전히 결정되고 필연적인 것으로 보는 시각을 뒤집어야 한다. 실은 이와 정반대로, 운명에 붙잡힌 것으로 인식되어야 할 것은 다름 아닌 참여하는 행위자들이고, 반면 소급적으로, 사후(事後) 관측의 견지에서 비로소 우리는 과거의 대안들을, 사태들이 다른 경로를 취했을 법한 가능성들을 식별해낼 수 있는 것이다. (예정(predestination)의 역설 — 신학의 예정설이 자본주의의 광적인 활동들을 정당화한다는 사실 — 이야말로 위의 역설을 궁극적 확증하는 것이 아니겠는가?) 이것이 바로 뒤퓌가 제안한, 파국에 대응하는 방법이다. 처음부터 우리는 그것을 피할 수 없는 것으로, 우리의 운명으로 인식해야 하고, 그 다음 그것에 우리 자신을 투영하여 그것의 견지에서, 우리가 오늘날 그것에 의존하여 행동하고 있는 (미래의 과거인) 반사실적(counterfactual) 가능성들("만일 우리가 이러저러한 일을 했더라면 우리가 지금 처해 있는 재앙은 일어나지 않았을 것이다!")을 소급하여 과거에 삽입시켜야 한다. 긍정적인 운명이 부정적인 것으로 전도되는 단적인 사례는 바로 고전적인 역사적 유물론으로부터 아도르노와 호르크하이머의 '계몽의 변증법'으로의 전환이 아니겠는가? 전통적인 마르크스주의가 우리에게 (공산주의라는) 필연을 이끌어내는 일에 종사하고 그것을 위해 행위 하도록 요구하는 반면, 아도르노와 호르크하이머는, 우리로 하여금 재앙의 결과에 대항하여 행위하도록 권유하기 위하여, 고정된 것으로 인식된 최종적인 재앙의 결과(즉, 전적인 조작과 주체의 종말을 의미하는 '관리되는 세계'의 출현)에 자신들을 놓고 생각해보았던 것이다.

그러한 전략은 '테러와의 전쟁'에서 보여주는 미국의 태도, 즉 예방의 차원에서 잠재적인 적들을 미리 공격함으로써 위협을 제거하려는 것과 상반된다. 스필버그의 영화 「마이너리티 리포트(Minority Report)」에서, 범죄자들은 범죄를 저지르기도 전에 체포되는데, 이는 기괴한 과학 실험에 의해 미래를 예견하는 능력을 얻은 세 사람이 이들 범죄자들의 행동들을 정확하게 예언할 수 있기 때문이다. 이것과 체니(Cheney)의 신(新)독트린, 바로 어떤 국가나 적대적인 세력이 미국에 위협을 가할 수 있는 수단을 개발하기도 전에, 또는 그러한 위협으로 발전할 수 있는 지점에 이미 와 있을 때, 이들을 공격하는 정책과의 유사성은 명백하지 않은가? 그리고 이런 상동 관계를 좀 더 파고들면, 이라크를 미리 공격하려는 미국의 계획에 대한 게르하르트 슈뢰더(Gerhard Schroeder)의 반대는, 다른 사람들이 미래를 보는 방식에 대해 그가 동의할 수 없었음을 나타내는, 현실 삶(real-life)에 재현된 일종의 '마이너리티 리포트(소수의 보고서)'가 아닐까? 지금 우리가 살고 있는 상황은, '대(對)테러 전쟁' 속에서, 테러리스트의 위협이 일시 중단된 상태가 지속되고 있는 형국이다. 재앙(새로운 테러 공격)은 당연한 것으로 수용되었으며, 단지 끝없이 연기(延期)되고 있다. 실제로 일어나게 될 일은, 그것이 9 · 11 사태보다 훨씬 더 끔찍하더라도, 아직 '바로 그 재앙'은 아닐 것이다. 여기서 중요한 것은 우리가 '초월론적' 방향 전환(transcendental turn)을 취하는 것이다. 진정한 재난은 파국의 영구적인 위협의 그림자 아래에 **이미** 들어와 있는 이 삶인 것이다.

변문숙 옮김

신체 없는 기관

히치콕의 두 편의 걸작을 가장 효율적으로 감상하는 방법은 정신적 경험의 게임을 하는 것이다. (거의 그럴 뻔했듯이) 만약 어떤 일들이 다른 경로를 택하게 된다면 무엇이 변화할 것인가? 예를 들어 버나드 허먼(Bernard Hermann)이 예정대로 「사이코(Psycho)」를 위해 넓게 퍼지는 색소폰 선율로 자유분방한 스타일의 재즈 연주곡을 썼다면? 「현기증(Vertigo)」에는 세 경우의 이러한 "만일 ~ 하면, 무엇이 어떻게 되었을까?"가 존재한다. 즉, 만약 베라 마일즈(Vera Miles)가 임신하지 않아서 마들렌-주디를 연기할 수 있었다면, 그것은 여전히 같은 영화일까? 만약 — 터무니없이 우스운 상상이긴 하지만 — 히치콕이 파라마운트 스튜디오의 압력에 굴복하여 인물 자막 시퀀스에 명콤비 리빙스턴-에반스(Livingstone-Evans)가 만든 '현기증'이라는 노래를 사용했다면? 그리고 만약 영화의 결말에 밋지의 아파트에서의 짧은 장면이 첨부되어 스코티와 밋지가 라디오에서 부인 살해 혐의로 엘스터가 외국에서 체포되었다는 뉴스를 듣는 엔딩으로 상영되었다면? 이러한 정신적 경험의 게임은 히치콕에 대한 연구들에서 비록 사소하지만 매우 두드러진 양상들 가운데 하나로 흔히 실현된다. 현저한 양의 사실적 오도는 (이미 허용 한계치가 높은) 영화 연구 표준을 넘어선다. 이에 대해 저명한 히치콕 연구가인 레이먼드 더그냇(Raymond Durgnat)을 상기하는 것만으로도 충분하다. 그는 『알프레드 히치콕이라는 이상한 사건(*The Strange Case of Alfred Hitchcock*)』에서 「현기증」에 대해 40페이지 분량의 분석을 하며 (백문이 불여일견이다), 영화의 서사 구조를 치밀하게 서술하는 내내 영화의 배경을 샌프란시스코가 아닌 로스앤젤레스로 보고 있는데, 사실 「현기증」 안의 샌프란시스코의 배경은 너무나 압도적이어서 어떻게 이것을 간과할 수 있었는지 의문이다. 그러나 히치콕에 대한 연구에 나타나는 과도한 실수들에서는 과잉 그 자체가 징후적인 것이라 할 수 있다. 그렇다면 문제의 분석을 단순히 폄하하기보다는 오히려 그것을 이론가들이 지나치게 주관적으로 히치콕의 영화들에 접근한다는 증거로 보아야 할 것이다. ― 히치콕 영화의 주인공과 흡사하게 이론가들은 자주 스크린이 효율적으로 보여주는 영상과 그들 자신이 그 안에 불어넣는 리비도적 에너지를 구별하지 못하는데, 후자는 환상 시나리오를 첨가하거나 이야기를 왜곡시키는 것에서 출구를 찾는다. 그러므로 진정한 프로이트 정신에 입각한다면 우리는 그러한 재현의 오류를 이론화해야 한다. 그러므로 스탠리 카벨(Stanley Cavell)이 (그가 영화 스토리를 풀어 이야기하는 과정에서 나타난 다수의 오류를 지적한) 비평가들의 혹평에 대해 그는 여전히 전적으로 그의 오류들을 지지한다고 반박한 것은 옳았다고 할 수 있다.

재현의 오류는 그것이 영화의 치밀한 형식 분석을 수반할 때 종종 발생한다. 우리는, 자주 분석에서 거론된 주관적 (시점) 쇼트와 객관적 쇼트의 교환과 그것들 사이에 나타나는 커트들의 세부 묘사를 통하여 하나의 논점을 설정했을 때, 비디오나 DVD로 그것을 조심스레 확인해보면 그 묘사들이 놀랍게도 단순히 거짓임을 알게 될 때가 얼마나 많은가. 그럴 때면 우리는 분석의 이론적 체계는 나무랄 데 없기 마련이라는 생각으로 종종 헤겔로 귀착되는 (그렇게 잘못 간주되는) 여로를 택하게 된다. "만약 사실이 이론에 적합하지 않다면, 그것은 사실들에게 불운한 일일 뿐이다!" 재현의 집요한 착오들 중 가장 돋보이는 사례의 하나는 「현기증」의 명장면인 어니즈 레스토랑에서 스코티가 마들렌을 처음 만나는 매혹적 순간)에서 찾을 수 있다. 다시 말하면, 이 장면의 두 개의 쇼트에서 재현의 착오가 드러난다.

외부에서 어니즈의 입구를 본 후에 레스토랑 입구의 바에 앉아 칸막이를 통해 테이블과 손님들이 있는 큰 방을 보고 있는 스코티에게로의 커트가 있다. 그 후 카메라의 (커트 없는) 긴 패닝 쇼트가 홀의 뒤로 그리고 왼쪽으로 진행되며 분주한 음식점의 떠들썩함 속에 붐비는 홀의 개관을 조명한다. — 이 장면은 분명히 스코티의 시점이 아님을 염두에 두어야 한다. 돌연히 우리의 (더 정확히 말하면 카메라의) 주의는 매혹적 형상에 집중되는데, 우리의 응시를 고정시키는 **매력**(fascinum), 이 휘황찬란한 얼룩은 곧 아름다운 여인이 드러낸 등으로 밝혀진다.

곧 허먼의 정열적인 음악에 주변 소음이 사그라지며 카메라는 서서히 **매력**의 점을 향해 다가간다. — 우리는 먼저 우리 쪽을 바라보고 있는 엘스터를 알아보고 이로부터 그녀가 마들렌임을 유추한다. 이 롱 쇼트 후에 마들렌의 테이블을 훔쳐보는 스코티에게로의 커트가 있는데, 이 장면은 마들렌에게 다가가는 롱 쇼트와 다른 시점에서 촬영되었으며, 이 사실은 이어지는 스코티의 시점 쇼트와 그가 보는 것(재킷으로 등을 감싸고 떠날 준비를 하는 마들렌)을 통해 분명해진다. 마들렌과 엘스터가 테이블을 떠나 출구로 향하며 스코티에게 가까워질 때 우리는 또 하나의 명장면을 보게 된다. 엘스터 부부가 다가오는 것을 본 스코티는 임무 수행을 발각당하지 않기 위해 바의 칸막이 맞은편의 유리로 시선을 돌리고 자신의 등 뒤로 간신히 그들을 훔쳐본다. (엘스터가 웨이터와 계산을 마칠 때까지) 마들렌이 그의 주변에서 잠시 멈춰 서 있는 동안 우리는 그녀의 신비한 옆모습을 본다. (옆모습은 항상 신비하다. — 우리는 오직 반쪽만 보게 되며 다른 반쪽은 역겹고 일그러진 얼굴일 수 있는 것이다. — 사실, 후자의 '진실'은 주디의 평범한 얼굴이다.) 이 매혹적인 쇼트도 역시 스코티의 시점 쇼트가 아니다. 엘스터가 마들렌과 함께 출구를 향하며 스코티에게서 멀어질 때 우리는 바에 앉아 있는 스코

---

1) 이 부분에서의 내 주장은 주로 다음 책을 근거로 한다. Jean-Pierre Esquenazi, *Hitchcock et l'aventure de Vertigo*(Paris: CNRS Editions, 2001), pp.123-126.

티의 쇼트에 대한 상대 쇼트로서 마들렌과 엘스터를 향한 스코티의 시점 쇼트를 보게 된다.

주체로 귀착되지 않으면서 주관화된 두 쇼트는 다름 아닌 **순수하고 전-주체적인 현상**이다. 마들렌의 옆모습이 바로 극도의 리비도적 에너지가 삼투된 그러한 순수 외관이 아닐까. — 이것은 명백히 어떤 면에서 주체가 수용하기에는 **너무나 '주관적'**이고 지나치게 강렬하지 않은가? 이것을 라캉의 언어로 다시 말하면, 그것이 주체의 핵심에 자리 잡는 한 마들렌의 옆모습 쇼트는 주체가 접근할 수 없는 다른(Other) 장면으로 나타난다.

그러므로 우리는 주체라는 대리인 없이 만들어진 과도한 주관성으로부터 '봉합'이라는 표준 절차로의 변화를 두 번 보게 된다. (봉합이란 객관적 쇼트와 주관적 쇼트의 연결을 말하는데, 예를 들면 무언가를 바라보는 사람의 쇼트가 그 사람이 바라본 것의 쇼트를 선행하는 구성을 말한다.) 이러한 방식으로 초과분은 '길들여지고' 객관적 쇼트와 이에 대한 시점 쇼트의 관계가 예시하는 주체-객체의 거울 관계에 붙잡힌다. 무정형의 열정을 전시하는, 주체가 존재하지 않는, 주관적 쇼트의 강렬함을 말소시키기 위해 도날드 스포토(Donald Spoto)와 로빈 우드(Robin Wood)를 비롯한 많은 이론가들이 어니즈에서의 장면을 분석하며 두 쇼트의 강렬함이 스코티의 시점에서 비롯되었다는 억지 주장을 하게 된다. 이러한 방식으로 초과분은 봉합-논리에 수용되어 객관적 쇼트와 주관적 쇼트의 표준 절차의 수준으로 환언된다. 우리가 이 과도함에서 맞닥뜨리는 것은 특정 주체의 완력으로부터 자유로운 대상으로서의 응시다. — 그렇다면 (혁명 영화의 절정기였던) 1924년에 지가 베르토프(Dziga Vertov)가 만든 구소련 무성 영화의 고전인 「영화의 눈(Kino-Eye/Kino-glaz)」에서 베르토프가 (카메라의) 눈을 영화의 상징으로 삼고 이 '자율적 기관'으로서의 눈을 통해 신경제정책(NEP: new economic politics) 하에서 구소련의 현실의 단편을 제시하며 1920년대 초반의 모습을 전달하는 것은 그리 낯설게 보이지 않는다. "무엇을 흘깃 훔쳐보다(to cast an eye over something)"라는 관용구를 문자 그대로 해석하면 눈에서 안구를 뽑아 주위에 던진다는 뜻인데, 이것이 바로 프랑스 동화에 나오는 엽기적 백치 마르탱이, 어머니가 아들이 영영 아내를 맞지 못할 것을 염려하여 아들에게 교회에 가서 그곳에 있는 여자들을 좀 훑어보고(cast an eye over the girls there) 오라고 했을 때 한 행동이다. 그는 우선 푸주한에게 가서 돼지의 안구를 샀으며, 그 후 그것을 교회로 가져가 그곳에서 기도하고 있는 여인들을 향해 던졌던 것이다. — 후에 마르탱이 어머니에게 여자들이 자기의 행동에 그리 좋은 인상을 받은 것 같지 않다고 이야기하게 되는 것은 당연지사다. 그런데 바로 이것이 혁명 영화의 소임이다. 즉, 카메라를 부분 대상(partial object)으로 사용하여 주체에게서 도려내어져 주위로 자유롭게 던져질 수 있는 '눈'으로 만드는 것이다. — 베르토프 자신을 인용하면,

> **영화의 카메라**는 손부터 발까지, 또 발부터 눈이나 다른 부분까지 가장 효율적인 순서로 **관객의 시선을 이끌고**(관객의 안구를 질질 끌고 다니고(drags the eyes of the audience)), 세부를 조직할 때는 일반적으로 몽타주 기법을 구사한다.[2]

일상생활에서 경험하는 괴이한 순간들 중 하나는 자신의 영상과 얼핏 맞닥뜨렸을 때 그 영상이 자신에게 시선을 되돌려주지 않는 것이다. 한번은 거울 두 개로 머리 측면에 이상하게 돌출된 부분을 살펴보려 한 적이 있는데, 그때 갑자기 내 옆얼굴이 흘깃 보였다. 그 영상은 내 모든 몸짓을 이상한 일관성 없는 방식으로 본뜨고 있었다. 이러한 상황에서는 "우리의 거울상이 우리로부터 분리되는데 여기서 주목할 점은 우리의 시선이 더 이상 우리 자신을 향하고 있지 않다는 것이다." 이 괴기한 경험은 자신의 영상의 한 부분이지만 거울과 같은 대칭적 관계를 회피하며 라캉이 **대상 소타자**(l'objet petit a)로서의 응시라고 부른 것을 예증한다. 이 불가능한 지점으로부터, 즉 '밖으로부터' 우리 자신을 볼 때

---

2) Richard Taylor and Ian Christie eds., *The Film Factor*(London:Routledge, 1988), p.92에서 인용.

의 외상적 특징은 내가 응시를 위한 외부 대상으로 대상화되었다는 사실이라기보다는 **대상화된 것이 내 응시 자체**라는 것이다. 대상화된 응시는 외부에서 나를 바라보므로 내 응시가 더 이상 내 소유가 아니며 내가 그것을 도둑맞았음을 뜻한다.

얼마 전 내 친구가 일상에서 경험한 이상한 사건은 위에서 예증된 기괴함의 다른 면모를 명확하게 만든다. 그가 부인이 옆자리에 앉은 차를 운전하고 있을 때 그의 휴대전화가 울렸다. 발신자 확인을 위해 액정 화면을 보았는데 화면에 그의 부인의 이름이 나타난 것이 아닌가. 잠시 동안 그는 도무지 어떻게 된 일인지 알 수 없었다. 어떻게 옆에 앉아서 그에게 말을 하고 있는 사람이 동시에 그에게 전화를 할 수 있단 말인가? 마치 데이비드 린치(David Lynch)의 「로스트 하이웨이(Lost Highway)」에 나오는 명장면에서 악마적 존재인 미지의 남자가 주인공 앞에 서 있는 동시에 주인공이 자기 집에 건 전화도 받을 수 있는 것처럼, 일종의 불가사의한 배가가 일어나고 있는 것일까? (사건의 진상은 그녀가 전화를 도둑맞은 것이 아니라 그보다 조금 더 복잡하다. 그의 부인의 전화는 켜진 상태로 가방 안에 있었고 그녀는 불안한 듯 그것을 손가락으로 두드리고 있었다. 그녀는 남편의 전화번호를 제일 먼저 입력 저장해두었고 우연히 자동으로 남편에게 전화를 거는 단축키를 눌렀던 것이다.) 잠시 동안의 혼란스러움은 페티시스트의 분열(fetishist split)을 가동시켰다. 오래된 농담에도 있듯이, 그는 세상에 귀신이 존재하지 않는다는 것을 매우 잘 알고 있었고, 그의 부인의 유령 같은 복제인간이 그에게 전화를 거는 것이 아니라는 것 또한 잘 알고 있었지만, 그럼에도 불구하고 잠시 동안 실제로 그런 일들이 생기는 것일지도 모른다는 생각에 공포를 느꼈다. 「현기증」으로 돌아가, 스코티가 금문교 밑 샌프란시스코 만에서 마들렌을 구한 다음인 그의 아파트 장면을 자세히 분석해보면 검열의 작업을 파악할 수 있다. (왜 검열의 진정한 표적이 관객이라기보다는 오히려 제삼의 순진무구한 관찰자인가에 대해 살펴보자.) 카메라가 스코티의 방을 팬 촬영할 때 우리는 부엌 싱크 위의 줄에 매달린 것들 중 분명히 마들렌의 속옷을 보았다(고 자연스럽게 확신한다). ― 그녀를 집으로 데리고 온 후 스코티가 그녀의 옷을 벗겼다는 증거다. 그러나 윤리위원회(Legion of Decency)는 화면 속의 속옷은 스코티가 마들렌의 나체를 보았다는 것을 암시하므로 이를 화면에 담아서는 안 된다고 주장했다. 그들의 주장은 수용되었다. 비디오나 DVD의 정지 화면에서 프레임을 관찰하면 줄에 매달려 있는 것은 단지 드레스, 스타킹 그리고 알 수 없는 두세 장의 천 조각들뿐 **속옷은 보이지 않는다**. 이는 검열의 '위선'에 대한 증거다. 영상을 자세히 분석할 시간적 여유가 없이, 더구나 영화를 자세히 보지도 않았다면 우리 관객들은 당연히 장면의 엄연한 서사적 논리에 따라 자동으로 속옷을 보았다고 생각한다. 그렇다면 여기서 검열이 멋지게 속여 넘긴 것은 **누구**인가? **누구**에게 여자 속옷이 걸려 있지 않음을 확신시켜야 하는가? 물론 유일한 후보는 바로 모든 것을 보는, 그러나 또 한편으로 순진하고 어리석은, 관찰자인 '큰 타자'다. 검열은 우리 관객들이 외설스러운 생각에 빠지는 것에는 관심이 없다. 요는 **큰 타자가 이를 눈치 채서는 안 된다**는 것이다.

　여기서 아마도 독자는 다음과 같은 생각을 할 것이다: 그렇군! 지금 대립하는 두 명제는 우리 필멸의 인간의 제한된 시각과 모든 것을 보는 큰 타자의 시각이니 바로 플라톤적 대립이군! 마침 1950년대 말 「현기증」이 개봉된 직후 에릭 로메르(Eric Rohmer)는 영화가 플라톤의 문제를 깊이 사색하고 있다고 언급했다.3) 그러나 이 주장에는 타당성이 없다. 「현기증」은 어떤 면에서 궁극적으로 반플라톤적 영화라고 할 수 있으며, 플라톤의 사상에 대한 조직적인 유물론적 침식이고, 들뢰즈가 『의미의 논리(The Logic of Sense)』의 부록에서 주장하는 바와 유사한 것이다. 스코티는 결국 그가 마들렌으로 만들려고 하던 주디가 마들렌(으로 알고 있던 여자)이라는 사실을 발견하게 되는데, 이때 그를 휩싸는 살인적 분노는 원형의 완벽한 복사물을 만들고자 하던 중 이미 원형 그 자체가 복사물임을 인식하게 되는 플라톤주의자의 자신이 당한 기만에 대한 분노다. 이때의 충격적인 사건이란 원형이 단지 복사물에 지나지 않았다는 사실 — 정석적 플라톤 철학이 그 기만적 성질에 대해 끊임없

---

3) Eric Rohmer, "L'helice et l'idée", *Cahiers du Cinéma* 93(March 1959) 참조.

이 경고해온 사실 — 이 아니라 **복사물**(로 여겼던 것)**이 원형으로 밝혀지는 것**이다. 「현기증」은 로셀리니(R. Rossellini)의 후기 걸작인 「델라 로베레 장군(General della Rovere)」과 더불어 이해해야 할 것 같다. (비토리오 데 시카(Vittorio de Sica)의 명연기가 돋보였던) 이 영화에서는 좀도둑이자 사기꾼인 한 남자가 1944-45년 겨울에 제노아(Genoa)에서 독일군에 체포된다. 독일군은 그에게 협상을 제안하는데, 그를 감옥에서 레지스탕스 영웅 델라 로베레라는 전설적 장군으로 통하게 하면 다른 정치범들이 그에게 비밀을 털어놓을 테고, 레지스탕스 지도자 '파브리지오'의 정체를 알게 될 것이라는 각본이다. 그러나 그 좀도둑은 자신의 역할에 너무나 깊게 빠져들어 완전히 이에 동화되어 결국은 델라 로베레 장군으로서 총살당하기를 원하게 된다. 「델라 로베레 장군」에 적용할 수 있는 반플라톤적 반전은 「현기증」의 반전과 동일하다. '진짜' 마들렌이 마들렌이란 역할을 연기한 주디였던 것과 마찬가지로 '진짜' 델라 로베레가 사실은 허구의 인물이라면? 다시 말해, 만약 '델라 로베레 장군'이라는 인물의 가면을 쓰고 그로 행세하는 이 사람의 정체가 시시한 사기꾼이라면? (질문의 난이도를 한층 심화시켜보자: 그러한 가상 인물과의 정감적 동일시가 윤리적 체험의 궁극적 지평이란 말인가? 그 반대의 각본을 써보자: '진짜' 델라 로베레가 체포되고, 레지스탕스 운동을 위한 그의 최후의 임무는 배신자로서의 처참한 죽음을 맞아 자신의 이름에 먹칠을 하는 것이라면?)

진상 파악의 순간이 스코티에게 가하는 충격은 가히 카프카적인 것이다. 『심판』에 나오는 법의 관문에 대한 이야기의 결말에서 시골에서 상경한 남자가 문이 오직 그를 위해서만 그곳에 있었다는 것(장려한 문의 장관은 그의 응시를 위해 무대화되었고, 그가 자신이 금지된 것을 우연히 조금이라도 엿볼 수 있었던 증인이라고 인식하는 장면은 그를 매료시키기 위해 완전히 조작되었던 것임)을 알게 되는 것과 마찬가지로 「현기증」에서 스코티는 그가 비밀리에 쫓던 마들렌의 매혹적인 장관은 오직 그의 응시만을 위해 무대화되었으며 처음부터 그의 응시가 그 안에 포함되어 있었다는 것을 받아들여야 한다.

스코티가 마들렌의 목걸이를 주디가 하고 있는 것을 보았을 때, 이 대상은 무엇의 표상인가? 만약 스코티가 최소한이나마 주디에게 개방적이었다면 그는 그것을 주디의 그에 대한 사랑으로 읽을 수도 있었다. 그녀는 그를 너무나 사랑했기에 그들 관계의 기념품을 간직하고 싶었다. 대신, 그는 플라톤적 해석을 선호한다. 한마디로, **목걸이는 마들렌이 존재하지 않는다는 증거다.**4) 이미 마지막 반전(주디와 마들렌의 정체에 대한 스코티의 통찰력) 훨씬 이전에 카를로타 초상화의 두상을 안경 쓴 미치의 두상으로 대체하여 미치가 제시하는 유명한 위조 초상화는 그의 플라톤적 민감성에 대한 모욕이다. (그가 완전히 기분이 상해 자리를 떠나는 것은 당연하다.) 다시, 이 장면을 매우 외상적으로 만드는 것은 그것이 원본을 배반하기/왜곡시키기 때문이 아니라 그것이 안으로부터 원본을 훼손시키기 때문이다. 이 장면의 주 쇼트에서 우리는 (스코티의 시점으로) 미치의 얼굴로 그려진 카를로타 초상화와 '실제' 미치 자신이 나란히 동일한 자세를 취하고 있는 것을 본다. 우리는 이 쇼트를 오토 플레밍거(Otto Preminger)의 「로라(Laura)」에 나오는 로라가 그녀의 초상화와 나란히 서 있는 장면으로부터 분리시키는 차이에 관해 생각해보아야 한다. 「로라」에서 로라와 이미 사랑에 빠진 주인공 탐정의 (그리고 결과적으로 우리 관객들의) 충격은 ― 주인공은 로라가 죽었다고 생각하고 그녀의 초상화에 매료된다 ― '진짜' 로라가 살아나서 그녀의 초상화 옆에 나타나는 것을 보는 것이다. 여기서 로라의 매혹적인 힘은 훼손당한다기보다는 오히려 유지되고 있다.

만약 우리가 반플라톤적 행위의 상동을 찾고 있다면, 우리는 그것을 「현기증」의 이야기를 어떤 면에서 역전시키는 빌리 와일더(Billy Wilder)의 혹평되는 「페도라(Fedora)」에서 볼 수 있다. 영화의 마지막 충격은 X같이 보이는 사람이 실제로 X가 아니며, 그러나 반면에 그 X는 **그 자신이 아니다.** 영화는 신비하게 젊은 시절 외모의 아름다움을 간직하고 있는 할리우드 노년 배우의 이야기다. 그녀와 사랑에 빠지는 젊은 배우는 결국 그녀의 영원한 젊음의 비밀을 발견하게 되는데, 진짜 페

---

4) Jean-Pierre Esquenazi, *Hitchcock et l'aventure de Vertigo*, p.193.

도라는 고립된 빌라에서 격리된 삶을 사는 반면, 페도라로서 나타났던 여자는 사실 어느 순간 그녀를 대체한 그녀를 닮은 딸이었던 것이다. 페도라는 그녀의 스타로서의 명성이 그녀 자신보다 오래 지속되어 그녀의 육체적 노화 이후에도 계속 빛나게 하기 위해 (그녀의 딸을 어머니의 이미지와 완전히 동일시하도록 만든) 이 대역 역할을 계획했다. 그러므로 어머니와 딸은 모두 철저히 소외된다. 어머니는 공인으로서의 자신이 딸을 통해 나타나기에 공공장소로부터 배제되고, 딸은 공공장소에 나타날 수는 있지만 그녀의 상징적 정체성을 박탈당한다. 영화의 불쾌하고 불편한 분위기는 그것이 환상에 너무 가까이 접근하기 때문이 아닐까? 「현기증」으로 돌아가자. 영화의 반플라톤적 타격에 결정적인 것은 스코티가 주디를 만난 다음부터 그가 폭력적으로 그녀를 마들렌으로 변신시키기 위해 몰두하기 이전까지인 (즉, 주디의 가짜 자살극 장면을 회상하는 유명한 장면과 변신의 시작을 의미하는 고가 의류 상점 방문 사이의) 영화에서 믿을 수 없이 '단조롭고 지루한' 10분이다. 여기서 보이는 세 개의 주요 장면들은 스코티가 어떤 조건하에 주디에게 접근하는가를 나타내며 반여성주의와 플라톤이라는 좌표의 체계적 훼손을 무대화한다.

(1) 우선, 그들이 (역시 어니즈에서) 첫 저녁 데이트를 하는 장면에서 그들은 테이블의 반대편에 앉아 의미 있는 대화에 몰입하지 못하고 있음이 명백하다. 갑자기 스코티의 응시는 주디 뒤의 한 곳에 멈추고, 우리는 그것이 마들렌을 조금 닮은 듯한 동일한 회색 드레스 차림의 한 여인임을 본다. 주디가 무엇이 스코티의 주의를 끌었는가를 알아차릴 때 그녀는 물론 깊이 상처받는다. 여기서 중요한 순간은 우리가 스코티의 시점으로 그 둘을 하나의 쇼트 안에서 볼 때다. 주디는 그에게 가까이 오른쪽에, 회색 옷의 여자는 배경으로서 왼쪽에 있다. 다시 우리에게는 비속한 현실과 함께 이상의 영묘한 환영이 주어진다. 미치와 카를로타의 초상화의 쇼트에 나타난 간극이 여기서는 두 명의 다른 사람으로 외형화되었다. 바로 앞에 있는 주디와 마들렌이라는 순간적 환영. 스코티가 그가 보는 것이 마들렌이라고 착각하는 짧은 순간이 **절대가 나타**

나는 순간이다. 그것은 초지각적 차원이 우리의 평범한 현실을 '관통하는 빛을 발하는' 그러한 숭고한 순간들에 '그런 방식으로' 바로 외관의 영역에 나타난다. 플라톤이 예술을 '복사물의 복사물'로서 퇴거시킬 때, 그가 세 존재론적 수준(관념, 그들의 물질적 복사물 그리고 이들 복사물의 복사물)을 도입할 때 간과되는 것은 관념이란 오직 우리의 평범한 물질적 현실(두 번째 수준)로부터 그 복사물을 분리시키는 간극 속에서만 나타날 수 있다는 것이다. 우리가 물질적 대상을 복사할 때 우리가 결론적으로 복사하는 것은, 우리의 복사가 표상하는 것은, 절대 이 특정 대상 그 자체가 아니라 그 관념이다. 그것은 그 아래 감추어진 얼굴이 아닌 마스크 안의 유령이라는 제삼의 현실을 만드는 마스크와 유사하다. 정확히 이런 의미에서 관념은 (헤겔과 라캉이 말하듯) 외관으로서의 외관이다. 관념은 현실 (첫 번째 수준의 복사물/관념의 모사) 자체가 복사될 때 나타나는 것이다. 복사물 안에 있는 것이 원형보다 더욱 중요하다. 플라톤이 예술의 위협에 대해 그토록 당혹스럽게 반응한 것은 그리 놀라운 일이 아니다. 라캉이 『세미나 XI』에서 지적했듯이, 예술(복사물의 복사물)은 관념의 '직접적', 첫 번째 수준의 복사물로서의 물질적 대상과 겨루는 것이 아니라. 오히려 그것은 초지각적 관념 그 자체와 경쟁한다.5)

(2) 그 후, 어니즈에서의 저녁 식사 후 돌아온 주디의 엠파이어 호텔 방에서의 장면을 보자. 이 장면에서는 어니즈에서의 장면에서 외형화되었던 간극이 먼저의 경우와 같이 다시 주디에게 투사된다. 우리는 (어니즈에서의 마들렌의 휘황찬란한 옆얼굴과 대조적으로) 완전히 어두운 주디의 옆얼굴을 본다. 이 쇼트로부터 그녀의 얼굴의 전면 쇼트로 이동되는데, 왼쪽 반은 완전히 어둡고 오른쪽 반은 (방 밖의 네온 불빛 때문에) 이상한 녹색이다. 우리는 이 쇼트를 단순히 주디의 내적 갈등이나 내적 분열을 나타내는 것이라고 해석하기보다는 그것에 전적으로 존재론적 모호함을 부여해야 한다. 일부 그노시스주의의 설명과 유사하게, 여기서

---

5) Jacques Lacan, *The Four Fundamental Concepts of Psychoanalysis*(New York: Norton, 1977), Part 2 참조.

주디는 아직 존재론적으로 완전히 구성되지 않은 (녹색 빛의 원형질과 암흑이라는) 근원적 실체로 묘사된다. 그것은 마치 완전히 존재하기 위해서 그녀의 어두운 반이 마들렌이라는 절묘한 이미지로 채워지기를 기다리고 있는 것과 같다. 다시 말하면, 사실 우리는 여기서 어니즈에서 보았던 마들렌의 숭고한 옆얼굴의 반대편을 본다. 이것은 (주디의 고뇌에 찬 녹색 얼굴이라는) 이전에는 보이지 않은 마들렌의 어두운 반쪽이며 이 어두운 반쪽은 마들렌의 눈부신 옆얼굴에 의해 채워져야 한다. 그리고 주디가 대상 이하의 것으로, 무정형의 전-존재론적(pre-ontological) 얼룩으로 격하된 바로 이 순간에 그녀는 주체화된다. — 전혀 확신이 없는 이 고뇌에 찬 반쪽 얼굴이 주체의 탄생을 의미한다. 제논의 패러독스에서 무한 가분성에 대한 유명한 상상적 해답을 상기해보자. 우리가 충분히 오래 계속 나누면 결국 부분이 더 이상 더 작은 부분들로 나뉘지 않고 (더 작은) 부분과 무로 나뉘는 점에 마주친다. — 이 무가 '바로' 주체다. 그리고 이것이 정확히 위에서 언급된 쇼트에서의 주디의 분열이 아닌가? 우리는 그녀의 얼굴을 반만 보는데 다른 한쪽은 어두운 공백이다.

(3) 마지막으로, 무도장 장면은 (마들렌의 영묘한 자태와 반대로) 주디의 육체와 그녀의 육체적 친밀감에 대한 스코티의 혐오감을 정확히 보여준다. 그들이 춤추는 동안 주디는 스코티와의 밀접한 접촉을 원하고 있는 반면 스코티는 그녀의 육체적 친밀감에 혐오를 느끼고 있음이 불편할 정도로 명확하다. 그렇다면 사랑과 **향유**(jouissance)는 어떤 관계에 있는 것일까? 성적 **향유**가 본질적으로 자위적(masturbatory)이고 비상식적이기에 나를— 내 주체성의 중핵을— 내 배우자로부터 소외시키고 내 배우자를 (내 **향유**의) 노리개로 격하시키기는 하지만, 그것은 이 때문에 다른 사람에 대한 내 사랑을 역설하기 위해 성적 **향유**를 포기해야 함을 의미하지는 **않는다.** 반대로 그러한 포기는 항상 명확히 거짓이며 어떤 승인되지 않은 향유를 은폐하기 위한 전략이다. (다른 사람을 위한 자신의 희생 속에 쾌락을 포기함으로써 얻어지는 향유보다 더 근본적인 것은 없다.) 이러한 이유로 타인에 대한 사랑의 궁극적 증거는

내가 나의 자위적이고 비상식적인 향유의 중핵을 타자와 공유할 준비가 되어 있다는 것인 듯하다. 그러므로 이 남근적이고 자위적인 영역 안에서는 프로이트가 인용한 카를 크라우스(Karl Kraus)의 반어적 경구가 정곡을 찌른다. "성교는 자위의 부적절한 대체에 불과하다!(Koitus ist nur ein ungenugendes Surrogat fur die Onanie!)" — 스코티는 주디-마들렌과 사랑의 행위를 하는 것을 그리 원하지 않는다. 그는 문자 그대로 그녀의 실제 육체를 이용해 자위행위를 하고 싶은 것이다. 또한 이 남근적 영역은 우리가 성적 소유를 정확히 정의하도록 도와준다. 그것의 궁극적 공식은 배우자를 성적 대상으로서 착취하는 것이 아니라 그러한 도용의 포기이며, "나는 당신에게서 아무것도 바라지 않아요. 어떠한 성적 요구도…. 단 당신도 또한 다른 사람과 성관계를 갖지 않는다는 조건하에 말이에요!"라는 태도다. 성적 **향유**를 공유하지 않겠다는 이러한 거절이 **바로** 절대적 소유다.

이 세 장면들은 첫 번째 전제(스코티가 주디 안에서 마들렌을 찾는다), 두 번째 전제(주디 자체가 근원적 실체, 불완전하고 무정형인 점액, 일종의 플라톤적 **코라**(chora)인, 마들렌의 숭고한 관념의 순수한 수용체로 격하된다), 그리고 필연적 결론(주디의 육체적 현존은 스코티에게 다만 혐오의 대상이 될 뿐이다)이라는 일종의 헤겔적 삼단 논법을 구성하고 있지 않은가? 그렇다면 왜 사랑하는 여인에 대한 신비한 진실을 찾으려는 스코티의 노력이 허위인가? 「여인의 정체(Identification of a Woman)」라는 안토니오니(M. Antonioni)의 영화에 관하여 알랭 바디우는 단순하지만 중요하고 어려운 질문을 했다. 사랑에 빠진 여자를 어떻게 식별(identification)할 수 있는가?[6] 그의 답은 그녀의 육체를 통해서도 아니고(그러한 포르노적 식별은 간음과의 불명확한 혼란으로 귀결될 뿐이다), 불명확론으로 귀착되는 그녀의 페르소나에 대한 심원한 심리학적 지식을 통해서도 아니다. 이 관점에서는 여자가 신비로서 출현한

---

6) Alain Badiou, *Petit manuel d'inesthetique*(Paris: Editions du Seuil, 1998) 참조.

다. 그러나 실수는 사랑에서의 식별을 인식론적 지식의 문제로 이해하는 것이다. (그리고 우리가 모두 아는 바와 같이 간음의 성서학적 용어는 '(육체적) 지식'이다.) 식별은 결정의 진상이다. 그것은 여인을 사랑하겠다는 심연적 결정에 의존하며, 이 결정은 그녀의 긍정적 성질들에 유폐되지 않는다. 우리가 식별을 지식으로 공식화하는 순간, 여자는 그녀 자신을 퇴거시켜 신비로서 나타난다. 그러므로 상관관계는 표준 남성 불명확론이 주장하는 바와 반대다. 우리는 여자가 알 수 없는 존재이기에, 불가해한 신비이기에, 그녀를 식별할 수 없는 것이 아니라 반대로 남성 주체가 결정의 행위에서 물러나 지식의 위치를 채택하는 순간 여자는 신비로서 나타난다. (이것은 오토 바이닝거(Otto Weininger)의 반대가 아닌가? 신비로서의 여자는 남성의 윤리적 퇴거와 우유부단 등의 객관화일 뿐이다.)

「현기증」은 (도입부와 더불어) 세 부분으로 구성된 영화인데 각 부분은 거의 정확히 40분씩 지속되고, 여주인공의 (처음에는 샌프란시스코만에서, 그 후 두 번은 후안 바티스타 성당 탑에서의) 투신자살에 의해 종결된다. 각 부분이 주디-마들렌에 초점을 맞추고 있기는 하지만 모두 그 나름의 질서를 따르고 있다. 각 부분에서 주디-마들렌은 특정 위치를 점유한다. 첫 부분에서 그녀는 실재의 영역 안의 상상적 존재인 파이(Phi)다. 두 번째 부분에서 그녀는 분열된 대타자(barred Other)의 기표 S(A)(즉, 일종의 신비로서의 기표)다. 세 번째 부분에서 그녀는 비천한 배설적 잔여인 a다. 물론 이 세 모습 모두는 스코티를 엄습하려고 위협하는 중심의 심연에 대한 방어 형태다. 「현기증」은 고소공포증이 사실은 깊이에 대한 공포라는 것을 명확히 한다. "우리를 부르고 있는 것은 바로 **사물**(das Ding)과 같은 심연이다. 현기증에 시달리는 사람은 그의 호명에 그/그녀 자신을 공백으로 던짐으로써 응답해야 한다는 것을 인식한다."[7] 우리는 욕망의 근원으로서의 대상으로부터 이 사물을 구별해야 한다. 사물은 스코티를 삼키려고 위협하는 이 심연인 반면, '대상 소

---

7) Roberto Harari, *Lacan's Seminar "On Anxiety": An Introduction*(New York: Other Press, 2001), p.74.

타자(object small a)'는 만곡의 순수한 **형태**이며 겹겹의 가장 속에 매번 반복되기에 식별할 수 있는 **징환**(sinthome)이다. — 인물 자막의 기괴한 곡선 모양들, (카를로타 발데스의 초상화의 머리 곡선과 똑같이 모방된) 마들렌의 머리 곡선, 스코티가 마들렌을 미행하는 샌프란시스코의 굴곡진 길들, 후안 바티스타 성당 탑의 나선형 계단의 소용돌이선, 그리고 포옹하는 마들렌과 스코티 주위를 (360도) 완전 회전하는 카메라 촬영까지.

이러한 이유로 「현기증」은 단순히 궁정식 연애 영화의 현대판이 아니라 궁정식 연애의 교착 상태와 이 때문에 연인들이 각각 치러야 하는 지독한 대가를 명확하게 드러내는 영화다. 라캉의 『세미나 VII, 정신분석의 윤리학(*Ethics of Psychoanalysis*)』에 의하면 궁중 연애시에서 여인은 공백으로 격하되고 그녀를 지칭하는 술부(아름다움, 지혜 등)는 실제 묘사로 이해해서는 안 되기에 마치 모든 시인들이 동일한 텅 빈 추상 개념에 대해 이야기하는 듯 보인다.8) 여기서 이것과 관계없는 주장은 시인이 여인의 긍정적 용모와 무관하게 그녀를 사랑하며, 그는 그녀의 존재의 중핵을, 그녀의 모든 긍정적 특성들 이면에 있는 그녀의 주체성의 공백을 목표로 삼는다는 것이다. 궁중 연애시는 사실 사랑하는 여인의 굴욕을 담고 있다. 궁중 연애에서 제외된 것은 불완전의 표지와 나를 사랑에 **빠지게 한** 최소한의 '병리학적 얼룩'이다. 또는 바디우의 용어로 표현하자면, 궁중 연애는 그 대상의 모든 긍정적 모습들을 추상화하고 그것을 공백으로 격하시킴으로써 정화의 열정의 끝으로 치닫는다. 이와는 반대로 진정한 사랑은 삭감의 열정(passion of subtraction)을 따른다. — 사랑하는 이의 모든 긍정적 모습들의 중요성을 제쳐두는 것은 사랑하는 타자를 공백으로 격하시킬 뿐만 아니라, 또한 공백과 이 공백을 존속시키는 실재계의 잔여인 병리학적 얼룩 사이의 '최소한의 차이'를 가시화한다. 그러나 심연의 사물로서의 여인의 치명적 매력을 적절히 관망하기 위해서는 응시라는 주제를 통해 접근하는 것이 중요하다.

---

8) Jacques Lacan, *The Ethics of Psychoanalysis*(London: Routledge, 1992), p.150 참조.

응시는 단순히 과도하고 견딜 수 없는 사물의 출현에 의해 고정된 것이 아니다. 오히려 사물(현실이라는 공간 속에서 우리가 매력의 외상적이고 회피적인 면으로 인식하는 것)이 바로 응시가 그 자신을 현실에 새기는 곳이며 주체가 **그 자신을 응시로서 마주치는** 곳이다.

히치콕의 「의혹의 그림자(Shadow of a Doubt)」의 처음 3분의 1 정도에서 영화는 일어난 사건을 사뭇 신비하게 만들지 않는가? 만일 이어지는 대화가 궁극적으로 이 외상적 사건을 상징하고자/길들이고자 하는 시도라면? 현실의 연속적인 결 안에서 정상적 시간 순서를 결정적으로 도치시키는 그러한 커트는 실재계의 침입을 암시한다. 만약 그 장면이 (원인이 선행하고 결과가 뒤따르는) 시간 순으로 촬영되었다면, 현실의 결은 손상되지 않고 보존되었을 것이다. 다시 말하면 실재계는 겁에 질린 응시의 진짜 원인과 후에 그 원인으로서 우리에게 제시되는 것 간의 간극에서 식별된다. 겁에 질린 응시의 진정한 원인은 후에 우리에게 보이거나 말해지는 것이 아니라 응시에 의해 인식된 현실로 '투사되는' 환상적이고 외상적 과잉이다.

동일한 과정의 한층 복잡한 예로, 빈번히 반복되는 히치콕적 주요 모티프인 작은 언덕에서 다투는 연인들을 들 수 있는데, 이 언덕은 나무와 덤불이 조금 있는 반 불모지이며 일반적으로 바람 부는 날 무지한 관찰자 집단이 점유한 공공장소의 경계 너머에 있다. 알랭 베르갈라(Alain Bergala)에 의하면 이 장면은 금지된 지식을 맛보는 과정에서 추방되기 직전 에덴의 정원에 있는 아담과 이브를 무대화한 것이다.9) (「오명(Notorious)」부터 「토파즈(Topaz)」까지) 몇 개의 사소한 관련 부분들과 변형들을 제외하면 세 개의 주요 장면들이 있다. 「의혹(Suspicion)」, 「새(The Birds)」 그리고 「찢겨진 커튼(Torn Curtain)」. 「의혹」에서는 그랜트와 폰테인이 교회 인근의 바람 부는 언덕에서 뒤엉켜 싸우는 짧은 쇼

---

9) Alain Bergala, "Alfred, Adam and Eve", in Dominique Paini and Guy Cogeval eds., *Hitchcock and Art: Fatal Coincidences*(퐁피두센터 전시에 부연된 책자)(Paris and Milano: Centre Pompidou and Mazotta, 2001), pp.111-125.

트이며 폰테인의 친구가 교회 입구에서 관찰한다. 「새」에서는 아이들에 대한 새들의 첫 번째 공격 직전, 미치와 멜라니가 아이들이 생일 축하 파티를 하고 있는 소풍 장소 위의 작은 언덕으로 이동한다. 마지막으로 「찢어진 커튼」에서는 뉴먼과 앤드류스가 동독 비밀경찰 요원들이 들을 수 없는 거리에 있기에 오직 관찰만 할 수 있는 작은 언덕에 있는 장면이다. — 그곳에서 뉴먼은 그의 약혼녀에게 그의 임무의 진실을 밝힌다.

세 가지의 경우 모두에서 주요 특징은 언덕의 연인들을 언덕 아래에 있는 순진하고 위협적이고 무지한 관찰자가 주시한다는 것이다. 이들(교회 인근의 친구들, 미치의 옛 연인과 어머니, 동독 비밀경찰)은 오직 그 장면만을 보며 관찰된 연인들의 필사적 의사소통이 뜻하는 바를 식별할 수 없다. 장면의 외상적 특성과 이에 부착된 실재의 초과분이 이 응시에 속해 있다. 장면은 오직 이 응시의 시점으로서만 외상적이다. 후에 카메라가 연인들에게 접근하면 상황은 다시 '정상화'된다. 베르갈라가 이 장면이 어떻게 아이의 원초적 성적 접촉의 기본적 생리를 재현하고 있는지를 강조한 것은 타당하다. 부모의 성교를 목격할 때 아이는 그가 보는 장면이 무엇(폭력 또는 사랑?)인지를 결정하지 못한다. 그의 설명의 문제점은 그것이 모두 표준적 '원형'의 해석에 더 치중하기에 장면을 무의미한 **징환**(sinthome)으로 받아들이지 않고 그것의 의미의 요점을 밝히려고 애쓴다는 데에 있다. 이 과정의 근본적 교훈은 사물들의 '객관적'이고 진실한 상태보다 부분 응시에 의한 그러한 오인식에 더 많은 진실이 존재한다는 것이다. 이 간극은 1939년 할리우드의 모험 멜로드라마의 고전인 「훌륭한 행동(Beau Geste)」(William Wellman)의 환상적 오프닝 신에 의해 명확해진다. 신비한 사막의 요새에는 살아 있는 사람이 아무도 없고 그 벽들에 사망한 병사들만 놓여 있는데, 이는 선원 없이 떠내려가는 유령선에 대한 진정한 사막의 대칭이다. 거의 마지막 부분에서 **훌륭한 행동**은 요새 내부로부터 동일한 시퀀스를 만드는데, 즉 사망한 병사들로 가득 찬 요새의 무시무시한 분위기가 어떻게 만들어졌는가를 설명한다. 여기서 핵심은 환영적으로 재현된 이 장면의 **과잉**이다. 그 리비도적 힘은 그 후의 이성적 설명을 압도한다. 그리고 히치콕의 「현기증」도 이와 마찬가지가 아닌가? 「훌륭한 행동」에서와 마찬가지로 「현기증」의 초점은 완벽한 모사를 자아내고 그 후 그것을 설명해내는 것이다. 더욱이 전체의 요점은 우리가 '진상'을 알게 된다 하더라도 영화에서 (마들렌의 자살까지의) 첫 번째 부분은 단순히 가상으로서 사라져버리지는 **않는다**는 것이다. — 이면의 진실보다 외관에 더 많은 진실이 있는 것이다. 진실은 가상의 구조를 가지기에 우리가 육체의 거짓 외관에 현혹되면 자주 죽음이라는 대가를 치르게 된다. 외관과 장난하는 것은 바로 불장난에 다름없다. 그러므로 「현기증」의 중요한 질문은 "엘스터는 얼마나 현실적인가?"다. 키에슬로브스키(K. Kieslowski)의 「레드(Red)」에 나오는 판사처럼 그의 리비도적 위치를 고려해볼 때 엘스터는 주인공의 상상의 산물이 아닐까? 이것은 「현기증」이라는 영화가 두 영역에 작용하고 있다는 해석에 잘 부합된다.

한편으로, 이것은 조심스럽게 만들어진 '방사'다. 스코티라는 인물의 이야기, 그에게 일어나는 일, 그의 반응은 세부적이고 인식 가능한 캘리포니아의 환경 속에 배치된다. 다른 한편으로, 영화의 짜임새(texture)나 내용과 인물을 도입하는 방법에서 그것은 뚜렷하게 꿈과 같다. 로빈 우드(Robin Wood)와 유사하게 제임스 맥스필드(James Maxfield)도 "오프닝 시퀀스 이후의 모든 것은 … 꿈이거나 환상이다"라고 주장한다.10)

두 번째 해석의 구조는 앰브로스 비어스(Ambrose Bierce)의 유명한 단편 「아울크리크 다리에서 생긴 일(An Occurrence at Owl Creek Bridge)」의 것과 동일하다. 여기서는 이야기의 도입부의 교수형에 처해지는 남자 이후의 모든 것이 결국 죽어가는 이의 환상으로 밝혀진다. 이 구조는 또한 일반적으로 치명적 부상을 입은 리 마빈(Lee Marvin)의 환상을 묘사하는 것으로 해석되는 「트리플 엑스(XXX)」와 같은 영화에서도 볼 수 있다. 여기서 중요한 점은 들뢰즈가 "어두운 전구체들(dark precursors)"이라고 불렀을 비가역적이고 유일무이한 요소의 정체를 밝

---

10) Charles Barr, *Vertigo*(London: BFI Classics, 2002), p.77.

히는 것이다. 그 요소들이 한 수준에만 속해 있는 한, 중개자나 통로로서 그 둘 사이의 다리 역할을 한다. 논지는 (「바닐라 스카이(Vanilla Sky)」에서 현실의 의사가 그에게 경고를 하기 위해 주인공의 계수형으로(digitally) 만들어진 우주에 나타나는 것처럼) 환상 안에서 현실의 대역을 식별해내는 것이 아니라 오히려 '현실' 자체의 내부에서 '환영적' 정신세계의 대역을 확인하는 것이다. 동시에 두 수준의 연결부이기도 한 간극은 제삼심급의 침입과 방해가 적시적소에 일어나는 신비한 순간을 통해 확연히 드러난다. 영화의 주축인 가장 아름답다고도 할 수 있을 장면을 기억해보자. 스코티가 금문교 아래에서 익사할 뻔한 마들렌을 구한 다음 그들이 스코티의 아파트에 있는 장면에서, "그들의 대화가 더욱 친밀해지자 스코티는 그녀에게 커피를 더 가져다주겠다고 권하고 그녀의 컵으로 손을 뻗는다. 그들의 손이 닿고 투 쇼트(two-shot) 안에서 우리는 이것이 둘 모두에게 성적인 긴장과 가능성의 순간임을 볼 수 있다. 곧 전화가 울리고 긴장이 깨지며 스코티는 전화를 받기 위해 방을 떠난다. 그가 돌아왔을 때 그녀는 가고 없다. … 그 전화는 물론 엘스터로부터 온 것이었고 그 타이밍은 기괴하리만큼 초까지 정확한데, 이 타이밍은 그들이 매우 가까워지는 것은 용인하지만 그 이상이 되는 것은 허락하지 않는다."[11]

결정적으로 우리는 여기서 환상의 붕괴를 향해 한 걸음 더 나아가야 한다. 데이비드 린치의 「멀홀랜드 드라이브(Mulholland Drive)」는 이 점차적 붕괴를 매우 잘 보여준다. 이 과정의 주요 두 단계는 우선 오디션 장면의 과도하게 강렬한 연기이고, 그 다음은 자율적 부분 대상('신체 없는 기관')이 실렌시오(Silencio)라는 나이트클럽 장면에서 출현할 때이다. 이때의 변화는 현실을 방해하고, 그것으로부터 돌출되어 있기는 하지만 아직 현실에 수용되어 있는 초과분이 완전히 자율화되어 현실 자체의 붕괴를 초래하게 되는 것이다. 말하자면 구순의 병리학적 변형에서 육체를 떠나 유령의 부분 대상이 되어 주위를 배회하는 구순이 되는 것이다. (이는 지버베르크(H.-J. Syberberg)의 「파르지팔(Parsifal)」에

11) 같은 책, p.59.

서 육체의 상처가 육체 밖의 신체 없는 자율적 기관으로서의 상처로 변하는 것과 유사하다.) 라캉은 이 초과분을 **라멜라**(lamella)라고 부르는데, 이는 하나의 매개물에서 다른 매개물로 자신을 이동시킬 수 있는 무한한 가소성을 지닌 대상이다. 과도한 (초-의미적) 외침으로부터 얼룩(또는 무형의 시각적 왜곡)으로. 이것이 뭉크(E. Munch)의 「절규」에서 일어나고 있는 것이 아닌가? 그 외침에는 소리가 없는데, 뼈가 목구멍에 걸려 있으나 막힘을 소리 내어 호소할 수 없고, 오직 이는 소리치는 주체의 주변 공간을 만곡시키는 고요한 시각적 왜곡의 가면을 통해서만 표현될 수 있다.

베티와 리타가 만족스럽게 사랑을 나눈 후 가는 실렌시오에서, 가수가 로이 오비슨(Roy Orbison)의 「크라잉」을 스페인어로 부른다. 가수가 쓰러지지만 노래는 계속된다. 이 지점에서 환상도 또한 무너진다. — "안개가 걷히고 우리가 온건한 현실로 돌아온다"는 뜻이 **아니라**, 그보다는 오히려 환상이 여전히 안으로부터 현실의 중심을 잃고 신체가 없고 '죽지도 않은' 목소리의 순수한 환영적 망령으로 자율화되기 때문이다. (목소리의 실재계적 표현은 세르지오 레오네(Sergio Leone)의 「원스 어폰 어 타임 인 아메리카(Once Upon a Time in America)」의 도입부와 유사한데, 여기서 우리는 시끄럽게 울리는 전화를 보지만 손이 수화기를 든 후에도 전화는 계속 울린다.) 육체적 지반이 무너진 후에도 계속 노래하는 목소리의 쇼트는 웨번(Webern)의 단편을 무대화하는 유명한 발란신 발레(Balanchine ballet)의 역이다. 이 상연에서는 음악이 끝난 후에도 춤이 계속된다. 그러므로 우리는 한 경우에는 그 육체적 지반을 박탈당한 후에도 계속되는 목소리를, 다른 경우에는 그들의 목소리의 (음악적) 지지를 강탈당한 후에도 계속되는 신체 동작을 가진다. 그 효과는 단순히 대칭적이지만은 않은데, 왜냐하면 첫 번째 경우에는 죽지 않은 소리 욕동이라는 불멸의 생명이 지속되는 반면, 두 번째 경우의 계속하여 춤추는 사람들은 '춤추는 죽은 자(dead men dancing)'이며 생명-물질을 박탈당한 그림자들이기 때문이다. 그러나 두 경우 모두에서 우리가 목격하는 것은 현실과 실재의 분리다. 두 경우 모두 실재계는 현실이 붕괴된 후에도 지속된다. 물론 이 실재는 환상적 실재계의 순수 결정체다. 들뢰즈의 용어로 말하자면, 부분 대상의 이러한 '자율화'가 바로 현실성(the actual)에서 잠재성(the vertual)을 추출하는 순간이 아닌가? '신체 없는 기관'의 상태는 잠재적인 것이다. — 다시 말하면 잠재성과 현실성의 대립에서 라캉의 실재계는 잠재성의 편에 있다.

물론 이 모든 경우에서 충격-효과 후 그것을 일상적 현실 안에 재배치시키는 설명이 따른다. 「멀홀랜드 드라이브」의 극장 장면에서 우리는 처음부터 우리가 이미 녹음된 음악을 듣고 있으며 가수들은 단지 노래 부르는 행위를 흉내 내고 있을 뿐이라는 주의를 받는다. 레오네의 경우에는 수화기가 들린 다음에도 우리에게 계속 들리는 전화벨 소리는 다른 전화라는 것 등이다. 그러나 그럼에도 불구하고 중요한 것은 잠시 동안 현실의 일부가 악몽적 환영으로 (오)인식되었고, 그리고 어떤 면에서 이 환영은 '현실 자체보다 더욱 현실적'이었다는 것인데, 왜냐하면 그 안에서 실재가 빛을 발하고 있었기 때문이다. 한마디로 우리는 현실의 어떤 부분이 환상을 통하여 '초기능화'되어 현실의 일부이긴 하지만 허구의 형식으로 인식되는가를 식별해야 한다. 현실(처럼 보이는 것)의 허구성을 고발하는/드러내는 것보다 더욱 어려운 것은 '진정한(real)' 현실에서 허구의 면모를 알아보는 것이다. 이것이 전이에서 일어나는 것이 아닌가? 전이에서 우리는 앞에 있는 '실재 사람'과 이야기하는 반면 실제로는, 예를 들면 아버지와 같은 허구에 연결된다. 「나 홀로 집에 (Home Alone)」를, 특히 2편을 떠올려보자. 1, 2편 모두 영화의 3분의 2 지점에 단절이 있다. 이야기가 연속적인 화면 안 서술 공간(diegetic place)에서 일어나는 듯 보이나, 작은 꼬마와 두 도둑들의 마지막 대면에서 우리는 분명히 상이한 존재론적 영역, 즉 죽음이 없고 내 머리가 폭발할 수도 있지만, 그 다음 장면에서는 내가 다시 정상적으로 돌아오는 가소성의 만화적 공간으로 들어가게 된다. 여기서 다시 현실의 일부가 허구화된다.

그러한 허구화된 부분 대상이 또한 목소리의 토대의 역할을 하기도 한다. 젊은 작곡가들을 위한 조언에서 리하르트 바그너(Richard

Wagner)는, 일단 작곡하고 싶은 음악 악보의 윤곽을 만든 후에는 모든 것을 지우고 정신을 오직 어두운 공백을 자유롭게 부유하는 고독한 머리에 집중시키고 이 백색 유령이 그 입술을 움직여 노래 부르기 시작하는 순간을 기다려야 한다고 썼다. — 이 음악이 작곡되어야 할 음악의 씨앗이 되는 것이다. 이 과정이 바로 부분 대상이 노래하게 만드는 것이 아닐까? 사람(주체)이 아니라 대상 그 자체가 노래하기 시작해야 한다.

몬테베르디(Monteverdi)의 「오르페오(Orfeo)」가 시작하면 음악의 여신은 다음과 같이 자신을 소개한다. "나는 음악이다(Io sono la musica)." — 이것은 그 후에 바로 '심리학적' 주체들이 무대에 침입하게 되면 생각할 수도 없는, 오히려 재현 불가능한 것이 되지 않는가? 그러한 이상한 창조물들을 무대에 다시 올리기 위해 우리는 1930년대까지 기다려야 했다. 베르톨트 브레히트(Bertolt Brecht)의 '교육극'에서 배우는 무대에 등장해서 사람들에게 말한다. "나는 자본가입니다. 이제 노동자에게 접근하여 자본주의의 공정성에 관한 나의 이야기로 그를 속여보도록 노력하겠습니다." 이 과정의 매력은 한 명의 동일한 배우가 맡은 두 가지 별개의 역할이라는 심리적으로 '불가능한' 조합에 있는데, 마치 연극 내용 속 현실의 사람이 또한 가끔씩 자신을 벗어나 그의 연기와 태도에 관한 '객관적' 서술을 할 수 있는 것과 같다. 이 두 번째 역할은 프롤로그의 전래물인데, 이 독특한 인물은 셰익스피어에는 자주 나오지만 후에 심리-사실극의 도래와 함께 사라진다. 이 배우는 도입부나 장 사이 또는 후반부에 관중에게 직접 해설적 설명을 하고 연극의 교훈적이거나 반어적인 면 등에 대해 이야기한다. 그러므로 프롤로그는 사실 프로이트의 '표상 대표(Vorstellungs-Repräsentanz, representative of representing)'의 역할을 한다. 이것은 무대 위에서 표상되는 내용상의 현실 안에서 그러한 재현 방법 자체의 기능을 점유하는 요소이기에 거리라는 계기(moment of distance)와 해석적이고 반어적인 서술을 도입한다. — 그리고 그것은 이러한 이유로 심리적 사실주의의 승리와 함께 사라져야만 했다. 여기서 사건은 사실 브레히트의 순진한 설명보다 더욱 복잡하다. 프롤로그의 기괴한 효과는 그가 '무대의 환상을 방해한다'

는 사실에 근거하지 않으며, 반대로 그가 그것을 방해하지 않는다는 사실이다. 그의 설명과 그 효과의 '외화(extraneation)'에도 불구하고 우리 관객들은 여전히 무대 환상에 동참할 수 있다. 그리고 우리는 바로 이렇게 라캉의 "프로이트적 사물(La Chose freudienne)"[12]에 나오는 "말하는 것은 바로 나, 진실입니다(C'est moi, la vérité, qui parle)"를 배치해야 한다. 기대하지 않았던 곳으로부터 들려오는 말과 같은 충격으로서. 바로 여기에 그러한 변화의 외상적 효과가 있다. 타자와 사물 사이의 거리는 일시적으로 연기되고 이야기하기 시작하는 것은 사물 자체다. 여기서 우리는 라캉의 "말하는 것은 바로 나, 진실입니다"에 대한 마르크스의 대응구인, 『자본』에 나온 그 유명한 "우리 상품이 이야기를 시작한다고 상상해보자"를 기억해내지 않을 수 없다. 여기서도 또한 상품 페티시즘(commodity fetishism) 논리의 핵심은 말하기 시작하는 대상의 허구적 '마술'에 의해 제공된다.

이 말하기 시작하는 부분 대상이라는 개념은 또한 강압적인 이데올로기적 투자의 장이기도 한데, 남성의 응시가 여성의 말의 근본적 히스테리성(거짓말, 언술에서의 확고한 입장의 결핍)을 반대하려고 애쓰는 방식에 관해서는 특히 그러하다. 색다른 철학적 소설인 『경솔한 보석들(Les Bijoux indiscrets)』(1748)에서 드니 디드로(Denis Diderot)는 궁극적인 환상적 답변을 제시한다.[13] 한 여자가 **두 개의** 목소리로 이야기한다. 첫 번째로 그녀의 영혼(지성과 감성)의 목소리는 구조적으로 거짓말을 하고 속이고, 그녀의 문란한 성생활을 은폐하게 되어 있다. 두 번째 목소리인 그녀의 **보석**(물론 진주는 질 자체를 가리킨다)의 목소리만이 정의를 내리자면 **항상** 진실을 말한다. — 지루하고 반복되며 자동적인 '기계적' 진실이지만 그럼에도 불구하고 진실이며 이것은 구속되지 않은 쾌락에 대한 진실이다. 이 '말하는 질'이라는 개념은 은유적인 의미

---

12) Jacques Lacan, *Ecrits*(Paris: Editions du Seuil, 1966), p.409 참조.

13) Denis Diderot, *Les Bijoux indiscrets*, in *Œuvres completes*(Paris: Hermann, 1978), vol. 3. 이 부분은 Miran Bozovic, "Diderot and l'ame-machine", *Filozofski vestnik* 3(Ljubljana, 2001)에 의존한다.

620

가 아니라 문자 그대로다. 디드로는 소리를 발산할 수 있는 현악기와 관악기(instrument a corde et a vent)로서의 질의 해부학적 묘사를 제시한다. (그는 심지어 의학적 실험에 관해 보고한다. 신체로부터 질 전체를 드러낸 후 의사들은 그것에 바람을 불어넣고 현으로 이용하여 "그것을 말하게 하려고" 노력했다.) 그렇다면 이것이 바로 라캉의 "여자는 존재하지 않는다(la femme n'existe pas)"가 뜻하는 바의 하나일 것이다. 즉, 직접적으로 진실을 이야기하는 말하는 질이란 존재하지 않는다. 회피적이고 거짓말하는 히스테리성의 주체가 있을 뿐이다.

그러나 이것이 말하는 질이라는 개념이 무용지물이며 단지 성의 이데올로기적 환상임을 의미하는 것일까? 여기서 디드로를 자세히 읽을 필요가 있다. 그의 주장은 단순히 여자가 — 하나는 피상적이고 기만적이며 그녀의 입을 통해 자신을 표현하고, 다른 하나는 그녀의 질을 통해 표현하는 — 두 개의 영혼을 갖는다는 것이 아니다. 여자의 입을 통해 말하는 것은 그녀의 신체 기관들을 지배하기 위해 안간힘을 쓰는 그녀의 영혼이다. 그리고 디드로가 분명히 밝히듯이 그녀의 질을 통해 말하는 것은 일반적인 신체가 아니라, 정확히 말해서 기관으로서의, 주체 없는 부분 대상으로서의 질이다. 그러므로 말하는 질은 「파이트 클럽」과 「미 마이셀프 앤드 아이린」에 나오는 자율화된 손과 같은 일련의 관계 속에 배치되어야 한다. 이러한 의미에서 말하는 질의 경우에 그녀의 진실에 대해 강박적으로 이야기하는 것은 여자나 여성 주체가 아니다. 오히려 진실 자체가 그녀의 질이 말하기 시작할 때 이야기한다. "여기서 말하는 것은 나(It's me), 진실입니다." — 'I'가 아니라 'me'인 것이다. 질을 통해 말하는 것은 이 비주체적 'me'인 욕동이다. 물론 말하는 질에 관한 방대한 양의 현대 문학과 예술의 전통이 있다. — 1975년의 프랑스 컬트영화인 「말하는 성기(Le sexe qui parle)」(Frederic Lansac과 Francis Leroi)에서부터 에바 엘스너(Eva Elsner)의 최근의 악명 높은 모노드라마인 「질의 독백(The Vagina Monologues)」까지. 그러나 이때 명백히 오도적인 경우가 발생한다. 질이 주체화되고 여자의 진실한 주체성의 장으로 전가된다. — 엘스너에게서 가끔은 반어적으로 또 가끔은 절박하게 … 질을 통해 이야기하는 것은 질-진실 자체가 아니라 **여자**(The Woman)다. 정확히 이러한 이유로 **질 독백**은 부르주아 주체성의 논리 안에 구속되어 있다. 말하기 시작하는 대상의 전복적 가능성이 해방된 곳을 찾으려 한다면 우리는 다른 곳으로 눈을 돌려야 한다.

데이비드 핀처(David Fincher)의 「파이트 클럽(Fight Club)」(1999)의 중간 부분에 가장 기괴한 데이비드 린치적 순간들이라고 할 만한 거의 견디기 힘들 정도로 괴로운 장면이 있는데, 이는 영화 결말의 놀라운 반전의 실마리를 제공한다. 보스에게 공갈 협박을 하여 그가 직장을 그만둔 이후에도 계속 월급을 주도록 만들 때, 주인공은 자신을 그 남자의 사무실에서 이리저리 내동댕이치며 건물의 경비가 도착하기 전에 자신을 피범벅이 되게 구타한다. 즉, 그의 기분 상한 상관 앞에서 내레이터는 상관의 그에 대한 공격성을 그 자신에게 재현하는 것이다. 유일하게 자기 구타와 유사한 경우로 짐 케리가 자기 자신을 구타하는 「미 마이셀프 앤드 아이린(Me, Myself and Irene)」이 있다. ─ 물론 여기서는 (심하게 과장되었기는 하지만) 희극적 방식으로 이중인격의 한 부분이 다른 부분을 구타한다. 두 영화 모두에서 자기 구타는 주인공의 주먹이 그 자체의 생명을 요구하며 주인공의 통제를 벗어날 때 시작된다. ─ 한마디로 부분 대상이 되는 것인데, 들뢰즈 식의 용어로 표현하자면 **신체 없는 기관**(기관 없는 신체의 상응)이 되는 것이다. 이것은 두 영화 모두에서 주인공인 자기와 대적하는 자기 자신의 모습에 대한 중요한 실마리를 제공한다. 자기 자신의 모습이고 주인공의 이상적 자아인 거울상의/비가시적 환영체(hallucinatory entity)는 주인공에게 외부적인 것만이 아니다. ─ 그 효능은 하나의 기관(손)의 자율화로서 주인공의 몸 자체에 각인되어 있다. 스스로 움직이는 손은 주체의 욕망의 변증법을 무시하는 욕동이다. 욕동은 근본적으로 죽지 않은 '신체 없는 기관'의 의지며, 라캉의 **라멜라**처럼 주체가 성적 차이로 만들어진 상징계의 영역에서 자신을 주체화하기 위해 잃어야 했던 부분을 지지한다.14)

---

14) 요즈음 유행하는 여성 잡지들에서 우리는 자주 진동기와의 성교가 남자와의 성교보다 더욱 '실재적인 것'이라는 생각을 접하게 된다. ─ 정확한 이유는 무

그렇다면 「파이트 클럽」에서 자아 구타는 무엇을 의미하는가? 파농을 따라 우리가 정치적 폭력을 노동의 반대로 간주하지 않고 궁극적으로 헤겔의 **교양**(Bildung)에서 명백히 드러나듯이 교육적 자아 형성의 과정인 '부정의 과업(work of the negative)'의 정치적 형태라고 정의한다면, 폭력은 근본적으로 자아-폭력, 바로 주체의 존재의 질료에 대한 폭력적 재구성으로 이해되어야 한다. 여기에 「파이트 클럽」의 교훈이 있다.

> 우선, 우리에게는 우리의 사슬들로부터 해방되는 데 어려움이 있다. 그리고 궁극적으로 우리는 또한 이 해방으로부터도 우리를 해방시켜야 한다! 매우 다른 방식들로 우리는 사슬을 끊어버린 후에도 사슬에 대한 그리움에 고통 받아야 한다.[15]

노동자 계급 인구의 다수가 실업자인 미국의 많은 작은 도시들에서 최근 '파이트 클럽'과 기괴하리 만큼 닮은 현상이 출현했다. '강자-격투'에서는 오직 아마추어 남자(또는 여자)가 얼굴을 피범벅으로 만들고 그들의 한계를 시험하며 폭력적 권투 시합에 참여한다. 목적은 이기는 것이 아니라(자주 패자가 승자보다 더욱 유명하다) 오히려 견디는 것, 두 발로 계속 서 있는 것, 그리고 바닥에 누운 상태로 있지 않는 것이다. 이 시합들이 "주님! 미국을 보호하소서!"라는 문구 아래 진행되고 (거의) 모든 참가자들에 의해 '테러와의 전쟁'의 한 부분으로 이해되긴 하지만, 우리는 그들을 단순히 촌사람들의 '근원적 파시스트' 경향의 징후로 간주해서는 안 된다. 그것은 잠재적으로 해방적이고 훈육적인 욕동의 일부다. 그러므로 「파이트 클럽」에서 피비린내 나는 격투 후에 주인공이 "그것은 삶에 가까운 경험이었다!"라고 이야기할 때(이것은 일반

엇일까? 왜냐하면 진동기가 환상적이고-죽지 않는 "신체 없는 기관"의 역할을 하기 때문이다.

15) Friedrich Nietzsche, "친구에게 보낸 편지"(1882년 7월)에서. Bryan Magee, *The Tristan Chord*(New York: Henry Holt and Company, 2000), p.333에서 인용.

적 표현인 "죽음에 가까운 경험"의 반대다), 이는 싸움이 참가자들을 단순한 삶의 여로에서 벗어나 그 위에 있는 삶의 초과분으로 이끈다는 암시가 아닌가? — 바울의 해석에 의거하면 그들은 **살아 있다.**

우리는 여기서 '부분 대상'이라는 프로이트의 개념이 신체의 구성 요소가 아니라 **전체**로서의 신체에 편입되기를 **거부하는** 기관이라는 사실을 명심해야 한다. 주체의 상관물인 이 대상은 객관성의 질서 안에서의 주체의 대역이다. 이것이 일반적 표현인 '인간(piece of flesh)'에서처럼 주체가 주체화하기 위해, 주체로 출현하기 위해 포기해야 했던 부분이다. 이것이 마르크스가 무산계급의 계급의식 고양에 대한 글에서 의도하는 바가 아닌가? 그것은 또한 시장에서 교환 대상으로 전락하는 상품을 만드는 노동력이 말하기 시작한다는 뜻이 아닐까? 다음은 가장 짧은 야콥 그림과 빌헬름 그림(Jacob and Wilhelm Grimm)의 동화인 「고집 센 아이」다.

옛날에 고집 센 아이가 살았는데 그는 어머니가 원하시는 것을 하지 않았다. 이 때문에 하느님은 그에게 화가 나서 그를 아프게 만들었는데, 어떤 의사도 아이를 치료할 수 없었기에 얼마 안 돼 죽게 되었다. 그는 무덤 속에 안치되어 흙으로 덮였는데, 갑자기 그의 작은 팔이 위로 튀어나왔고, 그들이 그것을 다시 넣고 그 위에 새 흙을 덮어도 소용없이 그 작은 팔은 다시 튀어나왔다. 그래서 어머니는 스스로 무덤에 가서 나뭇가지로 작은 팔을 때렸고 그녀가 그렇게 하자마자 그것은 수그러들었고, 아이는 마침내 땅 밑에서 잠들게 되었다.[16]

죽음까지도 초월하는 이 완고한 고집이 가장 기본적인 자유 — 죽음의 본능 — 가 아닐까? 그것을 비난하기보다는 오히려 우리의 저항의 궁극적 지평으로서 그것을 축복해야 하지 않을까?

김서영 옮김

---

16) 독일어 제목인 'Das eigensinnige Kind'는 '고집 센 아이', '말 안 듣는 아이' 또는 '못된 아이'로 번역된다.

다산기념 철학강좌 ■ 8

세계의 밀착

지구 시대에 대한 철학적 성찰

2004

페터 슬로터다이크

한정선 엮음

권대중 · 김옥경 · 정대성 · 한승완 옮김

Die Verdichtung der Welt: Philosophisches Notizen zu einer Soziologie des globalen Zeitalters

Peter Sloterdijk

차례

편집자 서문

이 책은 슬로터다이크 교수가 다산기념 철학강좌에 초청되어 2004년 10월 28일부터 11월 2일까지 한국에서 행한, 내용적으로 서로 연결된 네 편의 강연을 엮은 것이다. 전체 강연의 원래 제목은 '세계의 밀착: 지구 시대의 사회학에 대한 철학적 단상(Die Verdichtung der Welt: Philosophisches Notizen zu einer Soziologie des globalen Zeitalters)'이다. 제1강연 '지구화의 완성: 지구라는 기호의 승리'는 정대성 박사가, 제2강연 '수정궁 또는 자본주의적 안락의 영역과 테러리즘의 위협'은 김옥경 박사가, 제3강연 '미국적 예외: 어떤 유혹의 해부'는 한승완 박사가, 제4강연 '응축 불가능한 것 또는 장소의 재발견'은 권대중 교수가 번역하였다.

제1강연은 '지구 시대(Global Age)'를 '역사의 종말' 담론과 연결시킨다. 슬로터다이크 교수에 따르면, 콜럼버스가 신대륙을 발견한 1492년 이후부터 최후의 유럽 식민지가 독립하는 1974년 그리고 소련의 붕괴와 더불어 옛 유럽의 마지막 이데올로기가 종말을 고하는 1990년까지의 역사는 공간적으로 전 지구를 하나로 묶으면서 단선적이고 일방적으로 전개되었다. 유럽인들은 지리상의 발견에 동원되었던 교통수단을 통하여, 기독교의 복음과 구원의 이념뿐만 아니라 다른 많은 유럽적인 것들을 일방적으로 신대륙에 확산시켰다. 이것은 소위 '지구화(globalisierung)'라고 부를 수 있는 역사적 사건들 가운데 특별하고 중요한 하나의 유형이다. 식민지 개척, 식민지 해방, 자본주의화, 도시화, 세계대전, 네트워크화 등은 저마다 지구화를 야기한 다양한 사건들이었다. 슬로터다이크 교수는 식민지를 확장시킴으로써 지구화를 전개해왔던 유럽의 근대화 과정을 '세계사' 또는 '보편 역사'로 규정한다. 이런 의미에서 '역사'란, 유럽에 의해 일방적으로 '세계 체제(Weltsystem)'라는 신화가 탄생되어가는 과정이다. 세계 체제 신화의 영웅들은 그들의 동기가 어떻든 간에 지구화 과정에 기여한 인물들이었다. 오늘날의 시점에서 바라보자면, 세계 체제 신화는 '십자가'라는 기호를 물리치고 드디어 '지구'(둥근 지구, Globus)라는 기호가 마침내 승리하는 과정이기도 하다. 오늘날의 형태로 지구화가 모습을 드러내고 있는 시대, 곧 지구 시대와 함께, 앞에서 언급한 의미의 '역사' 또는 '보편 역사'의 시대는 종말을 고하였고, 이제 '역사 이후(Posthistoire)'의 시대가 전개되고 있다. 지구 시대에는 문화 다양성이 공격적으로 대두된다. 과거에 유럽 주도적으로 역사를 진척시키던 주역들은 그 힘을 소진하였고, 지구 시대에 새로 등장한 오늘날의 주역들은 탈유럽에 비중을 둔 시나리오를 써야 할 때가 되었다.

제2강연은 '수정궁(Kritallpalast)'이라는 메타포를 빌려와서 거대한 자본주의적 세계 체제와 그 속에서 물질적 풍요를 누리면서 안락하게 그러나 지루하게 살아가는 사람들을 묘사하고 있다. 수정궁은 자본주의적 소비 체제이기 때문에, 그 속에 사는 사람들은 소비를 통해 강한 욕구를 해소시킨다. 자본주의적 수정궁 안(부유한 국가들)에 편입될 수 있는 사람들은 제한되어 있다. 수정궁 밖(가난한 국가들)에 머물러야 하는 사람들은 자본주의적 풍요와 안락한 삶으로부터 철저하게 소외되어 있다. 수정궁 밖에 있는 사람들이 수정궁 안으로 들어가려고 안간힘을 쓰고 있지만, 지구의 제한된 자연 자원과 에너지 때문에, 지구상의 모든 사람들이 수정궁 안으로 들어가는 것은 불가능하다. 그리고 유리창을 통해 안이 밖으로 훤히 드러나 보이듯이, 이 수정궁의 내부도 외부를 향하여 투명하게 노출되어 있고, 밖으로부터의 테러에 무방비 상태로 노출되어 있다. 묘하게 수정화해가는 거대한 자본주의적 상황에 병행하여, 수정궁을 겨냥하는 테러도 '지구적' 테러의 양태를 취하고 있다. 수정궁에 속하는 신자유주의자들이나 수정궁 밖에 거주하는 이슬람 테러리스트들은 지구 시대인 오늘날에도 여전히 '역사' 시대적으로 행위하는 시대착오적인 집단들이다. 수정궁 안과 밖 사이에서 일어나는 지구적 테러와 전쟁과 충돌과 갈등을 피하기 위해서는 정치, 심리, 예술 등 모든 방면에서 국제사회는 협력해야 할 것이다.

제3강연은 왜 미국이 지구 시대에 걸맞지 않게 예외적인 방식으로 세계 정치와 역사의 주도권을 잡으려 하는가를 심리 정치적으로 진단하고 있다. 유럽과 아시아의 국가들이 제2차 세계대전을 거치고 최근에야 '역사 이후의 시대'로 진입할 수 있었던 반면에, 미국은 예외적으로 이미 200년 전에 역사 이후의 시기로 진입하였다. 정치적 망명자, 경제적 난민들 그리고 여러 이유로 고향을 떠나야만 했던 유럽인들이 이주하여 세운 나라가 미국이다. 지금도 미국은 '아메리칸 드림(American dream)'을 가슴에 품고 세계 각처에서 이주해오는 사람들로 붐비는 나라, 자신이 출생한 나라에서의 각종 좌절을 떨쳐버리고 누구나 꿈을 펼쳐볼 수 있는 나라, 선택된 사람들이 모여드는 나라, 그리고 낙관주의가 살아 있는 도피처다. 미국은 제2차 세계대전 이후로 국제 정세에서 주요한 위치에 서게 되었다. 그런데 문제는 오늘날 역사 이후의 시대 속에 있는 다른 나라들과는 달리, 미국은 예외적으로 타의 추종을 불허하는 강력한 세계 권력이 되고자 홀로 독주하며 '일방적으로' 행동한다. 미국이 일방적으로 행위하는 방식은, 제1강연에서 언급했던 것처럼 유럽의 주도 아래 일방적으로 역사가 전개되었던 그런 의미에서의 '역사' 시대적 행위 방식이다. 그러므로 미국은 역사 이후의 시대에 홀로 역사 시대로 퇴행하는 시대착오적 유혹 속으로 빠져들고 있다. 미국은 오늘날과 같은 지구 시대에 보편적인 행위 규칙으로 통용되고 있는 '비일방적, 쌍방향적, 다방향적, 상호 자제적 방식으로 행위해야 된다'는 규칙을 깨고, 계속 '탈자제'하려는 유혹 속으로 깊이 빠져들고 있다.

　제4강연은 지구화되어가는 오늘날의 세계를 공간 철학적으로 관찰하고 있다. 서양이 주도해왔던 지리상의 발견과 영토 확장적 제국주의적 세계사의 과정은 해양을 사이에 두고 극복할 수 없었던 거리를 극복함으로써 공간을 응축시켰다. 오늘날 확산되고 있는 지구화 과정은 세계를 하나의 체제로 연결시킴으로써 공간을 응축시키고 있다. 그 결과 한 지역과 다른 지역 사이의 간격이 더 이상 의미가 없을 정도로 사람들은 원거리 정보통신매체, 교통수단 그리고 각종 스피드 기술과 네트워크를 통해 지구상의 어떤 곳과의 공간적 간격을 극복하고 있다. 문제는 과거에 보편 역사의 지구화 과정이 그랬듯이, 오늘날의 지구화도 다양한 모습을 가진 삶의 공간들을 무차별적으로 균질한 공간으로 만들어버리는 경향이 있다는 것이다.
　공간이 응축되는 최초의 역사적 사건은 문자가 발명된 시대로까지 거슬러 올라간다. 문자는 의미가 발생하는 상황과 의미 자체를 분리시키는 매체다. 문자로 기록된 테스트 덕분에, 독자들은 텍스트의 의미를 발생시킨 특정한 상황을 체험하지 않고서도 텍스트의 의미를 표상할 수 있게 되었다. 문자 문화는 이처럼 직접적으로 콘텍스트 안에 들어 있지 않은 세계들을 표상하는 지성을 가능하게 해주었으며, 이것은 고전 그리스에서의 이론적 인간이 탄생하게 된 사건이자 서구 합리성의 출발점이 되었다. 여기에 공헌한 최초의 지성인은 소크라테스였다. 소크라테스의 탈문맥적 의미 이해에 반기를 들고, 특정한 장소의 현장성과 콘텍스트성을 옹호한 반동들은 소피스트들, 예수, 디오게네스 같은 사람들이었다.
　이러한 반동들은 오늘날 '지역적(lokal)'인 것과 특정한 장소의 고유한 현장성과 콘텍스트성이 탈문맥적으로 세계화되어 '전 지구적(global)', '보편적' 체제에 편입되어 들어가는 시점에서 매우 시사하는 바가 크다. 다른 지역과 균질한 공간으로 간주되거나 응축되어서도 안되는 각각의 고유한 실존적 공간인 지역 또는 장소의 소중한 의미를 지역주의(Lokalismus)라는 개념과 함께 생각해볼 필요가 있다. 그리고 이러한 지역적 삶의 방식이 민주주의적 삶의 방식에 어떻게 부합될 수 있는지도 고민해보아야 할 것이다.

이 책은 강연 이후에 곧 편집될 예정이었으나, 슬로터다이크 교수의 '서문'을 기다리다가 1년이 지나갔고, 저자의 '서문'이 오지 않았기 때문에 그 이후로는 편집자가 제대로 된 편집자 서문과 슬로터다이크 교수의 철학을 소개하는 글을 준비하려고 하다가 또 시간이 지체되었다. 그러나 이제는 여러 가지 여건 때문에 더 이상 시간을 지체할 수도 없어서, 기존의 자료들만을 가지고 이 책을 출판하게 되었다. 슬로터다이크의 3부작 『영역들(Sphären)』 I(1998), II(1999), III(2004)과 『자본의 세계 내 공간에서(Im Weltinnenraum des Kapitals)』(2005)는 우리가 접하는 네 편의 강연과 내용적으로 잘 연결될 것이다.

한편, 『인간 농장을 위한 규칙(Regeln über den Menschenpark)』(1999), 『대중 경멸(Die Verachtung der Massen)』(2000), 『복음의 개선에 대하여: 니체의 제5복음(Über die Verbesserung der guten Nachricht: Nietzsches fünftes Evangelium)』(2000)은 이진우 교수와 박미애 박사에 의해 번역되어 『인간 농장을 위한 규칙』(2004)이라는 제목으로 한국에서도 소개되었다. 앞으로 슬로터다이크 교수의 주요한 철학적 작업들이 한국에서도 소개되기를 바랄 뿐이다.

슬로터다이크 교수의 강연에서부터 이 책이 나오기까지 많은 분들과 협력 기관들의 도움과 관심이 있었다. 이 강연을 주최한 한국철학회와 명경의료재단(꽃마을한방병원)은 재정적으로 후원해주셨으며, 모든 강연을 동행하며 지휘해주신 황경식 교수님, 협찬해주신 국제교류재단과 한국언론재단, 슬로터다이크 교수를 초청하는 전 과정에서 수고해주신 다산기념 철학강좌 운영위원장 박정순 교수님, 사무국장 김선욱 교수님,

윤은주 간사, 또 대전 강연을 도와주신 한남대 철학과 교수님들과 대구 강연을 도와주신 계명대 철학과 교수님들, 서울 강연을 도와주신 서울대 인문대학 교수님들, 그리고 일일이 밝히지 못한 여러분들께 깊이 감사를 드린다. 늘 좋은 책을 만들며 철학의 발전에 기여하시는 철학과현실사 사장님에게도 깊이 감사드린다.

2007년 6월 30일
편집자 한정선

제 1 강연

지구화의 완성: 지구라는 기호의 승리

마틴 앨브로우(Martin Albrow)가 제안한 '**지구 시대**(Global Age)'라는 개념은 완결되지 않은 시리즈 안에서 의미 있는 단계 구분을 시도하려는 서사 이론의 욕구를 반영한다. 그는 **지구화**(globalization) 시대, 우리의 용어로 말하면 ['땅의 구형화'라는 의미에서] '지리적인 지구화(terrestrische Globalisierung)' 시대는 완결된 것으로 간주되어야 하며, 정규 역사에 뒤이어 전개되는 불특정한 기간 동안의 추가 시간의 시대로 이행했다는 테제를 내세운다. 그러나 이 추가 시간의 시대도 고유한 권한을 갖는 시대다. 어떤 작가들은 이미 지나간 그 시대를 "유럽의 천년"[1]으로 혹은 심지어 "유럽의 세계사"의 시기로 표시한다. 이러한 표현들이 문제가 있고 시대에 뒤떨어져 있긴 하지만, 이 표현들은 유럽인과 비유럽인의 행위 사이에 있는 비대칭을 드러내 보일 수 있는 장점을 갖는다. 체계적인 관점에서 '비대칭'이라고 하는 것은 정치적인 관점에서는 '지배'를 의미했다. '식민주의'라는 표현은 요즈음 광범위하게 비난받고 있는 "유럽의 확장"[2] 과정이자 결과를 요약하고 있다. 이러한

---

1) Oskar Halecki, *Das europäische Jahrtausend*(Salzburg, 1966).
2) 다음을 참조. Wolfgang Reinhard, *Geschichte der europäischen Expansion*, 4. Bde.(Stuttgart u.a., 1983, 1990).

명칭이 그 시대의 방법들을 비난하고 있다고 하더라도, 이 명칭은 그 시대의 산물인 구축된 세계 연관을 인정하지 않을 수 없음을 내포한다. 식민주의적인 실천의 배후에는 '일방주의를 그들의 타고난 권리'로 여기는 유럽의 "위대한 민족들"의 확신이 자리 잡고 있었다. 침략의 시기에 철저한 사명감으로 임하는 것은 그들에게 위대한 것이었다. 하지만 시간이 흘러 일방성이 무너지고 무수히 많은 다른 측면의 시대가 시작된다면 어떻게 할 것인가? 대칭적인 세계상에 대한 최근의 생각들은, 『탈식민지 연구(Postcolonial Studies)』에서 잘 정리되고 있듯이, 유럽의 식민지 권력이 내부 요인에 의해 종말을 고했음을 전제하고 있다. 그뿐 아니라 이 최근의 생각들은 도전과 응전의 관계에 대한 이해도 이미 변화되었다는 사실을 전제하고 있다. '대칭'을 이루기 위한 새로운 노력 덕분에 이제 타자성이 우선권을 갖는 것은 너무나 당연한 것처럼 되었다. 이제 사람들은 "1492년 10월에 유럽인들이 카리브 연안의 원주민들에 의해 발견되었다"고 아주 자연스럽게 진술할 수 있게 되었다. 이 서글픈 발견자들은 자기들이 주인인 양 행세하는 방문객이 탐구할 수 있도록 자료들을 수집해주는 것이 상책이라는 사실을 알게 되었다. 이 문서보관소는 오늘날 철저한 분석과 검토를 기다리고 있다.

유럽 공세 시대가 낳은 결과는— 우리는 이를 포스트모던적 주문(呪文)처럼 반복해야 하는데 — 세계 체제의 전개와 견고화다. 이것은 다양한 분야에 걸쳐 **전 지구적 경기자들**(global players)이 서로 관계 맺고 있음을 함축한다. 예를 들어 국가들, 기업체들, 은행과 증권사들, 과학 산업, 예술 산업, 스포츠 산업, 매춘 산업, 약물 산업 그리고 무기 산업 등의 영역에서 전 지구적인 연결망이 이루어지고 있다. 이런 왕성한 피드백 시스템은— 아직도 잠정적으로만 등장하지만 — 수많은 상투적인 일들의 잠정적이나마 최종적인 노동 수준을 만들어내고 있다. 그런데 이런 상투적인 일들 때문에 공간적으로 멀리 떨어져 있지만 실제로는 가깝게 있는 상대방을 고려하는 것이 세계 내 존재의 지배적인 양식으로 되었다. 따라서 문명이라는 개념은, 오늘의 현실에 맞게 정의한다면 텔레리얼리즘(Telerealismus)을 의미할 것이다.

636

‘지리적 지구화의 종결’이라는 말의 의미는, ‘세계의 관심 지역에 어느 누구도 더 이상 첫 번째 사람으로 들어가지 못한다는 것을 사람들은 이제 알고 있으며’, ‘세계 안의 어떤 주제에 대해서도 담론 없이는 의사 표현을 할 수 없다는 사실을 사람들은 정식으로 고려해야 한다’는 것이다. 발견자와 선동가들의 흔적이 도처에 현존한다. 오늘날 형식상 ‘혁신’(더 정확히 말하자면, ‘혁신’의 탑에서의 꾸준한 상승)이 요청된다고는 하지만, (세상의) 관계는 그럼에도 불구하고 계속해서 새로운 것을 추구하는 공명심에 반대하는 목소리를 낸다. 정립된 노선들은 과거의 발견 여정이 상호 왕래를 위한 교통 체계로 발전했음을 증명한다. 또한 중요한 분야들은 착상과 새로운 가설들이 담론의 왕국에 편입되도록 만든다. 지구화 시대가 탐색과 길 닦기로 특징지어졌다면, **지구 시대(Global Age)**는 운행시각표의 시대로, 점증하는 교통 왕래와 담화 교환의 시대로 규정된다. 모험이 지구화(Globalisierung)와 관련된다면, 예약 서비스는 지구성(Globalität)과 관련된다. 지구화 시대의 발견자들이 화승총, 지도, 칼 등을 가지고 해외로 떠나는 배에 탑승했다면, 지구 시대의 강연자들은 좌석표와 완성된 원고를 들고 비행기에 오른다.

　‘지구화 시대’와 ‘지구 시대’의 관계 속에 내재하는 연속과 비약의 계기들은 도시 문화의 포화라는 비유에 의해서 가장 잘 해명될 수 있다. 오늘날의 대도시들이 설계되고 건설되고 사람들이 정착하기까지에는 대체로 수백 년의 과정을 거쳤다. 물론 콸라룸푸르, 상하이 혹은 베를린과 같은 몇몇 대도시들은 그 지역적인 상황 때문에 여전히 건설 열풍에 휩싸여 있으며, 따라서 그 결과에 따라 그 도시들의 미래 모습이 결정될 것이다. 그러나 대부분의 전통적인 대도시들은 도시 형성의 건설적인 단계는 이미 얼마 전에 끝났으며, 개축, 증축, 건축 등은 오직 이미 존재하고 있는 것들을 토대로 수행되고 있다. 따라서 ‘네트워크화’, ‘심미화’, ‘최적화’ 등이 전통 도시들의 건설 공사에서 핵심 개념을 차지한다. 새로 건설할 것이 거의 없는 곳에서 사람들은 기존의 것을 더욱 강도 높게 활용할 수밖에 없다. 이러한 단계에서 교통 정책을 문화 도시 마케팅에 통합하려는 것이 현대 도시의 중요한 특징이다. 성공을 원하는 도시들은 이벤트의 소재지이고자 하며, 양질의 삶의 공급자라고 자처하며, 그리고 거대 도시들을 연결하는 지점이고자 한다. 이런 이유 때문에 대륙의 수도들을 잇는 고속도로 건설은, 박람회장이나 스포츠센터, 현대 예술 박물관 그리고 국제적인 호텔 체인점 등 도시에 필수적인 집합체의 건설이 그리하듯, 철저히 수정화된(auskristallisiert) 도시 문화의 야망을 아주 잘 표현하고 있다.3)

이제 세계의 모든 중심 지역에 철저히 수정화된 도시 문화가 있듯이, 세계 체제에서도 역시 외교와 시장, 학문 조직과 순회 가능한 예술품 전시 등의 영역에서 수정화된 국제성과 상호 문화성이 구현되어 있다. 이와 유사하게 의료 분야, 경찰 그리고 첩보 업무 등의 영역에서도 국제적인 연결이 이루어지고 있다. 복지를 누리는 영역들의 관점에서 보면, 세계는 이미 광범위하게 그리고 전체적으로 공간이 철저하게 식민화되었다는 인상을 던져주고 있다. — 혹은 '식민'이라는 용어가 오늘날 일상적으로 혐오스러운 말로 사용되기 때문에 — 스스로의 규정에 의해 시민적 질서를 구축한 공간들이 서로 엮여 있다는, 즉 세계는 인종적인 구성 요소를 넘어 국민국가적인 체제를 만들어낸다는 인상을 준다. 이와 같은 정치 문화적인 네트워크가 구축된 이래로 지구화 시대는 내적으로 종결되었다.

여기서 우리는 지리적인 지구화 시대만이 아무런 수식어를 붙이지 않고 '세계사' 혹은 '역사'로 표시되어야 한다는 주장을 내세우고 있다. 이 역사의 내용은 이 땅(Erde)이 스스로를 지역 문화의 담지자로, 그리고 이 문화들을 서로 연결하고 발효시키는 하나의 세계 연관으로 압축하는 담지자로 드러나는 드라마다. 만약 우리가 '역사'의 이런 내용적인 규정

---

3) 'Kollektor(집합체)' 개념에 대해서는 Peter Sloterdijk, *Sphären III. Schäume*, Kapitel 2. Indoors: Architekturen des Schaums, Abschnitt C: Foam City. 거대 인테리어와 도시의 복합 건물은 다수의 공생적 상황을 설명한다.
[역주] 슬로터다이크는 '수정화(Kristallisierung)'를 세계 시대의 특징을 설명하는 중요한 개념으로 사용한다. 수정화(결정화)를 상호 관계의 밀착과 고도화를 보여주는 상징으로 본다. 그에게 수정궁은 자본주의적 세계 체제의 상징이다.

을 진지하게 받아들인다면, 1492년에서 1945년 사이에 일어난 일련의 사건들만 '역사'로 특징지어질 수 있다. 이에 반해 그 이전과 그 이후에 현존하는 민족들과 문화들은 '역사적인 특성'을 전혀 갖지 못한다. (물론 이때 역사 시대가 시작되는 연도와 끝나는 연도에 대해서는 당연히 이견이 있을 수 있다.) 모든 집단들, 개인들, 제도들 그리고 실천들은 언제나 어디서나 생성의 법칙에 의해 지배되며, 이 모든 것들은 변화하면서 반복되는 형태로 고요한 발걸음으로 자신의 시대를 통과해가며, 또한 이 모두는 불변의 연속성을 파괴하는 도약과 파국을 경험한다. 그럼에도 불구하고 이러한 부류의 머묾(Bleiben)과 추진함(Treiben)은 본질적인 '역사'에서 발생했던 것과 거의 아무런 상관이 없다. 본래적인 그리고 유일한 '역사'는 다음과 같은 존재론적인 질문에 서사적으로 대답한다. "어떻게 **지구 시대**의 관계에 도달할 수 있었는가?" "어떻게 이 땅이 스스로 문화들의 연관의 담지자로 드러나는 일이 가능했는가?" "어떻게 유럽인들은 지도를 그릴 수 있었으며, 사람이 거주하는 세계에 자신들의 네트워크를 확장할 수 있었는가?"

'역사'는 세계 체제의 탄생의 신화다.4) 이 신화는 지리적인 지구화의 영웅 서사시로만, 따라서 일면성의 소설로만 이야기될 수 있었다. 이 영웅 송가는 영웅들과 그들의 찬양자들 사이의 일상적 동조 관계를 드러낸다. 이 영웅 송가는 노래로 불림으로써 '인류'의 자기 영역 만들기라는, 말로 표현할 수 없을 만큼 위대한 서사(이야기)로 등장한다. 이 서사가 아무리 자주 이야기된다고 하더라도, 사건에 대한 어떤 판본도 사건 그 자체의 높이에 도달할 수는 없을 것이다.

종종 추구되는, 결코 적절하게 낭독되지 않은 이 잡종의 서사시는 우

---

4) 이러한 통찰은 가장 최근의 보편사적인 추구인, J. R. McNeil and William H. McNeil, *The Human Web: A Bird's-Eye View of World History* 의 기초가 된다. 이들은 세계사를 네트워크의 밀도가 강화되는 역사로 기술한다. 하지만 유감스럽게도 이 두 맥닐의 새는 너무 높게 날아서 그들이 시각적인 속임수에 빠져버렸다는 것을 인식하지 못하며, 그들은 따라서 효율적인 세계 형성을 위한 네트워크의 밀착이 일어난 유일한 시기인 1492-1974의 기간을 인류가 모험한 전체 기간으로 그들이 확장, 투사하고 있다는 것을 인식하지 못한다.

연자의 보편사에서 탁월한 한 단락을 형성한다. 왜냐하면 이 단락은 그 우연성에도 불구하고 어떤 내적인 목적 추구에 의해 활성화되고 있는 것처럼 나타나기 때문이다. 세계화 보고서는 좁은 의미에서 역사(혹은 이야기)다. 왜냐하면 이 보고서는 시작과 중간과 끝을 가지고 있기 때문이다. 이 보고서는 목적론적인 의미에서도 역사(혹은 이야기)인데, 왜냐하면 이 보고서는 자신의 종결을 위한 기준을 자기 안에 간직하고 있기 때문이다. 이 역사(혹은 이야기)의 **시작**에 어울리는 상징적인 장면은 다음과 같다. 세 척의 콜럼버스 범선이 1492년 8월 3일 금요일 오전 여덟 시 정각에 팔로스에 있는 "살테스 하구"5)에서 카나리아 제도 방향으로 출항한다. 이 사건의 **진행 과정**은 다음과 같이 말할 수 있다. 69일 후에 땅이 보이고, 또다시 금요일인 70일째 되는 날에 신세계에 진입한다.6) 그해 가을에 마르틴 베하임(Martin Behaim)은 "땅의 사과"[감자]를 뉘른베르크의 시의회 의원들에게 소개한다. 그는 땅의 진리를 프랑켄 지역의 이 상업 도시로 가져온다. 이 역사(혹은 이야기)의 **결론**에 잘 어울리는 장면은 다음과 같다. 1937년 뉘른베르크의 제국 의회 주간에 히틀러는 베하임의 지구의(Behaim-Globus)를 자기가 투숙하고 있는 호텔 도이처 호프(Deutscher Hof)로 가져오게 한다. 그 이유는 한편으로는 더러운 이 구의 복원을 위해 재정 지원한 그가 그 복원 과정을 때때로 직접 보기 위해서이고, 다른 한편으로는 영예스러운 이 물건을 봄으로써, 우리가 그런 히틀러의 생각을 잘 따라갈 수 없지만 어쨌든, 제국에 대한 자신의 계획에 동기를 부여하기 위해서다. 1944년 7월 브레턴우즈(Bretton Woods) 회의에서 달러화와 영국의 파운드화의 금 패리티 문제에 대한 협정이 체결되고, 이와 더불어 최초의 구속력이 있는 **지구 시대**의 세계 통화가 정초된다.7) 1969년에 미국의 우주비행사들은 떠오르는

---

5) Christopher Columbus, *Schiffstagebuch*(Leipzig, 1989), S.7.

6) 금요일의 변명에 대해 Victor Hugo, *Die Arbeiter des Meeres*, S.249 참조.

7) [역주] 브레턴우즈 회의는 1944년 미국 뉴햄프셔 주의 브레턴우즈(Bretton Woods)에서 개최된 국제 통화 금융 정책 회의로서, 회의 결과 IMF와 IBRD 가 설립되었다. 이 회의에서 미국과 영국은 화폐 발행을 위한 조건으로 그에 상응하는 금을 중앙은행에 예치하기로 되어 있었던 기존의 금본위제(금 패리

지구 모습을 담은 최초의 사진들을 들고 달 여행에서 돌아온다. 이러한 광경들 사이에는 [땅이 구형이며, 따라서 모두 서로 밀접히 관련을 맺고 있다는 의미에서] "지-구를 진지하게 받아들이지 않는 사람에게 삶은 벌을 내린다"는 가르침을 엄하게 각인시키는 수백만의 광경들이 놓여 있다.

"땅은 구형이며, 따라서 육지와 바다의 평면적 상들로 이루어진 지구의(Erdglobus)를 통해 지구의 모습을 적절하게 보여줄 수 있다"는 가설은 중세가 저물고 있던 시대에는 한 줌에 지나지 않는 신학자, 천문학자, 광적인 지도 제작자 그리고 멀리 나가기를 선호하는 상인들이 몰두했던 하나의 추측에 불과했다. 16세기부터 미국의 독립선언에 이르기까지의 기간 동안 대부분의 유럽인들에게 이 가설은 구속력이 없는 사변에 불과하였다. 콜럼버스, 바스코 다 가마 그리고 마젤란의 항해를 통해 앞의 가설이 경험적으로 입증된 이후에도 이 가설은 개인들의 삶에서 별로 중요한 의미를 지니지 못했다. 지도가 점차로 더 정확하게 되었고 지리부도, 지구의, 평면 구형도 등이 제후들의 도서관에 등장하고, 시민 계급의 서재로 들어왔지만, 절대 다수의 유럽인들에게 지구가 실제로 내용적으로 의미하는 바는 여전히 불확실한 크기의 어떤 것이었으며, 그 불확실 속에서 사소한 크기로 머물러 있었다. 지리부도 등이 출판된 이후 그 속에 담긴 내용들에서 대다수의 사람들이 그것이 함축하고 있는 진리를 깨닫게 되기까지는 수백 년이 지나야 했다.

그러나 소수의 사람들에게 이 가설은 이미 일찍부터 자신의 생을 걸 만큼이나 강력한 신앙이었었다. 콜럼버스, 마젤란 그리고 델 카노와 같은 사람에게 신앙이란 지성에 대한 추구였다고 하는 것이 더 어울릴 것이다. 그들의 신앙 고백을 위해 그들이 필요로 했던 것은 돈을 벌기 위해 선장의 망상에 참여할 사람들과 대양에 어울리는 좋은 선박들뿐이었다. 1492년 항해에 함께한 팀의 봉급 명세서가 우연히 발견되었다. 이 명세서에 따르면 항해사 데 가마(Sancho Ruiz de Gama)는 항해에 참여

티 혹은 금 평가, Goldparität)를 사실상 폐기하고 달러와 파운드 화폐 자체를 가치의 기준으로 도입한다.

한 대가로 20듀카텐(Dukaten)[옛 금화]을 받았고, 선원 데 몽구에르 (Juan de Monguer)는 4천 마라베디스를 받았다.8) 초기 세계 일주 항해자들이 한 신앙 고백의 구체적인 내용은 상실되었지만, 그들의 신앙 고백은 그들의 행위와 유물에 의해 재구성될 수 있을 것이다.

삶의 어머니이며 부의 원천이자 민족들의 집인 하나의 둥근 지구를 내가 믿사오며, 풍요롭고 어디든 배를 띄울 수 있는 넓은 바다를 믿사옵니다. 또한 조종사와 승객의 친구인 바람의 궁전을 내가 믿사오며, 빠르게 순항하는 돛을 움직이는 자이며 총체적인 자유의 회당인, 어디서나 호흡할 수 있는 자유로운 공기를 믿사옵니다.9)

잘 알려져 있다시피, 콜럼버스는 성자의 무덤을 이슬람의 지배에서 해방시키고자 원정에 오르는 십자군을 재정 지원하는 데 필요한 만큼의 금을 서쪽 땅에서 발견하고 싶어 했다. 이러한 의미에서도 서쪽을 향한 길은 곧 동쪽을 향한 길을 열고자 한 것이었다. 이 크리스토포로스는 새 시대(Neuzeit)를 중세에 대한 봉사로 이해하고자 했던 마지막 사람이 아니었다.10) 그럼에도 불구하고 마젤란과 델 카노 이후 그리고 프랜시스 드레이크(Francis Drake) 경과 헨리 허드슨(Henry Hudson) 이후 수십 년 사이에 땅이 구형이라는 고백이 교회의 올바른 신앙의 보편성에 부합하는 교리로 전개되어갔다. 우리가 몸담고 살고, 요동치고, 존재하는

---

8) Critóbal Colón, *Textos y documentos. Prólogo y notas de Consuelo Varela* (Madrid, 1982), SS.230-234.

9) [역주] 본문은 라틴어로, 주는 독일어로 되어 있는데, 역자는 주에 라틴어 원문을 싣는다. *Credo in unam terram rotundam, vitae matrem, fontem divitiarum, populorum domum, et in marem universalem, fecundam navigabilemque, palatium ventorem, amicam gubernatoris vectorisque, et in aerem liberam, ubique respirabilem, velivolantium motricem velorum, aulam libertatum omnium.*

10) 크리스토포로스라는 인물에 대해서는 Peter Sloterdijk, *Sphären II. Globen*, Abschnitt III der Einleitung: "Gott tragen", SS.96, 117을 참조하라.
[역주] 크리스토포로스는 순례자의 수호신으로 여겨진다. 여기서는 콜럼버스를 의미한다.

장소인 이 구에 대한 신앙은, 기독교적인 신앙이 그러하듯 낭송될 뿐 아니라 삶 속에서 보존되고자 했다. "땅은 구형이다"라는 진술은 이제 더 이상 단순한 자연과학적 가설이 아니었다. 이 진술은 근대인의 삶을 인도하는 확신으로 녹아들기 시작했다. 신앙은 '사상(思想)의 실현'이라는 존재론적인 기능을 포함한다. 신앙은 표상(관념)을 존재로 철저히 밀고 가는 것이다.

따라서 땅의 발견과 네트워크화에 대한 보고서는 시종일관 신앙의 역사였던 하나의 **스토리**를 이야기하고 있다. 이 이야기는 새로운 것을 발견할 것이라는 사실을 전혀 의심하지 않았던 탐험가들의 신앙, 노획물이 시야에 들어올 때까지 계속하여 수평선을 응시했던 정복자들의 신앙, "지구를 한 바퀴 돌면 다시 고향으로 돌아올 수 있다"는 테제를 진지하게 붙들고 놓지 않았던 항해자들의 신앙을 다룬다. 놀라운 일이 발생했다. 그들은 새로운 것을 발견했고, 노획물들이 수평선 저쪽에서 출현했다. 그리고 배들이 암초에 좌초되어 바닷속에 머물러 있지 않는 한 그 배들은 되돌아왔다. 이러한 발견, 이러한 출현, 이러한 귀향이 어떻게 일어날 수 있었나 하는 문제는 이 사건의 행위자들에게는 그들이 신에 의해 탐험가로, 정복자로 그리고 귀향자로 소명을 받았다는 사실에 의해서만 궁극적으로 설명될 수 있었다.

돌이켜보면 유럽의 지구 탐험 대원들의 성공은 변화된 빛 아래서만 가능했다는 사실이 드러난다. 우리는 오늘날 땅이 둥글다는 당시의 믿음은 상상을 참인 것으로 여기는 것과 같은 것이 아니었다는 점을 안다. 땅이 둥글다는 것이 현실로 드러남으로써 선원들의 신앙은 보답을 받았다. 이 신앙은 지구와 관련이 있는 가설들, 상들(Bilder), 이야기들, 지각들 그리고 감각들에게 존재론적인 무게를 부여했는데, 즉 대상의 존재 자체가 자기 신자들을 자기편으로 이끌어오는 지점에 이르기까지 존재론적인 무게를 부여했다. 땅을 점차 땅-존재(Erde-Sein)로 확신해가는 상황은 그 이후 현실의 취향을 규정하게 되었다. 실제로 추적당하는 추적망상증 환자가 있듯이, 둥근 땅을 상상하면서 실제로 그 땅을 한 바퀴 도는 선원들이 있다.

우리의 논의의 바로 이 지점에서 하나의 거창한 말의 등장을 위한 막이 열린다. 이 막 뒤에는 "15세기에서 16세기로의 전환기에 땅의 탐험가들의 믿음은 **진리**에 대한 믿음이었다"는 말이 쓰여 있다. 이는 처음에는 감춰져 있지만 그 다음에 드러나는, 처음에는 멀리 있지만 다음에는 가까워진 그런 진리다. 구형의 땅(지구)과 그 속의 보물들이 드러나고 가까워지는 데 수백 년의 세월이 흘러야 했기 때문에 행위로서의 세계사, '동시적 쓰기(Mitschrift)'와 '추후적 쓰기(Nachschrift)'로서의 세계사가 있었다. '드러냄'과 '가까이 다가옴'이라는 과제가 상대적으로 유한한 과제였기 때문에 이러한 역사(혹은 이야기)는, 대충 말해서 처음과 중간과 끝을 가질 수밖에 없었다. 역사의 진행 과정의 목표 지향성은 암시적이며, 따라서 계몽된 독자들은 오히려 반사 렌즈에 의한 기만을 실재 사건으로 믿고 싶어 한다. "우연한 사건들에서 처음의 의도들을 추론해도 된다"고 우리에게 속삭이는 통상적인 목적론적 끼워 넣기들 중 하나와 우리는 아무 관련이 없는가?

역사가 이렇게 이해되면 세상의 관계는 전혀 다른 방식으로 놓인다. 즉, '둥근' 땅이라는 표상은, 스스로 실현되어가는 예언이 그러하듯, 실제로 500년 세월 동안 서구 인간의 의식과 그들의 매체에 둥지를 틀었다. 둥근 땅이라는 표상은 소수의 활동적인 사람들을 전례가 없는 여행길로 이끌고 갔다. 이 표상은 정복을 위한 출정, 사도들의 행전 그리고 탐구 과정 등이 실용적으로 융합된 것이다. 하지만 지구가 구형이라는 표상은 상징적인 형상만이 아니었다. 그것은 아름다운 물리학의 요청 그 이상이었다. 건장한 뱃사람, 인내심 있는 지도 제작자, 금속 중독증에 걸린 왕들, 뱃심 좋은 향료상들 등은 참이지만 아직 증명되지 않은 이 이념의 담지자들이었다. [지구가 둥글다는 사실을] 부정하거나 모르거나 거기에 무관심한 최후의 한 사람이 눈앞에 제시된 명증성에 굴복할 때까지 그들은 지속적으로 증거들을 수집하였다. 근대에 대한 서사는 "이 ('구'라는) 기호에서 너는 승리할 것이다(In hoc signo (sc. globi) vinces)"라는 명제에 대한 하나의 긴 주석처럼 읽힌다. '구'라는 기호가 '십자가'라는 기호를 추월한다. '역사(이야기)'는 바로 이 명제 속에 포함되어 있다. 십자가와 구가 동등하게 놓여 있는 한 '역사'의 출구는 열려 있는 것으로 현상한다. 십자가를 두 번째 자리로 밀어내는 추월 훈련이 끝남으로써 '역사'라는 현상을 '구(球)-신앙'의 성공 보고서로 진행할 수 있도록 만든 장(場)은 닫힌다.

오늘날 인간들에게 지구-선교(Globusmission, 땅은 둥글다는 신앙의 전파)는 모든 것을 관통하는 성공을 이룩함으로써 끝났다. 어느 정도 이성적인 동시대인들이 이미 확립된 구(球)-신앙의 타당성을 더 이상 의심하지 않게 된 이후부터 새로운 [구] 기호는 옛 [십자가] 기호와 유사한 방식으로 퇴색되었다. 이 새로운 기호는 옛 기호처럼 자기 자신의 과잉 때문에 몰락한다. 여전히 지구가 둥글다는 사실을 의심하는 사람들이 있다면, 그들은 자신들이 수정주의자로 불리는 것을 어쩔 수 없이 견뎌야만 할 것이다. 뱃사람들의 신앙은 지식으로 변화되었다. 지식은 통속화, 전문화되었다. 16세기의 구(球)-신앙인은 포스트모던적 지구과학자가 되었다. 그들 중 1만 1천여 명이 2003년 4월 유럽-아메리카 학술회의에 참석하기 위해 니스에 모였다.11) 비행기로 여행할 때 그들 대부분은 아마도 아주 짧은 순간만 그들의 이론적 욕망의 진기한 대상을 공중에서 응시했을 것이다.

우주 안에서의 땅의 형태와 위치에 대한 콜럼버스 이전 그리고 코페르니쿠스 이전의 모든 생각들은, 새로운 지식 관계의 결과로 인해 전근대적인 '세계상들'로 자리매김되지 않으면 안 되었다. 이 때문에 새 시대(근대, Neuzeit)를 **세계상의 시대**(Zeit des Weltbildes)로 해석하는 하이데거가 전적으로 옳지는 않다. 유럽인들이 배로 이 땅을 일주할 수 있을 만큼의 명민함을 결코 소유하고 있지 않았다고 할 경우에만 하이데거 역시 대체적으로 옳을 것이다. 이 땅은 일주되었고, 그 결과 세계에 대한 새로운 타당한 지식이 존재한다. 비록 사람들이 집에서 이 지식으로부터 창백한 지도만을 보며, 제국주의자들의 시끄러운 소리에서 그 메아리를 청취하긴 하지만 말이다. 바로 이 때문에 세계를 일주하지 않

---

11) Oliver Morton, "Geoscience on parade", in *Prospect Magazine*(January 2004).

은 모든 사람들, 바닥에 붙박여 있는 모든 음유시인들 그리고 모든 샤먼이 가시적인 혹은 비가시적인 방식으로 말하는 세계에 대한 진술들은 '세계상들'로 설명되어도 되고 또 그렇게 되어야 한다. 이 진술들은 실제로 세계에 대한 과거의 상상, 즉 올바른 지식과 더 나은 지식이 없는 형상, 총체적인 항해의 시기 이전에 나온 지역적인 시(Poesie)가 더 이상 아니다. 세계에 대한 근대인의 지식이 확실히 어느 정도 모사에 묶여 있긴 하지만, 이 지식은— 하이데거는 이 지식을 오해했다— 최종 심급에서 어떤 상을 서술하는 것이 아니라 뱃사람들의 육체 안에 있는 대양의 소리를 서술하고 있다. 지구에 귀를 대고 듣는 사람은 그 안에서 폭풍우와 해안에 부딪혀 오는 파도 소리를 듣게 될 것이다.

쇼펜하우어는 『의지와 표상으로서의 세계』의 서문에서 철학적으로 사려 깊은 인간에 대해 다음과 같이 말한다.

> 이 인간에게 … 분명하고 확실하게 될 사실은 그가 태양과 땅을 알고 있는 것이 아니라, 태양을 보는 눈과 땅을 느끼는 손을 알고 있을 뿐이며, 그리고 그를 둘러싸고 있는 세계란 오로지 표상으로 현존할 뿐이라는 사실이다.12)

그렇다면 뱃사람들의 시각과 지구화에 기여한 다른 활동가들의 시각에서 우리가 덧붙여 말할 수 있는 바는, 앞으로는 지구가 오로지 느끼는 손을 위해서만 있지는 않을 것이라는 점이다. 마젤란과 메르카토르 이후에 우리가 지구를 일주한 배들만을, 위대한 여행의 진리를 서술하고 있는 지도와 지구의(地球儀)만을 알고 있다는 사실은 분명하고 확실하다. 그리고 이제 우리는 세계의 또 다른 저쪽 끝의 목소리들과 상들을 우리에게 들려주고 보여주는 전화와 모니터도 알고 있다.

지구권 선교의 성공은 그 상속자들에게 더 이상 성공으로 생각되지 않게 될 만큼이나 절대적이었다. 콘스탄티누스 대제 이후 시기의 그리스도인들은 게네사렛 호수에서 밀비쉬(Milvisch) 다리에 이르기까지 그

---

12) A. Schopenhauer, *Die Welt als Wille und Vorstellung*(Erstes Buch), § 1.

들의 신앙의 놀라운 확장을 위해 성령에게 호소할 필요가 있다고 생각했는데, 이 성령은 왕국에 대한 교회의 승리를 가능하게 하는 것으로 간주되었다. 이에 반해 근대 이후(nachmodern) 시기의 인간은 "땅은 이미 언제나 둥글었고, 이러한 사실은 이르든 늦든 언젠가는 밝혀질 것이다"라는 통찰에 만족한다. 자기 안에 머물러 있는 이런 통속성을 저지하기 위해 성령이 출현하지도 않는다. 성령으로부터 오는 도움은 우리에게 아마도 불필요할지 모른다. 우리는 "도대체 어떻게 실제 세계가 마침내 지-구(terrestrische Kugel)로 되었는지"를 언제나 아주 집중적으로 드러내 보일 수 있을 것이다. 이러한 과정에서 그러한 서사는 "모든 개별적인 에피소드는 완전히 다르게 진행했을 수도 있다"라는 사실을 증명할 것이다. 모든 에피소드들은 임의로 변화되고 자의로 어떤 계열에 꿰맞춰져서 결국 실현된 구의 어떤 형태에 이르게 된다. 때가 무르익었을 때 뱃사람들의 삶과 항해사들의 항해 일지에서 **사실**(TATSACHE)은 명백히 드러났다.

최근에 몇몇 '세계화 반대자들'은 인간이 전 지구적 단계(globales Stadium)에 도달하지 않았더라면, 혹은 전승된 통찰에 따라 대양을 피하고 마을과 소도시에서 참고 견뎠더라면 훨씬 더 좋았을 것이라는 그들의 확신을 숨기지 않는다. 하지만 "땅은 일주 가능한 통일체를 형성하고 있다"는 사명의 관점에서 볼 때 불신이라는 이런 때늦은 형식이 "인간은 현실의 구에 대한 진리와 더불어서 의미 있는 것을 시작할 수 있다"는 것에 대한 불신에 의해 동반되지 않는다면, 이런 주장은 도대체 무엇이란 말인가? 불신자들은 명백히 프톨레마이오스주의자로 남아 있고자 하는 것 같다. 그들은 인간의 국지적이고 식물 같은 삶의 방식을 선호한다. 왜냐하면 그들은 그 사명의 비용이 너무 크다고 생각하기 때문이다. 감히 누가 충분한 근거를 대면서 그들을 반박할 수 있겠는가? 월러스타인(I. Wallerstein)은 유럽 사람들이 새로운 것의 생성을 위해 고통 받을 (그리고 또한 고통을 달게 받을) 준비가 되어 있는 것을 보고 다음과 같이 설명했다:

이 일이 일어났다는 것은 유럽의 명예다. 왜냐하면 16세기의 밀어붙임이 없었다면 근대 세계는 생성되지 않았을 것이기 때문이다. 모든 잔혹함에도 불구하고 그 세계가 생성되었다는 사실은 더 좋은 일이다.13)

철학도 고백할 수 있어야 한다면, 위와 같은 진술이 그런 고백일 것이다. 모든 존재자가 그 근본에서 선하다면(좋다면) 그의 선함(좋음)은 생성되는 자에게로도 역시 확장된다. 이 땅이 세계로 생성되어가는 과정이 여기서 예외일 수 있는가?

* * *

이러한 생각의 논리적인 결과를 따라가자면 세계사라는 의미의 '역사' 개념은 1492년에서 1974년 사이에 일어난 일련의 사건들로 축소된다. 1492년은 콜럼버스의 제1차 여행의 해이고, 1974년은 포르투갈의 마지막 식민지들이 ('장미혁명'의 결과로) 그 모국으로부터 독립하는 해다. (역사의) 이러한 축소는 두 가지 점에서 추천될 만하다. 첫째, "자본주의적인 발전 도정은 유럽의 모형에 따라서 이루어져야 한다"고 지상의 모든 민족과 문화를 강요하는 진화론의 규범적인 비정상성의 도그마, 즉 "서양에서처럼 땅 전체에서도" 타당하다는 도그마가 저지될 수 있다는 점이다. 다른 한편, (세계) 역사의 장을 세계 체제 형성을 위한 사건들의 복합체로 축소함으로써 '역사의 종말'이라는 지금까지의 정리(Theoreme)가 지니고 있는 의미 있는 내용들이 보존될 수 있다는 점이다. 여기서 '종말'은 '지-구(Erdglobus)'라는 근대적인 지리적인 상이 대부분의 지상의 거주자들에게 그들의 위치에 대한 진리를 말해주는 특정한 상태를 의미한다. '역사의 종말'은 거의 동어 반복적으로 표현된다. 즉, 땅으로서의 세계에 대한 상(Bild)이 전개되어가는 역사가 어느 정도 끝났다면 '세계'의 역사는 종말에 도달했다. 이 상을 처음에 누가 그렸는가 하는 사실은 이 상이 일단 확립된 이후에는 더 이상 특별히 중요

---

13) I. Wallerstein, *Das moderne Weltsystem*, S.530.

하지 않다. 오히려 결정적인 사실은 거의 모든 사람들이 그들의 상황을 지리적인 문맥에서 서술할 때 그 상을 철회할 수 없이 타당한 묘사로 받아들였다는 사실이다.

지구 시대의 특징은 수정화된 세계 체제의 테두리 안에서 [세계 체제로 무차별적으로] 환원될 수 없는 (그러나 문명에 맞게 길들여질 수 있는) 문화 다양성이 공세적으로 드러난다는 점에 있다. **지구 시대**로의 이행과 더불어 근대라는 정규 시간에 이은 추가 시간이 시작되었다. 유럽의 확장 주체들이 역사를 만들어가는 힘이 소진되었다는 사실은 1945년 이후 확고해졌다. 옛 세계는 그들의 첫 번째 타격 능력을 이 행성을 열어젖히는 데 소비했으며, 그 나머지 에너지를 두 번의 세계대전에서 소진해버렸다. (그 두 전쟁 가운데 두 번째 전쟁은 피할 수도 있었을 첫 번째 전쟁의 불가피한 결과였다.) 그 결과로 나타난 역사적 판도의 주체들은 그들의 상호작용을 위해 탈유럽에 무게를 둔 시나리오를 써야 한다. 이 시나리오들은 세계의 세계화(Weltwerdung)가 이미 다 알려져 있는 방식으로 거행되었다는 것을 전제하고 있지만, 그러나 그 밖의 점에서는 더 중요한 것을 신중히 고려하지 않으면 안 되는 그런 시나리오다.14) 유럽의 과거를 되돌아보는 것은 세계의 미래를 기획하는 데 전체적으로 볼 때 더 이상 어떤 의미도 갖지 않는다. 제2차 세계대전이 끝난 이래로 '역사'가 삶을 위해 갖는 유용성과 단점은 무엇보다 "역사는 손해 산정을 가능하게 해주는 자료들을 수집한다"는 사실에 그 본질이 있다. 역사는 희생자들이 사건 발생 장소로 되돌아올 수 있도록 주소를 알려준다. 희생자들은 범죄자들 역시 동화에서만 범죄의 광장으로 되돌아온다고 생각하지 않으며, 따라서 이 장소에서 그들처럼 되돌아온 범죄

---

14) 역사 개념에 대한 이러한 제한은, 우리 생각으로는, 유럽의 역할과 기능을 부인하거나 제약하지 않고서도 유럽중심주의, 진화주의, 제국주의적인 보편주의 등의 도그마들과 결별할 수 있는 유일한 방법이다. "유럽을 지방화(provinzialisieren)"하고자 하는 사람은 유럽의 에피소드인 1492-1945의 기간 동안에 일어난 세계 생성(Welterzeugung) 과정을 현실적인 차원에서 정확하게 분별함으로써만 이 일을 감당할 수 있다. Dipesh Chakrabarty, *Provincializing Europe. Postcolonial Thought and Historical Difference*(Princeton/Oxford 2000) 참조.

자들을 만나기를 희망한다.

이러한 사실을 제외하면 '역사'란 어제 내린 눈이다. 1945년 이후의 탈식민화와 냉전 시대의 군사적 무승부는 이 눈이 얼마나 빨리 녹는지를 보여준다. 1949년 인도가 영연방 제국에서 이탈했다. 1974년에 포르투갈 세계 제국의 잔유물이 증발했다. 1990년에 소련의 붕괴와 더불어 공격적으로 세계를 넘보던 특징을 지녔던 옛 유럽의 마지막 이데올로기가 무대를 떠났다. 중국이라는 고립된 국가공산주의는 세계 기획을 더 이상 지니고 있지 않다. 중국이 큰 범위에서 자본주의와 민주주의의 분리 가능성을 증명하고 있다는 바로 이 이유 때문에 중국은 아직 의미 있게 남아 있다. 중국 공산주의는 오늘날 이미 그 윤곽이 드러난 '세계 체제의 권위적인 자본주의로의 전환'이라는 21세기의 기본 노선을 위한 범례일 수도 있을 것이다.

정대성 옮김

수정궁 또는 자본주의적 안락의 영역과 테러리즘의 위협

서유럽인들의 공격적인 세계 개방이 위험스러울 정도로 극으로 치닫고 있을 때, 19세기에 여러 작가들은 이를 정체된 동유럽권의 관점에서 비판적인 신중성으로 관망하고 있었다. 그중에서도 도스토예프스키가 가장 형안을 가진 진단가였다. 1864년에 출판된 『지하 생활자의 수기』는 현대 원한 심리학(Ressentiment-Psychologie)의 기초를 표현하고 있을 뿐 아니라 지구화에 대한 적대감(만약 우리가 이 표현을 그 과거에 적용시켜 사용하는 것이 정당하다면)을 최초로 언표한 글이기도 한데, 이 글은 지구화 시대가 종말을 고하기 시작하는 시점에서 세계가 세계로 되어가는 것(Weltwerdung der Welt)을 다음과 같은 탁월한 비유로 요약하고 있다: 나는 서구 문명을 단적으로 표현하고 있는 단어를 "수정궁(Kristallpalast)"이라고 생각한다. 도스토예프스키는 1862년 런던 방문 시 (1851년 만국박람회 후에) 시드넘(Sydenham)에 다시 건립된 **수정궁**(수정궁은 1862년 만국박람회에 다시 장소를 제공함)[1]을 보게

---

1) 이에 관해 자세한 내용은 Peter Sloterdijk, *Sphären III. Schäume*(Frankfurt a. M., 2004) 참조. 도스토예프스키의 런던 방문에 관한 문학적인 반향은 1863년에 쓰인 "Winteraufzeichnungen über Sommereindrücke"라는 그의 여행기에서 나타난다. 이 글에서 작가는 서구적인 "문명의 소란스러움", "오랑제리 진보주의자들(Orangerie-Progressisten)"의 온실적인 모습을 조롱하고 만국박람

되었는데, 그의 수정궁에 대한 회의적 인상은 체르니셰프스키의 소설 『무엇을 해야 할 것인가』(1863)에 대한 강연에서 보여주었던 그의 반감을 연상시킨다. 그가 살던 시대에 유명했던 이 책(단적으로 낙관주의적이며 서구 우호적 경향을 띰)에서 새로운 인간(neuer Mensch)이 표명되었는데, 그 영향은 레닌에까지 이른다. 이 새로운 인간이란 사회적 문제를 완전히 기술적으로 해결함으로써 유리와 금속으로 만들어진 공동체 궁전(Gemeinschaftspalast)에서 자신들의 동료들과 살아가는데, 이 공동체 궁전은 동과 서(사회주의 제국과 자유주의 제국)의 거주 공동체의 원형이라 할 수 있다. 이러한 궁전은 냉방 시설이 갖추어진 호화 주택으로 설계되었다. 의견 일치가 이루어지는 영원한 봄은 이 큰 온실을 지배하며 모든 사람들이 다른 모든 사람들과 평화적으로 공존하는 것이 그 자체로 자명한 것 같기도 하다. 도스토예프스키의 관점에서 볼 때, 이러한 궁전에서의 삶은 서구 인류에 속한 한 집단의 의지를 상징하고 있는데, 이 의지란 다름 아닌 역사 이후 시대의 긴장 완화 속에서 세계를 네트워크화하고 세계를 행복한 곳으로 만들기 위하여 이들 집단이 장악해온 주도권을 완결하려는 의지다.

여기서부터 '역사의 종말(Ende der Geschichte)'에 대한 동기가 근대라는 시대 전체를 관통하여 이어지게 될 개선 행진을 시작한다. 20세기의 공산주의자들과 마찬가지로 19세기의 이상주의자들은 사회적 삶이 호전적 역사의 도정에서 확장된 인테리어(Interieur), 다시 말해 내부적으로 잘 정돈된 영역에서만 재현될 수 있다는 것을 이미 통찰하였다. 사람들이 현실적인 역사를 어떻게 이해하든 상관없이, 현실적인 역사는 마치 그 역사가 사용하던 창살과 항해와 영토 확장 전쟁이 표방하듯이 외부로 향한 과업의 대명사로 머물러 있어야만 했다. 그러나 역사적 투쟁들이 영구 평화로 귀결되어야 한다면, 사회적 삶은 총체적으로 하나

회장의 바알(Baal) 신적인 승리에 대한 그의 우려를 표명하고 있다. 도스토예프스키는 이미 프랑스 부르주아에게서 인간의 본질적 특성을 구매력의 소유와 동일시하는 서유럽 그리고 역사 이후 시대의 경향을 읽어낸다. "재화의 소유가 최고의 덕이며 인간의 의무다."

의 집안 내부로 통합되어야만 할 것이다. 그리고 만약 그러한 상태에 이르면, 역사적 사건들은 더 이상 발생하지 않을 것이며, 발생하는 사건이란 그저 집안에서 일어나는 불상사 정도일 것이다. 서방 세계가 — 특히 2004년 5월에 상대적으로 완결을 이룬 유럽연합이 — 본질적으로 오늘날 바로 이 거대한 인테리어를 구현하고 있다는 사실을 어느 누가 부인하겠는가?

이 거대한 긴장 완화의 온실은 20세기가 소비주의라고 표현하는 유쾌한 바알(Baal) 신의 숭배에 바쳐졌다. 도스토예프스키가 수정궁과 유흥을 즐기는 런던의 군중이 보여주는 충격적인 광경에서 인식했다고 믿었던 자본주의적인 바알 신은 그 집안 내부에서는 물론, 그 집안 내부를 지배하고 있는 쾌락주의적 북새통도 잘 구현해주고 있다. 여기서 궁극적인 사물들에 대한 새로운 이론이 소비의 교리로서 정식화된다. 수정궁이 건립됨으로 말미암아 그 결과로서 오직 전체 관계의 "수정화(Kristallisation)"가 초래될 수 있다. 아놀드 겔렌(Arnold Gehlen)은 "수정화"라는 표현을 쓰면서 도스토예프스키에 의존한다. 이 수정화는 권태를 일반화하려는 기획(Projekt)을 시사하고 있다. 수정화를 촉진하고 또한 보존하려는 것이 앞으로 모든 국가 권력의 목적이 될 것이다. 입헌적으로 보장된 권태는 자연스럽게 기획의 형태를 띠게 될 것이다. 그 권태를 지시해주는 사회 심리적 선율은 동요함(Aufbruchstimmung)이며, 그 기본 음색은 낙관주의다. 역사 이후 시대의 세계에서 모든 기호 혹은 징표들(Zeichen)은 미래를 향하고 있다. 왜냐하면 소비자 연합에 부여될 수 있는 유일한 약속이 미래에 자리 잡고 있기 때문이다. 그 약속이란 바로 안락이 종식되지 않는다는 것이다. 인권은 소비주의의 법적인 하부 구조다.

그러나 수정궁의 오랜 평화는 거주자의 심리적인 표출로 이어진다는 것이 도스토예프스키의 강한 확신이었다. 이 기독교 심리학자는 긴장 완화가 필연적으로 인간 내면에 있는 악을 밖으로 발산시키는 결과를 가져온다고 한다. 원죄였던 것은 보편적인 안락의 풍토 속에서 악을 향한 진부한 자유로 드러난다. 더욱이 그 역사적 변명이나 유용성을 포함하고 있는, 변형을 결여한 악은 먼저 권태(skuka) 속에서 역사의 종말 이후 그 본질적 형태로 결정화될 수 있다. 소박한 사람들에게는 놀랄 만한 것이 되겠지만, 모든 변명으로부터 자유로워진 악은 단순히 일시적 기분의 특성을 갖고 있다는 것이 자명하다. 이 기분은 심연이 없는 정립 또는 고통을 받고 고통을 주는 임의적인 취향으로서 더 나아가 특정 근거 없이 배회하는 파괴로서 드러난다. 현대적으로 이해된 악은 운동 없는 부정성(arbeitslose Negativität)이며, 이것은 명백하게 역사 이후 시대의 상황에서 비롯된 산물이다. 이 현대적 악의 대중 보급판은 무고하고 소박한 사람들이 서로를 침대 틀에 묶어주는 중산층 가정에서의 사도마조히즘(Sadomasochismus)이며, 현대적 악의 호화판은 임의적인 편애함을 선호하는 심미적 속물주의(ästhetischer Snobismus)다. 가치나 무가치는 모두 근거 없이 이것이나 저것을 평가하는 단순히 일시적 기분으로서만 의미를 갖는다. 사람들이 이 악을 칸트가 명명한 대로 근본악이라고 부르느냐 그렇지 않느냐 하는 문제는 사실상 사소한 문제다. 악의 근원이 일상적인 기분보다 더 깊은 곳에 자리 잡을 수 없기 때문에 '근본적(radikal)'이라고 부른다고 해서 달라질 것은 아무것도 없다. '근본적'이라는 명칭은 존재론적인 연극적 소란스러움일 뿐이다.

여기서 1929년에서 1930년에 형성된 하이데거의 탁월한 권태의 현상학이 단지 유럽 전역에서 형성된 수정궁(전쟁을 통해서 파괴되었다 할지라도)으로부터의 탈출로서만 이해될 수 있다는 것을 언급할 필요가 있겠는가? 모든 유효한 확신의 불가피한 부재라는 그 수정궁의 도덕적 내부 풍토가 여기가 아닌 어디에서 더 명확하게 파악될 수 있겠는가? 대중문화, 인본주의, 생물학주의는 이 철학자의 통찰에 따르면 수정궁에 살고 있는 현존재의 깊은 권태를 그 배후에 숨기고 있는 살아 움직이는 듯한 가면이다. 하이데거의 주제를 올바르게 평가하기 위해 우리는 위에 언급한 것들 속에서 역사 이후 시대의 세계를 의도적으로 재역사화하려는 하이데거의 시도를 인식해야만 한다. 이 시도는 재앙을 삶의 스승으로 불러올 수 있는 대가를 치를 수도 있을 것이다. 이러한 의미에서 하이데거는 그가 일시적으로 자신을 귀속시킨 "민족 혁명"의 관점에서 오늘 여기서부터 재역사화(Rehistorisierung)의 시대가 시작된다고 말할 수 있었을는지도 모른다. 그는 거기에 있었을 뿐 아니라 그 시대를 선취하여 사유했다고 말할 수 있었을는지도 모른다. 하이데거의 역사주의는, 반성의 중심지 독일에서 출발하여 역사의 마지막 시간에 다시 한 번 역사를 허용하기 위하여 역사 이후적인 획일성에서 탈피하고자 하는 요청을 표현하고 있다. 이러한 논리에 따르면, '역사'란 만들어지는 것이 아니라 오히려 철저히 수난을 받는 것이다. 이 철학자에 따르면, 독일인들은 마지막 수난의 민족으로서 행진해나가야만 하며, 또한 임의성이 지배하는 현장 한가운데에서 독일인이 위대한 행위를 할 수 있다는 요청적인 증거가 있다는 사실을 증명하는 것이 독일인들에게는 허용되어 있었다. 만일 독일인들이 하이데거가 그들에게 이상적으로 기대했던 것을 수행할 수 있었더라면, 그들은 역사적 필연성의 빛이 마지막으로 바로 그들에게 비춰질 수 있는 민족이었다는 점을 세계만방에 분명히 보여줄 수 있었을 것이다.2) 그러나 역사적 상황의 아이러니는 문제의 명증성이 그 장소를 바꾸어 적의 진영에 머물렀다는 점이다. 왜냐하면 반파시즘이야말로 그 시대가 도덕적 관점에서 제공해야만 했던 가장 확실한 것이었기 때문이다. 더욱이 그 명증성은 역사 이후 시대의 장을 수정궁으로 기획 수립하고자 했던, '역사'로부터 이주해나간 전형적인 이주자들인 미국인들과 결탁하고 있었다.

도스토예프스키에게서 수정궁이라는 비유적 표현이 지니는 역사철학적인 권위는 우리가 그것을 파리의 상점가(Pariser Passage)3)에 대한 발터 벤야민의 해석과 비교할 때 가장 잘 평가될 수 있다. 우리가 이 두 경우를 비교할 수 있는 까닭은 도스토예프스키의 비유와 벤야민의 해석이 모두 자본주의적 세계 상황을 해명하는 열쇠로서 건축학적 형태를 언급하고 있기 때문이다. 공시적으로 관찰해보면, 왜 벤야민이 사상적으로 도스토예프스키에 뒤지는지가 곧 명확해진다. 자본주의적인 마야

---

2) 현대적 아이러니와 긴장 완화의 전개의 문맥에서 하이데거의 권태 이론을 해석하는 것에 대해서는 Peter Sloterdijk, *Sphären III. Schäume* 참조.

3) [역주] 둥근 아치형 지붕이 덮여 있는 파리의 상점가.

(Maya)의 현혹으로 이해되는 세계-내-존재에 대한 벤야민의 과도한 연구는 그 대상의 선택으로 인해 그 신빙성을 계속해서 잃게 되었고, 특히 이는 처음부터 시대착오적이었다. 그 연구는 건축학적으로나 경제학적으로나 또한 도시적인 분위기의 측면에서 볼 때, 자본의 해석학이라는 멍에를 모두 짊어지기에는 진부하기 짝이 없는 건축 유형이었다. 현대적인 돈의 연관 관계를 드러내 보여주는 모든 표현 형태 속에서, 마치 그 표현 양식의 세부 장식 속에는 사랑의 신이 숨어 있을 뿐 아니라, 스피노자주의자들과 바르부르크 사람들이 믿었던 바대로, 악마도 내재하여 숨어 있거나 한 듯이, 벤야민은 소외의 암호 체계를 읽어내려고 하였다. 세부 장식의 이데올로기(Ideologie des Details)는 현대사회의 잘 보이지 않는 악령이 상품의 장식의 형태를 취하며, 더 나아가 상가 건축의 눈에 잘 띄지 않는 소용돌이 모양의 장식 곡선을 통해서 자신의 모습을 드러낸다는 가정과 일맥상통하고 있다. 이러한 세부 장식에 대한 믿음에 따르면서, 벤야민의 연구들은 부자유스러운 천재성을 출구가 없는 방향으로 몰아가는 비밀스러운 서고 작업에 몰두해 있다. 결국 그의 연구들은 세계의 불행에 대한 증거 자료들을 모으는 수집가들의 행운을 증거해줄 뿐이었다.

만일 벤야민의 연구들이 20세기와 21세기 초에 대해서도 계속 글로 쓰였다면, 그리고 우리가 몇 가지 방법적인 수정 사항을 고려하지 않는다면, 그 연구들은 대형 쇼핑센터, 전시 센터, 체육 경기장, 실내 놀이공원, 우주국 또는 **격리된 호화로운 공동 주거 지역**과 같은 현재의 건축학적인 모델들을 표준으로 삼았을 것이다. 이러한 모델들은 차라리 **수정궁 시설** 또는 **온실 시설** — 종국에 가서 아마도 **우주국 시설**[4] — 이라는 명칭을 가질 수도 있을 것이다. 논란의 여지없이 둥근 아치형 지붕이 덮인 긴 상점가는 시작하는 소비주의 시대를 암시해주는 공간 표상을 구현하고 있었다. 벤야민에게 그렇게 영감을 주었던 것으로서, 공적인 인테리어(öffentliches Interieur)의 형태로 살롱(Salon)과 우주(Universum)를 융합시킨 것이었다. 그것은 또한 "상품자본의 성전", "상업의 탐욕스

---

4) Peter Sloterdijk, *Sphären III. Schäume*에서 절대적 섬에 관한 장을 참조할 것.

러운 거리"5)였으며, 동양의 바자 시장(Bazar)을 시민세계에 투사한 것이었으며, 모든 사물을 구매력의 빛 속에서 변형시킨 것에 대한 상징이었다. 그것은 방문하는 동안 구매자를 매혹하는 동화의 무대였다. 그러나 수정궁은 런던의 경우에는 만국박람회장이었다가 나중에는 '민중 교육'에 바쳐진 놀이공원이었으며, 더 나아가 도스토예프스키의 글에서는 '사회' 전체를 전시장 자체로 만드는 것이었는데, 이는 사실상 아치형 지붕이 덮여 있는 상가의 건축 양식보다 이미 훨씬 더 많은 것을 의미하였다. 벤야민이 이 수정궁을 자주 언급하기는 하지만 그는 이를 단지 규모가 큰 아치형 지붕이 덮여 있는 긴 상점가로 간주한다. 여기서 벤야민의 이러한 관점은 그의 놀랄 만한 골상학적인 안목을 취약하게 만들어버렸다. 왜냐하면 아치형 지붕이 덮여 있는 긴 상가가 자본주의의 정체와 안락함을 시사해주었던 반면에,6) 19세기의 가장 거창한 건축 형태를 보여주었던 수정궁은 이미 통합적 자본주의(integraler Kapitalismus)를 지시하고 있었기 때문이다. 이 통합적 자본주의에서는 외부 세계를 철저히 계산된 내부 공간으로 완벽하게 흡수하는 것이 관건이었다.

만일 우리가 '수정궁'이라는 비유를 현대의 야망의 상징으로 받아들인다면, 자본주의적인 프로그램과 사회주의적인 프로그램 사이의 대칭성이 어려움 없이 인식될 것이다. 사회주의는 궁전을 기획하는 두 번째 공사장일 따름이었다. 사회주의 공사가 끝난 이후에, 사회주의와 공산주의는 자본주의로 이미 향하고 있었다는 사실이 드러나게 되었다. 자본주의의 관점을 통해서 이제 비로소 다음과 같은 사실들이 말해질 수 있다. 자본주의는 단순한 생산 관계보다 더 많은 것을 의미한다. 자본주의는 '세계 시장'이라는 사유 형태가 표현해낼 수 있는 이상의 것이다. 자본주의는 자본주의에 발목이 잡혀 있는 인간들의 총체적 삶의 연관성을 구매력의 내재성으로 환원시키려는 기획을 함축하고 있다.

5) Walter Benjamin, *Gesammelte Schriften*, Band V, 1(Frankfurt a. M., 1989), SS.86, 93.

6) "안락한 자본주의"의 주제에 대해서는 Dieter und Karin Claessens, *Kapitalismus als Kultur: Entstehung und Grundlagen der bürgerlichen Gesellschaft* (Frankfurt a. M., 1979) 참조.

자본을 매개로 한 과정을 통해 이루어지는 세계 형성에 관한 한 우리가 단정할 수 있는 사실은, 사물의 실제적인 진행 과정이 수정궁의 문화와 현존재에 관한 도스토예프스키의 예상을, 그 작가가 의도한 것보다 훨씬 더 많은 것을 확증해주고 있다는 것이다. 구매력의 영역에서 오늘날 무슨 일이 일어나고 있든 간에, 그것은 일반화된 **건물 내부**의 현실성(Indoors-Wirklichkeit)이라는 범위에서 실행되고 있는 것이다. 예외적인 사건들조차도 이 관찰을 벗어나지 못한다. 뉴욕의 고층 건물들도 유리궁 내부에서 파괴되었다. 베를린의 러브 퍼레이드(Love-Parade)도 시대에 맞지 않게 서구에서의 독일의 승리를 알리는 금으로 된 천사의 수호를 받으며 **광장**(혹은 전시장, Jeu de Paume)에서 일어나고 있는 수정궁의 유흥(Palast-Amüsement)이다. 항상 깨어 있고 정치적으로 실수를 하지 않는 사람들조차 승리의 기념비를 철거하는 것을 잊어버린 것으로 미루어보건대, 그 사건은 아주 오래전에 일어난 것임에 틀림없다.

자본주의적인 세계 궁전(Weltpalast)은 — 초후기(Ultraspät) 마르크스주의자들인 네그리(A. Negri)와 하트(M. Hardt)가 최근에 이를 **제국**(Empire)이라는 명칭 아래에서 파악하였던 — 어떠한 일관된 건축학적인 구조를 취하고 있지 않다. 자본주의적인 세계 궁전은 저택 정도의 규모라기보다는, 오히려 온실의 특성을 가진 안락함의 시설(Komfort-Installation)이거나, 침투해 들어와서 거드름을 피우는 식물 군락과 속이 꽉 찬 포자낭들, 다시 말해서 대륙 전역에 가지를 뻗어나가는 식물 군락과 포자낭들로 이루어진 리좀(Rhizom, 뿌리줄기)이다. 만약 이 세계 궁전이 인류를 수적으로 모두 통합시켜주기를 갈망한다면, 우리는 이 세계 궁전을 오해하고 있는 것이다. 이 거대한 안락함의 구조는 지구 반구의 거주자들을 자신의 구성원으로 만들면서 아마도 상당히 오랫동안 무수히 많은 새로운 시민들을 통합시킬 것이다. 그러나 이 구조는 이전의 구성원들을 밖으로 떠밀어내고, 또한 공간적으로는 이 구조 속에 편입되어 있는 사람들이라고 할지라도 사회적 배제, 즉 안락함의 맥락으로부터 추방하는 방식으로 이 사람들을 위협할 것이다. 이 위협은 그 당사자들에게 하부 프롤레타리아로 전락할 수 있는 가능성을 제시한다.

비록 실내-우주(Indoors-Universum)로 건축되었다고 하더라도 이 거대한 온실은 견고한 외벽을 필요로 하지 않는다. — 그런 한에서 **수정궁**조차 어떤 면에서는 시대에 뒤진 상징이다. 오직 예외적인 경우에만 수정궁은, 멕시코와 미국의 국경 그리고 이스라엘과 서요르단 지역 사이의 소위 안전 경계 지역에서처럼, 자신의 경계선을 견고한 소재로 유형화한다. 가장 효과적인 경계벽들은 차별을 통해 안락함의 시설을 구축한다. 이 벽들은 가진 자와 못 가진 자를 갈라놓는 재화 획득의 벽들이라, 삶의 기회와 직업 선택에서의 극심한 비대칭적 분배에 의해 높게 쌓인 성벽이기도 하다. 벽 안쪽에서는 구매력을 소유한 사람들의 공동체가 아주 안정적이고 강화되는 안락함 속에서 총체적인 특권에 대한 백일몽을 꾸고 있다. 그 반면에 벽 바깥에서는 다소 망각된 다수가 그들의 전통과 환상 그리고 즉흥시 속에서 생존하고자 노력한다. 긍정적 평가에 의하면 수정궁은 21세기 초에 호모사피엔스라는 유(類)에 속하는 구성원들의 3분의 1을 포괄하고 있었다는 사실은 — 그러나 아마도 4분의 1 혹은 그보다 더 적은 수였을 것이다 — 인류의 모든 구성원들을 효율적으로 통합하여 공동의 복지 체제로 조직화하는 것이 불가능하다는 것을 시사해주고 있다. 인권을 담지한 사람들의 집합체로서의 인류라는 의미론적인 (비용이 들지 않는) 구성물은 극복될 수 없는 체제 자체상의 이유로 말미암아 구매력과 안락함을 영위할 수 있는 기회를 가진 사람들의 집합체를 의미하는 인류, 즉 경제적이고 값비싼 구성물로 이행될 수 없다.

전 세계에 걸친 자본주의적인 내부 공간(일반적으로 서구 그리고 서구화된 영역으로 지칭되는 공간)은 당연히 더 또는 덜 정교하게 다듬어진 건축학적 구조를 갖추고 있다. 다시 말해 이 내부 공간은 안락함의 통로들로 얽혀 있는 그물망으로서의 땅 위에 솟아 있다. 그런데 이 통로들은 전략적으로 흥미로운 지구 표면상의 교차점으로부터 시작하여 밀집된 노동과 소비의 오아시스로 확산되어 있다. (이 오아시스는 일반적으로 개방된 도시와 획일적인 교외(Suburbia)의 형태, 그리고 더 빈번히 지방 거주지, 외진 휴양지, **사이버 주거지** 또는 **격리된 호화 공동 주거**

지역의 형태로 지어진다.) 역사적으로 이례적인 대중 유동성의 형태는 반세기 전부터 통로와 연결로 이루어진 내부 공간 속에서 확장되어나간다. 주거와 여행은 거대한 시설 속에서 서로 공생 관계를 유지한다. 이러한 현상은 다방면에서 되돌아온 유목 생활과 유대적 유산7)의 현행성(Aktualität des judischen Erbes)에 대한 시기적절한 담론에 반영되어 있다. 많은 예술가, 레크리에이션 전문가, 가수, 마사지사 그리고 출장 다니는 사람은 유동적인 삶으로 안내해주는 여행 안내자로서 그들의 서비스를 제공한다. 오늘날 전 지구적으로 가장 포괄적인 경제 분야인 관광 산업이 자본주의적인 **삶의 양식**의 가장 첨단 현상을 드러내주고 있다면, 그것은 바로 모든 여행 활동의 대부분이 이제는 조용한 공간에서 일어날 수 있기 때문이다. 멀리 떠나기 위해 우리는 더 이상 밖으로 나갈 필요가 없다. 비행기 전복 그리고 선박 난파는 그것들이 어떻게 일어나는지 상관없이, 시설[위에 언급한 거대한 시설물] 내부에서 일어나는 사건들이며 그런 사건들이 일어나면 즉시 전 세계 미디어 사용자에게 지방 소식으로서 전달된다. 그 반대로 거대한 시설 밖으로 여행하는 것을 우리는 위험 부담을 안고 있는 관광으로 당연히 간주한다. 이 위험한 관광을 통해 서구 나라에서 온 여행자는 — 경찰 그리고 외교적 경험이 입증해주듯이 — 점점 더 빈번히 문명 비판적으로 무장된 납치 조직의 실제 공범자가 되어버린다.

　자본주의적인 세계 내부 공간은 풍요의 섬들 사이에 있는 통로들로 얽혀 있는 격자 모양의 울타리를 형성한다. 우리가 위에서 언급했듯이, 이 울타리는 인구 통계상 실제 앞으로 다가올 70억 인구의 3분의 1조차도, 그리고 지리적으로 대륙의 10분의 1조차도 포괄하지 못한다. (여기서 우리는 해상을 고려하지 않는데, 그 이유는 전체 거주 가능한 요트와 유람선을 다 합쳐도 해면 면적의 10만 분의 1에도 이르지 못하기 때문이다. 그래도 2004년 1월에 2,600명의 승객을 태우고 뉴욕으로 처녀항해를 했던 커나드(Curnard)의 새로운 호화 여객선인 퀸 메리 2호만은 특별히 언급할 만한 가치를 지닌다. 왜냐하면 떠돌아다니는 수정궁으로

　7) Jacques Attali, *L'homme nomade*(Paris, 2003) 참조.

서의 호화 유람선은 얼마나 포스트모던적 자본주의가 자기표현 능력을 결여하고 있지 않은지를 입증하고 있기 때문이다. 도발적으로 보일 만큼 큰 이 배는— 적어도 이 예술품이 통합적인 상징의 힘에 의존하여 사물들의 위상을 개괄적으로 표현하고 있는 한— 21세기가 시작하는 무렵에 제작된 가장 설득력 있는 예술품을 보여주고 있다.)

　일반적인 의미에서 "지구화된 세계(globalisierte Welt)"라는 표현을 다룰 때, 그러한 표현이 사태의 본질상 핵심적으로 의미하는 바는 이러한 공간의 부분들만을 겨냥하고 있다. 지구화라는 당당한 수사법은 대부분의 사람들이 대기자 명단에 들어 있음에도 불구하고, 마치 세계 체제가 본질적으로 모두를 포괄하는 듯한 거짓 인상을 불러일으킨다. 그러나 정작 지구화를 언급하는 사람은 빈곤의 바다에 떠 있는 안락한 섬을 이야기하고 있는 것이다. 세계 체제 자체에 내재하고 있는 필연적 근거들 때문에 세계 체제는 모든 사람들을 포괄할 수 없다. 배척은 수정궁의 기획 자체에 내재적인 것이다. 자기 탐닉에 빠져 있고 안정된 호화스러움 위에 건립된 각각의 내부 영역은 매우 의심스러운 건축 구조를 취하고 있다. 그런데 외부의 반응이 단지 연기되고 있을 뿐 지속적으로는 저지되지 못한다는 사실이 분명하다 하더라도 그 건축 구조의 존립은 부담스러운 바깥 그리고 과도기적으로는 다소 무시될 수도 있는 바깥을 전제하고 있다. 결과적으로 "지구화된 세계"라는 표현은 단적으로 역동적이면서 거대한 시설물을 의미하는데, 이 시설물은 구매력을 소유한 인류 분파들에게 "생활 세계"의 껍데기로서의 기능을 해준다. 그 내부에서는 마치 행복한 소수의 사람들이 갖고 있는 복권 운이 엔트로피에 역행하면서 끊임없이 계속될 수 있기나 한 듯이, 사람들이 견고한 불확실성이라는 항상 새로운 고지를 향해 오르고 있다. 지구화에 대한 논쟁은 그렇기 때문에 단적으로 풍요롭고 안락한 영역의 독백으로 진행되어 왔다. 거대한 시설물의 위협적일 만큼 큰 규모는 모종의 세계시민주의에 대한 낭만이 활기를 띠게 한다.— 큰 항공사의 기내 잡지는 (우리가 여기서 남성 전용 출판물을 언급하지 않는다면) 세계시민주의에 대한 낭만을 대표해주는 미디어에 속한다. 세계시민주의(Kosmopolitismus)는 부에 잘못 길들여진 사람들의 지역주의(Provinzialismus)로 일컬어질 수 있다. 사람들은 이를 "여행 특별 구역(Parochialismus auf Reisen)"이라고 지칭한다. 이는 자본주의적인 세계 내부 공간에서 돈으로 살 수 있는 모든 것에 개방되어 있는 세계시민주의의 분위기를 드러낸다.

* * *

이룩된 지구화의 징표는 가까이 다가온 수많은 모든 타자들과 강제적으로 이웃이 되어야 하는 상태를 의미한다. 이는 밀도(Dichte) 혹은 밀집이라는 위상수학적인(topologisch) 용어로 가장 잘 규정될 수 있다. 밀도는 규정되지 않은 무수한 분자들과 운동 중심 사이에서 발생하는 공존에의 압력의 정도를 표현한다. 밀도라는 개념을 통해, 현대의 도덕주의자들이 타인에 대한 주체의 개방성을 설명하고자 했던 근접성(Nähe)에 대한 낭만주의는 극복된다.[8]

가중된 밀도란 행위자들이 만날 수 있는 확률이, 이것이 상호 활동성의 의미에서든 아니면 충돌이나 거의 충돌에 가까운 마주침이든 간에, 어쨌든 만날 수 있는 확률이 증가됨을 의미한다. 밀착된 관계가 지배적인 곳에서는 행위 주체자들 사이에서 의사소통이 이루어지지 않는다거나 일방적인 명령 같은 것은 있을 수 없다. 높은 밀도가 지배하는 곳에서는 주위 세계의 저항 때문에 일방적인 확장은 일어나지 않는다. 그런데 사람들은 이 저항을 인식적인 관점에서 학습 과정을 위한 고무적인 분위기로 평가할 수 있다. 왜냐하면 충분히 강한 행위자들이 밀집된 환경에서는 서로가 서로를 현명하고 협동적이며 또한 친절하게 만들기 때문이다. (그리고 물론 자연스럽게 서로를 사소하게 만들기도 한다.) 그들은 이러한 일들을 행하는데, 그 이유는 그들이 저마다 성공적으로 상대방을 견제하면서 서로의 이해관계를 계산하는 것을 배웠기 때문이다. 그들은 단지 이득 분배를 생각하고서만 협동하기 때문에, 다른 사람들

---

8) Emmauel Lévinas, *Autrement qu'être ou au delà de l'essence*(1978)(Paris, 2004), chap. La proximité, SS.129, 155 참조.

에게도 역시 상호성의 규칙들이 명확하다는 전제를 밝힌다.

밀도 때문에 우리에게 억제 혹은 자제(Gehemmtheit)는 우리의 제2의 본성이 된다. 일단 밀도가 성립된 후에는, 일방적인 선제공격은 어떠한 실천에도 상응될 수 없는 유토피아로 나타난다. 이제 행위의 자유는 공격이 효과가 있었을 시대에 나온 동화의 주제나 다름없다. 일방적인 확장이 관찰되는 곳은 그곳이 아직 밀도가 희박한 관계에 의해 지배되고 있다는 사실을 증명해준다. 밀도가 의미하는 바는 억제되지 않은 일방적 행위가 성공하는 단계가 근본적으로 종식되었다는 것이다. 여기저기서 강렬한 반격이 일어날 가능성은 배제될 수 없다. 행위자들은 이제 일방적인 자들에게만 구원이 약속되었던 에덴동산에서 추방되었다.

만일 원거리 통신(Telekommunikation)이 고도로 존재론적인 진지함이라는 개념을 표현하고 있다면, 그것은 이 개념이 밀착화(Verdichtung)되는 과정의 형태를 나타내주고 있기 때문이다. 원거리 통신은 세계 형태(Weltform)를 산출하는데, 여기서 1분당 1천만 개의 전자우편과 매일 10억 달러 상당의 전자화폐 거래가 실행된다. 그런데 "원거리 통신"이라는 표현이 상당히 명시적으로 상호 제어를 통한 협력을 기초로 한 세계의 상호 연관 관계를 산출해내는 것을 의미하지 않는다면, 이 표현은 적절하게 이해된 것이 아니다. 이 표현은 모든 원거리 상거래, 원거리 강압, 원거리 충돌 그리고 원거리 원조를 포함한다. 원거리 통신이라는 이 강력한 개념이 **원거리 활동**(actio in distans)이라는 자본주의적인 형태를 의미할 때는, 이 개념이 확장된 유리궁(Glaspalast)에서의 현존재의 양태와 활동 상태(Tonus)를 기술하는 데 적합하다. 원거리 통신 덕택에, 그 속에서 자제가 탈억제 속에서 자랄 수 있는 그런 하나의 세계를 지향하는 도덕주의자들의 오랜 꿈이 기술적으로(technisch) 가능하게 되었다.

그렇기 때문에 희망이란 것은 — 에른스트 블로흐(Ernst Bloch)에게 용서를 구하건대 — 어떤 원칙이 아니라 다만 나타난 효과일 뿐이다. 경우에 따라 그리고 과정의 이론에 따라 희망을 갖게 해주는 것은 다음의 두 가지로 파악된다. 첫째, 인간은 때에 따라 미시 영역에서나 거대 척도에서나, 어떤 한 모델에서 이의 적용으로 이행하게 될 때 삶의 변화를 가져다주는 새로운 아이디어들을 갖는다는 사실이다. 이따금씩 거기서 역효과가 별로 없는 좋은 착상들이 나올 수가 있다. 둘째, 실현하고자 하는 착상들의 홍수 속에서, 충분한 밀도의 조건 아래 모두를 위하지는 못한다고 하더라도 그래도 다수를 위해 더 나은 것을 제공해줄 수 있는 실현 가능한 나머지가 걸러진다는 관찰이다. 밀도의 이성(Dichtevernunft)은 일곱 계열(Sequenz von Sieben)의 효과를 내는데, 이 계열은 일방적인 공격성과 직접적으로 해로운 혁신(이를테면 오직 일회적 또는 짧은 시리즈의 형태로만 가능한 범죄의 유형처럼)을 제거하려고 한다. 우리는, 우리가 원한다면, 밀도의 이성의 효력 발생 양태를 의사소통적이라고 부를 수도 있을 것이다. 단 우리가 서로 상대방의 활동 영역을 빼앗는 것을 의사소통이라고 불러도 좋다는 제한적 의미 맥락에서만 우리는 그것을 의사소통적이라 부를 수 있다. 오인된 상태에서 의사소통 능력이라고 불렸던 환영으로부터, 안개가 걷히고 난 후에는 상호적인 자제 능력(reziproke Hemmungsvermögen)이 남게 된다. 이성적인 사람들이 매우 자랑하는 의견 일치란 일방적인 행위들을 서로 견제하는 능력의 표면을 드러내 보일 뿐이다. 도덕적으로 매우 높게 평가되는 현상인 인정(Anerkennen)은 그 본질에서 오히려 낯선 주도권을 잠재적으로 혹은 실제적으로 제어하는 자로 스스로를 주목할 수 있는 능력이다. 위르겐 하버마스의 업적은 "타자를 고려한다는 것"을 상호간에 제어하는 메커니즘의 효력 영역을 확장하는 절차로서 인식했다는 점이다. 비록 그가 이 과정을 이상적으로 과대평가하고 또한 대화법적으로 잘못 해석했지만 말이다. 하버마스의 생각과는 반대로 "타자를 고려"한다는 것은 오히려 행위 일반을 배제시키려는 포스트모던적인 경향의 흔적이다. 자제되지 않은 일방적인 행위가 환영되기도 어렵고 또한 참아내기도 어려운 것이 사실이지만 이따금씩 그것의 좋은 측면도 함께 여과되어 상실될 수 있다는 사실을 우리는 고려해볼 수 있다. 그러나 사실상 상호 자제를 이룩해나가는 것은 효과적인 문명화의 메커니즘으로 칭송될 만하다.

이러한 배경에서 범죄(Kriminalität)의 지구화는 역사 이후 시대의 상황에 대해서 많은 것을 지시해준다. 어떻게 그리고 어디선가 진행 중인 탈억제가 언제나 다시금 자제 기제(hemmende Instanzen)를 제치고 지역적인 우월성을 쟁취하고자 노력하는지를 시사해준다. 조직화된 범죄는 전문화된 탈억제를 위해 추후로 개선하는 것인데, 이는 제약받는 상황의 틈 속에서 지속적으로 조용히 활동한다. 그 사이 자발적인 범죄는 법조인들의 어려운 전문 용어에 따르면 확고히 범인으로 일컬어지는, 혼란에 빠진 개인들이 과도기적으로 자기 통제 능력을 상실한 것을 증거해준다. 지속되는 범죄는 근본적으로 둔화되지 않는 끈질긴 타성과 결탁한 채, (시장과 법률의) 허점을 노린다. 끈질긴 범죄를 저지를 수 있는 행위 능력을 통해 범죄자의 범죄 내용이 여전히 철학적으로 의미심장한 의미를 갖게 된다. 성공적으로 조직화된 범죄자들은 그 조직의 희생자가 아니라 보편적인 자제 연관(Hemmungszusammenhang)[행위를 서로 자제하게 하는 행위자들의 연관성]에 대항하여 행위의 자유를 증거하는 중요한 증인이다.

[범죄의 지구화에 대한] 이러한 진단은 특히 최근에 등장한 소위 '지구적 테러리즘'에도 해당된다. 지금까지 지구적 테러리즘에 대한 뛰어난 세부적인 분석들은 제시되고 있지만, 만족할 만한 설명은 아직까지 제시되지 않고 있다. 우선 지구적 테러리즘이 가장 강력하게 표출된 경우들, 특히 2001년 9월 11일에 일어났던 믿기 어려울 만큼의 단순한 행위를 다음과 같이 진단한다면, 이론적으로 타당할 것이다. 즉, 어떻게 반(反)서구 진영 출신의 능동적인 패배자들이 역사 이후 시대의 맥락에서 '탈억제'의 모티프를 자기들 것으로 만들었나를 입증해주는 것이 2001년 9월 11일 테러라고 말이다. 이것은 악이 맨해튼에까지 그 세력을 확장했다는 것을 입증하는 것이 아니라, 오히려 '역사'의 패배자들의 새로운 물결이 자기 자신들만을 위한 일면성 혹은 일방성의 희열을 — 불쾌하게도 정규 경기 시간 종료 후에 그리고 역사 이후 시대의 금욕 규칙들을 어기면서 — 발견했다는 것을 입증하고 있다. 그들은 이전의 패배자들이 해왔던 방식으로 특정한 '혁명' 하나를 본보기로 삼아서 모

방하는 것이 아니라, 직접적으로 유럽적 세력 확장의 근원적 계기를 모방한다. 이 계기란 다시 말하자면, 선제공격을 통해 그리고 순전한 공격이 허용하는 쾌락적인(euphorisierend) 비대칭을 통해, 그리고 먼저 자리를 차지하고 다른 사람들에 앞서서 자신의 기호를 표시하는 사람이 얻게 되는, 꺾일 수 없는 우세함을 통해 자신의 무기력함을 지양하는 것이다. 공격적인 힘의 확실한 우위는 새로이 세계에 해를 끼치는데, 이번에는 그러나 다른 편, 즉 비서구권으로부터 비롯된다. 그러나 사물과 영토가 분배된 세계를 다시 정복하려는 것은 너무 늦은 감이 있기 때문에, 그들은 광범위하게 열려 있는 세계 뉴스의 중심지에서 더 큰 영토를 점령한다. 여기서 그들은 그들의 화력 무기를 겨냥하는데, 이것은 포르투갈인들이 언젠가 그들이 상륙하던 지역에 석재 문장(Steinwappen)을 배치했던 것과 유사하다.

상황이 테러리스트들과 공조하고 있다. 여타의 어떤 생산 사회들보다도 테러리스트들은, 통신사의 전선을 장악하고 있는 주인이 방송 스튜디오 안에서 모든 방송 내용을 만들어낼 수 없으며, 외부의 사건들에 의존해야 한다는 사실을 잘 이해하고 있다. 테러리스트들은 그 사이에 경험을 통해 다음과 같은 사실들을 알고 있다: 그들 스스로가 그러한 사건들을 제공할 수가 있다. 왜냐하면 그들은 [방송] **내용의 제공자**로서 실제 폭력의 영역을 거의 독점하고 있기 때문이다. 더욱이 그들은 다음과 같은 사실도 확신하고 있다: 거대한 장치 혹은 건축물의 정보 공간은 무정형적인(amorph) 아프리카가 19세기에 유럽인들의 극도로 잔인한 공격에 노출되었던 것처럼 지금으로서는 [아무런 대책 없이] 침략적인 행위에 노출되어 있다. 테러리스트들은 사악하게 즐기면서 그 이유를 잘 알고 있다: 수정궁 거주자들의 신경 체계는 침략자들에 의해 별 어려움 없이 점령될 수 있다. 왜냐하면 그 거주자들은 항상 수정궁에서의 권태에 사로잡힌 채 외부로부터의 소식들을 기다리고 있기 때문이다. 별로 하는 일 없이 편집증을 앓고 있는 방송 프로그램들은 외부의 적의 존재를 확증할 수 있는 어떤 임의적인 신호들을 탐지하려고 애를 쓴다. 이와 같이 유사(quasi) 이론적인 통찰들의 총합은 테러리스트들로 하여금 일관된 행동을 하도록 만든다. 만일 그들이 방송에 적합한 폭파 작업을 준비한다면, 그들은 그들의 확실한 직관에 따라 서구적 사회 공간의 초의사 소통적인(hyperkommunikativ) 방식을 이용한다. 그들은 — 비유적으로 표현하자면 — 경락을 자극하면서, 최소한의 침략으로 전체 [통신] 체계에 영향을 미친다.9) 테러리스트들은 다음과 같은 사실을 확신해도 좋다: 성공을 보장해주는 유일한 반테러 정책, 즉 통신 매체들의 빈틈없는 침묵은 통신 매체들이 자신들의 정보 전달 의무를 고수함으로써 방해받고 있다. 이러한 까닭에 자극을 전달하는 '우리들의' 통신망은 국부적으로 표출되는 테러를 거의 자동적으로, 끔찍한 사건을 소비하는 사람들, 즉 수정궁 안에 사는 성숙한 시민들에게 전달한다. 이것은 마치 우리의 신경 경로가 화상에 의한 통증을 손가락 끝에서 뇌의 중앙 감지 체계로 전달하는 것과 유사하다. 사건을 보도해야 된다는 [통신사들의] 강박증은 테러리스트들이 자신들에 대해 언급하게 만드는 기술을 예측할 수 없는 기간 동안 보장해준다. 이러한 까닭에 테러 집단의 지도자들은 과거의 모든 정복자들처럼 성공을 진리와 동일시한다. 그것이 부조리하든 그렇지 않든, 그 결과로 사람들은 실제로 테러 사건들에 대해서 이야기한다: 사람들은 날씨나 여자들의 비밀과 테러를 거의 같은 선상에 놓고 수미일관하게 이야기한다. 거의 현실화되지 않는 환영(Phantom)의 차원에서 테러는 오직, 여타의 경우에는, 실존적인 것에만 부과되는 존재론적인 모습을 향유한다. 치명적인 테러 공격의 주도자들이 서구에 의해 제어되지 않는 세계의 광범위한 지역에서 진정한 영웅들로 간주된다는 사실은 테러가 성취하는 성공의 부가적 측면으로 보인다.

테러리즘은 역사 이후 시대의 대륙에서 일방적인 세력 확장 전략으로서 '주의'를 환기시켰다. 테러리즘은 경솔한 '대중'의 뇌리를 관통했고,

---

9) 파울 베르만은 "벼룩에 물린 상처"라는 비유를 사용한다. 유감스럽게도 저자는 이슬람 테러를 새로운 전체주의로 과대 해석함으로써 상처를 심하게 자극했다. Paul Berman, *Terror und Liberalismus*(Hamburg, 2004), S.32 참조. 잘못된 묘사를 우려하지 않고 저자는 다음과 같이 덧붙인다. "벼룩에 물린 상처는 '전쟁의 일부분'일 수도 있다. 곤충과의 전쟁이 다시금 위대한 정치로 제안되고 있다."

주제에 예민하게 자극받는 세계 시장에서 중요한 부분으로 자리 잡게 되었다. 그렇기 때문에 보리스 그로이스(Boris Groys)가 충분히 냉철하게 분석하였듯이, 테러리즘은 포스트모던적 미디어 기술들과 계보적으로 상당히 가까운데, 아마도 테러리즘은 한계를 벗어나려고 하는 낭만주의적 예술의 전통으로부터 비롯된 극단적인 귀결일 것이다. 이러한 예술 전통의 경우에는, 예술적인 과정을 공격적으로 확장시킴으로써 의미를 강요해냈다. 20세기가 흐르면서 그러한 예술의 발전은 한계 초월(Transgression)이 작품의 형이상학적이고 예술적인 위대성을 증명하는 것이 아니라 오히려 효율적이고 단순한 마케팅의 메커니즘이라는 사실을 인식시켜주었다. 뉴욕 드라마 작가들에 대항하여 시기심을 표현함으로써 유명해진 슈토크하우젠(K. Stockhausen)의 경우는 9월 테러를 다루는 문학 산업보다 더 많은 진실을 말해주고 있다.10)

이러한 관점에서 왜 신자유주의(Neoliberalismus)와 테러리즘이 동전의 앞뒷면처럼 공속적인지가 밝혀진다. 이 두 면에서 우리는 가장 명확하게 표현된 텍스트를 읽어낸다.

결단을 한 자들에게 역사는 종식되지 않는다. 서슴지 않고 공격할 수 있는 자들에게 [공격의] 일방성은 아직도 효과가 있는 것이다. 선택된 자들은 아직도 세계를 주인 없는 재물로서 간주해도 무방하며, 순전히 공격을 위한 공격을 목격한 자들은 아직도 그들의 칼끝에서 전리품을 취할 수 있다. 진격하는 자유는 진리의 본질이다.

우리는 이것이 사이렌의 노래11)라는 것을 인정해야만 한다. 그럼에도 불구하고 이 노래를 듣는 모든 사람들을 동여맬 돛대들이 충분치 않다.

---

10) Frank Lentricchia and Jody McAuliffe, *Crimes of Art and Terror*(Chicago/London, 2003), pp.6-17.

11) [역주] 호메로스의 서사시 『오디세이아』에 나오는 바다의 요정 사이렌이 부르는 노래. 그 노래의 환상적 마력은 듣는 이로 하여금 바다에 빠져죽고 싶은 충동을 불러일으킨다. 영웅 오디세우스는 노 젓는 부하들의 귀를 막게 하여 그 노래를 못 듣게 하고, 자신은 돛대에 단단히 묶게 하여, 그 노래를 듣고도 바다에 빠지지 않은 채 사이렌의 해역을 무사히 빠져나왔다.

행위를 하도록 억제를 풀어주는 이러한 노래는 철철 넘치는 힘을, 어떤 과업을 완수하기 위해서든 아니면 보복하기 위해서든 어쨌든, 발산하려는 힘센 사람들에게는 바람직한 것이다.

선의를 가진 사람들의 연합 단체가 "근본주의자들(Fundamentalisten)의 공격"이라고 부르는 연극은 단지 피상적으로만 세계 무대에서 공연될 수 있다. 그리고 사실상 동요를 일으키는 것은 바로 공격의 근본주의다. 이것이 지나간 시대에 속하는 것처럼 보일지라도, 그것의 잔재는 후기 일방적(post-unilaterale) 세계에서 독성을 지닌 채 남아 있다. 결단을 내린 공격자들을 — 그들이 암살자든 투기꾼이든 범죄자든 사업가든 혹은 선택된 자든 상관없이 — 움직이는 추동력은, 주도권을 무력화하기 위해서 모든 것을 다 동원하는 세계 현실에서, 자기 자신을 순전한 주도권의 빛으로 탈바꿈하고자 하는 욕망이다. 니클라스 루만(Niklas Luhmann)이 지적한 바와 마찬가지로, 급진주의는 믿을 수 없는 것을 유일하게 믿을 만한 것으로 현현시키는, 현대의 검증된 수단이다. 그러므로 거대한 체계에 대항하여 일어나고 있는 오늘날의 테러 행위에서 우리가 주목할 만한 사실은, 급진주의가 역사 이후 시대적 급진주의의 존재를 증명하고 있다는 것이다. 이는 검은 백조 종(Spezies)을 발견해내는 것과 유사하다. 그런데 역사 이후 시대의 순교자로 간주될 수 있는 신자유주의자와 이슬람 테러리스트들이, 능동적으로 비대칭적인 삶이 가져다주는 허구적인 기쁨이 존재론적으로는 '절대왕정(ancien régime)'이라는 구체제에 속한다는 사실을 알게 되려면, 아직도 실망스러운 사건을 많이 겪어야 할 것이다. 그때 가서 과연 검은 백조들이 다시 흰 백조가 될지는 기다려봐야 할 것이다.

신자유주의자들과 이슬람 테러리스트들의 행위 유형은 진정한 의미에서 시대착오적이다. 신자유주의자들의 유형은 1492년 이후 탐욕스럽게 금을 찾아다녔던 항해자들처럼 아직도 이리저리 항해하고자 하며, 이슬람 테러리스트들의 유형은 7세기에 유일신론으로 불타오르던 사막 종족처럼 말을 타고 돌진하려는 꿈을 꾸고 있다. 두 유형은 그러나 그들의 시대적 상황을 조종하면서, 그들은 현대의 네트워크를 그들의 절호의 기회로 느끼고 있을 뿐, 저지된 상황들의 총체로 느끼지 않고 있다는 듯이 기만적으로 자신들을 과시한다. 그들은 그들의 시대에 뒤떨어진 행위 철학에 의존하면서 21세기가 시작되는 시점에서 공격성의 낭만주의에 관한 두 가지 중요한 관점들을 제시한다. 이러한 낭만주의는 틈새를 자유로운 장(freies Feld)과 혼동하고 있다. 그 행위자들은, 동서양에서 이미 친절, 자제, 상호작용 그리고 협동이 우선하는 시대에, 임무와 기획 그리고 허구적인 쾌감을 야기하는 선제 공격성 또 다른 제스처들을 표출함으로써 강한 불균형을 회복하고자 한다. 물론 친절, 자제, 상호작용 그리고 협동 같은 미덕은, 체계 자체의 본성에 의해 조건 지어진 좁은 틈새이지만 수적으로 많은 틈새들에서는 작용하지 않는다.

행위 이론적인 시각에서 '역사적 실존'은 행동 공간에 참여하는 것으로서 정의될 수 있을 것이다. 그런데 이러한 행동 공간에서는 내적으로 넘치는 힘을 외부로 표출하고, 세계사를 만드는 행위가 결국에는 항상 같은 목표를 지향한다. 호언장담하고 또 자폐 경향을 보이는 콜럼버스는 진정한 역사의 영웅이 어떤 영향을 미칠 수 있는가를 드러내 보여주었다. 콜럼버스는, 그의 공격 행위에 자극을 받은 수많은 행위자들과 마찬가지로, 보편에 대한 노이로제 증상을 보인다. 그런 종류의 '역사'에 따르면, 역사가 끝났는데도 역사가 끝났다는 사실을 통찰하지 못하는 사람들에 의해서만 오로지 '역사' 만들기가 시도된다. 그런 부류의 '역사' 만들기는 세계 무대에서 해소되지 않는 — 그러나 소란스러운 미디어들의 반향과 더불어 — 자폐증을 산출해낸다. 9월 11일 테러는, 많은 사람들이 충격 속에서 이날을 하나의 역사 기호 혹은 징표로 간주하려고 한다 하더라도, 완성된 역사 이후 시대성을 입증해주는 지금까지의 단서들 가운데에서도 가장 명백한 단서다. 이날은 이날에 무엇인가가 일어났다는 사실 외에 아무것도 지시하지 않는 암울하고도 불필요한 날을 세계에 각인시켰다. 이 9월의 범죄자들은 재발에 대한 막연한 암시 외에는, 하나의 계획에 합당한 어떤 [내용적인] 것도 숨기고 있지 않은 일방적인 폭력을 증거해주고 있다. 형편없는 전략가들은 9월 11일 테러가 주는 암시를 협박으로 오해한다. 진정한 위협은, 우리가 잘 알고 있듯이, "무장한 충고"의 형식을12) 취한다. 그러나 9월의 이 행위는 어떤 제안을 한 것이 아니라 수정궁을 정확히 공격할 수 있다는 능력을 단순히 과시한 것일 따름이다. 그리고 이 행위는 행위를 실행했다는 사태 자체만으로 자신이 의도한 바를 다 소진해버리는 '행동 방책'이다. 또한 이 행위는 19세기 이래로 혁명적 메타 윤리학이 가르쳤던 바와 같은, 즉 유감스럽지만 필요악적인 수단을 써서라도 선한 최종 목적을 추구한다는, 그런 자세도 시사해주지 않는다. [9월의] 암살 행위는, 서로 자제하고 상호 피드백이 우선적으로 이루어지고 있는 시대의 한가운데에서 순전히 [공격을 위한] 공격의 우선성을 주장했던 것이다.

9월 11일을 통해 우리는 역사 이후 시대의 내용이, 그 극적인 측면만 가늠해보자면, 앞으로 예측할 수 없는 기간 동안 통찰력이 없는 자들의 상호작용에 의해 규정될 것이라는 것을 읽어낼 수 있다. 그러나 다른 어떤 것들도 마찬가지겠지만, 이러한 예측 역시 어떤 확실성을 보장해주지는 않는다. 일찍이 헤겔이 역사에서 무엇인가를 배울 수 있다는 것의 불가능성에 대해 언급한 바 있지만, 이제 [우리의 경우에는] 역사 이후 시대의 에피소드들로부터 무엇을 배울 수 있다는 것이 불가능해졌다. 오직 안보 기술의 제공자들만이 역사 이후 시대의 돌발 사건들로부터 어떤 결론을 도출해낼 수 있다. 나머지 모든 사람들은 공적인 스트레스를 자신들의 세력 확장의 계기로 삼는 국제 경찰들의 분주함까지도 고려하는 통신사들의 흥분의 높낮이에 노출되어 있다. 그런 사건들과 제스처들을 둘러싸고 뜨거운 화젯거리가 언급된다. 거대한 유리궁의 고객들은 내용이 없는 돌발 사건들과 지시 대상이 없는 제스처를 끊임없이 연속해서 경험한다. 그러나 통신사의 뉴스나 보도되는 사건 내용은, 실제로 일어나는 폭력 행위와 '사건 현장으로부터' 직접 유래하는 드라마는 — 사고 현장이라든가 사건 발생 현장이라는 오늘날의 전문 용어가 잘 말해주듯이 — [수정궁이라는] 밀집된 공간에서 정규적으로 작동되고 있는 일의 표면에서 일어나고 있는 잔잔한 파문에 불과할 뿐이다.

---

12) Edward N. Luttwak, *Strategy: The Logic of War and Peace*(Cambridge/London, 1987), ch. 13, "Armed suasion" 참조.

어떠한 경우라도 테러리스트들의 기이한 행위가 서구의 정치적 문화로 하여금 '홉스적인 계기(hobbesianisches Moment)'로 회귀하게끔 하는 충분한 근거들을 제공해주지 못한다. 현대 국가가 시민들의 생명을 충분히 지켜줄 능력이 있는가 하는 문제는, "이런 문제를 진지하게 다시 제기한다는 것이 어리석기 짝이 없는 일이다"라는 사태 자체를 통해서 명백하게 긍정적으로 대답될 수 있다. 이미 오래전부터, 테러를 심리적으로 감당하여 흡수할 수 있는 능력이 소위 '사회'라는 것으로 이행되었다. 마치 테러리스트들의 당혹스러운 행위가 국가 차원의 동원 명령에 의해서가 아니라 오로지 '사회'의 대중매체를 통해서만 수신자에게 전달된 것처럼 말이다. 오늘날의 국가는 여타의 모든 것들과 마찬가지로 테러의 소비자이며, 국가가 테러와의 전쟁을 책임져야 한다는 사실은 국가가 공격받을 수도 없고 또한 직접 대응할 수도 없다는 사태를 피해갈 수 없다. 어차피 국가의 존립 근거는 상당히 오래전부터 더 이상 홉스적인 [국가의] 기능으로부터 도출되지 않고 있다. 국가의 존립 근거는 삶의 기회와 안락함의 획득을 재분배하는 기능을 수행하는 것에 의해 정당화되고 있다. 국가는 자신의 유용성을 허구적인 종합 치료사로서 그리고 모든 사람들에게 물질적, 허구적 사치를 보장해주는 보증인으로서 입증하고 있다.13)

그러므로 어떤 경우를 막론하고 테러에 대해 강경하게 대응하는 태도는 적절치 못하다. 왜냐하면 강경한 대응 태도는 공격자들보다 훨씬 우세한 피공격자의 우월성을 은폐하기 때문이다. 피공격자들은 안개에 싸여 있는 알카에다, 즉 증오와 실업 그리고 코란 구절들로 이루어진 거대한 집단인 알카에다를 독특한 스타일을 갖고 있는 전체주의(Totalitarismus)로 부풀려 과대평가한다. 많은 사람들은 더 나아가서 어떠한 기상천외한 방식인지는 모르지만, 전체 자유세계를 위협하는 '이슬람 파시즘'까지도 엿볼 수 있다고 억측한다. 알카에다에게서 어떤 근거로부터

---

13) Peter Sloterdijk, *Sphären III. Schäume*, Kap. 3, 9. Abschnitt, Das Empire — oder: Das Komforttreibhaus; die nach oben offene Skala der Verwöhnung, S.801 이하 참조.

이러한 은폐와 부풀린 과대평가가 야기되고 있는가에 대한 대답은 열려 있다. 단지 확실한 사실이란 현실주의자들이 드디어 새롭게 일관성이 없는 이들의 지도자로 자처할 수 있다는 점이다.

안보를 평계 삼는 새로운 투쟁가의 대변인들은, 그 근원을 의심의 여지없이 다른 곳에서 찾아야만 할 권위주의적인 경향을 해소한다. 집단의 중앙부에서 세심하게 유지된 공포 분위기는 잘못 길들여진 서구의 안보 소비자들의 대다수가 피할 수 없는 코미디를 받아들이게끔 만들고 있다. 9월 11일 이후 유럽 공항에서 비행 위험을 줄이기 위해서 자신들의 손가방에 손톱가위를 넣기를 단념하는 여행자들은, 도대체 이 모든 사태가 어떻게 진전될지에 대해서 약간의 감을 잡고 있을 뿐이다.

김옥경 옮김

미국적 예외: 어떤 유혹의 해부

세계자본주의(Weltkapitalismus)가 — 그것이 아무리 '유목적', 탈민족적, 공간 중립적, 다중심적인 구조를 갖고 있다 하더라도 — 특정한 장소, 국가와 민족을 선호한다는 것을 누구도 진정으로 부정하지는 않는다. 미합중국이 세계 자본주의의 주거주지라고 말할 수는 없다 하여도 그것이 모든 사람들이 선호하는 지역에 속한다는 사실을 누구도 부정하지 않을 것이다. 전통적으로 미국의 주민은 스스로를 경제 개혁의 대행자로 보기보다는 어떤 유례가 없는 동기의 담당자로 보기를 선호한다. 이 동기에는 오래전부터 거역할 수 없는 이름이 있는바, 그것이 바로 **아메리칸 드림**(American Dream)이다. 이 말에 대한 정의의 수는 잠재적으로 이 나라 주민의 수와 정확히 같다는 사실이 이 말의 정의에 속한다. 그러나 미합중국의 대지 위에서 이 나라에서 사는 것의 의미에 대해 꾼 모든 꿈을 그 기(基)가 남을 때까지 환원해보면, 아마도 더 이상 응축되지 않는 세 가지 동기를 얻게 될 것이다.

첫째 동기는, 여타의 세계에서 만연한 수많은 무기력주의와 달리 **무엇인가 하고자 하는 사람은 누구나 무엇을 할 수 있는** 나라가 미합중국이라는 요청에 있다. 미국 시민의 합헌적 권리 중에 눈에 띄는 것은 언제나 전진할 공간을 발견할 수 있다는 기대다. 이것은 단순히 지리적 의미 이상에서 서구(Western)에 대한 권리라 부를 수 있을 것이다. 왜냐하면 '서구'는— 우리는 이를 위에서 상론한 의미로 본다— 미개척지로 일방적으로 진출할 때 형벌 면제의 상징을 의미하기 때문이다. 그것은 이전에 와이오밍과 캘리포니아로 불렸다면 오늘날에는 유전자 연구, 사이버네틱, 초정밀 기술, 화성 이주 혹은 인공생명으로 불린다.

두 번째 특징은 **선택**이라는 용어와 결부되어 있다. 이 말은 다채로운 의미 스펙트럼 위를 유동하고 있는 표현이다. 그것은 어떤 임의의 관점에서든 정상에 있는 것이 미국인에게는 세계에서 가장 자연스러운 일이라는 생각에서 시작하여, 이 나라의 깊은 의미는 유대적 예외를 신교도적으로 능가할 수 있는 곳이라는, 공개적으로 표명되는 경우가 거의 없지만 여러 곳에서 느낄 수 있는 생각에 이르기까지 다양하다. 선택은 유럽 대륙에서 발명된 근대적 주체의— 이에 따르면 이 특수한 양태에서 주체라는 존재는 정상적으로는 감동이 없는 삶이 은밀하게 느껴지는 사명의 요원이 될 가능성을 표시한다— 앵글로-아메리칸으로의 변형이다. 따라서 **사명서**(mission statement), 즉 프로젝트 신앙 고백은 발화 행위 리스트에 대한 미국의 기여다. "정상에 서다"의 언어적 측면은 이 나라 어린이들이 그렇게 많이 사용하는, 종종 웃음거리가 되는 최상법에서만 표현되는 것이 아니다. 그것은 미국인들이 그들의 **책임**(commitment)을 맹세하는 구두의 제스처에서 가장 구속력 있는 형태로 나타난다. 자주 논평의 대상이 되고 유럽인에게는 수수께끼로 보이는, 미합중국 주민의 종교성은 예수 이전에는 대중적이었고 칼뱅에 의해 높은 신범죄적(神犯罪的) 에너지를 가지고 동화된 생각을 매우 자주 함축하고 있다. 그것은 신약성서의 리코더가 아무리 약자에 대한 신의 애정을 노래하고 말한다 해도 신은 승리자 편이라는 생각이다.[1]

끝으로 세 번째 특징은 울증(鬱症)에 대한 조증(躁症)의 영속적 우위

---

[1] 해럴드 블룸은 미국에서 이미 예수 이후의 통합 종교가 지배하고 있다는 사실을 보여주려 시도하고 있다. Harold Bloom, *The American Religion: The Emergence of the Post-Christian Nation*(New York, 1992). 또한 Craig Venter und Peter Sloterdijk, *Gespräch über Gentechnik* 참조.

를 확정하고 있는 미합중국의 심리역동학적(psychodynamisch) 사회계약과 관련된다. 이러한 사태는 특히 유럽에서 온 방문자에게 매우 유쾌하지만 동시에 당혹스럽게도 만드는, 이 나라 본래의 국어인 낙관주의의 코드에서 드러난다. 이 코드로부터 문제를 도전으로 정식화하고 장애에 대해 그것의 제거를 위한 프로그램으로 답하는 미국인의 아름답고 정열적인 습관이 생겨난다. 1998년 5월 3일자 『뉴욕타임스』에서와 같이 암 연구 및 다른 의학적 실험에 대한 강화 조치가 국방 예산의 증대를 위한 호소의 형태로 치장되는 것은 세계의 다른 어느 곳에서도 생각할 수 없다. 이제까지 격파되지 않은 질병과의 싸움에서 패배한다는 것은 근본적으로 비미국적인 것이기 때문에, 악성 사인(死因)에 대한 전쟁은 "우리 국민의 전체 의지"를 투입하여 수행되어야 한다는 것이다. 2001년 9월 이후 매우 불명확하지만 강한 주목을 받는 두 번째 전선이 개시되었다. 알아채지 못한 테러리스트들에 의해 공격당할 수 있다는 것 역시 비미국적인 것이기 때문이다. 질병과 테러에 대한 국민적 동원은, 울증을 위한 내적이거나 외적인 이유를 존속시키라는 요구를 미합중국의 어떤 시민에게도 할 수 없다는, 함축된 조증적 헌법 부칙의 직접적 발로다. **미국 시민**은 짓누르는 감정을 고조된 감정에 종속시키길 요구하고 감정을 끌어내리는 사실적 이유를 모든 수단을 동원하여 제거하는 것을 허용하는 특별 인권(Extramenschenrecht)으로 이득을 보고 있다. 미국에 사는 사람은 고조된 감정에 장애가 되는 것을 일관되게 생각하지 않고 제거할 권리를 항시 문화적 환경의 동의 아래 이용할 수 있다. 이는 집단적으로 강요된 감정의 결산 위조라는 태도를 가져온다. 누구도 고조된 감정과 울증의 결산에서 마이너스에 빠지려 하지 않고 그럴 수도 없기 때문이다. 엔론(Enron) 스캔들 이후에 정통한 사람이 그것이 거대한 빙산의 일각일 뿐이라고 주장했다면, 그것은 달러로 이루어지는 거래 영역에 대해서는 타당할 것이다. 우리가 간과하지 말아야 할 것은 얼마나 달러가 감정의 경제 위에 앉아 있는가라는 점인데, 이 감정의 경제에서는 울증의 이유에 대한 은닉과 자산의 변조가 동기 체제 전체를 관통하고 있다.

위에서 언급한 세 가지의 일차적 특징을 총괄하면 다음과 같은 전체 판단이 성립한다: 미합중국은 그것의 심리 정치적 디자인에 따르면 현존하는 현실도피주의의 나라다.2) 그것은 모든 종류의 탈주자의 정착지로서 무엇보다 과거 자신들의 고향에서의 가망 없는 상황으로부터 두 번째 기회를 찾아 넓은 공간으로 도피한 사람들에게 장소를 제공한다. 그것은 수많은 절망한 사람과 뿌리 뽑힌 사람들의 망명처로서, 세계사로부터 스스로를 구원할 수 있었던 난민을 받아들였다. 그것은 자유로운 과잉 충동의 이민 국가로서 심리적 자제에 대해 이니셔티브의 우위를 믿는 사람들에게 활동 영역을 제공한다. 그것은 언덕 위의 빛나는 도시로서 여기저기서 보낸 끝없는 외교 사절의 무리로 하여금 모든 열광에 대해 서로 안전한 거리를 두고 설교권과 주거권을 제공할 만큼 무한히 넓은 평지를 제공한다. 미국의 영광과 역설을 한 문장으로 표현해야 한다면, 그것은 다음과 같은 것이어야 할 것이다: 미국은 '역사'로부터 후퇴하는 '역사'의 힘을 허용하였다. 이어서 다른 문장은 현재의 [미국이 빠져드는] 유혹을 선언한다: '역사'로부터 탈주한 힘들이 이제 바로 스스로 '역사'를 새로 발견하려 하고 있다.

따라서 세계로 발산하는 미국의 매력은 이 '사회'의 심리 정치적 구조에서 온다. '합중국'의 주민들은 18세기 이후 오늘날에 이르기까지 언제나 새로이 현실화되는 비(非)라이프니츠적 버전의 낙관주의를 만들어내는 데 성공하였다. 이 모델에 따르면 주어진 세계는, 엘리스 섬[이민국이 있었던 뉴욕항의 작은 섬]에서 봐서 무제한의 부가적 완성을 수용할 수 있을 정도로 이미 현재 완전한 한에서, 최상의 세계로 여겨질 수 있다. 사람들은 이러한 입장을 철저히 실증적인 이유에서 소박한 것으로 여겨왔다. 즉, 그것의 진실은 존재의 개선에 참여하는 관점에서 존재의 의미를 재정식화하였다는 것이다.3) 이는 많은 친미적 유럽인들이 생

---

2) Yi-Fu Tuan, *Escapism*(Baltimore/London, 1998), p.9 참조. 일반적인 탈출술의 개요에 관해서는 Peter Sloterdijk, *Sphären III. Schäume*, S.748 이하 참조.

3) 개선의 형이상학과 윤리는 부분적으로 이전의 영국의 기원까지 소급되는데, 특히 글랜스톤 식 자유주의자들의 영역에서 그렇다. Ian Bradley, *The Opti-mists. Themes and Personalities in Victorian Liberalism*(London/Boston,

각하듯이 낙관주의의 사회개량주의(Meliorismus)로의 단축이 아니라 초낙관주의(Überoptimismus)로의 증축을 함축한다. 이러한 증축을 통해 종교적 현실주의와 현실에 대한 무제한적 불경(不敬)의 역사상 유례가 없는 결합이 허용된다. 물론 이것은 멀리 보면 관례에 대한 우직한 경건함을 현실에서 메마른 잔혹함과 결합시킬 수 있었던 로마인들의 기이한 종교성에서 이미 형상화되기는 했다. 로마인들도 [오늘날의 미국인들과] 마찬가지로 더욱 고귀한 것에 대해 머리를 숙이고 나서 즉각 억압의 일상사로 넘어가는 데 아무런 문제가 없었다. 따라서 누르시아의 베네딕트(Benedict von Nursia)가 로마 가톨릭교의 충성 맹세와 죽임을 기독교적 수도사 시민(Mönchzivilität)의 기도와 노동으로 대체했을 때, 그는 로마 이후 유럽의 새로운 인간을 위한 가장 효과적인 규정을 발견했다.

이러한 철학적, 심리 정치적 규정이 왜 역사 이후 시대의 현존 양식의 가장 완전한 형식을 구현하고 있는가가 즉각 이해된다. 제2차 세계대전 이후의 유럽인들은 (그들 이외에 일본인, 중국인, 인도인, 러시아인 및 다른 많은 사람들과 같이) 역사 이후 시대적 조건의 세계에 신참내기로 도착하는 반면, 미국인들은 역사 이후 시기의 베테랑으로 여겨질 수 있다. 이들에게 역사의 종말이라는 뉴스는 더 이상 뉴스가 아니다. 그들에게 낡은 시나리오로부터의 탈출은 이미 그들 국가의 건립 자체와 함께 완수되었다. 그 결과 이들 **손노동하는 사람들**의 활력은 오늘날까지 다만 주어진 최적의 것을 초최적의 것으로 증축하는 데로 향해 있다. 미국 '혁명'은 조국 영국보다는 낡은 유럽적 척도, 비중 및 계산 방식의 모든 체제를 추월했던 독립선언으로 완수되었다. 따라서 혁명이라는 개념이 정치적이고 미래적인 의미로 사용된다면, 그것은 미국에서 태어난 미국인들에게는 무의미한 흥분처럼 들릴 것이다. 이는 그들에게 마치 200년 전에 영국 왕과 싸워 이긴 전쟁을 다시 한 번 하라는 요구와도 같은 것이다. 또한 낡은 세계의 소피스트의 선동적 횡설수설이 그들에게 어떤 의미도 주지 않는데도 마르크스를 읽으라는 요구와 같은 것이다. 이에 반해 그들은 무엇이 최후의 샴푸인지 혹은 무엇이 혁명적

1980), pp.200, 221 참조.

678

인 우천 타이어(Regenreifen)인지 즉각 이해한다.

미국인들에게 계속 유의미한 것처럼 보이는 유일한 해방 운동은 역사적 삶의 내적 유물, 즉 자기 가족의 관례에서 벗어나려는 해방 운동이다. 각자는 부모 세계의 지배로부터 내부의 어린이를 해방시킴으로써 역사에서의 탈퇴를 사생활에서 반복할 수 있다. 엄청나게 광대한 미국적 심리 치료 풍경은 그곳 주민들의 무조건적 전향에 대해 무엇보다 과거에 부담스럽게 압박하는 외부 현실이었던 것을 만들어주고 있다. 우리는 해방된 내부의 미국 어린이가 모든 시기 이전에 창조된 승리자를 함축하고 있다는 것을 잊지 말아야 한다. 물론 이 승리자는 오늘날 희생자의 모습으로 무대에 등장한다는 것을 주의해야 하지만 말이다. 미국 심리 치료 군도(群島)의 무수한 어린이 자아(Kinder-Selbste)가 여전히 역사 이후 시대의 가장 강력한 보루를 체현하고 있다는 것은 말할 필요가 없다. 수많은 이주자들이 고향에서 가져온 자신들의 정체성과 결별하는 희생을 치르고서 진정한 미국인이 될 수 있었던 것처럼,4) 그들 자식들은 이제 어제의 내부 세계로부터 신세계로 함께 가져왔던 심리적 쓰레기를 청산하고 있다. 미국적 심리 치료는 역사적 울증을 역사 이후 시대의 자기 신뢰(self reliance)로 전환시키는 데 그 본질이 있다.

미국에서 노동 개념도 자연히 그것의 낡은 유럽적 의미를 상실한다. 그것은 가치 창출의 소실점에서 노동자가 노동으로부터 스스로 해방되기까지 에너지의 투여를 통해 원료를 높은 가치의 생산물로 전환하는 데 참여하는 것을 가리키지 않는다. 미국적 노동은 일종의 퍼포먼스다. 그것의 의미는 주체가 어떻게 충만한 기회로부터 좀 더 충만한 성공으로 전진하는가를 보여주는 데 있다. 사람들이 단지 이전 거주지에서 좀 더 힘든 일을 하기 위해 남부로 이사한다는 것을 [세계의] 다른 어느 곳에서 상상할 수 있는가? 공식적으로 평등주의적 문화 속에 사는 사람들이 빈부의 격차가 계속 벌어져가는 것을 그렇게 태연하게 바라볼 수 있는 곳이 어디에 있겠는가? 미국 과두 체제의 느긋한 몰염치가 증명하고

---

4) Arthur M. Schlesinger jr., *The Disuniting of America: Reflections on a Multicultural Society*(New York/London, 1993), pp.23, 44 참조.

있는 바는, 계속 더 많은 수의 미국인들이 모든 성공을 둘러싸고 있는 후광을 얼마나 자신들의 믿음의 발산으로 여기고 있는가라는 점이다. 능력주의의 환경에서는 다른 이의 성공도 공동의 꿈을 증명하는 것처럼 보인다. 따라서 성취한 사람들에 대해 반감을 갖지 않는 것, 즉 유럽인들이 그렇게 부러워하는 태도도 이런 맥락 속에서 이해될 수 있다.

이런 배경에서 미합중국이 문제가 될 때마다 언제나 우리는 왜 수치가 기만적인가를 이해할 수 있다. 그 심층 경제학에 따르면 이 나라는 어떤 결산도 필요로 하지 않는다. 이 나라는 결산이 면제된 세계에서 살고 있다. 왜냐하면 그것은 단지 사소한 성장에서와 같이 주어진 세계에서 더 높은 세계로 이행하는 것이 아니라, 완벽에서 초완벽(Überperfekten)으로 나아가는 운동 속에 처하고 있기 때문이다. 피상적으로 볼 경우에만 합중국은 지속 성장할 수밖에 없는 것으로 보인다. 경제적 수치가 그것의 규모를 입증하는 것이 아니라 그것의 규모가 수치에 영향을 미치고 있다.

지구상에서 가장 철저하게 역사 이후 시대의 체제를 갖춘 나라가 그 세력 발산의 정점에서 다시 '역사'에 개입하려는 유혹에 빠진다는 사실이 오늘날 나타나고 있다. 그러나 이번에는 더 이상 그의 역사 이후 시대의 예비 상태에서 잠시 동안 나와서 역사적 세력의 싸움을 종결짓는 심판관의 역할을 하기 위해서 그런 유혹에 빠지는 것이 아니다. 세계에서 벌어지는 사건에 미국이 현실적으로 개입하는 것은 오히려 통합적 복고의 모양새를 보인다. 그것은 미국이 역사 강국으로 재전환하고 있음을 함축한다. 이는 그곳에서 아직도 여전히 역사적으로 일이 진행되는 무대로서 세계를 재정의하지 않고는 우리가 생각할 수 없는 일이다. 그러나 '역사'는 — 우리가 위에서 언급했듯이 — 일방적으로 밀어붙이는 행위 유형이 성공을 거두는 시기다.

부시 행정부가 강력히 원했고, 주도면밀하게 준비되고 전형적으로 일방적으로 수행된 이라크 전쟁을 둘러싼 소동은 싸움의 직접적 결과를 훨씬 압도하는 심리적 부수 효과를 가지고 있다. 그것은 미국이 역사 이후 시대의 세계 공동체의 도덕적 생태계에서 단번에 이질적인 존재로 지각되었다는 것이다. 왜냐하면 미국 정부는 과거 어느 때보다 더 명확히 유일하게 남아 있는 나라, 즉 역사 강국의 역할을 그것도 이번만이 아니라 앞으로도 계속 수행하겠다는 의지를 주지시키고 있는 나라이기 때문이다. 미국인들이 이라크에서 어떤 일을 완수했던가를 설명하기 위해 조지 W. 부시는 물론 통상적으로 그렇듯이 구약을 가지고 애를 써야만 했다. 이사야 61장, "주께서 나를 보내셔서 … 포로에게 자유를 선포하고, 갇힌 사람에게 석방을 선언하게 하셨다." 그러나 그는 현실의 드라마가 유일하게 의미를 발생시키는 **역사**에 더 명확히 호소하였다.

"역사의 소명은 적절한 민족에게 주어집니다…."[5]

"우리는 우리나라와 문명 세계의 역사에서 결정적인 순간에 여기에서 만났습니다. 이 역사의 일부는 다른 사람들이 썼습니다. 나머지는 우리가 쓰게 될 것입니다…."[6]

이 경우 상투적인 표현에 분석적 특질을 인정해야만 할 것이다. 부시의 미국은 세계의 공론장 앞에서 만들어야 할 역사의 표장(表章)의 권리를 자신의 것이라 주장함으로써, 가장 명시적인 방식으로 역사 이후 시대의 충만함으로부터 벗어나 실제로 [역사를] 재역사화하고 있다. 전체적으로 역사의 표장은 다섯 가지다: 힘의 우위, 동기의 고귀함, 일방성의 특권, 저질러진 폭력과 저질러질 폭력에 대한 자기 사면(赦免), 행위가 뒤따르는 말에 대한 통제. 미국은 깊이 숙고하지 않고 스스로 일방적으로 재역사화를 선언함으로써, 유럽과 여타 세계의 동맹국들과 단절될 위험을 감수하고 있다. 미국은 자신의 단순한 지위로 인해 탈현대의 도덕적 장(場)에서 결코 용서받을 수 없는 죄, 즉 주권을 행사하고 있거

---

5) Hans-Eckehard Bahr, *Erbarmen mit Amerika: Deutsche Alternativen*(Berlin, 2003), S.12에서 재인용.

6) 2003년 2월 26일 조지 부시(George W. Bush)의 연설의 일부분이다. Francis Fukuyama, "Nation-Building 101", in *The Atlantic Monthly*(January/February 2004)에서 재인용하였다.

나 아니면 주권을 갖고 있는 것처럼 보이게 만드는 죄를 범하고 있는 것만이 아니다. 여기에서 한 걸음 더 나아가 미국은 이성적 방해자의 합창을 무시하는 일까지 서슴지 않고 있다. 미국의 과민한 이데올로그들은 이들 방해자 집단을 겁쟁이와 미성년의 유럽 패거리, 부드러운 치즈와 의심스러운 내장을 먹는 유럽 패거리로 헐뜯기까지 한다. 몇몇 미국인들은 애국적인 격정에서 프랑스인들이 미성숙한 여자나 염탐하는 타락한 무리와 다름없다고 비난한다. 말하는 것만으로도 전쟁을 뜻한다면, 미국의 수많은 호전가들이 여타 세계의 회의주의자들에게 선전포고를 이미 한 것이나 마찬가지일 것이다. 전염성이 가장 강했던 역사 시기의 유럽에서 기꺼이 궐기하려는 행위자 문화(Täterkulter)에서처럼 미합중국의 정치는 고조된 기분으로 연단에 오른다. 미국은 자신의 동기를 칭송하고 자신의 부담을 확언하면서, 도취경에 빠져 승리를 확신하고, 저지른 행위에 대해 개선의 여지없이 스스로 성공의 결산을 기록하면서, 단조롭게 이미 가한 공격의 옳음을 맹세하며, 소수의 불가피한 자국의 희생자의 경우는 통상의 비용을 들인 의식으로 기꺼이 장례를 치르면서도, 상대편의 매우 많은 수의 희생자에 대해서는 하급 수준의 형식적인 유감 표명으로 방치하고 있다. 초기 근대의 무대에서처럼 미국은 해양 권력으로서 세계를 탈취하기 위해 자기 함대를 투입한다. 근대의 식민지 강국처럼 미국은 가망도 없는 약한 상대와의 비대칭적 전쟁에서 확고한 입지를 차지하기 위해 공군력과 우주 무기를 사용한다. 새로운 사도적(neu-apostolisch) 사명을 완수하는 강국처럼 행세하면서, 미국은 인류에게 주는 신의 선물, 즉 **민주주의**를 저항하는 자들의 손에, 필요한 경우 폭력을 행사해서라도 쥐어주겠다는 사고방식을 가지고 침공권을 사용한다.

그러나 역사철학적 관점에서 볼 때 이라크 전쟁의 결정적인 동기는 본질적으로 군사적 기초 위에 세워진 일방주의의 명백한 부활이었다. 그것이 아무리 이제까지 모든 세계사적 행위의 인상적 특징이었다 하더라도, 그것은 이제야 비로소 이론의 빛으로도 인식되게 되었다. 스피노자주의적 관점에서 유럽의 세계 탈취가 본래 그리고 유일하게 정당화될 수 있는 것은 그를 위한 힘이 존재했다는 사실에서였다. 모든 능력에는 고유한 당위가 내재하므로, 제국적 유럽은 그 능력에서 이미 형성되어 있는 힘의 궤도를 걸어갈 뿐이었을 것이다. 미국과 영국의 이라크 개입이 유사한 방식으로 해석될 수 있다. 이 개입은 지정학적 무대에서 단순한 **제국적 경찰대**로 전개됨으로써 정신과 힘의 증명을 제공했다. 토니 블레어(Tony Blair)에게 발언권을 준다면 "우리가 할 수 있었기 때문에" 할 일을 했던 것이다. 물론 모든 관찰자, 우호적인 생각의 관찰자에게도 분명한 사실은, 미국의 군사주의(Militarismus)가 오래전부터 역사 이후 시대 세계에서 낡은 기생물로 눈에 띌 수밖에 없었다는 점이다. 미국 군대는 그 본성과 태생으로 보아 '역사'의 개량된 유물이다. 미국은 1916년 이래 마치 무장한 사회자처럼 어느 정도 이러한 '역사'에 휩쓸리게 되었지만, 물론 자신의 쾌활한 고립을 의문시했던 것은 아니다. 미국인들은 자신의 별에서부터 부자유한 영혼들이 전쟁의 먼지 속에서 뒹구는 역사 세계에 이르는 힘찬 외곽 도로를 놓았다. 그 결과 미국 군대는 유럽과 태평양에 투입되는 동안 길들여진 괴물로 성장하였다. 그것은 소련과 오랫동안 군비 경쟁을 하는 과정에서 거의 통제 불가능하게 팽창하였다. 결국 그것은 '역사'가 양쪽의 핵 균형 상태에서 양쪽의 무승부를 알리는 종을 울릴 채비를 취할 때 매우 높은 수준에서 정체되었다.

이 시대가 역사 이후 시대의 학습 순환에 대해 갖는 의미를 우리가 뒤돌아보건대, 그 의미는 이 시대에서 최고위층 행위자들의 상호 자제가 세계 정치의 일차적인 자명한 사실이 되었다는 점에서 나타난다. 공격이 무장한 폭력의 역사에서 아주 오래전의 우선권을 상실했다는 것을 장군들조차 통찰하게 된 이후, 역사적 제도로서의 전쟁 자체가 역사 이후가 될 만큼 성숙하였다. 그러나 이제 우리가 인식하게 되듯이, 균형 상태의 시대는 모호한 유산을 남겼다. 그것의 어두운 측면은, 상호 자제의 경험이 오직 군사적 차원에만 한정되었으며 동서 대결의 붕괴 이후 무시될 수 있다는 오늘날 미국 총사령부의 통찰에서 드러나고 있다. 미국의 전략가들과 고문들은 기본적 사실을 인식하는 데에서 그들의 맹목성 때문에, 이것은 우리로 하여금 고대의 영웅들의 맹목성을 상기시켜주는데, 어쨌든 미국은 상호 자제야말로 탈현대적 세계 연관 자체의 **행동 양식**이라는 것을 간과하고 있다. 왜냐하면 탈현대적 세계 연관은 불가피하게 밀착, 피드백(Zurückkoppelung) 그리고 — 지치도록 반복해온 말을 다시 한 번 사용한다면 — 네트워크화에 기초하고 있기 때문이다.

미국이 이렇게 행동해온 이후로, 아직 통일되지 않은 서구에서는 일종의 유혹이 유포되고 있는데, 그것은 '유일한 세계 강국'에게 그것의 탈자제(Enthemmung)를 위한 시나리오를 써주고 싶은 유혹이다. 이것은 곧 지식인의 시간이 다시 한 번 왔다는 것을 말해주는가? 의욕적인 사람들이 환상에서 실천으로 이행할 수 있도록, 사유하는 사람들이 서둘러 도와주는 것을 다시 한 번 체험하게 될 것인가? 브레진스키(Brezinski), 케이건(Kagan), 카플란(Kaplan), 루트윅(Luttwak), 월포비츠(Wolfowitz), 후쿠야마(Fukuyama), 라이스(Rice) 등과 같이 고문이자 분석가인 이들과 언론인들이 이제까지보다 더 성공적으로 권력의 회랑에 쇄도하는 것을 각오해야 하는가? 우리는 제국주의의 연설문 작성자가 새로운 의미론적 시장에서 입장들을 점령하기 위해 돌진하고 있는 것을 실제로 목도하고 있지 않은가? 실제로 공적 공간의 재이데올로기화는 최고도로 작동 중이며, 자칭 폭력 전문가들에게는 황금시대가 드러나고 있다. 그럼에도 불구하고 언뜻 보기에는 이들 조언자들보다는 이슬람주의적 활동가들과 폭력의 꿈 해몽가로서 스스로를 유용하게 만들려는 서구의 해석가들이 더 활약하고 있는 듯이 보인다.7) 미국의 재역사화에 대해 이슬람주의자들이 갖는 의미는 아무리 높게 평가해도 지나치지 않다. 이슬람주의자들은 귀 밝은 대통령의 귀, 적의 조언에 활짝 열려 있는 귀에 '역사의 소명'을 보내주는 화제의 인물인 것처럼 보인다. 근동의 범죄적 신일방주의자(Neo-Unilateralen)들이야말로 다른 국

---

7) 이런 역할에서 특히 징후적인 것은 다음의 책이다. Paul Berman, *Terror und Liberalismus*(Hamburg, 2004). 이 책은 이미 한나 아렌트 시대에 별로 설명하는 것이 없었던 '전체주의'라는 용어를 끌어들여 현재 이슬람주의자들의 증오에 가득 찬 세계상을 서구의 반현대주의들(Antimodernismen)과 대비시키고 있다. 이것은 유의미한 시도이지만, 얼치기 교양 수준의 비유를 적용하기 때문에, 그 시도는 실패작으로 머물렀다.

내의 모든 조언가들보다 더 뚜렷하게 서구의 권력 중심에 있는 행위자들에게 일방적 타격을 가하는 행동 방식의 탈자제를 향한 표제어를 일깨워주었던 사람들이다.

이제 우리는 미국의 현재 대외 정책이 미국적 예외의 역설을 어떻게 차근차근 전개시켜가고 있는가를 보고 있다. 그것은 여러 의미 친화적인 어법으로 표현되고 있다. 미국적 꿈을 구원하기 위해 지도적인 행위자들은 그 꿈에서 깨기에 여념이 없다. 역사에서 벗어나 있다는 특권을 보존하기 위해 정치적 극작가들은 확고한 걸음으로 그들 나라를 역사로 되돌리고 있다. 이 나라의 존재의 장려한 가벼움을 보장하기 위해 지도자 팀들은 헤아릴 수 없는 과중 부담을 질 수밖에 없는 방향으로 미국을 조종해가고 있다. 이 나라에 낙관주의의 원천을 보장하기 위해 지적 분위기를 조성하는 자들은 미국을 가장 어두운 현실주의로 추락시키고 있다. 마지막 역설은 전쟁 전문 기자이자 전쟁학자인 로버트 카플란(Robert D. Kaplan)의 사려 깊은 폭력 조언서들에서 가장 분명하게 읽을 수 있다. 『전사(戰士) 정치(*Warrior Politics: Why Leadership Demands a Pagan Ethos*)』(2002)와 『다가오는 무정부주의(*The Coming Anarchy: Shattering the Dreams of the Post Cold War*)』(1997/2001)는 성조기 아래의 나라를 홉스적 세계에 적응시키려는 것 이외에 다른 어떤 목적을 추구하지 않는 두 책이다. 이 홉스적 세계는 이른바 문명화하는 밀착의 법칙을 따르는 것이 아니라 거의 국가가 없는 공간에서 일반화되어 있는, 때리고 찌르기를 감행하는 세계다. 카플란은 누가 이 시나리오에서 유일하게 지구적 리바이어던의 역할을 할 수 있는가에 대해 아무런 의심도 하지 않는다.

이처럼 미국으로 역사의 중심이 옮겨지는 **역사 이전**(translatio histo-riae)의 사태는 오늘날 화려함과 격식의 차원에서 서임(敍任)에 속하는 모든 것의 양태로 실행되고 있다. 의식은 장차 신역사적(neu-geschict-lich)의 행위에 대한 모든 대표자들이 거기서부터 빛을 발하는 영토적 영점(零點, Nullpunkts)이 이전되는 사태에 의해 개시된다. 신성한 무덤, 재역사화하는 강국에 이슬람주의가 준 선물인 **그라운드 제로**(Ground

Zero)는 스스로 외치는 이름을 현실에 각인하는 힘, 미국적인 것의 아담적 힘을 새로이 입증하고 있는 선물이다. 이 힘은 탈현대적인, 피해자 연구학적 도덕의 중심 개념인 무죄함(Unschuld)의 이전으로 계속된다. 이 도덕이 없다면 신역사(Neohistorie)의 시나리오에서도 어떤 전투 개시도 이루어질 수 없다. 공격은 장차 무방비의 희생자가 될 수 있다는 내용의 무방비적 회상자의 이름 아래 이루어지고, 게다가 전략적으로 높은 효용이 있거나 그렇게 보여야 한다. 이 힘은 비상사태를 공표하는 전권(Vollmacht)의 이전으로 완성된다. 그리고 이는 적을 갈등의 지속을 위해 적이라 부르는 정치적 주권의 목소리뿐 아니라 세계에 대적하는 적수가 있다는 사실을 확인하고 이에 대해 영구적으로 전쟁을 선언하는 존재론적 주권의 목소리로 이루어진다. 이로써 '역사'를 완전히 다시 만드는(remake) 일은 완수된다. 1945년 이후 완성된 사실로 유럽의 사임(辭任)이라는 **행위의 이전**(translatio actionis)에는 9월 11일 이후 미국 국기에 새로운 색깔을 표현하는 **감정의 이전**(translatio passionis)이 더해진다. 잠재적 최고 행위자(Supertäter)가 최고 희생자로 사칭한 이후, 이 나라가 탈자제하는 일에 방해가 되는 것은 없게 되었다. 다만 미국 자신의 민주적-도피주의적 전통에서 이탈한다는 사실이 예외적으로 방해가 되는 것일 뿐이다.

이제까지 인식할 수 있었던 한에서 이제 결론 내릴 수 있는 것은 "역사 이후의 복수"라는 제목으로 요약할 수 있다. 왜냐하면 여타의 세계는 스스로 선언한 역사 강국의 감격에 전염되기는커녕, 지구상에 마지막으로 빛을 발하는 행위자에게 삶을 고달프게 만들겠다고 맹세하는 것처럼 보이기 때문이다. 영국, 폴란드, 이탈리아 및 몇몇 다른 후보자들이, 새로이 서비스되는 '역사'라는 메뉴판을 들고 있는 웨이터[미국]에게 손짓으로 신호하며, 팁을 주듯 부수적으로 [미국을] 지원하는 동안, 미국 군대는 이라크에서 수일 만에 굶주린 군대와 싸워 승리하고, 전쟁 행위의 비친구들인 거대한 나머지 집단은 마치 강요된 연극을 통해 자신들의 가치가 무엇인지 이제 비로소 깨달은 것처럼 새로운 자의식으로 각성된다. 1945년 이후 전 세계가 곧은길과 굽은 길로 — 각국의 고유한 전통적인 필터로 여과하면서 — 접근해왔던 가치는 자연히 다름 아닌 어제의 역사 이후 시대의 미국적 가치였다. 이라크 전쟁을 비판하는 이들은 미국의 지도에 대해 '반미주의(Antiamerikanismus)'의 목소리로 저항하지 않는다. 이 '반미주의'라는 표현은 많은 선동가들이 모순의 무례함을 공공연히 드러내 보이기 위해 '반유대주의(Antisemitismus)'에 대한 2차 표시로 기꺼이 파악하고자 하는 표현이다. 이들은 자신들에게 중요한 것을 말하는데, 그것은 차이에 대한 미성숙한 욕망으로부터 그런 것이 아니라, 일방적인 행동 방식에서 드러나는 백색 인종적 무자비함과 관련된, 황금시대로부터 유래하는 인용 구절을 인식하는 역사 이후 시대의 논리에 맞추어 그렇게 말하는 것이다. 미국의 대외 정책적 태도에 대해 전 세계가 유보의 자세를 취하며 뚜렷이 보여주는 것은 계몽된 반일방주의(Antiunilaterialismus)다. 고도로 피드백이 이루어지는 정치적 실천의 장에서 반일방주의는 오래전부터 협력 문화의 당연한 양태를 보여주고 있다. 사람들이 이를 부끄럽게도 '친구들 사이의 비판'으로 제시한다는 점이 또한 여기에 속한다. 그 밖에 예외적으로 절친한 미국의 우방이자 국제 여론으로부터 미국과 함께 경멸당하는 이스라엘이 왜 [국제 여론의] 명료화된 반일방주의적 정신에 직면하여 일부 압력을 느끼게 되는가도 명백하다. 국제 여론의 반일방주의를 새로운 반유대주의로 오해하는 것은 관심 있는 사람들의 자유다. 그러나 비록 역사적으로 극복된 유럽 내부의 문제였던 반유대주의라는 표현이 오늘날의 이스라엘과 아랍의 증오자들 사이의 새로운 긴장에는 오래전부터 더 이상 적절하지 않음에도 불구하고, 사태를 복잡하게 하자면 이러한 반유대주의가 존재하기도 한다.

그러나 왜 매우 많은 미국인들이, 그리고 부시주의(Bushismus)의 혐의가 없는 미국인들조차, 센 강에서 갠지스 강에 이르기까지 전쟁을 회의하는 수많은 타자들의 목소리에서 미국의 진정한 목소리를 다시 발견하려고 애쓰는 것일까? 역사 이후 시대적 삶의 베테랑들은 다른 나라에서 온 신참들과 탁월하게 이야기를 나눌 수 있어야만 하지 않는가? 모든 낙오자들을 환대하는 가장 자연스러운 반응을 잘 이해하고 이제 역사 만들기라는 낡은 유럽의 짐을 버릴 것을 맹세하는 사람들이 미국인들이 아니었던가? 역사 이후 시대성의 가장 성숙한 문화가 정치적 차원에서 역사 이후 시대 세계가 일차적으로 보여주는 명증적인 태도를 회피하며, 즉 상호작용을 해야 한다는 사실, 행위에서 행위자로 귀환하고, 또한 체계적으로 상호 피드백해야 한다는 사실을 미국이 그렇게 많은 반감과 경멸을 보이며 회피하는 일이 어떻게 가능하게 되었는가? 이 경멸은 미국이 유엔과 — 미국의 눈에 유엔은 동시통역을 마비시키는 기계에 불과하다 — 관계하는 방식에서 가장 솔직하게 드러난다. 왜 정치적으로 당직 근무 중인 미국인들은 그들과 같은 사람들을 당장 받아들이는 클럽의 회원이 되려는 의지가 현저히 없는 것일까?

이러한 물음들에 대한 도덕적 답은, 미국이 책임감에서 세계의 질서 정치적인 핵심 강국으로서의 역할과 자신을 동일시했다는 사실에서 찾을 수 있다. 따라서 이 거대한 국가는 교육시킬 수 없는 나라들 가운데 (**깡패**라는 술어가 부과된) 악한 나라를 제거할 수 있기 위해서 선의의 일방주의를 유지해야 한다고 자처하는 것이다. 이에 반해 현실 정치적 답은, 미국이 중국이나 유럽과 같은 새로운 **지구적 행위자들**(global players)이 막강해지기 전에, 지정학적 장기판 위에서 가능한 한 많은 핵심 위치를 점령하기 위해 공격적인 지정학적 이해타산을 추구할 수밖에 없다는 점에서 찾을 수 있다. 사이버 전쟁 전문가인 아킬라(Arquilla) 와 론펠트(Ronfeldt)가 제안하듯이, [위에서 언급한 물음들에 대한] 정신 정치적(noopolitisch) 답은 다음과 같다. 미국은 **정보 혁명**을 맞아 21세기의 정신 영역(Noosphäre)에서 그 지도권을 가능한 한 철저히 행사하기 위해 그 이념적, 의사소통적 자원을 동원해야만 했다는 것이다.8) 마지막으로 신화역동학적(mythodynamisch) 답은 미국적 꿈의 일반적 동기에서 찾을 수 있다. 스스로를 이 꿈의 적극적 담지자로 정의하는 자는 무엇인가 하고자 하는, 어느 누구를 막론하고 자신이 계획하는 것을 하기에 충분한 활동 공간을 갖는 상황에 들어가려 하지 않는다는 것이다.

---

8) John Arquilla and David Ronfeldt, *The Emergence of Noopolitics: Towards an American Information Strategy*(Santa Monica, 1999) 참조.

688

그는 수용자의 육체와 영혼에 지울 수 없도록 각인된 선택받은 자의 봉인을 포기하려 하지 않는다. 그는 고조된 감정을 취하는 특권에 대해 우려를 표하는 사실적 이유들을 우선적으로 고려하지 않으려 한다.

우리는 미국이 역사에서 이탈하는 사태가 이제 점차로 추정 가능해지는 정도의 심리 정치적 희생을 치렀다는 것을 인식하고 있다. 200년보다 더 이전에 역사 이후 시대를 향해 [역사를] 이탈했던 자들[유럽에서 미국으로 이주했던 자들]은 과거의 유럽적 주체 구성체(Subjektforma-tion)를 [미국으로] 수출하고 유지해야만 했는데, 이제 그들은 이것[그들이 갖고 온 이 유럽적 주체의 정신]을 역사 이후 시대에 일반화된 사실들을 학습하는 데 사용하지 않고 있다. 역사 이후 시대의 예외적 상황과 강력한 행위자 입장의 결합은 조만간, 그리고 늦어도 미국적 잠재력의 과잉 충동이 더 이상 국가 프로젝트만으로는 (그리고 할리우드 시나리오의 영웅 숭배로) 발산될 수 없는 시점에 이르러서, 폭발적으로 해체될 때까지 유지될 것이다. 바로 그 시점에서, 행동할 준비가 된 행위자들에 의해서 현실적 '역사'에 대한 재요구의 조짐이 나타날 것이다. 수많은 미국 시민들은 과거 어느 순간부터 — 정확하게는 베트남 전쟁 패배 이후부터 — 그들의 꿈이 외적 세계정세만큼이나 미국적 실험의 내부 과정에 의해 위협받고 있다는 것을 인식하게 되었다. 그러나 동아시아에서 패배한 부정의한 전쟁 이후 미국이라는 자신의 나라에 대해 회의해 보려는 시대로 이끄는 길을 계속 가려는 사람은 오늘날 소수에 지나지 않는다. 1968년 이후 미국의 1차 재역사화가 울증과 자책의 영향 아래 있었던 반면 — 이는 프랑스적이자 독일적인 과도한 문화 비판을 빌려 온 상황에서 수행되었으며 "아래로부터의 역사"로 꾸며진 민속적 (ethnisch), 희생주의적 특수성의 숭배로 끝나버렸다9) — 2차 재역사화

---

9) 1960년대 미국의 이데올로기적 종족중심주의(Ethnozentrismus)에 대한 자유주의 보수 진영의 날카로운 비판에 대해서는 Arthur M. Schlesinger jr., *The Disuniting of America: Reflections on a Multicultural Society* 참조. 좌익 급진주의적 전망에서 제기된 날카로운 비판에 대해서는 Lindsay Waters, "The Age of Incommensurability", in *Boundary* 2, vol. 28, no. 2(2001), pp.133, 172 참조.

는 시니어 조지 부시의 시대부터 전적으로 조증적 복구의 형태로 진행되고 있다. 여기서 다시 우리가 앞에서 논한 '역사'가 문제라는 것을 말할 필요는 없을 것이다. '역사'가 가장 고귀한 기원에서부터 흘러나올 때, 프로테스탄트 예수회원에 비교할 수 있는 지도자가 자기 탈자제(Selbstenthemmung)[자신을 자제하지 않기]의 최선의 전략을 재발견한 선민에 의한 신의 행위로 '역사'는 일어난다.

1993년에 에드워드 루트윅(Edward N. Luttwak)은 『위험에 빠진 아메리칸 드림. 미국이 제3세계 국가로 전락하는 것을 어떻게 방지할 수 있으며, 산업 우위권을 쟁취하기 위한 지리-경제적 싸움에서 어떻게 이길 수 있는가(*The Endangered American Dream. How to Stop the United States to Become a Third World Country and How to Win the Geo-Economic Struggle for Industrial Supremacy*)』라는 강령적인 제목의 책을 출판하였다. 이 책은 완고한 애국적-자학증적 언론에 의해 침몰하는 국가에게 적절한 시점에 제시되는 충격 요법으로 환영을 받았다. 루트윅은 이미 그 시대의 전략학의 지도적 두뇌의 한 명으로서 명성을 날렸다. 그는 세속적 경쟁사회학을 통해 미국 엘리트의 명령을 재정식화하는 한에서, 그 이후로 그의 조국의 잠재적 정치신학의 지적인 전문가로 여겨질 수 있었다. 그는 세계 동향의 관찰자로서 미국이 누리는 예외적 상황이 유지될 수 없다는 것을 깨달았다. 그러나 예외주의자임을 자인하는 그는 미국민 다수와 마찬가지로 그에게 이러한 통찰을 수용한다는 것은 있을 수 없는 일임을 분명히 한다. 그의 개입은 두 요소를 하나의 공통된 전망으로 결합시킨다. 첫 번째 단계에서 루트윅은 미국적 '쇠퇴'라는 기호를 꺼낸다. 일본인과 유럽인들의 경제 수치는 전후 미국의 우위를 상당히 따라잡았다. 미국의 국가적 교육 시스템은 전국적으로 부진하다. 중산층은 쇠약해져가고 있다. 자본주의에 자본이 결여되어 있다. 워싱턴 행정가의 공공 거리에서 마약상들이 어슬렁거리고 있다. 그리고 잊지 말아야 할 것은, 일본에서 일하는 미국 창녀가 얼마 전부터 유에스-걸(US-Girl) 가산금을 더 이상 요구할 수 없다는 사실이다. 한 나라의 별이 지면, 국제시장에서 그 국민의 살 값도 떨어진다는 것이다.

루트윅은 이러한 정황이 보여주는 증거에 의거하여, 미국이 무의미를 향해 곧장 자유낙하한다는 결론을 도출한다. 다른 해석가들은 미국이 여러 가지 문제로 고통을 받지만 여전히 엄청나게 풍부한 문명의 상대적인 정상성으로 귀환하는 것으로 간주했던 반면에, 이 저자는 자기 조국이 거의 무로 전락하는 것으로 해석한다. 제3세계라는 표현은 독자의 귀에는 미국이 결코 될 수 없는 것을 가리키기에 충분할 만큼 자살적으로 들린다. 선택된 사람들에게 평균적이라는 것은 엄격히 금지된다. 따라서 저자는 임박한 지리-경제적 세계대전을 일으키고자 선동하는 프로그램을 추천한다. 이 대전의 결과 미국은 다시 일등 국가로 등장하여 아마도 나중에 성공의 정점에서 아래로 내려 보면서 승자가 제시하는 조건에 따라 군비 축소를 도입할 수 있다는 것이다.

루트윅의 매우 징후적인 책은 미국 이데올로그들이 그 나라의 꿈을 해석하는 것이 아니라 구제하려 한다는 것, 그 꿈을 반대로 전회시키지 않고는 구제할 수 없다는 것을 드러내 보여주고 있다. 문명화된 국가의 다수가 '역사' 시대에서부터 역사 이후 시대로의 길을 걸어간 반면에, 미국은 마치 일방주의의 시대가 다시 한 번 온 것처럼 역사 이후 시대에서부터 이탈하여 '역사' 시대로의 회귀를 시작하고 있다. 미국은 마치 상호작용, 피드백, 상호 자제 그리고 복잡성을 통해 문명을 이룩해가는 19세기와 20세기의 통찰이 단지 지역적 타당성만을 갖는 것처럼 — 이런 통찰은 강자를 구속하지 않는 패배자의 진리라는 것이다 — 지난 100년간의 역사에서 배운 학습 과정의 성과에 저항하고 있다. 미국의 사회적 분위기 조성자들은 심리적 결산을 반울증적 의미로 변조시키는 그들의 특권을 여전히 이용하고 있다. 그들은 밀려온 실망의 홍수의 수위가 올라가는 오늘날 그 어느 때보다 더 뻔뻔하게 그렇게 하고 있다.

여기서 미국적 프로젝트를 수행한 체제, 즉 이 나라의 영혼을 둘러싼 영속되는 싸움은 위험한 자기 최면적 기획으로 전개되고 있다. 미국적 **메두사의 뗏목** 위에서 울증 집단의 존재는 부정된다. 청교도적 코드에 따라 이 나라에는 패자가 없다. 자기 연민 속으로 침몰하는 사람들만이 있을 뿐이다. 여하튼 루트윅 자신은 **위험에 빠진 아메리칸 드림**의 재고

조사에서 미국에서 폭발적으로 증가하는 마약 문제에 대한 몇 가지 뚜렷한 지적 사항들을 무심코 끌어오고 있다. 미국의 수도에서만 2만 5천 명이 직업적으로 아니면 아마추어적인 토대 위에서 마약 거래로 생계를 꾸려가고 있다는 것인데, 이들의 고객은 원형(Archetypen)으로의 계몽적 소풍을 가고자 열망했던 우드스톡(Woodstock) 세대의 후예들이 결코 아니다. 그들은 미국적 현실에서부터 화학적으로 구원받으려고 몰두하는 좌절한 자들의 거대한 군대다.

체제 전체를 떠받치고 있는 심리 정치적 결산상의 사기 행위는 무엇보다 **행복에의 추구**(pursuit of happiness)의 오락장에서 나올 수밖에 없는 거대한 패자의 문제를 은폐하려 한다. 그럼에도 불구하고 자료는 공개적으로 드러나기 마련이다. 미국에는 이라크 주민보다 더 많은 수의 가망 없이 가난한 사람이 있다. 미국에는 지구상의 다른 어느 나라보다 더 많은 수의, 주기적으로 향정신성 약과 마약을 소비하는 사람들이 있다. 세계 모든 나라의 통계 수치를 합친 것보다 더 많은 수의 심각한 과체중 문제를 가진 사람들이 있다. 다른 어떤 민주국가보다 더 많은 수의, 주기적으로 투표하지 않는 사람들과 정치적 입장이 없는 집단이 있다. 미국에는 유럽보다 10배, 다른 대부분의 나라들보다 6배에서 8배 더 많은 죄수들이 있다. 이 모든 문제의 집단들은 울증 은폐와 내부 결산을 변조하는 정교한 시스템의 힘을 빌려 간신히 연명하고 있다. 이를 통해 이 나라의 실제로 행복하지 않은 행복 추구자의 발 앞에서 입을 벌리는 심연이 보이지 않는다. 이 심연에서부터 울려나오는 잘 알려진 멜로디에 귀를 기울여 들어보면 그 텍스트는 이해된다. 일단 이해하고 나면 듣는 이는 공포에 몸을 떤다. **만약 내가 거기서 그것을 하지 않으면, 나는 아무 곳에서도 그것을 하지 않는다**(If I don't make it there, I make nowhere).

한승완 옮김

제 **4** 강연

응축 불가능한 것 또는 장소의 재발견

다시 한 번 말하건대, [오늘날에는] 모든 것이 수정처럼 결정화(結晶化)된 세계 체계 안에서 움직이고 변화하고 있다. 그러한 세계 안에서 움직이고 변화하는 것들 중 지금까지도 여전히 '역사'라는 성질을 지니고 있는 것은 없다. '세계사'라고 불렸던 많은 복합된 사건과 이야기에 덧붙여진 유일한 부록은 세계기후의정서(Weltklima-Protokoll)나 그에 상응하는 세계에너지법안(Welt-Energie-Kodex) 및 세계환경경찰(Welt-umweltpolizei)에 있을 수 있다. — [하지만] 이러한 것들은 그것의 관철이 현재로서는 단지 희박하고 먼 미래의 선택으로만 보이는, 아직은 희망 사항에 불과한 것이다. 왜냐하면 미국을 비롯한 소비 지향적 국가들은 당분간은 상승된 세계 소비에 대한 그들의 우선권을 포기하기엔 자신들이 너무도 강하다고 느끼기 때문이다.

인간이 겪은 공간 체험에 관해서 볼 때, 유럽의 여러 국가의 거주자들이 지리적 지구화(terrestrische Globalisierung)를 통해 겪은 가장 주된 결과는 세계의 놀랄 만한 거대화인데, 이는 대양(大洋)의 숭고한 거주 불가능성(Unbewohnbarkeit) 앞에서 느껴지는 두려움에 의해 수반되었다. 앞에서 우리는 대부분의 근대 유럽인들의 일반적인 성향에 깔려 있는, 양면성을 띤 반해양적(反海洋的, anti-maritim) 기본 정서에 관해 언급한 바 있다. — 철학적 측면에서 보면 이러한 정서는 사물들이 인간의 인식 장치, 그것도 종신직이 보장된 철학 교수의 인식 장치를 향해야 한다는 칸트의 요구에서 정점에 이른다. 항구 도시에서의 삶이나 심지어는 배 위에서의 삶까지도 심대한 탈선으로 간주했던 하이데거의 지역주의(Regionalismus)는 칸트의 이러한 생각을 메아리처럼 되뇌었다. 바다를 향한 정신적 개방은 오랜 세월 동안 단지 소수인들만의 전유물이었다. 즉, 그것은 실질적으로는 단지 해안 도시 상인들의 기층 문화에서만 친숙한 정서로 작용했을 뿐, 내륙의 경우 그러한 개방성은 언제나 먼 것을 동경하는 몽상가들이나 탐험가들의 회고록을 읽는 독자들에게나 해당하는 것이었다. 하지만 근대의 전체 시기에 걸쳐 만연되었던, "바다에 물거품을 내는[항해하는] 자들(Seeschäumer)"과 "대지를 밟는 자들(Landtreter)" 간의 대립은 오늘날에는 그 어떤 언급할 만한 역할도 더 이상 하지 못한다. 사람들이 바다에 친근함을 느끼든 육지에 친근함을 느끼든 간에, 고속의 매체들은 수평선을 새로운 형태로 바꾸어놓았다; 이제 수평선은 모든 방향에서 가득 차서 넘친다. 그 이후로는 모든 것이 세계이며, 이 모든 것은 한 사람이 감당하기에는 너무도 많은 것이 되고 있다.

근대와 포스트모던을 가르는 분기점은 편리한 시설 안에서 인간들이 갖는 공간 감각을 기준으로 정해질 수 있다. 언제 어디서든 들리는 뉴스들로 인해 실로 무수한 사람들이 예전에는 그토록 넓었던 세계를 마치 가득 차 넘치는 더러운 작은 공인 것처럼 체험할 수 있게 되었다. 텔레비전 앞에서 살아본 적이 없는 사람은 경계가 사라진 세계 속에서 누릴 수 있는 삶의 달콤함에 관해서 아무것도 알지 못한다. 1930년대까지도 남아 있었던 실질적인 근대적 감각은 당시의 매체들이 그토록 느리지 않았다면 결코 있을 수 없는 것이었다. 하지만 대양을 거침없이 항해하는 선박들, 지구의(地球儀, Erdgloben) 그리고 여행 책자들이 등장하면서, 경외심과 호기심이 혼합된 채 이어져오던 인간들의 정서는 새로운 형식을 띠게 되었던바, 바다를 항해하는 민족들과 육지에서 책을 읽는 사람들은 바로 이 새로운 형식을 통해 지구의 새로 열린 차원들에게 응답하였다. 대항해 시대에서 원거리 교통의 속도는 매우 느린 것이어서, 이로 인해 각 지역 간의 먼 거리가 여전히 그것의 존엄성을 지닐 수 있었던 것도 여기에 한몫을 하였다. 머나먼 길들은 이방인들에게 이르는 가격을 여전히 높게 유지했다; 이 먼 길들은 새로이 발견된 세계로까지도 여전히 드리워져 있었던 이국적인 베일에 함께 작용했다. 제2차 세계대전 이후 단체 관광이 출현하기까지는 세계에 대한 원래의 소비자 가격 그대로의 지식은 비싸고 희귀하면서도 또한 강한 매력을 지닌 것이었다. 우리는 오셀로가 데스데모나의 사랑을 얻을 수 있었던 것은 바로 그가 자신이 황야를 여행하는 동안 어떤 고초를 겪었는지를 얘기할 수 있었기 때문이었다는 것을 기억한다.[1]

[하지만] 20세기의 스피드 기술은 이 모든 것을 하나의 단순한 기억으로 만들어버렸다. 전화망과 방송 기술 그리고 항공 비행에서의 제트 추진 장치로 인해, 거리의 극복에 준거한 그러한 척도는 두 세대도 채 지나기 전에 자명한 것이 되었으며, 그럼으로써 이제 공간은 마치 거의 전적으로 무시할 수 있는 크기인 것처럼 지각된다. 자신이 빠르고 초고속으로 횡단되는 것에 대해 공간은 그 어떤 유의미한 저항도 행사해서는 안 되었기에, 그것은 인간의 세계-내-존재의 기본 영역인 것처럼 보였으며, 축소와 압축(Zusammenpressung) 및 파기(Anullierung)를 마치 자발적인 양 받아들였다. 마르크스와 엥겔스가 1848년의 『공산당 선언』의 가장 잘 알려진 대목에서 부르주아 시대의 혁명적 업적들을 조망하면서 "모든 신분적인 것과 정지해 있는 것은 사라진다(Alles Ständische und Stehende verdampft)"고 확정했다면, 20세기의 감수성은 여기에다 다음과 같은 것을 추가한다: 연장되고 공간을 요구하는 모든 것은 압축된다(Alles Ausgedehnte und Raumfordernde wird zusammengepreßt). 국제 전화는 이 중에서 가장 단순한 징후다. 공간이 사라진다는 신화가 참이라는 것을 확인하고자 하는 사람은, 그저 전화 수화기를 들거나 몇 번의 마우스 클릭만 하면 된다.

---

1) Peter Sloterdijk, *Tau von den Bermudas: Über einige Regime der Einbildungskraft*(Frankfurt a. M., 2002), SS.27, 40.

카를 슈미트(Carl Schmitt)는 땅과 바다가 담당했던 세계사적인 역할이 점점 더 퇴색하고 있음에 관해 고찰하면서 오늘날의 '공간 혁명'에 대한 답변을 제공하고자 했는데,[2] 그의 주제는 사실상 공간의 압축이었다. 공간의 압축(Raumkompression)은 거리의 중성화(Neutralisierung)를 수반하였다. 그것은 두 지점 사이에 위치한 공간이 그 지점들을 갈라놓는 작용을 지양해버렸다. 그리고 그것은 더 이상 압축할 수 없는 [최소한의] 잔여 공간을 제외하고는, '여기'와 '저기' 사이의 길을 단축했다. 이 잔여의 공간은 단지 성가신 것일 뿐, 그 어떤 더 이상의 주목과 경외도 요구할 수 없었다. 현대인들은 비록 중세의 몇몇 성자들이 할 수 있었다고 하는, 동시에 두 위치에 존재할 수 있는(Bilokation) 능력은 지니지 못했지만, [적어도] 위치 이동(Translokation)의 능력이 그들에게 주어진 것만은 자명하다. 그들은 정확히 동시에 두 개의 장소에 있을 수는 없을지라도, 매우 짧은 시간에 여러 장소를 자의적으로 이리저리 옮겨다닐 수 있음은 분명하다.

이러한 상황에서 보면 공간은 무시할 수 있는 크기가 되어버린 것으로 여겨진다. 즉, 실천적인 면에서는 '거리'와 '장애'로서의 공간이 정복되었으며, 이론적인 면에서는 '남성들의 차원'으로서의 공간이 더 이상 인정되지 않게 되었다. 그리고 교통과 의사소통의 담지체로서의 공간은 무언의 배경으로 되었고, 도덕적으로는 물화(物化)의 소재지로 간주되었다. 빠른 것에 대한 수요를 불러일으키려는 자들이 보기에는 오로지 죽은 공간만이 좋은 공간이었다. 공간이 지녀야 할 제일의 덕목은 바로 그것이 느껴질 수 없게 되는 데 있었다. 빠른 속도로 이루어지는 여러 과정들을 위해 공간은 전통적으로 자신의 존재론적 규정들을 구성했던 모든 것에서부터 — 즉, 이웃 간을 구분하고, 부분들을 흩어놓고, 육체를 떼어놓고, 대리인들을 위치시켜놓고, 연장된 것들 간의 경계를 제공하고, 군중집회를 방해하고, 폭발을 차단하고, 다수를 통일시키는 것 등으로부터 — 물러나야만 했다. 공간이 갖고 있던 고전적 특징들 중 남은

---

2) Carl Schmitt, *Land und Meer: Eine weltgeschichtliche Betrachtung*(1942) (Stuttgart, 1993), S.105.

것은 오직 그것의 가전도성(可傳導性), 좀 더 정확하게 말하면 전도성(Konduktivität)-접속성(Konnektivität)-중간위치성(Medialität)이라는 국면들의 다발뿐이었던바, 이것 없이는 압축을 통해 공간을 극복하려는 근대의 고투들은 아무런 유의미한 결과도 얻지 못한다. 자연에게 호칭으로 부여되었던 거리의 공간, 분리의 공간 및 배치의 공간 대신에 모음의 공간, 연결의 공간, 압축의 공간이 그 자리를 대신했거니와, 바로 이러한 공간이 우리를 기술 환경으로서 둘러싸고 있다. 이 기술의 공간에서는 멀리 떨어진 것들이 물질적으로든 상징적으로(in effigie)든 임의적으로 먼 곳으로부터 '여기'와 '지금'으로 불려올 수 있다. 모니터들은 실제의 공간에서 벌어지는 일들을 보여준다. 사람들은 [무엇이든지] 불러오고, 조작하고, 연결하고, 확인하고, 지운다. 전 지구적으로 구축된 네트워크 덕분에 지표면의 무수한 지점들이 독서실로 바뀐다. 이는 하이데거가 "지금-여기에-있는-진리 저장소에서 존재의 기호를 수집하는 것"이라고 불렀던 바의 독서가 실제로 존재한다는 것을 전제하더라도 그렇다. 물론 하이데거는 진정한 세계 독서실은 오직 두 개밖에 없다고 하는, 즉 하나는 소크라테스 이전의 사상가들(내지 아리스토텔레스)이요, 다른 하나는 프라이부르크-토트나우베르크(Freiburg-Todtnauberg)[3]라고 하는 기이한 생각을 가졌지만, 이에 대해 우리는 하이데거가 이러한 점 말고도 다른 점에서도 별로 후계자를 찾지 못했다는 언급으로써 만족하고자 한다. [존재의 기호를] 모으는 가장 중요한 것이 언어라고 하는 그의 생각 역시, 오늘날의 이토록 명백한 멀티미디어 세계 앞에서는 더 이상 지지되지 못한다.

(공간의 '혁명'이라 칭해지는) 근대의 공간 압축은 고대 그리스에서

---

3) [역주] 더 정확하게 말하면 이곳은 프라이부르크 시를 둘러싸고 있는 슈바르츠발트(Schwarzwald)의 토트나우베르크에 하이데거가 그의 철학적 사색을 위한 공간을 지어놓고 말년까지 지냈던 산장을 가리킨다. 프라이부르크대학 총장직을 맡은 시기를 전후하여(그의 스승 에드문트 후설이 쫓겨난 것도 이 시기다) 하이데거가 젊은 나치 이데올로그들을 모아 캠프파이어를 하고 횔덜린의 시를 낭송하면서 '웅혼한 게르만 청년의 영웅심'을 고취시킨 것도 이 토트나우베르크에서의 일이었다.

동방의 자음 문자에 모음을 덧붙임으로써 이루어졌던 것과 같은, 문화적 분기점을 지속적으로 낳는다. 맥루한(McLuhan), 구디(Goody), 헤이블록(Havelock) 등이 지적했듯이, 고대 유럽의 인본주의적인 독자(讀者)-주관성(Leser-Subjektivität)은 오로지 그리스 문자의 발생을 통해서만 발전될 수 있었는데, 이러한 주관성이 지니는 뚜렷한 특징은 바로 '텍스트와 관계'할 수 있는 능력, 다시 말해 [실제의] 상황에 의지하지 않고서도 의미를 이해할 수 있는 능력에 있었다. 그리스의 시문학과 산문은 다른 문화권에서는 다만 잠재적인 채로만 남아 있던 인간 지성의 능력, 즉 인간들과 사물들과 성좌들을 그것들이 [눈앞에] 없이도 표상할 수 있는 능력을 표출한다. 문자로 기록된 텍스트 덕분에 인간의 지성은 정도의 차이는 있을지언정 어쨌든 하나의 상황을 이해하는 데에서는 반드시 그 '상황-안에-머물러야(In-Situ-Aufhalt)' 한다는 강제성에서 해방된다. 다시 말해, 하나의 상황을 인식적으로 다루기 위해서는, 나는 더 이상 그 상황의 참여자로서 그 속에 빠져들거나 이러저러한 방식으로 그 상황과 함께 섞여서는 안 되거니와, 텍스트에 있는 그 상황에 대한 서술을 읽는 것으로 충분하다. — 이때 나는 마음대로 내가 [지금] 있는 그대로 있을 수 있고, 내가 원하는 것을 연상해낼 수 있다. 문자로 인한 이러한 역사적 분기점이 이루어진 이후에 세계-내-존재는 '체험된 상황들'과 '표상된 상황들'로 분명하게 나뉜다. — 좀 더 정확하게 말하자면, 표상된 상황들은 그것의 문자화 덕분에, '상황-안에-있음을-통한-이해(Verstehen-durch-in-der-Situation-Sein)'가 행사했던 독점으로부터 뿌리쳐 나올 수 있다. [즉] 그리스 문자와 더불어 의미의 탈콘텍스트화라는 모험이 시작되는 것이다. 19세기에 매체의 전환이 있기까지는 유럽의 모든 고등 문화는 — 음악과 그림의 특별한 발전을 일단 논외로 한다면 — 바로 문자 문화였다는 것, 즉 부재(不在)하는 것의 시뮬레이션(Simulation von Abwesendem)이었다는 것을 염두에 두고 있다면, 이러한 탈콘텍스트화의 모험이 무엇을 의미하는지를 명확하게 인식할 수 있을 것이다. 여기에는 관료주의와 제국 서사시의 정신에서 나온 정치가 상응했다.

고대 유럽의 문자화는 바로 근대적 공간 압축의 전사(前史)에 속한다. 왜냐하면 그것은 콘텍스트에 대한 텍스트의 저항, 즉 생생하게 체험된 상황으로부터 의미가 이탈하는 것을 가능케 했기 때문이다. 문자화는 탈콘텍스트화하는 사유(일반적으로 '읽음(Lesen)'이라고 불리는)를 훈련하기 때문에, 그것은 실제 상황에 반드시 참여해야 한다는 강제에서 지성을 해방시키며, 또한 무한하게 넓은 '[직접적인] 상황-안에-있지-않은-세계들(Nicht-In-Situ-Welten)'을 지성에 대해 열어놓는다. 그것은 이론적 인간(der theoretische Mensch)을 낳으며, 이를 니체는 소크라테스를 빗대면서 공박하였다. 이 막강한 관찰자, 이 절대자의 후예는 바로 문자성의 대표자로서, 그는 자신의 실제적 삶의 그 어떤 처지에 있든 간에 그것과 원칙적으로 다른 곳에 가 있다. 심지어 자신이 죽는 순간에도 이 현자는 마치 자신이 그 광경을 이미 어떤 곳에서 읽었다는 듯이 행동한다. 더욱이 소크라테스는 죽음이 자신을 데려다줄 곳에 이미 가 있다고까지, 즉 다른 무대에, 영원한 형상들의 장소에, 불멸의 문자들이 사는 고향에 가 있다고까지 사칭한다. 소크라테스가 단연 뛰어나게 유럽 지혜의 영웅으로 될 수 있었던 것은, 그가 현존하는 것(das Anwesende)의 권위를 줄곧 거절하면서 살았기 때문이다. 그는 무엇보다도 수사가들과 정치가들 그리고 수다꾼들을 곧이곧대로 믿고 그들에 의해 조작되던 상황들 속으로 말려들어가리라는 기대를 거절한다. 그는 스스로를 관념적인 환경들 속에서 재콘텍스트화[탈콘텍스트화]하기 위해, 현존하는 모든 상황들, 자신을 빨아들이려는 모든 상황들로부터 '빠져나오는(aussteigen)' 지성의 제일 증인이다. '지성의, 눈앞의 상황들과의 단절' 더하기 '이상적 상황들 속으로의 재이주'라는 이러한 이중적인 활동이 플라톤 이래로 철학이라고 불린다. 철학이 자신의 자취를 남길 때, 사람들은 삶에 대한 '읽으면서 맺는 관계'와 '같이하면서 맺는 관계' 중에서 하나를 결정해야 했다.4)

---

4) 에드문트 후설이 1907년 1월 12일자로 후고 폰 호프만슈탈에게 보낸 편지를 참조할 것. 여기에서는 예술과 현상학의 동맹 서약을 볼 수 있는데, 이 서약의 근거는 예술과 현상학이 공히 "순수 미적인" 봄과 "순수 철학적인" 정신적 태

유럽의 이 같은 가장 거대한 해방 운동에서 초래되는 결과는, 이미 고대에서도 반지성적인 복고 운동이 일어났다는 데에서 읽어낼 수 있는데, 이 운동은 [눈앞의 현실로부터] 떨어져 있는 표상의 공간에서 떠돌아다니는 그릇된 자유에 대한 저항이었다. 우물에 빠진 철학자 탈레스에 대한 트라키아인 하녀의 비웃음뿐 아니라 바리새인들에 대한 예수의 비난 역시 '읽히는 것(das Gelesene)'에 대한 [생동하는 삶으로] '살아지는 것(das Gelebte)'의 이러한 반동에 속한다. 스토아학파 이후로 고대 지혜의 스승들은 무엇보다도 이 [생동하는 삶으로] '살아지는 것'과의 재연결을 갈구하는 소망에 의해 동기를 부여받고 있다; 디오게네스는 물체화될 수 있는 것(das Verkörperbare)[신체화될 수 있는 것, 구체적인 것]을 향한 결코 우스꽝스럽지 않은 복귀를 대변하는 우스꽝스러운 영웅이다.

이러한 경향들은 상황-안-원칙(In-Situ-Prinzip)의 최초의 복원이라고 부를 만하다. — 즉, 이 경향들은 관찰의 주체인 지성을 주어져 있는 [생생한] 상황으로부터 (단지 명목상으로든 또는 실질적으로든) 과도하게 분리해버리는 것에 맞서는, 참여하는 감각(Teilhabe- Sinn)의 저항을 표명하고 있다. 따라서 디오게네스와 예수, 그리고 트라키아인 하녀는— 적어도 사는 것보다 읽는 것을 선호하는 자의 눈으로 볼 때는— 그야말로 그 단어의 의미에 정확하게 일치하는 반동분자들이다. 스토아학파와 에피쿠로스학파와 마찬가지로, 이 세 인물은 [자신들에게 붙여진 '반동분자'5)라는] 이러한 호칭에 매우 만족할 것이다. — 아마도 그들은 삶은 언제나 끊임없이 원초적인 자기 충동 그리고 때때로는 반동이어야만 한다고, 즉 기형화하는 강제들에 대한 순수한 거역(Dagegen)이자 부당한 압축에 맞선 순수한 저항이어야 한다고 말함으로써 자신들의 입장을 천명할 것이다. 하녀들의 말로 하자면[소박하고 단순화된 표현을 쓰자

도에 대한 열정을 지니고 있으며(이 '순수(한)'라는 단어는 세 쪽에 걸쳐서 열세 번 등장한다), 또한 공히 삶에서의 편견을 배격한다는 것에 있다.

5) [역주] 오늘날 한국에서 곧잘 사용되는 표현으로 하자면 '삐딱이'라고 할 수 있을 것이다.

면], 우리는 그 어느 것에도 만족할 수 없다. 그리고 좌파의 표어로 말하자면, "저항하지 않는 자는 잘못 사는 자다(Wer sich nicht wehrt, lebt verkehrt)." 예로부터 그러한 '반동적' 충동들은 언제나 새로운 모습을 띠고 시대들을 관통한다. 그 충동들은 초기 사회주의자들, 상황주의자들, 공동체주의자들 그리고 집단요법 치료사들(Gruppentherapeuten)에게서 다시 도래한다. 그것들은 이론적 공론에만 머무는 방관자들에 대한 생기론자들(Vitalisten)의 비판에서 다시 메아리친다. 이 반동적 충동은 아마도 오디오 문화에 대해, 그것은 책에 의해 강탈당했던 권리를 총체적이고 비직선적인 지각에게 되돌려준다고 한, 마셜 맥루한의 찬사에서 그 최고의 지적인 단계에 이르렀을 것이다. 이에 대해서 모리스 블랑쇼(Maurice Blanchot)의 책-낭만주의적(buch- romantisch) 명제는, 문학은 어떤 "총체적 경험"에 이르는 잠재력을 그 속에 지니고 있다고 응답한다. 블랑쇼의 이러한 입장은 바로 그것이 지닌 부조리한 경향을 통해 설명된다: 그것은 생생하게 체험된 상황들의 전체주의를 해체하는 것이 바로 읽는 행위의 본성에 놓여 있다는 점을 잊도록 만들고자 함으로써 총체적 힘으로서의 독서를 칭송한다.6)

오늘날의 사고에서 이와 견줄 만한 수정 운동(Korrekturbewegung)은 주로 위축된 공간의 문제와 관련해서 이루어지고 있다. 이제 [텍스트에서] 콘텍스트로의 거대한 복귀는 수동적 연대(passive Solidarität)로서의 '자리에 듦(Einbettung)'에 대한 다양한 반성에서 나타난다. [지점들 사이의 공간적] 거리가 오로지 극복되기만을 위해 현존하는 것처럼 보이기 시작한 뒤로. 지역의 문화가 오로지 다른 전통들과 혼합되기 위해서만 존재하기 시작한 뒤로. 지구의 모든 표면들이 오로지 지리학적 지도와 항공 사진상의 멋들어진 각종 부호와 약호에 상응하는 부동의 대응물만을 의미하기 시작한 뒤로. 공간이 그저 전자기기로 작동되는 두 작업장 사이에 있는 무(無)[아무것도 아닌 것]만을 의미하기 시작한 뒤로. — 이러한 추이에 맞서는 저항이 선택하게 될 노선은 이미 예견될 수 있다. 즉, 현존의 문화(Präsenzkultur)가 그것의 권리를 상기시켜야 하는

6) Maurice Blanchot, *Le livre à venir*(Paris, 1959).

것이다. 연장된 것의 체험은 언젠가는 반드시 압축, 축약 그리고 개괄의 작용에 맞서는 저항으로 된다. 제아무리 탈콘텍스트화된 의미라고 해도, 그것은 — 아무런 구속력도 없는 추상 작용 속에서 완전히 해체되지 않기 위해서는 — '최종 심급에서 보면' 이미 오래전부터 건너뛸 수 없는 하나의 상황에 계속 종속되어 있다. 이와 마찬가지로 응축된 공간 또한 — 그것마저 제거됨으로써 완전히 소멸되지 않기 위해서는 — 자연산 (自然産)의 연장 체험(Ausdehnungserlebnisse)에 연결되어야만 한다. 오늘날 이러한 통찰은 보편주의(Universalismus)와 원격 기계(Tele-Maschinen)의 탈콘텍스트화하는 경향에 맞서 지역적인 것에 대한 상기를 옹호하는 이들에 의해 관철되고 있다.

공간에 대한 새로운 사고는 곧 수축된 세계에 맞서는 봉기다. 장소적 연장(örtliche Ausdehnung)의 발견은 바로 느림의 발견과 어우러진다. 만약 우리가 고유한 현존재를 '십만 분의 일' 또는 '천만 분의 일'이라는 척도로 축소해버리는 것을 돌연 그만둔다면 어떻게 될까? 만약 우리가 지도에서 연장된 삶을 읽는 법을 갑자기 배운다면?[7] 만약 우리가 시간 숭배(Chronolatrie)에서 깨어나 친장소적인(topophil) 감각들로 돌아간다면? 다시금 몇몇 뻔뻔스러운 장사치들을 사원에서 추방해야 할 때가 아닌가?

하지만 우리는 장사치들이 물러난 뒤에는 장소의 순수한 목소리를 들을 수 있다고 과연 확신할 수 있을까? 지역적인 것을 다시 강조하는 것에는 모종의 위험 요소가 숨어 있다. 왜냐하면 '지역적'이라는 표현은 (그들이 보기에 정치적 선언을 위한 천연 원료를 제공해주는) 혼란을 사설로 가공하는 저널리스트들과 사회학자들의 언어 게임에서 가장 흔히 곡해되고 있는 어휘에 속하기 때문이다. 공간에 대한 '반동적인' 사유 또한 잘 숙지되어야 한다. '지역적(lokal)'이라는 단어는 일상적으로는 '전 지구적(global)' 또는 '보편적(universal)'의 반대말로 사용된다. —

---

7) Karl Schlögel, *Im Raume lesen wir die Zeit: Über Zivilisationsgeschichte und Geopolitik*(München/Wien, 2003) 참조. 이 책은 새로운 지리 문화 내지 역사적인 실존지형학의 핵심적 저작으로서 읽혀야 한다.

이 경우 전 지구적/지역적이라는 단어 쌍은 동질적(homogen)이고 지속적인 공간의 동일한 질서에 속하는 것으로 여겨진다. 동질적 공간들은 등가치를 지닌 점들 및 직선을 통한 그 점들의 연결 가능성에 의해 규정된다. 이러한 공간 개념에 의거해서 다음과 같은 명제가 성립된다. "보편적인 것은 벽이 없는 지역적인 것이다(The universal is the local without walls)."[8] — 이는 비록 귀에 쏙쏙 들어오기는 하지만 더 이상 그릇될 수 없는 주장이다. 이 주장은 [한편으로는 분명] 호감을 끈다. 왜냐하면 그것은 세계를 여러 지역 거주지의 총괄 개념으로 규정하기 때문이다. — 즉, 보편성이란 존재하지 않으며, 다만 지역 간의 관계만이 존재할 뿐이다; [하지만 다른 한편으로] 이 주장은 어떤 [좋지 않은] 징후를 안고 있다. 왜냐하면 그것은 글로벌 시대에 실존이 처한 공간적 상태가 말해지는 경우에는 언제나 만나게 되는, 속수무책의 '상식(common sense)'을 표현하기 때문이다. 그리고 이 주장은 나이브하다. 왜냐하면 그것은 그 어떤 대칭도 존재할 수 없는 곳에 하나의 대칭이 있다고 여기며, 아무런 벽도 없는 곳에서 벽을 허물기 때문이다. 사회학자 롤랜드 로버트슨(Roland Robertson)에 의해 인기어가 된 "지구지역적(glocal)", "지구지역화하다(glocalize)", "지구지역화(glocalization)"라는 합성어들도 그와 같은 유형의 것이다.[9] 즉, 이 신조어들 또한 현금의 세계화 담론에 잠복해 있는 기만적 요소들을 반영하고 있다.

단적으로 말해서, 이때 저질러지는 오류는 바로 지역적인 것(das Lokale)과 전 지구적인 것(das Globale)을 마치 점과 면처럼 서로 연관

---

8) Miguel Torga, *The Creation of the World*에 나오는 위의 본문의 글귀는 T. N. Harper, "Empire, Diaspora and the Languages of Globalism, 1850-1914", in A. G. Hopkins ed., *Globalization and World History*(London, 2002), p.141에서 따왔다.

9) Roland Robertson, *Globalization: Social Theory and Global Culture*(London/New York/New Delhi, 1992), p.193 참조. 로버트슨에 따르면 이 표현들은 '도차쿠카'[역주: 토착화(土着化). 문맥에 따라 'glocalization'을 의미한다고도 함]라는 일본어를 본떠 만들어진 것인데, 이 단어는 세계 시장을 위한 일본 제품들은 소비가 이루어지는 장소에서의 모든 관계에 맞도록 만들어져야 한다는 생각을 거의 재현한다.

짓는 데에 있다. 이렇게 되면 지역적인 것은 불가피하게 마치 그것이 전 지구적인 것과 이미 근본적으로는 동종(同種)의 것인 양, 그리고 이 점이 단지 아직 제대로 파악되지 못했을 뿐인 것처럼 여겨지게 된다. 지역적인 것은 규칙적인 수정격자(水晶格子, Raumgitter) 안의 한 부위인 듯이 생각되며, 마치 어떤 다국적 기업의 지점이 기반을 잡은 조용한 촌구석인 듯이 말해진다. 만약 여기에서 경영자들이 토착민들에게 그들이 왜 이곳에 왔는지를 설명하고, 또한 낯선 사람들을 받아들이는 것이 그다지 해로운 일이 아니라고 현지인들이 수긍한다면, 시간이 조금 흐르고 나면 '우리'와 '저기 있는 사람들' 사이의 연합이 이루어지고, 큰 것은 작은 것에서 또 역으로 작은 것은 큰 것에서 안식처를 얻을 것이다. 그런데 여기에서는 낯선 자들과 토착인들 사이의 관계가 하나의 동질적인 장소 공간에서 이루어지고, 또 거기서는 [그들 간의] 지위가 원칙적으로 역전될 수 있다는 것이 전제되지만, 이는 아직 증명되지 않았다.

'지역적'이라는 말의 진정한 의미는 바로 엄청나게 많은 함축을 지닌 '비대칭적인 것'을 강조하는 데에 있다. 이는 적지 않은 영향력을 지니는 정신적 사건이다. 왜냐하면 장소에 대한 이러한 강조를 통해서는 바로 응축되지 않은 것(Nicht Komprimierte)과 축약되지 않은 것(Nicht Abgekürzte)을 위한 하나의 언어가 예고되기 때문이다. 지역적인 것에 대한 강조는 — 공간의 탈콘텍스트화, 압축, 지도화, 중성화의 진척에 대항하여 — '자기-안에서-연장된 것(das In-Sich-Ausgedehnten)'의 고유한 권리를 관철시킨다.

[이러한] 지역주의를 통해서는 실존주의가 공간 분석적으로(raumanlaytisch) 다시 정식화된다. 이제 지역주의는 스스로를 공간화하는 힘으로서의 현존재가 원래 어떤 것이었는지를 더욱더 명확하게 말할 수 있다. 그것은 현존재가 바로 '자리에 들어 있음(Eingebettetsein)'을 통해 규정된다는 점이 실제로는 오래전부터 불가항력의 엄청나 위력을 행사하고 있다는 사실과 그 이유를 상세하게 표명할 수 있다. 바로 여기에서 참여(Partizipation), 상황의존성(Situiertheit) 및 '들어가 몸담고 삶(Einwohnung)'이라는 보편적 논리가 생겨난다. 축약되지 않은 연장됨, 연결

됨, 귀속됨이 없이는 그 어떤 현존재도 있을 수 없다는 사실이 여기에서 분명하게 드러난다. — '자리에 듦(Einbettung)'의 의미가 어떤 정신이상(Psychose)으로 인해 손상되거나 끊임없는 도피를 통해 교란되지 않았다면 말이다. (하지만 심지어는 정신이상마저도 어떤 야만적인 집짓기가 아닌가? 그리고 도피 또한 어떤 의미에서는 공간을 만드는 것이 아닌가?) 들어가 몸담고 사는 세계 관계에는 — 20세기의 위대한 공간 사상가들이 이것을 지적하였다 — 실내 장식을 만드는 행위, (하이데거적 의미에서) '간격을 없애는 실천(ent-fernende Praxis)' 그리고 (슈미츠적 의미에서) '울타리를 두르는 경작(befriedende Kultivierung)'이 언제나 이미 연결되어 있다.10) 누군가가 사는 곳에서는 여러 사물들과 사태들, 공생자(共生者)들 그리고 인격체들이 지역적인 연대 체계(Solidarsystem)로 통합되어 있다. 거주하는 행위는 오랫동안 장소에 충실한 실천(Praxis der Ortstreue über lange Zeit)을 기획한다. — 그 밖에도 이는 특히 거의 규칙적으로 같은 장소들을 찾아나서는 유목민들의 경우에도 해당된다. 거주의 행위는 반복 가능한 몸동작과 인식을 통해 하나의 면역 체계를 만들어낸다. 그것은 성공적인 습관화에 의한 '짐-벗어-있음(das Entlastet-Sein)'을 분명한 과업들(deutliche Aufgaben)을 통한 '짐-지고-있음(das Belastet-Sein)'과 연결시킨다.

바로 이 때문에, 들어가 몸담고 사는 행위는 곧 비대칭성의 어머니다. 우리가 배우고, 다른 사람의 역할을 이어 맡음으로써 '사회화'된다고 주장한다는 점에서, 사회학자들의 생각은 옳을 수 있다. 이 말은 강탈도 구매도 하지 않고 다른 사람의 집을 넘겨받는다는 뜻이 아니다. 다른 사람의 피부 안에 있는 장소는 대여될 수 없다. '들어가 몸담고 사는 것'은 바로 내가 오로지 '나'와 '나의 사람들'에서만 할 수 있으며, 다른 사람이 오로지 '그'와 '그의 사람들'에서만 할 수 있는 것으로서 드러난다. — 양면 대칭으로 된 신체의 왼손과 오른손처럼, 위치들은 존재론적으로 뒤바뀔 수 없는 것이다. 어떤 경우에든 우리는 '시노이키스모스(synoikismós)', 즉 주거 공동체(Wohngemeinschaft)나 '코이노스 비오

---

10) Martin Heidegger, *Sein und Zeit*(Tübingen, 1968) 참조.

스(koínos bíos)', 즉 공동생활(Zusammenleben)을 결심할 수 있다. 그러한 함께 삶을 통해서는 공동 경작의 새로운 아궁이가 생겨나는데, 이 아궁이의 충만함과 다툼에서부터 타인들은 제외된다. 이들과도 또한 장소 교환은 다시금 불가능하다. 더 높은 단계의 주거 공동체들만이 우리를 다른 타인들과 다시 통합시킬 수 있을 것이다. — 그러나 그러한 종합(통합)들은 어떤 특정한 크기의 저편에서 단지 수사학적이고 법학적인 형태에 지나지 않을 것이다. 기초적인 라운지 연대성(Foyer Solidarität)은 — 만약 이렇게 불러도 된다면 — '우리'를 말할 수 있는 능력의 기본 층위(Grundschicht)다. 이 ['우리'라는] 대명사는 어떤 집단적 객체(Gruppenobjekt)를 부르는 호칭이 아니라, 자기 촉발과 자기 공간화를 통해 스스로를 구성하는 공동체의 수행적 현실화(performative Aktualisierung)다. 이 대명사는 이방인들을 알게 됨으로써 이루어지는 다지역적 연대를 배제하지 않는다. — (쌍방 간에 축복을 담합하지 않는 한에서의) 기독교의 교회와 불교의 승가(僧家, sangha)는 먼 곳에 대한 주목과 소수인들의 응집력으로서의 사랑이 일종의 '연장된 것(res extensa)'을 형성하고 있음을 매우 잘 증명해준다. 물론 그것 말고도 원격-감수성(Tele-Sentimentalität), 시대별로 등장하는 히스테리의 변종들, '우리'를 참칭하는 의상(Wir-Kostüm)과 불화를 이루는 기획적 연대성(projektive Solidarität)도 존재한다.

'들어가 몸담고 사는' 이는 자신의 집과 그 집을 둘러싼 주위 환경 및 그 공동 구성 요소들을 결코 지도제작자나 토지측량가의 눈으로 대하지 않는다. 지리학자도 일단 집에 돌아오면 측량하고 축소하기를 그만둔다. 그는 자기 자신을 일 대 일의 척도로 그 자신이 살고 있는 것 속으로 기투한다(entwerfen). '들어가 몸담고 사는 것'은 자신의 고유한 상황에 수동적으로 참여해 있는 것, 즉 그 상황의 혼연하고 뚜렷한 연장성(Ausgedehntheit)을 기꺼이 받아들이고 함께 산출하는 것이다; 그것은 지역의 충만함(Pleroma)에 참여하는 것이며, 또한 그 충만함에 자기 스스로가 포함되어 있음을 보는 것이다. 그것은 어떤 척도에 준해서 축소되어서도, 특정한 척도를 넘어 확장되어서도 안 되는 것이다.

'들어와 자리하고 있는(einbettend)' 상황들의 연장성 — 우리는 이를 즉각 이해한다 — 은 지속적으로 영향을 미치고 있는 것의 자연적인 공조자(der natürliche Komplice des Nachhaltigen)다. 바로 이러한 연장성에서 경작[문명화, 도야, 교화]이 비롯되거니와, 이는 하나의 사태에서 이루어지는 반복과 감내 없이는 가질 수 없는 것이다. 물론 우리는 이사해서 새로 집을 꾸밀 수 있고, 이혼하고 또다시 재혼할 수 있으며, 이민을 가서 다른 곳에 귀화할 수 있다. 근현대인들은 이 모든 것을 고대인들보다 더 자주 행한다. 그러나 근본적인 관계는 새로운 상황들에서도 다시 도래한다. — 우리는 하나의 특정한 지점에 발을 딛고 있으며 연장되어 있다. 횔덜린의 직관은 '상황-안-원칙(In-Situ-Prinzip)'을 가장 분명하게 표명한 바 있다. "인간은 대지 위에서 시적으로 산다(dichterisch wohnet der Mensch auf der Erde)." 메를로-퐁티는 현존재는 세계를 자기 안에 품으면서(welthaltig) 또한 세계를 여는(weltöffnend) 풍만함(Voluminosität) 속에 확고히 자리 잡고 있다는 것을 다음과 같은 말로 설명했다. "몸은 공간 속에 [그냥] 존재하는 것이 아니다. 몸은 공간 속에 들어가 사는 것이다(Der Leib ist nicht im Raum, er wohnt ihm ein)."[11] 하이데거는 '세계-내-존재(In-der-Welt-Sein)'를 분석하는 가운데 다음과 같이 말했다. "현존재 속에는 가까움을 지향하는 본질적인 경향이 있다."[12] 이러한 모든 이론들은 하나의 공간 이론적 시각에서 일치하고 있다. 그것들은 현존재란 바로 응축될 수 없는 것 속에 머무는 것임을 의미한다고 언명한다. 이러한 시적인 거주는 즉흥시를 포함한다. — 제아무리 끊임없이 자리를 이동하는 사람도 그 도중에는 '거주(das Wohnen)'라는 행태를 형성하지 않을 수 없다. 심리학자들은 이동을 많이 하는 이들에서 일종의 '이동식 보금자리 만들기(mobiles Cocooning)'라고 해석될 수 있는 행동 유형을 고찰한 바 있다. 이를 대표하는 모델들은 유목민들에게서 발견된다. 왜냐하면 유목민들은, 예쁘게 표현

11) Maurice Merleau-Ponty, *Phänomenologie der Wahrnehmung*(Berlin, 1966), S.169 이하.

12) Martin Heidegger, *Sein und Zeit*, S.105.

하자면 바로 이동하는 것이 집에 있는 것이기 때문이며, 또는 덜 예쁜 말로 표현하자면 바로 탈영역화(Deterritorialisierung) 그 자체에서 자신의 영역을 다시 찾기 때문이다.13) 이는 다른 방식으로 말하자면, 유목 문화는 사회적 진화의 과정에서 출현했던 체계들 중에서 가장 보수적이고, '가장 집에 있기 좋아하고', 가장 폐쇄적인 것을 형성한다는 것이다.

따라서 모든 신분적인 것과 정지해 있는 것이 사라진다는 마르크스와 엥겔스의 주장은 틀렸다. 자본에 의한 엄청난 유동화(Mobilmachung)도 해체(Liquidierung)에 저항하는 많은 것들을 그대로 둘 수밖에 없다. 그 것은 지역 문화를 해외 송금을 통해서 옮겨놓을 수 없다. 그것은 번식의 과정을 약간 수정할 수는 있겠지만, 그 자체를 대체하지는 못한다. 이와 마찬가지로 모든 연장된 것이 응축에 의해 사라진다는 것도 틀린 말이다. 무엇보다도 구석구석까지 세세하게 항목화되어 있는 완고한 근대적 법체계는 언제나 보수적 세계 관행의 극히 드문 차변 항목(Aktivposten)을 제공해줄 것이다. 오히려 마르크스와 무공간성을 주장하는 현대의 소피스트들이 내놓은 명제는, 자본주의적 세계 밀착(Weltverdichtung)이 수많은 오만한 과장 속에서 반영되고 있음을 증명하거니와, 우리는 그 러한 과장이 계속해서 받아들여질 만한 것으로 여겨지리라고 기대해서 는 안 된다. '전 지구화'는 그것의 본색을 완전히 숨기고 있는바, 그것은 도깨비불로 치장하고 있는 의미론적 장소다. 그것은 세계의 진행 (Weltlauf)에 관한 끊임없는 주장들을 위한 저장소로서 기능한다. '전 지구화'는 그것의 복합적인 실질 경영 말고도 가정용과 국가용의 여러 성급한 환상들과 공포들에 입각한 상부 구조를 산출해냈다. — 그 대부 분은 하늘을 나는 꿈의 사회학적 버전들, 일자리와 몸무게의 상실에 대 한 두렵고도 자극적인 상들이다. 그것들은 장소 관할권의 평가절하를 가져오며, 침범과 외세 개입을 포고한다. 하지만 그것들은 무엇보다도 대부분의 것을 더 좋고 더 싸게 만드는 데 전혀 거리낌이 없는, 보이지 않는 자들과 경쟁하지 않을 수 없다는 부득이성을 들먹인다. — 이들은 서유럽 산 틀니를 반값에 대체해버리는, 헝가리와 폴란드의 저 파렴치

---

13) Gilles Deleuze und Félix Guattari, *Tausend Plateaus*(Berlin, 1992).

한 치과 의사들과도 같다.

시간의 유익함을 즐기는 정치적 출판업자들은 대중의 머리 위에 용들을 날게 하며, 사람들은 머리를 뒤로 제치고 한동안 황홀하게 그 용들을 바라본다. [하지만] 친숙한 환영들과 과장들을 실제의 크기로 되돌리면, 전혀 다른 말을 하는 구조들이 시야에 들어온다. '세계화'라는, 먼 곳만을 미친 듯이 찾아 헤매는 정신착란(Ferne-Delirium)의 한가운데서도 대다수의 거래와 업무들은 불가피하게 장소적이다. 전화 통화에서 시내 통화는 불가피하게 시외 통화를 압도하며, 비록 반드시 얼굴을 맞대는 상황(Face-to-Face-Situationen)에서는 아니더라도, 대다수의 거래들은 지역에서 그리고 이웃 간에 일어난다. 전 세계적으로 가장 큰 비중을 차지하는 독일의 수출 경제마저도 그 주된 거래는 유럽연합에 있는 파트너들과 더불어 이루어지며, 가장 활발한 거래는 바로 옆에 울타리가 있는 프랑스나 네덜란드와 더불어 이루어진다. 그리고 엄청난 규모의 유조선과 컨테이너 선박들이 보여주듯이, 자금 시장의 투기적 기업들에 관해 침묵하기에는 현물들의 원거리 무역이 제아무리 현실의 압도적인 비중을 차지한다 하더라도, 실제의 상품들을 사고파는 대부분의 행위들은 확장된 주간 시장(Wochenmarkt)에서 이루어지는 거래로 남아 있다. 이것이 없다면 경쟁은 많은 분야에서 단지 하나의 뜬소문에 지나지 않을 것이다. 실질 경제의 영혼을 이루는 것은 내부의 수요다. 잘 알려진 사례를 들자면, 미국의 자동차 산업은 오래전부터 그들의 생산품을 국외에서 판매하려는 시도를 더 이상 하지 않는다. 프랑스인들의 다수는 ― 그들이 '세계화(mondialisation)'를 말하든 '지구화(globalization)'를 말하든 상관없이, 그리고 그들이 주권 국민이든 대서양 연안 시민이든 간에 ― 언제나 자기 땅 안에서 휴가를 보낸다.

그럼에도 이러한 언급들은 지역주의(Lokalismus)의 의미를 단지 간접적으로만 건드릴 뿐이다. 왜냐하면 지역화의 결정적인 차원들은 '세계 시장 대 지역 시장' 또는 '시골 대 대도시'와 같은 대립 관계를 통해서는 완전하게 해명되지 않기 때문이다. 삶을 통해 체험된 연장성은 이웃 간이든 바다를 건너서든 양도나 매각될 수 있는 생산품이 아니다. 도시

와 시골이라는 대립 관계 또한 '장소에-있는-존재(Sein-Am-Ort)'의 실존
위상적(existentialtopologische) 의미에 대해서는 아무런 역할도 못한다.
예컨대 — 독자들에게 가장 생생한 실례를 들자면 — 번식이라는 과정에
대해 우리는 '지역적'이라는 술어를 결코 박탈할 수 없다. 번식의 과정
은 그것의 고유한 공간적 법칙들에 의거한다. 즉, 그것은 어머니의 배가
불러지는 것에서 시작하거니와, 이 배불러짐은 세계화에 반대하는 이들
의 언명 속에서도, 신자유주의자들(Neoliberalen)의 언명 속에서도 결코
제대로 재현될 수 없는 것이다. [어머니의 자궁이라는] 최초의 적소(適
所, Nische)에서 이루어지는, 본의 아닌 은근한 침입성의 거주는 방문자
와 주인 사이의 그 어떤 대칭 관계도 표현하지 않는다. 어린아이 때부터
볼 때 그러한 거주는, 만약 그 아이가 후일 독재자가 되어야 했다면, 그
가 자신의 삶에서 시작한 가장 일방적인(einseitig) 작용이다. 그럼에도
불구하고 그것이 축하받을 것으로 불릴 수 있다는 사실은 비대칭성 —
바로 이것이 삶이다 — 이 지니는 긴장력(Spannkraft)을 증명해준다.

생물학적 번식에 바로 이어지는 아이들의 성장과 교육, 문화의 전수
및 수용 세대에 의한 유산의 상속이 응축될 수 없는 것에 대한 가장 강
력한 패러다임을 제공해주거니와, 이 응축 불가능한 것은 끊임없이 비
대칭적인 과정들 속에서 전개된다. 삶을 배운다는 것은 바로 장소에 있
는 것을 배운다는 것을 뜻한다. 장소들은 본질적으로 단축될 수 없는 둥
근 구면(球面)의 영역으로서, 이러한 영역은 떨어져나가 먼 곳에 있는
사물들로 둘러싸여 있다.14) 세계-내-존재는 그것 자신의 힘만으로는 그

---

14) 동물의 세계 궁핍(Weltarmut)에 대한 하이데거의 언급에 따르면, 동물은 주저
함을 없애는(enthemmend)(즉, 행동을 촉발시키는) 커다란 테두리로 둘러싸여
있다; 이에 반해 "세계를 형성하면서(weltbildend)" 존재하는 인간에 대해서는,
그는 그가 스스로부터 말미암도록 허용하는 사물들과 관계들의 고리로 둘
러싸여 있다고 전한다: 이렇게 세계를 형성하는 과정에서는 미약한 제외
(weiche Exklusion)가, 즉 '자기 것이 아닌 것을 가져와서 자기 속으로 품음
(Nicht-eigens-Herholen- und-Einschließen)'을 통한 배제가 결과한다. 이렇게
무구하게 밖에 있는 것을 밖에 있도록 하는 것이 언제나 인간의 세계 소유와
타자에 의한 피소유의 근본 특징으로 남아 있다는 것은 굳이 말할 필요가 없
다. 니클라스 루만은 이를 자기 나름의 방식으로 표현하고 있다: "… 처음에는

속에 자리하고 있을 수 없는 모든 것을 제외하는 것(Weglassen)을 언제나 특징으로 지닌다. 따라서 현존재의 학교는 연장을 배우는 것을 함축하는바, 이는 곧 응축될 수 없는 공간-시간의 구조 속에서 항해하는 것을 뜻한다. 현존재의 학교는 그 출발점에서 수만 가지의 의미론적 장소들로 이루어져 있는 모국어의 어휘들을 알게 해준다. 이 의미론적 장소들에서 우리는 그 어떤 지점도 소홀히 해서도 안 되고, 그 어떤 글자도 지워서는 안 된다. 지금까지 언어학에서는 너무나도 간과되어온 것이 있는데, 그것은 어휘 사전들은 일정 정도에서는 어떤 주어진 문화 속에 포함된 사물들에 대한 주소록이라는 점과, 구문론들은 상징적인 장소에서 이루어지는 행위자들과 사물들의 모임을 위한 집회 규정들을 내용으로 한다는 점이다.

번식과 어린아이 기르기를 고찰하는 가운데, 세대 간의 모든 성공적인 과정 내지 '전수'에는 전달의 비대칭성(Übermittlungsasymmetrie)이 있음이 뚜렷하게 눈에 띤다. 문화적 지식의 전수에서 어린아이들이 받는 편(die nehmende Seite)으로서 행동할 것이라 기대하지 않았던 문화는 지금까지 없었다. 언어는 언어를 배우게 될 이들 앞에 현존한다. 언어의 넓이와 높이는 워낙 대단한 것이어서, 바로 언어 속에서 '존재의 집'을 보는 데에는 충분한 근거가 있었다. — 이는 의심할 바 없이 현대의 매체 세계에서 일어나는, 언어적 실행의 주변화에는 들어맞지 않는 낭만적인 과찬이다. 그러기에 우리는 우리 모두가 더욱 많이 움직여야 한다는 명제를 옹호하는 자들이 보기에 어째서 자연언어들이 그토록 불쾌한 것인지를 더욱더 잘 이해한다. 활력이 없는 언어 체계들은 불쾌감을 유발한다. 왜냐하면 그러한 체계들은 압축과 가속에 결코 간단히 고개를 숙이지 않기 때문이다. 기호의 영역에서 그러한 체계들은 사물들의 영역에서의 부동산에 견줄 수 있다. — 다만 이들 간의 차이는, 후자가 상품으로서 순환될 수 있는 반면, 언어는 살 수도 팔 수도 없는 것으

세계는 동시적으로 — 그리고 바로 그 때문에 제어 불가능하게 — 일어나는 것의 황야다…." Niklas Luhmann, *Die Gesellschaft der Gesellschaft*(Frankfurt a. M., 1998), S.527.

로, 오로지 습득되어야만 하는 데에 있다. 빠르게 움직이는 부류에 속하는 사람들에게 언어를 배우는 것은 최악의 시험들 중의 하나다. 그것은 중국에서 여전히 자행되고 있는 고문 행위와도 견줄 만하다. 왜냐하면 고문에서는 '느림'이 곧 잔인함의 영혼으로 작동하기 때문이다. 자유주의자들의 시각에서 보면 자연언어들은 전 세계적으로 현대화를 가로막는 가장 커다란 장애로 여겨진다. 자연언어는 화자의 과거지향성(Rückwärtsgewandtheit)과 자기만족을 입증해준다. 아직도 프랑스어, 폴란드어, 독일어 및 무기력증을 담고 있는 이와 유사한 언어로써 21세기를 통과할 수 있다고 진지하게 믿는 이는 분명코 패자의 그룹에 속하게 될 것이다. 미래의 무능력이 갖는 이름은 '단일 국어 구사(Monoglossie)', 즉 자기 종족의 언어에만 매달려 있는 것이다. 현대화를 지향하는 이들에 의하면, 세계는 그 속에서 허용되는 모든 상황들이 '기초 영어(Basic English)'로 표현될 수 있게끔 되어 있어야만 한다. — 이는 특히 공항과 지도자들의 회담에서 잘 확증되고 있는데, 어찌 삶의 다른 분야에서도 그렇지 않겠는가. 이와 비슷한 근거에서 — 즉, 좀 더 발전된 문화적 실천들은 연장성을 통해 고집스럽게 저항하기 때문에 — 실증주의적 교육 입안자들은 일반적으로는 정신과학들에 대해, 그리고 특수하게는 문학적 교육과 음악적 교육의 개념에 대해 거부감을 느낀다. 왜냐하면 『파우스트』를 강독하는 데는 여러 날이 소요되고, 『안나 카레니나』는 몇 주일씩이나 독자를 잡아두며,15) 베토벤의 피아노 소나타와 볼프강 림(Wolfgang Rihm)의 현악 사중주를 제대로 해석하고자 하는 이는 몇 달을 투자해야만 한다는 사실을 그들은 너무도 잘 알고 있기 때문이다. 첨예화된 경쟁의 시대에 이런 것은 결코 받아들일 수 없는 사치인 것이다.

비대칭적 연장의 원리는 단지 미시(微視) 사회학적 현상들이나 언어적 전개 양상들 및 고급문화 영역들에만 해당하는 것이 아니다. 그 원리는 또한 정치 분야의 핵심 영역에서도 관철된다. — 이는 국가의 시민권에 관한 법에서 [이미] 시작된다. 이 법은 살아 있는 깃털 없는 두 발

---

15) 이 예에 관해서는 Régis Debray, *Des machines et des âmes: Trois conférences*(Paris, 2002)도 참조.

달린 동물들16)의 집합을 날카로운 비대칭적 집합들, 즉 국가의 구성원과 비구성원들로 갈라놓는다. 상이하게 연장된 것은 커다란 연대 공동체적(solidargemeinschaftlichen) 구조들을 이룩하고자 하는 심성 속에서 비로소 제대로 둥지를 튼다. 이러한 연대 공동체적 구조들 중 특히 연금제도를 들 수 있다. 이 제도에서는 연금을 청구할 수 있는 권리 부여를 어떤 상응하는 업적과 연결시키지 않는다는, 일종의 시기심이 작용하고 있는데, 우리는 이것을 정당한 시기심으로 보아야만 한다. 여기에서는 공로자와 비공로자 사이의 비대칭성을 성공적으로 기초 짓고 '사회의 기생충들(Sozialparasiten)'에 의한 전복을 차단할 수 있는, 체계의 능력에 모든 것이 걸려 있다.

  지역주의가 결코 반동적인 본성의 것이 아니라 창조적인 '장소에서의 연장(Ausdehnung-am-Ort)'을 긍정하는 것으로 이해되어야 한다는 사실은, '공공의 과업'을 위한 시의회를 통해 시민들을 징발하는, 민주적 삶의 본산에서 잘 드러난다. 중세 유럽에서 도시들이 다시 등장한 이후로 도시민들을 공동 조직에 함께 참여하도록 불러 모으는 것은 바로 장소적인 힘의 장(Kraftfeld)이다. 여기에서는 자신의 관심사를 가장 민첩하게 따르는 자들도 단번에 시민(Bürger)[더 정확하게 말하자면 '공민(公民)']으로서, 즉 '치타디니(cittadini)' 내지 '시투아앵(citoyen)'으로서, 다시 말해 공동의 관심사와 통합적 자극을 담지하는 주체로서 스스로를 발견한다. 장소적인 힘의 장이 정치적인 것은 그 속에 집단적 충동이 순환하고 있기 때문이 아니다. — 만일 그렇다면 정치는 단지 지역적인 기분들과 악의(惡意, Perfidie)들의 발산에 불과할 것이다. 그것이 정치적인 것은 도시나 국가 같은 (그리고 또한 국가들의 집단 같은) 공동 조직이 바로 의견과 욕구들의 차이에서 오는 분쟁을 종식시킴으로써 사람들이 인식하는 과제를 해결하고 또한 발견된 해결책을 재검토하려는 구체

---

16) [역주] '인간'을 어떻게 정의할 수 있는가를 고심하던 끝에 플라톤의 제자들이 "깃털 없는 두 발 달린 동물"이라고 한 것을 빗댄 말로 여겨짐. 물론 이에 대해 디오게네스는 깃털을 뽑아버린 닭을 그들에게 던지면서 "자, 너희들이 말하는 인간이 여기 있다"고 대응하였다.

화된 의지를 자신의 장소에서 실현하는 것이기 때문이다. 이는 오로지 정치적 장소가 지역이기주의적(lokalegoistisch)으로 그리고 지역열광적(lokalenthusiastisch)으로 미래에도 동시에 투영될 때만— 다시 말해 장소가 이데올로기들보다 더 강력하고 시민 공동체가 국가를 향해 손을 뻗치는 다국적 분파들보다 더 매력적인 것으로 남아 있을 때만— 성취될 수 있다. 내가 [나 자신이 몸담고 있는] 지역의 것으로 느끼지 못한다면, 직업으로서의 정치는 아무런 고려 대상도 되지 못한다. '공공의 것(res publica)'은 오로지 장소혼(場所魂, Ortsgeist)들의 의회로서 기능한다. 곳곳에 손을 뻗치는 이데올로그들과 분파의 우두머리들의 수중에 떨어진다면 시민사회는 급격히 몰락한다. (히틀러는 무기력해진 토착민들 가운데 들어가 미사여구로 권력을 잡은 이방인의 원형이었다. — 바로 이 점을 헤르만 브로흐(Hermann Broch)는 간파하여 『산(Bergroman)』— 이 책은 지금도 가장 심오한 파시즘 이론서다— 에서 기술하였다. 탈영토화된 원한(deterritorialisierter Ressentiments)의 수입자로서의 레닌에 대한 고찰에는 아직 이에 견줄 수 있는 것이 없다.) 20세기의 전체주의적 정치 입안자들은 폴리스에 토대를 둔 면역력과 시민적 장소혼을 짓밟고 이루어지는 허깨비 같은 강령들의 권력 찬탈이 불과 수년 만에 어느 나락으로까지 떨어질지를 보여주었다.

　추상적인 침략적 성공 프로그램인 투기적 자본주의에 관해서 보자면, 우리는 그것에 대한 오늘날의 해석자들에게, 그들 자신이 결코 전 지구적으로 횡행하는 분파의 추종자가 아님을 증명하라고 요구해야만 할 것이다. "종교로서의 자본주의"를 대하는 의혹은 해명을 기다리고 있다.17) 하지만 '민주주의 국가'라는 삶의 형식은 오로지 그것이 '자기 관심'과 '자기 우선'의 의미론을 '타자를 위한 자유'와 '무엇을 주어야만 함(Etwas-zu-Geben-Habens)'의 의미론과 화해시킬 때만 존속할 수 있다. 향유될 수 있는 민족적 정체성은 장소에서 산출되고 세계 속에서 재현될 수 있는, 일종의 '품질 보증 상표(appellation contrôlée)'인 것이다.

권대중 옮김

---

17) Dirk Baecker Hg., *Kapitalismus als Religion*(München, 2003) 참조.

강연자 및 번역자 *

■ 다산기념 철학강좌 2. 지구화의 도전과 철학적 응전

칼-오토 아펠(Karl-Otto Apel)
1922년 독일 뒤셀도르프에서 태어나 본대학에서 철학 박사 학위를 받았다. 킬대학과 자르브뤼켄대학 교수를 지냈으며, 1973년 프랑크푸르트대학에 정착하여 1990년 정년퇴임 때까지 자신의 선험화용론에서 출발하여 담론윤리에 이르는 철학적 토대를 마련하였다. 주요 저서로는『단테에서 비코에 이르는 휴머니즘 전통에서 본 언어의 이념』(1963),『철학의 구조 변혁』(1973),『찰스 샌더스 퍼스의 사상』(1975),『선험화용론적 시각에서 본 설명과 이해 논쟁』(1979),『담론과 책임』(1988) 등이 있다.

구승회
동국대와 동 대학원을 졸업하고 독일 다름슈타트대학에서 철학 박사 학위를 받았다. 서울대 철학사상연구소 연구원과 동국대 윤리문화학과 교수를 역임했다.

권용혁
연세대 철학과를 졸업하고 독일 베를린자유대학에서 철학 박사 학위를 받았다. 현재 울산대 철학과 교수로 재직 중이다.

윤형식
성균관대 법학과를 졸업하고 독일 브레멘대학에서 철학 박사 학위를 받았다. 경희대 연구교수와 브레멘대학 초빙교수를 역임했다.

이삼열
서울대 철학과를 졸업하고 독일 괴팅겐대학에서 철학 박사 학위를 받았다. 숭실대 교수를 지냈으며, 유네스코 한국위원회 사무총장과 한국철학회 회장을 역임했다.

---

* 강연자 및 번역자 약력은 각각의 다산기념 철학강좌가 개최된 당시의 내용임을 밝힌다. 단, '지구화의 도전과 철학적 응전'의 번역자 약력은 현재의 내용을 수록하였다.

이진우

연세대 독문과를 졸업하고 독일 아우크스부르크대학에서 철학 박사 학위를 받았다. 계명대 교수 및 총장을 역임하였고, 현재 포항공대 석좌교수로 재직 중이다.

홍윤기

서울대 철학과를 졸업하고 독일 베를린자유대학에서 철학 박사 학위를 받았다. 현재 동국대 철학과 교수로 재직 중이다.

■ 다산기념 철학강좌 4. 합리성의 새로운 지평

존 R. 서얼(John R. Searle)

1932년 미국에서 태어났다. 옥스퍼드대학에서 철학 박사 학위를 받았으며, 미국 캘리포니아대학(버클리) 철학과 교수로 있다. 주요 저서로는 『언어 행위(*Speech Acts*)』(1969), 『캠퍼스 전쟁(*The Campus War*)』(1971), 『표현과 의미(*Expression and Meaning*)』(1979), 『지향성(*Intentionality*)』(1983), 『마음, 두뇌, 과학(*Minds, Brains and Science*)』(1984), 『마음의 재발견(*The Rediscovery of the Mind*)』(1992), 『사회적 실재의 구성(*The Construction of Social Reality*)』(1995), 『의식의 신비(*The Mystery of Consciousness*)』(1997), 『마음, 언어, 사회(*Mind, Language and Society*)』(1998) 등이 있다.

김기현

미국 애리조나대학에서 철학 박사 학위를 받았다. 현재 서울대 철학과 교수로 재직 중이다.

송하석

미국 클레어몬트대학에서 철학 박사 학위를 받았다. 현재 아주대 교양학부 교수로 재직 중이다.

심철호

서울대에서 철학 박사 학위를 받았다. 현재 동해대 교양학부 교수로 재직 중이다.

이병덕

미국 인디애나대학(블루밍턴)에서 철학 박사 학위를 받았다. 현재 서강대 철학연구소 학술 연구 교수로 재직 중이다.

최훈

서울대에서 철학 박사 학위를 받았으며, 서울대 강사로 재직 중이다.

찰스 테일러(Charles Taylor)

1931년에 캐나다 몬트리올에서 태어나 맥길대학을 졸업하고 옥스퍼드대학에서 철학 박사 학위를 받았다. 1961년 귀국하여 맥길대학에서 가르치면서 현실 정치 활동을 하였고, 1971년에는 정치 일선에서 물러나 학문 활동에 전념하였다. 1976년부터 옥스퍼드대학에서 석좌 교수로서 철학 및 정치학 강의를 하다가 캐나다 분리주의가 득세하자 1979년에 다시 캐나다로 돌아와 맥길대학 교수로 재직하면서 퀘벡 주 분리 운동을 둘러싼 캐나다의 국가 위기 수습에 앞장섰다. 은퇴 후에는 강연과 저술 활동에 몰두하고 있다. 주요 저서로는 *Hegel and Modern Society* (1979), *Sources of the Self: The Making of the Modern Identity*(Cambridge University Press, 1989), *Varieties of Religion Today: William James Revisited* (Harvard University Press, 2002) 등이 있다.

김선욱

숭실대 철학과를 졸업하고 미국 뉴욕주립대학(버펄로)에서 철학 박사 학위를 받았다. 현재 숭실대 철학과 교수로 재직 중이다.

노양진

전남대 철학과와 동 대학원을 졸업하고 미국 서던일리노이대학(카본데일)에서 철학 박사 학위를 받았다. 현재 전남대 철학과 교수로 재직 중이다.

목광수

서울대 철학과를 졸업하고 서울대 철학과 박사 과정에 있다. 다산기념 철학강좌 운영위원회 간사를 맡고 있다.

신혜영

서울대 국어교육과를 졸업하고 서울대 철학과 박사 과정에 있다. 가톨릭대 강사로 재직 중이다.

윤평중

고려대 철학과를 졸업하고 미국 서던일리노이대학에서 철학 박사 학위를 받았다. 버클리대학과 미시간주립대학 방문 교수를 역임했으며, 현재 한신대 철학과 교수로 재직 중이다.

슬라보예 지젝(Slavoj Žižek)

1949년에 슬로베니아의 류블랴나에서 태어나 류블랴나대학에서 철학과 사회학으로 학사(1971), 철학으로 석사(1975)와 박사(1981) 학위를 받았다. 파리8대학에서 정신분석학으로 박사(1985) 학위를 받았다. 1979년부터 류블랴나대학에서 연구원으로 지내면서 2000년까지 미국과 유럽의 여러 대학에서 방문 교수를 역임했으며, 현재 류블랴나대학 석좌 교수로 있다. 지난 30여 년간 전 세계의 600여 학술 대회에 참여했으며, 1980년대 이후로 슬로베니아의 현실 정치에 참여하여 1990년에는 대통령으로 출마하기도 했지만 실패했고, 1991년에는 과학대사를 역임했다. 지금까지 수십 권의 저술을 냈으며 이 저술들은 세계 여러 나라의 언어로 번역되었다. 국내에는 그의 주저인 『이데올로기라는 숭고한 대상』 외 20여 권의 책이 번역되어 있다.

김범수

숭실대 철학과를 졸업한 뒤 숭실대 철학과 박사 과정에 있다.

김상환

연세대 철학과를 졸업하고 프랑스 파리4대학에서 철학 박사 학위를 받았다. 현재 서울대 철학과 교수로 재직 중이다.

김서영

이화여대 과학교육과를 졸업하고 영국 셰필드대학 의과대학에서 정신분석학 석사 및 박사 학위를 받았다. 현재 강원대와 숭실대 강사로 재직 중이다.

김선욱

숭실대 철학과를 졸업하고 미국 뉴욕주립대학(버펄로)에서 철학 박사 학위를 받았다. 현재 숭실대 철학과 교수로 재직 중이다.

변문숙

서울대 철학과 박사 과정에 있으며, 한국사회윤리학회 총무간사를 맡고 있다.

홍준기

서울대 법대와 총신대 신학대학원을 졸업한 뒤 브레멘대학(철학 박사)과 파리10대학에서 박사 과정을 이수하였으며, 지금은 정신분석가로 활동하고 있다.

■ 다산기념 철학강좌 8. 세계의 밀착

페터 슬로터다이크(Peter Sloterdijk)

1947년 독일에서 태어나 뮌헨대학에서 철학과 독문학, 역사학을 전공하고, 함부르크대학에서 현대 자서전적 문학의 철학과 역사에 대한 연구로 박사 학위를 받았다. 그 뒤 자유 작가로 활동하면서 많은 책과 에세이를 출판하였다. 철학, 심리학, 사회학, 문화사와 예술을 넘나들면서 독창적인 감수성과 관점을 가지고 서양이 주도해온 문명에 대한 비판과 시대 진단을 전개해왔으며, 그가 그려내는 시대상과 독창적인 관점 덕분에 독일에서도 주목받는 철학자로 대두되었다. 현재 카를스루에조형대학 총장으로 있다. 주요 저서로는 『냉소적 이성 비판』(1983), 3부작 『영역들 I: 물방울들 — 미시 영역학(領域學)』(1998), 『영역들 II: 구(球)들 — 거시 영역학』(1999), 『영역들 III: 물거품 — 다원적 영역학』(2004) 등이 있다.

권대중

서울대 철학과를 졸업하고 동 대학원 미학과에서 석사 학위를, 독일 아헨대학에서 철학 박사 학위를 받았다. 현재 계명대 철학과 교수로 재직 중이다.

김옥경

숭실대 철학과를 졸업하고 독일 튀빙겐대학에서 철학 박사 학위를 받았다. 벨기에 루뱅대학 철학과에서 박사후과정을 거쳤으며, 에든버러대학과 펜실베이니아주립대학 객원 연구원을 지냈다. 현재 연세대 강사로 재직 중이다.

정대성

연세대 철학과와 동 대학원을 졸업하고, 독일 보훔대학에서 박사 학위를 받았다. 현재 연세대와 경인교대 강사로 재직 중이다.

한승완

고려대 철학과를 졸업하고 독일 브레멘대학에서 철학 박사 학위를 받았다. 현재 국가안보전략연구소 선임연구원으로 재직 중이다.

한정선

이화여대 철학과를 졸업하고 독일 함부르크대학에서 철학 석사 및 박사 학위를 받았다. 현재 감리교신학대 종교철학과 교수로 재직 중이다.

다산기념 철학강좌 ■ 세계 석학들의 향연

철학과 현대문명

1판 1쇄 인쇄   2015년 11월 20일
1판 1쇄 발행   2015년 11월 25일

엮은이   한국철학회
발행인   전 춘 호
발행처   철학과현실사

등록번호   제1-583호
등록일자   1987년 12월 15일

서울특별시 종로구 동숭동 1-45
전화번호 579-5908
팩시밀리 572-2830

ISBN 978-89-7775-788-2   03160
값 28,000원